Handbuch Frühe Griechische Philosophie

Handbuch Frühe Griechische Philosophie

Von Thales bis zu den Sophisten

Herausgegeben von A. A. Long

Aus dem Englischen von Karlheinz Hülser

Verlag J.B. Metzler
Stuttgart · Weimar

Titel der Originalpublikation: The Cambridge Companion to Early Greek Philosophy, edited by A. A. Long. © Cambridge University Press 1999

Abbildung auf dem Umschlag aus: Alain Martin/Oliver Primavesi, L'Empédocle de Strasbourg (P. Strasb. gr. Inv. 1665–1666). Introduction, édition et commentaire. Bibliothèque Nationale et Universitaire de Strasbourg und Walter de Gruyter, 1999, Planche V

Die Deutsche Bibliothek – CIP-Einheitsaufnahme

Handbuch frühe griechische Philosophie :
Von Thales bis zu den Sophisten / hrsg. von A. A. Long.
Aus dem Engl. von Karlheinz Hülser.
– Stuttgart ; Weimar : Metzler, 2001.

ISBN 978-3-476-01852-6
ISBN 978-3-476-04370-2 (eBook)
DOI 10.1007/978-3-476-04370-2

Gedruckt auf säure- und chlorfreiem, alterungsbeständigem Papier.

Ursprünglich erschienen bei J.B Metzlersehe Verlagsbuchhandlung
und earl Ernst Poeschel Verlag GmbH in Stuttgart 2001
www.metzlerverlag.de
info@metzlerverlag.de

Einbandgestaltung: Willy Löffelhardt
Satz: pagina GmbH, Tübingen

November / 2001

Verlag J. B. Metzler Stuttgart · Weimar

Inhaltsverzeichnis

Die Autorinnen und Autoren

Keimpe Algra ist Associate Professor für Antike Philosophie an der Universität von Utrecht und Leitender Herausgeber der Zeitschrift *Phronesis*. Er ist Autor von *Concepts of Space in Greek Thought* (1995) und Mitherausgeber der *Cambridge History of Hellenistic Philosophy* (1999).

Sarah Broadie ist Professorin für Philosophie an der Princeton University. Zu ihren Hauptveröffentlichungen gehören *Ethics with Aristotle* (1991) und (als Sarah Waterlow) *Nature, Change and Agency in Aristotle's Physics* (1982).

Fernanda Decleva Caizzi ist Professorin für Antike Philosophie an der Università degli Studi in Mailand und eine der Herausgeber/innen des *Corpus dei Papiri Filosofici*. Sie ist die Verfasserin von *Antisthenis Fragmenta* (1965), *Antiphontis Tetralogiae* (1970), *Pirrone testimonianze* (1981), *Plato Euthydemus* (1996) sowie von Artikeln über philosophische Papyri und über die Traditionen der Sophistik und der Skepsis.

Daniel W. Graham ist Professor für Philosophie an der Brigham Young University in Utah. Geschrieben hat er *Aristotle's Two Systems* (1987), *Aristotle's Physics Book VIII* (1995) und zahllose Artikel zur antiken Philosophie.

Carl A. Huffman ist Professor für Classics an der DePauw University in Indiana und Autor von *Philolaus of Croton: Pythagorean and Presocratic* (1993). Zur Zeit arbeitet er an einer Edition der Fragmente des Archytas von Tarent.

Edward Hussey ist Fellow des All Souls College in Oxford. Er ist Autor von *The Presocratics* (1972), *Aristotle: Physics III-IV* (1983) und anderer Veröffentlichungen zur frühen griechischen Philosophie und zu Aristoteles.

André Laks ist Professor für Antike Philosophie an der Universität Charles de Gaulle-Lille 3 in Frankreich. Geschrieben hat er *Diogène d'Apollonie* (1983) und Artikel zur griechischen Philosophie. Zusammen mit Glenn W. Most hat er *Theophrastus Metaphysics* (1993) und *Studies on the Derveni Papyrus* (1997) herausgegeben.

J.H. Lesher ist Professor für Philosophie und Classics an der University of Maryland. Er ist Autor von *Xenophanes of Colophon* (1992), von *The Greek Philosophers* (1998) und von zahllosen Studien zu alten griechischen Theorien der Erkenntnis.

A.A. Long ist Professor für Classics und Irving Stone Professor für Literatur an der University of California, Berkeley. Er ist Autor von *Language and Thought in*

Sophocles (1968), *Hellenistic Philosophy* (1974, 1986), *The Hellenistic Philosophers* (zusammen mit David Sedley, 1987; dt. *Die hellenistischen Philosophen*, 2000), *Stoic Studies* (1996) und verfaßte Artikel zur frühen und späteren griechischen Philosophie.

Richard D. McKirahan Jr. ist E.C. Norton Professor für Classics und Philosophie am Pomona College in Kalifornien. Er ist Autor von *Philosophy before Socrates* (1994) und *Principles and Proofs: Aristotle's Theory ob Demonstrative Science* (1992).

Jaap Mansfeld ist Professor für alte und mittelalterliche Philosophie an der Universität Utrecht und hat zur antiken Philosophie zahlreiche Bücher und Beiträge publiziert.

Glenn W. Most ist Professor für Altgriechisch an der Universität Heidelberg und Professor für Social Thought an der University of Chicago. Er ist Autor von *The Measures of Praise: Structure and Function in Pindar's Second Pythian and Seventh Nemean Odes* (1985), *Collecting Fragments – Fragmente sammeln* (1997) und von zahlreichen Studien zur antiken und modernen Philosophie und Dichtung. Zusammen mit A. Laks hat er *Theophrastus Metaphysics* (1993) und *Studies on the Derveni Papyrus* (1997) herausgegeben.

David Sedley ist Professor für Antike Philosophie an der University of Cambridge und Fellow von Christ's College. Er ist Co-Autor von *The Hellenistic Philosophers* (zusammen mit A.A. Long, 1987) und Autor von *Lucretius and the Transformation of Greek Wisdom* (1998).

C.C.W. Taylor ist Reader in Philosophy an der Oxford University und Fellow des Corpus Christi College. Er hat Bücher über *Plato* und *Protagoras* geschrieben (1976, 1991), über *The Greeks on Pleasure* (zusammen mit J.C.B. Gosling, 1982) und über *Socrates* (Oxford 1998), und zahlreiche Artikeln zur Philosophiegeschichte, zur Ethik und zur Philosophie des Geistes verfaßt.

Mario Vegetti ist Professor für Antike Philosophie an der Universität von Pavia. Er ist Autor von *Il coltello e lo stilo* (1996), *Tra Edipo e Euclide* (1983), *L'etica degli antichi* (1989) und von zahlreichen Werken zur Geschichte der antiken Medizin, Wissenschaft und Philosophie.

Paul Woodruff ist Professor für Philosophie und Thompson Professor of Humanities an der University of Texas in Austin. Er ist Autor von *Thucydides on Justice, Power und Human Nature* (1993), zusammen mit M. Gagarin Herausgeber von *Early Greek thought from Homer to the Sophists* (1995) und Übersetzer vieler Platonischer Dialoge sowie der *Bakchen* des Euripides.

Vorwort

Dieses Buch möchte einen neuen und breit angelegten Überblick über die frühe griechische Philosophie bieten und behandelt die Denker, die häufig die Vorsokratiker genannt werden. Die Kapitel sind aufgeteilt in Studien zu einzelnen Denkern oder Bewegungen, einschließlich der Sophisten, und Studien zu bestimmten Themen, zu denen sie gemeinsam beigetragen haben. Griechisch-Kenntnisse werden nicht vorausgesetzt. Vielmehr enthält das Buch umfangreiche Übersetzungen von Primärtexten, wobei diese Übersetzungen, wenn nichts anderes vermerkt ist, von den Autoren der Beiträge selbst stammen. Am Ende des Bandes findet sich eine detaillierte Bibliographie, die in Übereinstimmung mit den einzelnen Hauptkapiteln angelegt ist. Die Verweise in den Fußnoten auf die Fachliteratur und auf andere Einzelheiten sind in erster Linie mehr dazu gedacht, den gewöhnlichen Leser zu unterstützen, als dazu, Feinabstimmungen vorzunehmen. Abkürzungen von Verweisen auf antike Autoren und ihre Werke werden zu Beginn des Bandes erklärt. Ebenfalls am Anfang findet man eine Karte, die die Geburtsstädte der Philosophen und die Städte zeigt, in denen sie sich niedergelassen haben, ferner eine Liste, die mit Zeitlinien (in der Regel) annäherungsweise die Lebensdaten der Philosophen darstellt, und eine alphabetische Übersicht über deren Biographien und Schriften.

Für diejenigen, die sich der frühen griechischen Philosophie erstmals nähern, werden ein paar beratende Worte zum Gebrauch dieses Buches hilfreich sein. In Kapitel 1 biete ich einen Überblick über das Feld an, das die Kapitel 3–16 im einzelnen erkunden. Weil die Belegtexte so fragmentarisch und häufig durch Zusammenfassungen aus zweiter oder dritter Hand überliefert sind, anstatt die eigenen Worte der Denker wiederzugeben, ist es unerläßlich, zumindest in allgemeiner Weise mit den späteren griechischen (gelegentlich auch römischen) Autoren vertraut zu sein, die unsere unmittelbaren Quellen sind. Denjenigen, die sich dem Gegenstand neu zuwenden, sei deshalb dringend geraten, Kapitel 2 zu lesen, die Studie von Jaap Mansfeld über die Quellen, bevor sie mit einem der anschließenden Beiträge fortfahren; dieses Kapitel ist außerdem die passende Stelle, um sich Hilfe zu alten Verweisen im Haupttext und in den Fußnoten zu holen. Das übrige Buch ist so gestaltet, daß man es der Reihe nach lesen kann. Die Kapitel sind aber alle in sich geschlossen, und es werden keine Voraussetzungen hinsichtlich der Reihenfolge gemacht, in der man sie liest. Diejenigen, deren erstes Interesse den Sophisten gilt, könnten sich sofort den Kapiteln 14 und 15 zuwenden. An die thematischen Kapitel kann man sich gleichfalls in jeder beliebigen Reihenfolge machen. Freilich werden Leser, die mit den in den Kapiteln 3–9 erörterten Philosophen nicht vertraut sind, es vorziehen, diese chronologisch angeordneten Untersuchungen zu Einzelpersönlichkeiten und Bewegungen zu lesen, bevor sie sich an die Mehrzahl der thematischen Kapitel heranmachen. Abgesehen davon ist das letzte Kapitel, Glenn Mosts Studie zur »Poetik«, zwar thematisch ausgerichtet; es befaßt sich aber mit einem Gebiet, das für das Buch als ganzes hoch relevant ist; es läßt sich ebenso als Abschluß wie als eine komplementäre Ergänzung zu meinem Einleitungskapitel lesen.

Alle, die zu diesem Buch beigetragen haben, hatten innerhalb der Umfangsgrenzen vollkommen freie Hand, ihren Gegenstand so zu präsentieren, wie sie es als passend ansahen. Sie wurden weder darum gebeten, orthodox zu sein oder in konventioneller Weise zu verfahren (als ob Orthodoxie und Konventionalität in dieser oder irgendeiner anderen Geschichte Geltung beanspruchen könnten), noch darum, um Originalität zu ringen, sondern lediglich darum, handbuchtauglich zu sein. Nichts kann natürlich die unmittelbare Begegnung ersetzen, die jeder ernsthafte Student mit den Primärtexten suchen wird. Wie wir hoffen, wird dieses Buch seine Benutzer aber zu Punkten von zentralem Interesse führen, ohne allzu grobe Vereinfachungen vorzunehmen oder Barrieren gelehrten Wirrwarrs zu errichten. Wir würden uns freuen, wenn unsere Leser viele der hier vorgetragenen *Ideen* schwierig finden würden: Die frühe griechische Philosophie würde nicht so intensiv studiert, wenn sie leicht wäre; und je mehr man sie studiert, um so schwieriger wird sie. Weniger erfreut wären wir, wenn unsere *Darstellungen* für schwierig gehalten werden sollten und wenn der Anreiz in bezug auf das Material nicht im Verhältnis zu den Schwierigkeiten wächs, die man beim Nachdenken darüber erfährt. Wenn einer sich selbst findet, wie er mit Heraklit, Parmenides oder Zenon debattiert oder mit dem auseinandersetzt, was unsere Autoren über diese und andere Dinge sagen, dann ist es so, wie es sein sollte. Es wird nie eine abschließende oder gar eine ganz erschöpfende Interpretation der frühen griechischen Philosophen geben, und in diesem Buch lassen sich durchaus (worauf ich gelegentlich hingedeutet habe) bei vielen Hauptpunkten unterschiedliche Einschätzungen finden. Sich dem Material aus einer neuen Perspektive zu nähern ist immer möglich; und von Zeit zu Zeit wird das, wovon wir dachten, wir wüßten es, durch bemerkenswerte Entdekkungen erschüttert, so durch den Derveni-Papyrus und ganz vor kurzem durch einen Papyrus, der neue Zeilen von Empedokles enthält. (Für den Derveni-Papyrus siehe Most, in diesem Band S. 312, und Laks & Most [537]. Das neue Empedokles-Material wurde 1998 durch Martin & Primavesi [380] veröffentlicht.)

Es erscheinen ständig Ergebnisse neuer Forschung zur frühen griechischen Philosophie. (Einen hilfreichen Überblick über neuere Trends in der Forschung gibt Mourelatos [155] XXI-XXVII.) Die Bibliographie dieses Buchs ist zwar lang, mußte aber trotzdem ganz selektiv vorgehen; und sie enthält Titel, die zu neu waren, um durchgehend berücksichtigt und gewürdigt zu werden. Dazu gehört Peter Kingsleys herausforderndes Werk über Empedokles und die pythagoreische Tradition [105], das ganz neue Ideen entwickelt, eine Verbindung der frühen griechischen Philosophie zur Magie herstellt und deren Überlieferung nach Ägypten und zum Islam sowie zur mittelalterlichen Mystik und zur Alchemie hin nachzeichnet. Als dieses Handbuch in der letzten Phase seiner Entstehung war, erschien das wichtige Buch von Patricia Curd, *The Legacy of Parmenides* [290], und noch ein weiteres Buch von Kingsley, *In the Dark Places of Wisdom* (Inverness, California, 1999), welches im Licht von Inschriften, die man in Velia in Süditalien entdeckt hat, Parmenides neu interpretiert. (Für Einzelheiten dieser Inschriften siehe Coxon [270] 39–40.) Untersuchungen wie diese bestärken uns in der Erwartung, daß die frühe griechische Philosophie im einundzwanzigsten Jahrhundert das Denken und die Neuinterpretation ebenso stimulieren wird wie in den letzten hundert Jahren.

Das Buch zustandezubringen hat länger gedauert, als ich es vorausgesehen habe, als ich die Einladung von Terry Moore, dem Herausgeber der *Companion*-Reihe bei Cambridge University Press, annahm, der Herausgeber dieses Handbuchs zur frühen griechischen Philosophie zu sein. Ihm und allen meinen Mitautoren möchte ich für ihre Geduld und für ihre großartige Kooperation danken. Besonders dankbar bin ich Keimpe Algra, dem Autor von Kapitel 3, der diese Arbeit kurzfristig übernahm, nachdem ein zunächst vorgesehener Mitautor mit seinem Beitrag nicht weiterkam. Das moderne Studium der frühen griechischen Philosophie ist lange ein attraktives internationales Unternehmen gewesen. Ich bin besonders erfreut, daß die Autoren des Buchs fünf Nationalitäten vertreten und den Universitäten von sechs Ländern affiliiert sind.

Während der Arbeit an der Herausgabe des Bandes stand mir James Ker zur Seite, graduierter Classics-Student in Berkeley. Er war mir eine unschätzbare Hilfe bei der Zusammenstellung der Bibliographie und von anderem Ergänzungsmaterial, beim Formatieren der Kapitel und beim Aufspüren von Verweisen. Von all dem abgesehen kamen mir seine Begeisterung zugute, seine fruchtbaren Anregungen und seine Bereitschaft, sich selbst in die Lage von jemand zu versetzen, der das Buch benutzt.

Mein eigenes Studium der frühen griechischen Philosophie begann am University College in London unter der großartigen Anleitung David Furleys. Vierzig Jahre später auf jene Zeit zurückblickend, sehe ich, daß Heraklit, Parmenides und die anderen frühen griechischen Philosophen der Hauptgrund waren, weswegen ich mich in die antike Philosophie verliebt und die Philosophie überhaupt schätzen gelernt habe. Dieses Buch wird seinen Zweck dann erfüllen, wenn es anderen dabei hilft, solch eine Anziehung zu erfahren.

Berkeley, im Januar 1999 *A.A. Long*

Abkürzungen für Quellen

Fragmente werden nach der Sammlung von Diels/Kranz [1] zitiert. Die Angabe »DK 28 B6,4–7« zum Beispiel bezieht sich auf die Zeilen 4–7 von Fragment B6 des Parmenides, dessen Autor-Nummer in DK die Nummer 28 ist. (Zu der A/B-Unterscheidung siehe Mansfeld S. 23f.)

Zu modernen Werken, die mit einer Nummer in eckigen Klammern zitiert werden (z.B. »Barnes [14]«), findet man die vollständigen bibliographischen Angaben in der Bibliographie. Eine Liste mit Abkürzungen für Zeitschriften ist auf S. 334 beigefügt.

Adv. Col.	Plutarch, *Gegen Kolotes (Adversus Colotem)*
Anc. Med.	[Hippokrates], *Über die alte Medizin*
APo	Aristoteles, *Analytica posteriora*
Apol.	Platon, *Verteidigungsrede des Sokrates (Apologia)*
Cat.	Aristoteles, *Kategorien*
De an.	Aristoteles, *Über die Seele (De anima)*
DK	Diels/Kranz, *Die Fragmente der Vorsokratiker* [1]
D.L.	Diogenes Laertius
FHSG	Fortenbaugh/Huby/Sharples/Gutas, *Theophrastus of Eresus. Sources for his Life, Writings, Thought and Influence* [37]
GA	Aristoteles, *Über die Entstehung von Lebewesen (De generatione animalium)*
GC	Aristoteles, *Über Werden und Vergehen (De generatione et corruptione)*
Gorg.	Platon, *Gorgias*
Il.	Homer, *Ilias*
In phys., *In Parm.* etc.	*Kommentar zu Aristoteles' Physik, Kommentar zu Platons Parmenides* etc.
Krat.	Platon, *Kratylos*
KRS	Kirk/Raven/Schofield, *The Presocratic Philosophers* [4] bzw. deutsch: *Die vorsokratischen Philosophen*
LSJ	Liddell, H.C., & Scott, R.A., *Greek-English Lexicon*, rev. H.S. Jones, 9. Aufl. mit Suppl. (Oxford 1968)
M.	Sextus Empiricus, *Gegen die Wissenschaftler (Adversus mathematicos)*
Metaph.	Aristoteles, *Metaphysik*; Theophrast, *Metaphysik*
Meteor.	Aristoteles, *Meteorologie*
Mem.	Xenophon, *Memorabilien*

MXG	[Aristoteles], *Über Melissos, Xenophanes, Gorgias*
Nat. hom.	[Hippokrates], *Über die Natur des Menschen (De natura hominis)*
NE	Aristoteles, *Nikomachische Ethik*
Od.	Homer, *Odyssee*
Parm.	Platon, *Parmenides*
PH	Sextus Empiricus, *Grundriß der pyrrhonischen Skepsis (Pyrrhoneae hypotyposes)*
Phys.	Aristoteles, *Physik*; Eudemos, *Physik*
Prot.	Platon, *Protagoras*
Ref.	Hippolytos, *Widerlegung aller Häresien (Refutatio omnium haeresium)*
SE	Aristoteles, *Sophistische Widerlegungen (Sophistici elenchi)*
Sens.	Theophrast, *Über die Sinne (De sensibus)*
Soph.	Platon, *Sophistes*
Theog.	Hesiod, *Theogonie*
Tht.	Platon, *Theaitet*
VS	Philostratos, *Leben der Sophisten (Vitae sophistarum)*

Leben und Schriften der frühen griechischen Philosophen

Anaxagoras

Geboren ca. 500 v.Chr. in Klazomenai an der jonischen Küste; Autor eine Kosmologie, die alle letzten Elemente irgendwelcher Art verwirft und die den Nous (Geist) als ihr tätiges Prinzip hat. Anaxagoras war der erste Philosoph, der sich in Athen niedergelassen hat, wo er etwa 20 Jahre verbrachte (unter der Schirmherrschaft des Perikles), bis er wegen Gottlosigkeit angeklagt oder verfolgt wurde. Dann verließ er Athen, wahrscheinlich in Richtung Lampsakos, und starb ca. 428 v.Chr. Für eine neuere Rekonstruktion seines Lebenswegs siehe Mansfeld [395].

Quellen
D.L. II,6–15; Suda; Platon, *Apol.* 26d; *Phaedros* 270a; Plutarch, *Perikles* 6, 16, 32; weitere Quellen bei DK 59 A.

Werke
»Eine einzige Schrift« (D.L. I,16), die später unter dem Titel *Über die Natur* bekannt war und sich über zwei Bücher erstreckte. Sechzehn Passagen ihres »ersten Buchs« (darunter die Anfangsworte »Zusammen waren alle Dinge«) werden von Simplikios zitiert, und bis auf eine finden wir sie alle in dessen Kommentar zur *Physik* des Aristoteles; andere Autoren haben uns einige wenige zusätzliche Zeilen überliefert. Andere Bücher, die ihm zugeschrieben wurden (über die Quadratur des Kreises, über Bühnenmalerei und Perspektive sowie über Probleme (DK 59 A38–40), waren so gut wie sicher unecht.

Anaximander

Geboren ca. 610 v.Chr. in Milet; der früheste Denker, von dem eine detaillierte Kosmologie bezeugt ist. Anaximander soll den Gnomon erfunden und dann in Sparta die erste griechische Sonnenuhr aufgestellt haben; weiter soll er als erster eine Karte der bekannten Welt gezeichnet und ein astronomisches Modell des Himmels gebaut haben. Er starb ca. 546 v.Chr.

Quellen
D.L. II,1–2; Suda; weiter Quellen bei DK 12 A.

Werke
Anaximander war einer der ersten Griechen, die ein Buch in Prosa verfaßten. Außer daß er die Kosmogonie und Kosmologie erörterte, machte er sich darin auch Gedanken über die Ursprünge des menschlichen Lebens. Die Suda verzeichnet als seine Werke: »*Über die Natur*, *Der Umfang der Erde*, *Über die Fixsterne*, *Himmelsglobus* und einige andere«. Diese Spezifikationen passen zwar zu den von ihm bekannten Studien, sind aber wohl anachronistische Beschreibungen eines ursprünglich unbetitelten Werks. Für den einzigen vollständigen Satz, der davon erhalten ist, siehe Algra, in diesem Band S. 52.

Anaximenes

Geboren in Milet; ein jüngerer Zeitgenosse des Anaximander, setzte die milesische Kosmologie fort. Seine Blütezeit war ungefähr 546–526 v.Chr.

Quellen
D.L. II,3; Suda; weitere Quellen bei DK 13 A.

Werke
Diogenes Laertius vermerkt, daß Anaximenes »einfach und ungekünstelt« schrieb (II,3). Für Beispiele seiner lebendigen Phraseologie siehe Most, in diesem Band S. 321f.

Antiphon

Athenischer Sophist des 5. Jahrhunderts v.Chr., der zwischen natürlicher und gesetzlicher bzw. konventioneller Gerechtigkeit unterschied; vielleicht (wie dies in diesem Band vorgeschlagen wird, siehe Caizzi, S. 302 Anm. 9) identisch mit Antiphon von Rhamnus, dem Attischen Redner (ca. 480–411 v.Chr.), der dabei half, die oligarchische Revolution von 411 zu planen, und der deswegen hingerichtet wurde.

Quellen
(1) Für Antiphon in der Identität des »Sophisten«: Xenophon, *Mem.* I,6,1–5. 10–15; sonstige Quellen bei DK 87 A. (2) Für Antiphon in der Identität des »Redners«: Thukydides VIII,68; Philostratos, *VS* I,15.

Werke

Für Antiphon (1): *Über die Wahrheit* (teilweise erhalten, siehe Caizzi, in diesem Band Kap. 15), und die folgenden verlorenen Schriften: *Über die Eintracht, Politikos, Über die Traumdeutung.* Außerdem gibt es Belege für sein Interesse an Mathematik und Astronomie; siehe DK 87 B13. Von Antiphon (2) sind verschiedene Reden erhalten, darunter eine Reihe von *Tetralogien*; dabei handelt es sich um rhetorische Übungen für die Anklage und die Verteidigung eines Musterfalls (siehe Vegetti, in diesem Band S. 250f.).

Demokrit

Geboren um 460 v.Chr. in Abdera in Thrakien; Anhänger des Leukipp und Hauptautor des Atomismus. Demokrit war mit Sicherheit mit der eleatischen Philosophie vertraut, und möglicherweise war ihm Anaxagoras bekannt. Er machte ausgedehnte Reisen, wahrscheinlich nach Ägypten und vielleicht sogar nach Indien. In der römischen Welt war er als »der lachende Philosoph« bekannt. Sein Todesdatum kennen wir nicht.

Quellen

D.L. IX,34–49 (darin enthalten ein Schriftenkatalog); die Suda; weitere Quellen bei DK 68 A.

Werke

Bei D.L. IX,46–48 sind über 60 Titel bezeugt, die zum größten Teil unter den folgenden Themen eingeordnet sind (die Klassifikation schreibt man Thrasyllos zu, der in Alexandria im frühen 1. Jahrhundert n.Chr. Bibliothekar war): Schriften zur Ethik, zur Physik, zur Mathematik, zur Musik (einschließlich der Dichtung) und zu den Künsten. Eine repräsentative Auswahl von Titeln ist: *Von der Seelenheiterkeit, Über die Planeten, Von den Farben, Ursachen in betreff des Schalls, Von den irrationalen Linien und Körpern, Von der Poesie* und *Von der Malerei.* Keine der Schriften ist erhalten. Die meisten der bezeugten Fragmente sind ethische Maximen und in der Anthologie des Stobaeus überliefert, der ungefähr 130 Sprüche unter dem Namen Demokrits mitgeteilt hat. Weitere 86 kurze Aphorismen sind in zwei Stobaeus-Handschriften als *Die goldenen Sprüche des Philosophen Demokrates* aufgelistet. Die Überlieferung davon ist unabhängig von Stobaeus selbst (siehe DK Bd. 2, 154), und es wurde weithin angenommen, daß Demokrates in Wirklichkeit Demokrit ist. Platon erwähnt ihn niemals namentlich. Unsere beste Quelle für seinen Atomismus ist Aristoteles.

Diogenes

Geboren ungefähr 460 v.Chr. in der Milesischen Kolonie Apollonia am Schwarzen Meer, verbrachte Diogenes einige Zeit in Athen. Dort wurde er von Aristophanes in der Komödie *Die Wolken* verspottet, weil er die göttliche Luft zum ersten und einzigen Prinzip der Welt machte. Diogenes ist sowohl wegen seiner Rückkehr zu einem einzigen Prinzip wichtig als auch deshalb, weil er dieses Prinzip als vernünftig und zielbewußt betrachtete, dies vermutlich unter dem Einfluß von Anaxagoras' *Nous*. Seine Forschungen galten auch der menschlichen Physiologie und Erkenntnis. Sein Todesdatum ist nicht bekannt.

Quellen
D.L. IX.57; Theophrast, *Sens*. 39–45; außerdem andere Quellen, die bei DK 64 A zusammengestellt sind.

Werke
Eine Abhandlung *Über die Natur*, von der ungefähr zehn Fragmente erhalten sind. Die meisten davon hat uns Simplikios aufbewahrt, in seinem Kommentar zur *Physik* des Aristoteles.

Empedokles

Geboren etwa 492 v.Chr. in Akragas, Sizilien, in einer angesehenen Familie; Pionier der unermeßlich einflußreichen Theorie von den vier Grundelementen (Erde, Luft, Feuer, Wasser); stand wahrscheinlich in Verbindung zu lokalen Pythagoreern, deren religiöse und ethische Lehren zusammen mit den Argumenten des Parmenides ihn entscheidend beeinflußten. In Akragas unterstützte Empedokles den Übergang von der Tyrannis zur Demokratie. Er wurde bald eine legendäre Gestalt; man schrieb ihm Wundertätigkeit zu, und daß er sein Leben beendet habe, indem er sich in den Krater des Ätna gestürzt habe. Die anekdotenhafte Überlieferung muß sich zum Teil auf die ausgeprägt bizarren Aussagen gründen, die er in seiner Dichtung über sich selbst macht (siehe Most, in diesem Band S. 325f.). Er war aber offenbar eine charismatische Figur, und die Überlieferung, daß er ein Arzt und ein ausgezeichneter Redner gewesen sei, könnte echt sein. Die Verse des Empedokles wurden ins Lateinische übersetzt und dienten als Modell für das große Lehrgedicht des Lukrez, *De rerum natura*. Empedokles starb ca. 432 v.Chr.

Quellen
DK 31 B112–114; D.L. VIII,51–77; die Suda; Aristoteles, *Metaph*. I,3, 984a11; weitere Quellen bei DK 31 A.

Werke
Empedokles verfaßte Lehrdichtung in Hexametern; sie soll an die 5000 Verse umfaßt haben (D.L. VIII,77) und in ein Werk *Über die Natur* und ein anderes mit dem Titel *Reinigungen* (*Katharmoi*) geteilt gewesen sein. Von den erhaltenen Versen (etwa 1000 Zeilen) wird das meiste im allgemeinen dem ersten dieser beiden Werke zugerechnet; einige Forscher (siehe Osborne [364] und Inwood [357]) denken aber, daß Empedokles nur ein einziges Gedicht geschrieben hat, welches unter beiden Titeln bekannt ist. Dieser Punkt könnte durch den kürzlichen Fund eines Papyrus klarer werden, der bis dahin unbekannte Zeilen enthält (siehe Martin & Primavesi [380]). Wie es heißt, hat Empedokles außerdem ein kurzes Gedicht zur Medizin, einen *Übergang des Xerxes [über den Hellespont]*, Epigramme und Tragödien geschrieben.

Gorgias

Geboren ca. 480 v.Chr. in Leontinoi in Sizilien und weithin dafür bekannt, hundert Jahre alt geworden zu sein; ein gefeierter Sophist, besonders geschätzt als Lehrer der Rhetorik. Gorgias besuchte Athen im Jahr 427 als Botschafter. Sein literarischer Stil bevorzugt symmetrisch ausbalancierte, häufig reimende Ausdrucksweisen und war außerordentlich innovativ und einflußreich.

Quellen
Gorgias ist der namentlich genannte Gegenstand eines der größeren Dialoge Platons. Andere Quellen sind: Philostratos, *VS* I,1, I,9,1–6; die Suda; Diodorus Siculus XII,53,1–5; weitere Quellen bei DK 82 A.

Werke
Erhalten sind zwei Reden ganz – das *Enkomion der Helena* und die *Verteidigung des Palamedes* – sowie ein Fragment seiner *Begräbnisrede*. Zusammenfassungen seiner philosophischen Abhandlung *Über das Nichtseiende* sind erhalten in der pseudo-aristotelischen Schrift *Über Melissos, Xenophanes und Gorgias* sowie bei Sextus Empiricus, *M.* 7,65ff. (= B3).

Heraklit

Seine Geburt in Ephesos setzt man allgemein um etwa 540 v.Chr. an und macht ihn damit eine Generation älter als Parmenides. Auch wenn das wahrscheinlich richtig ist, so ist es doch keineswegs sicher. Durchaus mehr als nur ein Gelehrter (siehe Hölscher [153] 161) hat die beiden zu Zeitgenossen gemacht und sieht Heraklit eher auf Parmenides antworten als andersherum, wie das im allgemeinen angenommen wird. Heraklits notorisch dunkle Philosophie wurde in populärer Weise durch die Formulierung zusammengefaßt: »Alles ist im Fluß.«

Von der biographischen Information über seinen misanthropischen Charakter und seine Arroganz ist das meiste von Heraklits eigenen Aussagen abgeleitet. Glaubhaft ist allerdings die Tradition, nach der er sein Recht, die Königswürde zu erben, an seinen Bruder abgetreten habe (D.L. IX,6). Gestorben ist Heraklit wahrscheinlich zwischen 480 und 470 v.Chr.

Quellen

D.L. IX,1–17; die Suda; Strabon XIV 632–33, 642; weitere Quellen bei DK 22 A.

Werke

Es werden mehr als 100 kurze Aussprüche zitiert, insbesondere von Schriftstellern der christlichen Zeitrechnung. Einige der Aussprüche sind unecht, und der exakte heraklitische Inhalt anderer ist oft schwer zu bestimmen. Unter der Autorität der Stoiker, deren Philosophie er stark beeinflußte, erwarb Heraklit in der späteren Antike den Status eines Weisen, und zu seinen kryptischen Aussagen wurden zahlreiche Nachahmungen verfaßt (siehe Mondolfo & Tarán [235]). Seit Aristoteles (*Rhetorik* III,5, 1407b13) bezieht man sich auf »Schriften« Heraklits oder auf ein »Buch« von ihm, das er im Tempel der Artemis in Ephesos niedergelegt haben soll (D.L. IX,5). Es gibt keinen Grund anzunehmen (wie das von Kirk [233] vorgeschlagen wurde), daß Heraklit ein ausschließlich mündlicher Autor gewesen sei. Die Form seiner schriftlichen Äußerungen war aber offenbar mit Absicht epigrammatisch und kryptisch und verzichtete auf die Bindewörter normaler Prosa.

Hippias

Geboren in der ersten Hälfte des 5. Jahrhunders v.Chr. in Elis auf der Peloponnes, war Hippias der vielseitigste aller Sophisten und berühmt wegen seiner mnemonischen Fähigkeiten. Er war ein »universaler Mann«, der in Mathematik, Astronomie, Grammatik, Musik und Geschichte selbständige Forschungen anstellte und der verschiedene poetische Gedichte verfaßte. Außerdem war er der erste, der die Meinungen früherer Schriftsteller sammelte und klassifizierte und der deshalb zum Pionier der doxographischen Tradition wurde (siehe Mansfeld, in diesem Band S. 25). Gestorben ist er wahrscheinlich in den ersten Jahren des 4. Jahrhunderts v.Chr.

Quellen

Hippias ist der namentlich genannte Gegenstand zweier platonischer Dialoge, von denen aber keiner eine angemessene Vorstellung von seiner Bedeutung vermittelt. Er tritt auch in Platons *Protagoras* auf. Siehe ferner Philostratos, *VS* I,11,1–8; Xenophon, *Mem.* IV,4; außerdem weitere Quellen bei DK 86 A.

Werke
Von Hippias' Schriften ist praktisch nichts erhalten; und selbst die wenigen erhaltenen Titel vermitteln kaum ein gerechtes Bild seiner vielseitigen gelehrten Forschungen.

Leukipp

Geboren in der ersten Hälfte des 5. Jahrhunderts v.Chr. in Milet oder Abdera, war Leukipp »der erste, der Atome als Prinzipien hingestellt hat« (D.L. IX,30). Einzelheiten seines Lebens sind nicht mit Sicherheit bekannt. Man nimmt aber an, daß er später als Parmenides und wohl auch später als Zenon schrieb, dessen Schüler er gewesen sein soll. Sein Todesdatum ist nicht bekannt.

Quellen
D.L. IX,30–33 und weitere bei DK 67 A.

Werke
Die *Große Weltordnung* (eine Schrift, die im Werkverzeichnis Demokrits angeführt wird) wurde von Theophrast Leukipp zugeschrieben (D.L. IX,45). Ein weiteres Werk *Über den Geist* wird als die Quelle des einen wörtlichen Zitats angegeben, das uns überliefert ist (DK 67 B2); siehe dazu Taylor, in diesem Band S. 169.

Melissos

Geboren im frühen 5. Jahrhundert v.Chr. auf Samos, unterstützte das philosophische Gedicht des Parmenides und arbeitete es in Prosa aus. Staatsmann und Admiral von Samos; 441/40 v.Chr. schlug er die Athener in einer Seeschlacht. Wann er starb, ist nicht bekannt.

Quellen
D.L. IX,24; die Suda; Plutarch, *Perikles* 26–28, *Themistokles* 2.

Werke
Nach Simplikios (DK 30 A4) ein Buch mit dem Titel *Über die Natur oder über das Seiende*. Von Simplikios werden daraus acht Textstücke zitiert, bis auf eins alle in seinem Kommentar zur *Physik* des Aristoteles. Weiteres Material zu Melissos bietet die pseudo-aristotelische Abhandlung *Über Melissos, Xenophanes, Gorgias* (DK 30 A5).

Parmenides

Geboren ca. 515 v.Chr. in Elea in Süditalien; der Begründer der eleatischen Philosophie, welche die Wahrheit, die sich über die Wirklichkeit herleiten läßt, einschließlich ihrer Einzigkeit, der trügerischen Vielfalt und Veränderlichkeit der Erscheinungen gegenüberstellt. Parmenides war ein reicher Mann von adliger Geburt. In seiner Jugend hatte er möglicherweise etwas Verbindung zu Xenophanes und sicherlich zu Ameinias, einem Pythagoreer, den er ehrte, indem er ihm ein Heroenheiligtum errichtete. Parmenides soll als Gesetzgeber für Elea tätig geworden sein (Speusipp, Frgm. 1) und Athen besucht haben, als er ungefähr 65 Jahre alt war (Platon, *Parm.* 127b); Platons Chronologie ist allerdings suspekt: siehe Mansfeld [32] 64–68). Parmenides starb in dem Zeitraum von etwa 449–440 v.Chr.

Quellen
D.L. IX,21–23; die Suda; Platon, *Parm.* 127a-c; weitere Quellen bei Coxon [270].

Werke
Ein Hexameter-Gedicht, wovon 154 Zeilen erhalten sind, das längste zusammenhängende Stück durch ein einziges Zitat des Simplikios in seinem Kommentar zur *Physik* des Aristoteles (144,26). Das Werk hatte drei Teile: ein Proömium von 32 Zeilen (bis auf die letzten zwei alle von Sextus Empiricus, *M.* VII,111ff., zitiert); der Weg der Wahrheit (72 Zeilen erhalten, vielleicht neun Zehntel des Originals); schließlich der Weg der Meinungen (44 vollständige Zeilen bezeugt, 6 in einer lateinischen Übersetzung von Caelius Aurelianus). Zu der argumentativen Beziehung, die diese Teile zueinander haben, siehe Sedley, in diesem Band S. 112f. Das ganze Gedicht trug in der späteren Antike den Titel *Über die Natur.*

Philolaos

Geboren ca. 470 v.Chr. in Kroton (oder Tarent) in Süditalien; der früheste pythagoreische Philosoph, von dem Schriften erhalten sind. In Platons *Phaidon* (63c) behaupten die Thebanischen Gesprächspartner Kebes und Simmias, daß Philolaos in ihrer Stadt einige Zeit lehrend verbracht habe. Demnach war er annähernd ein Zeitgenosse des Sokrates.

Quellen
D.L. VIII,84–85; Platon, *Phaidon* 61e; weitere Quellen bei DK 44 A.

Werke
Ein einziges Buch, aus dem von den 26 bezeugten Fragmenten etwa zehn vermutlich echte Fragmente stammen (DK 44 B1–6, 6a, 7, 13, 17). Von dem sonstigen Material gehört viel der Überlieferung pseudo-pythagoreischer Schriften an, die in der späteren Antike verfaßt wurden (siehe Thesleff [199]).

Prodikos

Geboren in der 1. Hälfte des 5. Jahrhunderts v.Chr. auf der Kykladen-Insel Keos; ein Sophist, bekannt besonders wegen seiner Untersuchungen zur Sprache und auch wegen seiner fiktionalen Schrift *Die Wahl des Herakles*, in der der Held vor die Wahl gestellt wird, zwischen Tugend und Laster zu wählen, wobei diese als zwei sehr gegensätzliche Frauen auftraten (Xenophon, *Mem.* II,1,21–34). Prodikos leitete den Ursprung der griechischen Götter und überhaupt der Religion daraus her, daß frühere Völker Dinge personifiziert hätten, von denen das Leben abhängt, zum Beispiel das Brot (Demeter) und den Wein (Dionysos); wie dem Protagoras, so wird auch ihm die Behauptung zugeschrieben, daß es nicht möglich sei, zu widersprechen (siehe Kerferd [433] 89–90). Gestorben ist er wahrscheinlich in den ersten Jahren des 4. Jahrhunderts v.Chr.

Quellen
Xenophon (wie oben angegeben); Platon, besonders *Prot.* 337a-c, *Euthydem* 277e; Philostratos, *VS* V,12; außerdem weitere Quellen bei DK 84 A.

Werke
Jahreszeiten, ein Werk zur Ökonomie (aus dem das Exzerpt über Herakles stammt); eine Abhandlung *Über die Natur des Menschen*; wahrscheinlich eine Schrift *Über die Richtigkeit der Namen* sowie weitere nicht bezeugte Schriften.

Protagoras

Geboren ca. 485 v.Chr. in Abdera; wahrscheinlich der erste Grieche, der sich selbst einen Sophisten nannte, und derjenige, dessen einflußreiche Karriere dieses Berufsbild zum Ausdruck bringt; am bekanntesten wegen seines Relativismus und Agnostizismus. Bei Besuchen in Athen wurde Protagoras ein enger Freund des Perikles, und man bat ihn, Thurioi, der neuen Athener Kolonie in Sizilien, eine Verfassung und Gesetze zu geben. Die Überlieferung, daß er in Athen vor Gericht stand und wegen Gottlosigkeit verurteilt wurde, ist so gut wie sicher eine Erfindung. Er starb ca. 415 v.Chr.

Quellen
Protagoras ist das namentlich genannte Thema eines der größeren Dialoge Platons, und er spielt auch in Platons *Theaitet* eine bedeutende Rolle. Andere Quellen sind: D.L. IX,50–56; Philostratos, *VS* I,10; Platon, *Prot.* passim; viele andere Quellen bei DK 80 A.

Werke
Diogenes Laertius bietet einen Katalog der Schriften des Protagoras (IX,55), von denen einige wahrscheinlich unecht oder durch Unterteilung einzelner Werke zustandegekommen sind. Zu seinen authentischen Abhandlungen gehören *Über die Wahrheit*, auch unter dem Titel *Die Umstürzler* bekannt (sie begann mit: »Aller Dinge Maß ist der Mensch«; B1), *Pro- und Contra-Reden* (*Antilogiai*) und *Über die Götter*, welche mit dem Satz anfing: »Über die Götter habe ich keine Möglichkeit, etwas zu wissen, weder daß sie sind noch daß sie nicht sind noch wie sie etwa an Gestalt sind«; B4). Erhalten sind uns annähernd zwölf kurze Fragmente. Zu seinen Beiträgen zur Literaturkritik und Sprachtheorie siehe D.L. IX,52–54; DK 80 A27–30.

Pythagoras

Geboren etwa 570 v.Chr. auf Samos, wanderte er ca. 530 nach Kroton in Süditalien aus, wo er »den dort angesiedelten Griechen Gesetze gab« (D.L. VIII,3) und eine Sekte gründete, die sich durch ihre rituellen Gebräuche auszeichnete, ferner durch ihre Verpflichtung auf ein »reines« Leben und durch eine Art gemeinschaftlichen Lebens. Pythagoras wurde idealisiert als ein »göttlicher Mann« mit Weisheit aus Ägypten und weiter aus dem Osten sowie mit übernatürlichen Kräften wie etwa der Kraft, sich an seine frühere Inkarnation zu erinnern. Bei den Neuplatonikern wurde er zum Gegenstand hagiographischer Lebensbeschreibungen. Unsicher ist, wieweit er, wenn überhaupt, die mathematischen und musischen Studien in Gang brachte, mit denen der Pythagoreismus hernach in Verbindung gebracht wurde. Er starb etwa 490 v.Chr.

Quellen
Siehe Huffman, in diesem Band S. 61–64.

Thales

Geboren ungefähr 624 v.Chr. in Milet, nach Aristoteles (*Metaph.* I,3, 983b20ff.) der erste Naturforscher und anderweitig als einer der sieben Weisen idealisiert und wie sie als ein Vorbild an politischer Weisheit. Herodot (I,170) rühmte Thales wegen seines Rats an die jonischen Staaten, sich angesichts der Bedrohung durch Persien zu vereinigen. Er wird auch als der einzige Weise beschrieben, der über den praktischen Bereich hinausgegangen sei (Plutarch, *Solon* 3–5), wie in der Anekdote, daß er in den Himmel schaute und dabei in einen Graben fiel; die Anekdote wird von Platon in einem Zusammenhang erzählt, wo Thales als der paradigmatische Philosoph vorgestellt wird (*Tht.* 174a-b). Thales soll eine Sonnenfinsternis vorausgesagt haben (wahrscheinlich 585 v.Chr.) und ein Fachmann im Ingenieurswesen, in der Geometrie und in der Astronomie gewesen sein und hat dieses Wissen möglicherweise bei einer Reise nach Ägypten gewonnen. Gestorben ist er etwa 546 v.Chr.

Quellen
D.L. I,22–44; Herodot I,74–75, 170; weitere Quellen bei DK 11 A.

Werke
Die Quellen des Diogenes Laertius berichten, daß Thales nichts Schriftliches hinterlassen habe und daß eine ihm zugeschriebene *Sternkunde für Seefahrer* unecht sei (I,23).

Xenophanes

Geboren ca. 570 v.Chr. in Kolophon auf dem jonischen Festland. Nach der Eroberung Lydiens durch Persien im Jahr 545 führte Xenophanes ein Wanderleben mit verschiedenen Aufenthalten in sizilischen Städten. Nach seinem eigenen Zeugnis (DK 21 B8) lebte er noch mit 92 Jahren. Die Verse, die uns von ihm erhalten sind, handeln von Kosmologie und Theologie, kritisieren konventionelle Werte, deuten einen kulturellen Relativismus und Skeptizismus an und und schließen auch traditionelle Themen poetischer Trinklieder ein. In der späteren Antike wurde Xenophanes als der Begründer der eleatischen Philosophie und als der Lehrer des Parmenides angesehen; aber wenn er Parmenides auch fast mit Sicherheit beeinflußt hat, sollte diese Überlieferung nicht ganz für bare Münze genommen werden.

Quellen
DK 21 B1–3, B8; D.L. IX,18–21; Klemens von Alexandrien, *Stromateis* I,64; Platon, *Soph.* 242d; Aristoteles, *Metaph.* I,5, 986b18, und in der pseudo-aristotelischen Schrift *Über Melissos, Xenophanes, Gorgias* (DK 30 A5); weitere Quellen bei DK 21 A.

Werke
Ungefähr 120 Verse sind erhalten. Mehr als die Hälfte sind elegische Verse; und es liegt ein elegisches Gedicht vor (B1), welches vollständig sein könnte. Die anderen Verse sind – abgesehen von einem jambischen Trimeter (B14,1) – Hexameter. Einige davon stammen aus den *Silloi* (satirische Verse) oder *Parodien*; in der Spätantike wurden Xenophanes mindestens fünf Bücher *Silloi* zu-

geschrieben (B21a). Proklos sagt, sie seien »gegen alle Philosophen und Dichter« gerichtet gewesen (DK 21 A22; vgl. D.L. IX,18). Die übrigen erhaltenen Zeilen stammen möglicherweise ebenfalls aus diesem Werk, wenngleich bestimmte Fragmente zu einem Gedicht gehören könnten, das in hellenistischer Zeit den Titel *Über die Natur* trug. Darüber hinaus soll Xenophanes 2000 Verse über die Stadtgründungen von Kolophon und Elea geschrieben haben (D.L. IX,20).

Zenon

Geboren etwa 490 v.Chr. in Elea in Süditalien, wo er bei Parmenides studierte (Platon, *Parm.* 127a-b). Zenon ist der Verfasser von Paradoxien zur Unmöglichkeit von Bewegung und Vielheit. Diese Paradoxien werden im allgemeinen als eine Verteidigung des eleatischen Monismus aufgefaßt (siehe indes McKirahan, in diesem Band S. 122f.). Geschichten, daß er »etwa vierzig Jahre alt, wohlgewachsen und von angenehmem Aussehen«, zusammen mit dem älteren Parmenides in Athen zu Besuch gewesen sei und dort Sokrates getroffen habe (Platon a.a.O.), könnten ebenso fiktiv sein, wie es die Chronologie des angenommenen Treffens sein muß (siehe Mansfeld [32] 64–68). Wie lange Zenon gelebt hat, läßt sich unmöglich bestimmen; aber sein Werk war so gut wie sicher Demokrit und vielleicht auch Anaxagoras bekannt.

Quellen
D.L. IX,25–29; die Suda; weitere Quellen bei DK 29 A.

Werke
Zenon wird wohl nur ein einziges Werk geschrieben haben, die »Schrift«, die er nach der Darstellung Platons dem jungen Sokrates vorliest (*Parm.* 127c).

Chronologie

Diese Liste früher griechischer Philosophen stellt in groben Zügen dar, wer Zeitgenosse von wem war. Angefügt ist eine zweite Liste mit prominenten Personen, die in diesem Buch erwähnt werden. Die meisten Daten gelten nur annäherungsweise und könnten nach vorne und hinten um 10 oder 20 Jahre schwanken. Homer wird üblicherweise ins 8. Jahrhundert v.Chr. datiert, Hesiod ins 8. oder ins frühe 7. Jahrhundert.

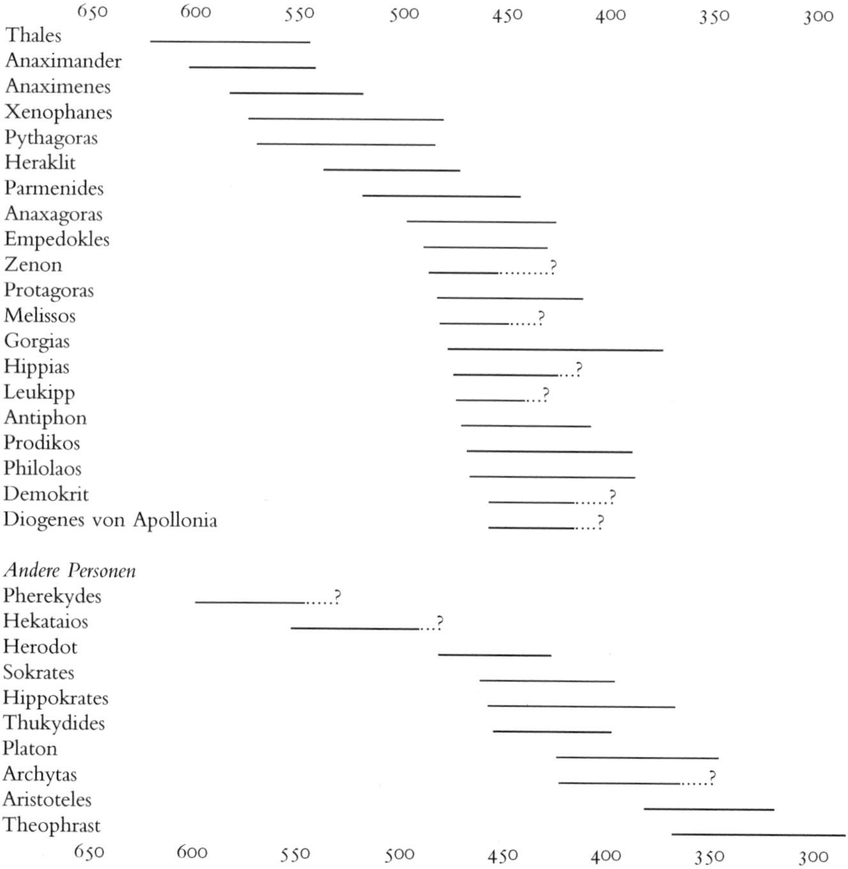

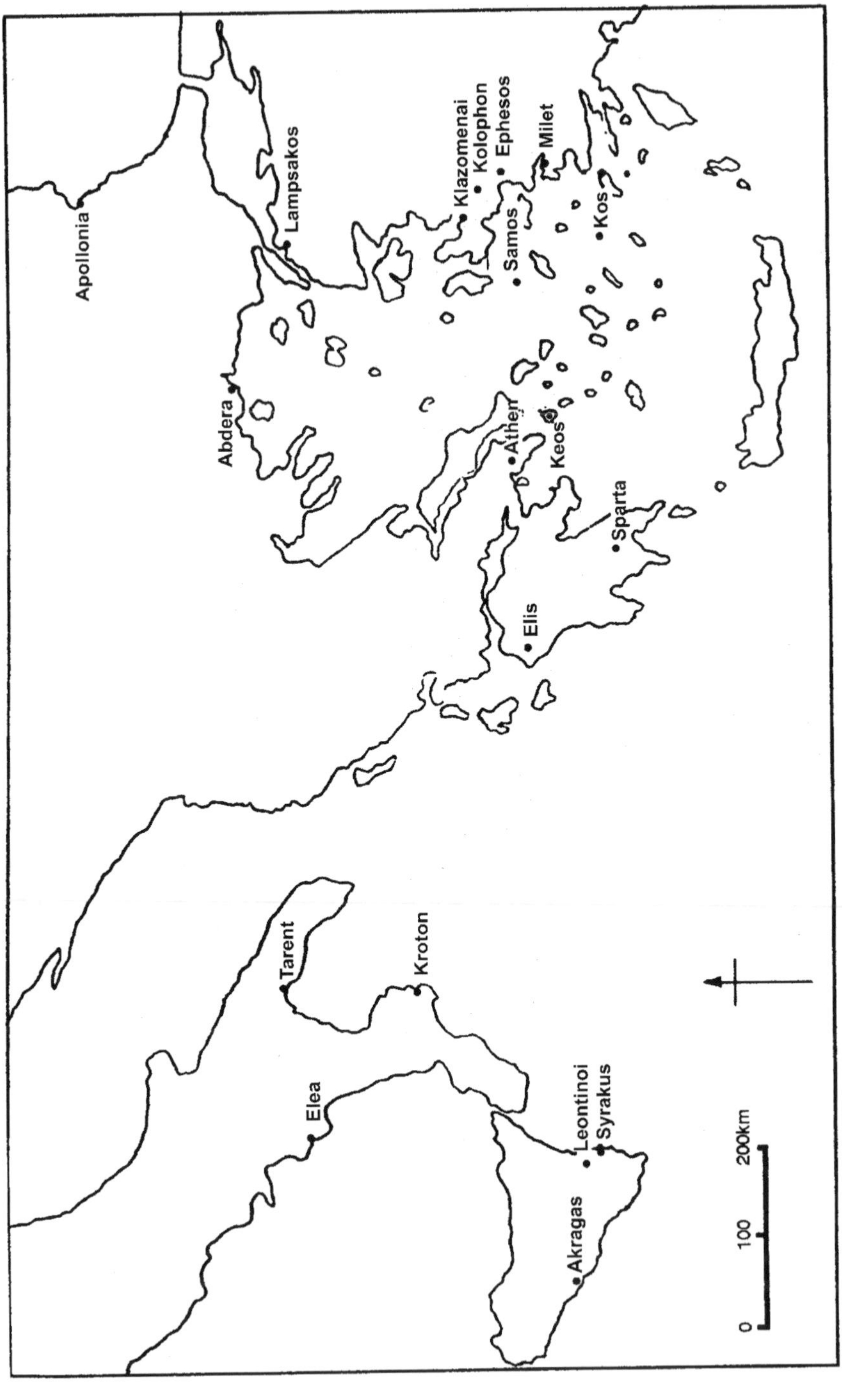
Apollonia
Lampsakos
Abdera
Klazomenai
Kolophon
Ephesos
Milet
Samos
Kos
Athen
Keos
Sparta
Elis
Tarent
Kroton
Elea
Leontinoi
Syrakus
Akragas
0
100
200km

1 Das Anliegen der frühen griechischen Philosophie

A.A. Long

Die Bände der Reihe *The Cambridge Companion* beziehen sich in der Regel auf einzelne Personen. Davon abweichend ist der vorliegende Band kein »Handbuch« zu nur einem Philosophen. Vielmehr bezieht er sich auf die Reihe von Denkern, die zusammen die Anfänge der philosophischen Tradition des alten Griechenland bildeten. Die meisten von ihnen haben wenig geschrieben; und was von dem, was sie geschrieben oder gedacht haben, erhalten ist, ist fragmentarisch und häufig nicht in ihren eigenen Worten vermittelt, sondern nur durch das Zeugnis von Aristoteles, Theophrast und anderen, viel späteren Autoren. Diese Überbleibsel sind nicht nur wegen der ihnen eigenen Qualität außerordentlich wertvoll, sondern auch wegen all dem, was sie uns über die früheste Geschichte der westlichen Philosophie und Wissenschaft offenbaren. Die Faszination des Materials – ungeachtet oder sogar wegen seiner Dichte und lückenhaften Überlieferung – fesselt jeden, der ihm begegnet.[1] Zwei der Denker, die im 20. Jahrhundert größten Einfluß entfalteten, sind zu den frühesten griechischen Philosophen »zurückgekehrt«, um ihre eigenen radikal abweichenden Methodologien und Annahmen zu stützen.[2] Viele dieser Denker sind so herausfordernd, daß der geringe Umfang des von ihnen überlieferten Werks kein Hindernis bildet, um jedem einzelnen von ihnen ein ganzes Buch zu widmen. Selbst so aber gibt es über das Fragmentarische unserer Quellen und über die übliche Praxis hinaus Gründe, diese und andere frühe griechische Denker in einem Sammelband vorzustellen.

Erstens haben wir es mit einer Ära zu tun, welche durch Denker markiert wird, die äußerst innovativ und experimentierfreudig waren. Die jüngeren unter ihnen haben ihre Vorgänger nicht ignoriert, und es entwickelten sich im sechsten und fünften Jahrhundert v.Chr. (der Zeit der hier zur Diskussion stehenden Periode) eine Reihe verschiedener Bewegungen, die geographisch oder nach Dialekten unterscheidbar sind – die frühen jonischen Kosmologen, die Pythagoreer, die Eleaten, die Atomisten und die Sophisten. Indes ist dies keine Periode von Schulen im wörtlichen Sinn, wie man sie in Platons Akademie oder im Lykeion des Aristoteles findet, mit einem formellen Leiter, einem Curriculum oder Kurssystem und einer weitergehenden Nachfolge. Melissos kann aufgrund der Schlußfolgerungen, für die er argumentierte, ein Eleate oder ein Anhänger des Parmenides genannt werden; aber als ein Samischer Admiral kann er mit Parmenides wohl nicht persönlich bekannt gewesen sein, dessen Geburtsort und wahrscheinlicher Wohnsitz Elea in Süditalien war. Zenon von Elea, der seinen Landsmann Parmenides gekannt haben muß, kann ihm in einem wörtlicheren Sinn gefolgt sein, als Melissos es tat; aber anders als die

Argumente des Parmenides übten diejenigen Zenons einen unmittelbaren Einfluß auf die Frühgeschichte der griechischen Mathematik aus. Xenophanes, Heraklit, Parmenides und Empedokles proklamieren alle die Individualität ihrer Ideen; und explizit oder implizit üben sie Kritik an anderen Denkern ebenso wie an gewöhnlichen Leuten. Um das Werk eines frühen griechischen Philosophen zu interpretieren, ist es daher unerläßlich, sich auf die ganze Periode zu beziehen.

Zweitens: Selbst wenn wir die zahlreichen Lücken in unserem Wissen hinnehmen, können wir zwischen den Methodologien und Interessen der frühen griechischen Philosophen signifikante Unterschiede beobachten. Besonders evident ist das im Fall des Pythagoras, des einzigen von ihnen, dessen Name – wenn auch erst Jahre nach seinem Tod – zur Kennzeichnung einer bestimmten Bewegung wurde. Pythagoras lehrte eine Lebensweise, die Reinigungspraktiken einschloß und die deren allergrößte Wichtigkeit für das Schicksal der menschlichen Seele nach dem Tod umfaßte. Seine Beiträge zu Philosophie und Wissenschaft, wie wir diese heute verstehen, sind ziemlich schwer zu ermitteln, besonders im Vergleich mit Gestalten wie Zenon, Demokrit oder Anaxagoras. Dennoch wäre es ein gravierendes Mißverständnis, Pythagoras aus dem Hauptstrom der frühen griechischen Philosophie herauszunehmen. Die Kritik überkommener religiöser Rituale wie etwa von Blutopfern und die Zusicherung, daß ein wahres Verständnis der Welt das Leben eines Menschen verändern werde, werden auch von Heraklit und Empedokles mit Emphase vertreten. Einige frühe griechische Philosophen haben nach der Quellenlage wenig oder überhaupt kein Interesse an Psychologie, Epistemologie, Ethik und Theologie; dagegen haben andere in ihr Werk Beiträge zu diesen später abgetrennten Gebieten eingeschlossen.

Der fließende Charakter und die Vielfältigkeit der frühen griechischen Philosophie sind ein zentraler Bestandteil ihrer Eigenart und ihrer Bedeutung. Auch aus diesem Grund ist der Gegenstand besonders geeignet, in einem Band mit vielen Autoren behandelt zu werden, nicht nur weil dies eine günstige Gelegenheit mit sich bringt, viel Fachkompetenz zu versammeln, sondern auch als eine Weise, von den vielen Interpretationszugängen zum Stil und zum Inhalt der frühen griechischen Philosophie einige zu artikulieren. Früher im zwanzigsten Jahrhundert gab es laute Debatten über den wissenschaftlichen oder unwissenschaftlichen Charakter dieser Philosophie, über ihr Alltagsverständnis oder ihre kontra-intuitiven Tendenzen, über ihre theologischen Dimensionen und über vieles andere.[3] Diese Debatten werden nie ganz verschwinden. Dazu ist das Material zu komplex; und mehr als anderswo ist in diesem Gebiet jeder Interpret genötigt, einen Gesichtspunkt zu entwickeln, um etwas zu sagen, was es zu sagen lohnt. Das heißt nicht, Bemühungen zu entwerten, die beschreiben, was die Hauptdenker gemeinsam haben, etwa die »Erforschung der Natur«. Darüber mehr später in diesem Kapitel. Für den gegenwärtigen Zusammenhang ist es wesentlich, zu erkennen, daß – möglicherweise mit Ausnahme des Pythagoras – keine der Gestalten, die in diesem Buch behandelt werden, sich selbst ausdrücklich als einen »Philosophen« identifizierte oder das eigene Vorhaben »Philosophie« nannte.[4] Der Punkt ist nicht der, daß *wir* es vermeiden sollten, sie Philosophen zu nennen, sondern daß wir uns hüten sollten, ihnen anachronistische Konzeptionen zum Anliegen der Philosophie und zu ihrer Einteilung in Gebiete wie Logik, Metaphysik und Ethik zuzuweisen. Diese Art der Abgrenzung ist selbst Platon fremd, der der erste griechische Denker war, der ausdrücklich über die Natur der Philosophie theoretisiert hat.

Nichtdestoweniger trugen die frühen griechischen Philosophen nicht nur zum Verständnis der Welt im allgemeinen Bahnbrechendes bei, sondern auch zu philosophischen Punkten, die später in speziellerer Weise beschrieben wurden. Um eine einfache Darstellung zu erzielen und es zu erleichtern, daß man sich einen umrißhaften Eindruck verschaffen kann, was die frühe griechische Philosophie alles umfaßte, ist dieses Buch unterteilt in Kapitel zu bestimmten Denkern und in Kapitel zu Themen. Im Fall der Sophisten (Kapitel 14–15) fallen die Themen und die einzelnen Denker weitgehend zusammen, weil, soweit wir darüber zu berichten haben, der charakteristischste Beitrag der Sophisten zur frühen griechischen Philosophie ihr Unterricht in Rhetorik und Sprachlehre, Relativismus und politischer Theorie war. Die Kapitel 10–13 andererseits sind Themen gewidmet, die bei den Denkern, deren Ansichten dort erörtert werden, ganz heterogen sind – Kapitel zur rationalen Theologie; zu den Anfängen der Epistemologie; zu Seele, Sinneswahrnehmung und Denken; schließlich zu Verantwortung und Kausalität. Die Hauptpersonen dieses zuletzt genannten thematischen Kapitels von Mario Vegetti sind Hippokratische Ärzte. Es waren sie, so argumentiert er, die einem strengen Ursachendenken den Weg gebahnt haben, und nicht so sehr diejenigen, die üblicherweise als frühe griechische Philosophen zählen. Vegettis Kapitel schließt auch die Historiker Herodot und Thukydides ein. Trotzdem überschreitet dieses Material nicht die Grenzen der frühen griechischen Philosophie; vielmehr ist es ein wichtiger Hinweis darauf, wie wenig stabil sie waren. Wenn auf den Platz keine Rücksicht zu nehmen wäre, würde dieses Buch noch viel mehr von dem reichen Feld der Hippokratischen Medizin enthalten.[5]

Ein abschließendes thematisches Kapitel oder vielmehr eine Koda zu dem ganzen Buch trägt Glenn Most mit seiner weit ausholenden Studie zur Poetik der frühen griechischen Philosophie bei. Um ihre Gedanken auszudrücken, wählten drei der frühen griechischen Philosophen, Xenophanes, Parmenides und Empedokles, das Medium der Verse anstelle des neueren Ausdrucksmittels der Prosa; und Heraklit schrieb zwar nicht in irgendeinem der formalen Modi des griechischen Verses, eignete sich aber einen rhythmischen und epigrammatischen Stil an, der sein eigener und einzigartig ist. Hier haben wir noch einen weiteren Hinweis auf den fließenden Charakter der griechischen Philosophie in ihren Entwicklungsjahren; denn das Standardmedium für philosophisches Schreiben sollte ab der zweiten Hälfte des fünften Jahrhunderts die diskursive Prosa werden, und poetische »Wahrheit« sollte seitdem als etwas behandelt werden, was der Art nach von den beweisorientierten Ambitionen der Philosophie verschieden ist. »Poetik« ist jedenfalls ein integraler Bestandteil unseres Gegenstands aus Gründen, die tiefer liegen, als daß es sich nur um die literarische Form von Philosophendichtern handeln würde. Die überlieferte griechische Weisheit war im Grunde genommen identisch mit der epischen Dichtung von Homer und Hesiod. Diese großen Texte stellten den Rohstoff der Elementarausbildung dar und beeinflußten und provozierten dadurch mehr als alle anderen Texte den Stil und den Inhalt der frühen griechischen Philosophie. Wenn innovatives Denken Wurzeln schlagen sollte, mußten Homer und Hesiod entthront oder zumindest aus ihrer gebieterischen Position verdrängt werden; und so finden wir bei Xenophanes und Heraklit, wie sie ausdrücklich kritisiert werden. Trotzdem sind, wie Most überzeugend zeigt, Homerische und Hesiodische Denk- und Ausdrucksmuster in der frühen griechischen Philosophie noch auf zahlreiche Arten spürbar, nicht zu reden von solch offenkundigen Berührungspunkten wie der »göttlichen« Inspiration, auf die Parmenides und Empedokles sich beriefen, oder wie den ausdrücklichen Interpretationen von Dichtung, in denen Demokrit, Gorgias und Protagoras sich versuchten.

Die thematischen Kapitel unterscheiden die Darstellung, die dieses Buch von der frühen griechischen Philosophie gibt, von vielen Standardbehandlungen des Gegenstands.[6] Ebenso ist es bis zu einem gewissen Grad mit unseren Erörterungen zu einzelnen Denkern. Das milesische Trio, Thales, Anaximander und Anaximenes, bildet das Hauptthema einer einzelnen Studie – Kapitel 3. Wir haben keine Kapitel, die allein Xenophanes oder Diogenes von Apollonia gewidmet wären, während Empedokles und Anaxagoras zusammen in Kapitel 8 aus der Perspektive ihrer Antworten auf Parmenides erörtert werden. Zenon hat ein Kapitel für sich erhalten, aber Parmenides und Melissos werden in Verbindung miteinander dargestellt. Wenn diese Vorgehensweise jemandem als einseitig oder idiosynkratisch erscheinen sollte, werden die thematischen Kapitel und der Index ihm viele zusätzliche Perspektiven auf alle Hauptdenker anbieten. So wird Xenophanes auf ziemlich vielen Seiten in den Kapiteln 3, 10, 11 und 16 gewürdigt. Empedokles, einer der Denker mit sehr vielen Seiten, kommt an herausragender Stelle in den thematischen Kapiteln vor, aber auch in Kapitel 4 über die pythagoreische Tradition. Ein großer Vorteil dieser Vorgehensweise liegt, wie wir meinen, darin, daß sie diachronische Geschichte – die Erörterung von Individuen – mit der Analyse herausragender Themen und Methodologien verbindet, zu denen sie gemeinsam beigetragen haben.

Aber wie dem auch sei: Zur Konzeption des Buchs ist noch mehr zu sagen. Nach dieser Einleitung und dem Kapitel 2 über die Quellen beginnen wir mit den Anfängen der Kosmologie in Milet (Kapitel 3). Was die Quellen dazu betrifft, sind wir praktisch ganz von der Interpretationstradition abhängig, die von Aristoteles und Theophrast angestoßen wurde. Was wir aus dieser Tradition auch machen, es steht außer Frage, daß sie manche Anachronismen und gewisse Darstellungsfehler mit sich bringt.[7] Darüber hinaus hat sie der Ansicht Vorschub geleistet, die frühen griechischen Philosophen seien überhaupt vorwiegend, wenn nicht ausschließlich, Kosmologen gewesen, deren Hauptfragen sich auf die Ursprünge und die stofflichen Prinzipien der Welt gerichtet hätten.[8] Kosmologen waren die meisten von ihnen in der Tat, wenn wir von den Sophisten absehen. Aber sollten die Sophisten aus den Reihen der frühen griechischen

Philosophen deshalb ausgeschlossen werden, weil sie sich nicht in irgendeinem größeren Ausmaß in der Kosmologie engagiert haben?[9] Abgesehen davon, daß es unangemessen wäre, diese Frage mit Ja zu beantworten, hatte die Gepflogenheit, die frühe griechische Philosophie vorwiegend als Kosmologie zu identifizieren, den bedauerlichen Effekt, ihre Beiträge zur Epistemologie, zur Ethik und zu anderen Themen als Nebensache und als oberflächlich erscheinen zu lassen. Dieses Mißverständnis ist nicht mehr so verwurzelt wie früher; aber verschwunden ist es kaum. Eines der Ziele dieses Buchs besteht deshalb darin zu zeigen, wie viel diese frühen Denker nicht nur zur Kosmologie beigetragen haben, sondern auch zu anderen Punkten, die später ein Teil der Hauptaufgaben der Philosophie werden sollten.

Unterwegs zu einer Definition von früher griechischer Philosophie

Bis jetzt habe ich es mir versagt, die frühen griechischen Philosophen mit dem vertrauten Ausdruck »Vorsokratiker« zu bezeichnen. Dieses Wort wurde im Englischen – ebenso wie im Deutschen – geläufig, nachdem der deutsche Gelehrte Hermann Diels es vor etwa hundert Jahren für den Titel seiner großen Sammlung der Zeugnisse zur frühen griechischen Philosophie benutzte: *Die Fragmente der Vorsokratiker* (englische Version: *The fragments of the Presocratics*).[10] Seither ist es zur Standardterminologie geworden. Wer das erste Mal auf dieses Wort stößt, nimmt an, daß es sich schlicht auf Denker bezieht, die Sokrates chronologisch vorausgingen; und das trifft im großen und ganzen auch zu für die Gestalten im ersten Band von Diels, die nämlich von dem mythischen Orpheus bis zur »pythagoreischen Schule« reichen. In Diels' eigenem Sprachgebrauch ist »Vorsokratiker« allerdings mehr als nur eine chronologische Markierung. Wie sein jüngerer Mitarbeiter Walther Kranz erklärte, finden sich im zweiten Band ihrer Sammlung »auch viele Zeitgenossen des Sokrates, ja mancher, der ihn weit überlebt hat. Und doch ist das Buch eine Einheit«, weil »hier eine Philosophie spricht, die nicht durch die Gedankenschule des Sokrates (und des Platon) gegangen ist, also nicht sowohl die vorsokratische als die nichtsokratische alte Philosophie«.[11]

Diese kommentierende Bemerkung ist in ihren Annahmen weniger harmlos, als es scheinen könnte. Besonders bezeichnend ist, daß Kranz den Namen Platons in Klammern setzt. In Wirklichkeit sind Platons Schriften natürlich unsere Hauptquelle, um die ungeschriebene Philosophie des Sokrates zu bestimmen und um sie von der seiner Zeitgenossen zu unterscheiden, darunter insbesondere von der der Sophisten. Das meiste von dem, was wir über die Sophisten – außer aus dem erhaltenen Werk des Gorgias – lernen können, stammt von Platon; und nichts lag Platon mehr am Herzen, als Sokrates gegen die verbreitete Meinung zu verteidigen, daß er im Grunde ein Sophist gewesen sei. Platon ist also alles andere als ein unvoreingenommener Zeuge für die Besonderheit der Philosophie des Sokrates. Gewiß, er ist der beste Zeuge, den wir haben; und fraglos war Sokrates mit seiner Methodologie des Fragenstellens, seiner Suche nach Definitionen moralischer Begriffe, seinem Leben in ständiger Selbst-Prüfung und mit allerhand sonst eine enorm originale Erscheinung. Außerdem schrieben Diels und Kranz zu einer Zeit, als die Gelehrtenwelt annahm, über den historischen Sokrates sehr viel mehr zu wissen, als viele Experten heutzutage zu wissen Zuversicht haben.

Zuversichtlich können wir davon ausgehen, daß der historische Sokrates sehr viel mehr seinem Namensvetter in Platons *Apologie* und *Kriton* glich als der Bühnenfigur »Sokrates«, dem Naturforscher und Sophisten, der in Aristophanes' rauher Komödie *Die Wolken* ins Lächerliche gezogen wird. Ich möchte nicht vorschlagen, daß »Vorsokratik« ein Terminus sei, den man total aufgeben sollte; selbst wenn das wünschenswert wäre, wäre es doch nicht praktikabel. Angesichts der uns verfügbaren Quellen und des bemerkenswerten Nachlebens von Sokrates wäre es unverantwortlich, ihn einfach als einen unter anderen Denkern des fünften Jahrhunderts v.Chr. zu behandeln. Er muß in Verbindung mit Platon gesehen werden und wird deshalb in dem vorliegenden Buch kaum diskutiert (siehe indes Kapitel 14–15). Dieses Erfordernis, ihn zusammen mit Platon zu erörtern, verschafft uns jedoch nicht die Erlaubnis, nun eben Platons Sokrates als eine derart fruchtbare Figur zu betrachten, daß die, welche er beeinflußt hat, keinerlei Kontinuität zu denen mehr haben, die seinem Einfluß nicht ausgesetzt waren.

Indem wir die frühen griechischen Philosophen als begrifflich oder methodologisch ›vorsokratisch‹ behandelt haben, tendierten wir dazu, ihr Interesse an solchen Themen, wie ich sie schon erwähnt habe, etwa an Ethik, Psychologie, Theologie und Epistemologie, zu übersehen oder zu marginalisieren. Weil Platon niemals Demokrit erwähnt, ist es leicht zu vergessen, daß Demokrit Zeitgenosse des Sokrates war.[12] Es gibt jedoch auffallende Ähnlichkeiten zwischen Demokrits moralischer Psychologie und Ideen, die von Platons Sokrates zur Sprache gebracht werden.[13] Autoren der späteren Antike, die Sokrates das Verdienst zuschreiben, der alleinige Urheber der philosophischen Ethik zu sein, waren allzu sehr darauf versessen, »erste Entdecker« zu identifizieren. Weit davon entfernt, die Bedeutung des Sokrates zu unterschätzen, heben wir sie ganz im Gegenteil heraus, wenn wir die ethischen Dimensionen von Xenophanes oder Heraklit anerkennen oder auf diejenigen Interessen hinweisen, die er mit den Sophisten teilte – und zweifellos auch mit ihnen diskutierte. Die Bezeichnung »Vorsokratik« ist auch wegen ihrer Allgemeinheit irreführend. So vage sie auch ist, legt sie doch nahe, daß alle frühen griechischen Philosophen leicht als eine Gruppe identifizierbar seien und daß das in der Hauptsache durch ihre nicht-sokratischen Merkmale geschehen könne. Auf diese Weise verschweigt der Ausdruck den fließenden Charakter der frühen griechischen Philosophie und die Vielfalt, von der bereits die Rede war. Außerdem tendiert der Terminus »Vorsokratik« dazu, Platons dialektisches Verhältnis zu seinen übrigen Vorgängern zu verdunkeln, besonders zu den Pythagoreern, zu den Eleaten und zu Heraklit: eine Beziehung, die in Platons späteren Dialogen eine wachsende

Bedeutung gewinnt, wo er Sokrates durch die »Fremden« aus Elea und Athen sowie durch Timaios ersetzt.

Weder in der Antike noch danach herrschte jemals Einmütigkeit über das Anliegen, die Grenzen und die Untereinteilungen der frühen griechischen Philosophie. Aristoteles und Theophrast waren, wie Jaap Mansfeld im nächsten Kapitel erklärt, in der Hauptsache daran interessiert, die Meinungen ihrer Vorgänger zu bestimmten Themen zu klassifizieren, zu Themen wie etwa der Anzahl und der Identität der Prinzipien der Welt, der Seele und der Sinneswahrnehmung. Diese Themen fielen alle unter den peripatetischen Begriff der »Natur«, und so nannten Aristoteles und Theophrast die Vertreter solcher Auffassungen ›Erforscher der Natur‹ (*physikoi* oder *physiologoi*).[14] Manchmal äußert Aristoteles sich zu ihrer relativen Chronologie; aber ob er das tut, oder wen er in einen gegebenen Zusammenhang mit aufnimmt, hängt von seiner Einschätzung der verschiedenen Auffassungen ab, nämlich davon, wie relevant sie für sein jeweiliges Thema sind. In seiner Behandlung der »Ursachen« macht er einen klaren Schnitt zwischen Platon und denen, die ihm vorausgingen, einschließlich Parmenides und der Pythagoreer; und hier (aber nur hier) betont er bekanntlich die Konzentration des Sokrates auf die Ethik bis zum Ausschluß jedweder Untersuchung zur »gesamten Natur«.[15] In seiner Behandlung der »Prinzipien« (*Physik* I) erörtert Aristoteles die frühen jonischen Kosmologen, Heraklit, Empedokles, Anaxagoras, Parmenides und Melissos, und er spielt kurz auf Platon an. In Buch I seines Werks *Über die Seele* erfolgt die Diskussion seiner Vorgänger synchron und ist unabhängig von allen Versuchen, Perioden des Denkens zu definieren, und Platon behandelt er im Vergleich mit früheren Philosophen (wie das auch Theophrast in seinem Werk *Über die Sinne* tut). Was Protagoras betrifft, nennt Aristoteles ihn nirgendwo einen Sophisten; und nachdem er gegen Protagoras' »Der Mensch als Maß«-Lehre argumentiert hat (*Metaph.* IV,5), vergleicht er deren Grundgedanken mit Erklärungen von Anaxagoras, Demokrit und anderen.

Aristoteles hat einen impliziten Begriff der *frühen* griechischen Philosophie, der aber mehr vor-platonisch als vor-sokratisch ist.[16] Nachfolgende Autoren philosophischer »Sukzessionen« und Viten, die in hellenistischer Zeit schrieben, neigten dazu, eine Linie *unter* Sokrates zu ziehen, um alles, was *nach* ihm kam, als eine Folge sokratischer Schulen darzustellen, die sich in der Ethik spezialisierten.[17] Jedoch auch Sokrates selbst konnte als das letzte Glied in einer Sukzession dargestellt werden, die mit Anaximander begann.[18] Für uns sind diese Klassifikationen hauptsächlich von antiquarischem Interesse; aber sie helfen zu zeigen, daß die Grenzen dieser Geschichte, wenn sie auch gezogen werden müssen, doch unvermeidlich unpräzise und teilweise subjektiv sind.

Das, worum es dabei geht, ist nicht bloß von methodologischer Art. Es berührt auch das, was wir als den Anfang der frühen griechischen Philosophie ansehen und wie wir ihre nachfolgende Geschichte interpretieren. Ich sage ›Geschichte‹ und nicht ›Entwicklung‹, weil der Entwicklungsbegriff, der die Hegelsche Behandlung der griechischen Philosophie durch Zeller bestimmt, ebenfalls zu dominant gewesen ist.[19] Seine biologischen Konnotationen begünstigen das Vorurteil, daß das, was später kommt, besser sei als das, was vorausgeht; und während es ohne Zweifel Entwicklungen in dem Sinne gibt, daß Demokrits Atomismus eine Antwort auf alle vorausgehenden Theorien zu den Grundlagen der physischen Wirklichkeit und (in unseren modernen Augen) auch ein klarer Fortschritt ist, verlangen zum Beispiel Heraklit und Parmenides eine genaue Untersuchung und fordern das Denken ganz um ihrer selbst willen heraus, egal wie wir sie zur nachfolgenden Philosophie in Beziehung setzen.

Was den Anfang betrifft, folgt dieses Buch der von Aristoteles autorisierten Gepflogenheit, Thales von Milet als den Pionier anzusehen; einen *individuellen* Anwärter, für den man das eher beanspruchen könnte, wird es niemals geben. Jedoch beobachtet Aristoteles – das ist ihm hoch anzurechnen –, daß »man vermuten könnte«, daß der epische Dichter Hesiod seine eigene Idee von einer »Wirkursache« skizziert habe (*Metaph.* I,4, 984b23). In bestimmten Zusammenhängen ist Aristoteles ganz darauf eingestellt, philosophische Gedanken bei Gestalten zu finden, die älter als Thales sind. Außerdem: War Thales oder war Anaximander der erste jonische Philosoph? Diogenes Laertius, der um etwa 200 n.Chr. schreibt, stuft Thales als einen der sieben Weisen (*sophoi*) ein, macht ihn aber auch zum Lehrer des Anaximander, und diesem schreibt er das Verdienst zu, der Ursprung der jonischen Philosophie zu sein (I,13).

Des weiteren gibt es da die Neugier weckende, obskure Gestalt des Pherekydes, der nach einigen sehr späten Berichten der erste war, der die Unsterblichkeit der Seele gelehrt hat.[20] Diese Nachrichten mit Argwohn zu betrachten ist natürlich, wenn man liest, daß Pherekydes der Lehrer des Pythagoras war (D.L. ebd.) und daß auch Pherekydes von Diogenes in die Reihe der »weisen Männer« zurückgesetzt wird, die der Philosophie vorausgingen. Die Frage, ob Hesiod und Pherekydes in die Geschichte der frühen griechischen Philosophie einzubeziehen sind, wird für gewöhnlich entweder negativ oder dadurch beantwortet, daß man die beiden als »Vorläufer« ansieht.[21] Eine Rechtfertigung für dieses Vorgehen wird den Unterschied hervorheben, der zwischen den *mythologischen* Kosmogonien von Hesiod und Pherekydes und dem Bezug besteht, den die frühen jonischen Kosmologen auf beobachtbare Regelmäßigkeiten nehmen, welche nicht von einem willkürlichen Wollen der Gottheiten abhängen. Der Punkt für die Rechtfertigung ist gut gewählt. Aber als definierendes Merkmal der frühen griechischen Philosophie im allgemeinen wird er kaum Bestand haben. Weder Parmenides noch Empedokles (noch schließlich Platon) verzichten auf jeden Gebrauch der Mythologie; und im Denken des Xenophanes und Heraklits ist Theologie ein wichtiges Element (siehe die Kapitel 10 und 16).

Wenn Thales, Pythagoras oder Xenophanes isolierte Gestalten gewesen wären, denen ihre Zeitgenossen und die nächste Generation keine signifikanten, expliziten Antworten gegeben hätten, dann hätten wir wenig Grund, sie als die Anfänge der Philosophie im Unterschied zu einer Fortführung der »Weisheit« zu bezeichnen, wie sie bereits durch die Vorlieben von Hesiod und Pherekydes repräsentiert wurde. Was die erste Gruppe von der zweiten besonders unterscheidet, sind zwei sehr bezeichnende Tatsachen. Erstens wurde Thales, ob er nun der »Lehrer« des Anaximander war oder nicht, offensichtlich als jemand wahrgenommen, der die anspruchsvolleren Kosmologien seiner milesischen Mitbürger, die Kosmologien von Anaximander und Anaximenes, beeinflußte. Er hinterließ eine Art intellektueller Erbschaft, von der man Gebrauch machen, die man verbessern und die man kritisieren konnte. Zweitens unterscheidet um etwa 500 v.Chr. Heraklit sein eigenes Denken nachdrücklich von der »Vielwisserei« Hesiods und dreier anderer – Pythagoras, Xenophanes und Hekataios (DK 22 B40).

Dieses Quartett von Namen ist äußerst aufschlußreich. Den verehrten Dichter Hesiod stellt Heraklit mit drei jüngeren Bewerbern um »Weisheit« zusammen. Zu Pythagoras und Xenophanes fügt er den milesischen Geographen und Chronisten Hekataios hinzu. Das ist ein derart gutes Zeugnis für eine Teilnehmerperspektive auf die griechische Philosophie in ihrer Entwicklungsphase, daß wir nach einem besseren kaum fragen könnten. Heraklit sucht sich selbst sowohl von alten Autoritäten (Hesiod) als auch von einer *Gruppe* fast zeitgenössischer Gestalten zu distanzieren. Wir sollten annehmen, daß er diese Konstellation ganz bewußt wählte. Drei von den vieren standen für neue, für Möchtegern-Autoritäten, für Repräsentanten eines Unternehmens, bei dem Heraklit selbst ebenfalls engagiert ist, das er aber weitaus wirksamer umsetzen will. Bezeichnenderweise ist Heraklit jedenfalls so dicht an den Anfängen der Tradition, die er zu gestalten helfen will, daß er Hesiod in demselben Satz angreift, in dem er Xenophanes, Pythagoras und Hekataios anprangert.

In bezug auf Weisheit und Kunstfertigkeit zu konkurrieren war in der griechischen Kultur seit langem heimisch. Dichter wetteiferten ebenso wie Athleten miteinander, und daß sie das taten, erwartete man von ihnen auch. Was bei Heraklit neu ist – und wir sehen es auch bei Xenophanes –, ist das Subjekt für einen Wettkampf. Nach der sprachlich besseren Konstruktion eines mehrdeutigen Satzes beschreibt Xenophanes sich selbst als einen, der »über alles« spricht (DK 21 B34);[22] und Heraklit beansprucht gleich zu Beginn seines Buchs, daß alle Dinge in Übereinstimmung mit dem *logos*/der Auslegung geschehen, den/die er gibt (DK 22 B1). In demselben Zusammenhang beschreibt Heraklit sich selbst als einen, der »jedes einzelne seiner Natur (*physis*) gemäß zerlegt und erklärt«. Die Erforschung der Natur ist eine passende Beschreibung der frühen griechischen Philosophie; es war, wie wir gesehen haben, ein Ausdruck des Aristoteles, und ohne Zweifel haben einige frühe griechische Philosophen, ob sie das Wort nun benutzt haben oder nicht, bestimmten Konnotationen von Natur den Weg geebnet, Konnotationen wie ›Objektivität‹, ›die Art, wie die Dinge sind‹, ›die Grundstruktur der Dinge‹ und ›Wirklichkeit im Unterschied zu Erscheinung oder Konvention‹. Dies zu sagen heißt immer noch, ein wenig vorauszueilen. Authentischer für das Verständnis dessen, was Xenophanes und Heraklit selbst zu unternehmen dachten, könnte die Formulierung sein: eine »Darstellung von *allem* geben«.

Eine Darstellung von allem geben

Diesen Ausdruck sollten wir in einer quasi-technischen Weise verstehen. Das Vorhaben besteht nicht darin, über buchstäblich alles zu reden oder buchstäblich alles zu erklären, sondern vielmehr darin, eine umfassende Darstellung zu geben, zu zeigen, wie das »All« oder das Universum ist, jedwedes – die Welt als eine Ganzheit – zum Gegenstand einer Untersuchung zu machen.[23] So verstanden, können wir sehen, warum Heraklit die vier Mitglieder des von ihm fallengelassenen Quartetts ausgewählt hat: Xenophanes bekundete wahrscheinlich, alle Dinge diskutieren zu wollen; Hekataios von Milet hatte eine Erdkarte angefertigt und schrieb auch ein Werk, das die Spuren von Familien bis zu ihren mythologischen Anfängen zurückverfolgte; Hesiods *Theogonie* ist in ihrer Zielsetzung universalistisch, nämlich darin, die Hauptmerkmale der sichtbaren Welt und auch zahlreiche »abstrakte« Gegenstände wie Liebe, Haß, Freundschaft und Täuschung zu umfassen und das alles im Rahmen eines Schemas göttlicher Vorfahren und ihrer Nachkommen. Was Pythagoras betrifft, können wir auch dann, wenn er die mathematischen und die musikalischen Modelle der Welt, die mit seinem Namen verbunden werden, in Wirklichkeit nicht initiiert hat, doch annehmen, daß er weithin als der Autor einer ganz allgemeinen Darstellung der Dinge angesehen wurde, insbesondere wie die Situation der Menschen, von ihren Seelen her, einzuschätzen ist.

Bezeichnend ist, daß Heraklit in seine Hit-Liste nicht Thales, Anaximander oder Anaximenes aufnimmt. Wenn sein Punkt einfach der gewesen wäre, alle anderen Universalisten anzugreifen, hätten diese milesischen Kosmologen zu den allerersten Kandidaten gehören können. Was sie vor der Kritik hier schützte, ist, so dürfen wir vermuten, der Umstand, daß ihre Darstellungen den *Fokus* auf der zugrundeliegenden Einheit der Welt haben, ist m.a.W. der Satz, von dem Heraklit selbst verkündet, daß er das Wesen der Weisheit bilde, der Satz, »daß alles eins ist« (DK 22 B50). Im Gegensatz dazu werden Hesiod und das jüngere Trio so verstanden, daß sie diese zentrale Wahrheit verdunkelt haben, indem sie mit einer Vielfalt von Daten (Vielwisserei) ihre universalistischen Ansprüche kontaminiert haben.[24]

Indem wir die frühe griechische Philosophie als ein Vorhaben ansehen, eine Darstellung und Systematisierung aller Dinge zu geben, erhalten wir eine Formulierung, die die Hauptgestalten einbezieht, die in diesem Buch erörtert werden, und die außerdem dem Fließenden und der Vielfalt ihres Werks gerecht wird, ohne in Vagheit zu verfallen. Der Terminus »Natur« (*physis*) drängt uns allerdings ungeachtet seiner Allgemeinheit dahin, etwas Restriktiveres als den maßgeblichen Fokus jener Philosophen anzusehen, nämlich die physische Welt und insbesondere deren Anfänge (*physis* bedeutet ursprünglich nämlich »Ursprung« oder »Wachstum«). Die eingeschränkte Interpretation klappt ganz gut bei den milesischen Kosmologen, bei denen unsere zusammengestoppelten Quellen weitgehend durch die aristotelische Tradition gefiltert sind. Weniger wirksam ist das Konzept, um diejenigen frühen griechischen Philosophen zu beschreiben, deren eigene Worte wir zu lesen in der Lage sind, besonders wenn das Konzept uns dahin drängt, sie als unvoreingenommene Beobachter und Theoretiker der Natur zu sehen, die den Geist und das menschliche Subjekt nicht in den Skopus ihrer Untersuchungen einschließen.[25] Ganz am Anfang unserer Periode in Milet sehen wir jedoch, wie Anaximander Untersuchungen zum Ursprung von Lebewesen und zur ›Evolution‹ menschlicher Wesen anstellt.[26] In der nächsten Generation benutzte Anaximenes die menschliche Seele als ein mikrokosmisches Modell für die Art, wie die »göttliche« Luft die Welt einhüllt.[27] Selbst in Milet wurde »Kosmologie« also in einem breiten Sinn aufgefaßt. Wenn wir zu Denkern kommen, die besser bezeugt sind, sind deren Universalismus und ihr Interesse an menschlicher Erfahrung bestechend evident. Dieses Buch dokumentiert zahlreiche vertraute Fälle; aber andere, weniger gut bekannte Beispiele sind hier hoch relevant.

Anaxagoras studierte den ethischen Inhalt Homers, und dessen Kosmologie wurde als Grundlage benutzt, um eine allegorische Darstellung der *Ilias* zu geben.[28] Demokrit, von dessen umfangreichen Schriften wir jämmerlich wenig besitzen, antizipiert in der breiten Ausrichtung seiner Interessen Aristoteles; zu seinen Interessensgebieten gehören Ethik (siehe Kapitel 9), Mathematik, Musik, Anthropologie und Literaturtheorie, insbesondere die zu Homer. Gorgias und Hippias waren nach Platon beide darauf eingestellt, über jeden beliebigen Gegenstand zu sprechen; und Platon beschreibt den Anspruch des Hippias, Astronomie, Mathematik und Philologie zu unterrichten; Prodikos und Protagoras machten zu dem letzten dieser Gebiete entscheidende Beiträge.[29] Als ein definierendes Merkmal für das Anliegen der frühen griechischen Philosophie kann die Formulierung »eine Darstellung *aller Dinge* geben« auch die sogenannten Sophisten in die Tradition einbinden. Gorgias und Protagoras hatten zweifellos nichts über die gegenständliche Natur zu sagen, was durch ihre skeptischen oder relativistischen Ansichten zur Wahrheit aber erklärt werden kann (siehe Kapitel 14). Sie waren sicherlich darauf eingestellt, über »alle Dinge« zu sprechen, die sie für den Nutzen und das Verständnis des Menschen als relevant ansahen – wie sich das für den berühmten Slogan des Protagoras geziemt: »*Aller Dinge* Maß ist der Mensch«.

Das heißt nicht zu sagen, zwischen den Interessen und Methoden der frühesten der frühen griechischen Philosophen und denen der spätesten habe sich nur wenig geändert; und es heißt auch nicht, das Innovative der Sophisten in ihrer Rolle als bezahlte Erzieher oder Ausbilder in Frage zu stellen. In den späteren Jahren des fünften Jahrhunderts hatte »Weisheit« (*sophia*), das gemeinsame Bezugswort für die Wörter ›Philosophie‹ und ›Sophist‹, eine ›professionellere‹ Konnotation gewonnen, als es sie zur Zeit des Thales hatte, eine Konnotation anerkannter Fachkompetenz in bezug auf das Verständnis der *allgemeinen* Bedingungen der Welt und der menschlichen Erfahrung sowie in bezug auf den Unterricht darüber. Diese kulturelle Entwicklung wäre nicht möglich gewesen ohne die – von den Milesiern an evidente – bestürzend gewagte Annahme, daß Versuche, eine *erklärende Darstellung* aller Dinge zu geben, anstatt sich auf Vertrauen und Tradition zu stützen, menschlich möglich und wünschbar wären. Sogar Aristophanes unterstützt diese Interpretation des Anliegens der frühen griechischen Philosophie; denn wenn wir es bevorzugen, seinen parodierten Sokrates eine Kombination von »Natur«-Wissenschaftler und Sophist zu nennen, ist doch der Charakter in der Komödie selbst eine Einheit.

Um zusammenzufassen: Von etwa 550–500 v.Chr. an ist in Jonien – in Milet (der Stadt des Thales, des Anaximander und des Anaximenes), in Samos (dem Geburtsort des Pythagoras), in Kolophon (der Geburtsstadt des Xenophanes) und in Ephesos (der Heimat Heraklits) – das im Entstehen begriffen, was eine ganz neue intellektuelle Bewegung werden *wird*. Die Personen, um die es dabei geht, sind hoch individualistisch. Pythagoras wandert nach Kroton in Süditalien aus und gründet dort eine religiöse Gemeinschaft; Xenophanes baut in seine Reisen italienische Städte ein und schreibt Gedichte in mehrerlei Versmaßen; Anaximander schreibt ein Buch in dem neuen Medium der Prosa; und Heraklit drückt sich in äußerst dunklen und höchst epigrammatischen Sätzen aus. Es gibt keine Übereinstimmung – noch keine – darüber, was es heißt, zu philosophieren, keine Konzeption von Philosophie als solcher. Heraklit, die jüngste dieser Gestalten, insistiert allerdings schon darauf, daß er eine Darstellung »aller Dinge« habe, die einzigartig korrekt und um vieles besser als das sei, was die anderen anzubieten haben.

Lange vorher hatte Hesiod in einem poetischen Wettbewerb seine *Theogonie* vorgelegt, und bezogen darauf hätte auch er von einer erklärenden Darstellung oder zumindest von einer Geschichte zu »allen Dingen« sprechen können. Was ist – abgesehen von Heraklits Distanz zur traditionellen Mythologie und zu epischer Weitschweifigkeit – dasjenige, was ihn von Hesiod radikal absetzt? Unter vielen anderen Punkten, die man dazu anführen könnte, sind fünf von elementarer Wichtigkeit. Erstens ist Heraklit in bezug auf die Art von Darstellung, die er zu geben beabsichtigt, ganz explizit: Es soll eine Darstellung werden, die jedes Ding »erklärt« und »unterscheidet«. Unter Ausnutzung der vielfältigen Bedeutungen des Worts *logos* (Unterredung, Erklärung, Berechnung, Maß) kommt er, soweit die üblichen Möglichkeiten seiner Sprache das irgend erlauben, der Formulierung nahe, daß er ein »Prinzip« und eine systematische Erklärung aller Dinge geben will. Zweitens zeigen seine Sätze, ungeachtet ihrer Dunkelheit, sein Bestreben, seine Darstellung sowohl empirisch als auch begrifflich kohärent mit unseren kognitiven Fähigkeiten zu gestalten. Er macht es möglich, mit ihm ein Argument durchzugehen. Drittens formuliert er diese erklärende Darstellung in einer Weise, die darauf angelegt ist, die Leute von ihren persönlichen Täuschungen darüber, wie alle Dinge vor sich gehen, »aufzuwecken«. Sein Ziel ist zu transformieren, man könnte fast sagen: zu »erlösen«. Viertens beabsichtigt er nicht nur, Wahrheiten auszusprechen, sondern auch, sie so zum Ausdruck zu bringen, daß die, die hinhören, aufgefordert sind, selber nachzudenken und zu forschen. Er ist ein Lehrer, der den Geist in den Köpfen seiner Zuhörer ›provozieren‹ möchte. Fünftens setzt Heraklit sich, wie das bereits Xenophanes getan hatte, von bloß ethnozentrischen Konventionen und und von bloß überlieferter Weisheit ab; aber er nimmt auch eine kritische Distanz zu Xenophanes und zu jedermann sonst ein.

Eine Darstellung aller Dinge zu geben, die (1) erklärend und systematisch ist, (2) kohärent und argumentativ, (3) verändernd, (4) bildungsmäßig provokativ und (5) kritisch und unkonventionell – mit einer solchen Formulierung können wir das allgemeine Vorhaben früher griechischer Philosophie umgrenzen, ohne Anachronismus und mit Respekt für ihre Verschiedenheiten in der Betonung, in der Methode und im besonderen Inhalt. Wie jede Verallgemeinerung ist sie zu breit, um jede Besonderheit aufzunehmen; zum Beispiel befaßt dieses Buch sich kaum mit den meteorologischen Spekulationen mancher früher griechischer Denker. Indes ist die Verallgemeinerung passend für solche Denker, deren eigene Worte gut bezeugt sind, vor allem für Xenophanes, Heraklit, Parmenides und Empedokles; sie paßt zu dem, was wir von Demokrit wissen; und in erheblichem Maß paßt sie auch zu den Sophisten. An meinem ersten, am zweiten und am fünften Merkmal ist nichts Originelles. Das dritte und vierte allerdings verlangt eine Erläuterung.

Karl Popper schrieb von der »einfachen, freimütig unkomplizierten *Rationalität*« der Vorsokratiker.[30] Sein Enthusiasmus für diese Denker ist verführerisch; tatsächlich werden sie aber weitaus interessanter, wenn wir erkennen, daß ihre Rationalität weder einfach noch freimütig unkompliziert war. Ein prominenter französischer Gelehrter hat kürzlich vorgeschlagen, man solle die ganze griechisch-römische Tradition der Philosophie an erster und wichtigster Stelle dahingehend auslegen, daß sie in ihren Zielen praktisch und »spirituell« gewesen sei und ein Konzept von Philosophie als Lebensform unterstütze.[31] Vielen Leuten wird diese Charakterisierung nur für *manche* spätere antike Philosophien als passend vorkommen; sie hat aber das große Verdienst, daß sie uns auffordert, keine modernen Konzeptionen von der vollkommenen Desinteressiertheit der Philosophie oder von »reiner« Forschung auf die klassische Antike zu übertragen. Man beachte zum Beispiel, wie Euripides, ein Tragiker, der mit dem intellektuellen Gärungsprozeß seines Zeitalters zutiefst vertraut war, in einem seiner verlorenen Stücke den Chor die Segnungen der »Forschung« kommentieren läßt:[32]

> Glücklich ist, wer sich in der Forschung zu engagieren gelernt hat, der dabei nicht den Drang verspürt, seine Mitbürger zu schädigen oder Ungerechtigkeiten zu begehen, der vielmehr die Ordnung der unsterblichen, ewig jungen Natur betrachtet, wie sie verfaßt ist ...

In diesen Zeilen hören wir, wie die frühe griechische Philosophie in zeitgenössischen Worten gerühmt wird, in Worten, die ihren holistischen Ehrgeiz einfangen, ihr wissenschaftliches, ihr spekulatives, ihr ethisches und ihr ehrfurchtgebietendes Bestreben.

Von der Falschheit nehmen die führenden Gestalten offensichtlich an, daß sie für die, die sich im Irrtum befinden, schlimmen Schaden bringe; daher die scharfen Töne, mit denen Xenophanes, Heraklit, Parmenides und Empedokles ihre unaufgeklärte Hörerschaft schelten. Nicht nur Pythagoras, sondern auch diese Denker haben Themen, die man transformierend nennen kann, und viel von Platons Verve gegen Protagoras rührt von seiner Überzeugung her, daß der

Anspruch des letzteren, er könne eine gute Besorgung der eigenen Angelegenheiten und der Angelegenheiten von jemandes Stadt lehren, einer sokratischen Erforschung nicht standhält. Das Konzept, daß eine wahre Darstellung aller Dinge eine wohltätige Wirkung auf das Leben derer haben werde, die darauf zu hören bereit sind, wurde nicht von Platon erfunden; er erbte diese Idee von seinen philosophischen Vorgängern.

Darauf unmittelbar bezogen ist das Merkmal, erziehungs- oder bildungsmäßig provokativ zu sein. Dieses Markenzeichen von Sokrates kann ebenfalls weiter zurückverfolgt werden. Obwohl Platon uns dazu überreden will, eine radikale Unterscheidungslinie zwischen der sokratischen Erörterung und der Rhetorik der Sophisten zu ziehen, ist Platons Sokrates, wie Platon selbst, auch ein meisterhafter Rhetoriker, wie das jeder wirkungsvolle Erzieher sein muß. Um erkannt zu werden, braucht Wahrheit eine persuasive Artikulation; aber wenn die Leute auch ermuntert werden müssen, für sich selbst Wahrheiten zu entdecken, dann brauchen sie genau die Provokation, in der Heraklit und Parmenides sich engagierten und in der wahrscheinlich auch Protagoras sich ebenso wie Sokrates engagiert hat.

Diese Hinweise bekräftigen noch einmal, welche Irreführungen die Bezeichnung »Vorsokratik« herbeiführen kann. Platons Sokrates erfüllt in ziemlich großem Umfang das, was ich zur Charakterisierung der frühen griechischen Philosophie anbiete; und Platon selbst erfüllt die Kennzeichnung sogar noch besser.[33] In seinen frühesten Schriften konzentrierte Platon sich vornehmlich auf die ethischen Fragen und sah die Methodologie als ein charakteristisches Vermächtnis des Sokrates an; aber als sein Denken sich entwickelte, konzentrierte er sich zunehmend auf Heraklit, Protagoras, die Pythagoreer und die Eleaten und skizzierte seine eigene Kosmologie erst im *Timaios*, einem der letzten Werke. Wie Aristoteles, so sollten auch wir gelegentlich eine Trennlinie vor Sokrates oder vor Platon ziehen, aber für manche Zwecke ist es nötig, daß wir die früheste Phase so ausdehnen, daß sie sogar Platon selbst einschließt.

Zum Abschluß

Mit diesen Zusätzen befindet meine Darstellung der entscheidenden Merkmale der frühen griechischen Philosophie sich im großen und ganzen in Übereinstimmung mit aktuellen Auffassungen, ob diese nun die Reform der Theologie betonen oder das Vermögen zu abstrakter Verallgemeinerung, die Universalisierung von Erklärungen, kontraintuitive, argumentationsgeleitete Hypothesen oder die Verpflichtung auf eine kritische Untersuchung. Einige der Denker neigen mehr zur Naturwissenschaft und zu Entdeckungen, die in einem weiten Sinn auf Beobachtung beruhen. Andere stellen die Erscheinungen von Dingen in Frage und skizzieren Gedanken, die sehr viel später Wasser auf die Mühlen der Skeptiker sein werden. Bei Parmenides und seinen Mit-Eleaten können wir den Entstehungsprozeß von Logik und Metaphysik beobachten. Weiter finden wir kosmologische Modelle, die in ihrer Kühnheit atemberaubend sind, aufkommende Ideen von einem sich entfaltenden und sich selbst regulierenden Universum, das in seiner Struktur und in seinen Grundbestandteilen systematisch konzipiert ist. Es werden Unterscheidungen zwischen Natur und Konvention getroffen, und damit wird die Bühne bereitet für eine Erforschung der Grundlagen der Sprache, für das Studium sozialer Praktiken und für die Untersuchung der Gerechtigkeit. Wahrheit wird von einigen objektiviert und von anderen relativiert. Durch die ganze in diesem Buch erörterte Periode hindurch ist ein Sinn für intellektuelle Erregung und Herausforderung zu spüren. Eine Theorie folgt auf die andere und wetteifert mit ihr. Wenig Grundlage haben die Darstellungen »aller Dinge« in der Messung oder in den rigorosen Prüfungen und Kontrollen, die wir heute mit ›Physik‹ assoziieren. Als die Periode jedoch fortschritt und ihren Kulminationspunkt im Atomismus Demokrits erreichte, ist eine wissenschaftliche Theorie von erstaunlicher Voraussicht formuliert – eine Theorie, daß die Grundstruktur der Natur nichts anderes als Materie in Bewegung ist.

Warum all dies geschah, als es geschah und wo es geschah, das ist eine Frage, die ebenso faszinierend zu stellen wie unmöglich mit irgendeinem Grad an Präzision zu beantworten ist. Es lassen sich zahlreiche Faktoren beibringen. Einige der aufschlußreichsten darunter sind (ohne mit der Reihenfolge etwas über die Priorität sagen zu wollen): politische Freiheit und die Gelegenheit zur Diskussion; zwischenstaatlicher Handel und kommunikativer Austausch mit den älteren Zivilisationen Ägyptens und Asiens; das Aufkommen der Kunst des Lesens und Schreibens; die Kodifizierung von Gesetzen; Unzufriedenheit mit anthropomorphen Mythen; die Würdigung von Innovation und eine Hochschätzung, wenn jemand seine Meinung zur Geltung bringt; ein allgemeines Interesse an sprachlicher Gewandtheit und Fertigkeit, die eine Konkurrenz aushält; ein wahrgenommenes Bedürfnis nach höherer Bildung; Ängste oder Bedenken wegen der Natur der menschlichen Identität und wegen ihres Platzes in der Welt und nach dem Tod.[34] All dies ist für unser Verständnis des kulturellen Kontexts und des Inhalts der frühen griechischen Philosophie relevant. Aber was wir darüber auch sagen, wir sollten unser eigentliches Erstaunen über diese Philosophie nicht in eine Rede über den besonderen Genius der Griechen abgleiten lassen. Dieses Buch versucht zwar nicht, irgendwelche Vergleiche zwischen dem intellektuellen Leben im frühen Griechenland und dem der Nachbarkulturen anzustellen; aber das ist ganz durch Platzmangel und durch das Erfordernis verursacht, jeder Geschichte handhabbare Grenzen zu setzen.

Die Griechen selbst erkannten an, daß sie im Verhältnis zu den sehr viel älteren Zivilisationen Ägyptens und Asiens relativ neu waren und daß sie ihre frühe Mathematik und Astronomie Ägypten und Babylon verdankten.[35] Es ist ziemlich sicher, daß Thales und seine jonischen Mitbürger nahöstliche Darstellungen zum Ursprung der Welt kannten und davon beeinflußt waren. Für die Zwecke dieses Buchs sind die wichtigen Fragen nicht, wer einen Gedanken zuerst zum Ausdruck brachte oder woher jemand eine bestimmte Idee bekam, sondern was Heraklit und die übrigen mit ihren eigenen Gedanken machten (wie immer diese Gedanken entstanden sind) und in welchen Zusammenhang sie sich selbst und ihre Hörerschaft hineinstellten. Global gesprochen waren die Griechen nicht die einzigen Leute in der Antike, die zu philosophieren begannen.[36] Wichtig ist der Anfang der Philosophie bei ihnen aber in zweifacher Hinsicht, zum einen, weil er am Beginn der philosophischen Tradition Europas steht, und zum anderen wegen der Art von Philosophie, die dort initiiert wurde.

Das Wort »Tradition« gebrauchen die Leute oft ziemlich lax, um damit eine seit langem bestehende Reihe von Praktiken zu bezeichnen, deren historische Phasen miteinander eher sukzessiv als kumulativ und symbiotisch verknüpft sind. In der westlichen Philosophie war die Tradition von ihren frühesten Anfängen in Griechenland an von der letzteren Art; in ihr werden seit eh und je kontinuierlich ältere Theorien und Methodologien durch neuere Fragen, Vermutungen und Widerlegungen ausgeschlachtet, wieder aufgesucht und revidiert. Wenn es in der Philosophie einen Fortschritt gibt, dann entsteht er weitgehend aus solchen dialektischen Begegnungen mit der Tradition, ob die jeweiligen Teilnehmer diese Beziehung anerkennen oder nicht. Es ist auch ein Teil und ein Stück guter Philosophie, diejenigen, die früher zu ihr beigetragen haben, als Partner zu behandeln, die wir in eine fruchtbare Unterredung verwickeln können, besonders wenn wir die historischen Zufälligkeiten zugestehen, welche sie in Distanz zu uns bringen und welche dabei behilflich sind, die Gestalt ihrer Weltauffassung zu ermitteln. Wenn solche Unterredungen mit früheren Denkern Geschichte und Zusammenhang auslassen, tendieren sie dazu, polemisch, künstlich und kurzsichtig zu werden – ein Fehler, den dieses Buch hoffentlich vollständig vermieden hat. Die frühe griechische Philosophie in der Art zu kontextualisieren, wie unsere Beitragenden dies zu tun versuchen, war keine griechisch-römische Praxis; aber vergangene Philosophen in gegenwärtige Untersuchungen einzubeziehen hat eine lange, noble Ahnenreihe und ist ein wesentlicher Teil der griechischen Tradition. Aristoteles hat das schön ausgedrückt, als er schrieb:[37]

Die Betrachtung der Wahrheit ist in einer Hinsicht schwierig, in einer anderen leicht. Ein Zeichen dafür ist der Umstand, daß niemand sie adäquat erreichen, sie aber auch nicht völlig verfehlen kann; vielmehr sagt jeder über die Natur [der Dinge] etwas Wahres; und wenn man im Einzelfall nichts oder nur wenig zur Wahrheit beiträgt, so ergibt sich trotzdem, wenn alles zusammengefaßt wird, daraus eine gewisse Größe.

Die frühe griechische Philosophie war sowohl der Anfang der antiken Tradition als auch ein integraler Bestandteil der anschließenden Phasen der Philosophie. Platons späteres Denken läßt sich nicht in einem oder zwei Sätzen zusammenfassen; sondern es schließt ganz klar seine Anerkennung ein, daß eine kohärente Darstellung der Welt zu Begriffen kommen muß, die einerseits eleatische Einförmigkeit und Stabilität aufweisen und andererseits Gegensätze und ein Fließen im Sinne Heraklits berücksichtigen. Aristoteles diskutiert die frühen griechischen Philosophen bei seiner kritischen Sichtung der Daten, die jemand, der eine wissenschaftliche Untersuchung macht, in Betracht ziehen muß. Als die nach-aristotelischen Schulen gegründet wurden, wurde der Atomismus Demokrits von Epikur zu neuem Leben erweckt, während Zenon von Kition und Kleanthes, die ersten Schulhäupter der Stoa, sich bei der Formulierung ihrer Naturphilosophie und Theologie eng an Heraklit orientierten. Als zur selben Zeit auch die Skepsis eine anerkannte Einstellung wurde, zuerst bei Pyrrhon und dann in der nach-platonischen Akademie, da berief man sich auf Xenophanes, Protagoras und Demokrit, die zumindest partiell Vorläufer gewesen seien. Der Pythagoreismus hatte eine Zukunft, die in der frühen christlichen Zeit zunehmend mächtig werden sollte, und seine Zahlenlehre wurde schon von den frühesten Platonikern aufgegriffen.

Abgesehen von solchen offenkundigen Hinweisen auf das Nachleben der frühen griechischen Philosophen wurden einige ihrer entscheidenden Lehren für alle ihre Nachfolger, soweit sie keine Skeptiker waren, praktisch zu Axiomen. Zu diesen allgemein rezipierten Lehren gehören das Parmenideische Prinzip, daß die Wirklichkeit als solche nicht auf die alltäglichen Erscheinungen reduziert oder mit diesen einfach identifiziert werden kann; die Empedokleische Auswahl von Erde, Luft, Feuer und Wasser als den Urelementen und vor allem die Annahme, daß die Welt als ganze eine vernünftige Struktur mit zugrundeliegenden Prinzipien bildet, welche dem menschlichen Verstehen zugänglich sind. Am Ende unserer Periode ist mit solchen Gestalten wie Demokrit, Anaxagoras und Diogenes von Apollonia die Szene bereitet für die große kosmologische Frage, die zu gegebener Zeit Platoniker, Aristoteliker und Stoiker gegen die atomistischen Epikureer vereinen wird, die Frage, ob die Welt durch einen zielstrebigen Geist oder durch rein mechanistische Kräfte gelenkt wird. Auch auf den Gebieten der Psychologie und Epistemologie bleibt es so, daß die Theorien der frühen griechischen Philosophen spätere griechische Denker beeinflussen, so zum Beispiel bei den Diskussionen über die Zusammensetzung der Seele oder über die Verläßlichkeit der Sinneswahrnehmung.

Sogar außerhalb der eigentlichen philosophischen Tradition haben die frühen griechischen Philosophen die Vorstellung moderner Autoren für sich eingenommen: Matthew Arnold schrieb »Empedocles on Etna«, eines seiner anspruchsvollsten Gedichte; T.S. Eliot schickte seinen *Four Quartets* zwei Heraklit-Zitate voraus; Tom Stoppard erinnert in seinem Stück *Jumpers* an Zenons Pfeil, der unglücklicherweise einen Hasen tötet und damit eine weitere Zenonische Paradoxie aufruft; Karl Marx behandelte in seiner Doktorarbeit die Unterschiede zwischen Epikur und Demokrit; und Oswald Spengler, der Autor von *Der Untergang des Abendlandes*, schrieb seine Dissertation über Heraklit. Das sind nur einige wenige Hinweise auf den außerordentlichen Einfluß der frühen griechischen Philosophie auf unser kulturelles Gedächtnis.

Anmerkungen

[1] Siehe Mourelatos [155] 3: »Kein anderes Feld bietet der philosophischen Imagination eine vergleichbar einladende Herausforderung, erst recht nicht in einer so anspruchsvollen Umgebung von Beweis- und Interpretationskontrollen.« (Bibliographische Angaben in dieser numerierten Form beziehen sich auf die fortlaufende Bibliographie am Ende des Bandes.)

[2] Siehe Heidegger [152], Popper [122] und Cambiano [86].

[3] Siehe insbesondere Burnet [6] Kap. 1; Cornford [89]; Vlastos [187], [482]; Jaeger [481]; Kirk [123]. Wer die einleitenden Seiten folgender Bücher vergleicht, wird einen guten Sinn für die verschiedenen Zugänge führender Interpreten gewinnen: Guthrie [15]; Hussey [13]; Barnes [14]; vgl. auch Lloyd [124] 100–104.

[4] Später in der Antike schrieb man Pythagoras das Verdienst zu, als erster das Wort »Philosophie« verwendet und sich selbst als einen »Philosophen« bezeichnet zu haben (D.L. I,12). Selbst wenn das zutreffen sollte, wäre es ganz falsch, die Wörter hier anders als in ihrer wörtlichen Bedeutung zu nehmen: »Liebe zur Weisheit« bzw. »Freund der Weisheit« – ohne irgendwelche technischen oder professionellen Konnotationen. Für weiterreichende Bemerkungen zum fließenden Zustand der Philosophie zu dieser Zeit siehe Lloyd [154] 102–103.

[5] Wie künstlich es ist, die Hippokratische Medizin aus der Geschichte der frühen griechischen Philosophie auszuschließen, wurde von Geoffrey Lloyd in zahlreichen Werken mit beredten Argumenten dargelegt; siehe Lloyd [110], [111] und [154].

[6] Zum Beispiel Zeller [18], Burnet [6], Guthrie [15], [16], KRS [4] und weitgehend Hussey [13]. Eine wichtige Ausnahme ist Barnes [14], dessen gewaltige Untersuchung Kapitel zu Psychologie, Epistemologie, Ethik und mehr umfaßt.

[7] Siehe in diesem Band Algra, S. 44f., und Graham, S. 160f.

[8] Diese Auffassung ist besonders deutlich bei Burnet [6] und wird auch bei KRS [4] betont. Das erklärt, warum beide Bücher die Sophisten ausschließen.

[9] Für eine hervorragende Rechtfertigung, warum die Sophisten integraler Bestandteil der frühen griechischen Philosophie sind, siehe Kerferd [433] 2–14; die Geschichte moderner Fehldeutungen wird dort in erhellender Weise dargestellt.

[10] Diels [1]. Für eine Diskussion von Diels' grundlegendem Werk zur frühen griechischen Philosophie siehe Mansfeld in diesem Band, S. 22, und mit viel mehr Material in Mansfeld & Runia [27].

[11] Kranz in Diels [1] Bd. 1, VIII. Obwohl Diels der erste gewesen zu sein scheint, der ein Buch mit dem Wort »Vorsokratiker« im Titel geschrieben hat, ist das Konzept, welches der Terminus zum Ausdruck bringt, schon in Eduard Zellers großer Geschichte der griechischen Philosophie entscheidend, die auf Diels einen großen Einfluß ausübte, wie seither auf jeden. Teil I von Zellers Werk (= Zeller [18]) schließt mit den Sophisten, und seinen Teil II beginnt er mit Sokrates. Zeller war seinerseits in hohem Maß von Hegel [22] beeinflußt; Hegels »erste Periode, zweite Abteilung« umfaßt jedoch die Sophisten, Sokrates und die sokratischen Philosophen mit Ausnahme von Platon und Xenophon.

[12] Burnet [6] 1 Anm. 1 registriert diese Vorhaltung bereits.

[13] Siehe Kahn [416].

[14] Siehe Most, in diesem Band S. 304.

[15] *Metaph.* I,6, 987a29–b7. Siehe auch *Metaph.* XIII,4, 1078b17–31, wo Aristoteles den speziellen Beitrag des Sokrates nicht mit der Ethik angibt, sondern mit induktiven Argumenten und der allgemeinen Definition. Zweifelhaft ist, ob Aristoteles dazu, daß

er dies sagt, durch irgendetwas anderes autorisiert ist als durch einen Schluß aus Platons frühen Dialogen.

[16] Ein Gegensatz zwischen ›vor-platonisch‹ und ›vor-sokratisch‹ läuft durch die deutsche Gelehrtenschaft im 19. Jahrhundert; siehe den Artikel von Most, auf den in Anmerkung 1 seines Artikels in diesem Band verwiesen wird (S. 330).

[17] Siehe D.L. I,18–19.

[18] D.L. I,14. Diogenes' Vorwort ist das beste Zeugnis, das wir über antike Klassifikationen von Philosophen, über Einteilungen von Philosophie und darüber haben, wie die ganze Tradition im späteren Römischen Reich aufgefaßt worden sein könnte.

[19] Zu Zeller siehe Anm. 11.

[20] Siehe H. Schibli, *Pherekydes of Skiros* (Oxford 1990).

[21] Die meisten Standardgeschichten der frühen griechischen Philosophie enthalten einiges an Diskussion zu »Vorläufern«. Den umfangreichsten Teil dieser Art bietet KRS [4]. Barnes [14] ist diesbezüglich am zurückhaltendsten, wenn er Hesiod kaum erwähnt und von Pherekydes findet, er sei »von keinerlei philosophischem Interesse«. In diesem Band ist Platzmangel der Hauptgrund, warum die Diskussion dessen, was wir Vorläufer nennen, in Erwartung einer günstigeren Gelegenheit beschnitten wird. Siehe allerdings Algra, S. 42, Broadie, S. 187, Lesher, S. 206, und vor allem Most, S. 313.

[22] Xenophanes wird im allgemeinen so verstanden, daß er sagt: »Kein Mensch wird hinsichtlich ... all der Dinge, die ich erkläre, jemals ein Wissen haben.« Aber die Grammatik erlaubt auch die Konstruktion: »... wird jemals ein Wissen über ... alles haben, was ich über alle Dinge sage« (siehe Guthrie [15] 395 Anm. 3). Im Zusammenhang ergibt diese Konstruktion eine pointiertere Feststellung. Ich folge Lesher (in diesem Band S. 209f.) darin, das Griechische in dieser Weise aufzufassen.

[23] Was den Gebrauch von »alles« oder »alle Dinge« bei Xenophanes angeht, siehe Broadie und Lesher, in diesem Band S. 193, 209f. Man beachte weiter, daß die Göttin des Parmenides ihrem jungen Schüler ankündigt, er werde »alles« erfahren (DK 28 B1,28): und bei Empedokles, Anaxagoras und Philolaos begegnet dieser Ausdruck ständig.

[24] Für diesen Punkt möchte ich David Sedley danken, auch dafür, daß er die Aufmerksamkeit auf den Umstand gelenkt hat, daß Homer in der Liste Heraklits fehlt. Heraklit kritisiert Homer an anderer Stelle, verstand ihn aber wahrscheinlich nicht (wie spätere allegorische Ausleger) so, als sei er ein schulmeisterlicher Vielwisser, der eine universalistische Darstellung der Welt anbot.

[25] Für Einwände gegen diesen Zugang zum Material siehe Long [305] 127–132; und vgl. Cherniss [87].

[26] Siehe Kahn [162] 109–113, KRS [4] 141–142 (dt. Ausgabe 154–156) und Guthrie [15] 101–104.

[27] Siehe in diesem Band Algra, S. 54, und Laks, S. 230.

[28] D.L. II,11. Siehe Most, in diesem Band S. 311f.

[29] Platon, *Gorg.* 449b-c, *Hippias minor* 363c–369a, *Hippias major* 285b, und *Prot.* 318c; vgl. Lloyd [111] 91–95.

[30] Popper [122] 130.

[31] Pierre Hadot. Siehe seine *Philosophie als Lebensform* (Berlin 1991) und *Wege zur Weisheit oder was lehrt uns die antike Philosophie?* (Frankfurt a.M. 1999).

[32] Euripides, Frgm. 910 N. Aus welchem Stück der Text stammt, ist nicht bekannt. Im Zusammenhang der frühen griechischen Philosophie wird er bereits bei Burnet [6] 10 zitiert (in Griechisch); englische Übersetzung von A.A. Long, deutsche von K.H.

[33] Bei der Charakterisierung der frühen griechischen Philosophie, wie ich sie gege-

ben habe, gehe ich nicht davon aus, für meine Mitautoren zu sprechen. Sie sind mir darin gefolgt, den Terminus »Vorsokratiker« zu vermeiden; aber man sollte nicht annehmen, daß sie die Vorbehalte bekräftigen, die ich gegen den Ausdruck vorgetragen habe.

[34] Mein einziger besonderer Beitrag zu dieser Liste ist der letzte Punkt, der die Ängste betrifft. Die fundierteste und sorgfältigste Behandlung der sozialen Faktoren, die dazu beigetragen haben könnten, die frühe griechische Philosophie voranzubringen und sie zu einer charakteristischen kulturellen Erscheinung zu machen, ist das Werk von Lloyd; siehe insbesondere Lloyd [110], [111], [154] 121–140.

[35] Siehe Herodot II,109 und Aristoteles, *Metaph.* I,1, 981b23.

[36] Die Frage, bei welchem Volk die Philosophie ihren Ursprung habe, wurde bereits bei den Griechen diskutiert; manche schrieben sie fremden Völkern zu, und andere bestanden auf ihrem Ursprung bei den Hellenen. Siehe D.L. I,1–11.

[37] *Metaph.* II,1, 993a30–b4.

2 Quellen

Jaap Mansfeld

1. Doxographi Graeci

Weil die Werke der frühen griechischen Philosophen verlorengegangen sind, hängt unser Wissen über deren Inhalt ganz ab entweder von vereinzelten wörtlichen Zitaten (wenn diese auch nicht ganz so dünn gesät sind wie beispielsweise die Zitate, die den frühen Stoikern zuzuordnen sind) oder von verschiedenen Formen von Berichten bei antiken Autoren unterschiedlichster Herkunft. Es ist deshalb üblich geworden, Bücher wie das vorliegende mit einer kritischen Sichtung unserer Informationsquellen zu beginnen.

Worum es geht, ist die Verläßlichkeit dieser Quellen.[1] Das Ideal einer objektiven Philosophiegeschichte ist eine Erfindung des 19. Jahrhunderts. In der Antike war die Geschichte der Philosophie Teil der systematischen Philosophie und hatte dort eine Vielzahl von Aufgaben zu erfüllen. Die Ideen früherer Philosophen wurden auf vielerlei Weisen benutzt und interpretiert und dienten in der überwiegenden Mehrzahl der Fälle bloß als Sprungbretter. Das gilt nicht nur für die Einstellungen bedeutenderer Denker wie Platon und Aristoteles, sondern auch für die weitaus anspruchsloseren Werke, die aus Sammlungen von Lehren bestanden, mit oder ohne einige biographische Notizen, und die in ziemlich großem Umfang zirkulierten. Anscheinend wurden solche Werke im Zusammenhang einer ersten philosophischen Unterweisung benutzt, aber auch als Fundgruben, in denen man stöberte, wenn man über ein philosophisches Thema schrieb und das Gefühl hatte, man sollte seine eigene Auffassung gegen die von anderen absetzen, eine bereits existierende Ansicht verbessern oder sie durch eine andere ersetzen.

Überblicke über frühere Philosophen und Philosophien und sogar Anthologien mit brillanten Passagen wurden auch zum Vergnügen eines allgemeineren Publikums zusammengestellt; aber die lehrmäßigen Inhalte solcher Werke und die Auswahlen, die sie trafen – wenn sie auch zumeist traditionelles Material enthielten –, wurden häufig auf den neuesten Stand gebracht und spiegelten die Interessen und Vorlieben ihrer jeweiligen Zeit, die in der Regel von denen der professionellen Philosophen beeinflußt waren. Die Überlieferung von den Meinungen der frühen griechischen Philosophen (den sogenannten *physikoi*) ist daher nicht nur ganz fragmentarisch, sondern oft auch gefärbt oder sogar befangen.

Über einen Teil dieses Überlieferungsprozesses entwickelte Hermann Diels in seinen monumentalen *Doxographi graeci* von 1879 (noch erhältlich in einem unveränderten Nachdruck) die Ansicht, die immer noch vorherrscht, heute aber allmählich revidiert wird.[2] »Doxograph« und »Doxographie« sind keine alten griechischen Wörter, sondern Neologismen, die Diels vermutlich deshalb prägte, um damit einen fundamentalen Gegensatz zur Biographie auszudrücken, einem Genre, von dem er glaubte, daß es prinzipiell unzuverlässig sei. Doxographie befaßt sich mit *doxai*, »Ansichten« oder »Lehren« (auch als *dokounta* oder *areskonta* bezeichnet, lateinisch als *placita* oder *opiniones*). In Ausarbeitung der Ideen seines Lehrers Usener und abhängig nicht allein von der Altertumswissenschaft des 19. Jahrhunderts, sondern bis zu einem gewissen Grad auch von einer (zu seiner Zeit teilweise vergessenen) Tradition, die im 16. Jahrhundert begann, argumentierte Diels, daß die Doxographie eigentlich mit einer themenorientierten Abhandlung in 16 Büchern ihren Anfang nahm, von der nur Fragmente erhalten sind (welche Usener schon gesammelt und herausgegeben hatte). Dieses Werk wurde von Theophrast zusammengestellt, dem Schüler und Nachfolger des Aristoteles: die *Physikōn doxai* oder »Lehren der Naturphilosophen«. (So gut wie sicher lautet der Titel allerdings *Physikai doxai*, »Naturtheoretische Lehren«.)

Nach Diels erfuhr das Werk Theophrasts irgendwann in hellenistischer Zeit eine Revision; es wurde gekürzt, aber auch erweitert, so daß es auch die Lehren der hellenistischen Philosophen sowie die einiger Ärzte und Astronomen enthielt. Diese modifizierte Sammlung wurde angeblich von späteren Epikureern benutzt, von Cicero, Varro, Aenesidemos, der die Hauptquelle des Neupyrrhoneers Sextus Empiricus (späteres 2. Jh. n.Chr.) bildete, von dem Arzt Soranos (ca. 100 n.Chr.), dem Kirchenvater Tertullian (ca. 200 n.Chr.) und von zahlreichen anderen Schriftstellern. Diels nannte es *Vetusta placita*, »Älteste Lehren«. Dieses heute verlorene Werk wurde dann seinerseits gekürzt und ein wenig auf den neuesten Stand gebracht durch eine ansonsten unbekannte Person namens Aetius, die irgendwo im 1. Jahrhundert n.Chr. zu datieren ist.

Auch die *Placita* des Aetius sind verloren. Aber Diels sorgte für eine Rekonstruktion, die, wenn auch nicht ohne größere Fehler, doch grundsätzlich richtig ist.[3] Meisterhaft zeigte er, (1) daß die erhaltenen themenorientierten *Placita*, die Plutarch zugeschrieben werden (aber tatsächlich von einem Pseudo-Plutrach stammen) und die ins 2. Jahrhundert n.Chr. datiert werden, eine (ziemlich drastisch) gekürzte Fassung von Aetius sind (und daß der größere Teil der Galen zugeschriebenen, aber unechten *Historia philosopha* eine weitere Kürzung einer Version von Ps.-Plutarch ist); (2) daß Ioannes Stobaeus (5. Jh. n.Chr.) im ersten Buch seiner gigantischen und nur teilweise erhaltenen Anthologie, den sogenannten *Eclogae physicae*, umfangreiche Abschnitte aus Aetius eingebaut und wichtiges Material aufbewahrt hat, das von Ps.-Plutarch weggekürzt wurde; und (3) daß der Kirchenvater Theodoretos (ebenfalls 5. Jh.) in seiner *Kur für die Leiden der Griechen* – der einzigen Quelle, die den Namen des Aetius erwähnt (dreimal) – das Werk des Aetius ebenfalls in einem erheblichen Ausmaß benutzt hat.

Dementsprechend argumentierte Diels, daß die Information über die frühen griechischen Philosophen, die in seinem rekonstruierten Aetius[4] enthalten ist, obgleich im Verlauf der Überlieferung verderbt und modifiziert, dennoch in einer direkten und geraden Abhängigkeitslinie mit dem großen Werk Theophrasts in Verbindung steht. Dieser Umstand verleiht dem, was wir hier finden, einen Hauch von historischer Verläßlichkeit. Eine ähnliche bedingte Verläßlichkeit wird für die Autoren postuliert, die die *Vetusta placita* benutzten (ein Werk, das Diels nicht zu rekonstruieren versuchte, wohl klugerweise). Weiter argumentierte Diels, daß die folgenden Texte weitgehend auf Theophrast selbst zurückgehen: die meisten der doxographischen Passagen a) im ersten Buch der *Widerlegung aller Häresien* des Kirchenschriftstellers Hippolytos (frühes 3. Jh. n.Chr.), b) in den *Stromateis* eines weiteren Pseudo-Plutarch, uns erhalten durch Eusebius, c) in mehreren Kapiteln, die sich mit den frühen griechischen Philosophen befassen, in dem Werk des ansonsten unbekannten Diogenes Laertius (ebenfalls frühes 3. Jh.), das den Titel trägt: *Leben und Meinungen berühmter Philosophen und die Lehren jeder Schule*,[5] und schließlich d) in einigen anderen Werken von geringerer Bedeutung.

Diese Rekonstruktion der sekundären Überlieferung bildet das Rückgrat von Diels' glänzender Ausgabe der *Fragmente der Vorsokratiker* (1903), die er zu seinen Lebzeiten dreimal überarbeitete und erweiterte und die ein weiteres Mal durch Walther Kranz überarbeitet wurde, der einen unentbehrlichen Index-Band hinzufügte.[6] Auch von diesem Werk gibt es ständig Reprint-Ausgaben, und es ist immer noch *die* Basis-Ausgabe der Texte der frühen griechischen Philosophen. Fragmente, die wörtlichen ebenso wie die sekundären, werden gewöhnlich nach der Numerierung von Diels und Kranz (abgekürzt DK) zitiert. Alle anderen Ausgaben der sogenannten Vorsokratiker oder einzelner Vorsokratiker stehen – selbst wenn gelegentlich weiteres Material hinzugefügt wird oder wörtliche Fragmente, die Diels für unecht hielt, als authentisch erwiesen werden – ganz in der Schuld von DK und sind somit der Hypothese über die Genealogie der Sekundärquellen verpflichtet, die jenem Werk zugrundeliegt.[7]

Diels war der festen Überzeugung, daß wörtliche Fragmente (bezeichnet als B-Fragmente) sich getrennt von den Testimonien (bezeichnet als A-Fragmente) nicht verstehen lassen.[8] Dessen ungeachtet ist seine Aufmachung darauf angelegt, die Wichtigkeit der wörtlichen Fragmente hervorzuheben. Diels gab daher jedem einzelnen Philosophen (oder im Fall der Pythagoreer einer einzelnen Gruppe) sein eigenes numeriertes Kapitel, und zwar in chronologischer Ordnung oder sogar in einer Ordnung, die der »Sukzession« entspricht, anstatt dem mutmaßlichen systematischen Layout Theophrasts oder dem der erhaltenen Schrift von Ps.-Plutarch zu folgen. Diese Vorgehensweise brachte es unglücklicherweise häufig mit sich, daß die Testimonien zerschnitten und verteilt wurden, die bei der Mehrzahl unserer alten Quellen dazu tendieren, eher die Ansichten mehrerer Philosophen zusammenzuziehen und einander gegenüberzustellen als die Ansichten von Individuen zu diskutieren. Bei diesem Zerschneiden und Verteilen neigte Diels dazu, manches Detail zu übersehen, oder er setzte die Texte in ein Kapitel, wo man sie nicht vermuten würde. In unseren Quellen werden auch wörtliche Fragmente gelegentlich in Clustern zitiert, um einen Punkt in der Naturphilosophie, der Theologie oder der Ethik zu illustrieren.

Diels' quasi-biographische Art der Präsentation stützt sich zwar auf eine (allzu) klare Hypothese zur Überlieferung, verdunkelt aber in Wirklichkeit ihre eigenen Grundlagen und behindert außerdem den Zugang zu den Quellen selbst. Die Herrschaft des individuellen vorsokratischen Fragments wurde fest etabliert; und die relative Verläßlichkeit eines A-Fragments – d.h. ob es als gut oder weniger gut zählt – hielt man für sicher durch den Platz ermittelt, der seiner Quelle in der Überlieferung (so wie sie rekonstruiert wurde) zugewiesen wurde. Andererseits wurden die wörtlichen Fragmente in der Weise angesehen, wie Kunstwerke im Verlauf einer prämodernen Ausgrabung gewürdigt wurden, und so, als hätten sie einen Wert, der unabhängig sei von den Verfallsprozessen, die stattfanden, um sie aufzubewahren.

Tatsächlich ist diese Auffassung nicht ganz falsch, und mit Sicherheit nicht immer. Solche Fragmente wandern häufig von einer Quelle zur anderen, und der Kontext, in dem wir sie finden, ist für ihre Interpretation keineswegs immer ausschlaggebend – selbst in den Fällen nicht, wo wir relativ oder sogar ganz sicher sein können, daß das, wovon abgeschrieben wurde, das Originalwerk ist. Selbst hier sollten wir uns darüber im klaren sein, daß die Zitation nicht notwendig exakt sein muß; Irrtümer sind unvermeidlich, und Texte, die zitiert werden, können ihrem neuen Zusammenhang dabei angeglichen werden.[9]

Vor der Dielsschen Rekonstruktion des Aetius waren die Gelehrten in Deutschland der Meinung, alle die oben erwähnten späteren Autoren hätten eine gemeinsame Quelle benutzt oder überarbeitet, die bereits zur Zeit Ciceros zur Verfügung stand. Die *Vetusta placita* sind das, was übrigbleibt, wenn Aetius von Diels abgezogen wird: ein nettes Beispiel einer zusammengeschrumpften Hypothese. Es ist deshalb überhaupt nicht verwunderlich, daß von Diels' Überblick der Abschnitt, der sich mit den *Vetusta placita* befaßt, weit davon entfernt ist, befriedigend zu sein, und daß der Weg um so riskanter wird, je näher wir an Theophrast herankommen. Da er den Spuren Useners folgte, war Diels überhaupt nicht durch die Tatsache beunruhigt, daß die Mehrzahl der umfangreicheren Fragmente (die, welche sich mit den Prinzipien befassen), die er dem doxographischen Werk Theophrasts zuschrieb, Zitate aus der *Physik* waren.[10] Darüber hinaus versäumte er es, abgesehen von einer in einem späteren Artikel versteckten Bemerkung,[11] den Einfluß des Aristoteles in Betracht zu ziehen, obwohl Zeller die Ähnlichkeiten zwischen Theophrasts und Aristoteles' Darstellungen der frühen griechischen und der platonischen Prinzipien deutlich herausgestellt hatte.[12] Natürlich findet man in DK die meisten Aristotelestexte, die sich mit den frühen griechischen Philosophen befassen; aber die Rolle des Aristoteles bei der Gestaltung der Tradition war auf der Strecke geblieben.

Außerdem unterließ Diels es, sich zu fragen, zu welchem Zweck *placita* erstens gesammelt wurden und warum es zweitens so kam, daß sie weiterhin ergänzt oder gekürzt oder in anderer Weise überarbeitet wurden. Er zog nicht die Möglichkeit in Betracht, daß vor Aetius mehr als nur eine einzige Überlieferung existiert haben könnte oder daß voneinander abweichende Zeugnisse über dieselbe Tradition zur Verfügung gestanden haben könnten.[13] Wer zu der Tradition (oder den Traditionen) beitrug, war in keiner Weise *verpflichtet*, das

Material seiner Vorgänger unverändert zu erhalten. Aber die Hauptabsicht von Diels war, so nahe, wie es ihm irgend möglich wäre, an den unbefleckten theophrastischen Ursprung der doxographischen Tradition heranzukommen, indem er das demaskierte, was er als betrügerische Praxis ansah; auf diese Weise wollte er näher an die reine Quelle der griechischen Philosophie selbst herankommen. Es war eine Art von Rettungsaktion, was in sich natürlich überhaupt keine schlechte Idee ist. Aber wie schon angedeutet, wird seine Hypothese zur Zeit revidiert und erfordert noch weitere Revision. Obwohl die folgende Darstellung noch vorläufig in dem Sinn ist, daß diese Überarbeitung nicht abgeschlossen ist, geht sie daher doch zum Teil über Diels hinaus.

2. Zwei Sophisten und Platon

Sammlungen von Ansichten wurden schon von zwei Sophisten zusammengestellt, Hippias und Gorgias. Platon, Aristoteles und andere haben sie vermutlich benutzt und waren von ihnen beeinflußt.[14] Hippias stellte eine themenorientierte Anthologie verwandter Ansichten in Prosa und in Versen zusammen und wertete dabei die Dichter ebenso aus wie das, was man später die Philosophen nennen sollte.[15] Dabei wird er die Absicht gehabt haben, sich, vielleicht hauptsächlich für rhetorische Zwecke, einen leichten Zugang zu dem zu verschaffen, was damals schon eine verwirrende Vielfalt von Ideen gewesen sein muß. Indem er verwandte Ansichten zusammenfaßte, angefangen von den alten Dichtern bis kurz vor seiner Zeit, betonte Hippias im Ergebnis Zustimmung und Kontinuität. Einen beachtlichen Widerhall seines Zugangs findet man bei Platon und Aristoteles.[16]

Gorgias andererseits legte Wert auf das, was er für die unauflösbaren Meinungsverschiedenheiten der Philosophen hielt. Wir haben noch eine kurze Paraphrase eines Teils seiner ursprünglichen Argumentation und eine signifikante Bemerkung in einer der von ihm erhaltenen Deklamationen.[17] Darüber hinaus findet sich ein Echo auf sein Werk in zwei frühen Hippokratischen Schriften sowie bei Xenophon, bei Isokrates und sogar bei Platon.[18] Die Philosophen, so stellte Gorgias fest, könnten sich nicht einig werden, ob die Dinge, die es gibt, eines seien oder (unendlich) viele, ob sie entstanden oder nicht entstanden seien und ob es eine Bewegung gebe oder nicht. Auf amüsante Art fuhr er dann fort zu argumentieren, daß sie alle falsch lagen. Sowohl Platon als auch Isokrates stellen Listen auf, die nach der Anzahl und nach der Natur der angenommenen Dinge geordnet sind, ein Verfahren, das wir auch bei Aristoteles und anderen finden werden.

Platon und Aristoteles kombinierten die Zugänge von Hippias und Gorgias und fügten das Material hinzu, das sie gesammelt hatten. In der Tat läßt eine Präsentation nach der Ähnlichkeit (z.B. eine Liste von Ansichten darüber, wie viele und welche Dinge es gibt) sich mit einer nach der Nicht-Übereinstimmung kombinieren. Platon, der seine Karriere als eine Art sokratischer Sophist begonnen hatte, hielt sich in seinen späteren Dialogen mehr und mehr an die großen Meister der Vergangenheit; er diskutierte und adaptierte deren Ideen, um über sie hinauszugehen, und wir können durchaus annehmen, daß er die Originalschriften beispielsweise von Anaxagoras, Parmenides, Heraklit, Zenon und Empedokles studiert hatte. Und doch war sein Zugang zu diesen Meistern der Vergangenheit noch durch die Rezeption gefärbt, die sie in den oben erwähnten sophistischen Werken erfahren hatten, und auch durch die Art, in der die alten Denker durch weniger bedeutsame Anhänger interpretiert worden waren.[19] Dies ist beispielsweise der Grund, warum Platon Heraklits Lehre von Fluß und Verschiedenheit betont und dazu neigt, das zu vernachlässigen, was Heraklit über Einheit und Stabilität zu sagen hat, und warum er, wenn er über Parmenides spricht, dessen Idee von der Einheit und Unveränderlichkeit alles dessen betont, was ist, obwohl er für die Frage nach dem Seienden keineswegs blind ist (z.B. *Soph.* 241d).[20] Vor allem beachte man, daß wir es bei Platon nicht mit Doxographie zu tun haben, sondern mit einer Form von Dialektik (siehe den folgenden Abschnitt über Aristoteles), und daß die mehr oder weniger rigiden Schemata, die seinen Darstellungen zugrundeliegen, im Verlauf imaginärer Unterredungen mit zivilisierten Leuten präsentiert werden und nicht als Bestandteile einer systematischen Abhandlung.

3. Aristoteles, Theophrast und die späteren *Placita*

Eine Diskussion der Lehren seiner Vorgänger, darunter häufig der Lehren Platons und seiner unmittelbaren Schüler, ist ein Standardmerkmal der systematischen Abhandlungen (*pragmateiai*) des Aristoteles.[21] Er rüstete sich ziemlich umfassend aus, indem er eine Bibliothek zusammentrug, und schloß vermutlich Zusammenfassungen und Zitate in die kritischen Monographien ein, die er über Melissos, Alkmaion, die Pythagoreer, Gorgias und Zenon schrieb (D.L. V,25), in eine zwei Bücher umfassende Abhandlung über *Probleme aus den (Schriften) Demokrits* (D.L. V,26) und in eine Abhandlung von drei Büchern *Über die Philosophie des Archytas* (D.L. V,25). Von diesen Werken, die den späteren Aristoteles-Kommentatoren noch vorlagen, sind uns lediglich wenige Fragmente erhalten. Ganz ohne Zweifel las und exzerpierte er auch noch weitere bedeutende Gestalten wie etwa Parmenides und Empedokles, von dem er einzelne Zeilen und sogar ein paar längere Passagen zitiert. Daß er auch die Anthologie des Hippias benutzte und durch sie beeinflußt war, wurde bereits festgestellt; und als Autor einer Monographie über Gorgias hatte er über dessen Argumentation natürlich ein Wissen aus erster Hand. Darüber hinaus war er auch durch die Art beeinflußt, wie Platon seine Vorgänger zitierte und benutzte. Indes verwandelte Aristoteles Platons urbane Zugänge in eine Disziplin, nämlich in die Dialektik, die eine Reihe spezifischer Regeln befolgt, die er sowohl in den *Zweiten Analytiken* als auch in der *Topik* explizit dargestellt hat.[22]

Wenn er sich auf die dialektische Diskussion eines Problems (definiert in der

Topik I,11, 104b1–8) einläßt, dann gehört es zur Methode des Aristoteles, eine Gattung in ihre Arten einzuteilen, um die relevanten *doxai* zu sichten, die Meinungsverschiedenheiten darzustellen und die von allen gemeinsam vertretenen Ansichten zu beschreiben, um sie ferner auf die geeignetste Weise zu bewerten und zu *kritisieren* und um dann von diesem Punkt aus weiterzugehen. Das bekannteste Beispiel dieser Vorgehensweise ist vermutlich die Diskussion der Vorgänger, von Thales bis Platon, für seine eigene Theorie der vier Ursachen, die einen großen Teil des ersten Buchs der *Metaphysik* ausmacht.

Wenn jemand beginnt, eine Frage oder ein Problem (was in die Form einer Aussage gebracht sein könnte) zu diskutieren, dann sollte er auf eine ordentliche Weise vorgehen. Er sollte festlegen, was beispielsweise die Gattung der Sache ist, ob es sich um eine Frage in einer der theoretischen Disziplinen wie etwa der Physik handelt (und dann natürlich, was die Art der Sache ist, zum Beispiel die Zoologie) oder um eine Frage der Ethik. Des weiteren müssen vier Arten von Fragen unterschieden und getrennt behandelt werden – ob der Gegenstand der Untersuchung eine bestimmte Eigenschaft hat oder nicht, der Grund, warum er diese Eigenschaft hat, die Existenz oder Nichtexistenz des Untersuchungsgegenstands und seine Substanz oder Definition (*APo.* II,1, 89b24–35).

Eine entscheidende Rolle spielen in diesem Zusammenhang die Kategorien. Denn es ist von überragender Wichtigkeit, festzustellen, zu welcher Kategorie (Substanz, Qualität, Quantität, Ort usw.) der Untersuchungsgegenstand und seine Attribute gehören (z.B. *De an.* I,1, 402a7–10, 402a23–b3). Die vier Fragearten können dann für jede Kategorie formuliert werden.

In *Topik* I,14 erfahren wir, wie man Aussagen (*protaseis*) und Probleme (*problēmata*) klassifiziert, die zur Diskussion anstehen; ich zitiere Teile des Texts:

> Was nun die Aussagen betrifft, so muß man sie auf ebensoviele Weisen auswählen, wie wir in bezug auf die Aussage Unterscheidungen getroffen haben. Man muß also entweder die Lehren [*doxai*] auswählen, die von allen oder von den meisten oder von den Experten vertreten werden ... Man muß seine Auswahl aber auch aus der vorhandenen Literatur treffen und die Aussagen in getrennte Listen aufnehmen, die sich jeweils mit einer Gattung befassen, indem man sie unter getrennten Überschriften anordnet, zum Beispiel über das Gute oder über das Lebewesen und über das Gute als ganzes, angefangen mit der Frage: Was ist es? Getrennt sollte man außerdem die Lehren [*doxai*] der einzelnen Persönlichkeiten vermerken, zum Beispiel daß Empedokles [der hier für die Expertenmeinung steht] sagte, es gebe vier Elemente des Körperlichen. ... Es gibt, grob gesagt, drei Arten von Aussagen und Problemen: Die einen Aussagen sind ethisch, die anderen physisch und die dritten logisch. Ethisch sind etwa solche wie die, ob man etwa eher den Eltern oder den Gesetzen folgen soll, wenn sie voneinander abweichen; logisch sind solche wie z.B., ob das Wissen von Gegensätzen dasselbe ist oder nicht, physisch solche wie z.B., ob die Welt ewig ist oder nicht. Dasselbe gilt auch für die Probleme. (105a34–b25)

Aussagen (oder Propositionen) lassen sich durch Lehren, *doxai*, exemplifizieren; wie es also drei Arten von Aussagen gibt, so gibt es entsprechend auch drei Arten von *doxai*: ethische, physische und logische. Dies erklärt den Titel von Theophrasts Traktat, *Physikai doxai*, und macht darüber hinaus klar, in welche Art Zusammenhang dieses Werk gehört.

Ein fundamentales aristotelisches Beispiel für eine solche Einteilung einer (Unter-)Gattung findet sich am Anfang der *Physik*. Es betrifft drei Kategorien, nämlich die Quantität, die Substanz und die Bewegung der Prinzipien oder Elemente, und in manchen Fällen sind entsprechend der Anweisung in der *Topik* Namen hinzugefügt (*Phys.* I,1, 184b15–21). Zahlreiche andere Beispiele könnten aus Aristoteles' technischen Abhandlungen angeführt werden.

Es läßt sich beweisen, daß die Methode des Aristoteles die *Placita*-Literatur grundlegend beeinflußte. In zahlreichen Fällen bestimmen nämlich die Fragetypen und die Kategorien die Anlage einzelner Kapitel und bei Ps.-Plutarch sogar ganze Kapitelsequenzen. Zum Beispiel erörtert Kapitel I,7, »Über die Götter«, zuerst die Frage der Existenz und fährt dann damit fort, (unter Hinzufügung namentlicher Kennungen) die verschiedenen Ansichten über die Substanz und die Gestalt (d.i. die Qualität) der Götter aufzulisten. Die Kapitel IV,2–7 befassen sich damit, was die Seele ist, mit der Anzahl ihrer Teile, mit ihrer Substanz und dem Sitz (Kategorie des Orts) ihres leitenden Teils, mit ihrer Bewegung und mit der Frage ihrer Unsterblichkeit (namentliche Kennungen sind durchweg hinzugefügt). Die *placita* über die Erde (Ps.-Plutarch IV,9–15) hängen letztlich von Aristoteles' Erörterung in *De caelo* II,13 ab, sogar bis in Teile ihres Inhalts hinein, und so weiter.[23]

Meine Arbeitshypothese für Theophrasts *Naturtheoretische Lehren* ist die, daß es sich um eine systematische Sammlung der problematischen Lehren der Naturphilosophen (und womöglich einiger Ärzte) nach Gattungen und Arten handelte, daß er die Methode der Einteilung anwandte und sich hinsichtlich der Fragetypen und der Anordnung die Kategorien zunutze machte. Wir haben ein ausdrückliches Zeugnis, daß er auch die verlangten Einwände (*enstaseis*) hinzufügte.[24]

In seinem uns erhaltenen themenorientierten Werk *Über die Sinne* wendet Theophrast die Methode der Einteilung durchweg an. Die Haupteinteilung, die auch ausdrücklich formuliert wird, ist die zwischen denen, die glauben, Erkenntnis erfolge »durch Gleiches«, und denen, die annehmen, sie erfolge »durch Ungleiches«. Aber eine weitere Einteilung spielt ebenfalls eine Rolle, nämlich die Einteilung zwischen denen, die glauben, es gebe einen Unterschied zwischen Sinneswahrnehmung und Denken, und denen, die das nicht glauben. Des weiteren werden die Mitglieder in jeder Gruppe nach der Anzahl der postulierten Sinne geordnet. Der letzte Philosoph, der zu erörtern bleibt, ist Demokrit, dies deshalb, weil er – nach Theophrast – argumentiert, daß die Erkenntnis sowohl durch Gleiches als auch durch Ungleiches erfolgt und sich deshalb der Haupteinteilung nicht fügt. Diese Struktur, die eine Einteilung der Repräsentanten auf jeder Seite einer Streitfrage einschließt, gefolgt von einer oder mehreren außergewöhnlichen Lehren, ist nicht typisch für die dialektischen Überblicke des Aristoteles; sondern sie findet sich ganz ähnlich in zahlreichen Kapiteln bei Ps.-Plutarch.[25] Diels glaubte, daß *Über die Sinne* ein umfangreiches Fragment der *Naturtheoretischen Lehren* sei, was aber überhaupt nicht sicher ist.[26] Die Vorgänger von Aetius benutzten vermutlich nicht nur die *Naturtheoretischen Lehren*, sondern auch andere Werke Theophrasts. Tatsächlich können sie Werke von Aristoteles selbst benutzt haben oder gelegentlich sogar die Originalquellen oder erreichbare Auszüge aus solchen Originaltexten. Wir können diese Praxis eine Verunreinigung nach rückwärts nennen. Dennoch ist es klarerweise die Methodologie des Aristoteles, wie sie von Theophrast revidiert wurde, die die Anlage der *Placita* bestimmt.

Daß eine Sammlung dieser Art, welche Lehren nach-theophrastischer Herkunft enthielt, bereits zur Zeit des Stoikers Chrysipp zur Verfügung stand, wird durch ein wörtliches Fragment Chrysipps über den leitenden Teil der Seele bewiesen, das von Galen zitiert wird.[27] Diese Sammlung ging bereits über Aristoteles und Theophrast hinaus, indem sie wie Aetius die tiefgreifende Meinungsverschiedenheit (*antilogia* oder *diaphonia*) zwischen den Experten deutlich herausstellte. In gewissem Sinn ist das eine Rückkehr zur Manier eines Gorgias; aber in Wirklichkeit ist es ein Symptom für den Einfluß der hellenistischen Skepsis.

Die Beziehung der *Naturtheoretischen Fragen* Senecas zur *Placita*-Tradition erfordert eine eigene Untersuchung, die hier nicht geleistet werden kann.[28] Klar ist, daß diese Schrift Material benutzt haben muß, das älter als Ps.-Plutarch ist; und es ist ebenfalls klar, daß dies kaum Aetius oder Aetius allein gewesen sein kann: Die Unterschiede sind einfach zu substantiell; außerdem gibt Seneca zu einzelnen Lehren sehr viel mehr Informationen als Aetius, der darüber hinaus möglicherweise etwas später zu datieren ist als Seneca. Vermutlich hatte Seneca auch Originalabhandlungen im Bereich der Meteorologie studiert. Hinsichtlich ihres themenorientierten Inhalts jedoch entsprechen die *Naturtheoretischen Fragen* – mit Auslassungen und Unterschieden in der Anordnung, Unterschieden, die wegen der Unsicherheit über die ursprüngliche Ordnung der Bücher in Senecas Abhandlung kompliziert sind, – der *Meteorologie* des Aristoteles und dem dritten Buch von Ps.-Plutarch, das sich ebenfalls mit der Meteorologie befaßt (einschließlich IV,1 über den Nil). Der letzte griechische Philosoph, der zitiert wird, ist Poseidonios, genauso wie bei Aetius. Eine gewisse Betonung liegt auf den frühen griechischen Philosophen, ebenso wie bei Aetius, obgleich Seneca in Hinsicht auf Namen erheblich selektiver vorgeht (allerdings stolz ist, Anonymi zu zitieren). Mit einigen Bedenken möchte ich für die Annahme votieren, daß zu Senecas zahlreichen Quellen eine oder mehrere Versionen der *Vetusta placita* gehörten, in denen er die ziemlich reichhaltigen Informationen über die frühen griechischen Philosophen fand, die er benutzen wollte – eingeschlossen vielleicht sogar die Informationen über Aristoteles, Theophrast und Poseidonios. Seneca ist ein unabhängiger kreativer Schriftsteller und benutzte die Informationen also auf eine unabhängige Weise. Was mich vor allem dazu bringt, der obigen Annahme beizupflichten, ist die Vorgehensweise Senecas: Er zitiert Lehren, die er einer *dialektischen* Untersuchung unterzieht, indem er Einwände formuliert, die geeignete Wahl trifft und gelegentlich sogar mit einer eigenen Lösung aufwartet. Das ist genau die Weise, in der viele antike Autoren *placita*-Material benutzten.

4. Philosophenfolgen, Diogenes Laertius

Eine andere Art von Literatur, die sich mit der frühen griechischen Philosophie befaßt, sind die sogenannten *Diadochai tōn philosophōn* (*Sukzessionen der Philosophen, Philosophenfolgen*).[29] Dies ist ein ursprünglich hellenistisches Genre, von dem keine reinen Beispiele oder großen Einheiten mehr erhalten sind.[30] Der erste, der ein Werk mit diesem Titel geschrieben hat, war Sotion (frühes 2. Jahrhundert v.Chr.), der von Diogenes Laertius häufig zitiert wird; er hatte viele Nachfolger, die von Diogenes ebenfalls zitiert werden. Aristoteles spricht von einer *Nachfolge* im Bereich der Rhetorik (*SE* 34, 183b17–33) und meint damit, daß ein Schüler etwas von seinem Lehrer übernimmt, allerdings nicht notwendig in einem institutionellen Sinn. Die Motivation, in dieser Art eine Geschichte der Philosophie zu schreiben, leitet sich in der Hauptsache aus der institutionellen Praxis der etablierten Philosophenschulen her, angefangen mit der Akademie. In diesen Schulen hatte der Kopf der Gruppe einen Nachfolger (*diadochos*), der ernannt oder gewählt wurde. Rückblickend wurden solche Nachfolgelinien auch für die vorplatonische Periode konstruiert; und diese Nachfolgen von Vorplatonikern wurden auf verschiedene Weisen mit den späteren Philosophenschulen verknüpft.

Eine Sukzession konnte also postuliert werden in Fällen, wo eine wirkliche oder vorgebliche Verwandtschaft in der Lehre gesucht und gefunden wurde. Aristoteles, Platon und Theophrast, sehr daran interessiert, Leute nach ihren Affinitäten in der Lehre zu klassifizieren, sprachen schon von Lehrern und Schülern.[31] Platon spricht vom »eleatischen Clan« (*Soph.* 242d); Aristoteles bezeichnet die Pythagoreer als *Italikoi* (*Metaph.* I,5, 987a10; I,6, 987a31). Und alle drei befassen sich mit der relativen Chronologie ihrer Vorgänger, so vor allem Theophrast in den Fragmenten über die Prinzipien der *Naturtheoretiker*.[32] Bestimmte Informationen über diese Dinge müssen verfügbar gewesen sein.

Was ebenfalls eine bedeutende Rolle spielte, war der Wunsch mancher späteren »Sekten«, für sich einen achtbaren Vorgänger zu finden. Die Stoiker wollten ihre Philosophie von Heraklit herleiten und sorgten also für eine stoisierende (und recht einflußreiche) Interpretation Heraklits.[33] Die Neupyrrhoneer (die bis zu einem gewissen Grad dem Pyrrhoneer Timon aus dem 3. Jahrhundert folgten) schauten sich nach Vorgängern oder wenigstens nach partiellen Vorgängern um, die soweit abseits lagen wie Xenophanes und andere Eleaten. Außerdem schlossen sie Demokrit ein und lieferten somit pyrrhoneische Interpretationen dieser frühen Denker oder betonten zumindest Aspekte ihres Denkens, die mit einer schöpferischen Interpretation vereinbar waren.[34] Epikur gab vor, ein Autodidakt zu sein und nichts von den frühen Atomisten gelernt zu haben; aber die Autoren der *Diadochai* schlossen ihn und seine Anhänger nichtsdestoweniger in die Sukzessionen ein.

Für die Philosophie selbst gibt es Philosophenfolgen, die das ganze Feld von Thales auf der einen und Pythagoras auf der anderen Seite bis zur hellenistischen Periode umfassen. Wir haben die jonische Linie, die mit Thales beginnt und die Jonier sowie die »Sokratiker« einschließt, zu denen die sogenannten kleineren Sokratiker und die Akademie, der Peripatos, die Kyniker und die Stoa gehören. Die italische Linie beginnt mit Pythagoras und schließt die Eleaten, die Atomisten, die frühen Pyrrhoneer und die Epikureer ein. Wir können auch eine dritte, die sogenannte eleatische Linie finden, die mit Xenophanes beginnt und die Atomisten, die Pyrrhoneer und die Epikureer umfaßt. Einige Philosophen galten als außerhalb dieser Linien stehend (D.L. VIII,91–IX,20). Gelegentliche Hinweise auf Philosophenfolgen gibt es sogar in den *Placita* des Aetius (z.B. Ps.-Plutarch I,3,1–9: Jonier und Italier), die Diels entweder ignorierte oder für spätere Zusätze erklärte. Hippolytos folgt vermutlich mittelplatonischen Beispielen, wenn er uns eine bizzare pythagoreische Sukzession präsentiert, die Empedokles, Heraklit, Platon, Aristoteles und die Stoiker einschließen sollte.[35]

Das Werk des Diogenes Laertius ist zwar zum größten Teil eine Behandlung der Sekten; strukturiert ist es jedoch nach Sukzessionslinien: die Jonier in den Büchern II-VII und die Italier in den Büchern VIII-X. Daher finden wir die frühen griechischen Philosophen, die Jonier sind, angefangen mit Anaximander (von dem es heißt, er sei Schüler des Thales, und der so an Buch I angebunden wird) am Anfang von Buch II, und die Italier-mit-Eleaten zusammen mit Heraklit und Xenophanes (die als »Zufälle« zählten) in den Büchern VIII und IX,1–49. Protagoras wird in IX,50–56 hinzugefügt, weil er angeblich ein Schüler Demokrits war, und Diogenes von Apollonia aus unerfindlichen Gründen in IX,57.[36] Wie Diogenes die einzelnen Leute und Schulen behandelt, ist sehr ungleichmäßig. Die frühen Jonier bekommen nur kurze Kapitel, und die Abschnitte über die frühen Eleaten sind ebenfalls relativ kurz. Pythagoras und der Pythagoreismus werden außergewöhnlich umfangreich behandelt, wenn auch noch nicht in der mystagogischen Art eines Porphyrios oder eines Jamblichos; Empedokles (der bei den Pythagoreern eingeschlossen ist), Heraklit und Demokrit werden in ziemlich langen Abschnitten dargestellt.[37]

Es sieht ganz so aus, als spiegelt Diogenes hier die Vorlieben seiner eigenen Zeit oder die der unmittelbar vorhergehenden Jahrhunderte wieder. Ein Interesse an Heraklit und Empedokles (in einer platonisierenden und pythagoreisierenden Art gedeutet) war in mittelplatonischen Kreisen schon vor Philon von Alexandrien ganz ausgeprägt.[38] Von dem ersten Neupyrrhoneer, Änesidem (1. Hälfte des 1. Jhs. v.Chr.) sagt Sextus Empiricus verschiedentlich, er habe »in Übereinstimmung mit Heraklit« philosophiert. Der pythagoreisierende Platonist Thrasyllos (frühes 1. Jh. n.Chr.) schrieb eine *Einleitung* zu Demokrit, die aus einer Biographie und einem Schriftenverzeichnis bestand, das bei D.L. IX,46–48 in voller Länge zitiert wird.[39] Ein Interesse an den »Alten« ist auch bei Plutarch zu bemerken, der als Mittelplatoniker gilt. Seine Zitate scheinen darauf hinzudeuten, daß er eine Anzahl von Originaltexten gelesen hat, mindestens Parmenides, Empedokles und Heraklit; und in seiner Schrift *Gegen Kolotes* verteidigt er die Lehren verschiedener früher griechischer Philosophen (die mehr als 400 Jahre vorher geschrieben wurden) gegen eine Attacke von seiten der Epikureer.[40] Darüber hinaus sieht es ganz danach aus, als sei er nicht so abhängig von Doxographien.

Den Doxographien bei Diogenes Laertius, die sich mit Pythagoras, Empedokles, Heraklit und Demokrit befassen, gehen ziemlich ausführliche Biographien voraus, während die biographische Information über die anderen frühen griechischen Philosophen dünn ist oder sogar völlig fehlt, wie im Fall Leukipps (obwohl er zur Sukzession gehört). Auch dies zeigt, daß Diogenes Laertius oder die Traditionen, denen er folgt, diesen Gestalten eine besondere Bedeutung zumaßen. Die Biographie Heraklits ist vielleicht die interessanteste. Da man in Wirklichkeit wenig wußte, wurden aus den Äußerungen in seinem Buch Geschichten über seinen Charakter, sein Verhalten und seinen Tod entwickelt – ein interessantes Beispiel für die Idee, die bei Diogenes Laertius hervorsticht, die aber auch bei einer Reihe anderer Autoren ganz üblich ist, daß das Leben und das Werk eines Philosophen miteinander übereinstimmen sollten.[41] Das Leben, die Handlungen und die Sprüche eines Philosophen zu studieren wurde wirklich als eine unerläßliche Vorbereitung für das Studium seiner Schriften und Lehren angesehen. In den Fällen, wo keine Bücher der Philosophen zur Verfügung standen, mußte ihr »Leben« selber genügen, eingeschlossen Handlungen, Spruchweisheiten und dergleichen mehr. Wenn umgekehrt über jemanden keine biographischen Daten zur Verfügung standen, wurden sie aus dem zusammengestellt, was er geschrieben hatte, oder aus dem, wovon man glaubte, daß andere es über ihn geschrieben hatten. Diese Praktiken verschafften der antiken Biographie, oder wenigstens einem Teil von ihr, ihren schlechten Ruf.[42]

5. Biographie und Doxographie; Hippolytos

Nach Ansicht von Diels war das Genre der Doxographie scharf von der phantasiereichen Biographie zu unterscheiden (zu der er auch die *Sukzessions*-Literatur und die Schriften *Über Sekten* rechnete). Ein wenig Wahrheit steckt in dieser Unterscheidung; aber im allgemeinen trägt sie nicht.[43]

Ein interessanter Zug der »Leben« (vor allem im Zusammenhang einer Sukzession) ist, daß verschiedene alternative Versionen der Affiliationen, der Schulzugehörigkeit und des persönlichen Geschicks einer Person gegeben werden können. Hier ist nicht bloß ein antiquarisches Interesse am Werk, sondern der Wunsch, keine möglicherweise relevante Information zu verlieren. Die Alternativen sind oft interessant: Parmenides als ein Anhänger des Xenophanes oder vielleicht eher als einer der Pythagoreer (D.L. IX,21). Die Wahl hängt davon ab, welche Deutung seiner Philosophie den Vorzug bekommt, und sie kann somit seine Position in der Sukzession beeinflussen. Man sollte damit vorsichtig umgehen und nicht versuchen, zumindest nicht immer, Knoten zu zerschneiden. Indem er solche Alternativen oder Varianten zitiert, die nicht offenkundig absurd sind, kann ein antiker Autor wenigstens sicher sein, daß er das bewahrt, was nützlich ist. Bei Diogenes Laertius schließt diese konservative Vorliebe für Alternativen ein, daß er ausdrückliche Referenzen für eine Mehrzahl von Traditionen angibt oder mehr oder weniger recherchierte Quellen für die angeführten Informationen benennt. Dieser Zug ist zum Beispiel auch für Porphyrios' *Leben des Pythagoras* charakteristisch, das – wie zahllose laertianische Leben, einschließlich des Lebens des Pythagoras – ebenfalls *doxai* enthält. Ob diese historisch korrekt sind oder nicht, ist nicht der entscheidende Punkt. (Was Pythagoras betrifft, sind sie es bei beiden Autoren nicht.) Die Anekdoten, die in den Leben zitiert werden, dienen dazu, den Charakter der Person darzustellen, um die es geht.[44]

Eine Reihe von anderen sogenannten Doxographien, die sich bei Diogenes Laertius, Hippolytos I und Ps.-Plutarch, *Stromateis*, finden, stehen im Anschluß an Diels weithin in dem Ruf, letztlich auf Theophrast zurückzugehen.[45] Wenn es auch nicht möglich ist, hier in die Einzelheiten zu gehen, sind doch einige wenige Bemerkungen angebracht.

Erstens ist die Übereinstimmung mit der *Placita*-Literatur nicht zu bestreiten. Aber Theophrasts *Physikai doxai* (wie ich sie zu nennen bevorzuge) und die *Vetusta placita* gelten, was ihre Struktur betrifft, als themenorientiert. In der Tat, die Version, die von Chrysipp zitiert wird (siehe S. 29), *muß* themenorientiert gewesen sein; denn die Entsprechungen zu dem Kapitel über den Sitz des leitenden Seelenteils bei Aetius (Ps.-Plut. IV,5) und anderen, die Repräsentanten der *Vetusta placita*-Traditionen sind, sind wirklich bestechend.

Zweitens sind Diogenes Laertius, Hippolytos und Ps.-Plutarch, *Stromateis* nicht themenorientiert, sondern personenorientiert: Alle Lehren, die von einem bestimmten Philosophen vertreten werden und dort zu finden sind, sind in Kapiteln oder Paragraphen gesammelt, die sich mit dieser Person befassen. Zu irgendeiner Zeit muß demnach jemand – oder, was durchaus möglich ist, müssen sogar mehrere Leute – durch eine oder mehrere themenorientierte Sammlungen von *placita* durchgegangen sein und aus den thematisch ausgerichteten Kapiteln die Lehren plus die daran anhängenden Namenkennungen gesammelt haben. Die verlorenen Abhandlungen von Aristoteles und Theophrast, die sich mit einzelnen Philosophen befaßten, können ebenfalls von einigem Einfluß gewesen sein, wofür es aber keinen Beleg gibt. Wenn Diogenes Laertius Vertrauen verdient, und ich sehe nicht, warum er das in diesem Fall nicht verdienen sollte, dann zeigen die beiden Fälle, wo sich eine doppelte Doxographie findet, eine allgemeine und eine detaillierte (für Heraklit, IX,7–12, und für Leukipp, IX,30–33), daß sowohl kürzere als auch mehr ins einzelne gehende Sammlungen von *placita* in Umlauf gewesen sein müssen, die sich mit Individuen befaßten. Dementsprechend ist die Beziehung dieses Materials zu Theophrasts *Naturtheoretischen Lehren* ebenso dürftig wie die der *Placita*-Literatur selbst, oder sogar noch dürftiger.

Die ins einzelne gehende Darstellung der *doxai* Heraklits enthält Bemerkungen darüber, daß der Ephesier sich über manche Punkte nicht geäußert hat (D.L. IX,11); und das ähnelt dem, was Theophrast (*Sens.* 3–4) über Parmenides sagt. Diese Ähnlichkeit ist allerdings keineswegs ein Beweis, daß Diogenes Laertius hier letztlich von Theophrast abhängt.[46] Wo es um die Doxographien geht, die Theophrast seit Diels zugeschrieben wurden, da neigen Gelehrte, die in anderen Fällen ganz streng sind, wenn sie als Fragmente nur Passagen akzeptieren, in denen der Name eines Philosophen und/oder der Titel eines seiner Werke zu finden ist, dazu, sich ganz weichherzig zu verhalten.[47]

Was die *Refutatio* des Hippolytos angeht, verurteilte Diels die Kapitel, die sich im ersten Buch mit Empedokles und Heraklit befassen, streng als biographisch; und er überging ganz die Behandlung dieser beiden Philosophen in den späteren Büchern, obwohl darin eine Anzahl wichtiger wörtlicher Fragmente enthalten ist, von denen sich einige nirgendwo sonst finden.[48] Außerdem ist in diesen späteren Büchern der Gesichtspunkt der Deutung derselbe wie im ersten Buch. Der dazwischenliegende Ursprung dieser Fragmente wird diskutiert. Ich denke, daß Hippolytos, für den Empedokles und Heraklit zu einer pythagoreischen Sukzession gehören, hier von einer mittelplatonischen-mit-Pythagoras Tradition abhängt (siehe Anmerkung 37). Die beiden frühen griechischen Philosophen werden demnach in einem besonderen Licht dargestellt; aber die Art, wie sie verbunden werden, ist nicht völlig verschieden von der Art, in der sie bei Platon miteinander verknüpft sind (*Soph.* 242d).

6. Andere Quellen

Interessante Informationen, einschließlich einer Reihe wörtlicher Zitate, u.a. von Heraklit und Demokrit, sind in den Werken des neupyrrhoneischen Philosophen bzw. Arztes Sextus Empiricus zu finden (vermutlich 2. Jahrhundert n.Chr.). Die Mehrzahl dieser Bezugnahmen befassen sich mit epistemologischen Punkten; und natürlich verdanken wir Sextus die Überlieferung des Lehrgedichts des Parmenides.[49] Wir sollten allerdings beachten, daß das Ziel des Sextus nicht darin besteht, uns zu erzählen, was bestimmte historische Figuren glaubten, sondern eher darin, uns ins Bild zu setzen, was allgemein die Dogmatiker glaubten, und dann die Schwäche des Dogmatismus aufzuzeigen. Er zitiert auch frühe griechische Philosophen (einschließlich einiger wörtlicher Fragmente), von denen er dachte, sie seien nahe am Neupyrrhonismus.

Plotin (205–270 n.Chr.) andererseits neigt dazu, eine positive, wiewohl neuplatonisch gefärbte Darstellung derjenigen frühen griechischen Philosophen zu geben, die er für wichtige Vorläufer eines dogmatischen Platon hält. Seine Auswahl ist beschränkt auf Individuen, die in Platons Dialogen vorkommen, und obgleich er seinen mittelplatonischen Vorläufern verpflichtet ist, können doch einige seiner (seltenen) Zitate auf Originallesarten verweisen.[50]

Der gelehrte Christ Klemens von Alexandrien (späteres 2. Jh. n.Chr.), dessen allgemein positive Einstellung zur griechischen Philosophie auf Philon von Alexandrien zurückgeht, hat in die erhaltenen acht Bücher seiner *Stromateis* (*Bunte Teppiche*, *Patchworks*) wichtige Informationen eingearbeitet.[51] Die Fragmente, die er uns erhalten hat, umfassen Passagen von Parmenides, Heraklit und Empedokles (wobei er wieder einen mittelplatonischen Hintergrund erkennen läßt, bei dem stoisierende Interpretationen zu einen wesentlichen Bestandteil geworden waren); diese Quellentexte sind aber fast immer in ein Flechtwerk von Zitaten mit verbindendem exegetischen Text integriert.[52] Zahlreiche andere christliche Autoren, die auf die frühen griechischen Philosophen Bezug nehmen, tun das nur, um die Widersprüche unter deren Ansichten zu erkunden und somit die Torheiten der Griechen herauszustellen. Darin erweist sich aber wenigstens, daß sie die Struktur und die Ziele der späteren *Placita*-Literatur verstanden haben, die sie für einen neuen Zweck durchforsteten, nämlich um das Christentum als richtig zu erweisen.

Der Anthologie des Ioannes Stobaeus verdanken wir nicht nur anderweitig unbezeugte Abschnitte des Aetius-Textes, sondern auch wörtliche Fragmente (und Pseudo-Fragmente) von Philolaos (dies spiegelt das Interesse der Spätantike am Pythagoreismus) und eine große Zahl von *gnōmai*, die zweifellos einer vorfindlichen Anthologie der ethischen Schriften Demokrits entnommen sind. Es sieht wohl danach aus, als habe Thrasyllos, dessen Katalog mit den ethischen Abhandlungen beginnt, einigen Einfluß auf die spätere Tradition ausgeübt (siehe Anm. 39).

7. Die Kommentatoren, insbesondere Simplikios

Philosophische Kommentatoren erklären Texte; und wenn diese Texte Bemerkungen zu Philosophen enthalten, oder Bemerkungen von Philosophen, dann wird der Kommentator diese Bemerkungen zu erklären haben. Hier und da werden die Kommentatoren auch Belege anführen, um ihren Text zu klären oder um ihre Interpretation zu unterstreichen. Zum Beispiel hat der neuplatonische Kommentar des Proklos zu Platons *Parmenides* eine Reihe wichtiger wörtlicher Fragmente oder Teile von Fragmenten des Parmenides aufbewahrt, die sonst nirgends erhalten sind.[53] Proklos hatte zweifellos Zugang zu einem Exemplar des Textes. Weitaus bedeutender für die frühe griechische Philosophie sind die Kommentare zu Aristoteles' *Physik* und *De caelo* durch einen anderen Neuplatoniker, durch Simplikios.[54] Der *De caelo*-Kommentar ist der frühere. Nach der Hypothese von Tardieu[55] wurden beide Kommentare nach 532 verfaßt, als Simplikios sich – nach der Schließung der Neuplatonischen Schule in Athen und nach der Unterzeichnung des Friedensvertrags mit Persien, welcher eine Klausel zum Schutz der Philosophen enthielt – in Karrhae in Syrien nahe der persischen Grenze niedergelassen und dort gelehrt haben soll. Aber das ist alles andere als sicher.

Simplikios zitiert eine Reihe früher griechischer Philosophen in einem noch nie dagewesenen Ausmaß. Sein Motiv dafür war vermutlich, daß deren Werke rar geworden waren.[56] Heidnische griechische Kultur, vor allem Philosophie, wurde durch die christlichen Autoritäten drangsaliert, wie Simplikios selbst erfahren hatte; so tat er anscheinend das, was ihm möglich war, um ihr Überleben zu sichern. Daß er in solchem Umfang zitierte, dazu könnte er von christlichen Autoren wie etwa Eusebius inspiriert worden sein, der in seine *Praeparatio evan-*

gelica Passagen zahlreicher heidnischer Philosophen übernommen hatte (meistens um zu zeigen, wie falsch sie seien). Aber wie dem auch sei, wir sollten Simplikios äußerst dankbar sein; denn er ist unsere *einzige* Quelle für die erhaltenen wörtlichen Fragmente von Zenon und Melissos, für fast alle wörtlichen Fragmente von Anaxagoras und Diogenes von Apollonia, für die wichtigeren Fragmente von Parmenides und für eine große Zahl von Fragmenten des naturtheoretischen Gedichts des Empedokles. Nicht alle diese Texte waren einer neuplatonischen Interpretation gleichermaßen zugänglich, wiewohl eine Reihe von Passagen bei Parmenides und Empedokles dies sicherlich waren.

In mehreren Fällen wären diese Philosophen ohne Simplikios heutzutage kaum mehr als Namen, und unsere Auffassung von Parmenides' schwieriger Ontologie und Empedokles' schwieriger Physik wäre ganz mangelhaft. Parmenides' Kosmologie interessierte ihn nicht so stark, so daß wir darüber nicht gut genug informiert sind. Aber andere Werke früher griechischer Philosophen waren für Simplikios anscheinend nicht mehr zugänglich. Heraklits Name kommt in dem, was von Simplikios erhalten ist, an 32 Stellen vor; sogar Verweise, die wörtlichen Zitaten auch nur *ähneln*, sind äußerst selten und von zweiter Hand. Warum Diogenes von Apollonia und Anaxagoras ausführlich zitieren, aber darauf verzichten, Heraklit zu zitieren? Dasselbe gilt für Demokrit, dessen Name 163 Mal begegnet, und für Leukipp mit 26 Erwähnungen, die alle häufig durch Aristoteles diskutiert werden. Ihre Werke werden von Simplikios nicht zitiert. Wären sie ihm zugänglich gewesen, hätten wir ohne Zweifel eine andere oder jedenfalls eine vollständigere Ansicht über Heraklit und die frühen Atomisten.

Die Zitate des Simplikios ermöglichen es uns zu sehen, daß der lange zusammenhängende Parmenidestext, der von Sextus in *M.* 7,111 zitiert wird, in Wirklichkeit Flickwerk ist, indem dort Abschnitte aus verschiedenen Bereichen des Gedichts kombiniert und entscheidende Zeilen im Gedicht ausgelassen werden.[57] Dies sollte uns eine Warnung sein: Selbst wo wir lange wörtliche Fragmente haben, können wir nicht immer sicher sein, daß der erhaltene Text korrekt ist oder einen korrekten Eindruck von dem Werk erlaubt, aus dem er zitiert oder kompiliert ist.

Anmerkungen

[1] Meine Absichten in den folgenden Ausführungen sind strikt historisch. Frühgriechischen Philosophen Lehrsätze mittels der »*philosophischen* Einschätzung einer Ansicht als kohärent oder inkohärent« zuzuschreiben, wie das von Makin [75] vorgeschlagen wird, birgt das Risiko in sich, heutige Gepflogenheiten auf die Vergangenheit zu projizieren.

[2] Ich beschränke mich auf den Teil von Diels' Werk [3], der sich mit der frühen griechischen Philosophie befaßt. Man beachte, daß sein Buch nur die Doxographie der *Physik* bzw. *Naturphilosophie* behandelt. Für eine kritische Würdigung des Werks siehe Mansfeld & Runia [27].

[3] Die Kritik von Lebedev [46], [47] ist unbegründet; siehe Mansfeld & Runia [27] 333–338; in diesem Buch werden die Quellen für Aetius oder die, die sich darauf beziehen, ausführlich diskutiert.

[4] Synoptisch präsentiert: die linken Kolumnen für Ps.-Plutarch, die rechten für Stobaeus, die beiden Kolumnen vereinheitlicht durch eine elegante horizontale Verklammerung, die die Herkunft von einem gemeinsamen Archetyp anzeigen soll; unten auf der Seite zur linken Kolumne weitere Testimonien zu Ps.-Plutarch und zur rechten Kolumne solche zu Aetius. Diels' *Doxographi Graeci* enthalten außerdem Ausgaben der relevanten Fragmente von Theophrast (darunter die Schrift *De sensibus*), das erste Buch von Hippolytos' *Widerlegung*, Abschnitte aus Cicero und Philodemos sowie andere kleinere Schriften.

[5] D.L. II,1–17; VIII,51–77, 82–84; IX,1–60. Man beachte, daß Thales als der erste der sieben Weisen in D.L. I,17–44 behandelt wird und daß dieser Abschnitt seine naturphilosophischen Lehren enthält (I,23–24, 27).

[6] Veröffentlicht 1934–37 = 5. Auflage. Die 6. Auflage enthält Addenda und ist in den nachfolgenden Reprint-Ausgaben im wesentlichen unverändert geblieben. Kranz führte eine einflußreiche, meiner Ansicht nach aber fragwürdige Modifikation ein, indem er Band 1 mit früher kosmologischer Dichtung und Prosa und gnomischer Literatur begann. Diels hatte dieses Material vor den Sophisten plaziert.

[7] Keine solche Hypothese stand (oder steht) zur Verfügung für die meisten der Sophisten, die in DK enthalten sind. Man beachte, daß Protagoras in das Werk des Diogenes Laertius durch die *Sukzessions*-Literatur Eingang fand; siehe S. 30.

[8] Siehe die ausdrückliche Rechtfertigung in Diels [2], VI, einem Werk, das heute weitgehend vergessen ist und unglücklicherweise nie neu gedruckt wurde. Dort findet sich erstmals die Unterscheidung zwischen A- und B-Fragmenten. Die Testimonien sind weitaus vollständiger als in DK.

[9] Siehe Whittaker [80]. Für die Arbeitsweisen antiker Autoren siehe Mejer [61] 16–29; über das Exzerpieren J.E. Skydsgaard, *Varro the Scholar: Studies in the First Book of Varro's De re rustica* (Diss. Kopenhagen 1968) 101–116; über das Verfassen von Traktaten T. Dorandi, »Den Autoren über die Schulter geschaut. Arbeitsweise und Autographie bei den antiken Schriftstellern«, *Zeitschrift für Papyrologie und Epigraphik* 87 (1991) 11–33, und ders., »Zwischen Autographie und Diktat. Momente der Textualität in der antiken Welt«, in W. Kullmann und J. Althoff (Hg.), Vermittlung und Tradierung von Wissen in der griechischen Kultur (Tübingen 1993) 71–83.

[10] Siehe Steinmetz [28], Mansfeld [69].

[11] Diels [426] 7.

[12] E. Zeller, »Über die Benützung der aristotelischen Metaphysik in den Schriften der älteren Peripatetiker«, *Abteilungen der Akademie der Wissenschaften zu Berlin*, Philologisch-Historische Klasse 1877, 145–167. Nachgedruckt in O. Leuze (Hg.), *Eduard Zellers Kleine Schriften*, Bd. 1 (Berlin 1910) 191–214.

[13] Für andere verlorene Werke, die sich mit *Physikern* befaßten, vgl. D.L. V,46, VI,101, X,27. Kürzere und längere Werke konnten gleichzeitig erreichbar sein. So war der Aetius, den Ps.-Plutarch (der uns erhalten ist) exzerpierte, sogar im 5. Jahrhundert n.Chr. noch in Umlauf.

[14] Für weitere Belege und bibliographische Angaben siehe Mansfeld [29], und für Hippias Patzer [77].

[15] Klemens, *Stromateis* VI,15,1; vgl. D.L. I,24.

[16] Platon, *Krat.* 402a-b, *Symp.* 178a-b, *Tht.* 152d-e; Aristoteles, *Metaph.* IV,5, 1009b12–32, *De an.* I,2, 404a25–31, III,3, 427a21–29. Man beachte, daß Dichter und

Philosophen zusammen zitiert werden, obgleich Aristoteles an der Stelle *Metaph.* I,3, 983b27–984a3 den Unterschied zwischen ihnen betont.

[17] Eine fragmentarische Zusammenfassung bei [Aristoteles], *MXG* 5 (von DK ausgelassen), und in Gorgias' *Helena* (= DK 82 B11) 13: »... die Argumente der *meteōrologoi* [eine frühe Bezeichnung für die Naturphilosophen], die, indem sie eine Meinung (*doxa*) durch die andere ersetzen, die eine zerstören und eine andere begründen, bewirken, daß das Unglaubhafte und Unklare klar wird für die Augen der Meinung ...«

[18] *Anc. med.* 2; *Nat. hom.* 1; Isokrates, *Helena* 3 (ca. 385 v.Chr.); Xenophon, *Mem.* I 1,13–14 (ca. 370 v.Chr.); Isokrates, *Antidosis* 268 (ca. 353 v.Chr.); Platon, *Soph.* 242c-e, 243d–244b. Die Liste des Isokrates ist sehr viel vollständiger als die Platons, so daß sie nicht von letzterer abhängen kann; und am Ende fügt Isokrates Gorgias hinzu, der annahm, daß es überhaupt kein Prinzip gebe. Patzer [77] 85–86 leitet die Darstellungen von Isokrates und Platon fälschlicherweise allein von Hippias ab; er übersieht Gorgias.

[19] Ein Beispiel ist der Herakliteer Kratylos, Aristoteles, *Metaph.* IV,5, 1010a10–15.

[20] *Tht.* 152d–183e, *Parm.* 128a-b. Platon sagt nichts über die Kosmologie des Parmenides.

[21] Da die mehr literarischen Werke des Aristoteles verloren sind, können wir nicht mehr feststellen, wie er mit seinen Vorgängern darin umging. Mit Sicherheit sprach er von ihnen (z.B. in dem Dialog *Über Philosophie*); aber man kann nicht sagen, wie weit seine Art, dies zu tun, den Dialogen Platons ähnelte.

[22] Siehe Mansfeld [44].

[23] Cherniss [34] bleibt wichtig als eine eingehende Diskussion von Aristoteles' kritischer Behandlung der frühen griechischen Philosophie. Aber seine Ansicht, daß Aristoteles stets Vorurteile fällt, geht zu weit; vgl. Mansfeld [33] 155. McDiarmid [42] wendet die Methodologie von Cherniss auf Theophrasts Darstellung früherer Denker an.

[24] Tauros bei Philoponos, *De aeternitate mundi* 15,20–24 Rabe (Theophrast Frgm. 241A FHSG = [37]); Spuren dieser Vorgehensweise sind noch bei Aetius zu finden, zum Beispiel in 1,3. Fragmente, die den Titel *Naturtheoretische Lehren* bezeugen, gibt es nur sehr wenige, und Zuschreibungen seit Usener und Diels sind wunderlich gewesen; zum Beispiel der Abschnitt bei D.L. IX,22 (Frgm. 227D FHSG) bezieht sich auf etwas, was Theophrast »in seiner *Physik* (ἐν τοῖς Φυσικοῖς) sagte, in denen er die *dogmata* fast aller (die in Betracht kommen) auseinandersetzt«. Die von Simplikios angeführte Darstellung der Prinzipien leitet sich ebenfalls aus der *Physik* her, wie auf S. 24 angemerkt wurde. Auch diese Darstellung ist nach einer Einteilung strukturiert, die eine weitere Verfeinerung derjenigen in der *Physik* des Aristoteles ist; vgl. J. Wiesner, »Theophrast und der Beginn des Archereferats von Simplikios' Physikkommentar«, *Hermes* 117 (1989) 288–303 und Mansfeld [69].

[25] Siehe Mansfeld [40] und Runia [48].

[26] Siehe Baltussen [39].

[27] Galen, *De placitis Platonis et Hippocratis* III,1,9–17; siehe Mansfeld [30].

[28] *Naturales quaestiones*, hrsg. von H.M. Hine (Stuttgart 1995). Der Titel ist eine Übersetzung des griechischen Ausdrucks Θέσεις φυσικαί; für die Formel und die Idee dahinter siehe Cicero, *Partitiones oratoriae* (*Rhetorik in Frage und Antwort*) 64; Seneca, *Epistulae* 88,24; Quintilian, *Institutiones oratoriae* 7,2,6–7. Über den Chrysippeischen Buchtitel Θέσεις φυσικαί siehe Plutarch, *De Stoicorum repugnantiis* 1035C, 1037B, 1047C. Siehe ferner H.M. Hine, *An Edition with Commentary of Seneca* Natural Questions, *Book Two* (New York 1981; Nachdr. Salem, N.H., 1984) 33; N. Gross, *Senecas Naturales Quaestiones. Komposition, naturphilosophische Aussagen und ihre Quellen* (Stutt-

gart 1989); A. Setaioli, *Seneca e i Greci: Citazioni e traduzioni nelle opere filosofiche* (Bologna 1988) 375–452, bes. 378–380.

[29] Siehe W. von Kienle, *Die Berichte über die Sukzessionen der Philosophen* (Diss. Berlin 1961); F. Wehrli (Hg.), *Die Schule des Aristoteles.* VIII: *Eudemos von Rhodos* (Basel/Stuttgart 1969); Mejer [61] 62–74; J. Glucker, *Antiochus and the Late Academy* (Göttingen 1978) 161, 343–344; G. Giannattasio Andria, *I frammenti delle »Successioni dei filosofi«* (Neapel 1989); Mansfeld [51] 20–43. Ich nehme davon Abstand, die Literatur »Über Sekten« (*Peri haireseōn*) zu diskutieren, weil als die erste »Sekte« oder philosophische Schule Platons »Erste Akademie« galt (D.L. II,47).

[30] Die Papyrus-Fragmente der Werke Philodems über die Akademiker und die Stoiker (1. Jh. v.Chr.) kommen dem recht nahe, enthalten aber wenig über die frühe griechische Philosophie. Cicero, *De natura deorum* I,25–41, enthält viel doxographische Information zu unserem Gegenstand und ist ein Zeugnis zum Gebrauch der *Vetusta placita*-Literatur durch die Epikureer.

[31] Zum Beispiel Platon, *Parm.* 127b, 128a; Aristoteles, *Metaph.* I,4, 985b4–5; I,5, 986b22.

[32] Zum Beispiel Platon, *Soph.* 242d; Aristoteles, *Metaph.* I,3, 984a11–13; I,4, 985b22; I,6, 987a29. Für die relative Chronologie der frühen griechischen Philosophen bleibt der viel geschmähte Apollodor unsere beste Quelle; siehe Mosshammer [71], Mansfeld [395] und J. Mansfeld, »Apollodorus on Democritus«, *Hermes* 111 (1983) 253–258, nachgedruckt in Mansfeld [32]. Man beachte, daß chronographische Notizen des Eusebius bei DK noch nach der obsoleten Ausgabe Schoenes von 1866–75 zitiert sind und nicht nach R. Helm (Hg.), *Eusebius. Werke* Bd. 7: *Die Chronik des Hieronymus* (Berlin 1913–26; Nachdr. 1984^3 mit einem Vorwort von U. Treu), und J. Karsten (Hg.), *Eusebius. Werke* Bd. 5: *Die Chronik des Eusebius aus dem Armenischen übersetzt* (Leipzig 1911).

[33] Siehe Long [251].

[34] Siehe F. Decleva Caizzi, »Il libro IX delle ›Vite‹ di Diogene Laerzio«, *ANRW* II 36,6 (1992) 4238–4301.

[35] Aristoteles, *Metaph.* I,6, 987a30–31, listet die *Italiker* unter denjenigen auf, die Platon beeinflußt haben, erwähnt als nächstes aber Kratylos und den Heraklitismus und natürlich Sokrates. Die Standard-Sukzession in der jonischen Linie ist Archelaos-Sokrates-Platon und dann die Stoiker. Was Hippolytos betrifft, siehe Mansfeld [51].

[36] Er wird mit Anaximenes in Verbindung gebracht, wie das schon Aristoteles tat (*Metaph.* I,3, 984a5–6).

[37] Mehr darüber bei Mejer [62] 3590–3599; B. Centrone, »L'VIII libro delle ›Vite‹ di Diogene Laerzio«, *ANRW* II,36,6 (1992) 4183–4217; und Decleva Caizzi (oben in Anm. 34).

[38] Siehe Mansfeld [68], der Burkert [201] weiterführt, und Mansfeld [51] 208–242.

[39] Siehe Mansfeld [33] 97–104. Thrasyllos betrachtete Demokrit offenbar als einen Nachfolger des Pythagoras.

[40] Siehe Westman [55]. Zu Plutarch als einer Quelle für frühe griechische Philosophen als einzelne siehe die zahlreichen Artikel von Hershbell [56–60] und auch Mansfeld [51] 278–295.

[41] Siehe Mansfeld [33] 179–191.

[42] Siehe F. Leo, *Die griechisch-römische Biographie nach ihrer literarischen Form* (Leipig 1901; Nachdr. Hildesheim 1965) 104–108; A. Dihle, *Studien zur griechischen Biographie*, Abhandlungen der Akademie der Wissenschaften zu Göttingen. Philologisch-Historische Klasse 3.37, 2. Aufl. (Göttingen 1970) 104–107; G. Arrighetti, *Poeti, eruditi e*

biografi. Momenti della riflessione dei Greci sulla letteratura (Pisa 1987) 141–148 und 164–167; A. Momigliano, *The Development of Greek Biography*, erweiterte Aufl. (Cambridge, Mass., 1993) 70; M.R. Lefkowitz, *The Lives of the Greek Poets* (London 1981).

[43] D.L. III,47 unterscheidet den *bios* (das Leben) Platons von seinen *doxai* (Lehren) und VII,38 den *bios* Zenons von den *dogmata* der Stoiker.

[44] Über *gnōmai* und Anekdoten und ihre Überlieferung siehe Gutas [65] (auch für frühere Literatur); P. Nassen Poulos, »Form and function of the pronouncement story in Diogenes Laertius' *Lives*«, in R.C. Tannehill (Hg.), *Pronouncement Stories* (Missoula 1981); und J. Glucker, »Πρὸς τὸν εἰπόντα: Sources and credibility of *De Stoicorum repugnantiis* 8«, *ICS* 13 (1988) 473–489.

[45] Zur Kritik von Diels' Herleitung von Hippolytos I aus Theophrast siehe Mejer [61] 83–86; Osborne [52] 187–211; Mejer [62] 3591–3597; Mansfeld [51] 1–51 (mit Kritik an Osborne); und Mueller [54] 4357–4371. Weitere Forschungen sind erforderlich, insbesondere zu Diogenes Laertius und Ps.-Plutarch, *Stromateis*.

[46] Die Bemerkung über den »teils halbfertigen, teils inkonsistenten« Charakter von Heraklits Buch, die in D.L. IX,6 (Frgm. 233 FHSG) *ausdrücklich* Theophrast zugeschrieben wird, gilt nicht für den Überblick in der detaillierten laertianischen Doxographie.

[47] Dies gilt sogar für Mejer [62] 3593, der die detaillierte Heraklit-Doxographie bei Diogenes Laertius als theophrastisch anerkennt.

[48] Obwohl die wörtlichen Fragmente, die in den späteren Büchern zitiert werden, ihren Weg nach DK gefunden haben, nahm Diels in seine *Doxographi Graeci* nur Hippolytos I auf. Für Hippolytos' Text dieser Fragmente siehe Osborne [52] (dessen Werk von Barnes [52] über die Maßen gerühmt und von Mueller [53] und Mansfeld (oben Anm. 45) kritisiert wird). Zu Hippolytos im allgemeinen siehe Mueller [54], der allerdings meiner Meinung nach zu weit geht, wenn er glaubt, daß einige Gnostiker die frühen griechischen Philosophen auf Weisen benutzten, die den Gebrauchsweisen des Hippolytos ähnlich sind.

[49] Wie Sextus Parmenides behandelt und zitiert, scheint von derselben Vermittlungstradition abzuhängen wie die Behandlung und die Zitation bei Diogenes Laertius; siehe Rocca-Serra [63].

[50] Siehe Gelzer [64] und Mansfeld [51] 300–307.

[51] Zu Klemens siehe Méhat [70] und A. le Boulluec, »Clément d'Alexandrie«, in Goulet [151] Bd. 2, 426–431; zu Philon D.T. Runia, *Philo in Early Christian Literature. A Survey* (Assen/Minneapolis 1993) 132–156. Philon selbst ist von einiger Bedeutung als Quelle für eine Anzahl früher griechischer Philosophen (siehe oben Anm. 38). Ob er oder Klemens aber jemals die Originaltexte konsultierten, ist zweifelhaft.

[52] Zum Beispiel Mansfeld [51] 307–312.

[53] Kein griechischer Text macht bis jetzt die Ausgabe von V. Cousin entbehrlich: V. Cousin (Hg.), *Procli philosophi platonici opera inedita* T. III: *Procli commentarium in Platonis Parmenidem* (Paris 1864; Nachr. Hildesheim 1961). Eine kritische Ausgabe durch C. Steel ist für die Budé-Reihe in Vorbereitung.

[54] Herausgegeben von H. Diels, *Simplicii in Aristotelis physica commentaria* (Berlin 1882–1895), und J.L. Heiberg, *Simplicii in Aristotelis de caelo commentaria* (Berlin 1894). Die Kommentare des Simplikios zu Aristoteles' *Metaphysik* und *Meteorologie* sind verlorengegangen.

[55] M. Tardieu, *Routes et haltes syriennes d'Isidore à Simplicius*, Bibliothèque de l'École des Haute Études, Section des Sciences Religieuses 44 (Louvain/Paris 1990).

[56] Wie er das über Parmenides sagt, *In phys.* 144,28. Er vermerkt auch, daß er nur

eins von einer Mehrzahl von Büchern besaß, die, wie er behauptet, Diogenes von Apollonia geschrieben hat, ebd. 151,24–29. Zu neuplatonischen Zitationsmethoden siehe Wildberg [81].

57 In frühen Ausgaben von DK wurde die Passage als ein einziges Fragment gedruckt. Zur Überlieferung des Gedichts siehe O'Brien [76].

3 Die Anfänge der Kosmologie

Keimpe Algra

1. Einleitung: Mythos und Kosmologie

Die philosophische Kosmologie in Griechenland entstand nicht ganz aus heiterem Himmel. Die ersten philosophischen Kosmologen – gewöhnlich nennt man sie die jonischen oder die milesischen Kosmologen, weil sie in Milet, einer Stadt in Jonien, arbeiteten – konnten auf populäre Konzeptionen reagieren, oder manchmal auf sie aufbauen, die es in der griechischen Welt seit langem gab.[1] Einige dieser populären Konzeptionen lassen sich der Dichtung Homers und Hesiods (8. Jh. v.Chr.) entnehmen. Bei Homer wird die Welt aufgefaßt als eine flache Erde, die vom Ozean (Okeanos) umgeben ist und überwölbt wird durch einen halbkugelförmigen Himmel mit Sonne, Mond und Sternen. Im achten Jahrhundert waren der jährliche Lauf der Sonne und der Auf- und Untergang verschiedener Sternkonstellationen in einen primitiven Jahreszeitenkalender eingearbeitet. Mondphasen wurden für kurzfristigere Kalenderzwecke benutzt (»der 27. des Monats ist am besten, um ein Weinfaß zu öffnen«, Hesiod, *Werke und Tage* 814); und an dem einen oder anderen Ort wurden, wenn davon auch keine Spuren bei Homer oder Hesiod zu finden sind, Formen von Mond/Sonne-Kalendern aufgestellt.[2]

Traditionell hielt man solche kosmischen Protagonisten wie die Erde, die Sonne und den Mond für Götter und verehrte sie als solche, selbst wenn deren Kult in Griechenland nicht den Status des Kults der Olympier erreicht hat, die aus Mythos und Dichtung gut bekannt sind.[3] Aber sogar bei Homer kommen, wenn Zeus ein Treffen der Götter anberaumt (*Ilias* XX,1–18), die Flüsse (außer Okeanos) und die Nymphen ebenfalls herbei. Sonne, Erde, Himmel, Flüsse und Winde konnten in Gebeten angesprochen, und sie konnten angerufen werden, um einen Eid zu bezeugen. Auch einige Olympier wurden mit bestimmten kosmischen Phänomenen verknüpft und in manchen Zusammenhängen sogar damit identifiziert (Zeus der Wolkensammler als Gott des Himmels, Poseidon als Gott des Meeres usw.).

Darüber hinaus zirkulierten in der griechischen Welt ebenso wie in den Kulturen ihrer nahöstlichen Nachbarn mythische Geschichten über den *Ursprung* der Welt, den man sich als die sukzessive Geburt solcher kosmischer Gottheiten dachte.[4] In solch einem Zusammenhang bedeutete, über den Kosmos zu sprechen, über die Götter zu sprechen; und Theorien über den Ursprung des Kosmos (Kosmogonien) waren in Wirklichkeit Geschichten, die sich auf die Entstehung der Götter bezogen (Theogonien). Das klassische frühgriechische Beispiel für diese letzte Kategorie ist Hesiods *Theogonie* (zweite Hälfte des 8. Jh.s v.Chr.).[5] In diesem Werk werden die ersten Stufen der Geschichte des Kosmos folgendermaßen dargestellt (*Theog.* 116–133):

Wahrlich, als erstes ist Chaos entstanden, doch dann Gaia (die Erde) mit ihrer breiten Brust, für alle ewig ein sicherer Sitz, und im Schoß der weiträumigen Erde der dunstige Tartaros sowie Eros, der schönste im Kreis der unsterblichen Götter, der Gliederlöser; aller Götter und aller Menschen Sinn in der Brust und ihren umsichtig planenden Willen bezwingt er. Weiter gingen aus Chaos Erebos und die schwarze Nacht hervor. Aus der Nacht wiederum wuchsen Äther und Tag hervor, die sie gebar, nachdem sie sich mit Erebos in Liebe vereinigt hatte. Gaia wiederum gebar als erstes den ihr selbst gleichen, sternenbedeckten Uranos (Himmel), damit er sie allseits umhülle und daß er den seligen Göttern für ewig ein sicherer Sitz sei. Dann gebar sie die großen Berge, die lieblichen Behausungen der göttlichen Nymphen, die in waldigen Gebirgsschluchten wohnen. Sodann gebar sie auch das unfruchtbare, mit seinen Wogen brodelnde Meer, Pontos, ohne einen Akt sehnsuchtsvoller Liebe. Aber dann teilte sie das Lager mit Uranos und gebar den tiefwirbelnden Okeanos [...]

In der nebenordnenden, parataktischen Art, die für den (griechischen) Polytheismus charakteristisch ist, stellt diese Geschichte den Kosmos als eine Vielfalt wohl unterschiedener göttlicher Entitäten dar: Jede Gottheit hat ihren eigenen Bereich. Die bekannten olympischen Götter tauchen in der Geschichte später auf und sind in ihrem Charakter noch deutlicher anthropomorph. Aber auch die ›abstrakteren‹ Gottheiten dieser ersten Stufen wie etwa Nacht und Erde, die ihre Rollen ganz kurz nach den ersten Anfängen des urzeitlichen Chaos übernahmen, verhalten sich in anthropomorpher Art: Sie lieben sich und zeugen Nachwuchs.

Als eine Geschichte (*mythos*) mag dies attraktiv sein. Aber es wird nur eine Erläuterung von Qualitäten geboten. Warum genau Gott A dazu kommt, Gott B zu lieben, bleibt ebenso dunkel, wie die Wege der Liebe in der Welt der Sterblichen sind. Leser oder Hörer mögen diese Elemente der Geschichte als wahr akzeptieren; aber in einem wichtigen Sinn *verstehen* sie nicht wirklich, was vor sich geht. Außerdem erlaubt der Erklärungsmechanismus, daß Götter durch Liebesakte andere Götter zeugen, offenbar Ausnahmen. Das Meer beispielsweise entspringt aus der Erde ohne einen Liebesakt. Des weiteren ist auch nicht in allen Fällen klar, warum Gott Y von Gott X geboren wurde: Die verschiedenen Stufen der Geschichte sind nicht auf eine besonders durchsichtige Weise miteinander verknüpft. Es ist wahr, in vielen Fällen läßt sich eine Art Rationalität hinter der Geburt eines Gottes aus einem anderen ausdenken; das ist aber immer eine Sache der *Interpretation*, und die Arten von Verbindungen, die solch eine Interpretation ans Licht bringen kann, können ziemlich verschieden ausfallen. Von Nacht beispielsweise heißt es, sie habe Tag hervorgebracht, und wir können mutmaßen, daß dies deshalb so ist, weil Tag auf Nacht folgt. An anderer Stelle ist Nacht aber auch die Mutter von Tod (212), vielleicht weil Nacht und Tod dieselben negativen Charakterisierungen teilen. Wiederum an anderer Stelle (224) heißt es von Nacht, sie sei die Mutter von Täuschung, und einige Interpreten vermuten, daß dies deshalb so sein könnte, weil Täuschungen im allgemeinen nachts passieren.[6] Solche Verbindungen sind aber bestenfalls assoziativ und vage, und sie fügen sich nicht zu einer klaren und kohärenten Erklärung zusammen.

Es ist erhellend, all dies mit der ersten philosophischen Kosmogonie zu vergleichen, deren Umrisse mehr oder weniger klar sind. Entworfen wurde sie von Anaximander, ein gutes Jahrhundert nach dem Gedicht Hesiods. Ihre Umrisse müssen aus verschiedenen Stücken indirekter Belege (besonders bei Ps.-Plutarch und Hippolytos, DK 12 A10 und 11) rekonstruiert werden; und über eine Reihe von Einzelheiten dieser Rekonstruktion gehen die Meinungen auseinander. Die Hauptzüge der folgenden Darstellung sollten jedoch so gut wie nicht kontrovers sein.

Nach Anaximander (DK 12 A10) entstand der Kosmos, wie wir ihn kennen, aus einem ewigen und sich ewig bewegenden, qualitativ und quantitativ indefiniten Urstoff, dem »Unbegrenzten« (*apeiron*), und zwar durch einen Prozeß mehrerer aufeinander folgender Phasen. In der ersten Phase wird ein begrenzter Keim (*gonimon*)[7] vom Unbegrenzten abgesondert. Davon heißt es, er »erzeuge Warmes und Kaltes«, vermutlich, weil diese Gegensätze darin in einem gewissen Sinn schon enthalten sind. In der zweiten Phase werden das Warme (anscheinend Feuer) und das Kalte (anscheinend eine Art von Feuchtigkeit oder Dunst) wirklich getrennt, und das Feuer entwickelt sich als eine Art feuriges Schiff um das feuchte Zentrum herum, von dem ein Teil austrocknet und zur Erde wird. In der dritten Phase wird die Spannung zwischen den gegensätzlichen »Elementen« so stark, daß die ganze Struktur explodiert. Die feurige Barke platzte auf; ihre Teile schleuderten nach außen und bildeten dort in unterschiedlichen Entfernungen feurige Ringe rund um das Zentrum, welches immer noch aus Erde und Dunst besteht (von jetzt an folgen wir DK 12 A11). Einiger Dunst wurde mitgeschleudert; er hüllt die feurigen Himmelskreise ein und läßt nur verschiedene Löcher offen, durch die das Feuer herausscheint. Das Ergebnis ist die Grundstruktur des uns bekannten Kosmos: Erde, Wasser und Luft (drei Manifestationen des »Kalten«) im Zentrum und um sie herum in verschiedenen Entfernungen »Räder« (Aetius II,20,1) aus Feuer, eingehüllt in Dunst. Das Feuer, welches durch die Löcher leuchtet, ist das, was wir als die Himmelskörper wahrnehmen. In den Ringen der Himmelskörper spielt der Kampf zwischen Feuer und Dunst weiterhin eine Rolle: Von Zeit zu Zeit sind die Löcher durch Dunst teilweise oder ganz verschlossen, und zu anderen Zeiten »gewinnt« das Feuer sie »zurück«, was eine Reihe astronomischer Erscheinungen erklärt, etwa die Mondphasen, Sonnen- und Mondfinsternisse.

Im Verlauf der Austrocknung der Erde entstanden aus Schleim und Schlamm spontan Lebewesen. Als Fische oder fischähnliche Lebewesen sind sie in den nassen Teilen geboren und von stachligen Rinden umgeben. Wenn sie die trockeneren Teile erreichen, bricht die Rinde auf, und die Kreaturen leben noch für eine Weile an Land. Schließlich gibt es eine pittoreske Erklärung für die Entstehung der ersten Menschen. Menschliche Kinder hätten nicht in derselben Art wie andere Kreaturen wegspringen können, da sie während der ersten Jahre ihrer Existenz ja notorisch hilflos sind. Deshalb, so erfahren wir, starteten sie ihre Existenz als Föten in großen Fischen und kamen aus diesen erst heraus, wenn sie kräftig genug waren, sich selbst zu ernähren (siehe die unter DK 12 A30 abgedruckten Texte).

Im Vergleich mit Hesiods Darstellung hat sich viel geändert. Anstelle der ganzen Reihe unabhängiger kosmischer Faktoren Hesiods finden wir nun einen *Zugang, der stärker reduziert*: verschiedene Phasen der Kosmogonie, einschließlich der Darstellung der Entstehung von Lebewesen (Zoogonie), und eine Reihe von Phänomenen in der Welt, wie sie gegenwärtig ist, werden unter Bezugnahme auf das Zusammenwirken von nur zwei Faktoren erklärt, dem Warmen und dem Kalten, die sich gleich zu Beginn von dem unbegrenzten Ursprung von allem abgesondert haben. Ferner haben diese grundlegenden Erklärungsfaktoren nicht länger die Qualität mehr oder weniger anthropomorpher Gottheiten. Stattdessen wird die Entstehung des Kosmos in den Termini wiedererkennbarer Elemente der Natur erklärt; mit anderen Worten: der Zugang ist *naturalistisch.* Des weiteren können wir jetzt die Art verstehen, in der die verschiedenen Phasen des Prozesses verknüpft sind. Wir wissen, wie das Kalte (in der Form des Wässerigen) und das Warme interagieren und wie sie dazu tendieren, sich wechselseitig zu zerstören. Zur Einsichtigkeit der Geschichte trägt auch die Einführung von *Analogie* bei.[8] Der »Keim«, den das Unbegrenzte zu Beginn hervorbringt und aus dem der Kosmos entstehen wird, wird als eine samenähnliche Masse präsentiert, und auf der zweiten Stufe heißt es vom Feuer, es umgebe den feuchten Kern als eine Art Schale. Da gibt es tatsächlich eine bestechende Ähnlichkeit zwischen den Beschreibungen von der »Geburt« des Kosmos und denen von der Entstehung von Lebewesen (und Menschen, die zuerst in Fischen »eingehüllt« waren). Es ist vielleicht nicht zu dick aufgetragen, wenn man davon spricht, hier werde ein rudimentäres biologisches Modell der Entstehung angewandt.

Es gibt noch einen weiteren Unterschied zwischen den mythischen Kosmogonien und ihren philosophischen Gegenstücken, einen Unterschied, der eher den Zusammenhang als den Inhalt betrifft und der dementsprechend häufig übersehen wird. Hesiods *Theogonie* stellt sich als ein *Hymnus* dar.[9] Die Inhalte von Hymnen waren für gewöhnlich nicht neu. Vielmehr artikulierten sie tendentiell das und schmückten sie das aus, was durch die Tradition bereits geboten wurde.[10] Daher waren sie besonders geeignet, bei bedeutenden sozialen oder rituellen Ereignissen rezitiert zu werden.[11] Das galt auch für Theogonien, deren Hauptfunktion die war, den bestehenden Pantheon mit einem angenommenen Ursprung des Kosmos in Verbindung zu bringen, und in diesem Sinn wurden sie häufig mit Ritus und Kult verbunden.[12] Solche Verbindungen mit Tradition und Ritual sind uns für die frühen jonischen Kosmologen nicht bezeugt (und sie wären auch nicht plausibel). Die Kosmologen scheinen sich der theoretischen Tätigkeit um ihrer selbst willen gewidmet zu haben; sie fühlten sich frei zu spekulieren, und wie wir sehen werden, hatten sie keine Skrupel, Theorien zu entwerfen, die in entscheidenden Hinsichten von denen ihrer Vorgänger abwichen.

2. Thales und die Anfänge der griechischen Kosmologie

Der erste der drei großen Kosmologen aus Milet war Thales. In der Antike zählte er als der archetypische *uomo universale*: sehr versiert im Ingenieurswesen ebenso wie in Mathematik und Astronomie, und außerdem in die Politik seiner Zeit involviert. Trotz alledem schrieb er wahrscheinlich nichts und war bereits zur Zeit von Platon und Aristoteles eine schattenhafte Gestalt. Seine geometrischen Aktivitäten scheinen von weitgehend praktischer Natur gewesen zu sein, und sein astronomisches Werk – am bekanntesten seine angeblich erfolgreiche Vorhersage einer Sonnenfinsternis[13] – scheint in erster Linie eine Sache von Beschreibung und Messung gewesen zu sein, ohne klare Verbindungen zu seinen allgemeineren kosmologischen Ansichten.

Die Schwierigkeit, genauer zu bestimmen, worin diese Ansichten bestanden, wird deutlich, wenn wir unseren frühesten und wichtigsten Belegtext prüfen, einen Abschnitt in der *Metaphysik* des Aristoteles (I,3, 983b6–984a4; DK 11 A12):

(1) Von den ersten Philosophen waren die meisten der Meinung, die Prinzipien stofflicher Art (*hylē*) seien die einzigen Prinzipien aller Dinge; denn dasjenige, woraus jedwedes Seiende ursprünglich besteht, das, woraus es als erstem entsteht und worein es als letztem untergeht, wobei das Wesen fortbesteht und nur seine Eigenschaften wechselt, das – so sagen sie – ist ein Element und das ist ein Prinzip des Seienden (der existierenden Gegenstände); aus diesem Grund sind sie auch der Ansicht, daß es kein Werden und Vergehen schlechthin gebe, da eine derartige Natur ja stets erhalten bleibe [...] Es muß nämlich eine natürliche Substanz geben, entweder eine oder mehr als eine, woraus die anderen Dinge werden und zum Sein kommen, während sie selbst erhalten bleibt.

(2) Über die Menge und die Art des so beschaffenen Prinzips sagen freilich nicht alle dasselbe. Vielmehr erklärt Thales, der Urheber dieser Art von Philosophie, es sei das Wasser (daher behauptete er auch, die Erde ruhe auf Wasser), und kommt zu dieser Vermutung vielleicht, weil er sah, daß die Nahrung aller Dinge feucht ist und daß das Warme selbst aus dem Feuchten entsteht und durch es lebt (das aber, woraus alles wird, ist das Prinzip von allem); dadurch also kommt er zu seiner Vermutung und dadurch, daß die Samen aller Dinge von feuchter Natur sind; das Wasser aber ist für alles Feuchte das Prinzip seiner Natur.

(3) Manche sind der Meinung, daß auch die ganz alten Schriftsteller, die sehr lange vor unserer Generation gelebt und als erste Spekulationen über die Götter entwickelt (*theologēsantes*) haben, so über die Natur gedacht hätten; sie schrieben nämlich, Okeanos und Tethys seien die Eltern des Entstehens [vgl. Homer, *Ilias* XIV,201, 246] und die Götter würden ihren Eid beim Wasser schwören [vgl. *Ilias* II,755, XIV,271], nämlich bei dem, was bei den Dichtern selbst Styx heißt; denn am ehrwürdigsten ist das, was am ältesten ist, und man schwört bei dem, was am ehrwürdigsten ist. Von Thales jedenfalls heißt es, er habe sich in dieser Weise ausdrücklich über die erste Ursache erklärt.

Diese Passage ist Teil eines größeren Zusammenhangs, in dem Aristoteles erkundet, ob und in welchem Ausmaß frühere Denker seine eigene Theorie über die Faktoren (oder »Ursachen«, wie er sie nennt) antizipiert haben, welche die Natur physischer Körper und die Art determinieren, in der sie sich ändern. Er befaßt sich hier mit der »Materie« (*hylē* oder *hypokeimenon*), wovon er behauptet, sie sei der einzige Erklärungsfaktor, der von den frühesten Denkern angeführt worden sei. In (1) schreibt er dieser Kategorie von Philosophen die Hauptzüge seiner eigenen Konzeption von Materie zu, nach der das materiale Prinzip eines Gegenstands (x) nicht eben gerade das ist, »woraus« (x) entstanden ist, sondern auch das, was im Prozeß der Veränderung von (x) fortbesteht und somit dessen »Grundstoff« bildet. Mit anderen Worten, das materiale Prinzip ist sowohl das, *woraus*, als auch das, *wovon* ein bestimmter Gegenstand gemacht ist.

Wenn wir dieses allgemeine Schema auf die Ansicht übertragen sollten, die in (2) Thales zugeschrieben wird, nämlich darauf daß das materiale Prinzip aller Dinge das Wasser ist, dann müßten wir den Schluß ziehen, daß Thales nicht nur behauptete, daß alle Dinge *vom* Wasser herkommen, sondern auch, daß sie in einem bestimmten Sinn wirklich noch Wasser *sind.* Wenn wir indes einen genaueren Blick auf das werfen, was Aristoteles in (2) und (3) Thales genau zuschreibt, d.h. in den Abschnitten, die speziell ihm gewidmet sind, dann bekommen wir ein etwas anderes Bild. Hier ist keine Rede von Wasser als einem fortbestehenden Grundstoff (und, was das angeht, auch nicht von Wasser als dem, in das hinein sich alle Dinge schließlich auflösen). Stattdessen liegt der Fokus auf dem Wasser als dem *Ursprung* der Dinge. Nach Aristoteles könnte Thales auf die analogen Fälle von Nahrung und Samen zurückgegriffen haben, und das sind beides Dinge, bei denen man sagen kann, daß aus ihnen etwas wachse. Ferner macht die ausdrückliche Verbindung zwischen der Idee, daß die Erde auf Wasser aufruhe, und der Behauptung, daß Wasser das Prinzip (*archē*) der Dinge sei, nur dann einen guten Sinn, wenn das Wasser dabei als das aufgefaßt wird, *woraus* solche Dinge wie die Erde entstanden sind – die Erde, welche aus dem Wasser hervorgegangen ist, wird ganz natürlich als immer noch auf ihm aufruhend dargestellt. Jedenfalls macht es *keinen* guten Sinn, wenn die Annahme die ist, daß die Erde immer noch Wasser *ist.* Überdies wissen wir, daß der (in (3) angedeutete) Vergleich zwischen der Lehre des Thales und den mythischen Auffassungen, die bei einigen Dichtern zu finden sind, von dem Sophisten Hippias tatsächlich angestellt wurde. Mit einem Werk, in dem er die Meinungen von Philosophen und Dichtern auf der Basis von Ähnlichkeit zusammengruppierte (DK 86 B6), ist Hippias hier wahrscheinlich die Quelle des Aristoteles.[14] Nun sprechen die speziellen Beispiele aus den Dichtern, die Aristoteles an dieser Stelle anführt, definitiv vom *Ursprung* der Dinge: Okeanos und Tethys werden als *Eltern* beschrieben; und der Punkt dabei, auf den Styx zu schwören, war vermutlich, daß der Styx von allen Dingen das älteste, d.h. das erste, war.

Es ist deshalb am sichersten anzunehmen, daß Thales bloß behauptete, daß das Wasser der *Ursprung* aller Dinge ist, und nicht, daß alle Dinge Wasser *sind.* Daß dies für Aristoteles genügte, um ihn in die Klasse der früheren Philosophen aufzunehmen, die seine eigene Theorie der Materie antizipierten, ist nicht so seltsam, wie es scheinen könnte. An anderer Stelle steht Aristoteles nicht an zuzugeben, daß die früheren Denker die aristotelischen Ursachen auf eine ziemlich vage und unklare Weise aufgefaßt hätten;[15] und schließlich wird Thales hier auch nur als der »Gründungsvater« dieser Art Untersuchung bezeichnet. So könnte er gut auch bloß einen Aspekt der aristotelischen Materiekonzeption antizipiert haben.[16] In diesem Fall war seine These über das Wasser eher eine kosmogonische als eine kosmologische These.

Wir halten noch zwei weitere Beobachtungen zu unserem Text fest. Erstens: Das Problem der Stabilität der Erde, von dem es heißt, Thales habe es durch die Annahme gelöst, daß die Erde auf Wasser aufruht, sollte ein wiederkehrendes Problem in der frühen griechischen Kosmologie werden. Für wie unangemessen wir Thales' Lösung auch halten mögen (sie fordert nämlich zu der Frage heraus, worauf das Wasser aufruht), können wir doch wohlwollend behaupten, daß sie einen rudimentären Grad von Systematisierung erkennen läßt, insofern sie eine Verbindung zwischen der Kosmologie und der Kosmogonie des Thales herstellt. Die reduktive Strategie, einen einzigen Erklärungsfaktor zu benutzen, um eine Mehrzahl verschiedener *explananda* zu erklären, läßt sich so einschätzen, daß sie das präfiguriert, was wir in dem ausgearbeiteteren System Anaximanders finden.

Zweitens: Teil (3) deutet darauf hin, daß Aristoteles sich nicht denen anschließen wollte, die wie Hippias behauptet hatten, Thales und Dichter wie Homer hätten im Grunde über denselben Gegenstand gesprochen. Aristoteles argumentiert, es sei unklar, ob die Ansicht des Thales über die Natur wirklich so alt sei wie Homer und andere Dichter. Was immer diese *gemeint* haben mögen, sie haben jedenfalls nicht dasselbe *gesagt* wie Thales. Sie sprachen über mythologische Gestalten (Okeanos, Tethys und Styx), nicht über die Natur. Um Thales gegenübergestellt zu werden, müssen ihre Worte *interpretiert* werden. Von Thales heißt es jedenfalls, er habe seine Ansicht über das Wasser als eine erste Ursache der Natur ausdrücklich formuliert (*apophēnasthai*). Eine ähnliche Einschätzung wird von Aristoteles' Schüler Theophrast zum Ausdruck gebracht (bei Simplikios, *In phys.* 23,29), der nämlich erklärt, daß Thales wirklich der erste war, »der die Griechen mit der Erforschung der Natur (*physiologia*) bekannt gemacht hat. Zwar gab es viele Vorläufer [...]; doch Thales überragte sie weit, so daß er alle seine Vorgänger überdeckt hat«. Dementsprechend enthielt Theophrasts Sammlung »Naturtheoretischer Meinungen«, die vielen unserer Quellen zum frühen griechischen Denken zugrundeliegt, keine Meinungen der Dichter. Eudemos, ein weiterer Schüler des Aristoteles, behandelte die Geschichte »theologischer« Auffassungen der frühen Dichter in einer separaten Abhandlung, als einen eigenständigen Gegenstand, der von der Geschichte der eigentlichen Philosophie verschieden ist (Eudemos, Frgm. 150 Wehrli).

Soviel zu Thales' Kosmogonie. Die uns erhaltenen Nachrichten über seine Auffassung von der Welt in ihrem gegenwärtigen Zustand, d.h. über seine Kosmologie, sind gleichermaßen unzulänglich, und auch hier liefert Aristoteles uns den Haupttext (*De an.* I,5, 411a7; DK 11 A22):

Einige sagen, sie [scil. die Seele] sei ins Universum eingemischt. Das ist vielleicht auch der Grund, warum Thales glaubte, alles sei voll von Göttern.

Die Quelle des Aristoteles, wahrscheinlich wieder Hippias, sagte ihm, daß Thales gesagt habe, alles sei voll von Göttern, und er konjiziert, daß dies wohl bedeutet habe, daß alles irgendwie beseelt sei. In einem anderen Text vermutet er auch, was beseelt zu sein nach Thales bedeutet haben muß (*De an.* I,2, 405a19; DK 11 A22):

Aufgrund dessen, was man von ihm überliefert, hat es den Anschein, daß auch Thales die Seele als eine Art Bewegungsursache betrachtet hat, wenn er nämlich sagte, daß der Magnetstein eine Seele habe, weil er das Eisen bewege.

Aristoteles ist sich offensichtlich nicht sicher, was Thales genau gesagt oder gedacht hat; aber wenn die Art korrekt ist, in der er seine Ansichten in diesen beiden Abschnitten aufgrund dessen rekonstruiert, was er in seiner Quelle fand, dann können wir annehmen, daß Thales behauptete, daß es in der Gesamtheit der physischen Welt ein Bewegungsprinzip gebe, und zwar sogar in offenkundig unbelebten Gegenständen, und daß wir dieses Bewegungsprinzip »Seele« oder sogar »Gott« oder »Götter« nennen können. Demnach hielt Thales in seiner Kosmologie an einem Begriff des Göttlichen fest. Dasselbe gilt für die Theorie Anaximanders, von dem es heißt, er habe das »Unbegrenzte« als unsterblich und unzerstörbar beschrieben. Diese Epitheta waren herkömmlicherweise mit dem Göttlichen verbunden (vgl. Aristoteles, *Phys.* III,4, 203b13–15). Auch Anaximenes, der dritte in der Reihe der Milesier, nannte *seinen* Grundstoff, die Luft, göttlich (vgl. die unter DK 13 A10 abgedruckten Texte). Selbst wenn dies zeigt, daß das Weltbild der frühen Milesier nicht vollständig ›säkularisiert‹ war, sollte doch betont werden, daß wir nun anstelle der mehr oder weniger anthropomorph aufgefaßten kosmischen Gottheiten Hesiods eine stärker entpersonalisierte oder mehr »physikalisierte« Konzeption des Göttlichen haben, die sich nicht ohne weiteres in gänzlich theistischen Termini beschreiben läßt.[17]

Aus der Tatsache, daß die Milesier ihr erstes Prinzip – sei es Wasser, Luft oder das Unbegrenzte – als göttlich ansahen, können wir schließen, daß sie es für irgendwie lebendig hielten. Wie wir sahen, lassen die Texte vermuten, daß sie auch den Kosmos als den Abkömmling dieses ersten Prinzips in gewissem Sinn als lebendig ansahen. Solch eine Auffassung des Kosmos hat man »Hylozoïsmus« genannt (von *hylē* = Materie und *zoē* = Leben). Der Terminus als solcher ist anachronistisch: Erstmals gebildet wurde er von Ralph Cudworth im 17. Jahrhundert,[18] und genau genommen hatten die Milesier keine Konzeption der Materie als solcher.[19] Als beschreibende Bezeichnung fängt er trotzdem in nützlicher Weise ein Merkmal der milesischen Naturtheorie ein, das diese sowohl von der aristotelischen Physik abhebt (nach der Materie ohne Form nicht in der Lage ist, eine Veränderung hervorzubringen) als auch von den Kosmologien der nach-parmenideischen Generation der frühen griechischen Philosophen, also der Atomisten und der Pluralisten. Die Atomisten und Pluralisten übernahmen die eleatische These, daß das Seiende (in ihrem Fall transformiert in die Atome Demokrits, in die Elemente des Empedokles und in die Samen des Anaxagoras) selbst unveränderlich ist; und dementsprechend bestritten sie, daß Materie ein internes Veränderungsprinzip enthalte. Anaxagoras und Empedokles führten daher externe »Bewegungsursachen« ein (Geist oder Liebe und Streit), während Demokrit alle substantielle und qualitative Veränderung auf die Neuanordnung sich ewig bewegender (aber nicht lebender) und wesentlich unveränderlicher Atome reduzierte. Im Gegensatz zu diesen späteren Auffassungen scheinen die Milesier in der Tat angenommen zu haben, daß Materie ein intrinsisches Prinzip der Veränderung besitze.

Trotz alledem war der Hylozoïsmus wahrscheinlich eher eine stille Voraussetzung als eine ausdrücklich verteidigte These, und es kann aus diesem Grund durchaus sein, daß er in verschiedenen Aufmachungen erscheint.[20] Jedenfalls wurde er von Aristoteles nicht als eine Position *sui generis* identifiziert. Wie bemerkt, erklärte er, daß Thales und seine Nachfolger nur materiale Ursachen anerkannten, war aber offenkundig nicht in der Lage, Materie irgendwie anders außer als träge und inaktiv anzusehen.[21] Aus diesem Grund wandte er gegen die Milesier ein, daß »weder das Holz ein Bett noch die Bronze eine Statue herstellt, vielmehr etwas anderes die Ursache der Veränderung ist« (*Metaph.* I,3, 984a24–25). Nach seiner Deutung offenbarten die frühen materialistischen Theorien in dieser Hinsicht leicht ihre eigene Unzulänglichkeit, so daß »die Sache selbst den Leuten den Weg wies und sie nötigte, weiter zu forschen« (984a18–19) und das zu entdecken, was Aristoteles selbst als die Bewegungsursache bezeichnen würde.[22] Mit anderen Worten, Aristoteles hatte keine Nachsicht mit der Idee, daß Wasser, Luft oder das Unbegrenzte sich aus eigenem Antrieb in einen Kosmos wandeln können. Jedoch scheint genau das dasjenige gewesen zu sein, was die frühen jonischen Philosophen glaubten. Als eine unreflektierte Voraussetzung war dieser Hylozoïsmus wahrscheinlich ein Überbleibsel der mythischen Weltsicht, die die Elemente des Kosmos als lebende und göttliche Gebilde ansah. Schließlich war es unwahrscheinlich, daß solch ein Weltbild über Nacht durch einen voll entwickelten mechanistischen Materialismus ersetzt würde, in welchem der Kosmos einfach aus blinder und toter Materie bestand.

3. Die Kosmologien von Anaximander, Anaximenes und Xenophanes

Wir werden nun einige weitere Einzelheiten der Kosmologien von Thales' Nachfolgern untersuchen. Wie Thales, dessen Konzeption einer flachen, auf Wasser aufruhenden Erde vielleicht auf ältere mythologische Weltbilder zurückging, so blieb auch Anaximander bei dem Konzept einer flachen Erde, die er für zylinderförmig hielt, mit einem Durchmesser, der dreimal so groß wie ihre Höhe ist (DK 12 A10). Seine Darstellung zur Gestalt und Position der Erde wich von der des Thales allerdings entscheidend ab. Erstens ließ er die ganze Idee fallen, daß die Erde etwas brauche, was sie trägt. Dies ist der Bericht des Aristoteles (*De caelo* II,13, 295b10–16; DK 12 A26):

Es gibt aber auch einige – so etwa bei den Alten Anaximander –, die sagen, sie [die Erde] ruhe aufgrund ihres Gleichgewichts. Denn wenn etwas in der Mitte errichtet werde und zu den Außenpunkten durchweg in derselben Beziehung stehe, dann könne es sich füglich um nichts mehr nach oben als nach unten oder als nach den Seiten hin bewegen; außerdem sei es unmöglich, daß es die Bewegung zugleich in entgegengesetzte Richtungen mache, so daß es notwendigerweise ruhe.

Man hat gesagt, daß selbst dann, wenn wir überhaupt nichts sonst über Anaximander wüßten, schon diese Theorie allein ihm einen Platz unter den Schöpfern einer vernünftigen Wissenschaft von der Welt garantieren müßte.[23] Immerhin werden ihm zwei bedeutende Neuerungen zugeschrieben: die (implizite) Einführung des Prinzips vom zureichenden Grund und die Anwendung mathematischer Argumente auf eine kosmologische Frage. Der erste Punkt ist zweifellos korrekt: die Erde bleibt deshalb in ihrer Position, weil sie keinen zureichenden Grund hat, sich eher in der einen als in der anderen Richtung zu bewegen. Der zweite Punkt scheint aber eine Einschränkung zu erfordern. Es ist wahr, daß unser Text auf ein »Gleichgewichts«-Argument Bezug nimmt; nicht klar ist aber, warum wir dieses Gleichgewicht in rein mathematischen Termini auffassen sollten. Tatsächlich scheint das Gleichgewicht an anderer Stelle in Anaximanders Kosmologie eine Sache entgegengesetzter Kräfte oder Elemente zu sein (das Warme und das Kalte), und es ist plausibel, anzunehmen, daß das, worum es hier geht, ebenfalls ein solches physikalisches Gleichgewicht ist. Man könnte beispielsweise an die wechselseitige Zurückstoßung streitender Gegner denken, die die Tendenz der Erde erklären könnte, so weit wie möglich vom Feuer entfernt zu bleiben und daher im Zentrum der feurigen Ringe der Himmelskörper zu verharren.

Es mag sein, daß eine ähnliche Konzeption von physikalischem Gleichgewicht der rätselhaften Behauptung Anaximanders zugrundelag, daß der Ring der Sonne am weitesten von der Erde entfernt sei, daß der Ring der Sterne (schließe er nun auch die Planeten ein oder nicht) der Erde am nächsten sei und der Ring des Mondes dazwischenliege (DK 12 A11). Schließlich enthält der Ring der Sonne ersichtlich die größte Menge von Feuer; und betrachtet man die Opposition zwischen Feuer und Erde als gegeben, so ist es nicht unplausibel, daß im Verlauf des kosmogonischen Prozesses solch eine Menge von Feuer am weitesten vom Zentrum weggeschleudert worden sein sollte.[24] Es ist ebenfalls möglich, daß dieser Teil von Anaximanders Theorie deshalb eingeführt wurde, um die augenscheinliche Tatsache zu erklären, daß die niedrigeren Ringe die entfernteren nicht abdunkeln. Anaximander könnte mit anderen Worten argumentiert haben, daß das hellere Licht der äußeren Ringe einfach durch die vergleichsweise kleine Menge von Dunst hindurchscheint, die die niedrigeren Feuerringe umgibt. Demgegenüber hätte die allgemein akzeptierte Reihenfolge mit den Sternen in der größten Entfernung zu dem Einwand geführt, daß die Ringe der Sonne an denjenigen Stellen einen Teil des Rings der Sterne verdunkeln müßten, an denen sich die Ringe, wenn sie von der Erde aus betrachtet werden, überschneiden.[25] Nach der ersteren Interpretation werden wir annehmen müssen, daß Anaximander bereit war, die Erscheinungen, nach denen der Mond näher ist als die Sterne, zugunsten des Gesamtsystems seiner Kosmologie zu ignorieren; nach der zweiten Interpretation bot er eine alternative Deutung dieser Phänomene an. Nach beiden Erklärungen scheint die spezielle Reihenfolge, für die er votierte, eng mit seiner idiosynkratischen Auffassung der Himmelskörper als konzentrischen, in Dunst eingehüllten Feuerringen in Verbindung zu stehen. Sie wurde von keinem anderen griechischen Kosmologen übernommen.

Anaximanders Versuch, die relativen Entfernungen dieser kosmischen Ringe zu spezifizieren (DK 12 A11 und 18), ist auch als der erste Versuch gerühmt worden, die reguläre Struktur des Kosmos (teilweise) in mathematischen Termini zu beschreiben. Die Einzelheiten sind freilich sehr kontrovers, und ein bißchen Skepsis ist angebracht.[26] Der wichtigste Punkt ist hier, daß wir nicht wirklich wissen, mit welchen Argumenten Anaximander die Zahlen wählte, die er aufstellte; und es gibt keine Hinweise, daß dabei empirische Messungen irgendeine Rolle gespielt hätten.

Ob die planmäßige Struktur von Anaximanders Kosmologie einschließt oder nicht einschließt, daß sie von Natur aus *stabil* ist, ist eine strittige Frage. Der Kontext bei Simplikios (der hier von Theophrast abhängt), wo das einzige wörtliche Fragment erhalten ist, erlaubt unterschiedliche Deutungen. Der Text sagt, Anaximander habe erklärt:

> ... was den seienden Dingen die Quelle des Entstehens ist, dahin erfolgt auch ihr Vergehen »gemäß der Notwendigkeit; denn sie strafen und vergelten sich gegenseitig ihr Unrecht nach der Ordnung der Zeit«, wie er es mit diesen eher poetischen Worten zum Ausdruck bringt. (Simplikios, *In phys.* 24,17; DK 12 A9; B1)

Was hier wahrscheinlich wörtliches Zitat ist, steht in Anführungszeichen und beschreibt das, was vor sich geht, in Termini, die in der Tat »poetisch« und anthropomoph sind. Nichtsdestoweniger kann die Vorstellung von der Zeit, die wie ein Richter darüber wacht, wenn Gegner sich bekämpfen und sich gegenseitig ihr Unrecht strafen und vergelten, plausibel so verstanden werden, daß sie sich auf die reguläre Reihenfolge dessen bezieht, was im Grunde natürliche Prozesse sind. Dann wird uns anscheinend gesagt, daß physische Veränderungsprozesse wie etwa die schrittweise Zerstörung (Austrocknung) von Feuchtigkeit durch Feuer umkehrbar sind und in Zukunft tatsächlich umgekehrt werden. Prinzipiell könnte dies schlicht bedeuten, daß auf die Vorherrschaft eines der Elemente die Vorherrschaft des anderen folgt und daß dieser Prozeß *ad infinitum* weitergeht.

Davon abgesehen könnte Anaximander auch der Meinung gewesen sein, daß sein Kosmos sich zu guter Letzt wieder ins Unbegrenzte auflösen könnte, und der eben zitierte Text könnte dementsprechend so verstanden werden, daß er sich auf eine Art von kosmischem Zyklus bezieht: sobald das Feuer »gewonnen« und den ganzen Kosmos ausgetrocknet hat, erlischt es selbst aus Mangel an Nahrung.[27] Solch eine Konzeption würde gut mit Anaximanders Auffassung vom Kosmos als einem lebendigen und entstandenen Wesen zusammenpassen; denn solch ein Wesen müßte normalerweise zwangsläufig sterben und wieder verschwinden. Andererseits bleibt unklar, wie wir uns die Einzelheiten dieses Prozesses vorstellen sollten. So wundert man sich, wie sich annehmen läßt, daß der Kosmos in seinem Schlußzustand (entweder als Feuer oder als Feuchtigkeit) vom eigenschaftslosen *apeiron* aufgenommen werden könnte.

Nach der griechischen biographischen Tradition war Anaximanders milesischer Mitbürger Anaximenes sein Schüler. In dieser Weise präsentiert ihn die Darstellung Theophrasts, die uns von Simplikios aufbewahrt wurde (Simplikios, *In phys.* 24,26–30; DK 13 A5):

Anaximenes, der Sohn des Eurystratos, aus Milet, ein Gefährte (Schüler) Anaximanders, sagt wie dieser, daß die zugrundeliegende Wesenheit nur eine sei und unbegrenzt, jedoch nicht unbestimmt, wie sein Lehrer annimmt, sondern bestimmt, und er erklärt sie für Luft; durch Dünne und Dichte differenziere sie sich in die Substanzen. Durch Verfeinerung entstehe nämlich Feuer, durch Verfestigung hingegen Wind, sodann Wolken, durch noch weitere Verfestigung Wasser, dann Erde, schließlich Steine; alle anderen Dinge entstünden aus diesen. Von der Bewegung nimmt auch er an, daß sie ewig sei; und durch sie komme es auch zur Veränderung.

In diesem Bericht ist »die zugrundeliegende Wesenheit« ein aristotelischer Terminus, äquivalent mit der »Materialursache«. Unsere Erörterung hat uns so weit in die Lage versetzt zu sehen, daß die Anwendung dieses Terminus durch Aristoteles oder durch Theophrast auf das Wasser des Thales oder auf das Unbegrenzte des Anaximander irreführend ist, weil diese Stoffe nur einen einzelnen Aspekt der aristotelischen Materialursache abdecken: Wasser und das Unbegrenzte sind das, von dem her die Dinge sind, *nicht* das, *woraus* sie immer noch bestehen. Im Fall von Anaximenes ist die Anwendung des Terminus angemessener, weil er den Kosmos nicht nur *von* Luft *her* entstehen läßt (was anderweitig bezeugt ist, DK 13 A6), sondern auch erklärt, daß alles in unserer Welt noch Luft *ist*.

Im übrigen gibt es einige offensichtliche Ähnlichkeiten mit Anaximander: Der Grundstoff ist einer und unbegrenzt (oder quantitativ grenzenlos) und auch göttlich (DK 13 A10). Ferner kommt von all den damals bekannten physischen »Elementen« die Luft am nächsten an die qualitative Unbestimmtheit von Anaximanders *apeiron* heran. Es ist eine treffliche Vermutung, daß die spezielle Serie verdünnter und komprimierter Formen von Luft, von denen unser Text spricht, auf ein grobes Raster allgemeiner Erfahrung gegründet ist: Wir sehen, wie Luft sich in Feuer oder in Wind verwandelt, Wind in Wolken, Wolken in Wasser, Wasser in Schlamm (Erde) und Schlamm in Steine.[28] Aber wie dem auch sei, sehen wir doch nicht, wie sich ein Stein oder sogar Wasser in eine Pflanze verwandelt. In diesen Fällen ist vermutlich eine Art von Mischung ursprünglicher Elemente (z.B. von Erde und Wasser) erforderlich (zu den Einzelheiten des hier wirksamen Mechanismus sagen die Quellen nichts). Man braucht nicht anzunehmen, daß Theophrast hier die spätere (empedokleische oder aristotelische) Konzeption von Elementen auf das System des Anaximenes zurückprojiziere.[29] Im Gegenteil, wir können festellen, daß das Grundmodell, um das es hier geht, nach Anaximander zurückverfolgt werden kann, dessen System impliziert, daß *nichts* in unserer Welt *direkt* vom ursprünglichen Grenzenlosen herkommt, daß vielmehr alle Dinge in der Welt das Ergebnis des vereinten Wirkens der Gegensätze ist, die ihrerseits aus dem *apeiron* hervorgegangen sind.

Einige weitere Bemerkungen zu Anaximenes' Anwendung von Kompression und Verdünnung als Erklärungsmechanismus: Insoweit wir es mit einem Grundstoff zu tun haben, bei dem beobachtet wird, wie seine quantitativen Veränderungen Veränderungen erklären, die qualitativ sind oder zu sein scheinen, können wir Anaximenes das Verdienst für die brillante Intuition zusprechen, daß qualitative Unterschiede sich auf quantitative Faktoren zurückführen lassen. Trotzdem sollten wir beachten, daß der Grundstoff, um den es hier geht, nicht selbst eigenschaftslos ist (wie das zum Beispiel die Atome Demokrits sind, die sich nur in ihrer Gestalt, Größe und Lage unterscheiden), daß es sich vielmehr um Luft handelt. Was außerdem die spätere quantitative Physik so erfolgreich machte, war die Anwendung der Mathematik, um die quantitativen Elemente der Theorie zu spezifizieren und zu erklären; und davon gibt es bei Anaximenes keine Spur.

Wie bereits bemerkt, benutzte Anaximander als Grundlage seiner kosmogonischen und kosmologischen Erklärungen ein Element der Alltagserfahrung: die Art, wie Wasser und Feuer interagieren. Anaximenes ging auf demselben Weg weiter und untermauerte seine Erklärung, daß qualitative Unterschiede auf den quantitativen Vorgang von Verdichtung und Verdünnung zurückgeführt werden könnten – und daß Luft sich daher in andere Elemente verwandeln könne, wenn sie komprimiert oder verdünnt werde –, mit einem Hinweis auf das Phänomen, daß unser Atem abkühlt, wenn wir ihn mit unseren Lippen zusammendrücken, und wärmer ist, wenn wir unseren Mund öffnen (DK 13 B1). Anaximenes gleicht Anaximander außerdem in seiner Verwendung der Analogie, um die Hauptmerkmale seiner Kosmologie abzustützen. Er scheint nämlich argumentiert zu haben, daß ebenso, wie Luft in der Form der Atem-Seele (*pneuma*) uns zusammenhält, Luft auch den Kosmos umgibt und umfängt (*perieichei*) (B2; die Echtheit dieses ›Fragments‹ wurde von einigen Gelehrten allerdings angezweifelt).

Wie Thales und Anaximander, so ging auch Anaximenes auf das Problem der Stabilität der Erde ein: Sie läßt sich von der Luft tragen wie ein Blatt, das im Wind schwebt (A20).[30] Dasselbe gilt für die Himmelskörper, die feurig sind, aber von der Luft gestützt werden (A7). Ihre Umläufe werden unter Bezug auf Ströme komprimierter und unter Gegendruck stehender Luft erklärt (A15). Anaximanders Konzeption von den Himmelskörpern als Ringen gab Anaximenes wieder auf und kehrte zu der überkommenen Hemisphären-Konzeption des (Kosmos und des) Himmels zurück; er verglich den Himmel mit einem Filzhütchen, das sich auf unserem Kopf dreht. Dementsprechend verwarf er die Idee, daß die Sonne und die anderen Himmelskörper sich *unter* der Erde herumbewegen, und erklärte stattdessen, daß sie sich *um* die Erde herumbewegen und durch die höher gelegenen nördlichen Teile der Erde zeitweilig überdeckt werden (A7).

Wir können uns hier nicht ausführlich mit den verschiedenen Detailerklärungen meteorologischer Phänomene oder mit der Grundlage des Verdunstungs- und Kondensationsmechanismus befassen, die unsere Quellen sowohl Anaximander als auch Anaximenes zuschreiben. Es mag genügen zu sagen, daß die betreffenden Auffassungen Eingang in die griechische meteorologische Tradition fanden: Eine Reihe von ihnen kehrt später wieder, zum Beispiel in Epikurs *Brief an Pythokles*. Die allgemeineren Umrisse der frühen jonischen Kosmologie hatten keinen derart dauerhaften Einfluß. Kurzfristig scheinen sie indes Heraklit von Ephesos beeinflußt zu haben, dessen Ansichten an anderer Stelle in diesem Buch ausführlich erörtert werden, und auch den rätselhaften Dichter-Philosophen Xenophanes, der als junger Mann seine Geburtsstadt Kolophon in Jonien im Jahr 546 v.Chr. verließ, als sie von den Medern erobert wurde, und sich dann in Süditalien niederließ.

Es ist wirklich mehr als wahrscheinlich, daß die Kritik des Xenophanes an dem überkommenen anthropomorphen Götterverständnis der Griechen (DK 21 B5, 14, 15, 16) zum Teil durch die Entmythologisierung der physischen Welt veranlaßt wurde, die die Milesier vorgenommen hatten. Außerdem gaben die Milesier, wie oben deutlich gemacht wurde, den Begriff des Göttlichen nicht vollständig auf, sondern führten eine reformierte und »physikalisierte« Konzeption dieses Begriffs ein. Es ist begreiflich und sogar plausibel, daß dies Xenophanes half, in Termini, die man pantheistisch nennen könnte, seinen »einen Gott« als eine kosmische Entität zu konzipieren (darauf scheint Aristoteles hinzudeuten: *Metaph.* I,5, 986b21–24; DK 21 A30).[31] Schließlich, und aus der Sicht dieses Kapitels am allerwichtigsten, zeigen die alten Zeugnisse über die allgemeine Kosmologie des Xenophanes, daß er der jonischen Tradition in vielen Einzelheit verpflichtet war. Wie die Milesier, so bestimmte er das, woraus alle Dinge sind, und votierte für Erde und Wasser (B29 und 33). Eher in der Art des Anaximenes erklärte er, daß Wolken Ausdünstungen des Meeres und daß die Himmelskörper feurige Wolken seien (B30 und 32; A32 und 40). Meer und Erde faßte er als Gegensätze auf, die in einen zyklischen Prozeß von Trockenphasen und Überschwemmungen eingebunden sind (A33), eine Idee, die an Anaximander erinnert. Xenophanes bekräftigte diese Behauptung, indem er darauf verwies, daß es in Syrakus, Malta und Paros Fossilien in Steinen gebe, ein bemerkenswertes Beispiel dafür, wie empirische Belege zur Unterstützung einer kosmologischen Behauptung benutzt werden.

4. Milesische Kosmologie und die Geschichte von Philosophie und Wissenschaft

Aus den vorangehenden Abschnitten ergibt sich ein Bild, welches zeigt, daß die Milesier ungeachtet unbestreitbarer Rückgriffe auf die Tradition der mythischen Kosmologie und Kosmogonie eine Art, die physische Welt zu erklären, einführten, die in einer Reihe signifikanter Hinsichten neu war. Nichtsdestoweniger wurde ihr Beitrag mit ziemlich verschiedenen Begriffen eingeschätzt. Wie wir bemerkt haben, betrachtete Aristoteles ihre materialistischen Kosmologien und Kosmogonien als den Anfang der Physik (Naturphilosophie), die er als einen Teil der Philosophie ansah. Diese Sicht wird durch die Mehrzahl der modernen Gelehrten nach wie vor bekräftigt, hat aber auch ihre Kritiker.

Hegel spielte die strikter aufgefaßte physikalische oder naturwissenschaftliche Bedeutung dieser frühen Theorien herunter, indem er erklärte, ihr Hauptpunkt sei allgemeineren philosophischen Charakters.[32] Andererseits wurde in jüngerer Zeit argumentiert, daß wir, selbst wenn wir es hier mit den Anfängen der Physik als einer Wissenschaft zu tun haben sollten, dennoch nicht berechtigt sind, von den Anfängen der *Philosophie* zu sprechen, und zwar einfach deshalb nicht, weil Kosmologie und Physik heutzutage nicht mehr zur Philosophie gehören.[33] Ob so oder so, man wundert sich, ob diese exklusive Anwendung des Terminus »Philosophie« in ihrem engen, dem zwanzigsten Jahrhundert verpflichteten Sinn sich einerseits mit der außerordentlich ausgeprägten Geschichtlichkeit des Begriffs der Philosophie und andererseits mit einer Konzeption der Philosophiegeschichte gut zusammenfügt, bei der diese als eine Disziplin *sui generis* gilt. Man kann in der Tat argumentieren, daß ein solcher Gebrauch des Terminus »Philosophie« darauf hinauslaufen würde, in die im Grunde unhistorische Praxis zurückzufallen – wie sie beispielsweise von Aristoteles her vertraut ist –, die Philosophen der Vergangenheit unter dem Gesichtspunkt der eigenen philosophischen Ansichten (oder, etwas breiter: der Ansichten der Tradition oder der Ära, der man zugehört) zu lesen und sie nur insoweit zu studieren, als sie dafür relevant sind. Im Gegensatz dazu sollten Historiker der Philosophie in der Lage sein, ihre eigenen philosophischen Auffassungen einzuklammern, wo dies angebracht ist. Im vorliegenden Fall würde dies darauf hinauslaufen, den Ausdruck »Philosophie« nicht in irgendeinem spezifischen Sinn zu verwenden, sondern in einem Sinn, der breit genug ist, um abzudekken, was die Menschen zu verschiedenen Zeiten (zum Beispiel Aristoteles) bereit waren, als Philosophie anzusehen.[34]

Auch der Titel »(Natur-)Wissenschaft« wurde im Hinblick auf diese frühen Kosmologien gelegentlich in Abrede gestellt, weil sie der mythischen Tradition mutmaßlich noch zu stark verpflichtet gewesen[35] oder zuwenig durch beobachtbare Daten gestützt worden seien. Der letzte Punkt ist wichtig, weil er die Frage der *Methode* aufwirft, die diese frühen Denker befolgten. Wenn wir uns dem anschließen, was gewöhnlich das »Baconsche« Bild der Wissenschaft genannt wird – die Idee, daß Wissenschaft ihren Ausgangspunkt bei einer Serie kontrollierter Beobachtungen nehmen sollte –, dann können die Theorien der Milesier schwerlich, wenn überhaupt, als wissenschaftlich bezeichnet werden; denn sie praktizierten nicht eine ins Einzelne gehende systematische Beobachtung. Gleichzeitig sollte zur Kenntnis genommen werden, daß die Fragen, mit denen sie sich befaßten, zum größten Teil sehr allgemein waren, Fragen wie die, auf welche Weise der Kosmos entstanden ist. Man kann sich kaum vorstellen, wie sie entlang den Linien Bacons, d.h. ohne sich auf ein ziemliches Stück Spekulation zu stützen, mit solchen Fragen hätten zu Rande kommen können. Außerdem befaßten sich sogar ihre spezifischeren Theorien zumeist mit Dingen, die Epikur später *adēla* (nicht-offenkundig) nennen sollte, d.h. mit Dingen, die sich nicht klar und direkt beobachten ließen, zum Beispiel mit den Himmelskörpern oder mit deren Natur. Ihre Theorien über solche Gegenstände waren selbstverständlich spekulativ; und das waren in Wirklichkeit auch die Lehren späterer griechischer Naturtheoretiker.

Im zwanzigsten Jahrhundert wurde die Baconsche Wissenschaftstheorie nachdrücklich von Karl Popper angegriffen, der erklärte, daß die Wissenschaft im allgemeinen nicht durch solch einfache induktive Prozesse voranschreite; darüber hinaus sei die ganze Frage, wie wissenschaftliche Theorien entstehen, belanglos. Seiner Ansicht nach ist Wissenschaft eine Frage verwegener und interessanter Hypothesen, die nach ihrer erläuternden Kraft zu beurteilen sind und – ganz wichtig – danach, ob sie der Kritik und der Überprüfung standhalten. Popper sah die frühen griechischen Philosophen, insbesondere Thales und Anaximander, als die Gründungsväter dieser Art wissenschaftlichen Zugangs an. Dementsprechend stellte er die frühe griechische Kosmologie als eine kritische Tradition dar, zu der jeder Philosoph dadurch seinen eigenen Beitrag leistete, daß er die Theorien seiner Vorgänger überprüfte und mit alternativen Hypothesen aufwartete. Thales »gründete die neue Tradition der Freiheit [...] die Tradition, daß man Kritik tolerieren sollte«.[36]

Dieses »Poppersche« Bild der frühen griechischen Kosmologie ist aber ebenso schwer zu verteidigen wie sein Baconsches Gegenstück. Zum einen wissen wir überhaupt nichts über die behauptete Toleranz der Milesier, während die Quellenlage zu ihren unmittelbaren Nachfolgern (vgl. Xenophanes DK 21 B7 über Pythagoras; Heraklit DK 22 B40 über Pythagoras und Xenophanes) auf eine selbstbewußte, spöttische und satirische Einstellung zum Werk anderer schließen läßt, etwas ganz anderes als die von Popper unterstellte gentleman-artige, konstruktive Kritik. Und was noch wichtiger ist, gerade weil die Theorien der milesischen Philosophen vorwiegend mit ganz allgemeinen Fragen und mit Gegenständen befaßt waren, die keineswegs klar und direkt zu beobachten waren, und weil Beobachtungsdaten von der Art, wie sie erreichbar waren, von einer groben, allgemeinen Art waren, können wir kaum von Hypothesen sprechen, die durch irgendeine Art beobachtbarer Belege hätten *überprüft* und *falsifiziert* werden können.[37]

Wo also stehen wir nach alledem in bezug auf die »Methode« der frühen Kosmologen? Wir können ohne weiteres anerkennen, daß sie *einigen* Gebrauch von Beobachtungsdaten machten, um ihre Theorien damit zu untermauern (z.B. Xenophanes über Fossilien) und daß sie häufig vertraute Phänomene oder beobachtbare Vorgänge als Analogie und somit als Erklärungsmodell benutzten. Daß dies nicht einem systematischen und methodischen Gebrauch der Beobachtung gleichkommt, ist wahr; und es ist ebenfalls wahr, daß die Beobachtungsdaten, um die es in den Analogien geht, von derselben allgemeinen Art sind wie die Theorien selbst.[38] Aber die Einführung von beobachtbaren Merkmalen sollte deshalb nicht als solche naserümpfend behandelt oder diskreditiert werden. Das war neu; es half, die Theorien einsichtiger zu machen;

und aufgrund dessen trug es zur Entwicklung einer »rationaleren« Weltsicht bei.

Schließen können wir vielleicht folgendermaßen: Ebenso wie die Aktivitäten der Milesier nicht in irgendeinem spezifisch *modernen* Sinn des Wortes »philosophisch« genannt werden können, so können sie auch nicht in einem spezifisch Baconschen oder Popperschen Sinn »wissenschaftlich« genannt werden. Um aber dem gerecht zu werden, was sie initiiert haben, und um ihrer Stellung in der griechischen Geistesgeschichte Genüge zu tun, könnten wir die Milesier wenigstens als Protowissenschaftler betrachten, die am Eingang desjenigen Teils der antiken Philosophie standen, den man Naturtheorie nannte.

Anmerkungen

[1] Für eine eingehende Darstellnng, in welcher Weise Homer und Hesiod die Kultur prägten, in der die frühesten griechischen Philosophen lebten, siehe Most in diesem Band, S. 313.

[2] Über frühe Kalender und Chronologie siehe Bickermann [83] 27–34.

[3] Siehe Burkert [75] 174–176.

[4] Einige der Haupttexte wurden in gut zu gebrauchender Weise von Pritchard [125] gesammelt und (ins Englische) übersetzt.

[5] Für die Spuren anderer früher Kosmogonien, die Orpheus und Musaios zugeschrieben werden, siehe DK 1 und 2; ein Überblick darüber bei KRS, 21–33 (dt. Ausgabe S. 23–37).

[6] Weitere Beispiele solcher Interpretationen findet man bei West [135] 35–36.

[7] Die Idee ist sicher anaximandrisch, wenngleich wir nicht wissen, ob er wirklich den Ausdruck *gonimon* benutzte. Für den Terminus *apeiron* (unbegrenzt) und seine Stellung und Bedeutungen im frühen griechischen Denken siehe McKirahan, in diesem Band S. 127.

[8] Zur Verwendung von Analogien siehe Lloyd [108].

[9] Vgl. *Theog.* 11; 33; 37; 51; außerdem *Werke und Tage* 654–659; diese Verse können sich auf die *Theogonie* zurückbeziehen.

[10] Dies ist wahrscheinlich der Hintergrund, vor dem man Herodots Behauptung (II,53) zu verstehen hat, daß Homer und Hesiod im Grunde »den Göttern die Beinamen gegeben und ihre Ämter und Fertigkeiten gesondert (τιμάς τε καὶ τέχνας διελόντες) sowie ihre Gestalten deutlich gemacht haben (εἴδεα αὐτῶν σημήναντες)«.

[11] Hesiod kann durchaus seine eigene *Theogonie* bei den Leichenspielen des Amphidamas in Chalkis rezitiert haben. Siehe West [135] 43–46; J.P. Barron und P.E. Easterling, »Hesiod«, in Easterling & Knox [95] 52–54.

[12] Für Beispiele siehe Pritchard [125] 1 (zu einem ägyptischen Schöpfungsmythos); 60–61 und 332 (zum Babylonischen Enuma Eliš und seiner Rezitation). Für eine kluge Behandlung verschiedener Aspekte der Verbindung zwischen Mythos und Ritual siehe Kirk [106] 8–31.

[13] Ein strittiges Thema: Dicks [170] ist bezüglich der astronomischen Verdienste der Milesier äußerst skeptisch; für eine klare und ausgewogene Sichtung des Materials zu Thales und der Sonnenfinsternis siehe Panchenko [180].

[14] Zu Hippias als Quelle des Aristoteles siehe Snell [183] und Mansfeld [29].

[15] Vgl. *Metaph.* I,4, 985a11–15 zu Anaxagoras und Empedokles.

[16] Vgl. Mansfeld [32] 143.

[17] Vgl. Babut [164] 22. Siehe zu dieser Konzeption des Göttlichen Broadie in diesem Band, S. 187–189. Es ist möglich (das heißt, aus Aristoteles, *Phys.* III,4, 203b7, könnte geschlossen werden), daß Anaximander behauptete, alles werde durch das *apeiron* tatsächlich »gesteuert« (*kybernan*). Aber es gibt – *pace* Solmsen [184] und Babut [164] – keinen Grund, dies anders aufzufassen, als daß es besagt, daß das *apeiron* dem kosmogonischen Prozeß irgendwie zugrundeliegt.

[18] R. Cudworth, *The True Intellectual System of the Universe*, veröffentlicht 1678, bes. Buch I, Kap. III. In diesem Werk läßt Cudworth sich auf eine Auseinandersetzung mit verschiedenen Formen des Atheismus ein und argumentiert, sie ließen sich auf zwei Haupttypen reduzieren, auf »atomick atheism« und »hylozoical atheism«.

[19] Burnet [6] 12 Anm. 3 benutzte dies als ein Argument gegen die Anwendung des Terminus »Hylozoïsmus«. Um die Anwendung gegen diesen Einwand zu verteidigen, möchte ich sagen, daß es, damit es für uns erlaubt ist, den Terminus zu gebrauchen, genügt, daß die Theorien der Milesier in dem weiten Sinn »materialistisch« waren, den Aristoteles kannte, das heißt, daß sie bei der Erklärung der natürlichen Welt sich nicht auf andere Ursachen (gleichgültig, ob auf unkörperliche Formen oder auf irgendeine andere Art separater Bewegungsursache) beriefen als allein auf körperliche Gebilde.

[20] Vgl. KRS, 98 (dt. Ausgabe S. 107). Der behauptete Materialismus scheint nicht von sehr strikter Art gewesen zu sein; von der stofflichen Welt oder von ihrer *archē* wird gelegentlich gesagt, sie seien *selber* lebendig oder göttlich, und manchmal, sie enthielten eine Seele oder Gott (Thales). Eine ähnliche Mehrdeutigkeit kennzeichnete die mythische Welt, wo die Götter entweder *mit* den Elementen des Kosmos *identifiziert* werden konnten oder von ihnen gesagt wurde, sie *residierten in* diesen Elementen.

[21] Man beachte, daß Aristoteles da, wo er die Rolle der Materie in seinem eigenen System zu erläutern versucht, gewöhnlich auf die Analogie mit der Herstellung von Artefakten aus einem unbelebten Stoff zurückgreift. In solchen Fällen ist ganz deutlich, daß die Materie den verlangten Veränderungsprozeß nicht initiieren kann. Im Gegensatz dazu ist bezeichnend, daß die Milesier es anscheinend bevorzugten, *biologische* Analogien zu verwenden.

[22] Interessanterweise folgt Cudworth, der für einen Hylozoïsmus als eine Position *sui generis* keinen Raum läßt, in dieser speziellen Hinsicht der Darstellung, die Aristoteles von den Milesiern gibt, und erklärt (op. cit., 113), daß sie nur »senseless and stupid matter« anerkannten, »devoid of all understanding and life«. Nach Cudworth (ibid.) war der erste Hylozoïst Straton von Lampsakos, ein Schüler Theophrasts und sein Nachfolger in der Leitung des Peripatos.

[23] Vgl. Kahn [162] 77.

[24] Dies wurde von Mansfeld [12] vorgeschlagen (Bd. 1 S. 59).

[25] Diese Deutung wurde von Bodnár [165] verteidigt, im Anschluß an einen Vorschlag von v. Fritz, auf den bei Kahn [162] 90 Anm. 5 Bezug genommen wird. Für andere Vorschläge siehe Guthrie [15] 95 mit Anm. 1.

[26] Es ist tatsächlich nicht sicher, ob Anaximander neben der Größe (und infolgedessen der Entfernung) des Sonnenrings auch noch die eines anderen Rings spezifizierte. Der Text der maßgeblichen Quelle, des Hippolytos (DK 12 A11), ist an der entscheidenden Stelle verderbt.

[27] Siehe zum Beispiel Mansfeld [12] Bd. 1, 62.

[28] Angesichts des Umstands, daß es nicht geradewegs Luft, Wasser und Erde sind, mit denen wir es zu tun haben, ist es unwahrscheinlich, daß dies einfach eine philoso-

phische Reformulierung des Primats von Uranos, Gaia und Okeanos in mythischen Kosmogonien ist, wie das Guthrie [15] 123 annimmt.

[29] Die »Elemente« des Anaximenes fallen nicht mit dem Quartett von »Feuer, Luft, Wasser und Erde« zusammen, das von Empedokles und Aristoteles her vertraut ist, und sie sind auch nicht unveränderlich wie bei Empedokles.

[30] Zum Interesse der milesischen Kosmologen an solchen Vergleichen siehe Most, in diesem Band S. 321f.

[31] Dies ist zugegebenermaßen ein kontroverser Punkt. Für eine umsichtige Verteidigung der Sicht, der ich hier folge, siehe Barnes [14] 94–99; für eine skeptischere Einschätzung siehe Broadie, im vorliegenden Band S. 192, und KRS, 171–172 (dt. Ausgabe S. 187–188).

[32] Siehe Hegel [22] 219: »Der thaletische Satz, daß das Wasser das Absolute oder, wie die Alten sagten, das Prinzip sey, ist philosophisch, die Philosophie beginnt damit, weil es damit zum Bewußtseyn kommt, daß Eins das Wesen, das Wahrhafte, das allein Anundfürsichseyende ist.« Andererseits hält Hegel [22] 229 die Einzelheiten der Kosmologie Anaximanders für »ein Aufeinanderfolgen, eine bloße Form«; »aber es ist keine Nothwendigkeit, kein Gedanke darin enthalten, – viel weniger ein Begriff«, und deshalb seien sie philosophisch unerheblich.

[33] Diese Position vertrat Mansfeld [116].

[34] Der Umstand, daß die Milesier sich nicht *selbst* »Philosophen« nannten – Pythagoras gilt als der erste, der den Ausdruck verwendet hat –, ist in diesem Zusammenhang ohne Belang. Sie nannten sich auch nicht »Wissenschaftler«; und nachdem der Terminus »Philosophie« einmal geprägt war, benutzten andere ihn, um damit die Tätigkeiten der Milesier zu beschreiben.

[35] Diese Position scheint von Cornford [88], [90] und Jaeger [481] ziemlich übertrieben worden zu sein. Siehe dazu Vlastos [187].

[36] Popper [122] 150.

[37] Auf diesen Punkt hat Vlastos [187] bereits hingewiesen, bevor Popper seine Ansichten zu den Vorsokratikern veröffentlichte. In gewisser Weise hat darauf auch schon der Autor der Hippokratischen Abhandlung *Über die alte Medizin* aufmerksam gemacht, der erklärte, daß bezüglich der von der Kosmologie studierten Gegenstände »dem Sprecher selbst oder der Zuhörerschaft nicht klar ist, ob das Gesagte wahr oder falsch ist, weil es kein Kriterium gibt, auf das man Bezug nehmen könnte, um zu klarem Wissen zu kommen«. Siehe Lloyd [124] 113.

[38] So setzt die Idee Anaximanders, daß der Kosmos aus einer samenähnlichen Substanz entsteht, so als sei er ein lebendiger Organismus, nur eine sehr flüchtige Beobachtung darüber voraus, wie Lebewesen gezeugt werden. Der Umstand, daß die Analogie nicht sehr detailliert ist, schließt ein, daß der kosmische Vorgang nur in seinen gröbsten Umrissen beschrieben und erklärt wird.

4 Die pythagoreische Tradition

Carl A. Huffman

Heutzutage ist Pythagoras der bekannteste der frühen griechischen Philosophen. Dasselbe galt im 4. Jahrhundert v.Chr., als Platon seinen *Staat* schrieb, ungefähr 150 Jahre, nachdem Pythagoras etwa im Jahr 530 Samos verlassen hatte, um nach Kroton in Süditalien zu emigrieren, wo der Pythagoreismus dann zur Blüte kommen sollte. Platon läßt Sokrates sagen, daß Pythagoras »im Leben einzelner Menschen durch sein Vorbild ein Führer in der geistigen Bildung geworden sei«; seine Anhänger hätten

> seinen Umgang hoch geschätzt ... und seine Nachfolger, die ihre Lebensweise ›pythagoreisch‹ nennen, zeichnen sich noch heute ganz offensichtlich vor den anderen Menschen aus. (*Staat* X 600a9–b5)

Angefangen mit den Nachfolgern Platons wurde das Ansehen des Pythagoras jedenfalls erheblich stilisiert; und in der neuplatonischen Tradition im 4. Jahrhundert n.Chr. war er der größte aller Philosophen geworden, von dem sowohl Platon als auch Aristoteles ihre zentralen Ideen bekommen hätten.

Mißlicherweise hat das übertriebene nach-platonische Ansehen des Pythagoras eine sorgfältige Würdigung seiner authentischen Leistungen verhindert; dasselbe gilt auch für die Leistungen anderer früher Pythagoreer, insbesondere für die des Philolaos von Kroton. Es kommt hinzu, daß – ungeachtet des Ansehens des Pythagoras – der Pythagoreismus in die neueren Studien zur frühen griechischen Philosophie nur unzulänglich integriert war. Er scheint entweder zuviel oder zuwenig Bedeutung zu haben: Entweder hat Pythagoras die gesamte platonische Metaphysik antizipiert, oder es ist unmöglich, irgendetwas über ihn zu sagen. Außerdem waren die klassischen Studien gespalten zwischen Gelehrten, die die Griechen immer noch als ein Modell vernünftiger Forschung hochhalten, und Gelehrten, die das Irrationale in der griechischen Kultur betonen. Pythagoras wird dann ›pflichtgemäß‹ entweder der erste, der erkannt hat, welche Rolle die Mathematik bei der Beschreibung der Naturordnung spielt, oder aber ein wundertätiger Schamane.[1]

Die Pythagoreische Frage – das Problem, die Meinungen und Tätigkeiten des historischen Pythagoras zu bestimmen – entsteht ursprünglich daraus, daß Pythagoras nichts geschrieben hat.[2] Dies ist sogar ein noch schwierigeres Problem als die parallel gelagerte Sokratische Frage; denn kein jüngerer Zeitgenosse schrieb so über Pythagoras, wie Platon und Xenophon über Sokrates geschrieben haben. Die ersten detaillierten Darstellungen über Pythagoras, Abhandlungen von Aristoteles und seinen Schülern, die alle nur in Fragmenten überlebt haben, datieren ins späte 4. Jahrhundert v.Chr. Unsere frühesten vollständigen

Darstellungen seines Lebens und seiner Ansichten stammen aus dem 3. und 4. Jahrhundert n.Chr.: die Werke des Diogenes Laertius und der Neuplatoniker Porphyrios und Jamblichos. Diese letzteren Schriften entstanden in einem geistigen Klima, in dem es ein Bedürfnis gab, einen göttlichen Mann zu identifizieren, dem von den Göttern alle Wahrheit geoffenbart worden war.[3] Pythagoras, der einen großen Ruf besaß, aber keine Schriften hinterlassen hatte, die dem, was die spätere Tradition ihm zuschrieb, hätten widersprechen können, war wunderbar geeignet, diese Rolle zu übernehmen. Jamblichos nennt ihn »den göttlichen Pythagoras« (*Über das pythagoreische Leben* 1), und Porphyrios berichtet, daß »von niemandem sonst Größeres und Außerordentlicheres angenommen wurde« (*Leben des Pythagoras* 12,28). Diese Auffassung von Pythagoras wurde über Proklos dem Mittelalter und der Renaissance weitergegeben, als der Neuplatonismus einen weitverbreiteten Einfluß besaß.[4]

Die Hagiographie des Pythagoras kann zunächst bis zu einer Bewegung zurückverfolgt werden, die als Neupythagoreismus bekannt ist. Diese Bewegung setzte im 1. Jahrhundert v.Chr. in Rom und Alexandria ein und kam im 1. Jahrhundert n.Chr. im Werk des Moderatos von Gades zur Blüte und im nächsten Jahrhundert in dem des Nikomachos von Gerasa.[5] Nikomachos präsentiert den Pythagoras, der in der populären Vorstellung üblich ist: der große Mathematiker und Begründer des Quadriviums von Arithmetik, Geometrie, Astronomie und Musik (*Einführung in die Arithmetik* 1–3); außerdem entwickelte der Pythagoras des Nikomachos Platons Unterscheidung zwischen den Welten des Intelligiblen und des mit den Sinnen Wahrnehmbaren, und Nikomachos zitiert aus Platons *Timaios*, um die Philosophie des Pythagoras zu illustrieren. Tatsächlich entstand dieser Pythagoras aber schon viel früher, im späteren Teil des 4. Jahrhunderts v.Chr. unter Platons unmittelbaren Nachfolgern in der Akademie.[6] Paradoxerweise wurde zu dieser Zeit, als nach dem Aristoteles-Schüler Aristoxenos die letzten Anhänger des Pythagoras lebten (D.L. VIII,46), Pythagoras selbst in noch größerer Gestalt wiedergeboren.

Die spätere Tradition eingehend zu analysieren liegt außerhalb der Aufgaben dieses Kapitels. Aber die Annahmen einer solchen Analyse zu kennen ist entscheidend, um die wahren Leistungen des Pythagoras zu verstehen. Zu oft lebt der Neupythagoreismus nämlich im Studium des frühen Pythagoreismus auf. Pythagoras wird von seinen frühen Anhängern häufig nicht unterschieden, mit dem Ergebnis, daß der Pythagoreismus von der Blütezeit des Pythagoras selbst an (530–490 v.Chr.) bis herunter zu Aristoteles fast 200 Jahre später als ein nahtloses Ganzes behandelt wird. So wird Pythagoras zu dem göttlichen Gründer, dem der Pythagoreismus voll ausgebildet verkündet wurde.[7] Weil ferner hinter solchen platonischen Dialogen wie dem *Phaidros* und dem *Timaios* klarerweise ein pythagoreischer Einfluß steht, werden Textstücke aus Platon häufig unkritisch als Belege für das Denken des Pythagoras zitiert.[8] Gesetzt schließlich, daß die spätere Überlieferung einiges frühe Material enthalten muß, geht die Identifizierung dessen, was früh ist, oft mit keinem anderen Kriterium als einfach nur mit dem vonstatten, was mit der Konzeption vergleichbar ist, die ein bestimmter Gelehrter von der Größe des Pythagoras hat.[9]

Dieser modifizierte neupythagoreische Zugang zu Pythagoras ist durch Walter Burkerts präzise Analyse der späteren Tradition inzwischen unterhöhlt worden.[10] Burkert unterscheidet zwei Primärüberlieferungen über Pythagoras im 4. Jahrhundert v.Chr. Die eine wird dargestellt durch Aristoteles, die andere begann mit Speusipp und Xenokrates, den Nachfolgern Platons in der Akademie. Aristoteles spricht erstens, wo er die Metaphysik und die Kosmologie erörtert, über Pythagoreer des 5. Jahrhunderts und niemals über Pythagoras selbst (*Metaph.* I,5, 985b23); zweitens bezieht er sich auf diese Pythagoreer als »die sogenannten Pythagoreer« und zeigt damit an, daß dies ein allgemein gebräuchlicher Name ist, stellt aber die Verbindung ihres Denkens mit dem des Pythagoras in Frage; drittens diskutiert er Pythagoras selbst in den Fragmenten seines speziell ihm gewidmeten Werks, zeichnet ihn aber nur als einen wundertätigen religiösen Führer (z.B. Aristoteles, Frgm. 191 Rose); viertens unterscheidet er den Pythagoreismus scharf von der platonischen Trennung des intelligiblen und des mit den Sinnen wahrnehmbaren Bereichs und von der Einführung des Einen und der unbestimmten Dyade als letzten Prinzipien. Die Pythagoreer des Aristoteles erkennen nur den Bereich des sinnlich Wahrnehmbaren an und scheinen Zahlen mit wahrnehmbaren Gegenständen zu identifizieren (*Metaph.* I,6, 987b29ff.).[11]

Die akademische Überlieferung auf der anderen Seite macht erstens eher Pythagoras selbst als die Pythagoreer zur zentralen Gestalt; zweitens bezieht sie viel von Platons Philosophie zurück auf Pythagoras, darunter den Gebrauch des Einen und der unbestimmten Dyade als letzten Prinzipien und auch die Kosmologie des *Timaios*. Es ist diese Tradition, welche die späteren Behandlungen des Pythagoreismus beherrscht. Aristoteles' Darstellung des Pythagoreismus macht daraus ein System, das in die Zeit der Atomisten gehört, aber überhaupt nicht so aufregend war wie die Tradition, die Pythagoras zum Urheber der platonischen Metaphysik macht und zugleich dem platonischen System die Autorität alter Weisheit verleiht. Zu den Früchten der akademischen Tradition gehört eine große Anzahl von Schriften, die unter den Namen früher Pythagoreer erfunden wurden, die sogenannten Pythagoereischen Pseudepigrapha, die im großen und ganzen im 1. und 2. Jahrhundert v.Chr. entstanden sind.[12] Diese Dokumente sind die »Originale«, von denen man dachte, daß Platon und Aristoteles ihre zentralen philosophischen Begriffe abgeleitet hätten.

Obwohl die Pythagoreismus-Darstellung des Aristoteles ebenfalls der Korrektur bedarf, ist sie daher doch sehr viel mehr als die akademische Tradition dazu geeignet, es uns zu ermöglichen, die tatsächlichen Beiträge des Pythagoras und der Pythagoreer des 5. Jahrhunderts einzuschätzen. Als eine der zentralen Kontrollinstanzen für die Entwicklung einer zutreffenden Darstellung des frühen Pythagoreismus unterminiert die Darstellung des Aristoteles die Annahme, daß das, was die spätere Überlieferung häufig Pythagoras zuschreibt, einen wahren Kern enthalten müsse. Der Pythagoreismus der Spätantike war nicht durch dokumentarische Belege motiviert, sondern durch den Rang des Pythagoras als des höchsten Weisen. Auch wenn die spätere Überlieferung einige verläßliche Informationen über Pythagoras aufbewahrt haben mag, kann ihr Zeugnis nur dann akzeptiert werden, wenn es mit Quellen übereinstimmt, die älter als seine Kanonisierung durch die Akademie sind.

Ein letztes Ergebnis von Burkerts revolutionärem Werk ist die verblüffende Neuigkeit, daß wir für den frühen Pythagoreismus trotz alledem einige ursprüngliche Texte haben. Ein Kern der Fragmente, die Philolaos von Kroton zugeschrieben werden, paßten nicht zum Charakter der pythagoreischen Pseudepigrapha und stimmen mit Aristoteles' Darstellung des Pythagoreismus des 5. Jahrhunderts in der Tat überein. Anstatt die mehr als 150 Jahre des frühen Pythagoreismus zu einem einheitlichen System zu machen, unterscheiden unsere besten Quellen vielmehr zwischen Pythagoras und dem Pythagoreismus des 5. Jahrhunderts und zeigen, daß es mehr präzise Belege für Philolaos als für Pythagoras selbst gibt.

1. Pythagoras

Obwohl Burkerts Zugang den Eindruck erwecken könnte, er vermindere die Bedeutung des Pythagoras, offenbaren die frühen Zeugnisse doch noch, daß es im frühen griechischen Denken keine bedeutendere Gestalt gab. Die Größe des Pythagoras liegt darin, daß er (1) eine mächtige neue Vision über das Geschick der Menschen nach dem Tod einführte, die Lehre von der Metempsychosis, und (2) einen neuen Lebensstil aufbrachte, der streng durch einen moralischen und religiösen Kodex regiert wurde, der Süditalien im Sturm eroberte und der noch mehr als 100 Jahre nach seinem Tod Anhänger mobilisierte.[13] Freilich, es gibt zwar genug verläßliche Belege, um die Umrisse seiner Verdienste nachzuzeichnen; aber die Einzelheiten seiner Lehren sind of unmöglich zu ermitteln. Eine ungewöhnlich vorsichtige Passage bei Porphyrios (*Leben des Pythagoras* 19, abgeleitet von dem Aristoteles-Schüler Dikaiarch) spiegelt die frühen Zeugnisse einigermaßen gut wider:

> Sein Ansehen nahm stark zu, und er gewann aus dieser Stadt gar viele Leute zu Anhängern, nicht nur Männer, sondern auch Frauen ... Was er nun denen sagte, die mit ihm zusammen waren, vermag niemand mit Sicherheit anzugeben ... Am meisten bekannt wurden bei allen Leuten nichtsdestoweniger die folgenden Lehren: erstens, daß er behauptet, die Seele sei unsterblich; ferner, daß sie sich in andere Arten von Lebewesen hinein verändere ...

Unsere frühesten Zeugnisse assoziieren Pythagoras mit dieser Seelenwanderung, der Metempsychosis. Sein Zeitgenosse Xenophanes erzählt belustigt die Geschichte, wie Pythagoras einmal einen Mann, der einen jungen Hund schlug, aufzuhören veranlaßte, indem er sagte: »Es ist die Seele eine Freundes; ich habe sie sofort erkannt, als ich sie Laute von sich geben hörte« (DK 21 B7). Die traditionelle griechische Religion, wie sie sich in den Homerischen Gedichten spiegelt, betonte die Kürze des menschlichen Lebens im Gegensatz zu den unsterblichen Göttern. Nach dem Tod wandert der Schatten hinab zum Hades, wo er nur die allerausgedünnteste Existenz führt, eine derart trübe, daß der

Held Achilles erklärt, er wäre lieber »auf Erden ein Sklave bei einem armen Mann ohne Land als der König aller Toten da unten« (*Od.* XI,489). Pythagoras bietet, wonach Achilles verlangt, und mehr noch, eine Wiedergeburt auf der Erde und durch den Zyklus von Wiedergeburten einen Zugang zur Unsterblichkeit, die zuvor nur den Göttern vorbehalten war. Pythagoras mag die Lehre selbst entwickelt oder sie aus Ägypten (Herodot, II,123) oder aus Indien entlehnt haben (was wahrscheinlicher ist); aber daß er sie in der griechischen Welt eingeführt hat, übte weithin Einfluß aus, besonders in Süditalien und Sizilien, wo er tätig war.[14] Pindar sagt in einer Ode, die er im Jahr 476 v.Chr. für Theron von Akragas in Sizilien schrieb, daß die, die während dreier Leben von Ungerechtigkeit frei geblieben sind, in eine wunderbare Existenz auf den Inseln der Seligen übergehen werden (*Olympie* II,68ff.).

Die Einzelheiten von Pythagoras' Version der Metempsychosis und seiner damit verbundenen Auffassung von der Seele lassen sich nicht mehr ermitteln. Allgemein verbreitete Elemente in späteren Versionen, die sich bei Pindar, Empedokles und Platon finden, bieten Möglichkeiten an, aber keine Gewißheit.[15] Wird jeder wiedergeboren oder nur wenige Erwählte? Werden wir eben in menschliches oder tierisches Leben hinein wiedergeboren oder auch in ein pflanzliches? Gibt es eine festgesetzte Zahl von Wiedergeburten, oder handelt es sich um einen endlosen Zyklus? Platon und Empedokles fassen einen Abfall von einem ursprünglichen seligen Zustand ins Auge, an den sich eine wohlbestimmte Periode von Inkarnationen anschließt, nach der es uns möglich ist, zu unserer ursprünglichen Verfassung zurückzukehren. Herodot spricht davon, daß wir in jeder Tiergestalt wiedergeboren werden, bevor wir wieder als Menschen geboren werden (II,123).

Ist die Seele, welche transmigriert, die personale Seele in ihrer Einheit, die, welche für unser Bewußtsein und für unser Handeln in diesem Leben verantwortlich ist? So ist es bei Platon; aber bei Empedokles wird das, was transmigriert, *daimōn* genannt und ist keine Seele (*psychē*); und Pindar (Frgm. 131 Schroeder) nennt sie ein Bild (*eidōlon*) des Lebens, das schläft, während wir wach sind und unsere Seele aktiv ist. Es ist wahrscheinlicher, daß Pythagoras' Meinung über die Seele der des Empedokles glich, als der Platons. Gleichwohl wirft die Transmigrationslehre unvermeidlich die Frage nach der Beziehung zwischen unserem gegenwärtigen Bewußtsein und dem Teil von uns auf, der wiedergeboren wird, und ist daher ein bedeutender Faktor in der Entwicklung der platonischen Seelenlehre, selbst wenn es unwahrscheinlich ist, daß Pythagoras sich diese Sicht zueigen gemacht hätte.[16]

In den frühen Zeugnissen wird zweitens mit Nachdruck das breite Wissen des Pythagoras hervorgehoben. Dies offenbart sich in seiner Autorität in religiösen Dingen, in seiner Fähigkeit, wunderbare Taten zu vollbringen, und in seiner großen Beliebtheit als Lehrer einer durchgreifend strukturierten Lebensweise, die eine Kombination quasi-magischer Tabus und moralischer Gebote war. Abgesichert wird die religiöse Autorität des Pythagoras, indem er mit der alten Weisheit Ägyptens in Verbindung gebracht wird. Riten in Griechenland, die eine Bestattung in Wolle verbieten, gelten fälschlicherweise als orphisch oder bacchisch, während sie in Wirklichkeit ägyptisch und pythagoreisch sind (Herodot II,81). Isokrates sagt, Pythagoras habe Wissen von Ägypten nach Griechenland gebracht; insbesondere »zeigte er mehr als andere eine offenkundige Hingabe an Dinge, die mit Opfer und Heiligkeit in Tempeln zu tun haben« (*Busiris* 28).

Solche Ansprüche auf Wissen und Autorität führten unvermeidlich zu heftig divergierenden Reaktionen auf Pythagoras. Wir haben schon gesehen, daß Xenophanes sich über die Lehre von der Metempsychosis mokierte. Aber die schärfste Kritik kommt von Heraklit. Er nennt Pythagoras einen »Anführer der Schwätzer« (DK 22 B81) und sagt, daß er »sich am meisten von allen Menschen der Forschung widmete, und indem er daraus dies herausgriff, machte er sich daraus eine eigene Weisheit: Vielwisserei, kunstvolle Gaunerei« (B129). Seine bekannteste Kritik findet sich in Fragment B40: »Viel zu wissen lehrt nicht, ein begriffliches Verständnis zu gewinnen; sonst hätte es dies den Hesiod und den Pythagoras gelehrt, ebenso Xenophanes und Hekataios.« Auf der anderen Seite spricht Empedokles von Pythagoras' Bildung in Tönen des höchsten Respekts:

> Doch war unter ihnen ein Mann von überragendem Wissen, ein Meister besonders in kompetenten Werken aller Art, der den größten Reichtum an gedanklichem Verständnis erworben hatte. Denn sooft er sich mit allen seinen Verstandeskräften reckte, sah er mit Leichtigkeit jedes einzelne von all dem, was es gibt in zehn und sogar in zwanzig Lebenszeiten der Menschen (DK 31 B129).[17]

Diese »kompetenten Werke« können eine der Hauptquellen für Kontroversen gewesen sein. Empedokles bezieht sich vermutlich auf die Art von Wundertätigkeit, die er für sich selbst beanspruchte, die Fähigkeit, Wind und Regen zu kontrollieren und die Toten aufzuerwecken (B111). Die Fragmente der Schriften des Aristoteles über Pythagoras bestätigen diese Annahme, indem sie eine Reihe wunderbarer Eigenschaften und Großtaten herausstellen, so etwa seine Fähigkeit, zur selben Zeit an zwei Orten zu sein, seinen goldenen Schenkel (wahrscheinlich das Zeichen einer religiösen Initiation) und seine Tötung einer giftigen Schlange dadurch, daß er sie biß (Frgm. 191 Rose). Ansprüche auf solch außergewöhnliche Fähigkeiten und eine Reputation wegen breiten Wissens, das von weit und fern her erworben wurde, könnten für einen Außenseiter wie Heraklit leicht wie »üble Gaunerei« ausgesehen haben.

Früh im 4. Jahrhundert heben Platon in der eingangs dieses Kapitels angeführten Passage und Isokrates, sein Rivale als Erzieher, den Einfluß hervor, den Pythagoras als Lehrer einer Lebensform ausübte. Isokrates sagt:

> Er übertraf die anderen [Lehrer] an Ansehen so sehr, daß die jungen Leute alle seine Schüler sein wollten und daß ihre Eltern glücklicher waren, ihre Kinder in seiner Gefolgschaft zu wissen als mit Haushaltsdingen befaßt zu sehen. Und dies nicht zu glauben ist unmöglich; denn auch jetzt noch staunen die Leute über diejenigen, die sich als seine Schüler stilisieren, wegen ihres Schweigens mehr als über diejenigen, die als Redner das größte Ansehen genießen. (*Busiris* 29)

Was war der Inhalt der Lehre? Die Art zu leben muß zumindest teilweise skizziert worden sein, um die bestmögliche Folge von Wiedergeburten sicherzustellen. Unser ausführlichstes Zeugnis für die Lebensregeln sind die Fragmente von Aristoteles' Werk über Pythagoras. Was neben den wunderbaren Taten in der Darstellung des Aristoteles den breitesten Raum einnimmt, ist ein Satz von mündlich überlieferten Maximen, die als die *akousmata* oder als die *symbola* bekannt waren (d.h. als Dinge vom Hörensagen oder als Zeichen, welche die Pythagoreer von anderen Leuten unterscheiden). Diese *akousmata* lassen ein streng strukturiertes Leben erkennen. Es gibt eine Reihe von Ernährungstabus wie etwa das bekannte Verbot, Bohnen zu essen, Kleidertabus (die Götter sollten in weißen Roben geehrt werden) und (Unterlassungs-)Gebote, die fast alle Aspekte des Lebens betreffen, sogar einschließlich der allertrivialsten Handlungen (z.B. »Hebe heruntergefallene Krümel nicht auf«, Frgm. 195 Rose).

Es ist nicht überraschend, daß einige Ergebene ein derart restriktives Leben attraktiv gefunden haben werden. Aber die breite Hochschätzung, die in den Passagen bei Platon und Isokrates zum Ausdruck kommt, verlangt eine Erklärung. Diese Breite der Hochschätzung wird darüber hinaus durch den Umstand angezeigt, daß einige der führenden Persönlichkeiten Krotons und anderer süditalienischer Städte Anhänger dieser Lebensform waren, so daß die Pythagoreer großen Einfluß auf die Politik hatten (Polybios II,39). Sie waren keine politische Partei im modernen Sinn, entsprachen aber vielleicht Klubs mit einer ernsthaften moralischen Zwecksetzung wie etwa den Freimaurern. Man konnte einer Anzahl von Berufen nachgehen (General, Arzt, politischer Führer) und immer noch ein Pythagoreer sein. Ihre reglementierten Verhaltensregeln, ihre Klubtreffen und ihre fanatische Hingabe für pythagoreische Gefährten (siehe z.B. die (über Aristoxenos tradierte) Geschichte von den pythagoreischen Freunden Damon und Phintias bei Jamblichos, *Über das pythagoreische Leben* 233), dies alles weckte Argwohn und Neid. Die Pythagoreer wurden Ziel gewalttätiger Angriffe, davon einer zur Lebzeit des Pythagoras etwa im Jahr 510 v.Chr. und ein weiterer in der Mitte des 5. Jahrhunderts, der zum Brand des Klubhauses in Kroton und zum Niedergang des pythagoreischen Einflusses in Süditalien führte.[18]

Die Anziehungskraft der pythagoreischen Lebensweise gründete sich zum Teil auf das persönliche Charisma des Pythagoras. Burkert akzeptierte das Modell, welches Pythagoras zu einem Schamanen macht, zu einer Art von religiösem Führer, wie sie zuerst bei Stämmen in Sibirien untersucht worden ist. Die Autorität des Schamanen gründet sich auf seine Fähigkeit, in Ekstase zu kommen und eine Reise ins Jenseitige zu machen.[19] Diese Reisen könnten der Kern der Idee von der transmigrierenden Seele sein; doch gibt es keinen Beleg, daß Transmigration dem Schamanismus eigen sei. Die Wundertaten des Pythagoras könnte der Schamanismus erklären. Er erklärt aber nicht die pythagoreische Lebensform. Weil diese Lebensform noch lange über den Tod des Pythagoras hinaus Bestand hatte, muß ihre Anziehungskraft auf mehr als nur seine persönliche Autorität gegründet sein. Ich möchte vorschlagen, daß die Attraktivität – zusätzlich zu den Hoffnungen für jemandes Seele im nächsten Leben – in der moralischen Disziplin lag, die sie auferlegte. Der eben zitierte Isokrates-Text kontrastiert die Beredsamkeit, welche die Schüler der typischen rhetorischen

Ausbildung in Griechenland an den Tag legen, mit dem pythagoreischen Schweigen. Dies könnte ein Hinweis auf Geheimlehren sein. Daß exklusive Gesellschaften Geheimlehren haben, ist durchaus wahrscheinlich (Aristoteles, Frgm. 192 Rose), obwohl solche Geheimnistuerei beim Pythagoreismus häufig übertrieben wird und, wie das Zeugnis des Aristoteles zeigt, viel vom Pythagoreismus allgemein verbreitetes Wissen war. Die Lehre der Metempsychosis war seit der Zeit des Xenophanes weithin bekannt. Die Bemerkungen des Isokrates haben sehr viel mehr rhetorische Kraft, wenn er sich eher als auf die Fähigkeit der Pythagoreer, ein paar Lehren geheim zu halten, auf eine überall anzutreffende pythagoreische Selbstdisziplin des Schweigens bezieht, wie sie von der Überlieferung bezeugt wird (eine fünfjährige Periode des Schweigens für die Anfänger, D.L. VIII,10).

Die im pythagoreischen Schweigen und in der Befolgung einer Vielzahl von Tabus zum Ausdruck kommende Selbstdisziplin stützt sich auf eine grundlegendere Überzeugung, daß unsere Handlungen unter ständiger Beobachtung göttlicher Mächte stehen. So sagte man von den Pythagoreern, sie seien verwundert, wenn jemand erklärte, nie ein göttliches Wesen getroffen zu haben (Aristoteles, Frgm. 193 Rose). Überdies wird die Struktur der Welt auf ein System von Lohn und Strafe bezogen. Die Planeten sind die Rachehunde der Persephone (Porphyrios, *Leben des Pythagoras* 41), der Königin der Unterwelt; der Donner ist eine Warnung an die Seelen im Tartaros (Aristoteles, *APo* II,2, 94b33); und Sonne und Mond sind die Inseln der Seligen, wohin die guten Menschen zu gelangen hoffen (Jamblichos, *Über das pythagoreische Leben* 82). Es gibt strenge Parallelen zu den kosmologischen Mythen, die Platon bei einer Reihe seiner Dialoge am Ende einfügt und deren Funktion zum Teil darin besteht, eine mythische Ordnung des Kosmos zu zeigen, in der wir wegen unserer Taten einem göttlichen Urteil unterliegen. Wie in den Mythen Platons, so spielte auch in der pythagoreischen Sicht der Welt die Zahlensymbolik eine Rolle. Eines der *akousmata* sagt, daß die Zahl das weiseste sei, und die Pythagoreer könnten ihre Eide bei Pyhtagoras geleistet haben als bei »demjenigen, der unserem Kopf die *tetraktys* vermacht hat« (Sextus Empiricus, *M.* VII,94), die ersten vier Zahlen, die in der Summe nämlich zehn ergeben, was für die frühen Pythagoreer die vollkommene Zahl war. Weil ein anderes *akousma* die *tetraktys* »die Harmonie« nennt, »in der die Sirenen singen« (Jamblichos, *Über das pythagoreische Leben* 82), kann es sein, daß die ersten vier Zahlen auch deshalb geschätzt wurden, weil sie in den ganzzahligen Verhältnissen vorkommen, die in der Musik den harmonischen Intervallen der Oktave (2/1), der Quinte (3/2) und der Quarte (4/3) entsprechen. Wie dem auch sei, keine der späten Geschichten, welche die Entdeckung dieser Entsprechungen dem Pythagoras zuschreiben, sind wirklich wissenschaftlich möglich. Die Harmonie, die die Sirenen singen, kann auch auf die einflußreiche Idee anspielen, daß die Himmel durch ihre Bewegungen Musik machten, die berühmte »Sphärenmusik«.

Angenommen, Pythagoras habe auf die Gesellschaft seiner Zeit einen größeren Einfluß gehabt als irgendein anderer früher griechischer Philosoph, in welchem Sinn ist es dann legitim, ihn einen Philosophen zu nennen? Die Metempsychosis übte dadurch, daß Empedokles sie adaptierte, und – äußerst wichtig – durch ihre Bedeutung bei Platon in der griechischen Philosophie einen enormen Einfluß aus. Die pythagoreische Lebensform scheint allerdings weit von dem »geprüften« Leben entfernt zu sein, nach dem Sokrates rief. Der Pythagoreismus hat keinen Raum für eine freie Prüfung von Ideen und für ein philosophisches Argument, sondern basiert auf der Autorität des Gründers. Die spätere Tradition berichtet, daß die Pythagoreer kein Bedürfnis verspürten, für Positionen zu argumentieren, und daß sie mit der Behauptung zufrieden blieben, daß »er selbst es gesagt hat« (D.L. VIII,46). Nichtsdestoweniger war das maßgebliche Ziel aller griechischen Philosophie von Sokrates an nicht so sehr das rationale Argument als vielmehr, ein gutes Leben zu leben. Pythagoras kann mit Recht behaupten, der erste Denker gewesen zu sein, der einen umfassenden Plan für ein gutes Leben vorgetragen hat, den Plan für ein Leben, daß auf eine Weltsicht gegründet ist, die die Mythen Platons, wenn nicht den Sokratischen Elenchos beeinflußt hat.[20]

2. Empedokles

Ein anderer Weg zu Pythagoras führt über seine frühen Nachfolger, und hier ist Empedokles wichtig. Weil Empedokles als Antwort auf Parmenides ein rationales kosmologisches Schema einführte und ebenfalls ein wundertätiger Weiser war, nimmt man oft an, sein Beispiel zeige, daß auch Pythagoras diese beiden Charakteristika hätte verbinden können. Jüngere Forschungen haben überzeugend herausgearbeitet, daß Empedokles bemüht war, diese beiden Stränge des Denkens zu einer Einheit zu machen, und sie hat die überkommene Ansicht in Frage gestellt, daß er zwei getrennte Gedichte geschrieben habe, eins über die Natur und ein weiteres religiöses Gedicht, das als die *Reinigungen* bekannt ist.[21] Allerdings zeigt das Beispiel des Empedokles zwar, daß ein und derselbe Denker versuchen konnte, diese zwei Stränge zu verbinden; doch das stellt noch keinerlei Beleg dar, daß Pythagoras dies ebenfalls versucht hat. Die Prüfung der Belege für Empedokles legt in Wirklichkeit nahe, daß Pythagoras über Naturphilosophie wenig zu sagen hatte.

Empedokles wird in der späteren Tradition häufig als ein Pythagoreer behandelt. Diogenes Laertius schließt ihn bei den Pythagoreern in seine *Leben der Philosophen* ein (VIII,51), und manche haben ihn zu einem Schüler des Pythagoras gemacht, obwohl Empedokles erst ungefähr zu der Zeit geboren wurde, als Pythagoras starb (490 v.Chr.). Freilich betrachteten ihn weder Platon noch Aristoteles als einen Pythagoreer, und das haben auch nur wenige moderne Gelehrte getan. Nichtsdestoweniger erscheint es als wahrscheinlich, daß Empedokles durch Pythagoras beeinflußt war; denn zwei Generationen früher predigte Pythagoras in der Nähe von Akragas, Empedokles' eigenem Heimatort, die Metempsychosis, die in Empedokles' Dichtung auftaucht, und außerdem bezieht Empedokles sich auf Pythagoras mit großer Ehrerbietung (siehe S. 66).

Indes stellte die antike Tradition einige Verbindungen zwischen der Naturtheorie des Empedokles und dem Pythagoreismus her, und es gibt doch keinen zwingenden Grund, das zu tun. Empedokles trug erstmals die einflußreiche Theorie der vier Elemente (Erde, Luft, Feuer und Wasser) vor. Er führte Liebe und Streit als kosmische Prinzipien ein, deren Konflikt zu den Kombinationen der Elemente führt, die die phänomenale Welt als eine Phase zwischen der vollkommen homogenen Mischung der Elemente in der Kugel unter der Vorherrschaft von Liebe und der vollkommenen Trennung der Elemente unter der Vorherrschaft von Streit hervorbringen. Bei keinem der Vorgänger dieser Theorie ist es wahrscheinlich, daß er ein Pythagoreer war. Die vier Elemente haben ihren Ursprung in jonischer Spekulation; Streit ist ein prominentes Element bei Heraklit; Liebe scheint eine eigene Erfindung des Empedokles zu sein; und die Kugel hat Verbindungen zu Parmenides. Es ist wahr, daß Liebe mit Harmonie verknüpft ist, die im Pythagoreismus wichtig ist (sie ist auch heraklitisch). Umgekehrt wird Harmonie bei Empedokles (B96) so dargestellt, daß sie die Elemente nach Verhältnissen verbindet, um Knochen zu bilden (zwei Teile Feuer, zwei Teile Erde und zwei Teile Wasser). Diese Bezugnahme auf die Zahl als etwas, was die Struktur der Dinge beherrscht, ist der Hauptaspekt der empedokleischen Kosmologie, der von der späteren Überlieferung als pythagoreisch identifiziert wird. Es könnte sein, daß Empedokles hier den ersten Schritt tut, die pythagoreische Zahlensymbolik für die rationale Kosmologie zu nutzen, und daß diese Idee in der nächsten Generation bei Philolaos voll entwickelt wurde. Freilich geht der Gebrauch numerischer Muster bei der Ordnung des Kosmos auch auf Anaximander am Beginn der jonischen Tradition zurück.

Was die Seele und ihr Schicksal betrifft, liegen die Dinge anders. Nachdem Pythagoras nichts geschrieben hatte, kam es mit den Schriften des Empedokles so, daß sie in diesem Bereich als grundlegend pythagoreische Texte betrachtet wurden. Sextus Empiricus (*M.* IX,126–130) berichtet, daß »die Anhänger des Pythagoras und des Empedokles ... sagen, daß wir nicht nur untereinander und mit den Göttern eine Art von Gemeinschaft haben, sondern auch mit den vernunftlosen Tieren«, und fährt dann damit fort, zwei Empedokles-Fragmente zu zitieren:

Hört ihr denn nicht auf mit dem schrecklich tönenden Morden? Seht ihr denn nicht, daß ihr euch in der Gleichgültigkeit eures Denkens gegenseitig zerfleischt? (B136)

Der Vater hebt den eigenen Sohn auf, der sich in seiner Gestalt verändert hat, schlachtet ihn und betet dazu – der blinde Tor ... (B137)

Sextus schließt: »Dies also ist, was die Pythagoreer empfahlen.« Es ist kein Zufall, daß Geschichten aufkamen, Empedokles sei der erste gewesen, der pythagoreische Verbote gebrochen habe, über solche Dinge zu sprechen, und man habe ihn exkommuniziert (D.L. VIII,54–55). In der Tat haben Empedokles' Fragmente über den Kreislauf der Reinkarnation eine berauschende Vitalität und Besonderheit:

Es gibt einen Spruch der Notwendigkeit, ... Wenn jemand sich verfehlt und seine Glieder mit dem Blut von Verwandten befleckt,... *daimones*, denen ein langes Leben zugemessen ist, dann soll er sich dreimal zehntausend Jahre weit entfernt von den Glückseligen herumtreiben, sich im Laufe dieser Zeit zu allerlei Gestalten sterblicher Lebewesen entwickeln und immer einen mühseligen Lebensweg für einen anderen eintauschen. Des Äthers Kraft nämlich jagt ihn aufs Meer, und das Meer speit ihn wieder auf den Boden der Erde aus; die Erde wirft ihn in die Strahlen der brennenden Sonne, und diese schleudert ihn in die Wirbel des Äthers. Der eine übernimmt ihn vom andern, und alle verabscheuen sie ihn. Zu diesen gehöre auch ich jetzt, bin ein aus dem göttlichen Bereich Verbannter und ein Landstreicher, da ich rasendem Haß mein Vertrauen geschenkt habe. (B115)

Selbst im Bereich des Religiösen plapperte Empedokles pythagoreische Lehre keineswegs einfach nach. Das Zeugnis des Aristoteles (Frgm. 4 Rose) legt nahe, daß Pythagoras lediglich die Abstinenz von bestimmten Fleischsorten gelehrt haben könnte; es blieb dann Empedokles überlassen, für ein strenges Vegetariertum einzutreten und die Horrorvision eines Vaters zu entwickeln, der seinen eigenen, in Tiergestalt wiedergeborenen Sohn verspeist. Außerdem versucht Empedokles, die Reinkarnationsdiskussion in seine Naturtheorie zu integrieren. Der *daimōn* wandert bei seinen Reinkarnationen durch jedes der vier Elemente, und es heißt von ihm, er habe sein Vertrauen dem Streit geschenkt. Der glückselige Zustand der *daimones* vor ihrem Fall mag die homogene Mischung der Elemente sein, die sie unter der Vorherrschaft von Liebe haben.[22] Wenn Pythagoras als Rahmen für die wandernde Seele bereits eine detaillierte Kosmologie präsentiert hätte, dann wäre es verwunderlich, wenn Empedokles eine Naturtheorie ohnegleichen entwickelt hätte, um der Metempsychosis eine Grundlage zu verschaffen. Ungeachtet des Umstands, daß Empedokles Pythagoras rühmt, hat er den pythagoreischen Einfluß in eine eigene Schöpfung transformiert.

Trotzdem wäre es falsch, Empedokles als das Genie zu sehen, das einem primitiven Pythagoreismus Gestalt gegeben hat. Zwischen Pythagoras und Empedokles gibt es einen wichtigen Unterschied in der Akzentsetzung. Sie übten beide eine große charismatische Autorität aus, und die Anfangszeilen von Empedokles' Gedicht erinnern uns an spätere Darstellungen der Ankunft des Pythagoras in Kroton.

Von allen, deren blühende Städte ich besuche, werde ich verehrt, von Männern und Frauen. Zu Zehntausenden folgen sie mir und fragen, wo sich der Weg zum Gewinn auftue; die einen verlangen von mir Weissagungen, die anderen erwarten, bei Krankheiten aller Art das heilende Wort zu hören, ... (B112)[23]

Jedoch deutet nichts darauf hin, daß die Philosophie des Empedokles irgendetwas hätte, was der sozialen Dimension des Pythagoreismus vergleichbar wäre. An der Politik mag Empedokles selbst teilgenommen haben; aber es gab keine empedokleischen Klubs, die politischen Einfluß ausgeübt hätten, und keine empedokleische Lebensform, die noch Generationen über seinen Tod hinaus angedauert hätte.

3. Philolaos

Nur eine Generation nach Empedokles, kurz vor den Atomisten, findet Aristoteles den Anfang einer Naturphilosophie »der sogenannten Pythagoreer« (*Metaph.* I,5, 985b23). Es werden keine Namen genannt; aber die Pythagoreer, die in dieser Zeit herausragten, waren Hippasos, Lysis, Eurytos und vor allem Philolaos. Irgendwann im 5. Jahrhundert v.Chr. gab es im Pythagoreismus eine Spaltung. *Akousmatikoi*, die den Anspruch erhoben, den ursprünglichen Lehren (*akousmata*) des Pythagoras zu folgen, attackierten eine andere Gruppe, die *mathēmatikoi*, weil sie in Wirklichkeit Anhänger des Hippasos seien (Jamblichos, *Comm. math.* 76,19 – aus Aristoteles). Aristoteles' »sogenannte Pythagoreer, die sich als erste mit der Mathematik beschäftigten und sie vorwärts brachten« (*Metaph.* I,5, 985b23–24), scheinen diese letztere Gruppe zu sein. Ihr Gründer Hippasos (Blütezeit 470?) wird übereinstimmend als ein Rebell dargestellt, in einem Fall als ein Demokrat, der die aristokratische Führung in Kroton herausforderte, allgemeiner aber als der Begründer eines pythagoreischen Studiums der Mathematik und der Naturwissenschaft. Nach der Legende wurde er zur Strafe für mathematische Arbeiten zum Dodekaeder im Meer ertränkt. Seine Methode, die Beziehung zwischen ganzzahligen Verhältnissen und den harmonischen Intervallen in der Musik aufzuzeigen, gründet sich im Gegensatz zu den Methoden, die Pythagoras zugeschrieben werden, auf die Physik des Schalls. Aristoteles berichtet, daß er wie Heraklit das Feuer zum Grundprinzip gemacht habe. Mißlicherweise hat er wahrscheinlich wohl nichts geschrieben (D.L. VIII,84).[24]

Philolaos (ca. 470–385 v.Chr.) war der erste Pythagoreer, der ein Buch geschrieben hat (D.L. VIII,84–85), und nach Jahren des Schwebezustands wegen der Echtheitsfragen haben die Fragmente dieses Buchs sich nun als die entscheidenden ersten Texte für den frühen Pythagoreismus erwiesen. Einige Fragmente passen zum Muster der Pseudepigrapha, schreiben Philolaos platonische und aristotelische Ideen zu und sind somit unecht. Ein Kern von Fragmenten (DK 44 B1–7, 13, 17) benutzt jedoch genau die Begriffe, welche Aristoteles dem Pythagoreismus des 5. Jahrhunderts zuschreibt; diese Fragmente sind daher echt und zeigen an, daß Philolaos die eigentliche Quelle des Aristoteles war.[25] In ihnen erweist Philolaos sich als ein bedeutender Denker in der Tradition der frühen griechischen Naturphilosophie.[26]

Philolaos begann sein Buch mit einer konzisen Formulierung seiner zentralen These:

> Die Natur wurde in der Weltordnung aus Unbegrenztem und Begrenzendem zusammengefügt – sowohl die Weltordnung im ganzen als auch alles in ihr.

Die hier vorkommenden Begriffe (Natur = *physis*, Weltordnung = *kosmos*) nehmen im früheren griechischen Denken einen wichtigen Platz ein. Darüber hinaus fällt auf, daß, obwohl die Pythagoreer oft als eine Gruppe *sui generis* angesehen und seit Aristoteles in erster Linie mit Platon in Verbindung gebracht wurden, die Grundprinzipien des Philolaos, Begrenzendes und Unbegrenztes, eine Antwort auf die frühere naturphilosophische Tradition der Griechen sind. Für Anaximander entstand die Welt aus dem Unbegrenzten (*apeiron*); Anaximenes nannte seinen Grundstoff, die Luft, unbegrenzt (DK 13 A1 und 6); und in der Generation vor Philolaos begann Anaxagoras sein Buch mit der Behauptung, daß am Anfang alle Dinge »unbegrenzt sowohl der Anzahl als auch der Kleinheit nach« waren (DK 59 B1). Gegensätze wie Warmes und Kaltes, Trokkenes und Feuchtes gehen bei Anaximander aus seinem Unbegrenzten hervor und werden von Anaxagoras zusammen mit Stoffen wie Luft und Äther als unbegrenzt bezeichnet. Diese unbegrenzten »Stoffe« (d.h. sowohl Gegensätze als auch Materialien) beherrschten die frühe griechische Naturphilosophie. Die Grenze andererseits hatte ebenfalls ihren Fürsprecher gefunden, in Parmenides, der betonte, daß das, was ist, fest in Grenzen gehalten wird, und es mit einer Kugel verglich (DK 28 B8,26. 42).

Philolaos bezieht sich auf beide Traditionen gleichermaßen, ist aber besonders emphatisch bei seiner Zurückweisung des vorherrschenden Trends, der alle Prinzipien unbegrenzt machte. Stattdessen behauptete er, daß sie in eine von drei Klassen fallen:

Die Dinge, die sind, müssen notwendig alle entweder begrenzend oder unbegrenzt oder sowohl begrenzend als auch unbegrenzt sein. Nur unbegrenzt indes können sie wohl nicht sein. (DK 44 B2)

Im weiteren argumentiert er, daß die Weltordnung ersichtlich Elemente habe, die Grenzen sind, zum Beispiel Gestalten und Strukturen, und daß der Ordnungsbegriff notwendig die Begrenzung des Unbegrenzten einschließe. Daß Philolaos zusammen mit unbegrenzten Stoffen Begrenzer als Grundkonstituenten der Wirklichkeit einführt, bringt ihn dazu, die wesentliche Natur dieser Stoffe neu zu definieren. Was sie zu einer einheitlichen Klasse macht, sind nicht ihre qualitativen Merkmale wie etwa Warm und Kalt, sondern die Tatsache, daß sie von sich her nicht durch irgendeine Quantität determiniert sind. Sie bestimmen ein Kontinuum möglicher Quantitäten, das dann durch Begrenzendes strukturiert wird. Das Kontinuum eines Wurfs wird durch Begrenzungsmarken strukturiert, die eine Skala definieren; Kontinua wie Wasser oder Erde werden, wenn sie durch Gestalten begrenzt werden, Seen oder Felsen. Wir haben hier einen kühnen Schritt in Richtung auf die Materie/Form-Unterscheidung, wenn Philolaos auch keinen Hinweis gibt, daß diese zwei Sorten von Elementen auf irgendeine voneinander verschiedene Weise existieren, und sie beide als physische Komponenten des Kosmos zu behandeln scheint.

In B6 weist Philolaos auf einen weiteren entscheidenden Punkt bei Grundprinzipien hin:

Das Sein (Wesen) der Dinge, welches ewig ist, und gar die Natur selbst lassen nur eine göttliche und keine menschliche Erkenntnis zu – mit Ausnahme der Feststellung, daß es für nichts von dem, was ist und von uns erkannt wird, möglich gewesen wäre zu entstehen, wenn es zuvor das Sein (Wesen) der Dinge nicht gäbe, aus denen die Welt besteht, sowohl der begrenzenden als auch der unbegrenzten.

Er macht geltend, daß wir nicht in der Lage sind, irgendeinen spezifischen Satz von Unbegrenztem (z.B. Erde, Luft, Feuer und Wasser) oder irgendeinen spezifischen Satz von Begrenzendem als etwas ewig Seiendes zu spezifizieren, daß wir aber sicher sein können, daß zuvor irgendeine Serie von Begrenzendem und irgendeine Serie von Unbegrenztem existierte, weil sonst die Welt, die wir kennen, nicht entstanden sein könnte. Philolaos akzeptiert in B2 und B6 ein Axiom des frühen griechischen Denkens, das durch Parmenides verschärft worden war, indem er nicht zuließ, daß aus etwas, was nicht ist, irgendetwas entsteht. Wenn die Welt sowohl begrenzende als auch unbegrenzte Züge in sich hat, dann können diese nicht nur aus dem entstanden sein, was begrenzt, oder nur aus dem, was unbegrenzt ist. Philolaos' Punkt ist nicht, daß frühere griechische Philosophen die Welt nicht als einen geordneten Platz angesehen hätten, sondern eher, daß sie es versäumt hatten, Begrenzendes zu Prinzipien eigenen Rechts zu machen, und fälschlicherweise versuchten, eine geordnete Welt aus Grundprinzipien heraus entstehen zu lassen, die ihrer eigenen Natur nach unbegrenzt waren.

Auf Begrenzendes und Unbegrenztes bezieht Philolaos sich als *archai*, »Anfangspunkte«. Unterschiedliche Sätze von *archai* tauchen in jeweils anderen Fragmenten auf, und es scheint, daß die Methode, der Philolaos in B6 mit Bezug auf den Kosmos folgt, insgesamt bei jedem der vielen verschiedenen Themen angewandt wurde, die Philolaos erörtert hat. Er beginnt, indem er einen Mindestsatz von Anfangspunkten (*archai*) identifiziert, ohne den es unmöglich ist, die Phänomene zu erklären. Im Fall von Krankheiten spezifiziert er Galle, Blut und Phlegma als die *archai* (A27); in der psychischen Struktur von Menschen das Gehirn, das Herz, den Nabel und die Genitalien (B13).[27] Wenn es um die Wissenschaften geht, ist die Geometrie der Ausgangspunkt, von dem aus sich die anderen Disziplinen entwickeln (A7a). Vieles von der Methode bleibt obskur. Philolaos ringt aber um eine allgemein anwendbare Methodologie, die der Axiomatisierung mathematischer Disziplinen ähnlich ist.

In B6 argumentiert er, daß zur Erklärung der Welt noch ein drittes Prinzip erforderlich sei. Weil Begrenzer und Unbegrenztes ungleich sind, müssen sie durch eine Art Band zusammengehalten werden, welches die besondere Art und Weise bestimmt, in der sie sich verbinden, um die geordnete Welt zu bilden, die wir sehen. Philolaos nennt dieses Band die »Klammer« (*harmonia*), und es schließt die Zahl ein, den letzten zentralen Begriff seines Systems. Als ein Hauptbeispiel seines Prinzipiensystems benutzt er die diatonische Tonleiter. Ein Unbegrenztes (das Kontinuum des Schalls) wird verbunden mit Begrenzern (Punkten auf diesem Kontinuum). Jedenfalls wird diese Kombination durch eine Klammer nach ganzzahligen Verhältnissen 1:2, 2:3, 3:4 beherrscht, welche die zentralen musikalischen Akkorde der Oktave, der Quinte und der Quarte definieren, so daß als Ergebnis keine Zufallsfolge von Noten herauskommt, sondern die diatonische Tonleiter.

Philolaos hat auch über epistemologische Fragen Wichtiges zu sagen. Fragment B6 gehört in die frühgriechische Tradition der Skepsis bezüglich des menschlichen Wissens (vgl. Xenophanes DK 21 B34). Original ist es in seiner nahezu kantischen These, daß ein Wissen von der »Natur an sich« den Sterblichen nicht möglich ist; Begrenzer, Unbegrenztes und *harmonia*, oder mit anderen Worten: das als Prinzipien aufzustellen, was notwendig ist, um die Welt zu erklären, wie wir sie kennen, ist daher das beste, was wir Menschen tun können. Weiterhin besteht die Funktion der Zahl im System des Philolaos darin, Probleme bezüglich des Wissens von unserer Welt zu lösen, vielleicht als Antwort auf Parmenides. Das zeigt B4:

Und in der Tat hat ja alles, was erkannt wird, Zahl; denn daß sich ohne diese irgendetwas denken oder erkennen läßt, ist nicht möglich.

Die Zahl wird als der Prototyp dessen aufgefaßt, was man wissen kann. Nichts ist bestimmter und sicherer als eine numerische Beziehung wie 2+2 = 4. Philolaos ist der Ansicht, daß der Kosmos durch solche numerischen Beziehungen zusammengehalten wird und daß Parmenides Recht hatte mit seinem Einwand, daß das Unbegrenzte als solches keine zureichende Grundlage für das menschliche Wissen ist. In B3 argumentiert Philolaos, daß »es überhaupt nichts geben wird, das etwas weiß, wenn alles unbegrenzt ist«. Dieses Argument, daß etwas zu wissen einen Akt der Begrenzung erfordert, hat gegen Anaxagoras eine besondere Kraft, der sowohl Grundprinzipien ansetzte, die alle unbegrenzt sind, als auch behauptete, es gebe einen kosmischen Wisser, den *nous*. Philolaos könnte hier auch auf Parmenides antworten, indem er argumentiert, daß selbst das Unbegrenzte insofern wißbar sein kann, als es durch eine Zahl bestimmt wird oder in numerische Beziehungen eingebunden ist, und daß eine Welt mit Vielheit, die durch solche numerischen Verknüpfungen strukturiert ist, ebenfalls Gegenstand des Wissens sein kann.

Sowohl die Stärke als auch die Schwäche von Aristoteles' Darstellung des Philolaos und des frühen Pythagoreismus leuchten nun ein. Aristoteles' bekannte Behauptung, daß für den Pythagoreismus die Dinge »Zahlen sind«, macht als seine Interpretation von Philolaos Sinn. Weil, was wißbar ist, für Philolaos Zahlencharakter hat und für Aristoteles das, was man von den Dingen wissen kann, ihr Wesen ist, war es für Aristoteles ein leichter Schritt, zu sagen, daß für die Pythagoreer Zahlen das Wesen der Dinge seien. Gleichzeitig hat Aristoteles die Situation erheblich entstellt, indem er die Pythagoreer deshalb kritisierte, weil sie physische Dinge aus Zahlen konstruieren würden. Philolaos ist nicht der Meinung, daß die Dinge aus Zahlen gebildet seien, sondern er meint, daß sie aus Begrenzern und Unbegrenztem gebildet sind (B1), aus Prinzipien, die von Aristoteles erwähnt wurden, die dort aber weitgehend unmotiviert erscheinen. Aristoteles hat jedoch recht, dieses Prinzipiensystem nicht auf Pythagoras zurückzuprojizieren. Zwar ist der Gegensatz zwischen Begrenzern und Unbegrenztem in der Zeit des Pythagoras nicht unmöglich; aber diese Prinzipien und der streng epistemologische Zug machen nach den Reflexionen des Parmenides über die Bedingungen des Wissens und nach seiner nachdrücklichen Betonung, daß das Seiende begrenzt ist, einen besseren Sinn.

Die Kosmogonie des Philolaos wurde unter dem Einfluß des Aristoteles ähnlich entstellt. Die übliche Ansicht ist die, daß der erste geschaffene Gegenstand eine Monade oder ein Punkt gewesen sei. Die Philolaos-Fragmente zeigen jedoch, daß seine Kosmogonie mit einem zentralen Feuer einsetzte, dem »Herd« des Kosmos und dem archetypischen Beispiel für eine Verbindung von etwas Unbegrenztem (Feuer) mit einem Begrenzer (Mittelpunkt). »Das erste, was harmonisch zusammengefügt ist, das Eine in der Mitte der Kugel, heißt Herd« (B7). Als nächstes zieht das zentrale Feuer weiteres Unbegrenztes herein: Atem, Zeit und Leeres (Aristoteles, Frgm. 201 Rose). Philolaos stellt eine ausdrückliche Parallele zwischen der Geburt des Kosmos und der Geburt eines menschlichen Kindes her, das, obgleich in seiner eigenen Natur warm (wie das zentrale Feuer), doch ab der Geburt kühlenden Atem einatmet (A27). Die biologische Analogie ist kein archaischer Zug, der auf Pythagoras selbst zurückgehen würde, wie das manchmal angenommen wurde, sondern hat eine Parallele in der Kosmologie der Atomisten, in der ein entscheidender Schritt der war, daß sich um das embryonenhafte Universum herum eine Art Membrane oder »Haut« bildete (D.L. IX,31).[28]

Philolaos' astronomisches System stand lange in dem Ruf, als erstes die Erde aus dem Zentrum des Kosmos herausgerückt und sie zu einem Planeten gemacht zu haben. Doch die Erde umkreist nicht die Sonne, sondern vielmehr das zentrale Feuer, zusammen mit der Sonne, dem Mond, fünf Planeten, Fixsternen und einer Gegenerde. Kopernikus sah Philolaos als einen wichtigen Vorläufer an; andererseits haben die Forscher dieses System jedoch so aufgefaßt, daß es zeigt, daß Philolaos gar kein Naturphilosoph war, sondern ein Zahlenmystiker.[29] Bestimmte apriorische Prinzipien spielen in Philolaos System in der Tat eine wichtige Rolle: Die Gegenerde wird eingeführt, um die vollkommene Zahl Zehn auszufüllen; und Feuer wird ins Zentrum gesetzt, weil das am meisten geschätzte Element an den am meisten geschätzten Platz gehöre. Solche Erwägungen machen das System jedoch nicht zu einer reinen Phantasie. In den meisten astronomischen Schemata der Griechen spielen apriorische Prinzipien eine herausragende Rolle. Eine vernünftige Astronomie sollte eine Verbindung von apriorischen Prinzipien und aposteriorischer Information enthalten, so daß sich daraus ein System ergibt, das offen ist, unter Berufung auf die Phänomene getestet zu werden. Philolaos' System stellt sich tatsächlich einer Reihe solcher Herausforderungen: Angesprochen werden Probleme, wie Nacht und Tag zu erklären seien, und Schwierigkeiten mit der aus der Bewegung der Erde resultierenden Parallaxe (Aristoteles, Frgm. 204 Rose, *De caelo* II,13, 293b25ff.). Sogar die Erklärung, warum wir niemals die Gegenerde oder das Zentralfeuer sehen – das heißt, daß unsere Seite immer vom Zentrum des Kosmos abgewandt ist – erkennt an, wie wichtig die Phänomene sind. Außerdem war das philolaische System das erste, welches die den alten Griechen bekannten fünf Planeten in der richtigen Reihenfolge enthält. Philolaos könnte über Mondbewohner spekuliert haben (A20); aber das taten auch so gestandene Rationalisten wie Anaxagoras (DK 59 A77). In Wirklichkeit zeigen die Testimonien der astronomischen Systeme des Anaxagoras und der Atomisten, daß das philolaische System vergleichsweise höher entwickelt war.[30] Die Naturphilosophie des Philolaos könnte gewisse Ursprünge darin haben, daß Pythagoras bedeutende Zahlen nachdrücklich hervorhob; aber in erster Linie ist sie seine eigene Antwort auf Probleme, die durch Gestalten wie Anaxagoras und Parmenides aufgeworfen worden waren. Ein Pythagoreer war Philolaos deshalb, weil er die Art Leben führte, die Pythagoras vorschrieb, und nicht wegen seiner Ansichten zur Naturphilosophie. In der modernen Welt können wir sagen, daß jemand ein Katholik ist, ohne daß deswegen auch schon klar wäre, welche Überzeugungen er zu der ganzen Spannweite philosophischer Themen hat. Ein Pythagoreer konnte ein Philosoph des frühen griechischen Typs werden (ein *physikos*); er konnte ein Mathematiker, ein Arzt oder sogar ein leitender General werden; aber keiner dieser Berufe wurde von ihm als einem Pythagoreer erwartet. Philolaos war ein Naturphilosoph, bei dem es außerdem so war, daß er ein Pythagoreer war.

Weder Lysis, vor allem bekannt als der Lehrer des thebanischen Generals Epaminondas, noch Eurytos, der Schüler des Philolaos, haben irgendetwas geschrieben. Eurytos veranschaulichte die Identifikation eines Menschen oder eines Pferds mit einer bestimmten Zahl dadurch, daß er mit Kieselsteinen Zeichnungen von ihnen herstellte (Theophrast, *Metaph.* 11). Archytas, der letzte große Name des frühen Pythagoreismus, war ein Zeitgenosse Platons und daher eigentlich kein früher griechischer Philosoph. Wegen seiner ausgetüftelten dreidimensionalen Lösung des Problems der Würfelverdopplung und wegen seines Werks zur Musiktheorie erfüllt er den populären Begriff vom Pythagoreer als einem Meister der Mathematik nichtsdestoweniger besser als irgendjemand sonst in der frühen Tradition.

Das dauerhafteste Vermächtnis der pythagoreischen Tradition war vielleicht ihr Einfluß auf Platon. Möglicherweise traf Platon, als er in den frühen 380er Jahren v.Chr. das erste Mal nach Italien kam, dort einen alt gewordenen Philolaos. Im *Phaidon* wird Philolaos erwähnt (61d), vielleicht in Anerkennung der Schuld, in der Platon beim Pythagoreismus für seine Auffassungen von der Seele stand.[31] Des weiteren gehört zum Kern des *Philebos* eine platonische Adaptation von Philolaos' metaphysischem System von Begrenzendem und Unbegrenztem.[32] Archytas wird in den Dialogen zwar niemals namentlich erwähnt; die Platonischen Briefe zeigen aber, daß Platon in ausgedehntem Kontakt mit ihm stand und ihm die schließliche Rettung vor Dionysos II. von Syrakus im Jahr 361 verdankte. In der Tat zitiert Platon im *Staat*, Buch VII 530d8, aus einem der drei echten Archytas-Fragmente (DK 47 B1), wo er von der Musik und der Astronomie als »Schwesterwissenschaften« spricht.[33] Auch das mathematische Curriculum des *Staats* könnte seine Anregung Archytas (B1) verdanken; und Archytas selbst, der in Tarent siebenmal hintereinander gewählt wurde und niemals eine Niederlage in der Schlacht erlitt, könnte das Modell für den Philosophenkönig gewesen sein. Die besonderen Funktionen der Mathematik in Platons Philosophie (z.B. die Funktion, die Seele in Richtung auf die Welt der Formen umzuwenden) sind weitgehend Platons eigene Schöpfung, und der *Timaios* ist ein platonisches und kein pythagoreisches Werk. Doch die mit Philolaos einsetzende und von Archytas geteilte Überzeugung, daß die Mathematik dabei helfen könne, sich bedeutenden philosophischen Problemen zuzuwenden, und die eigene Vision des Pythagoras vom mythischen Kosmos, in dem die wandernde Seele einem Urteil wegen ihrer Taten unterliegt, gab dem Platonismus von den mittleren Dialogen an einen unbestreitbar pythagoreischen Inhalt.[34]

Anmerkungen

[1] Für Pythagoras als Pionier der Mathematik siehe A.N. Whitehead, *Science and the Modern World* (New York 1925) 41. Für Pythagoras als Schamanen siehe Dodds [94] 143–145.

[2] Burkert [201] 129ff., 218–220.

[3] Siehe P. Brown, *The Making of Late Antiquity* (Cambridge, Mass., 1978) 54–80.

[4] O'Meara [224].

[5] J. Dillon, *The Middle Platonists* (London 1977).

[6] Burkert [201] 53–83.

[7] Die große Darstellung Guthries vom Pythagoreismus (in Guthrie [15]) verwendet 180 Seiten auf die Erhellung dieses vereinheitlichten Pythagoreismus und nur gerade 15 Seiten auf einzelne Pythagoreer.

[8] Guthrie [15] 206ff.; sorgfältiger ist Kahn [218].

[9] Guthrie [15] 181.

[10] Burkert [201] 28–83.

[11] Andere Passagen (z.B. *Metaph.* VII,11, 1036b8) wurden als Belege dafür mißverstanden, daß bei den Pythagoreern die mit den Sinnen wahrnehmbare Welt von grundlegenderen mathematischen Prinzipien abgeleitet worden sei, indem man die Ableitungslinie Eins = Punkt, Zwei = Linie, Drei = Fläche und Vier = Körper gebildet habe und die physischen Körper dann aus den geometrischen hervorgehen ließ. Das gehört jedoch zur frühen Akademie (Burkert [201] 67). Damit sind 20 Seiten von Guthries Darstellung des Pythagoreismus untergraben ([15] 256–276). Diese Sequenz kehrt wieder in den *Pythagoreischen Aufzeichnungen* (D.L. VIII,24–33), die Alexander Polyhistor (1. Jh. v.Chr.) exzerpiert hat. Ihr Quellenwert ist sehr zweifelhaft (Burkert [201] 53 und Festugière [210]); aber Guthrie macht davon intensiv Gebrauch. Siehe Kahn [218].

[12] Burkert [201]; Thesleff [202] und [199].

[13] Siehe Burkert [201] 126, 133; West [136] 62; Kahn [217] 166. Die Metempsychosis könnte durch Pythagoras zur Orphik gelangt sein (Burkert [201] 126, 133). Späte Quellen schreiben sie dem Pherekydes zu (West [136] 25).

[14] Siehe die in der vorigen Anmerkung zusammengestellten Belege.

[15] Burkert [201] 133ff.

[16] Siehe Laks, in diesem Band S. 229–230; Burkert [201] 134 Anm. 78; Claus [486] 4–5, 111–121; Huffman [198] 330–331. Andere frühe Texte betonen ebenfalls den Sachverstand des Pythagoras in Fragen der Seele (Herodot IV,95; Empedokles DK 31 B129; Ion bei D.L. I,120).

[17] Der Historiker Timaios berichtete, daß diese Zeilen sich auf Pythagoras beziehen. Diogenes Laertius (VIII,55) sagt, daß manche annähmen, sie bezögen sich auf Parmenides. Die »Lebenszeiten« und die »kompetenten Werke« passen besser zu Pythagoras.

[18] Minar [221].

[19] Burkert [201] 162ff.

[20] Manche machen Pythagoras stärker zu einem Naturphilosophen, als ich das getan habe. Meine Deutung stützt sich auf ein striktes Verständnis der fruhen Zeugnisse und scheint die Interpretation des Aristoteles zu sein. Guthrie [15] 166–167 stützt sich auf Platon, *Staat* VII, als die einzige frühe Quelle für »die wissenschaftliche Seite«. Aber dies sind Pythagoreer des 4. Jahrhunderts (Huffman [216]). Der Hinweis Heraklits auf Pythagoras' Praxis der *historia* ist zu allgemein, um schlüssig zu sein, und das heraklitische Konzept der *harmonia* kann sich, falls es auf Pythagoras anspielt, genauso gut auf den Pythagoras beziehen, den ich beschrieben habe, wie auf den Pythagoras, der ein Kosmologe im jonischen Stil war.

[21] Inwood [357]; Osborne [364]. Für das Wechselspiel kosmogonischer und transzendenter Aspekte des Göttlichen im Denken des Empedokles siehe Broadie, in diesem Band S. 197.

[22] Es gibt da Schwierigkeiten, z.B. die Frage, in welcher Beziehung der transmigrierende *daimōn* zu der von Empedokles als eine Mischung der vier Elemente identifizierten physischen Intelligenz steht, in der Umgebung des Herzens Blut zu bilden. Empedokles spricht diese Schwierigkeiten nicht direkt an; und die heutigen Ausleger sind in ihrer Antwort geteilt. Long [366]; Inwood [357]; Wright [358]; Kahn [365].

[23] Für den vollständigen Text dieses Fragments und für eine Diskussion von Empedokles' Versicherung, ein göttliches Wesen zu sein, siehe Most, in diesem Band S. 325.

[24] Wie v. Fritz [212] argumentiert, entdeckte er die Inkommensurabilität. Keine antike Quelle schreibt ihm dies direkt zu. Zu Hippasos siehe Burkert [201] 206–208, 377, 457ff.

[25] Huffman [198] 17–35.

[26] Zu der folgenden Darstellung des Philolaos siehe Huffman [198]. Siehe auch Burkert [201]; Kahn [217]; Barnes [14]; KRS.

[27] Zur Psychologie des Philolaos siehe Huffman [198]; Laks, in diesem Band S. 230; Sedley [228].

[28] Kahn [217] 183–185. Das »Ein-Atmen« von Leerem bedeutet nicht, daß dieses mit Atem verwechselt worden sei, wie er und Furley [99] meinen. Dasselbe Argument würde auch zu der Annahme führen, daß die Zeit mit dem Atem verwechselt worden wäre.

[29] Burkert [201] 240, 267, 337–350.

[30] Gegen Furley [99] 57–58. Kingsley [105] 172ff. hat Interessantes darüber zu sagen, warum Philolaos das Zentralfeuer einführte.

[31] Sedley [228].

[32] Platon führt eher den Patron aller *technai* an, als daß er auf Pythagoras Bezug nimmt, wenn er von »Prometheus« spricht, durch den das System von den Göttern heruntergeworfen wurde (*Philebos* 16c). Siehe C. Huffman, »Limite et Illimité chez les premiers philosophes grecs«, erscheint in *Études sur le Phèbe de Platon*, hrsg. v. M. Dixsaut, Bd. 2 (Paris) [im Druck]; und C. Huffmann, »The Philolaic Method: The Pythagoreanism Behind the *Philebus*«, erscheint in *Before Plato: Essays in Greek Philosophy*, Bd. 6, hrsg. v. A. Preus (Binghamton) [im Druck].

[33] Huffman [216]. Zu Archytas und Platon siehe Lloyd [219].

[34] G. Vlastos, »Elenchus and Mathematics«, Kap. 4, seines Buch *Socrates: Ironist and Moral Philosopher* (Ithaka 1991) 107–131.

5 Heraklit

Edward Hussey

1. Der Zugang zu Heraklit

1.1. Heraklit von Ephesos muß um 500 v.Chr. tätig gewesen sein. Über die äußeren Umstände seines Lebens ist nichts bekannt; die späteren biographischen Berichte beruhen auf Fiktion. Von Heraklits Buch sind uns ungefähr hundert Fragmente erhalten. Es scheint aus einer Reihe aphoristischer Sätze ohne förmliche Verknüpfung bestanden zu haben. Der Stil ist einzigartig.[1] Heraklits stilistisch sorgfältig gestaltete und kunstvoll variierte Prosa reicht von klaren, umgangssprachlich formulierten Sätzen bis zu orakelhaften Äußerungen mit besonderen poetischen Effekten in Vokabular, Rhythmus und Wortstellung. Viele Sätze spielen mit Paradoxien oder bewegen sich ärgerlich nah am Rand eines Widerspruchs mit sich selbst. Viele scheinen als auffallend denkwürdige Aphorismen gedacht zu sein. (Die Übersetzungen in diesem Kapitel versuchen da, wo es möglich ist, einige der Mehrdeutigkeiten einzufangen.)

1.2. Die Bedeutung und Absicht von Heraklits Buch wurde immer als problematisch empfunden, selbst bei denen, die es ganz gelesen haben. Der Peripatetiker Theophrast (D.L. IX,6) diagnostizierte bei Heraklit »Melancholie« (manische Depression), dies deshalb, weil Heraklit einiges halbfertig ließ und sich selbst widersprach; spätere Griechen nannten ihn »den dunklen«. Mit Sicherheit ist es so, daß Heraklit, was die Ordnung und Klarheit der Erklärung betrifft, nicht immer das anstrebte, was darunter gewöhnlich verstanden wird. Was von seinem Werk übrig ist, zeigt, daß er oft mit Bedacht unklar war. Wie ein Rätsel oder ein Orakel, so pflegte er das, was er meinte, zur Hälfte geheim zu halten, und animierte dadurch den Leser, an einem Such- und Versteckspiel teilzunehmen.

Soweit der Inhalt der Bemerkungen Heraklits offen zutage liegt, reicht er von der Innenpolitik seiner Geburtsstadt bis zur Natur und Zusammensetzung der Seele und des Kosmos. Er ist zu wiederholten Malen polemisch und weist verächtlich die Meinungen »der Vielen« und die Autorität derer zurück, denen sie folgen, vor allem die der Dichter.[2] Andere, die weniger populär sind, aber Ansprüche auf Weisheit und Wissen geltend machen (Xenophanes, Hekataios und Pythagoras, DK 22 B40), werden ebenfalls angegriffen.[3] An einer Stelle beansprucht Heraklit ausdrücklich, den Versuch unternommen zu haben, *alle* vorausgehenden Autoritäten zu verstehen, die ihm bekannt waren (B108). Nur eine einzige Person wird wegen ihrer Weisheit gerühmt: der historisch kaum zu greifende Weise Bias von Priene (B39).

Solche Polemik impliziert, daß Heraklit sich selbst an alle die wendet, die zu hören bereit sind, und daß er seinerseits irgendeine positive Lehre und außerdem Gründe hat, um die überkommenen Autoritäten zurückzuweisen und – bei denselben Themen, mit denen sie sich befaßt haben – einen besseren Zugang zur Wahrheit zu beanspruchen. In der Tat enthalten die Fragmente auch viele positive Feststellungen und klare Zeichen für eine systematische Art zu denken.

Seit Aristoteles wurde Heraklit häufig zur Gruppe der jonischen »Naturphilosophen« (*physiologoi*) gerechnet.[4] Das ist zumindest teilweise richtig. Heraklit befaßte sich mit kosmischen Vorgängen und mit der »Natur« der Dinge: sich selbst beschreibt er als einen, der »jeden einzelnen Gegenstand seiner Natur entsprechend zerlegt und erklärt, wie es sich damit verhält« (B1). Bezeichnend könnte sein, daß er keinen der Milesier namentlich angreift.[5]

Die große Spannweite seiner Themen legt jedoch die Annahme nahe, daß er mehr als ein Naturphilosoph war. Dieses Kapitel unterbreitet die Belege dafür, Heraklit als jemanden zu sehen, der ein breiter angelegtes und erkennbar *philosophisches* Vorhaben verfolgt: eine radikale Kritik und Reformulierung der Kosmologie und sogar alles Wissens, und zwar auf einer neuen, besser gesicherten Grundlage. Im Verlauf seines Projekts versucht er die systematischen Probleme zu meistern, die dem Unternehmen der Milesier auf dem Fuße folgten: die Probleme des Monismus und Pluralismus und der Grundlegung des Wissens.

2. Erfahrung, Interpretation, Vernunft

2.1. Aufgrund welcher Autorität beansprucht Heraklit, ein besseres Wissen als die Vielen und die Dichter zu haben? An erster Stelle beruft er sich auf das Wissen, welches durch eigene Erfahrung erworben wird:

All die Dinge, die man sehen, hören und lernen kann, denen gebe ich den Vorzug. (B55)

[Männer, die nach Weisheit streben,] müssen sehr viele Dinge erforschen. (B35)

Heraklit reiht sich hier in den Empirismus zweier Zeitgenossen ein, den Empirismus des Xenophanes und des Hekataios von Milet. Zu deren Programm gehörten die Praxis der eigenen, der Erfahrung aus erster Hand (*historiē*) und die Kritik von Überlieferung und Mythos auf der Grundlage allgemeiner Erfahrung. Xenophanes mit seinem sparsamen Empirismus lehnte es für den Bereich der Natur ab, irgendwelche nicht beobachteten Entitäten zu postulieren oder in seinen Erklärungen der Sphäre der allgemeinen Erfahrung zu widersprechen oder über sie hinaus zu gehen. Damit entmythologisierte er die Welt der Natur implizit ebenso, wie Hekataios von Milet das explizit tat. Genau dieselben epistemischen Einstellungen lassen sich in Heraklits Kosmologie und in seiner Psychologie beobachten (vgl. die Abschnitte 4 und 5).[6]

2.2. Jedoch auch zum Zweck der Kritik hebt Heraklit diese beiden namentlich heraus und stellt sie – ein Stich ins Herz – als Paar mit zwei anderen zusammen, denen sie selber höchst kritisch gegenüberstanden:

Viel zu wissen lehrt nicht, ein begriffliches Verständnis zu gewinnen; sonst hätte es dies den Hesiod und den Pythagoras gelehrt, ebenso Xenophanes und Hekataios. (B40)

Obwohl »viel zu wissen« notwendig ist, ist es nicht ausreichend, um zu »lehren«, d.h. um ein wirkliches Verständnis hervorzubringen. Dieser Punkt markiert die zweite Stufe in Heraklits Entwicklung neuer Grundlagen. Der Geist muß angemessen »gelehrt« werden, oder was auf dasselbe hinausläuft: die Seele muß »die richtige Sprache sprechen«: Sonst werden die Zeugnisse, die den Sinnen geboten werden und von denen alles andere abhängt, nicht nur nicht verstanden, sondern *sogar durch die Sinne selbst* auch in falscher Weise übermittelt:

Schlechte Zeugen sind den Menschen Augen und Ohren, wenn sie Seelen haben, die nicht die richtige Sprache sprechen. (B107)

Heraklit ist sich bewußt, daß das Zeugnis der Sinne durch unsere Vorbegriffe bereits gestaltet ist. Das macht es für ihn leichter zu erklären, wieso es den Menschen – paradoxerweise – mißlingen kann und, wie er meint, ständig mißlingt zu sehen, was vor ihren Augen ist, und zu hören, was ihre Ohren füllt:

Die ohne Verständnis hören, gleichen Tauben; das Sprichwort bezeugt es ihnen: »Zwar anwesend sind sie doch abwesend.« (B34)

Sie wissen weder zu hören noch zu sprechen. (B19)

Die Analogie mit der Sprache ist bei Heraklit, so stellt sich heraus, überall präsent, der in dem Bestreben, die Dinge so darzustellen, wie sie sind, seinerseits alle Möglichkeiten des Griechischen auslotet.[7] Die Möglichkeit zu verstehen steht in einer Wechselbeziehung zur Existenz einer Bedeutung. Sie schließt ein, daß das, was in der Erfahrung gegeben ist, der *Interpretation* bedarf, so als wäre es ein Rätsel oder ein Orakel:

Der Herr, dem das Orakel von Delphi gehört, spricht nichts aus und verbirgt nichts, sondern er deutet an. (B93)

Hinsichtlich der Erkenntnis dessen, was offenkundig ist, werden die Menschen irregeführt, ähnlich wie Homer, der im Vergleich zu allen anderen Griechen noch der weiseste war. Ihn nämlich führten Jungen, welche Läuse töteten, in die Irre, indem sie sagten: »Was wir gesehen und angefaßt haben, das lassen wir zurück, und was wir weder gesehen noch angefaßt haben, das nehmen wir mit.« (B56)

2.3. Wenn wichtige Botschaften in der Gestalt von Rätseln oder Orakeln ausgerichtet werden, sehen die Konsequenzen entmutigend aus: Die wahre Realität der Dinge muß verborgen bleiben, und es kann kein System und keine festen Regeln dafür geben, sie zu entdecken – selbst wenn sich, nachdem sie entdeckt ist, herausstellen sollte, daß sie etwas ist, was in einem gewissem Sinn schon längst bekannt war. Man muß für jeden Hinweis offen sein.

Nichtoffensichtliche Struktur [*harmoniē*] ist stärker als offensichtliche. (54)

Natur [bzw. die wahre Konstitution eines Gegenstands, *physis*] liebt es, sich zu verbergen. (B123)

Wenn man nicht hofft, wird man das Unerhoffte nicht entdecken, weil es dann unauffindbar und nicht zugänglich ist. (B18)

2.4. Die »nichtoffensichtliche Struktur« oder die »Natur« der Dinge herauszufinden ist die Lösung des Rätsels.[8] Heraklit beansprucht, die Rätsel der Welt und der menschlichen Existenz selber gelesen zu haben. Er bittet seine Zuhörer, seine Lösung anzuhören. Einmal mehr stellt sich die Frage nach der Autorität: Welche Garantie kann er anbieten, daß er richtig geraten hat? Heraklit kann diesem Ansinnen nicht ausweichen, zumal er selber die Ansprüche traditioneller Autoritäten so brutal zurückweist.

Wenn man nicht auf mich hört, sondern auf den *logos*, ist es weise beizupflichten [*homologein*], daß alles eins ist. (B50)

Das Wort *logos*, welches hier und in anderen bezeichnenden Zusammenhängen bei Heraklit begegnet, war ein allgemein gebräuchliches griechisches Wort. Seine Grundbedeutung war »was gesagt ist«, das heißt »Wort« oder »Geschichte«. Darüber hinaus hatte seine Bedeutung aber selbst in der griechischen Alltagssprache reiche Verzweigungen. Das Wort hatte den sekundären Sinn von »mathematisches Verhältnis« erhalten, und allgemein den von »Proportion«, »Maß« oder »Berechnung«. In einer von hier ausgehenden erneuten Ausdehnung der Bedeutung taucht es etwa zur Zeit Heraklits in Zusammensetzungen auf, die den Sinn von »richtige Berechnung« oder »vernünftiges Verhältnis« haben.[9]

Charakteristischerweise schwelgt Heraklit in der Vielfalt der Bedeutungen und möchte sie zugleich außerdem zu einem einzigen Sinn zusammenbinden. Für ihn hat *logos* eine spezielle Bedeutung, in der jeder alltäglichen Verwendung des Wortes ein gewisser Widerhall zugestanden wird und die je nach Gelegenheit ausgenutzt wird. Auf der grundlegendsten Ebene fällt Heraklits *logos* mit dem zusammen, was Heraklit sagt, und das ist seine Geschichte darüber, wie die Dinge sind. Wie in dem eben zitierten Spruch (B50) muß der *logos* jedoch von den Worten Heraklits auch unterschieden werden: *Wie* die »Geschichte« Heraklits ist er nicht darin, daß er Zustimmung befiehlt, sondern deshalb, weil er zeigt, was zu denken *weise* ist. (Gleichwohl ist der *logos* immer noch etwas, was spricht und dem man zuhören kann; es ist immer noch die Geschichte von jemand oder von etwas, mit der Sprache als Vehikel.) Heraklit erhebt keinerlei Anspruch auf irgendeine bloß private Offenbarung und auf eine rein persönliche Autorität.[10]

Welche Art von Autorität beansprucht er für den *logos*?

Obwohl der *logos* gemeinschaftlich ist, leben die meisten Leute so, als ob sie eine private Einsicht besäßen. (B2)

Wer mit Verstand spricht, muß Kraft aus dem schöpfen, was allen gemeinsam ist, so wie eine Stadt aus ihrem Gesetz und noch viel stärker... (B114, teilweise)

Der *logos* ist etwas, »was allen gemeinsam ist«: öffentlich zugänglich, nicht das Ergebnis privater Phantasie. Seine Autorität leitet sich aus diesen Eigenschaften her und macht diejenigen, die von ihm Gebrauch machen, in ihren Behauptungen »stark«, so wie das Gesetz die Stadt dadurch stark macht, daß es unpersönlich, allgemein und unparteilich ist. (Über kosmische »Gerechtigkeit« siehe Abschnitt 6.) Die Gegensätze zwischen diesen Eigenschaften und den privaten Illusionen und Mißverständnissen der »Leute« werden in der programmatischen Erklärung ausgearbeitet, die am Anfang des Buches stand:

Gegenüber dem hier gegebenen, unabdingbar zutreffenden *logos* erweisen sich die Menschen immer als verständnislos, sowohl bevor sie ihn zu Gehör bekommen als auch nachdem sie ihn einmal gehört haben. Denn obwohl alles in Übereinstimmung mit diesem *logos* geschieht, gleichen sie unerfahrenen Leuten, sobald sie sich an solchen Worten und Werken versuchen, wie ich sie auseinandersetze, indem ich jeden einzelnen Gegenstand seiner Natur entsprechend zerlege und erkläre, wie es sich damit verhält. Den anderen Menschen aber entgeht all das, was sie im Wachen tun, ebenso wie sie alles vergessen, was sie im Schlaf tun.

Die Vergessenheit der öffentlichen, gemeinsamen Welt im Schlaf wird dadurch aufgewiesen, daß diese Welt durch private, nicht gemeinsame und illusionäre Träume ersetzt wird (eine angebliche »private Einsicht«), wie dies durch eine spätere Paraphrase bestätigt wird: »Heraklit sagt, daß es für die, die wach sind, die eine gemeinsame Welt gibt, daß aber jeder Schläfer sich in eine private Welt abwendet« (B89).[11]

2.5. Was ist demnach die Autorität, deren sich der *logos* erfreut und die in diesen Sätzen scharf, wenn auch indirekt, charakterisiert wird? Es kann keine andere als jene unpersönliche Art von Autorität sein, die der *Vernunft* oder der *Rationalität* innewohnt. Nichts, was hinter dieser Art Autorität zurückbleibt, paßt mit dem zusammen, was für sie beansprucht wird; und wie bereits bemerkt, entwickelte das Wort *logos* zur damaligen Zeit bereits Konnotationen von »Vernünftigkeit« und »maßgebendem Verhältnis«. Diese Deutung stimmt auch mit den Rätsel- und Orakelanalogien zusammen: Sobald die Lösung eines guten Rätsels einmal gefunden ist, bleibt kein Zweifel zurück, daß dies die Lösung *ist*; denn alles paßt, alles macht Sinn, wenn auch auf eine unerwartete Weise.

Heraklit beansprucht also, daß diese Art, die Dinge zu sehen, die einzige *vernünftige* Art ist. Wieviel Mühe er darauf verwendet, diesen Anspruch im einzelnen zu untermauern, bleibt zu sehen. Was er beansprucht, zeigt aber zumindest, daß Heraklit verpflichtet ist anzuerkennen, daß es in den Dingen ein System gibt, wenn auch ein verborgenes, und daß es eine systematische Art gibt, über sie zu denken, sobald einmal der Schlüssel, die »verborgene Struktur«, gefunden ist. Für Heraklit bestand der Schlüssel in dem Strukturmuster, welches man passend als »Einheit in Gegensätzen« bezeichnen könnte. Dies ist das, was seiner Behauptung Substanz verschafft, »daß alles eins ist«.

3. Einheit in Gegensätzen

3.1. Unter den Aussprüchen, die uns von Heraklit erhalten sind, ragt eine Gruppe hervor, die ein beabsichtigtes gemeinsames Muster zeigt, und zwar in verbaler ebenso wie in begrifflicher Hinsicht. Mit dem Ausdruck »Einheit in

Gegensätzen« läßt sich in passender Weise auf dieses Muster Bezug zu nehmen.[12]

Eine Einheit in Gegensätzen begegnet bei Heraklit in drei verschiedenen Weisen: (1) Er bringt für dieses Muster *Beispiele*, die der Alltagserfahrung entnommen sind, und zwar in angemessen klarer Sprache und meistens ohne Kommentar; (2) von diesen Beispielen aus *verallgemeinert* er und tut das in Sätzen, wo die Sprache an den Rand des Abstrakten kommt, anscheinend in dem Versuch, das Muster als solches festzuhalten; und (3) *wendet* Heraklit das Muster in der Konstruktion von Theorien *an*, insbesondere auf die Kosmologie (Abschnitt 4) und auf die Theorie der Seele (Abschnitt 5).

3.2. Als erstes die Beispiele aus dem alltäglichen Leben. Diese sind erkennbar doppelgesichtig. Soweit der Originalwortlaut erhalten ist, sind sie meistens so arrangiert, daß das erste Wort mit Nachdruck den einen einheitlichen Gegenstand spezifiziert, in dem die Gegensätze beide manifest sind. Dieses wiederkehrende sprachliche Muster hilft, die Aufmerksamkeit von den interessanten und in paradoxer Weise in Beziehung gesetzten Gegensätzen zu dem einen Gegenstand zurückzuholen, zu der »Einheit«, in der sie koexistieren.

Der Weg hinauf und hinab ist ein und derselbe. (B60)

Gemeinsam sind Anfang und Ende beim Kreis. (B103).

Der Weg der Walkerschraube [d.i. der Spiralenschraube der Walkerpresse], gerade und gekrümmt, ist ein und derselbe. (B59)

Dieselben Flüsse: denen, die in sie hineinsteigen, strömen andere und immer wieder andere Gewässer zu. (B12)

Auch der Kykeōn [ein gerührter Mischtrank] spaltet sich [in seine Bestandteile], wenn er *nicht* umgerührt wird. (B125)

Krankheit macht Gesundheit angenehm und gut, Hunger die Sättigung, Anstrengung das Ausruhen. (B111)

Die Ärzte schneiden und brennen die Leute und quälen sie in jeder nur vorstellbaren üblen Weise und fragen obendrein noch nach einem Honorar. (B58)

Esel werden lieber Hackstreu als Gold wählen. (B9)

... »Was wir gesehen und angefaßt haben, das lassen wir zurück, und was wir weder gesehen noch angefaßt haben, das nehmen wir mit.« (B56, teilweise)

Alle diese Bemerkungen könnten das Material für Rätsel bilden, wie es das letzte war (vgl. Abschnitt 2.2). Im Spiel oder in der Philosophie sind sie Beispiele für etwas Amüsantes, nicht Zusammenstimmendes und sogar Verwirrendes: daß Gegensätze, mittels deren wir in so weiten Bereichen unserer Erfahrung unseren Weg strukturieren und finden, trotzdem nicht rein und einfach entgegengesetzt und verschieden sind. Man darf sie sich nicht wie in den Mythen Homers und Hesiods als Paare verschiedener Einzelgegenstände denken, die sich gegenseitig einfach hassen und meiden. Im Gegenteil, im alltäglichen Leben erweist sich, daß sie ko-präsent und interdependent sind, dem ausgesetzt, ineinander überzugehen, und in stiller Kooperation. Wenn es so etwas wie Krankheit nicht gäbe, fänden wir nicht nur Gesundheit nicht erfreulich, sondern es gäbe so etwas wie Gesundheit auch gar nicht. Straßen könnten nicht bergauf führen, wenn sie nicht auch und gleichzeitig bergab führen würden.

Flüsse können niemals dieselben bleiben, es sei denn durch einen konstanten Wechsel des Wassers. Das paradoxe Verhalten der Ärzte, die eine Belohnung dafür erwarten, daß sie den Leuten Unerfreuliches antun, und der Esel, die die Spreu, welche für den Menschen wertlos ist, dem vom Menschen hoch geschätzten Gold vorziehen, zeigt, daß dasselbe zur selben Zeit wegen genau derselben Eigenschaften geschätzt und verworfen werden kann.

Bemerkungen dieser Art wurden gelegentlich so verstanden, als implizierten sie, (a) daß die in Rede stehenden Gegensätze unwirklich seien, da das Entgegengesetzte entweder illusorisch oder sogar in Wirklichkeit identisch sei; oder (b) daß sie bloß relativ und an einen Gesichtspunkt oder Zusammenhang gebunden seien.

(a) Für die Lesart, nach der Gegensätze *unwirklich* seien, gibt es in Heraklits eigenen Worten keinerlei Anhaltspunkt. Wenn er behauptet, daß Tag und Nacht »eines sind« (B57), dann meint er nicht, daß sie *identisch* sind, sondern, wie B67 klarstellt, daß sie darin »ein Gegenstand« sind, daß sie dasselbe Substrat in verschiedenen Zuständen sind.[13] Wie sich zeigen wird, setzt das Denken Heraklits in Wirklichkeit sowohl die Realität als auch die reale Entgegengesetztheit der Gegensätze voraus.

(b) Die Lesart, nach der Gegensätze immer *relativ* sind, erlaubt es genausowenig, das theoretische Gewicht zu erklären, das Heraklit den Gegensätzen letztlich geben möchte. Es ist wahr, daß einige Beispiele Heraklit als einen zeigen, der Phänomene ausschlachtet, die durch Relativität eine natürliche Erklärung finden: die unterschiedlichen Vorzugswahlen von Eseln und Menschen oder die von Rindvieh, Schweinen, Federvieh oder Affen (B4, 13, 37, 82) im Gegensatz zu denen des Menschen. So könnten auch die Beobachtungen über Krankheit und Gesundheit und so weiter eben auf die Relativität unserer Einschätzung dessen hinweisen, was angenehm und gut ist. Solch eine Deutung könnte dann weiter gehen und versuchen, die anderen Beispiele zu relativieren: Daß die Straße bergauf oder bergab geht, ist relativ zur Fahrtrichtung; ob der Fluß derselbe oder immer verschieden ist, ist dazu relativ, ob er als ein einziger Fluß oder als eine Ansammlung von Gewässern angesehen wird.

Worum es hier geht, ist, ob Heraklit eine Unterscheidung dazwischen treffen möchte, wie Gegensätze für gewöhnlich wahrgenommen werden und wie sie wirklich sind, oder ob er keine solche Unterscheidung treffen möchte. Sein Interesse an latenter Struktur sowie seine Verachtung für die geistigen Gepflogenheiten »der meisten Leute« und für ihr fehlendes Verständnis lassen darauf schließen, daß die Unterscheidung für ihn wichtig ist. Eine weitere »Alltags«-Bemerkung ist hier von Belang:

> Meer: das reinste und zugleich das besudeltste Wasser, für Fische trinkbar und wohltuend, für Menschen nicht trinkbar und tödlich. (B61)

Die augenscheinlichen Wirkungen des Meerwassers sind hier relativ zu dem, der es trinkt. Aus dieser Tatsache schließt Heraklit aber ausdrücklich, daß das Meer uneingeschränkt gleichzeitig sowohl »am reinsten« als auch »am besudeltsten« ist. Dies stützt eine Deutung, nach der die beobachtbaren Relativitäten von »Wahrnehmung« und »Bewertung« von Heraklit verwendet werden, um damit eine *nicht relative* Ko-Präsenz der Gegensätze zu belegen.[14] Es bleibt freilich die Aufgabe herauszufinden, was das denn heißen könnte und ob es nicht in einem Widerspruch zu sich selbst zusammenfällt.

3.3. Als nächstes die Verallgemeinerung. Indem er, wie wir das gesehen haben, Beispiele anhäuft, lenkt Heraklit die Aufmerksamkeit auf das Einheit-in-Gegensätzen-Muster. Ein Weiser hätte es dabei belassen und die Zuhörerschaft ihre eigenen Konsequenzen ziehen lassen können. Heraklit indes entspricht den Anforderungen, die er durch seinen eigenen Appell an die Kraft der Vernunft aufgestellt hat: Er bietet seine eigene ausdrückliche, in allgemeine Begriffe gefaßte Feststellung dessen an, was er in dem von ihm bemerkten Muster als das Wesentliche ansieht:

> Sie verstehen nicht, wie etwas, das auseinandergeht, mit sich selbst zusammengeht: eine zu sich selbst zurückkehrende Struktur [*palintropos harmonie*], wie bei Bogen und Leier. (B51)

Dieses Zeugnis legt bisher drei Thesen nahe:

(1) *Die Einheit ist fundamentaler als die Gegensätze.* In Verbindung mit dem *logos* legt bereits die programmatische Erklärung, »daß alles eins ist« (B50), nahe, daß Heraklit monistische Ambitionen hegt. Indem er seine letzte Beschreibung des Musters als einer *harmonie* oder »vereinheitlichten Struktur« offenlegt[15] und dabei Bogen und Leier als Alltagsbeispiele einer solchen Struktur anbietet, richtet Heraklit die Aufmerksamkeit auf die dem Muster unterliegende Einheit und auf die Art, in der sie die Gegensätze einschließt und manifestiert.

(2) *Die Gegensätze sind wesentliche Merkmale der Einheit.* Auf welche Weise auch immer die Gegensätze in der Einheit anwesend sind, entscheidend ist, daß ihre Anwesenheit zum Wesen der Einheit gehört. Ohne sie könnte die Einheit nicht das sein, was sie ist. Sowohl das Wort *harmonie* als auch die Beispiele von Bogen und Leier verweisen auf den Begriff von etwas, was durch eine *funktionale* Einheit konstituiert ist. Daß sie funktioniert, erfordert, daß diese Einheit in gewisser Weise »zu sich selbst zurückkehrt«; das Zurückkehren und infolgedessen die Gegensätze, die sich in der Rückkehr manifestieren, sind wesentliche Merkmale. (Im Fall des Bogens liegt die Rückkehr in der Bewegung, die die Teile, wenn der Bogen gebraucht wird, sowohl im Verhältnis zueinander als auch zu ihren eigenen vorausgegangenen Bewegungen machen. Im Fall der Leier könnte die Rückkehr die der vibrierenden Saiten sein, oder die der Auf-und-ab-Bewegungen der Melodie, oder beides.)

(3) *Die Manifestation der Gegensätze schließt einen Prozeß ein, bei dem die Einheit ihre wesentliche Funktion ausübt.* Dies gilt für die Beispiele von Bogen und Leier. Allgemein schließen die Worte »auseinandergehen« und »zurückkehren« zumindest eine Bewegung ein,[16] während *harmonie* von Hause aus an eine eingebaute Teleologie denken läßt (siehe Anm. 13).

3.4. Gegen eine Deutung dieser Art lassen sich verschiedene Einwände vorbringen. An erster Stelle ist zuzugestehen, daß der Sinn, in dem die Einheit »grundlegender« als die Gegensätze ist, und der Sinn, in dem die Gegensätze für die Einheit »wesentlich« sind, unbestimmt gelassen wurden. Heraklit hat kein fertiges logisches Werkzeug und Vokabular zur Verfügung. Nach der Art von Deutung, die hier ausgearbeitet wird, sah er, daß so etwas wie die Begriffe von *Wesen* und *ontologischer Priorität* erforderlich ist, und antwortete auf diesen Bedarf, indem er (a) Alltagsbeispiele für das anbot, was er meinte, und (b) Worte einsetzte, die dem umgangssprachlichen Vokabular entnommen waren, die aber durch den Gebrauch, den er von ihnen machte, zu so etwas wie technischen Termini umgebildet wurden. Wer Heraklit interpretiert, muß versuchen, aus den uns erhaltenen Worten von seinen Intentionen so viel wie möglich aufzufangen und sie in moderner Terminologie begreiflich zu machen, ohne in die Interpretation Annahmen und Probleme hineinzutragen, die dem Verständnis Heraklits fremd waren.

Nach dem Einwand der Unbestimmtheit folgt als nächstes der der Inkohärenz oder der Selbstwidersprüchlichkeit. Wie können die Gegensätze wesentliche Merkmale der Einheit sein, ohne daß sie in ihr auf eine mit sich selbst in Widerspruch stehende Weise ko-präsent sind? Um auf das Beispiel des Meerwassers zurückzukommen: zu sagen, daß das Meer zu derselben Zeit »das reinste« und »das besudeltste« ist, heißt, sich selbst zu widersprechen; denn wirkliche Gegensätze schließen sich gegenseitig aus. Aus diesem Grund zog Aristoteles den Schluß (*Metaph.* IV,7, 1012a24–26), daß Heraklit unvermeidlich gegen das Prinzip der Widerspruchsfreiheit verstoßen und infolgedessen in Inkohärenz verfallen müsse.

Der aristotelische Einwand ist entscheidend. Den Weg, ihm zu begegnen, zeigt der Satz über das Meerwasser. Eines nämlich macht dieser Satz klar: Heraklit möchte nicht sagen, die Anwesenheit von Reinheit bedeute, daß das Meer in seinen augenfälligen Auswirkungen für alle Lebewesen die ganze Zeit sauber sei. Ebensowenig bedeutet die Anwesenheit von Verschmutzung, daß das Meer in seinen augenfälligen Auswirkungen für alle Lebewesen die ganze Zeit verschmutzt sei. Daher ist es notwendig, zwischen der *Präsenz* der Gegensätze in einer Einheit und der *Manifestation* der Gegensätze in ihr zu unterscheiden. Vorbereitet wurden wir auf diese Unterscheidung durch die Beobachtung über die Wichtigkeit latenter Struktur.

Die Anwesenheit der Gegensätze in einer Einheit ist deshalb – um mich aristotelischer Terminologie zu bedienen – eine Sache der *Potentialität.* Es gehört zum Wesen beispielsweise des Meerwassers, daß es sowohl das Vermögen hat, lebenserhaltend zu sein, als auch das Vermögen, todbringend zu sein. So kann ein Gegenstand eben gerade seinem Sein nach innerhalb seiner die Koexistenz diametral entgegengesetzter Potentialitäten erfordern, eine »Ambivalenz des Wesens«.

Dieser Gedanke eröffnet eine Lösung für die Diskussion zwischen Monismus und Pluralismus; wie nämlich die Einheit in Gegensätzen zeigt, ist diese Dichotomie nicht erschöpfend. Daß dieser Gedanke zu den Beweggründen Heraklits gehörte, wird durch eine Schlüsselpassage bei Platon bestätigt (*Soph.* 242d7–e4):

Später haben gewisse jonische und sizilische Musen [scil. Heraklit und Empedokles] aber gemerkt, daß es sicherer wäre, beides [Monismus und Pluralismus] zusammenzuflechten und zu sagen, das Seiende sei sowohl vieles als auch eines und werde durch Feindschaft und Freundschaft zusammengehalten; denn »was sich sondert, konvergiert immer«, sagen die strengeren Musen [scil. Heraklit], während die weicheren [scil. Empedokles] auf die Forderung verzichten, daß dies immer so sein müsse ...

Wenn Heraklit tatsächlich entlang diesen Bahnen gedacht hat, erwarten wir, daß er mehr über die Art und Weise sagt, in der sich die Potentialitäten manifestieren. Punkt (3) der vorliegenden Interpretation behauptet, daß dies mittels eines sich zeitlich entwickelnden Prozesses geschah. Man kann einwenden, daß viele der Alltagsbemerkungen keinerlei zeitlichen Prozeß enthalten und daß die Gegensätze dennoch manifest sind. Zum Beispiel können wir auf einen Blick sehen, daß eine Straße sowohl eine bergauf als auch eine bergab führende Straße ist. Trotzdem werden weder das Bergauf- noch das Bergab-Führen vollständig manifestiert, bevor jemand wirklich auf der Straße unterwegs ist. Die beiden Aspekte können sich gleichzeitig verschiedenen Reisenden oder sukzessiv demselben Reisenden manifestieren; es handelt sich in beiden Fällen um zwei verschiedene Prozesse.[17] (Das Wort *hodos*, »Weg«, »Straße«, bedeutet auch »Reise«; viele andere von Heraklit benutzte Wörter zeigen eine analoge Doppelbedeutung (siehe Abschnitt 4).)

Die zentrale Rolle von Prozessen wird noch deutlicher, sobald Heraklit die Einheit in Gegensätzen auf die Kosmologie und die Psychologie anwendet. Hier sind die Gegensätze klarerweise nicht bloß Potentialitäten, sondern kämpferische Kräfte. Das »Funktionieren« der Einheit wird ebenfalls mehr als ein bloßer Schematismus: Wir finden, daß die Einheit die Gegensätze vereint, sie kontrolliert und ihnen Bedeutung gibt.

4. Der Kosmos als Prozeß

4.1. Die Kosmologie Heraklits läßt sich isoliert von seinem übrigen Denken nicht verstehen. Sie hängt ab von der Einheit in Gegensätzen, und sie führt ihrerseits weiter zur Psychologie und Theologie.

Diese Weltordnung hat weder einer der Götter noch ein Mensch geschaffen, sondern immer war sie, ist sie und wird sie sein: ein ewiglebendiges Feuer, das nach Maßen entflammt und nach Maßen verlöscht. (B30)

Es ist naheliegend und natürlich, das »ewiglebendige Feuer« als einen Prozeß anzusehen. Wenn es das ist, werden auch die kosmischen Konstituenten – die vertrauten »Welt-Massen« von Erde, Meer, Luft und Himmelsfeuer – Phasen des Prozesses sein; denn sie sind »Wendungen des Feuers« (B31). »Wendungen« ist wie viele andere Nomina bei Heraklit doppeldeutig zwischen einem Prozeß und seinem Resultat. Ähnlich heißt es, mit derselben Doppeldeutigkeit in dem Ausdruck »austauschbar« oder »im Austausch«:

Gegen Feuer austauschbar ist alles und alles gegen Feuer, ebenso wie es Waren gegen Gold sind und Gold gegen Waren. (B90)

Dieser Primat des Prozesses in der beobachtbaren Welt ist mit späteren Zeugnissen von einer Theorie des »Flusses« zu vergleichen. Sowohl Platon (*Krat.* 402a4–11, *Tht.* 152d2–e9) als auch Aristoteles (*Topik* I,11, 104b21–22; *De caelo* III,1, 298b29–33) berichten, Heraklit habe die Ansicht vertreten, daß »das gesamte Universum im Strömen sei wie ein Fluß« oder daß »alles in Fluß« oder »in Bewegung« oder »im Wandel« sei. In diese Zeugnisse eingebettet ist eine Geschichte über den selbsternannten »Herakliteer« Kratylos, einen Philosophen des späteren 5. Jahrhunderts. Kratylos bestritt, daß im Zeitverlauf irgendeine Art von Selbigkeit möglich sei. Um diesen seinen Punkt zur Geltung zu bringen, schob er Heraklit die Bemerkung unter, daß »man nicht zweimal in denselben Fluß steigen könne« (B91a), offensichtlich zu dem Zweck, sie mit seiner eigenen Behauptung zu übertrumpfen, daß es noch nicht einmal möglich sei, auch nur *ein einziges Mal* in denselben Fluß zu steigen (Aristoteles, *Metaph.* IV,5, 1010a10–15).

Kratylos' Version des Satzes über die Flüsse muß als nicht herakliteisch zurückgewiesen werden. Alles andere von Platons und Aristoteles' Zeugnis kann akzeptiert werden: Sie schreiben Heraklit nicht die extremen Ansichten des Kratylos zu.[18] Die Zeugnisse zeigen, daß Prozeßhaftigkeit für Heraklit die Grundform der Existenz in der *beobachtbaren* Welt ist, wenn es auch etwas nicht unmittelbar Beobachtbares gibt, das durchgängig und dauerhaft besteht:

Wieder andere sagen, es werde und fließe zwar alles und nichts bestehe (›sei‹) in fester Weise; eines allein indes überdauere doch alles, nämlich das, woraus alle Dinge hier ihrer Natur nach als Umgestaltungen hervorgehen. Das scheint mit vielen anderen auch Heraklit von Ephesos sagen zu wollen. (*De caelo* III,1, 298b29–33)[19]

4.2. Nicht »Die Welt ist alles, was der Fall ist« hätte also Heraklits Slogan sein können, sondern vielmehr »Die beobachtbare Welt ist alles, was der Fall wird«. Platzgründe erlauben es nicht, die Kosmologie Heraklits zu diskutieren. Das folgende ist die Zusammenfassung einer möglichen Auffassung davon.[20] Der kosmische Gesamtprozeß, das »Feuer«, wurde unterteilt in die entgegengesetzten Ereignisse des »Entflammens« und des »Verlöschens«. Diese wurden ihrerseits in zwei Unterprozesse unterteilt: einen des »Erwärmens« und »Trocknens« und einen des »Abkühlens« und »Feuchtwerdens«. Diese Prozesse schufen den Raum für die vier klassischen kosmischen Gegensätze (warm, kalt, feucht und trocken) und für die vier Weltmassen, die sich aus Paaren der Gegensätze bildeten (Erde = kalt und trocken, Meer = kalt und feucht, usw.). Alle Prozesse wiederholten sich in vielfacher Periodizität und erklären so den Zyklus von Tag und Nacht, den Jahreszyklus und ein oder zwei Zyklen mit längeren Perioden. An einem gewissen Punkt im längsten Zyklus war der gesamte Kosmos in einer feurigen Phase (am äußersten Punkt von heiß und trocken).

Neben der Einheit in Gegensätzen ist ein weiteres strukturelles Prinzip offensichtlich. Heraklit insistiert darauf, daß in diesen Prozessen wohlbestimmte »Maße« und »Verhältnisse« eingehalten werden.

... das nach Maßen entflammt und nach Maßen verlöscht. (B30, teilweise)

Gegen Feuer austauschbar ist alles und alles gegen Feuer, ebenso wie es Waren gegen Gold sind und Gold gegen Waren. (B90)

... [das Meer] wird so bemessen, daß sich dasselbe Verhältnis ergibt, welches zuvor galt ... (B31, teilweise)

Die Verwendung von Gold als Tauschmittel hängt davon ab, daß ein (mehr oder weniger) fixiertes Tauschverhältnis existiert, mit anderen Worten: ein konstantes Verhältnis zwischen Goldmengen und Warenmengen beim Tausch. Durch alle kosmischen Veränderungen hindurch ist demnach ein »Erhaltungsprinzip« in Kraft: Es wird ein bestimmter konstanter Betrag an »Feueräquivalent« eingehalten. Dies ist ein erstes Beispiel bei Heraklit für ein Prinzip von Gesetzesgleichheit (vgl. Abschnitt 6), das für den Verlauf kosmischer Prozesse zwingend gilt.

4.3. Die Theorie des beobachtbaren Kosmos, wie sie bis jetzt rekonstruiert ist, befolgt die Prinzipien des Xenophanischen Empirismus. Sie führt in die beobachtbare Welt keine neuen Entitäten ein, die nicht wirklich zu beobachten sind: die erwähnten Prozesse und Zyklen sind alle entweder vertraut oder von der Alltagserfahrung ableitbar. Der Art und Weise, wie etwas den Sinnen erscheint, gibt die Theorie volles Gewicht: die Sonne ist in Wirklichkeit so, wie sie zu sein scheint, »so breit wie der menschliche Fuß« (B3). Und sie schließt Spekulationen über das aus, was gänzlich jenseits menschlicher Erfahrung ist: die Frage, was wohl jenseits unseres Kosmos liegt, wird noch nicht einmal gestellt.

Trotzdem kann die Theorie in dem Maß, in dem sie der beobachtbaren Welt nahe steht, kein vollständiges Beispiel für Einheit in Gegensätzen sein. Die zugrundeliegende Struktur sollte zumindest teilweise latent und nicht selbst ein Prozeß sein. Daher kann das »ewiglebendige Feuer« nicht selbst die letzte Einheit sein, die sicherstellt, daß »alles eins ist«. Es muß die Manifestation, die Aktivität von etwas anderem sein.

Der Gott ist Tag-Nacht, Winter-Sommer, Krieg-Frieden, Sättigung-Hunger; er wandelt sich gerade so, wie Feuer, wenn man es mit Räucherwerk vermischt, nach dem Wohlgeruch jedes einzelnen [Duftstoffs] benannt. (B67)

Heraklit korrigiert hier die irrige Ansicht Hesiods (B57). Tag und Nacht sind »ja doch eins« und nicht zwei getrennte Dinge. Die Analogie mit dem Altarfeuer, dem Zentrum des rituellen Vorgangs, mit dem sukzessiv eine Reihe verschiedener Duftstoffe verbrannt wurde, zeigt, daß die gewöhnliche Benennung der Dinge trügerisch ist. Wenn sie den Rauch schnuppern, sagen die Umstehenden (zum Beispiel), »Dies ist Weihrauch«; was sie sagen sollten, ist: »Das ist Feuer, das mit Weihrauch versetzt ist«. In dieser Weise sollte man streng genommen auch nicht von »Tag« und »Nacht« sprechen, sondern von »Gott im Tagzustand« und »Gott im Nachtzustand«. (Die Gegensätze »Krieg-Frieden« und »Sättigung-Hunger« beziehen sich wahrscheinlich auf längerfristige kosmische Zyklen.) Die Wichtigkeit vorausgesetzt, die Heraklit der Sprache beimißt, ist es nicht verwunderlich, daß er die gewöhnlichen Sprechweisen für reformbedürftig hält.

Aber wer oder was ist dieser »Gott« (*theos*)? Wie es durch das Wort impliziert ist, etwas, das lebendig ist (seine Aktivität ist das ewiglebendige Feuer), das außerdem intelligent und zielstrebig ist und das Herrschaft ausübt: »Alles steuert der Blitz« (B64). Platons und Aristoteles' Zeugnis (zitiert in Abschnitt 4.1) deutet in dieselbe Richtung. Ein lebendiges und intelligentes Wesen einzuführen, das die latente Einheit ausmacht, fügt der Komplexität eine weitere Ebene hinzu. Als nächstes ist Heraklits Theorie der »Seele« zu erwägen.

5. Die Theorie der Seele

5.1. Heraklit benutzt einen unüblichen Begriff von Seele (*psychē*).[21] Bei Homer hat die Seele während des Lebens keinerlei Wichtigkeit; beim Tod verläßt sie den Körper und nimmt das, was von der Individualität einer Person übrig ist, mit in eine schattenhafte Existenz im Hades. Für Heraklit ist klar, daß die Seele während des Lebens der Träger persönlicher Identität und des individuellen Charakters ist und das Organisationszentrum für Einsicht und Tätigkeit bildet. Sie ist das, was eine Person wirklich ist; die Theorie der Seele ist die Theorie vom Wesen des Menschen.

Wie kaum anders zu erwarten, wird die Seele als die zugrundeliegende Einheit in einer Einheit-in-Gegensätzen-Struktur identifiziert. Sie sollte sich also in Prozessen manifestieren: vermutlich in einem Prozeß des Lebens und in einem entgegengesetzten des Sterbens. Als Phasen dieser Prozesse sollte es physische Konstituenten geben, entsprechend der Erde, dem Wasser usw. Außerdem sollte es Unterprozesse geben, entsprechend den beiden physischen Dimensionen ›warm-kalt‹ und ›feucht-trocken‹. Die Quellen bestätigen etwas davon:

Die trockene Seele ist die weiseste und beste. [Oder nach der Übersetzung, die Hussey wählt: Der trockene Lichtstrahl ist die Seele in ihrem weisesten und besten Zustand]. (B118)

Für Seelen ist es ... der Tod, feucht zu werden. (B77)[22]

Die ›trocken-feucht‹-Dimension erklärt die Einsicht und ihr Gegenteil: daß einem Betrunkenen Wissen und Umsicht abgehen, ist eine Folge des Umstands, daß »seine Seele feucht ist« (B117). Die Fähigkeit, effektiv zu handeln, wird in dieser Bemerkung ebenfalls mit Trockenheit in Verbindung gebracht; auch »Seele ... beste« (*aristē*)« [bzw. »Seele ... besten Zustand«] läßt an eine Seele in *Aktion* denken (wenn *aristē* mit den traditionellen Assoziationen des Wortes in Richtung auf aktive männliche Tüchtigkeit aufgefaßt wird). Was die ›warm-kalt‹-Dimension in bezug auf Seelen angeht, läßt schon das Wort *psychē* selbst an etwas nicht Warmes denken (seine natürliche etymologische Herleitung führt es auf das Verb *psychein* zurück, »kühlen«, »atmen«); und ein »trockener Lichtstrahl« ist vermutlich am klarsten, wenn er weder heiß noch kalt ist. Um dies zu bekräftigen, wird Wärme mit einer schlechten Eigenschaft assoziiert:

Frevelhaften Übermut (Hybris) muß man noch viel mehr löschen als einen Großbrand. (B43)

5.2. Das Trocknen ist der dem Leben entgegengesetzte natürliche Prozeß. Das Wort *thanatos* (»Tod«) bezieht sich meistens nicht auf den Zustand, tot zu sein, sondern auf den Prozeß oder den Vorgang des Sterbens. Aus diesem Grund kann Heraklit den Tod damit identifizieren, »feucht zu werden«. Für eine Seele muß das bedeuten, daß sie im Denken und Handeln zunehmend schlechter funktioniert. Einen dauerhaften Todeszustand kann es aber nicht geben; tot zu sein kann nichts anderes sein als nur eine augenblickliche Phase an einem extremen Punkt des Zyklus:

Dasselbe ist [in uns] Lebendiges und Totes und Waches und Schlafendes und Junges und Altes. Denn dieses umgeschlagen ist jenes, und jenes umgeschlagen ist dieses. (B88)

Dieses abwechselnde »Leben« und »Sterben« von Seelen kann dem Leben und Sterben im gewöhnlichen Sinn allenfalls teilweise entsprechen. (Der zweite Kreislauf von Wachen und Schlafen, mit Träumen, bringt weitere Komplikationen mit sich.) Für Heraklit wird der natürliche geistige und körperliche Abbau nach der Blütezeit des Lebens bereits als Sterben zählen. Im Gegensatz dazu wird ein gewaltsamer Tod in der Blüte der Jahre überhaupt nicht als Sterben angesehen. Obwohl vom Körper getrennt, wird die Seele doch in ihrem besten Zustand sein. Manche Zeugnisse deuten in dunkler Weise an, daß insbesondere ein Tod in der Schlacht mit einen Ehrenplatz für die Seele außerhalb des Körpers, vielleicht als ein Stern, belohnt werde.[23] Allemal ist der bloße Körper eines Menschen, der Körper ohne die Seele, wertlos:

Leichname sollten eher hinausgeworfen werden als Mist. (B96)

5.3. Wenn Seelen in dem neuen Sinn von Natur aus abwechselnd leben und sterben, dann kann man sie sowohl als »sterblich« beschreiben, da sie immer dem Sterben unterliegen, als auch als »unsterblich«, da sie immer in der Lage sind, zum Leben zurückzukehren. Dieser Befund liefert Heraklit einen neuen, pikanten Fall von Einheit in Gegensätzen:

Unsterbliche sind Sterbliche, Sterbliche sind Unsterbliche; sie leben der anderen Tod und sterben der anderen Leben. (B62)

Dies ist eine erste Andeutung (vgl. Abschnitt 6), daß der Unterschied zwischen den Göttern und dem menschlichen Dasein, traditionell fast unüberbrückbar, für Heraklit unwesentlich ist. Seelen sind ihrer eigenen Natur nach sowohl sterblich als auch unsterblich. Ob sie in manifester Gestalt als menschliche Wesen oder ob sie als etwas wie die überkommenen Götter existieren, kann wohl eine Frage des Zufalls und eine ihrer augenblicklichen Position im Kreislauf von Leben und Sterben sein. (Heraklits' Bemerkungen zur überlieferten griechischen Religion sind, wie zu erwarten, kryptisch mehrdeutig.) Andere herabgesetzte Seinsweisen wie der traditionelle Hades mögen für Seelen in einem schlechten Zustand ebenfalls vorkommen. Die dunkle Bemerkung, daß »die Seelen im Hades Ausdünstung einatmen« (B98), könnte auf eine Art minimaler sinnlicher Existenz hindeuten.

5.4. Wenn die Seele in ihrem besten Zustand intelligent und vernünftig ist, warum versuchen die meisten Leute dann noch nicht einmal, die Dinge zu verstehen? Sind ihre Seelen nicht im bestmöglichen Zustand, oder versäumen sie es, ihre Fähigkeiten einzusetzen? Ein Element der Wahl – zumindest das – kommt in die Art hinein, wie die Seele sich in diesem Leben verhält.

Die Besten wählen nämlich anstelle aller anderen Dinge eins, immerwährenden Ruhm bei den Sterblichen; die meisten Leute sind aber gesättigt wie zahmes Hausvieh. (B29)

Des Menschen Eigenart (Charakter; *ēthos*) ist sein *daimōn* (Schicksal). (119)

Das Wort *ēthos* läßt von seiner Etymologie her an »Gewohnheit« denken, und deskriptiv greift es das heraus, was *charakteristisch* ist. Es darf nicht mit *physis* (Natur oder Wesen) gleichgesetzt werden. Der Gedanke, daß die Habitus und der Charakter eines Menschen sich wechselseitig formen, findet sich im archaischen Griechenland (Theognis 31–36). Dies macht den populären fatalistischen Glauben überflüssig, daß die Qualität von jemandes Leben durch den individuellen Dämon determiniert werde, der einem zugeteilt sei. Vielmehr manifestiert sich der göttliche Aspekt jeder Person in ihrem Charakter und als dieser.[24]

Weil individuelle Wahlentscheidungen (in einem aristotelischen Sinn) einerseits aus dem Charakter und Zustand der Seele hervorgehen und ihn andererseits zugleich bestimmen, läßt sich für das allgemeine Versagen der menschlichen Einsicht eine Erklärung geben.

Denn menschlicher Charakter (*ēthos*) verfügt nicht über Einsichten, wohl aber verfügt göttlicher darüber. (B78)

Ein Mann darf »unmündig« heißen [*nēpios*: wörtlich »einsichtslos«] von einem *daimōn* her, gerade so wie ein Kind von einem Mann her. (B79)

Hier brauchen wir wieder nicht eine unüberbrückbare Kluft zwischen menschlichen und göttlichen *Naturen* hineinzulesen. Es handelt sich um eine Frage des Charakters, nicht um eine der Natur; und die Kind/Mann-Analogie schließt ein, daß ein Mann »wachsen« kann, um ein *daimōn* zu werden. Daß die menschliche Natur durchaus in der Lage ist, wirkliches Verständnis zu gewinnen, zeigt sich nicht nur in den Ansprüchen, die Heraklit für sein eigenes Denken erhebt, sondern auch in ausdrücklichen Feststellungen:

Allen gemeinsam ist das Vermögen, Einsicht zu haben. (B113)

Alle Menschen haben Anteil an der Fähigkeit, sich selbst zu erkennen und vernünftig zu sein. (B116)

Warum sind die Menschen dann so anfällig dafür, im Denken und im Leben schlechte Gewohnheiten zu entwickeln und schlechte Wahlentscheidungen zu treffen? Es gibt keine direkten Hinweise auf das, was Heraklit hierzu antwortet. Aber das Ringen, das in jedem Individuum zwischen Gut und Schlecht statthat, muß wohl mit seinem kosmischen Gegenstück in Verbindung stehen und mit ihm isomorph sein.[25]

5.5. Die verständige Seele wird danach verlangen, alles zu verstehen, einschließlich sich selbst. Heraklit sagt uns: »Ich erforschte mich selbst« (B101). Dies deutet auf Introspektion hin, bei der der Geist einen privilegierten, unmittelbaren Zugang zu sich selbst hat. Welche Methode, sich selbst zu erforschen, Heraklit auch immer bevorzugt haben mag, er ist sich der paradoxen und schwer zu fassenden Natur der Frage bewußt:

Der Seele Grenzen kannst du nicht entdecken gehn, selbst wenn du jeden Weg abschreitest; so tief ist der *logos*, den sie hat. (B45)

Der Seele ist ein *logos* eigen, der sich selbst mehrt. (B115)

Einen räumlichen Charakter haben die »Grenzen« nur innerhalb der »Reise«-Metapher. Es sind *logische* Grenzen, welche die Natur der Seele gegenüber der anderer Dinge »abgrenzen«. Dementsprechend ist der *logos* der Seele die wahre, vernünftige Erklärung der Seele, kann aber auch als die Erklärung verstanden werden, die *durch* die Seele gegeben wird. Dies unterstreicht das Paradox, daß die Seele hier über sich selbst spricht. Die Regresse der Reflexivität spielen jetzt (störend) herein. Die Seele muß über sich selbst sprechen, infolgedessen auch über ihre eigene Rede über sich selbst, infolgedessen auch ..., und so weiter. Die Geschichte von der Seele ist eine, die sich unbegrenzt selbst mehrt.

6. Letzte Fragen

6.1. Einheit in Gegensätzen verschafft Heraklit eine Theorie des Kosmos und eine der Seele. Aber zielte er auf eine umfassende theoretische Einheit und auf einen theoretischen Abschluß?[26] (1) Ist die individuelle Seele nicht bloß analog zu der latenten Einheit, zu Gott oder zu dem ewiglebendigen Feuer des Kosmos, sondern wesentlich dasselbe wie sie? (2) Ist die Einheit in Gegensätzen so gedacht, daß sie sich auf alle Gegensätze erstreckt, von welcher Wichtigkeit sie auch sein mögen? (3) Gibt es irgendein anderes Prinzip, das ebenso fundamental wie die Einheit in Gegensätzen ist, oder sonst irgendetwas, was grundlegender als die kosmische Einheit ist?

Was Frage (1) betrifft, so gibt es Anzeichen (wiewohl mehrdeutige und nicht durch direkte Erklärung unterstützte), daß Einzelseelen in der Tat Fragmente der kosmischen Einheit sind.[27] Das wäre eine theoretisch befriedigende Gleichsetzung. Die Natur, der Zweck und das Geschick eines Menschen ließe sich dann in kosmischen Termini verstehen.

Was die anderen Fragen betrifft, ist Gewißheit ebenfalls kaum möglich. Heraklits programmatische Erklärung, daß »alles eins ist« (B50), rechtfertigt die Annahme, daß er auf eine maximale theoretische Einheit zielte; aber schon zu der Frage, wie er sie zu erreichen versuchte, ist die Quellenlage unvollständig. Dieser Abschnitt sichtet diesbezügliche weitere Zeugnisse, soweit es sie zu solchen letzten Fragen gibt, und bietet einige Anschlußüberlegungen zur Gesamtgestalt von Heraklits System an.

6.2. Einheit in Gegensätzen ist eine einheitliche Konzeption, welche die anscheinend unüberbrückbaren Gegensätze von Monismus und Pluralismus überwindet. Sie ist daher ihr eigenes Beispiel. Dieses kuriosen Sachverhalts scheint Heraklit sich bewußt zu sein:

Zusammenfassungen: Ganzheiten und keine Ganzheiten, Zusammentretendes – Auseinandertretendes, aufeinander abgestimmt Klingendes – nicht aufeinander abgestimmt Klingendes; aus allem eins und aus einem alles. (B10)[28]

Diese Bemerkung benutzt das gewohnte Einheit-in-Gegensätzen-Muster bei der Rede über »Zusammenfassungen« (*syllapsies*), und zwar mit der üblichen Mehrdeutigkeit von Prozeß und Ergebnis: den Ergebnissen oder den Prozessen sowohl des »Zusammennehmens« als auch des »Verstehens«. Dies müssen Fälle von Einheit in Gegensätzen sein, die abstrakt betrachtet dennoch genau dasselbe Muster exemplifizieren.

Diese Deutung läßt ahnen, warum Einheit in Gegensätzen fundamental und zentral ist. Erstens handelt es sich um ein derart allumfassendes Phänomen, daß es sogar sich selbst umfaßt. Zweitens handelt es sich notwendigerweise um das Muster, welches Denken und Sprache strukturiert, weil es das Muster des Verstehens ist. Jeder Satz hat viele verschiedene Wörter mit syntaktischen Funktionen, »die verschiedene Wege gehen«, aber eine einzige Bedeutung, die ihn zu einer Einheit macht. Was immer der *logos* ist, er ist etwas, das nur in der Sprache ausdrückbar ist und das nur deshalb verständlich ist, weil er in dieser Weise ausdrückbar ist. Die Struktur von Sprache und Denken ist notwendigerweise auch die Struktur der Wirklichkeit: Das ist die Schlußfolgerung, auf die Heraklit hinzudeuten scheint.

6.3. So, wie die Einheit in Gegensätzen sich im Kosmos und in der Seele zeigt, exemplifiziert sie einen weiteren, höherstufigen Gegensatz: den zwischen Konflikt und Gesetz.

Wenn Gegensätze wie etwa die von Heiß und Kalt Kräfte sind, die sich wirklich gegeneinander richten, dann muß es zwischen ihnen einen echten Konflikt geben:

Heraklit rügt [Homer,] den Autor des Verses »Möchte nur der Streit unter den Göttern und Menschen vergehen«; es könne nämlich keine erfüllte Struktur (*harmonia*) geben, wenn es nicht Hochtönendes und Tieftönendes gebe, und keine Lebewesen ohne Weibliches und Männliches, die doch Gegensätze sind. (Aristoteles, *Eudemische Ethik* VII,1, 1235a25–29)

Krieg ist von allem der Vater und von allem der König; denn die einen erwies er als Götter, die anderen als Menschen, die einen machte er zu Sklaven, die anderen zu Freien. (B53)

Aber wenn die Vorgänge verständlich sein sollen, dann müssen sie auch gesetzmäßig sein (vgl. Abschnitt 2.4 über die Analogie zwischen dem *logos* und dem Gesetz einer Stadt). Heraklit betont die beiden entgegengesetzten Aspekte nicht nur, sondern verkündet darüber hinaus, daß sie eine Einheit bilden.

Die Sonne wird die [ihr gesetzten] Maße *nicht* überschreiten; andernfalls werden sie die Erinnyen ausfindig machen, die Helferinnen der Dike (Gerechtigkeit). (B94)

Man sollte wissen, daß der Krieg etwas Allgemeines (*xynon*) und daß Recht Streit ist und daß alles nach Maßgabe von Streit und Notwendigkeit geschieht. (B80)

Wie kann der kosmische Prozeß dann zu ein und derselben Zeit sowohl Streit als auch Gerechtigkeit konstituieren? Vielleicht ist die Heraklitische Lösung uns in einer ungewöhnlich rätselhaften Bemerkung aufbewahrt:[29]

Das ewige Leben (*Aiōn*) ist ein Kind beim Spiel, ›Dame‹[30] spielend: einem Kind gehört die Königsherrschaft. (B52)

Das Kind ist ein Junge, der ein Brettspiel für zwei Spieler spielt; ein Gegner wird nicht erwähnt, so daß anzunehmen ist, daß der Junge beide Parteien spielt. Dies kann ein freier und echter Konflikt sein, bei dem die Geschicklichkeit geübt und geschärft wird. Im Verfahren ist der spielerische Konflikt gesetzesähnlich: Die Regeln (die von den Spielern frei akzeptiert und nicht von außen auferlegt werden) definieren das Spiel und sind im Blick auf die beiden Seiten unparteilich. Im Ergebnis gesetzesartig ist der Konflikt, weil, wenn jede Seite gleich gut spielt, sie auf lange Sicht gleich oft gewinnen wird, obgleich das Ergebnis irgendeines einzelnen Spiels nicht vorhersagbar ist. Auf kurze Sicht gibt es (wie Spieler wissen) wechselnde Glücksserien auf der einen wie auf der anderen Seite. Seinen Denkgewohnheiten getreu sucht Heraklit an einem aus der Alltagserfahrung gewonnenen Modell zu zeigen, daß Streit und Gerechtigkeit koexistieren können, und zwar in wecheselseitiger Abhängigkeit voneinander, aber ohne dadurch denaturiert zu werden.[31]

Hier, wenn überhaupt irgendwo, bekommen wir anscheinend andeutungsweise zu sehen, wo Heraklit die Bedeutung des Lebens für das Individuum ansiedelte: in der Teilnahme an der inneren und an der kosmischen Auseinandersetzung.

6.4. Gegen die Analogie des Brettspiels kann eingewendet werden, daß der Junge, der beide Seiten spielt, zwei Pläne in seinem Kopf hat und nicht etwa nur einen einzigen einheitlichen Plan. Für die zugrundeliegende Einheit reicht es nicht aus, sich nur alternativ auf entgegengesetzten Seiten zu manifestieren. Es muß auch eine zugrundeliegende Einheit der Absicht geben, wie sie in der Rede vom »Lenken« und in der von einem Plan impliziert ist. In Verbindung damit spricht Heraklit kryptisch vom »Weisen«:

Die Weisheit besteht (nur) in einem: darin, mit der Einsicht vertraut zu sein, wie alles überall gelenkt wird. (B41)

Von welchen Leuten ich auch Erklärungen hörte, keiner kommt bis zu der Erkenntnis, daß das Weise etwas von allem Getrenntes ist. (B108)

Das eine und alleinige Weise wünscht nicht und wünscht doch, mit dem Namen des Zeus benannt zu werden. (B32)

Das Weise (*to sophon*), ein Adjektiv im Neutrum, das als Substantiv verwendet wird, könnte abstrakt als »Weisheit« oder konkret als »der (einzig) weise Gegenstand« aufgefaßt werden. Das Wort *sophos* war zu der Zeit in seiner Verwendung nicht ausschließlich intellektuell, wurde vielmehr für jeden mit irgendeiner spezialisierten Fertigkeit benutzt. In B41 sticht der Aspekt der Fertigkeit (des Wissens, wie) hervor – in der kosmischen Steuermannskunst und in dem Verb *epistasthai* (verstehen, versiert sein in ...). Der intellektuelle oder strategische Aspekt (wissen, daß/warum) taucht in der Erwähnung eines »Plans«

oder einer »Einsicht« (*gnōmēn*) auf. Die Aufgabe des Weisen ist, den kosmischen Plan zu verstehen und ihn zur Wirkung zu bringen.

Das Weise geradewegs mit dem kosmischen Gott zu identifizieren ist nicht möglich. Es ist nicht einfach dasselbe wie *Zēn* (eine Form von *Zeus*, wobei die Verwendung dieses Namens eine etymologische Herleitung von *zēn*, »leben«, einschließt). Das Weise ist »etwas von allem Getrenntes« und einzigartig. Zugleich besteht es in Verstehen, was beides einschließt: zu wissen wie, und zu wissen daß; und was durch den menschlichen Geist offenbar erworben werden kann.

Wir müssen das Weise also als etwas auffassen, was oberhalb und abseits sowohl der kosmischen Gegensätze als auch der kosmischen Einheit steht, sich jedoch in dem kosmischen Gott und in den einzelnen Seelen manifestiert. »Es ist für einen Gott charakteristisch, Verständnis zu haben« – aber nicht Teil seiner *Natur*. Kunstfertigkeit muß gelernt und durch Praxis frisch gehalten werden; und die Kunst ist logisch früher als der Kunstfertige.

7. Zum Schluß: Die Vergangenheit und die Zukunft Heraklits

7.1. Die Antwort auf Heraklit war immer gemischt. Als philosophischer Pionier, dessen Einsichten seine technische Ausstattung überforderten, hat er das vorhersagbare Schicksal erlitten, mißverstanden zu werden. Der Verlust seines Buchs am Ende der antiken Welt verursachte, daß er lange in Dunkelheit getaucht war, was noch dadurch verschlimmert wurde, daß die Geschichte der antiken Philosophie lange durch platonische und aristotelische Texte und Annahmen dominiert wurde. (Platon und Aristoteles standen beide mehr in der Schuld Heraklits, als sie zugestanden, und beide behandelten sie ihn mit Herablassung.) Gegen diese Hindernisse half die Kanonisierung Heraklits durch die Stoiker und einige frühe christliche Schriftsteller kaum.[32] Sie stellte sicher, daß wertvolle Nachrichten überliefert wurden, tauchte diese aber in eine fremde Farbe und fügte eine weitere Schicht des Mißverständnisses hinzu.

Das Wiederaufleben einer zutreffenderen Einschätzung erforderte eine Kombination verbesserten historischen und philosophischen Verstehens. Es setzte gegen Ende des 18. Jahrhunderts in Deutschland ein. Schleiermacher war der Vater (und Hegel der Gottvater) einer erneuerten Heraklitforschung.[33] Seit dem Werk Schleiermachers gab es an der Front der Gelehrsamkeit einen wirklichen Fortschritt, wenn auch in Schüben. Außerdem ist Heraklit weithin bekannt geworden, und man schätzt ihn, auch wenn sich sein Einfluß, wie das immer ist, schwer bestimmen läßt.

7.2. Welches sind die Aussichten für Heraklit im dritten Jahrtausend? Es bleibt noch viel gelehrsame Grundlagenarbeit zu leisten. Zum Beispiel hat das Studium der Rezeption Heraklits in der späteren Antike bislang nur begrenzte Fortschritte gemacht.[34] Vor allem aber bedarf es der systematischen Anwendung textlichen, linguistischen, literarischen und doxographischen Kunstverstands auf die Gesamtheit der Fragmente und des Quellenmaterials.[35]

Auch wenn die Gelehrsamkeit im engeren Sinne Fortschritte macht, bleiben doch ewige Fragen der Interpretation. Heraklit ist erkennbar ein philosophisch aktiver Geist. Durch die, die für den Ruf der Philosophie taub sind, wird er immer mißverstanden werden, während Philosophen immer darauf aus sein werden, ihn an ihre eigenen philosophischen Vorhaben anzuhängen.

Das vorliegende Kapitel hatte zum Ziel, (1) ihn ernsthaft als einen Philosophen zu verstehen, der Pionierarbeit leistet, und (2) jeden Teil seines Denkens als Teil eines Ganzen und nicht isoliert aufzufassen. (Der Interpret hat Heraklit als eine heraklitische Einheit in Gegensätzen zu konstruieren, wobei seine entgegengesetzten Aspekte das Systematische und das Aporetische sind.) Eine dritte Aufgabe wäre, Heraklit im intellektuellen Umfeld seiner eigenen Zeit zu verorten. Dies zu tun, muß von jeder vollständigen Darstellung Heraklits verlangt werden. Trotzdem ist die Aufgabe zu speziell, um hier angegangen zu werden.[36]

7.3. Heraklits Anspruch auf das fortbestehende Interesse der Philosophen ist, daß er ein Pionier philosophischen und wissenschaftlichen Denkens und logischer Kniffe ist. Und hinter dem, was er tatsächlich ausdrückt, scheinen bestimmte Ideen zu liegen, die sein Denken bestimmen. Zu diesen Ideen gehört: daß die Wirklichkeit etwas sein muß, das von innen her gelebt und verstanden werden kann, und daß die Struktur der Sprache die Struktur des Denkens ist und infolgedessen die Struktur der Wirklichkeit, welche das Denken beschreibt. Ob Heraklit selbst diese Ideen in solchen Begriffen formuliert hätte oder formuliert haben könnte, ist ganz ungewiß. Aber was aufgrund des Tons und der Meisterschaft seines fragmentarischen Werks außer Zweifel steht, ist, daß er bereits – in der Ausdrucksweise Ryles – ein sich selbst bewegender Philosoph war.[37]

Anmerkungen

[1] Siehe Most, in diesem Band S. 327.

[2] Polemik richtet sich explizit und implizit gegen Homer (DK 22 B42; Aristoteles, *Eudemische Ethik* VII,1, 1235a25–28 = A22; B94); gegen Hesiod (B40, 57, 67); gegen Archilochos (B17, 42); gegen »Volkssänger« (B104). Ferner gegen im Volk verbreitete und traditionelle Meinungen: B2, 17, 20(?), 27, 28, 29, 47, 56, 70, 74, 86, 104, 110, 121, 127(?), 128(?).

[3] Siehe in diesem Band Long, S. 8f., und Most, S. 309f.

[4] Aristoteles, *Metaph.* I,3, 984a5–8; Aristoteles (*Metaph.* IV,7, 1012a24–26) und Platon (*Soph.* 242c4–e3) sind sich aber beide auch anderer Aspekte Heraklits bewußt, logischer und ontologischer.

[5] Thales wurde erwähnt (B38), Anaximander implizit korrigiert (B80).

[6] Zum Empirismus von Xenophanes und Hekataios siehe Fränkel [97] 325–349; Hussey [246] 17–28; Lesher [189] 149–186. Zur Epistemologie Heraklits siehe Hussey [245] 33–42; Lesher [250], und in diesem Band S. 212.

[7] Zu Heraklits sprachlichen Einfällen und ihrer Intention siehe (z.B.) Hölscher [153] 136–141 = Mourelatos [155] 229–234; Kahn [232] 87–95; Hussey [245] 52–57.

[8] Im frühen Sprachgebrauch ist das Wort *physis* eng mit dem Verb *einai* verbunden und bedeutet das, »was etwas wirklich ist«: siehe D. Holwerda, *Commentatio de Vocis quae est* φύσις *Vi atque Usu praesertim in Graecitate Aristotele anteriore* (Groningen 1955).

[9] Zu frühen Verwendungen des Wortes *logos* siehe Guthrie [15] 420–424 (ein passender Überblick, der allerdings die Belege für abgeleitete Wörter beiseite läßt).

[10] Über *logos* bei Heraklit: Kirk [233] 32–71; Verdenius [264]; Kahn [232] 92–95; Dilcher [239] 27–52; eine minimalistische Sicht bei West [136] 124–129.

[11] Bloße Meinungen werden auch beschrieben als das, »was [bloß] scheint« (B28), als Resultate von Vermutungen (B47), als Geschichten für Kinder (B74), als »Kinderspielzeug« (B70), vielleicht auch als das Gekläffe von Hunden gegenüber Fremden (B97).

[12] Über die Einheit in Gegensätzen bei Heraklit kann man eine Reihe von Meinungen finden bei: Kirk [233] 166–201; Emlyn-Jones [240]; Kahn [232] 185–204 und Mackenzei [254].

[13] So auch Aristoteles (*Topik* VIII,5, 159b30–33); er gibt an, es sei eine These Heraklits, »daß Gut und Schlecht dasselbe sei«, und interpretiert sie dahin, daß dasselbe gleichzeitig sowohl gut als auch schlecht ist.

[14] Zu Fragment B102, das, falls echt, hier relevant ist, siehe Anm. 29.

[15] Das Verb *harmonizein* (»zusammenpassen«) impliziert eine absichtliche wechselseitige Anpassung der Komponenten, um eine Einheit zustande zu bringen. Das von dem Verb abgeleitete Nomen *harmonie̅* bezeichnet das Ergebnis solch eines Vorgangs. Außerdem hatte es einen spezialisierten musikalischen Sinn, der in B51 vermutlich ebenfalls eine Rolle spielt. Übersetzt werden sollte es nicht als »Harmonie« (die Assoziationen sind irreführend und der Sinn in der Musik verschieden).

[16] Die alte Textvariante *palintonos* (zurückgespannt) impliziert im Zentrum von Heraklits Weltsicht eine statische Spannung, keinen dynamischen Prozeß. Diese Variante ist aber weniger gut bezeugt und paßt auch weniger gut mit den Zeugnissen insgesamt zusammen.

[17] Platon ist in dem Abschnitt *Soph.* 242c-e nur mit ontologischen Grundlegungen befaßt; daß er nichts über Prozesse sagt, ist daher verständlich.

[18] Während Platon im *Kratylos* die Auffassungen von Kratylos und Heraklit zu vermischen scheint, verbindet seine ausführliche Prüfung der extremen Fluß-Lehren (*Tht.*, bes. 151d–160e, 179c–183c) diese nur in vagen Begriffen mit Heraklit.

[19] Vgl. Platon, *Krat.* 412d2–8. In einem davon verschiedenen Sinn läßt sich von der zugrundeliegenden Einheit auch sagen, sie sei »im Fluß«: Aristoteles, *De an.* I,2, 405a25–27; vgl. Platon, *Tht.* 153a7–10.

[20] Zur Kosmologie Heraklits: Reinhardt [258] 41–71; Kirk [233] 306–361; Kahn [232] 132–159; Wiggins [266] 1–32; Dilcher [239] 53–66.

[21] Zu Heraklits Auffassung von der Seele: Kirk [248]; Nussbaum [256]; Kahn [232] 241–260; Robb [259]; Hussey [247]; Schofield [261]; Laks, in diesem Band Kap. 12.

[22] Andere Versionen dieser Bemerkung (B36, 76) integrieren die Seele in eine Folge physischer Veränderungen; das sieht aber nach einer späteren, stoisierenden Rekonstruktion aus.

[23] B24 (vgl. B136(?)) und B25. Auch spätere doxographische Berichte in A15 und A17.

[24] Diesen Hinweis (und das, was in Abschnitt 5.3 über Heraklit und die griechische Religion steht) verdanke ich den Bemerkungen und dem unveröffentlichten Werk von Mantas Adomenas.

[25] Es gibt Hinweise auf eine Behandlung der Frage in physischen Begriffen von den Leidenschaften und der Pathologie der Seele: über Arroganz als »Großfeuer«, B43;

über Selbsttäuschung, B46; über die Kraft des Muts (*thymos*), B85; über maßlosen Sinnesgenuß, der die Seelen feucht macht, B77, vgl. B117.

[26] Zu den Fragen in diesem Abschnitt siehe Kahn [232] 204–211, 276–287; Hussey [245] 42–52.

[27] Das stärkste explizite Zeugnis ist Aristoteles, *De an.* I,2, 405a25–26.

[28] Es gibt Unsicherheiten bezüglich des Texts. Anstatt *syllapsies* könnte das erste Wort *synapsies* (»Verbindungen«) lauten; auch ist nicht sicher, daß die anderen Sinneinheiten alle zusammengehören.

[29] Sofern wir die mutmaßliche Lösung beiseitesetzen können, die in B102 angeboten wird: Für Gott ist alles schön und gut und gerecht; die Menschen dagegen haben das eine als ungerecht und das andere als gerecht angesetzt. Es gibt philologische Gründe, die Echtheit dieser Bemerkung anzuzweifeln; außerdem reiht sie sich nicht in Heraklits Behandlung von Gegensätzen ein (siehe Abschnitt 3).

[30] Als Übersetzung das ›Dame‹-Spiel anzubieten ist üblich; das Brettspiel, das Heraklit im Auge hatte, hieß *pessoi* und stand dem Backgammon näher.

[31] B124 (über die Interdependenz von Ordnung im großen und Chaos im kleinen Maßstab?) kann ebenfalls relevant sein.

[32] »Die, welche mit dem *logos* lebten, sind Christen, obwohl sie als gottlos gelten, so wie das unter den Griechen Sokrates und Heraklit und solche wie sie waren« (Justin, *Apol.* 46,3).

[33] Schleiermacher [260]; Hegel [22] 344: »Es ist kein Satz des Heraklit, den ich nicht in meine Logik aufgenommen.« Die nächsten substantiellen Beiträge waren das Frühwerk von Jakob Bernays (1848–54 = Bernays [237] 1–106) und die Monographie von Ferdinand Lassalle aus dem Jahr 1858 (Lassalle [249]).

[34] Zum Beispiel gibt es noch keine umfassende Studie über Heraklit und die Stoiker (siehe aber Long [251], Dilcher [239] 177–200). Über Heraklit bei dem christlichen Schriftsteller Hippolytos (einer wichtigen Quelle) siehe besonders Mansfeld [51], auch Mueller [53] (eine Rezension von und Korrektur zu Osborne [52]).

[35] Zu dem neuen Zeugnis in dem Papyrus, der 1962 in Derveni gefunden wurde, siehe jetzt Sider [262] und Tsantsanoglou [263], die die besten erreichbaren Lesarten des relevanten Textteils enthalten.

[36] Dieser intellektuelle Kontext sollte außer Homer, Hesiod und den jonischen Naturphilosophen den alten vorderen Orient einschließen, das Judentum in der Periode des Exils und den frühen Zoroastrismus.

[37] Ich möchte mich bei allen denen bedanken, die mir im Laufe der Jahre geholfen haben, Heraklit zu verstehen, insbesondere Mantas Adomenas, Roman Dilcher und David Wiggins.

6 Parmenides und Melissos

David Sedley

Parmenides und Melissos wurden in der Antike zusammen als die beiden großen Exponenten der eleatischen Weltsicht angesehen, deren Besonderheit es ist, Veränderung und Vielfalt zu bestreiten.[1] In der Neuzeit dagegen fiel die Behandlung der beiden Denker merkwürdig ungleich aus. Zu viel wurde über Parmenides geschrieben – auch wenn er der größere von beiden ist –, und zu wenig über Melissos. Zu viel wurde gesagt über Parmenides' Gebrauch des Verbs ›sein‹, zu wenig dagegen über seine detaillierten Argumente für die einzelnen Charakteristika dessen, was ist. Gleichwohl wurde die Rekonstruktion ihres Eleatismus durch einen enormen Reichtum an Gelehrsamkeit vorangebracht, der weder durch die genannten Unebenheiten noch durch andere Ungleichmäßigkeiten verdeckt werden sollte.

1. Parmenides

Das Hexameter-Gedicht des Parmenides entstand Anfang bis Mitte des 5. Jahrhunderts. Etwa 150 Zeilen davon ließen sich wiederherstellen, von denen die meisten zum ersten Teil des Gedichts gehören. Die dichte metaphorische Diktion des Parmenides ist gespickt mit Anklängen an Homer und stellt uns zusätzlich vor die Schwierigkeit, daß sie die Sprache der Veränderung und der Vielfalt benutzen muß, also gerade die Sprache, die sie doch letztlich zu ächten beabsichtigt. Dies sind einige der vielen Aspekte, denen gerecht zu werden im vorliegenden Kapitel nicht möglich ist.

Das Gedicht beginnt mit einer allegorischen Beschreibung von Parmenides' Reise zum Haus der Nacht, das mythologisch dort lokalisiert wird, wo sich die Pfade von Tag und Nacht treffen.[2] Symbolisch verweist diese Lokalisierung auf die intellektuelle Reise des Parmenides, bei der er sich von der phänomenalen Welt entfernt, in der (wie die zweite Hälfte des Gedichts ausführt) Licht und Nacht einander abwechseln und so die Illusion von Vielfalt und Veränderung erzeugen.[3]

Beim Haus der Nacht begrüßt ihn die Göttin und verspricht, ihm »das unerschütterliche Herz der wohlgerundeten Wahrheit« sowie »die Meinungen der Sterblichen« darzulegen, »in denen keine wahre Verläßlichkeit wohnt«. Diese zweigliedrige Ankündigung entspricht den beiden Hälften des Gedichts, dem »Weg der Wahrheit« einerseits, dem »Weg der Meinung« andererseits. Die ganze philosophische Darstellung wird von der Göttin selbst vorgetragen und läßt sich in dem Sinne verstehen, daß sie das Seiende in der Perspektive einer Gottheit darstellt und daß die Argumente des Parmenides ihn in die Lage versetzten, diese Perspektive selber zu erreichen. Man kann nicht sagen, daß es sich bei den Ausführungen der Göttin bloß um göttliche Offenbarung handle: Jeder Schritt in Richtung auf die Wahrheit ist durch Argumente hart erarbeitet.

Der Weg der Wahrheit

»Wohlan denn, ich werde also vortragen – und du sollst die Darstellung begleiten, die du hörst –, welche Wege der Untersuchung allein denkbar sind« (DK 28 B2,1–2). Das Argument der Göttin läuft folgendermaßen:

1. Sie bietet eine Wahl zwischen zwei Wegen an: »Notwendigerweise ist (es)« und »Notwendigerweise ist (es) nicht« (B2,3–5).
2. Sie argumentiert gegen den zweiten Weg und daher indirekt zugunsten des ersten Wegs.
3. Sie warnt Parmenides vor einem dritten Weg (B6,4–9), einem Weg, der »in die Gegenrichtung umschlägt«, indem er die gewöhnliche Anerkennung einer veränderlichen Welt durch die Menschen darstellt – dem Weg »doppelköpfiger« Sterblicher, die nichts wissen, die es vielmehr auf irgendeine Weise hinbekommen, Seiendes und Nichtseiendes durcheinanderzubringen.

Um zu sehen, worum es bei diesem Gedankengang geht, müssen ein paar Vorfragen geklärt werden. Erstens: »(Es) ist« wird im Griechischen durch das eine Verb *esti* ausgedrückt. Das Griechische verlangt nicht, daß das zugehörige Subjekt immer ausdrücklich genannt wird. *Esti* fungiert daher – anders als das deutsche »ist« – als ein vollständiger Satz. Was die Frage angeht, warum Parmenides darauf verzichtet hat, ein Subjekt explizit zu machen, ist die sicherste Antwort die, daß wir auf dieser Stufe noch damit befaßt sind, das logische Verhalten des Verbs »sein« zu untersuchen. Erst im Licht dieser Untersuchung werden wir in der Lage sein, die Frage zu beantworten, was überhaupt als Subjekt zu »ist« auftreten kann. Das passende Subjekt zu »ist« zu finden ist daher das Ziel am Ende des Wegs der Wahrheit, über das am Anfang kein Vorurteil gefällt werden darf.

Zweitens: Was bedeutet »ist« hier? Es ist üblich geworden, zumindest die folgenden Varianten zur Wahl zu stellen: ein Existenzsinn bzw. der Sinn eines vollständigen Satzes, »... existiert«; die Kopula bzw. der Sinn einer unvollständigen Konstruktion, »... ist ...«; ein Wahrheit konstatierender Sinn, »... ist der Fall« oder vielleicht »... *ist* wirklich ...«; und schließlich ein gemischter Sinn, der mehrere dieser Bedeutungen verbindet, oder gar sie alle. Das Hauptargument, welches die anderen dominiert, könnte sich, wie es scheint, auf den Existenzsinn stützen. Dennoch steht der dritte Weg, derjenige der doppelköpfigen Sterblichen, die Seiendes und Nichtseiendes durcheinanderbringen, für die Annahme einer veränderlichen Welt; zum Bereich dieses Wegs werden daher auch normale empirische Prädikationen gehören, zum Beispiel: der Himmel *ist* blau, und er *ist nicht* grau; oder: dieses Tier *ist* an dem einen Tag lebendig, aber am nächsten Tag *ist* es *nicht* lebendig. Dabei wird das in Rede stehende Verb als Kopula gebraucht und bedarf der Vervollständigung.

Sicherer ist es jedenfalls, folgendermaßen vorzugehen. Es besteht weithin Einigkeit darüber, daß der grundlegende Sinn von »sein« im Griechischen unvollständig ist; »sein« heißt ›*etwas* sein‹. Dieses ›etwas‹ wird häufig explizit gemacht: Fido ist ein Hund, ist der Hund da drüben, ist hungrig usw. Bei anderen Gelegenheiten läßt man es unspezifiziert: Fido ist. Moderne Leser werden es bevorzugen, letzteres einen abweichenden Sinn von »ist« zu nennen, gleichbedeutend mit »existiert«; aber für griechische Ohren handelt es sich eben um einen nicht spezifizierten Gebrauch der Grundbedeutung. Im Sinne einer Existenzbehauptung zu sagen »Fido ist«, heißt lediglich zu sagen, daß er (ohne Spezifikation) ›etwas‹ ist.

Um das Gedicht des Parmenides zu verstehen, müssen wir uns an diesen fundamentalen Sinn von »sein« halten. Im Alltag nehmen die Leute von denselben Dingen beides an: daß sie sind und daß sie nicht sind; denn beispielsweise der Himmel scheint ihnen blau zu sein und grau nicht zu sein. Welcher Grund könnte Parmenides dazu bringen, gegen diese Denkweise Einspruch zu erheben? Es ist der Umstand, daß er sich einem Prinzip verschrieben hat, das von ihm später so ausgedrückt wird: »Die Entscheidung hierüber liegt aber in folgendem: (Es) ist entweder, oder (es) ist nicht« (B8,15–16). Dieses Prinzip kommt auf das hinaus, was ich das Gesetz 1 des Parmenides nennen werde:

Gesetz 1. Es gibt keine Halbwahrheiten. Keine Aussage ist sowohl wahr als auch falsch. Keine Frage kann kohärent mit »Ja und Nein« beantwortet werden.

Gefragt, ob der Himmel *ist*, ist der doppelköpfige Sterbliche auf die »Ja und Nein«-Antwort festgelegt, daß der Himmel beides ist (z.B. blau) und nicht ist (z.B. grau). Von allen gewöhnlichen menschlichen Annahmen über Veränderung und Vielfalt wird sich bei einer Nachprüfung herausstellen, daß sie dieselbe Ambivalenz hinsichtlich des Seins eines Dinges implizieren.

Was Parmenides selbst angeht, ist der Grund, warum sein eigener Hauptgebrauch von »sein« auf dem Weg der Wahrheit nach dem Existenzsinn aussieht, einfach der, daß er aufgrund von Gesetz 1 nur rundum Seiendes oder rundum Nichtseiendes betrachten kann. Zu spezifizieren, *was* etwas ist, wie die Sterblichen das tun, heißt einschlußweise, auch zu spezifizieren, was es nicht ist, und folglich gegen Gesetz 1 zu verstoßen. Parmenideisches Sein (oder Seiendes) als Existenz wiederzugeben ist für uns vermutlich harmlos (und ich werde es aus Gründen der Bequemlichkeit auch tun), solange wir nicht vergessen, daß es als ein logisch aufgearbeiteter Fall aus der gewöhnlichen griechischen Rede von Seiendem hervorgeht, nämlich aus dem Sinn von »etwas sein«.

Es ist wohl diese logische Hygiene, die Parmenides dadurch zum Ausdruck zu bringen beabsichtigt, daß er die beiden ersten Wege als »Notwendig ist (es)« und »Notwendig ist (es) nicht« darstellt. Menschliche Gesichtspunkte schreiben den Dingen ein Sein zufällig und unstabil zu, so daß das, was ist, auch ›nicht sein‹ kann. Angesichts von Gesetz 1 ist diese menschliche Einstellung jedoch noch nicht einmal eine formale Möglichkeit, und deshalb listet die Göttin sie zu Beginn auch noch nicht einmal unter den begreiflichen Wegen auf, welche sie auf Aussagen über *notwendiges* Sein und Nichtsein beschränkt. Später fügt sie den kontingenten dritten Weg hinzu, nicht deshalb, weil er immerhin eine formale Möglichkeit wäre, sondern deshalb, weil er ungeachtet seiner hoffnungslosen Inkohärenz das ist, was gewöhnliche Sterbliche wirklich glauben.

Wir kommen nun zu dem, was die Göttin sagt, um den »... ist nicht«-Pfad zu widerlegen. Ihr erstes Argument lautet: »Denn das, was nicht ist, kannst du weder *erkennen* – dergleichen läßt sich nämlich nicht durchführen – noch *aussprechen*« (B2,7–8). Wie funktioniert dieses Argument? Wir können davon ausgehen, daß den Pfad des »... ist nicht« zurückzuweisen soviel heißt wie zu zeigen, daß dieses negierte Verb niemals durch ein Subjekt ergänzt werden könnte. Wie ergänzt man also ein Verb durch ein Subjekt? Entweder (i) indem man an dieses Subjekt denkt, oder (ii) indem man es benennt. Aber (i) um an etwas zu denken, muß man mindestens *wissen, was es ist*; im Gegensatz dazu wäre (unter Voraussetzung von Gesetz 1) alles, was als Subjekt zu »... ist nicht« auftreten könnte, überhaupt nichts, so daß man schwerlich wissen könnte, was es ist! Aus dem gleichen Grund (ii) ist schwer zu sehen, wie man einen Gegenstand, der nach Voraussetzung nicht existieren würde, erfolgreich *benennen* könnte; er ist schlicht nicht da und bietet keinen Anhaltspunkt, um sich in irgendeiner Weise auf ihn zu beziehen.

Das zweite Argument der Göttin ist noch dichter: »(1) Um von etwas sprechen und an es denken zu können, muß es etwas Seiendes sein. (2) Denn es vermag zu sein, (3) während Nichtiges dazu nicht in der Lage ist« (B6,1–2). Charakteristischerweise argumentiert Parmenides rückwärts: (1) ist der unmittelbare Grund für seine Schlußfolgerung, die Ächtung des »... ist nicht«: Wenn man »... ist nicht« durch ein Subjekt ergänzen möchte, muß man von diesem Subjekt entweder sprechen oder an es denken; als Subjekt zu »... ist nicht« ist es dann in jedem Fall sofort disqualifiziert; denn alles, wovon man sprechen oder woran man denken kann, *muß sein*. Die Gründe für diesen letzten Punkt werden anschließend ergänzt: (2) Was Gegenstand des Sprechens und Denkens sein kann, *kann* zumindest sein (da es ja begreifbar ist?); (3) ein nicht existierender Gegenstand jedoch (»ein Nichts«, »etwas Nichtiges«) *kann nicht* sein (denn es ist nicht zu sehen, wie ein nicht existierender Gegenstand existieren sollte); was daher Gegenstand des Sprechens oder Denkens sein kann, kann kein nicht existierender Gegenstand sein und muß also existieren.

Das ist eine Menge Fleisch, um ein derart skelettartiges Argument auszustaffieren. Doch die Göttin fügt nun hinzu: »Das fordere ich dich auf, dir zu Herzen zu nehmen« (B6,2) – und gesteht damit zu, daß ihr Argument *etwas* ausgestaltet werden muß. Sie hat jetzt etabliert, was ich ihr Gesetz 2 nennen werde:

Gesetz 2: Keine Aussage ist wahr, wenn sie für ein beliebiges *x* impliziert, daß ›*x* ist nicht‹ wahr ist, war oder sein wird.

Die Gesetze 1 und 2 zusammen werden die Grundlage ihrer gesamten nachfolgenden Argumentation sein.

Sie fährt damit fort (B6,3–9), den hoffnungslos verwirrten Weg der Sterblichen zu verspotten, deren Fehler darauf zurückgeführt wird, daß sie den Sinnen vertrauen. Die Alternative dazu, der sie das Wort redet, schließt ein, die Sinne zugunsten reiner Vernunft preiszugeben (B7).

An diesem Punkt geht die Göttin zu ihrer positiven Darstellung dessen über, was ist (B8,1–49). Wörtlich genommen wird sich von dem, was ist, erweisen, daß es ein ewiger, undifferenzierter und bewegungsloser (Kugel-)Bereich ist. Wie hat man das zu verstehen? Falls die mit den Sinnen wahrnehmbare Welt eine Illusion ist, beschreibt die Göttin dann diejenige Realität, welche eigentlich den Raum ausfüllt, den eben die sinnlich wahrnehmbare Welt einzunehmen scheint? Oder beschreibt sie eine Wirklichkeit, die ebenso unräumlich und ohne Zeit ist, wie dies beispielsweise die Zahlen sind? Anders gesagt: Wie weit sollen wir die Beschreibung dessen, was ist, vom Wortlaut ablösen? Ich schlage vor, an einer unverblümt räumlichen Interpretation festzuhalten, und begründe dies damit, daß dieses letzte Stück des Wegs der Wahrheit eine Strecke voller Argumente ist. In bezug auf deren Struktur und Inhalt sind die meisten Kommentatoren enttäuschend schweigsam. Meines Erachtens erweisen sich die Argumente aber nur dann als gute Argumente, wenn wir sie in buchstäblich räumlichen Termini auffassen.

Wenn das richtig ist, dann besteht das Ziel des Parmenides darin, einerseits den jämmerlich perspektivischen Blick zurückzuweisen, den die Menschen auf den – durch den Himmel umgrenzten – (Kugel-)Bereich haben, den Blick, der ihre Welt konstituiert, und andererseits *genau denselben (Kugel-)Bereich* neu als eine vollkommen undifferenzierte Einheit zu beschreiben. Ein beliebter Einwand gegen eine derart wörtlich räumliche Deutung ist seit langem der, daß, wenn das Seiende ein begrenzter (Kugel-)Bereich wäre, es von Nichtseiendem umgeben wäre, d.h. von Leerem, – im Gegensatz zu Gesetz 2. Dieser Einwand nimmt illegitimerweise an, daß der Raum unendlich sei. Archytas mußte hundert Jahre später immer noch für die Unendlichkeit des Raums argumentieren,[4] und Aristoteles konnte, gefolgt von einer langen späteren Tradition, noch bestreiten, daß es außerhalb unserer Welt irgendetwas gebe; es gebe da noch nicht einmal das Leere. Zur Zeit des Parmenides hätte eine Lehre vom unbegrenzten Raum von pythagoreischer Seite her Unterstützung bekommen können; und gewiß erlangte sie beachtliche Verbreitung in der Philosophie des jonischen Ostens. Aber im Westen konnte ein Philosoph, der dem parmenideischen Denken so verpflichtet war wie Empedokles, eine endliche Welt postulieren, mit (offensichtlich) nichts Leerem darüber hinaus. Selbst die Vorstellung vom Raum als einer Entität, die völlig unabhängig von dem Körper existiert, der ihn einnimmt, kam im griechischen Denken nur sehr langsam auf,[5] und ohne diese Idee wird sich keineswegs unwiderstehlich die Erwartung anbieten, daß der Raum sich sogar über die Grenzen dessen hinaus fortsetzen sollte, was ihn einnimmt. Vorausgesetzt, daß der (Kugel-)Bereich des Parmenides von innen her vorgestellt wird, so wie der (Kugel-)Bereich der phänomenalen Welt, und nicht von außen wie ein Fußball, braucht die Notwendigkeit eines leeren Raums darüber hinaus sich ihm durchaus nicht aufgedrängt zu haben.

Die Göttin beginnt ihre Beschreibung dessen, was ist, mit einer Liste seiner Prädikate (B8,2–4): Es ist (a) ungeworden und unzerstörbar, (b) ein einziges Ganzes, (c) unbeweglich, (d) vollkommen (*teleion*) oder abgegrenzt (*teleston*) oder gleich(wiegend) (*atalanton*).[6] Hinzugefügt wird eine Bemerkung über die Zeit, die man am einfachsten als parenthetisch versteht, da sie, obwohl sie im folgenden fundiert wird, doch keinen eigenen Beweis erhält: »Weder war es jemals, noch wird es irgendwann einmal sein, da es jetzt als Ganzes beisammen ist, als eines und kontinuierlich zusammenhängendes« (B8,5–6). Vielleicht dient dies dazu, den ausschließlichen Gebrauch des Präsens durch die Göttin bei der Beschreibung dessen zu rechtfertigen, was ›ist‹: Es gibt nichts über das zu sagen, was es war oder sein wird; denn sobald wir einmal gesehen haben, daß es eine unveränderliche Einheit bildet, werden wir es zu würdigen wissen, daß sich von seiner Gegenwart keine Vergangenheit oder Zukunft unterscheiden läßt. Ob dieser Umstand das Seiende völlig zeitlos macht oder bloß den *Ablauf* der Zeit aufhebt, ist strittig,[7] wenngleich das Festhalten der Göttin am »Jetzt« eher für letzteres sprechen mag.

Der Beweis für das Doppel-Prädikat (a), »ungeworden und unzerstörbar«, beginnt mit ersterem. Die Göttin trägt zwei Argumente dagegen vor, daß das, was ist, im ganzen und auf einmal entsteht: (i) Eine Entstehung würde bedeuten, daß zuvor »Es ist nicht« gegolten hätte – im Gegensatz zu Gesetz 2 (B8,6–9); und (ii) wenn das, was ist, aus nichts hervorgegangen sein sollte, hätte es keinen Grund für es geben können, eher als früher oder später eben dann ins Sein zu springen, als es das tat – eine berühmte Anwendung des Prinzips vom zureichenden Grund. Es folgt dann noch ein separates Argument gegen eine *stückweise* Entstehung des Seienden: (iii) »Auf solche Weise muß es entweder ganz und gar sein oder überhaupt nicht sein,[8] und die Kraft der Überzeugung wird nicht zulassen, daß jemals aus Nichtseiendem etwas zusätzlich zu ihm hervorgeht« (11–13). Das heißt: Selbst wenn lediglich ein Teil entstehen sollte, würde dadurch gegen das Gesetz 2 ebenso effektiv verstoßen wie durch eine Entstehung im ganzen und auf einmal.

»Eben darum hat Dike (Gerechtigkeit, die Göttin des Rechts) ihm niemals die Fesseln gelockert und gestattet zu werden oder unterzugehen, sondern sie hält es fest« (13–15). Dies ist die erste Erwähnung des Untergehens in der Argumentation, und Dike könnte für eine Ausgewogenheit des Gedankengangs in dem Sinne stehen, daß dieselben Argumente, die eine Entstehung ausschließen, auch gegen den Untergang wirksam sind. Streng genommen freilich kann das Argument (ii) auf den Untergang nicht wieder angewandt werden: In dem, was ist, könnte es, soweit wir das auf dieser Stufe wissen, genügend Grund für seine eventuelle Zerstörung geben, zum Beispiel eine unheilbare Krankheit. Die Argumente (i) und (iii) indes lassen sich im Hinblick auf das Untergehen leicht übernehmen: Ob es im ganzen und auf einmal oder ob es stückweise stattfinden würde, in jedem Fall würde es einschließen, daß »Es ist nicht« wahr würde.

Die Göttin geht nun über zum Prädikat (b), »ein einziges Ganzes«. Von dem, was ist, wird gezeigt, daß es »nicht geteilt« ist, oder vielleicht: »nicht teilbar«

(22–25). Es hängt in vollkommener Weise kontinuierlich zusammen und weist keinerlei unterschiedene Teile auf. Weil es keine Abstufungen im Sein gibt – selbst ein begrenztes Nicht-Sein würde im Gegensatz zu Gesetz 1 und Gesetz 2 stehen –, gibt es nichts, was von ihm an einer Stelle wahr und nicht überall genauso wahr wäre. Mit anderen Worten: Das Seiende ist »insgesamt gleich«, so daß sich in oder an ihm keinerlei Lücken oder Unterscheidungen finden lassen.

Weiter folgt Prädikat (c), »unbeweglich« (26–33). Unbeweglich ist das Seiende, indem es »ohne Anfangen und ohne Aufhören« ist (das heißt vermutlich: es fängt weder an, sich zu bewegen, noch hält es an), »weil Entstehung und Untergang weit in die Ferne verschlagen worden sind« (Starten und Stoppen sind die Entstehung bzw. der Untergang der Bewegung). Und das Seiende bleibt genau da, wo es ist, weil »die mächtige Notwendigkeit es in den Fesseln der Grenze hält, die es ringsum einschließt«. Es füllt m.a.W. den gesamten verfügbaren Raum bis zu seiner Grenze hin aus und hat daher keinen Platz, sich zu bewegen. Für die Zuschreibung dieser Grenze wird anschließend der Grund angegeben: »Denn nach göttlicher Satzung ist das, was ist, nicht unabgeschlossen; wäre es das, so hätte es Mangel an allem.« Die Abwesenheit einer Grenze wäre eine Form der Unvollständigkeit und daher ein Mangel; weil es nach Gesetz 1 aber nicht sowohl einen Mangel als auch keinen Mangel aufweisen kann, hätte es totalen Mangel und wäre also nicht existent.

»Unbeweglich« wurde hier oft als »unveränderlich« interpretiert und die Grenze so verstanden, als symbolisiere sie »Unwandelbarkeit«. Mit einer solchen Entfernung vom Wortlaut kommt man in die Gefahr, das Argument in die triviale Aussage zu verwässern, das Seiende verändere sich deshalb nicht, weil es sich nicht verändere. Nach der räumlichen Lesart dagegen, zu der die Sprache des Parmenides natürlicherweise einlädt, hat er ein substantielles Argument. Wenn er außerdem ein Argument gegen die Veränderung im allgemeinen hat, dann ist es das gegen die stückweise Entstehung (11–13), und es könnte die Entstehung neuer Eigenschaften durchaus einschließen.

Besonders kompliziert sind in Fragment B8 die Verse 34–41. Sie scheinen den Fluß des Gedankens zu unterbrechen, indem sie den Beweis von Prädikat (c) und den von Prädikat (d), der in 42–49 folgt, voneinander trennen. Einige Interpreten haben diese Verse so verstanden, als seien sie irgendwie Teil des abschließenden Beweises; andere nahmen an, die Verse seien von ihrer richtigen Position weg hierher verstellt worden; wieder andere sehen in ihnen eine Zusammenfassung der soweit erzielten Resultate, und nochmals andere halten sie für einen Exkurs gegen den Empirismus. Meine eigene Präferenz geht dahin, dies als den Ort anzusehen, wo Parmenides den Monismus bekräftigt, eben die These, welche die spätere Tradition auf das bestimmteste mit seinem Namen verband. Bevor die Göttin sich zu ihrem letzten Beweis anschickt, dem zur Gestalt dessen, was ist, muß sie einhalten, um die *Einzigkeit* des Seienden zu beweisen. Daß es nicht geteilt ist, hat sie bereits gezeigt. Es bleiben aber drei zusätzliche Anwärter auf eine Beteiligung am Seienden: (1) das Denken, (2) die Zeit und (3) die Vielfalt der gewöhnlichen empirischen Gegenstände. Der Reihe nach wird jeder von ihnen angesprochen.

(1) »Zu denken ist dasselbe wie das, womit sich das Denken befaßt«: Das Denken ist mit seinem eigenen Gegenstand identisch, mit dem, was ist. »Denn in dem, was gesagt worden ist,« – d.h. in der soweit entwickelten Argumentation der Göttin – »wirst du das Denken nicht ohne das finden, was ist« (34–36). Unter den englischsprachigen Gelehrten hat es viel Widerstand dagegen gegeben, Parmenides irgendeine solche Identifikation des Denkens mit dem Seienden zuzuschreiben. Doch ist dies die einzige natürliche Lesart von Fragment B3 (bei dem nicht sicher ist, wohin es gehört): »Denn daß man es denkt, ist dasselbe, wie daß es ist.«[9] Außerdem ist der Preis, wenn man Denken und Sein *nicht* identifiziert, der, daß man den Monismus des Parmenides unterminiert, da man das denkende Subjekt ja vom Gegenstand des Denkens trennt, m.a.W. von dem, was ist. Parmenides bestreitet nicht, daß Denken stattfindet; aber weil Seiendes alles ist, was es gibt, muß er bestreiten, daß das Denken vom Sein getrennt ist. Folglich müssen wir ihn so verstehen, daß er annimmt, daß das, was denkt, ist, und daß das, was ist, denkt. Das könnte der Grund sein, warum die Göttin im Gedicht (B1,29) verspricht, Parmenides »das unerschütterliche *Herz* der wohlgerundeten Wahrheit« zu lehren.[10] Im Kontext der frühen griechischen Philosophie ist eine solche Vermischung überhaupt nicht verwunderlich. Anaximander, Anaximenes und Heraklit hatten ihr ursprüngliches Seiendes, den Stoff des Universums, alle als göttlich behandelt. Und Melissos, der Nachfolger des Parmenides, spricht über sein eigenes Eines, wie wir sehen werden, so, als sei es ein lebendiges Seiendes.

(2) »Auch gibt es über das hinaus, was ist, nicht als etwas anderes die Zeit,[11] und es wird sie nicht geben, weil das Fatum das, was ist, daran gebunden hat, ganz und unbeweglich zu sein« (36–38). Ich meine, daß das Merkmal, ganz (= »das Ganze«?) und infolgedessen räumlich all-umfassend zu sein, bedeutet, daß es keine äußere Veränderung geben kann, welche ein Maß der Zeit bilden könnte, und daß ganz entsprechend jedes interne Maß der Zeit durch das Merkmal der Unbeweglichkeit eliminiert wird.

(3) »Deshalb ist es [sc. das, was ist][12] mit allen Namen belegt worden, die die Menschen angesetzt haben in der Überzeugung, sie seien wahr – Entstehen sowohl als auch Vergehen, Sein sowohl als auch Nichtsein, ferner Verändern des Ortes und Wechseln der leuchtenden Farbe« (38–41). Parmenides zeigt hier, warum er sich nicht durch seine frühere Prämisse beunruhigen lassen braucht, daß, was immer Gegenstand des Sprechens und Denkens sein kann, existieren muß (B6,1). Diese Prämisse könnte so aussehen, als bevölkere sie seine Welt mit einer riesengroßen Vielfalt von Gegenständen – Kesseln, Schweinen, Regenbogen und sogar Kobolden. Doch nun stellt sich heraus, daß alle diese Namen untaugliche menschliche Versuche widerspiegeln, über eine einzige Sache zu reden, eben über das, was ist; denn etwas anderes, über das man reden könnte, gibt es nicht.

Der Monismus wird also aufrechterhalten. Damit sind wir auf die letzte Beschreibung fertig vorbereitet, auf das Prädikat (d): Das Seiende ist kugelförmig. »Weil es indes eine letzte Grenze gibt, ist es allseits vollendet, der Masse einer wohlgerundeten Kugel gleich, von der Mitte her in alle Richtungen gleichmäßig ausbalanciert« (42–44). Mit Sicherheit *klingt* dies wie eine wörtliche geometrische Beschreibung seiner Gestalt. Grammatisch wird »von der Mitte her in alle Richtungen gleichmäßig ausbalanciert« vom Seienden selbst ausgesagt, nicht von dem Ball, mit dem es verglichen wird. Deshalb ist es nicht aussichtsreich, den häufig benutzten Ausweg einzuschlagen und dies als einen Vergleich mit der Kugel anzusehen, der sich bloß auf deren Vollkommenheit und Uniformität erstreckt. Und dieser Ausweg wird noch weniger aussichtsreich, wenn wir das Argument prüfen, welches tatsächlich folgt (44–49):

Es darf nämlich keinesfalls da oder dort etwas größer oder etwas kleiner sein. Denn (1) es ist weder Nichtseiendes, das es hindern könnte, zur Einheitlichkeit zu gelangen; (2) noch ist es, da es ja als ganzes unversehrt ist, Seiendes von der Art, daß es an einer Stelle mehr und an einer anderen weniger vom Seienden geben könnte. Denn es ist sich selbst nach allen Seiten gleich und ist innerhalb seiner Grenzen einheitlich.

Solange man keine plausible metaphorische Interpretation von »größer« und »kleiner« finden kann,[13] eine Interpretation, bei der für Parmenides an dieser Stelle ein echtes Argument übrigbleibt, haben wir kaum eine andere Wahl, als diese Wörter in ihrem wörtlichen räumlichen Sinn zu verstehen: Was ist, kann nicht in einer Richtung größer als in einer anderen und also nicht asymmetrisch sein, weil nichts den einen Radius kürzer als einen anderen machen könnte: (1) Es gibt nichts Nichtseiendes, das den Radius verkürzt herauskommen lassen könnte; (2) es kann keine Ausdünnung geben und sich folglich kein Ungleichgewicht einstellen; denn vorausgesetzt, daß es bis zu seinen Grenzen gleich ist, fehlt an ihm nichts. Kurz: Für eine Asymmetrie, also für eine andere als die Kugelgestalt, könnte es keine Erklärung geben.

So endet der Weg der Wahrheit. Aber kann das Seiende wirklich die geometrische Gestalt einer Kugel haben, ohne daß seine Teillosigkeit geopfert wird? Eine Kugel hat ja doch mit Sicherheit verschiedene Teile – Segmente, Hemisphären usw.!? Die Antwort darauf, denke ich, ist nicht die, daß es *unmöglich* sei, Teilungen vorzunehmen (daß es möglich ist, bezeugt die Art, in der die Sterblichen die Wirklichkeit fragmentieren), sondern die, daß wir die Wirklichkeit falsch konstruieren, wenn wir Teilungen vornehmen. In diesem Fall ist die Kugelgestalt deshalb von Wichtigkeit, weil die Kugel die einzige Gestalt ist, die ohne eine Unterscheidung von Teilen als ein einziges Ganzes aufzufassen *möglich* ist: Jede asymmetrische Gestalt kann nur erfaßt werden, indem man Ecken, Flächen, Enden und dergleichen unterscheidet. Und unsere Anweisungen von der Göttin (B4, mit unsicherer Plazierung, aber vermutlich bald nach dem Gedicht) lauteten, daß wir nicht versuchen sollten, irgendwelche räumliche Unterscheidungen vorzunehmen:

Schaue auf dieselbe Weise[14] auf abwesende Dinge, die dem Geist dennoch zuverlässig gegenwärtig sind; denn er wird das, was ist, nicht davon abschneiden, sich an das zu halten, was ist, weder als etwas, das sich überallhin gänzlich in [kosmischer] Ordnung zerstreut, noch als etwas, das sich zusammenballt.

Bevor wir den Weg der Wahrheit verlassen, sollten wir uns die Struktur seiner

Argumentation vor Augen führen. Sobald die Wahl zwischen den Wegen einmal vollzogen war, führte die Göttin uns durch eine Reihe von Beweisen, die weitgehend unabhängig voneinander jedes der Prädikate des Seienden demonstrieren. Nur in einem Fall diente die Schlußfolgerung des einen Beweises als Prämisse eines anderen, nämlich (B8,27–28) als die Widerlegung von Entstehen und Vergehen (a) als Grund bzw. als einer der Gründe für die Bestreitung der Bewegung (c) herangezogen wurde. Ansonsten waren alle Beweise in sich geschlossen, indem ihre Prämissen entweder als selbstverständlich und evident präsentiert wurden oder sich auf eines der beiden Gesetze stützten, oder auf beide Gesetze. Dies wird sich als ein zentraler Gegensatz zur Methodologie des Melissos erweisen.

Ein weiterer Punkt ist, daß die Göttin in einem schwer zu deutenden Fragment bemerkt: »Ein Gemeinsames aber ist für mich, von woher ich anfange; denn dorthin werde ich wieder zurückkehren« (B5). Dorthin zurückzukehren, von wo man ausgegangen ist, sollte das Kennzeichen des »in die Gegenrichtung umschlagenden« Wegs sein, dem die Sterblichen folgen, und es ist schwer zu sehen, wie die Argumente des Wegs der Wahrheit so aufgefaßt werden könnten, daß sie eine solche Struktur haben. Insbesondere könnte die Göttin schwerlich anders begonnen haben als mit einer Widerlegung des »... ist nicht«, und das ist gewiß nicht die Stelle, bei der sie am Ende wieder herauskommt. Aus diesem Grund haben einige Interpreten sogar angenommen, daß das Fragment zum Weg der Meinung gehöre; aber Proklos, die Quelle für dieses Fragment, setzt dies anders voraus. Ein besserer Vorschlag ist vielleicht, daß im Zusammenhang das Wort »dorthin« sich nicht auf den willkürlich gewählten Anfangspunkt bezog, sondern auf das, was ist, das Seiende. Dann würde die Göttin sagen wollen, daß alle Argumente, wo immer sie auch starten mögen, einen zurückbringen zum Seienden; letztlich ist nämlich dieses der einzig mögliche Gegenstand vernünftiger Erörterungen.[15]

Meine Darstellung steht nicht ganz im Einklang mit jüngeren Deutungen des Parmenides.[16] Während englischsprachige Gelehrte wie Burnet und Cornford ihn vor allem zu dem radikalen Kosmologen machten, als den ich ihn vorgestellt habe, hat eine deutsche Tradition, die im zwanzigsten Jahrhundert vor allem von Heidegger angeführt wurde, ihn als einen reinen Metaphysiker wiedererstehen lassen, und G.E.L. Owen fühlte sich in seinen grundlegenden »Eleatic questions« (1960) verpflichtet, ihn von dem Titel eines Kosmologen freizusprechen, um sein Ansehen als ein Philosoph zu fördern. Das vorliegende Kapitel vermeidet eine derart absolute Wahl, wenn es diesen Studien auch in hohem Maße verpflichtet ist. Parmenides' Weg der Wahrheit ist natürlich keine Abhandlung zur Physik. Nichtsdestoweniger kann er ein Beitrag zu der traditionellen kosmologischen Debatte bleiben, ungeachtet der Tatsache, daß seine Methodologie den Weg für die neu aufkommenden philosophischen Disziplinen der Metaphysik und Logik ebnete. Selbst seine seltsamste metaphysische These, die Idenfikation des Denkens mit dem Sei(ende)n, findet, so habe ich argumentiert, in der alten kosmologischen Tradition einen respektablen Platz.

Der Weg der Meinung

Wir können uns nun den »Meinungen der Sterblichen« zuwenden. Ohne fundierende Argumentation entfaltet die Göttin eine Analyse der phänomenalen Welt in den Termini zweier entgegengesetzter »Formen« oder Elemente, genannt »Licht« und »Nacht«, ersteres hell, dünn und feurig, letztere dunkel, dicht und kalt. Was folgte (jetzt weitgehend verloren), entwickelte eine Kosmologie, die eine schöpferische Gottheit einschloß, eine Embryologie und eine Physiologie der menschlichen Erkenntnis.

Aber warum lehrt sie Parmenides all dies? Gleich von Anfang an hat sie es für unzuverlässig erklärt (B1,30), und jetzt, wo sie damit beginnt, beschreibt sie es als »trügerisch«, falls es »plausibel aussieht« (B8,52, 60). Dennoch muß Parmenides es lernen, »damit dich niemals irgendeines Menschen Ansicht überholen wird« (B8,61). Auf den ersten Blick kann die Göttin mit dieser letzten Bemerkung nur meinen, daß die Kosmologie die beste ihrer Art sein wird: ein erfolgreicher Rivale für die gängigen kosmologischen Theorien. Was folgte, war in der Tat konkurrenzfähig; es enthielt sogar zwei bedeutendere astronomische Entdeckungen, nämlich daß der Morgenstern und der Abendstern identisch sind und daß der Mond sein Licht von der Sonne erhält. Doch wenn der Weg der Wahrheit wahr ist, muß alle Kosmologie falsch sein. Warum also an ihrem Spiel teilnehmen?

Die Antwort hat etwas mit der Arithmetik zu tun. Die bedeutenderen unter den Vorgängern des Parmenides waren materialmäßig Monisten; sie führten die Wirklichkeit auf Manifestationen jeweils eines einzigen Stoffs zurück. Parmenides' eigene Kosmologie ist ebenso klar dualistisch. Daher ist es schwerlich ein Zufall, daß er von *einer* Entität auf dem Weg der Wahrheit überwechselt zu *zweien* auf dem Weg der Meinung (B8,53–54):

Sie [die Sterblichen] haben sich in ihren Ansichten nämlich dahin festgelegt, zwei Formen zu benennen, von denen auch nur eine einzige zu benennen nicht erlaubt ist; und darin liegt ihr Irrtum.«

Unbeschadet einer langwierigen Kontroverse über die Bedeutung dieser Verse besagen sie höchstwahrscheinlich, daß ›zwei‹, obwohl das Minimum zur Gewinnung einer Kosmologie, trotzdem ›eins zu viel‹ ist. Aristoteles vermutete in plausibler Weise, daß die zwei Elemente irgendwie dem entsprechen, was auf dem Weg der Wahrheit als das Seiende und als das Nichtseiende bezeichnet wurde. Ein Dualismus in den Elementen ist demnach das physische Gegenstück zur Verknüpfung von Seiendem und Nichtseiendem durch die Sterblichen.

Das unzulässige zweite Element entspricht dem, was nicht ist. Können wir sagen, ob es das Licht oder die Nacht ist? Aristoteles und Theophrast hielten es für die Nacht. Ihre Annahme könnte jedoch durch den allzu vertrauten Symbolismus bedingt sein, nach dem das Licht Wahrheit und Wirklichkeit repräsentiert. Moderne Gelehrsamkeit[17] hat demgegenüber gezeigt, daß Parmenides von der Licht-Metaphorik nicht diesen, sondern einen anderen Gebrauch macht; seine allegorische Reise im Gedicht verläuft in Wirklichkeit vom Licht aus zum Haus der Nacht. Der Vorschlag Karl Poppers, daß das Licht, dasjenige Element, welches *par excellence* die Sinne informiert, daß dieses der Eindringling ist, gewinnt dadurch zusätzliche Glaubwürdigkeit.[18] Parmenides wußte – und war womöglich der erste, der dies wußte –, daß der Mond in Wirklichkeit eine feste Kugel ist; die sichtbaren Veränderungen seiner Gestalt sind eine durch das Spiel des Lichts erzeugte Illusion. Dies, so vermutet Popper, könnte dazu angeregt haben, in analoger Weise darzustellen, wie das Universum, das in Wirklichkeit eine undifferenzierte Kugel ist, dadurch mit sichtbarer Variabilität über Raum und Zeit ausgestattet wird, daß ein lichtähnliches zweites Element eindringt.

Wie also ergänzt die Kosmologie den Weg der Wahrheit? Vor allem dadurch, daß sie zeigt, wie die Kluft zwischen Wahrheit und kosmischer Erscheinung zu überbrücken ist. Die ganze Fülle kosmischer Phänomene kann erzeugt werden, sobald man erlaubt, daß ein einziges Element hinzugefügt wird. Dies ergibt sofort einen Sinn für die häufig bemerkte Tatsache, daß die Sprache des Wegs der Wahrheit in den detaillierten Beschreibungen des Kosmos nachgeahmt wird. In B10 beispielsweise wird »der rings umgebende Himmel« »durch die Notwendigkeit gezwungen, die Grenzen der Gestirne zu halten«, was unmittelbar an die Beschreibung des Seienden erinnert, das durch die Notwendigkeit in den Fesseln einer Grenze gehalten wird (B8,30–31). Das läuft auf eine Bekräftigung der Einschätzung hinaus, daß genau dieselbe Kugel zuerst korrekt beschrieben und dann in der Kosmologie unkorrekt neu beschrieben wird.

Auf der Grundlage einer solchen Interpretation nimmt der Weg der Meinung die Phänomene nicht in Schutz. Vielmehr wendet er sich dem gravierendsten Problem zu, das sich jedem stellt, der bereit ist, sich auf Parmenides' Schlußfolgerungen einzulassen: Wie können die Dinge der menschlichen Erfahrung so katastrophal falsch geraten sein? Die Göttin erzählt uns tatsächlich, der Schritt von der Erscheinung zur Wirklichkeit sei erstaunlich klein, ein numerischer Fehler von eins.

Zugegebenermaßen wird dadurch das Problem, den menschlichen Irrtum zu erklären, noch nicht einmal angeschnitten. Nach Parmenides gibt es keine abgetrennten denkenden Subjekte. Alles Denken ist Seiendes, das sich selbst denkt. Wie konnte es dann den Platz finden, sich einen falschen Begriff von sich selbst zu machen? Das ist eine Frage, die Parmenides seinen Interpreten als Rätsel hinterlassen hat.[19]

2. Melissos

Melissos kann etwa in die Zeit von der Mitte bis zum Ende des 5. Jh.s v.Chr. datiert werden. In seiner Abhandlung argumentierte er – skizzenhaft wiedergegeben –, daß das, was ist, (i) ewig ist; (ii) von unendlicher Ausdehnung; (iii) eines; (iv) homogen; (v) unveränderlich, d.h. ohne (a) Um-Ordnung, (b) Schmerzen, (c) Kummer oder (d) Bewegung; (vi) unteilbar; und (vii) körperlos.

Diese methodische Verteidigung einer Version des eleatischen Monismus war in schmuckloser jonischer Prosa geschrieben, im Stil also himmelweit von den hochfliegenden poetischen Dunkelheiten des Parmenides entfernt. Dank ihrer relativen Einfachheit sollten ihre Formulierungen sich in den antiken Formulierungen des Eleatismus in größerer Verbreitung widerspiegeln als die Formulierungen des Parmenides selbst. Die Schlußfolgerungen des Melissos sind im großen und ganzen parmenideisch; aber die Argumente sind es nicht. Erstens gibt kaum ein Anzeichen für die fundamentalste Voraussetzung des Parmenides, die Zurückweisung des »... ist nicht«. Und zweitens erschloß Parmenides, wie wir sahen, in der Hauptsache jedes Prädikat dessen, was ist, durch ein unabhängiges Argument, während die Argumente des Melissos fast alle eine einzige Kette bilden, bei der jedes Prädikat unmittelbar aus dem vorangehenden gefolgert wird.

An der hoch kultivierten Art des Parmenides, seine Untersuchung durch die Logik von Sein und Negation zu führen, ist Melissos nicht interessiert. Er schreibt, denke ich, als ein jonischer Naturphilosoph, wendet sich an ein ähnlich denkendes Publikum und stellt das eleatische Eine mit Argumenten dar, die der jonischen Kosmologie entsprechen. Der Titel seiner Abhandlung ist wahrscheinlich authentisch, wenngleich einige Gelehrte hier zögern. Jedenfalls lautete er *Peri physeōs ē peri tou ontos (Über die Natur oder über das Seiende)* und bezeichnet die Darstellung des Melissos tatsächlich als eine eleatische *Naturphilosophie*. Seine Abweichungen von Parmenides sind, soweit es darum geht, daß er sich eine alltägliche zeitbezogene Sprache gestattete und ein räumlich unbegrenztes Seiendes postulierte, im Hinblick auf sein Vorhaben symptomatischer als im Hinblick auf seine intellektuelle Unabhängigkeit.

Was die beiden ersten Argumente des Buchs angeht, haben wir wohl den vollständigen Text. Allerdings bin ich der Meinung, daß der Einschnitt zwischen Argument (i) zur zeitlichen Unendlichkeit und Argument (ii) zur räumlichen Unendlichkeit von den Gelehrten nicht richtig lokalisiert wurde.[20]

(i) »Ewig«
(DK 30 B1) Immer war es, was es war, und wird es immer sein. Denn wenn es geworden wäre, gilt notwendig, daß (es), bevor es geworden ist, nichts war; wenn es freilich nichts war, konnte auf keine Weise irgendetwas aus nichts entstehen. (B2 Anfang) Weil es also nicht wurde, ist es sowohl, als auch war es immer und wird es immer sein.

Während Parmenides von einer hoch paradoxen Voraussetzung ausgegangen war, der Zurückweisung von »... ist nicht«, wird der Ausgangspunkt des Melissos, die kausale Behauptung: »Nichts konnte aus Nichts zum Sein gelangen«, bei seiner Zuhörerschaft kaum Aufregung verursacht haben. Ein Prinzip oder eine Annahme dieser Art lag dem überall gegenwärtigen frühen griechischen Postulat zugrunde, es müsse einen ewigen Urstoff des Universums geben. In der Antike ist dieses Prinzip, wenn überhaupt jemals, dann doch nur sehr selten angezweifelt worden; gemeinhin galt es als unbezweifelbar. (Im Vergleich zu Parmenides stellt Melissos es uns anheim, als Grundlage künftiger Unzerstörbarkeit das umgekehrte Prinzip zu ergänzen: »Nichts könnte zu nichts vergehen«.)

Ebenfalls nicht überraschend, besonders in einem ostgriechischen Kontext,[21] ist, daß Melissos diese Permanenz in den Termini von Allzeitig- und Ewigkeit ausdrückt, während Parmenides es bevorzugte, Vergangenheit und Zukunft in der Gegenwart zusammenfallen zu lassen. Dies muß keine bezeichnende philosophische Abweichung in der Lehrmeinung sein. Melissos könnte sich selbst einfach so verstehen, als präsentiere er parmenideisches Denken in der philosophischen Ausdrucksweise, die seine Zuhörerschaft versteht.

(ii) »Unendlich in der Ausdehnung«
(B2 Fortsetzung) Und es hat keinen [räumlichen] Anfang und kein Ende; vielmehr ist es unbegrenzt. Wenn es nämlich geworden wäre, hätte es einen Anfang (denn es hätte irgendwann angefangen zu werden), und ein Ende (denn es hätte irgendwann aufgehört zu werden). Weil es [mit diesem Prozeß] jedoch weder anfing noch endete und weil es immer war und immer sein wird, hat es keinen [räumlichen] Anfang und kein Ende.

Seit Aristoteles haben die Kritiker hier den Trugschluß entdeckt: »Wenn *p*, dann *q*; nun nicht-*p*; also nicht-*q*«. Eine solche Kritik ist jedoch wahrscheinlich unfair. Während Parmenides mit seinen Argumenten sich offensichtlich an ein Publikum wandte, das mit dem Begriff eines endlichen Universums vertraut war, nimmt Melissos das Gegenteil an, wie wir das ebenfalls tun könnten, nämlich daß das Universum unbegrenzt ist, es sei den, man könnte das Gegenteil beweisen. Dies spiegelt erneut den Hintergrund, den seine Zuhörerschaft in der jonischen Naturphilosophie hat, wo die Unbegrenztheit des Universums, schon früh von Anaximander entworfen, zur Zeit des Melissos ein Zug der Kosmologie des Anaxagoras war und im Begriff war, ein zentrales Lehrstück des Atomismus zu werden.

Die Frage des Melissos ist: Was könnte dem, was ist, Grenzen gesetzt haben? Wenn nichts, dann ist es unbegrenzt. Das einzige, was es hätte begrenzt machen können, ist der Prozeß der Entstehung, der zeitlich gebunden ist und daher nur ein räumlich begrenztes Seiendes hätte hervorbringen können. Eine unendlich große Entität kann man nicht *schaffen*, ebensowenig wie man eine unendlich lange Straße bauen kann, vorausgesetzt nur, daß jeder so geartete Prozeß zu irgendeiner Zeit (und daher irgendwo) beginnen und zu irgendeiner Zeit (und daher irgendwo) enden muß. Weil nun nach Argument (i) bereits bewiesen hat, daß das Seiende niemals entstanden ist, gibt es also nichts, was es räumlich begrenzen könnte, und so erweist es sich notgedrungen als unbegrenzt.

Ein wenig dunkel fügt Melissos hinzu, wie die räumliche Unbegrenztheit von Argument (ii) von der zeitlichen Unbegrenztheit von Argument (i) sowohl folgerungsmäßig abhängt als auch in einem parallelen Verhältnis zu ihr steht. Die Fragmente B2–4 könnten kontinuierlich zusammenhängen, wie folgt:

(B2 Ende) Denn was nicht *alles* ist, könnte unmöglich *immer* sein. (B3) Aber so, wie es immer ist, muß es auch der Größe nach immer unbegrenzt sein. (B4) Nichts, was einen Anfang und ein Ende hat, ist ewig oder unbegrenzt.[22]

Melissos' nächster Schritt ist der von der räumlichen Unendlichkeit (ii) zur Einheit (iii): »Wenn es nämlich zwei Dinge wären, könnten sie nicht unbegrenzt sein, sondern verhielten sich in ihrem wechselseitigen Bezug als begrenzt« (B6). Dieses Prädikat gibt der Sache des Melissos ihren Namen: »das Eine«. Und von der Einheit (iii) aus erschließt er (iv) die Homogenität (es ist »nach allen Seiten gleich«), dies deshalb, weil alles Heterogene *eo ipso* eine Pluralität wäre (*MXG* 974a12–14).[23]

Was diese beiden aufeinander unmittelbar folgenden Argumente bedeuten, ist an der Oberfläche weitgehend unstrittig – ein Nachhall von Parmenides. Was zu erörtern offen bleibt, ist die Qualität der Argumentation. Der Peripatetiker Eudemos war vielleicht unfair, als er einwandte, der Übergang von (ii) nach (iii) funktioniere nur für Dinge, die in allen Richtungen unbegrenzt sind, während Melissos diese Art der Unendlichkeit in (ii) doch klarerweise nicht im Sinn habe. Auf der anderen Seite ist Einzigartigkeit die einzige Art von Einheit, die den Schluß in plausibler Weise zu erzeugen erlaubt; und bloße Einzigartigkeit ist keineswegs unverträglich damit, eine heterogene Vielfalt zu sein (beispielsweise sind die meisten von uns der Ansicht, daß das Universum beide Eigenschaften besitze).

Nach einer kurzen Zusammenfassung der soweit erzielten Resultate (B7,1) folgt ein generisches Argument für das nächste Prädikat:

(v) »unveränderlich«
Und es könnte nicht etwas einbüßen, nicht größer und nicht umgestaltet werden, keine Schmerzen haben und nicht betrübt werden. Denn wenn ihm davon etwas widerführe, wäre es nicht mehr eines. Wenn es sich nämlich ändert, ist es notwendig, daß das, was ist, nicht ähnlich sein kann, daß vielmehr das vorher Seiende untergeht und das, was nicht ist, entsteht. Wenn es somit im Verlauf von zehntausend Jahren auch nur um ein einziges Haar anders werden sollte, ginge es in der ganzen Zeit völlig zugrunde.

Unter Voraussetzung der Kettenstruktur der Argumentation ist dies formal als ein neuer Schluß von (iv), der Homogenität aus gedacht, obwohl die folgerungsmäßige Verknüpfung bestenfalls locker ist. Würde die Annahme einer Veränderung es wirklich daran hindern, »gleich« zu sein, und deshalb auch daran, »eines« zu sein, in dem Sinn, in dem von diesen Prädikaten in den Argumenten (iv) und (iii) die Rede war? Weitaus interessanter ist der zusätzliche Grund für die Unveränderlichkeit, der sich aus Prädikat (i), »ewig«, herleitet: Jede Veränderung schließt ein gewisses Maß an Untergang ein; und wenn die Teile einer Sache untergehen können, wird bei unbegrenzter Zeit auch das Ganze untergehen. Wenn die Teile von etwas einzeln vergänglich sind, ist es *möglich*, daß sie alle zusammen untergehen, und was immer möglich ist, kann nicht für ewig unverwirklicht bleiben – eine implizite Vorwegnahme des Vollkommenheitsprinzips?

Es folgen vier Argumente gegen vier bestimmte Arten der Veränderung (B7,3–10). Die ersten drei – gegen (a) Umgestaltung, (b) Schmerzen und (c) Betrübnis – sind im wesentlichen eine erneute Anwendung des generischen

Arguments, daß Veränderung die etablierten Prädikate (i) »ewig« und (iv) »homogen« negieren würde. Unter (b) indes fügt Melissos die Erwägung hinzu, daß Schmerzen zu fühlen für das Eine eine Verminderung seiner »Kraft« darstellen würde. Diese Bemerkung steht außerhalb der Schlußkette, enthält jedoch den wichtigen Hinweis, daß das Eine einer Gottheit angeglichen wird.[24] Die Gleichsetzung dessen, was primär existiert, mit Gott ist einmal mehr hinreichend vertraut für eine Zuhörerschaft, die darauf eingestimmt ist, das Werk Anaximanders, Anaximenes' und Heraklits ohne Argument anzunehmen. Es stellt aber außerdem eine Verbindung zu Parmenides her, bei dem wir fanden, daß er mit derselben Tradition konform ging, als er das Denken mit dem Sein identifizierte.

Das wichtigste Argument gegen eine bestimmte Form der Veränderung ist das gegen die Bewegung (B7,7–10). Es läßt sich folgendermaßen aufgliedern:[25]

(v)(d) Unbewegt

1. Ferner gibt es nichts Leeres. Denn das Leere ist nichts. Was mithin nichts ist, könnte schwerlich sein.
2. Auch bewegt es sich nicht. Denn es vermag nirgends auszuweichen, ist vielmehr voll. Wenn es nämlich Leeres gäbe, würde es ins Leere ausweichen. Da es aber so etwas wie Leeres nicht gibt, hat es nichts, wohin es ausweichen könnte. (Dichtes und Dünnes kann es nicht geben. Denn was dünn ist, kann unmöglich ebenso voll sein wie das Dichte; vielmehr ist, was dünn ist, eben deshalb schon leerer als das Dichte. Und das muß man zum Kriterium machen für die Unterscheidung zwischen dem, was voll, und dem, was nicht voll ist. Wenn etwas also ausweicht oder absorbiert, ist es nicht voll; wenn es dagegen weder ausweicht noch absorbiert, ist es voll.)
3. [Zusammenfassung:] Notwendigerweise ist es mithin (1) voll, wenn es so etwas wie das Leere nicht gibt; wenn es (2) also voll ist, bewegt es sich nicht.

Dies ist das erste uns überlieferte Argument, welches die Bewegung ausdrücklich vom Leeren abhängig macht (und zwar selbst dann das erste Argument, wenn die Abwesenheit des Leeren implizit bereits in der Widerlegung der Bewegung durch Parmenides enthalten sein mag). Ferner ist Melissos' Zurückweisung des Leeren, weil es nichts und daher inexistent ist, die Stelle, an der er dem Parmenideischen Verfahren am nächsten kommt, mittels der Logik von Sein und Negation zu argumentieren. Er negiert nicht ein *externes* Leeres, in welches das Eine sich hineinbewegen könnte; das zu tun ist kaum nötig, vorausgesetzt, daß das Eine in allen Richtungen unbegrenzt ist. Vielmehr bestreitet er jede *Beimischung* von Leerem, die es nämlich weniger als vollkommen dicht machen und daher eine Bewegung durch Kompression oder Wiederausdehnung erlauben würde: das ist der Punkt, auf den es bei der parenthetischen Feststellung in (2) ankommt.

Übrig bleibt der Schluß von (v)(d) »unbewegt« auf (vi) »unteilbar« (B10): Hier wird die Teilung als ein Prozeß aufgefaßt, der die Bewegung der Teile einschließt, welche getrennt werden. Schließlich kommen wir zu einem Schluß (B9), der sich schwerlich in die zusammenhängende Kette einfügen läßt, da es sich in Wirklichkeit um eine weitere Ableitung aus Prädikat (iii) handelt:

Unkörperlich
Wenn es eines ist, muß es so sein, daß es keinen Körper hat. Wenn es indes eine Masse hat, muß es Teile haben und kann nicht mehr eines sein.

Rätselhaft ist, daß das Eine, von dem gezeigt wurde, daß es vollkommen dicht und daher unbeweglich ist, sich nun als unkörperlich erweisen sollte. Im Prinzip erscheint es als wahrscheinlicher, daß Melissos hier bestreitet, das Eine habe einen Körper, einen mit organischen Teilen, und daß er dadurch eine anthropomorphe Auffassung des Göttlichen zurückweist. Zugegebenermaßen legt freilich die Bezugnahme auf »Masse« nahe, daß der Gedanke sich gegen die Körperlichkeit als solche richten sollte.

Genauso wie Parmenides das Vertrauen in die Sinne kritisiert hatte (B6), so wendete – offenbar in einem separaten Abschnitt seiner Abhandlung – auch Melissos seine ontologischen Schlußfolgerungen gegen die Sinne (B8):

Dieses Argument also ist der stärkste Beweis dafür, daß es [sc. das Seiende] eins allein ist; es gibt dafür aber auch noch die folgenden Belege:

Wenn es eine Vielzahl von Dingen gäbe, dann müßten diese Dinge von derselben Art sein, wie ich behaupte, daß das Eine sei. Wenn nämlich Erde und Wasser, Luft und Feuer, Eisen und Gold ist, wenn das eine lebendig und das andere tot ist und wenn es Schwarz und Weiß und all das andere gibt, wovon die Menschen sagen, daß es wahr sei, – wenn es all dies also gibt und wenn wir richtig sehen und hören, dann muß ein jedes gerade so beschaffen sein, wie es uns beim ersten Mal erschienen ist, und darf es nicht umschlagen oder anders werden; vielmehr muß ein jedes immerdar sein, wie es gerade ist.

Nun beanspruchen wir in der Tat, richtig zu sehen, zu hören und zu verstehen. Und das Warme scheint uns kalt zu werden und das Kalte warm, das Harte weich und das Weiche hart; ferner scheint das Lebendige einerseits zu sterben und andererseits aus etwas hervorzugehen, was nicht lebt; und all dies scheint sich zu ändern und nichts, was ehedem war und was jetzt ist, einander gleich zu sein; vielmehr scheint das Eisen, obwohl es hart ist, wenn ein Finger damit in Berührung kommt, sich durch diesen abzureiben, desgleichen Gold und Stein und anderes, was alles hart und fest zu sein scheint, und Erde und Stein scheinen aus Wasser zu entstehen.

Das stimmt nun freilich nicht miteinander überein. Obwohl wir nämlich sagten, daß es eine Vielzahl von Dingen gebe, die ewig seien und Formen und Festigkeit besäßen, scheint sich uns dennoch alles zu ändern und weg von dem umzuschlagen, was wir jeweils sehen. Somit ist klar, daß wir nicht richtig sehen und daß der Anschein, daß jene Vielfalt existiert, unkorrekt ist. Sie würden nämlich nicht umschlagen, wenn sie wirklich existieren würden; vielmehr *wäre* jedes Ding gerade so, wie es zuvor erschien. Denn nichts ist stärker als das, was wahrhaft ist. Wenn es jedoch umschlägt, ist das Seiende zugrundegegangen und das Nichtseiende entstanden.

Demnach also: Wenn es eine Vielzahl von Dingen gäbe, dann müßten sie gerade so beschaffen sein wie das Eine.

Was existiert, muß unveränderlich sein (Prädikat (v)). Wenn die Gegenstände der Sinne existieren würden, mußten sie unveränderlich sein. Doch die Sinne selbst stellen sie uns als veränderlich vor. Also sind die Gegenstände der Sinne trügerisch.

Rückblick

In den älteren Traditionen erforschte die Kosmologie die Zusammensetzung des Universums in erster Linie mit empirischen Mitteln. Sie bemühte sich, im Kreislauf der elementaren Transformationen einen privilegierten Stoff zu identifizieren und die Regelmäßigkeiten seines Verhaltens durch eine Angleichung an vertraute biologische, mechanische oder politische Ordnungsmodelle zu erklären. Weder Parmenides noch Melissos versuchen, die Disziplin der Kosmologie völlig zu verlassen. Vielmehr bleiben sie in ihr und stellen ihren Gebrauch empirischer Kriterien in Frage, durch den sie zu vielen rivalisierenden Antworten gelangt war – zu viel zu vielen, um Vertrauen einzuflößen. Deshalb empfehlen beide einen neuen Anfang, empfehlen, sich auf apriorische Prinzipien zu stützen und zu untersuchen, wie weit diese Prinzipien die möglichen Antworten auf die Fragen der Kosmologen einengen. Das Ergebnis ist schokkierend: Von all den differenzierenden Zügen, die die Kosmologen bislang zu ihren *explananda* gemacht hatten, kann das Universum aufgrund seiner vollkommenen Homogenität über Zeit und Raum keinen einzigen besitzen.

So weit besteht zwischen Parmenides und Melissos kein Unterschied, abgesehen von den stilistischen Differenzen, durch die Prosa sich typischerweise von Versen abhebt. Als ein naheliegendes Korollar zu ihrem apriorischen Vorgehen teilen die beiden darüber hinaus ein intensives Interesse an schlußfolgernder Methodik, wenngleich Melissos hier weiter geht, indem er seine Argumentation in eine klarere Gesamtarchitektur bringt. Sogar bei der Art von apriorischen Voraussetzungen, auf die sie sich berufen, könnte es gewisse Überlappungen geben, zum Beispiel bei den Erwägungen darüber, wie die Bewegung unter den Zwängen verfügbaren Raums stehen könnte. Dennoch ist dies der Punkt, an dem auch die größten Unterschiede zwischen ihnen festzustellen sind. Die Ausgangspunkte des Parmenides – die Prinzipien von Referenz und Negation, die Bedingungen des Denkens und das logische Verhalten des Verbs »sein« – befinden sich außerhalb der naturphilosophischen Tradition. Demgegenüber geht Melissos von eben der Art apriorischer Prinzipien aus, bei der seine kosmologisch eingestimmte Zuhörerschaft sich schon wohlfühlen dürfte: von der Unmöglichkeit einer Entstehung *ex nihilo* und von der Unendlichkeit von Raum und Zeit. Melissos läßt sich infolgedessen mit Zenon vergleichen. Jeder von ihnen machte sich auf seinem eigenen Weg daran, die Weltsicht des Parmenides gegenüber einer ungläubigen Zuhörerschaft dadurch zu verteidigen, daß sie in den eigenen Begriffen der jeweiligen Zuhörerschaft für diese Weltsicht warben. Zenon tat dies, indem er sich dialektisch auf ihre gemeinhin üblichen Annahmen über Raum und Zeit stützte. Melissos näherte sich derselben Aufgabe, indem er sich wie ein Naturtheoretiker auf die Prinzipien des gängigen wissenschaftlichen Denkens berief.

Anmerkungen

[1] Die Mehrzahl der im folgenden unterbreiteten Interpretationen findet sich auch in meinen beiden Artikeln »Melissos« und »Parmenides« in Craig [145].

[2] Zum Anfang von Parmenides' Gedicht siehe Most, in diesem Band S. 324f.

[3] Zur Einleitung des Gedichts mehr bei Lesher, in diesem Band S. 216.

[4] Archytas, DK 47 A24.

[5] Man beachte, daß Parmenides (B8,36–38) die Zeit ausdrücklich als eine selbständige Entität zurückweist, aber offensichtlich nicht das Gefühl hat, so etwas auch im Fall des Raums tun zu müssen. In Sedley [409] argumentiere ich, daß sogar der frühe Atomismus keinen entwickelten Begriff eines selbständig existierenden Raums hat, da das Leere bei ihm etwas ist, was den Raum *einnimmt*.

[6] Je nach der Emendation, die man sich anstelle des unmöglichen *ateleston*, »unbegrenzt« zu eigen macht. Ich selbst bevorzuge ›gleich(wiegend)‹.

[7] Siehe unter anderem die Diskussionsbeiträge von Owen [313) und Sorabji [129] Kap. 8.

[8] Am Ende von Vers 11 setze ich ein Komma und nicht, wie sonst üblich, einen Punkt.

[9] Wer gegen die Denken-Sein-Identität Widerstand leisten will, ist genötigt, diesen Text beispielsweise folgendermaßen zu übersetzen: »Denn dasselbe ist da, um es zu denken (d.h. als ein Gegenstand des Denkens) und um zu sein (d.h. als Subjekt von ›sein‹)« – als ein Musterbeispiel verquerer Syntax. Für eine eingehende Verteidigung der Denken-Sein-Identität siehe Long [305].

[10] Diese Beobachtung verdanke ich Tony Long.

[11] *oude chronos estin ē estai.* Diese Lesart in Vers 36 wird – auf der Grundlage des Berichts des Simplikios von diesem Text – von Coxon [270] gut verteidigt.

[12] Als das Subjekt zu *onomastai* das zu ergänzen, ›was ist‹ (das Seiende), ist ein Vorschlag von M. Burnyeat, »Idealism and Greek philosophy«, Philosophical Review 91, 1982, 19 Anm. 22, der von KRS, 252, übernommen wurde (in der deutschen Ausgabe S. 277).

[13] *Meizon* und *baioteron* in 44/45 bedeuten durchaus »größer« und »kleiner«, nicht »mehr« und »weniger«, wie dies in einigen modernen Übersetzungen des Parmenides nahegelegt wird.

[14] Mit ὁμῶς als der Lesart, die in Vers 1 gegenüber ὅμως eher den Vorzug verdient.

[15] Eine weitgehend gleiche Interpretation bei Bodnár [282].

[16] Für abweichende Darstellungen des Parmenides im Rahmen dieses Bandes siehe Graham, S. 150, Lesher, S. 219, und McKirahan, S. 143 A.15.

[17] Furley [293].

[18] Popper [316].

[19] Für weitere Erörterungen darüber, wie Parmenides den menschlichen Irrtum und die menschliche Erkenntnis behandelt, vgl. in diesem Band Lesher und Laks, S. 218 und 233.

[20] Argument (i): (B1) ἀεὶ ἦν ὅ τι ἦν καὶ ἀεὶ ἔσται. εἰ γὰρ ἐγένετο, ἀναγκαῖόν ἐστι πρὶν γενέσθαι εἶναι μηδέν· εἰ τοίνυν μηδὲν ἦν, οὐδαμὰ ἂν γένοιτο οὐδὲν ἐκ μηδενός. (B2, Anfang) ὅτε τοίνυν οὐκ ἐγένετο, ἔστι τε καὶ ἀεὶ ἦν καὶ ἀεὶ ἔσται. Argument (ii): (B2, Rest) καὶ ἀρχὴν οὐκ ἔχει οὐδὲ τελευτήν, ἀλλ' ἄπειρόν ἐστιν. εἰ μὲν γὰρ ἐγένετο, ἀρχὴν ἂν εἶχεν (ἤρξατο γὰρ ἄν ποτε γινόμενον) καὶ τελευτήν (ἐτελεύτησε γὰρ ἄν ποτε γινόμενον). ὅτε δὲ μήτε ἤρξατο μήτε ἐτελεύτησεν, ἀεί τε ἦν καὶ ἀεὶ ἔσται, οὐκ ἔχει ἀρχὴν οὐδὲ τελευτήν. In Frgm. 2 besteht keine Notwendigkeit, vor οὐκ ἔχει ἀρχὴν

mit Diels und anderen ein ⟨καὶ⟩ zu ergänzen: Es genügt, das vorangehende τε (anstatt als »sowohl...«) als »und« aufzufassen. Daß Argument (ii) sich auf räumliche Unendlichkeit bezieht (siehe insbesondere Reale [277]), ist in der englischsprachigen Literatur zu Melissos nicht immer gesehen worden. Für eine schätzenswerte Ausnahme siehe indes KRS, 393–395 bzw. 429–431 in der deutschen Ausgabe.

[21] Vgl. Heraklit, DK 22 B30.

[22] (B2, Ende) οὐ γὰρ ἀεὶ εἶναι ἀνυστόν, ὅτι μὴ πᾶν ἔστι. (B3) ἀλλ' ὥσπερ ἔστιν ἀεί, οὕτω καὶ τὸ μέγεθος ἄπειρον ἀεὶ χρὴ εἶναι. (B4) ἀρχήν τε καὶ τέλος ἔχον οὐδὲν οὔτε ἀίδιον οὔτε ἄπειρόν ἐστιν.

[23] Die Belegstelle stammt aus der Melissos-Paraphrase in der pseudo-aristotelischen Schrift *De Melisso, Xenophane, Gorgia.*

[24] Siehe DK 30 A13 für Berichte, daß Melissos das Eine mit Gott identifizierte.

[25] Die Analyse fußt auf Sedley [409] 178–179.

7 Zenon

Richard D. McKirahan Jr.

Von den wenigen Informationen, die wir über Zenons Leben haben, kommt das meiste aus dem Prolog von Platons *Parmenides*. Die Mehrzahl der Forscher akzeptiert Platons Auskunft, daß, als Sokrates »sehr jung« war (wiewohl alt genug, um sich ernsthaft an einer philosophischen Debatte zu beteiligen), Zenon 40 und Parmenides 65 Jahre alt war (*Parm.* 127a-b). Die Szenerie des *Parmenides* sind die alle vier Jahre stattfindenden Großen Panathenäen, und zwar nach den besten Ansätzen entweder die Panathenäen des Jahres 454 v.Chr., als Sokrates 15, oder die des Jahres 450 v.Chr., als er 19 Jahre alt war.[1] Auch Platons Bemerkung, Zenon wäre »wohlgewachsen und von angenehmem Aussehen gewesen, auch hätte er dafür gegolten, des Parmenides Liebling gewesen zu sein« (127b), ist durchaus möglich, wiewohl nicht anderweitig belegt. Selbst wenn die Szenerie des *Parmenides* historisch plausibel ist,[2] so läßt doch die notorische Unzuverlässigkeit von Platons Berichten über frühere Philosophen es als unklug erscheinen, sonst noch viel von dem zu glauben, was er sagt. Die im *Parmenides* geschilderte Unterhaltung fand mit Sicherheit nicht statt; und wir können billigerweise zweifeln, daß Sokrates die Philosophen aus Elea traf. Außerdem deutet Platon an, daß Zenons Abhandlung vor dem für die Szenerie des *Parmenides* vorausgesetzten Datum in Athen unbekannt war (127c); jedoch läßt er auch durchblicken, daß sie viele Jahre zuvor geschrieben worden sei, und er sagt, sie sei (offenbar bald nach ihrer Abfassung) ohne Zenons Zustimmung in Umlauf gewesen (128d) – Aufstellungen, die, obwohl sie sich nicht förmlich widersprechen, doch kaum miteinander in Einklang zu bringen sind.[3]

Platon erklärt, das Buch habe zum Ziel gehabt, Parmenides gegen diejenigen zu verteidigen, die absurde Konsequenzen herausstellen, welche sich aus der Ansicht des Parmenides ergeben, daß es nur einen einzigen Gegenstand gibt. Es enthielt Argumente, die zeigten, daß aus der Hypothese dieser Gegner – also »wenn es vieles gibt« – noch größere Absurditäten folgen als aus der von ihnen attackierten Ansicht (128c-d). In bezug auf all dies müssen wir freilich Vorsicht walten lassen. In der Tat bekräftigt alles, was wir über Zenon wissen, daß die Abhandlung eine Anzahl von Argumenten enthielt. Aber möglicherweise ließ das Buch das Ziel der Argumente unklar; Sokrates *erschließt* die Absicht, nachdem er es zu Ende gehört hat (128a-b). Wenn es so steht, sind Platons Behauptungen eine Interpretation, und zwar eine, die nach einer eingehenden Prüfung verlangt.

Tatsächlich läßt Platons Interpretation sich aus mehrerlei Gründen in Frage stellen, an erster Stelle und höchst offensichtlich aus folgendem Grund: Obwohl das Ziel von Zenons Werk nach Platon darin bestand, »gegen alles, was gesagt wurde, zu behaupten, daß es nicht vieles gibt; ... jedes deiner Argumente beweist dies« (127e), greifen mehrere der Argumente nicht die Vielfalt an, sondern die Bewegung; und andere richten sich gegen wieder andere Ziele. Darüber hinaus wurde die philosophische Verbindung bestritten, die nach Platons Behauptung zwischen Parmenides und Zenon besteht, der Zusammenhang, daß, während Parmenides positiv für einen radikalen Monismus argumentierte, Zenon diese Position mit Argumentationen gegen den Pluralismus verteidigte (128b-c). Noch schlimmer: einige haben die Auffassung vertreten, daß manche von Zenons Argumenten in Wirklichkeit ebenso sehr gegen Parmenides sprechen, wie das dessen Gegner tun. Wenn diese Vorhaltungen zutreffen, hat Platons Interpretation fatale Risse bekommen; dann ist alles, was von Zenon übrigbleibt, eine Anzahl von Argumenten mit wechselndem Verdienst. Für sich genommen lohnt jedes von ihnen erforscht zu werden; aber alle zusammen genommen ergeben sie nichts Ganzes.[4]

Im folgenden werde ich mich gegen den Strom dieser Interpretation wenden. Zugegeben, daß Zenons Bedeutung hauptsächlich in seinen einzelnen Argumenten liegt; zugegeben auch, daß Zenons Verbindung zu Parmenides untersucht zu werden verlangt; dann bleibt immer noch viel, was man für Platons Behauptung sagen kann, Zenons Absicht sei gewesen, es denen, die die eleatische Philosophie lächerlich machten, mit eigener Münze heimzuzahlen.

1. Zenons erstes Paradox

Das von Platon erwähnte Buch Zenons enthielt 40 Argumente gegen die Pluralität.[5] Was als ein einzelnes Zenonisches Argument zählt, ist nicht immer klar. Doch nach einer plausiblen Zählung ist etwa ein Dutzend Argumente auf uns gekommen,[6] von denen lediglich die Hälfte direkt die Pluralität angreift.

Nach Platon erfüllte das erste Argument diese Kennzeichnung. Es lief so: »Wenn das, was ist, eine Vielfalt bildet, so muß es sowohl ähnlich als auch unähnlich sein, was jedoch unmöglich ist; denn unähnliche Dinge können nicht ähnlich und ähnliche Dinge können nicht unähnlich sein« (*Parm* 127e). Platon interpretiert Zenon dahingehend, daß er argumentiert, daß, wenn es viele Dinge gäbe, sie unmögliche Eigenschaften hätten; deshalb gibt es nicht viele Dinge. Des weiteren interpretiert er dieses Argument als Unterstützung für den parmenideischen Monismus.

Ich werde diese Punkte in umgekehrter Reihenfolge aufnehmen. Was zunächst den Monismus betrifft, wird gelegentlich die Ansicht vertreten, Parmenides sei nicht wirklich ein Monist gewesen,[7] so daß Platons Interpretation von Zenon hoffnungslos verfehlt sei. Mit dieser Parmenides-Interpretation stimme ich nicht überein, kann zu diesem Punkt aber aus Platzgründen hier nicht argumentieren.[8] Auch wurde bemerkt, daß Monismus und Pluralismus nicht die einzig möglichen Auffassungen sind; das eine zurückzuweisen schließt nicht ein, das andere zu akzeptieren. Eine mögliche dritte Ansicht, nämlich daß nichts existiert, wurde im 5. Jahrhundert von Gorgias ins Spiel gebracht.[9] Diese Erwägung finde ich logisch in Ordnung, aber nicht überzeugend. Die Frage ist nicht, ob es andere formale Möglichkeiten gibt, sondern welche Ideen zur damaligen Zeit in Umlauf waren und wogegen Zenon sich wandte. Aus chronologischen Gründen hätte Gorgias seine Theorie schwerlich unterbreiten können, bevor Zenon sein Buch schrieb; und es gibt keinen Grund, anzunehmen, daß, als Zenon schrieb, Nihilismus in der Luft lag. Außerdem ist es, wenn Zenons Gegner »Verfechter der Pluralität« (128d) waren, eine korrekte Strategie, zu zeigen, daß ihre Ansicht unhaltbar ist. Sobald sie einmal von ihrer Position vertrieben sind, werden sie zugänglicher für die positiven Argumente sein, die Parmenides zugunsten des Monismus verbringt. Platon macht durchaus klar, daß Zenons Argumente nicht auf einen Beweis des Monismus hinauslaufen; als Sokrates suggeriert, daß sie es doch täten, antwortet Zenon, daß dem nicht so sei, daß sie vielmehr nur den Pluralismus angreifen (128b-d).

Zweitens läßt Platon erkennen, daß Zenons Argument formal unvollständig war. Zenon sagte, daß, wenn (a) das, was ist, eine Vielfalt bildet, es (b) sowohl ähnlich als auch unähnlich sein muß, daß aber (b) unmöglich ist. Es ist Sokrates, nicht Zenon, der den nächsten Schritt tut und schließt, daß die Unmöglichkeit von (b) die Falschheit von (a) mit sich bringt. Dieser letzte Schritt ist charakteristisch für die Argumente, die als *reductio ad absurdum* und *reductio ad impossibile* bekannt sind. Um *X* als falsch zu erweisen, zeige man, daß *X* *Y* nach sich zieht, wobei *Y* absurd oder unmöglich ist; weil *Y* absurd oder unmöglich ist, folgt, daß *X* falsch ist. Nun gehen alle uns überlieferten Argumente so vor, daß sie zeigen, daß aus einer Hypothese etwas Absurdes oder Unmögliches folgt, aber kein einziges von ihnen enthält diesen charakteristischen Zug. Deshalb wurde behauptet, daß Zenon »die *reductio ad absurdum* nicht als eine Technik zur Widerlegung verwendet«.[10] Obwohl logisch korrekt, überzeugt auch diese Behauptung nicht. Platon macht vollkommen klar, daß das Argument zum Ziel hat, (a) zu widerlegen. Wenn Zenon trotzdem davon absieht, wirklich den Schluß zu ziehen, daß (a) unmöglich ist, so macht doch der Zusammenhang klar, daß dies die Schlußfolgerung ist, die man ziehen soll (was sonst könnte der Punkt sein, um den es bei dem Argument geht?); und sobald wir einmal sehen, daß (b) unmöglich ist, erwartet Zenon von uns, daß wir von allein zu dieser Schlußfolgerung kommen. Das Argument ist eine *reductio*, wenn nicht formal, dann doch jedenfalls rhetorisch.

Drittens sagt Platon nicht, wie Zenon von (a) »wenn das, was ist, eine Vielfalt bildet« nach (b) kam: »dann muß es sowohl ähnlich als auch unähnlich sein«. Auch führt kein Weg dahin, präzise zu wissen, was er mit ›ähnlich‹ und ›unähnlich‹ meint. Schließlich kann der Grund, warum (b) als unmöglich angesehen wird, nämlich (c) »weder könnte das Unähnliche ähnlich noch das Ähnliche unähnlich sein«, auf mehr als auf nur eine Weise verstanden werden. Angesichts dieser Quellenlage ist es unmöglich, das Argument zuversichtlich zu rekonstruieren. Nach einer Darstellung lief es folgendermaßen: Wenn es viele Dinge gibt, dann gibt es zumindest zwei. Man nehme zwei von ihnen, *A* und *B*. *A* ist ungleich/unähnlich *B*, weil *A* sich von *B* in mindestens einer Hinsicht unterscheidet (*A* ist verschieden von *B*, aber *B* ist nicht verschieden von *B*). Entsprechend ist *B* ungleich/unähnlich *A*. Aber *A* ist gleich/ähnlich *A* (weil *A* in keiner Weise von *A* verschieden ist), und *B* ist gleich/ähnlich *B*. Folglich sind *A* und *B* sowohl gleich/ähnlich als auch ungleich/unähnlich. Falls dies der Gedankengang Zenons war, ist das Argument ungültig, weil *A* und *B* durchaus in der angezeigten Weise gleich/ähnlich und ungleich/unähnlich sein können; die behauptete Unmöglichkeit würde nur dann entstehen, wenn dieselben Dinge sowohl gleich/ähnlich als auch ungleich/unähnlich in bezug auf dieselben Dinge sind und das in derselben Hinsicht, zu derselben Zeit und so weiter.[11] Zenon mag diese Schlußfolgerung auf gültige Weise erreicht haben; in diesem Fall haben wir aber keinen Anhaltspunkt, wie er das schaffte.

Viertens ist das Argument eine Antinomie. In dieser besonderen Form einer *reductio ad impossibile* ist die Unmöglichkeit, die aus der Prämisse gefolgert wird, ein logischer Widerspruch der Form: »*p* und nicht-*p*«. Diese Art von Argument ist typisch zenonisch. Wir hören von anderen Argumenten, die zeigen, daß dieselben Dinge jeweils eines und viele und sowohl in Bewegung als auch in Ruhe sind (Platon, *Phaidros* 261d). Ein Argument ist erhalten, welches besagt, daß, wenn es viele Dinge gibt, dieselben Dinge zugleich begrenzt (*peperasmenon*) und unbegrenzt (*apeiron*) seien (DK 29 B3). Ein weiteres Argument schließt, daß jedes der vielen Dinge sowohl klein als auch groß ist (ein Teil dieses Arguments findet sich in B1–2). Die Argumente zur Bewegung lassen sich ebenfalls als Antinomien konstruieren.

2. Eine weitere Paradoxie der Vielheit

»Zenon erklärte, ... daß er, wenn ihm jemand darlegen sollte, was das eine Ding ist, in der Lage sein werde, von den Dingen zu sprechen, die sind« (Eudemos, *Phys.* Frgm. 7, zitiert bei Simplikios, *In phys.* 97,12–13). Dies war Zenons Herausforderung an die Pluralisten: Gebt mir eine kohärente Darstellung davon, was eines eurer vielen Dinge sein soll, und ich werde euch euren Pluralismus zugestehen. Dann fuhr er damit fort, die Unmöglichkeiten aufzuzeigen, die sich aus verschiedenen Konzeptionen des Pluralismus ergeben.[12]

Eines dieser Argumente, das sich offenbar gegen die Auffassung richtet, daß es dreidimensionale Körper gibt, schließt die Antinomie ein, daß, falls es viele Dinge gibt, sie sowohl klein als auch groß sind, insbesondere (a) so klein, daß sie keine Größe haben, und (b) so groß, daß sie unbegrenzt (*apeiron*) sind. Zenon ist nicht nur der Ansicht, daß (a) und (b) sich wechselseitig ausschließen, sondern vertritt auch die Auffassung, daß jede der beiden Seiten für sich ernsthafte Schwierigkeiten bietet.

Die Begründung für (a) ist nur unvollständig erhalten. Wir erfahren lediglich, Zenon habe argumentiert, daß jedes der vielen Dinge »mit sich selbst identisch und eines« ist; daraus schloß er dann, daß keines von ihnen eine Größe hat, und argumentierte anschließend, daß »alles, was keine Größe, keine Dicke und keine Masse hat, nicht existiert«, und zwar folgendermaßen:

Denn wenn es zu irgendetwas anderem, das existiert, hinzutreten würde, so würde es dieses um nichts größer machen. Denn wenn es keine Größe hat und doch hinzutreten würde, kann das Ding [zu dem es hinzutritt] nichts an Größe hinzubekommen. Und in dieser Weise ergäbe sich sofort, daß das Hinzutretende nichts wäre. Wenn aber, falls es davon abgeht, das andere um nichts kleiner wird und, falls es hinzutritt, jenes nicht wächst, so ist klar, daß das Hinzutretende nichts ist, und auch das Abgehende nichts. (B2)

Dann argumentierte Zenon für (b):

Wenn es aber existiert [oder: wenn sie (die vielen Dinge) existieren], muß jedes (einzelne) Ding eine gewisse Größe und Dicke haben und muß sich an ihm ein Teil vom anderen abheben. Derselbe Gedankengang gilt auch für den Vorsprung. Auch dieser wird nämlich eine Größe haben, und etwas von ihm wird vorspringen. Dies einmal zu sagen und es immer wieder zu sagen ist dasselbe. Denn kein solcher Teil von ihm wird der letzte sein, noch wird es einen Teil geben, der nicht zum Übrigen in Beziehung stünde. Wenn es daher viele Dinge gibt, müssen sie notwendigerweise sowohl klein als auch groß sein, derart klein, daß sie keine Größe haben, und derart groß, daß sie unbegrenzt sind. (B1)

Wenn es viele Dinge gibt, dann hat nach B2 jedes von ihnen eine Größe. Man betrachte also irgendeines von ihnen. Wir können daran einen Teil vom Rest unterscheiden. Dieser Teil hat seinerseits eine Größe (andernfalls würde er nach B2 nicht existieren), so daß wir davon wiederum einen Teil vom Rest unterscheiden können. Auch dieser Teil hat eine Größe, und so weiter bis ins Unendliche: wir erreichen niemals einen *letzte* Stufe der Unterteilung.

Zenon schließt: »Wenn es daher viele Dinge gibt, müssen sie notwendigerweise... groß sein, ... derart groß, daß sie unbegrenzt sind.« Üblicherweise nimmt man an, das Argument zeige, daß, was immer eine (endliche) positive Größe hat, eine unendliche Anzahl von Teilen besitzt, die jeder eine positive Größe haben, und daß Zenon irrte, indem er der Meinung war, die Summe einer unendlichen Anzahl positiver Größen müsse unendlich sein.[13] Jedoch deutet das Argument nicht in diese Richtung, und seine Schlußfolgerung läßt sich auf andere Weise verstehen. Das Problem ist nicht, wie sich das ursprüngliche Ding rekonstruieren läßt, sobald es einmal in eine unendliche Anzahl von Teilen zerlegt ist, sondern wie die Zerlegung zustandezubringen ist. Falls sie irgendwo stoppt, so daß wir an einem bestimmten Punkt die kleinsten Bausteine erreichen, aus denen das ursprüngliche Ding zusammengesetzt ist, ist der Regreß blockiert; *diese* Teile sind die, aus denen unsere Vielfalt gebildet wird. Demgegenüber zeigt Zenon, daß es keinen guten Grund gibt, die Zerlegung zu stoppen. Alles, was eine räumliche Ausdehnung hat, kann in Teile zerlegt werden, die ihrerseits räumlich ausgedehnt sind, so daß wir die Zerlegung im Prinzip niemals beenden können. Er schließt, daß jedes der vielen Dinge so groß ist, daß es eine unbegrenzte Anzahl von Teilen hat – ohne sich dazu zu verpflichten, zu der Frage Stellung zu nehmen, ob irgendetwas mit einer unendlichen Anzahl von Teilen eine endliche Größe haben kann.

Es ist wichtig zu beachten, daß das Argument nicht verlangt, *Materie* müsse unendlich teilbar sein. Natürlich, wenn es kleinste Einheiten von Materie gibt (wie beispielsweise im antiken Atomismus), kommt die *physikalische* Zerlegung an einem bestimmten Punkt zu einem Ende. Das Argument gilt jedoch auch für individuelle Atome. Mental können wir die rechte Hälfte von der linken Hälfte eines Atoms unterscheiden, und entsprechend die rechte Hälfte der rechten Hälfte von der linken Hälfte der rechten Hälfte; und dieser Prozeß mentaler oder »theoretischer« Zerlegung gelangt nie an ein Ende.[14] Alles, was das Argument verlangt, ist die Annahme, daß räumliche Ausdehnung kontinuierlich ist.[15]

3. *Apeiron* und Unendlichkeit

Wie Zenon den Begriff des *apeiron* und verwandte Begriffe in dem eben diskutierten Argument und – sehr viel bekannter – in einigen seiner Bewegungsparadoxien verwendet, das ist der Grund für den größten Teil der Aufregung, die, besonders im 20. Jahrhundert, von diesen Paradoxien ausgegangen ist.[16] *Apeiron* kann in bestimmten Zusammenhängen als »unendlich« wiedergegeben werden, und viele von Zenons Argumenten schließen einen unendlichen Regreß ein. Außerdem werfen bestimmte Argumente, besonders ›die Halbierung‹, der ›Achilles‹ und der ›Fliegende Pfeil‹, Fragen auf, die gar nicht angemessen behandelt werden konnten, bevor im 19. Jahrhundert die Theorie des mathematisch Unendlichen entwickelt worden war. Das bedeutsamste von all dem, was im 20. Jahrhundert an Arbeit über die Paradoxien geleistet worden ist, befaßt sich zum überwiegenden Teil damit, die Paradoxien in den Termini dieser Theorie und ihrer möglichen physikalischen Anwendungen zu interpretieren. Ich werde darauf zurückkommen. Jetzt jedoch will ich deutlich machen, daß diese ganze Arbeit in einem wichtigen Sinn anachronistisch und verschroben ist.

Es ist *eine* Sache, danach zu fragen, was Zenon oder irgendein anderer Philosoph mit dem, was er sagte, gemeint hat, und eine *andere*, zu fragen, was die Worte eines Philosophen für uns bedeuten. Ähnlich muß das, was für Zenon als ein Problem oder als eine Lösung zählte, nicht dasselbe sein wie das, was für uns als so etwas zählt. Der Philosoph, der Zenons Paradoxien ernst nimmt und sich an das Problem macht, welches sie aufwerfen, tut etwas anderes als der Philosophiegeschichtler, der das Ziel hat zu verstehen, was Zenon mit den Paradoxien meinte und was für ihn befriedigende Lösungen wären. Zumindest seit der Zeit des Aristoteles haben die Philosophen die Paradoxien als Rätsel angesehen, die einer Lösung bedürfen, und ihre Lösungen enthielten typischerweise Theorien, Begriffe und Unterscheidungen, die Zenon unbekannt waren. Es ist bemerkenswert, daß Zenon Puzzles formulieren konnte, die den Kern unserer Begriffe von Raum, Zeit und Bewegung berühren; das ist ein guter Grund, sie im Licht unserer eigenen Theorien zu prüfen. Wir müssen aber auch die oben getroffenen Unterscheidungen im Sinn behalten; und daß dies bei den Philosophiegeschichtlern und Philosophen häufig versäumt wurde, hat Zenon zu einem vielfach mißverstandenen Mann gemacht.

Was das Schlüsselwort *apeiron* betrifft, läßt sich sicher sagen, daß es zur Zeit Zenons nicht »unendlich« bedeutete. Es ist ein zusammengesetztes Wort, zusammengesetzt einerseits aus *a-* mit der Bedeutung »nicht« und andererseits entweder aus dem Nomen *peras* (Ende, Grenze), so daß als Bedeutung »unendlich«, »grenzenlos«, »unbestimmt« herauskommt, oder aus der Wurzel *per-* (durch, über – hinaus, vorwärts), so daß es »unfähig, hindurchzugelangen« oder das bedeutet, »was nicht von einem Ende zum anderen durchquert werden kann«. Zenon kontrastiert *apeiron* mit *peperasmenon*, »begrenzt« (B3): Bei Aristoteles haben diese Wörter die Bedeutungen »unendlich« und »endlich«. Aristoteles arbeitete eine Theorie des Unendlichen bis in technische Einzelheiten aus und setzte diese Theorie gegen Zenon ein; das 5. Jahrhundert kannte solche technische Bedeutungen nicht. Zur damaligen Zeit war etwas, was *apeiron* war, »unausschöpfbar«, »riesengroß«, »endlos«, so wie die »unerschöpflich hohe Luft« (Euripides, Frgm. 941) und »eine Ebene, grenzenlos so weit das Auge reicht« (Herodot, I,204). *Per definitionem* hat insbesondere all das, was *apeiron* ist, *keine* Grenzen. Was für Zenon *apeiron* ist, weist deshalb einen entscheidenden Unterschied gegenüber dem auf, was wir als unendlich ansehen, vor allem bei bestimmten unendlichen Folgen. Wir sind es gewohnt, zu denken, daß die unendliche Folge ½, ¼, ⅛, ... kein letztes Element, sehr wohl aber eine Grenze 0 hat, und daß die unendliche Teilsummenfolge ½, ¾, ⅞, ... ganz entsprechend kein letztes Summenglied, aber sehr wohl eine endliche Grenze hat, nämlich 1. Wenn die entsprechenden Überlegungen in *apeiron*-Begriffe gekleidet werden, würden sie für Zenon einen Widerspruch in sich selbst darstellen. Er behauptet, es sei unmöglich, eine *apeiron*-Folge von Aufgaben zu erledigen, eine, die *per definitionem* keine Grenze hat. Zu sagen, die Mathematiker würden beweisen, daß dies möglich sei, indem sie die Summe der ursprünglichen unendlichen Reihe als den Grenzwert der Teilsummen definieren, verdient eine verächtliche Erwiderung: »Durch die Vereinbarung einer Definition wird nichts möglich, vor allem dann nicht, wenn die Definition ein Widerspruch ist! Was *apeiron* ist, hat keine Grenze; und einfach zu erklären, daß manche *apeiron*-Dinge Grenzen hätten, bewirkt nicht, daß es sich auch in Wirklichkeit so verhält.«

Dies ist nicht das letzte Wort zu dem Thema, natürlich nicht. Es zeigt aber, daß, weil Zenons Begriff des *apeiron* nicht mit unserem Begriff des Unendlichen übereinstimmt, die Paradoxie in den Termini des Unendlichen zu entwickeln und sie in solchen Termini zu lösen bedeutet, eine andere Paradoxie zu entwickeln und zu lösen. Dies festzuhalten heißt nicht, zu behaupten, daß es für einen solchen Zugang überhaupt keinen Raum gebe, sondern es heißt nur, die Aufmerksamkeit darauf zu lenken, was wir tun, wenn wir alte Paradoxien mit modernen Werkzeugen angehen. Der moderne Begriff des Unendlichen ist der *apeiron*-Konzeption Zenons wirklich überlegen. Zum Beispiel unterscheidet er anders als Zenon zwischen verschiedenen Größen von Unendlichkeiten; er versetzt uns in die Lage, mathematische Operationen mit unendlichen Quantitäten vorzunehmen, unendliche Quantitäten in präziser Weise zu vergleichen und verschiedene Hinsichten zu spezifizieren, in denen ein einzelner Gegenstand unendlich sein kann. Wo Zenon schlicht behauptete, es sei unmöglich, eine *apeiron*-Folge von Aufgaben zu erledigen, wissen wir heute, daß einige unendliche Folgen von Aufgaben erfüllt werden können, einige andere freilich nicht, und wir können erklären, warum. Wie diese Beobachtungen auf die Paradoxien der Bewegung zutreffen, wird im folgenden deutlich werden.

4. Die Argumente gegen die Bewegung

»Es sind vier Argumente Zenons über die Bewegung, die denen, die die damit aufgeworfenen Probleme lösen wollen, solche Schwierigkeiten machen«, sagt Aristoteles (*Phys.* VI,9, 239b9), wo er das Quartett von Paradoxien referiert, die bis in die Gegenwart Schwierigkeiten verursacht haben und das allen Anzeichen zufolge wohl auch weiterhin tun werden. Ob diese Argumente zu den 40 Argumenten gegen die Vielheit gehörten, wird diskutiert. Wenn dies nicht der Fall war, dann tauchten in dem von Platon erwähnten Buch nicht alle Paradoxien Zenons auf; wenn sie aber doch dazugehörten, erweist sich die Bemerkung Platons, daß die Paradoxien in dem Buch alle gegen die Vielheit gerichtet gewesen seien, als dubios – wenngleich nicht als so zweifelhaft, wie manche denken, weil die Bewegung ja eine Vielheit von Orten und Zeiten einschließt. Außerdem haben wir gesehen, daß eine der Paradoxien, die sich mit Sicherheit gegen die Vielheit richtet, sich auf Annahmen über den Raum stützt.

Aristoteles, das ist typisch, betrachtet die Paradoxien als Rätsel, die nach einer Lösung verlangen; darauf, sie in Zenons Begriffen zu verstehen, ist er nicht aus. Er faßt sie in einer Art zusammen, bei der es um das nackte Knochengerüst geht, und präsentiert seine eigenen Lösungen, die sich meistenteils auf Begriffe gründen, welche er selbst entwickelt hat und die für Zenon nicht zugänglich waren. Ich werde drei der vier Paradoxien erörtern[17] und mit der ›Halbierung‹ und dem ›Achilles‹ beginnen, von denen Aristoteles erklärt, daß sie auf dasselbe hinauslaufen.

Die Halbierung

... daß es deshalb keine Bewegung gibt, weil das, was sich bewegt, bevor es das Ziel erreicht, erst einmal bis zur Hälfte der Strecke kommen muß (*Phys.* VI,9, 239b11). Es ist immer notwendig, die Hälfte der Strecke zu durchlaufen, diese [Hälften] aber sind unendlich (viele) (*apeiron*), und es ist unmöglich, eine unendliche Mannigfaltigkeit zu durchlaufen, ... (*Phys.* VIII,9, 263a5)

Der Achilles

Der langsamste Läufer wird niemals vom schnellsten eingeholt werden. Zuerst einmal muß der Verfolger nämlich den Punkt erreichen, von dem der Verfolgte gestartet ist, so daß der langsamere notwendig immer etwas Vorsprung hat. (*Phys.* VI,9, 239b14)

Wie Aristoteles die Sache sieht, ist der Achilles »dasselbe Argument wie die Halbierung, wenn es sich davon auch insofern unterscheidet, als es die hinzugenommene Größe nicht in zwei Hälften teilt« (*Phys.* VI,9, 239b18–20). Aristoteles löst beide Paradoxien mit Hilfe seiner Unterscheidung zwischen dem Unendlichen der Ausdehnung oder Quantität nach und dem Unendlichen der Teilung nach:

Mit den Dingen nun, die der Quantität nach unendlich sind, ist es unmöglich, in begrenzter Zeit in Kontakt zu kommen; aber mit denen, die der Teilung nach unendlich sind, ist das möglich. Denn auch die Zeit selbst ist in dieser Weise [d.h. der Teilung nach] unendlich. Somit ergibt sich, daß es das Unendliche in unendlicher und nicht in endlicher [Zeit] durchläuft und daß es mit unendlich vielen Dingen in unendlichen und nicht in endlichen [Zeiten] in Kontakt kommt. (*Phys.* VI,2, 233a26–31)

Obwohl die Paradoxien beide auf diese Art behandelt werden können, weisen sie sogar in den Zusammenfassungen des Aristoteles noch bedeutende Unterschiede auf. Die Halbierung dreht sich ausdrücklich um eine angebliche Eigenschaft des Unendlichen, während der Achilles das Unendliche gar nicht erwähnt, sondern sich um die Termini »immer« und »niemals« dreht. In der Form, in der wir die Paradoxien haben, unterliegen sie unterschiedlichen Analysen; ich werde sie getrennt vornehmen.

5. Die Halbierung

Das folgende ist eine ausführlichere Version der Halbierung:

Es gibt keine Bewegung. Bewegung schließt einen Übergang von einem Ort zum anderen ein. Man betrachte beispielsweise die Bewegung durch ein Stadion. Um von der Anfangslinie (A) zur Ziellinie (B) zu gelangen, müssen wir zuerst A_1 erreichen, den Mittelpunkt des Intervalls AB. Aber um von A_1 nach B zu gelangen, müssen wir zuerst A_2, den Mittelpunkt von A_1B erreichen, und so weiter. Jedesmal, wenn wir den Mittelpunkt eines Intervalls erreichen, haben wir noch ein weiteres Intervall zu durchmessen, welches seinen eigenen Mittelpunkt besitzt. Somit ist eine unendliche Anzahl von Intervallen zu durchlaufen. Eine unendliche Anzahl von Intervallen zu durchlaufen ist aber unmöglich. Daher können wir die Ziellinie nicht erreichen.

Nach einer alternativen Darstellung argumentiert Zenon, daß, um A_1 zu erreichen, wir zuerst den Mittelpunkt des Intervalls AA_1 usw. erreichen müssen. Der Unterschied zwischen diesen Ausdeutungen des Arguments läßt sich rhetorisch wirksam folgendermaßen darstellen: Nach der ersten Version ist man nicht in der Lage, eine Bewegung *zu Ende* zu *bringen*, nach der zweiten nicht in der Lage, sie zu *beginnen*. Der Punkt, auf den es ankommt, ist beidemal derselbe: Bewegung erweist sich als unmöglich, und zwar deshalb, weil jede Bewegung eine endlose Folge von Aufgaben einschließt.

Zenon attackiert die Auffassung, daß es eine Bewegung gibt. Wir können uns vorstellen, daß die Halbierung Teil einer Antinomie war: (a) Wenn es eine Bewegung gibt, dann erfordert die Bewegung von A nach B eine begrenzte

Anzahl von Schritten. (Dies ist unsere gewöhnliche Auffassung; zum Beispiel können wir 100 m in 100 Schritten von je 1 m überbrücken.) (b) Wenn es eine Bewegung gibt, dann erfordert die Bewegung von *A* nach *B* eine unbegrenzte Anzahl von Schritten. (Dies folgt aus einer Beschreibung der Bewegung, wie sie in der Halbierung gegeben wird.)[18]

Unabhängig davon, ob diese imaginäre Rekonstruktion korrekt ist oder nicht, argumentiert die Halbierung, daß eine Annahme, die im Gegensatz zu einer der Ansichten des Parmenides steht, hier zu der Ansicht, daß das, was ist, sich nicht bewegt, eine logische Unmöglichkeit enthält. Jeder, der glaubt, daß es Bewegung gibt, ist zu der Annahme verpflichtet, daß es möglich ist, ans Ende einer endlosen Folge von Unterbewegungen zu gelangen. (Mit anderen Worten: Es ist möglich, eine unabschließbare Folge abzuschließen, das Ende einer endlosen Folge oder die Grenze einer unbegrenzten Folge zu erreichen). Das ist aber schlechterdings unmöglich. Wenn die Folge endlos ist (oder unvollendbar, unbegrenzt oder unabschließbar), dann hat sie kein Ende (keine Vollendung usw.), so daß es keine Möglichkeit gibt, ihr Ende zu erreichen.

Um der Schlußfolgerung Zenons entgegenzutreten, müssen wir zeigen, daß Bewegung nicht das Unmögliche einschließt. Eine Antwort ist die des Kynikers Antisthenes, der, »weil er Zenons Argumenten gegen die Bewegung nicht widersprechen konnte, aufstand und einen Schritt machte, wobei er dachte, daß ein Beweis durch etwas Evidentes strenger sei als jeder argumentative Widerstand« (Elias, *In cat.* 109,20–22) – eine komisch unangemessene Zurückweisung, weil Zenon nicht bestritt, daß unsere Sinne uns sagen, daß es Bewegung gibt. (Die Eleaten wiesen die Sinne konsequenterweise als unzuverlässig zurück.) Einfach ein weiteres Beispiel augenscheinlicher Bewegung anzubieten, deren Realität Zenon bestreiten würde, bedeutet, daß Antisthenes entweder Zenons Punkt vollständig mißverstanden hat oder das Bedürfnis verspürte, (sich selbst, wenn nicht Zenon gegenüber) zu beweisen, daß er sich immer noch bewegen konnte.

Ein anderer Weg, Zenons Schlußfolgerung zu vermeiden, ist, zu zeigen, daß er die Situation falsch beschreibt. Die Paradoxie entsteht nicht, falls es nicht zutrifft, daß wir den Mittelpunkt erreichen müssen, bevor wir das Ende erreichen, und daß jedesmal, wenn wir einen Mittelpunkt erreichen, das, was übrigbleibt, ein Intervall mit einem Mittelpunkt ist, der erreicht werden muß, bevor das verbleibende Intervall durchlaufen wird. Gegen diese Beschreibung läßt sich jedoch nichts einwenden: Um die ganze Distanz zu laufen, müssen wir die halbe Distanz laufen, dreiviertel von ihr usw. Solange der Raum kontinuierlich ist, wie wir das (vermutlich zusammen mit Zenons Gegnern) intuitiv denken und wie moderne Physiker dem nicht widersprechen, findet die Folge kein Ende.

Ein dritter Weg zur Vermeidung der Konsequenz besteht in dem Nachweis, daß, wenn Zenon die Situation auch nicht wirklich falsch beschreibt, seine Beschreibung gleichwohl nicht hilfreich ist; eine hilfreichere Beschreibung wäre die, daß wir zur Erreichung der Ziellinie irgendeine bestimmte Anzahl von Schritten machen müssen – eine Aufgabe, die wir ohne Schwierigkeit erfüllen können. Die Idee hinter dieser Entgegnung ist die, daß Bewegung möglich ist, falls es zu ihr eine Beschreibung gibt, die keine Unmöglichkeit einschließt. Dieser Zugang verwickelt Zenon jedoch in ein unfaires Gefecht. Zenon braucht nicht zu behaupten, daß jede korrekte Beschreibung der Bewegung zu einem Widerspruch führe, sondern nur, daß wenigstens eine korrekte Beschreibung dahin führt.

Zudem unterstützen wir in Wirklichkeit Zenons Sache, wenn wir herausstreichen, daß Bewegung ohne einen Widerspruch korrekt beschrieben werden kann. Zenon kann daraufhin nämlich behaupten, die Existenz der Bewegung enthalte die oben erwähnte Antinomie, daß eine beliebige gegebene Distanz zu durchlaufen sowohl möglich ist (wie wir das herausstellen) als auch unmöglich (wie die Halbierung beweist) – ein Widerspruch, der die Voraussetzung widerlegt, es gebe Bewegung.

In jedem Fall kann Zenon die alternative Beschreibung akzeptieren. Wenn es 100 Schritte erfordert, um die Ziellinie zu erreichen, müssen wir zuerst 50 machen, dann 25, dann 12 ½ und so weiter. Der Opponent wird einwenden, Bruchteile von Schritten seien in seiner Beschreibung nicht erlaubt. Aber Zenon kann zustimmen, daß der Bruch-Schritt kein Schritt sei (12 ½ Schritte sind nicht zwölf volle Schritte plus ein kürzerer Schritt, insgesamt 13 Schritte), jedoch immer noch erklären, daß einen Schritt zu machen heißt, seinen Fuß von *A* nach *B* zu bewegen, und indem man das tut, bewegt der Fuß sich zuerst zum Mittelpunkt zwischen *A* und *B* und so weiter, so daß der Regreß sein garstiges Haupt nach wie vor erhebt. Zenons Herausforderung an die Pluralisten, eine kohärente Darstellung davon zu geben, was es heißt, eins ihrer vielen Dinge zu sein, gilt auch hier. Es genügt nicht zu sagen, daß die Bewegung als 100 Schritte beschrieben werden kann, wobei der Schritt die Bewegungseinheit ist. Zenon kann seinen Punkt fairerweise gegen diese Einheit zur Geltung bringen, und wenn er das tut, bricht der Widerstand zusammen.

Ein weiterer Zug ist, zu akzeptieren, daß es, um von *A* nach *B* zu gelangen, eine unbegrenzte Anzahl von Intervallen zu durchlaufen gilt, dann aber einzuwenden, daß Zenon irrt, indem er annimmt, daß es eine unbegrenzte Menge Zeit erfordere, um sie alle zu durchqueren. Für »unbegrenzt« können wir hier auch »unendlich« einsetzen, ohne das Argument zu beeinträchtigen. Natürlich, wenn es dieselbe Länge von Zeit erfordert, um jedes der unendlich vielen Intervalle zu durchlaufen, wird die Gesamtzeit unendlich sein. Dies ist die Art, wie Aristoteles die Paradoxie interpretierte – und er löste sie, indem er eine Unterscheidung traf zwischen ›unendlich sein der Teilung nach‹ und ›unendlich sein der Ausdehnung nach‹. Die Halbierung basiert auf der unendlichen Teilbarkeit von Strecke und Bewegung, und sie impliziert nicht, daß die gesamte Distanz der Ausdehnung nach unendlich sei. Was die benötigte Zeit angeht, gibt es keinen Grund anzunehmen, daß sie etwa der Ausdehnung nach unendlich wäre; wie Strecke und Bewegung, so ist auch die Zeit der Teilung nach unendlich. Wenn ½ Minute nötig ist, um ½ Distanz zu überbrücken, wird ¼ Minute für ¼ Distanz erforderlich sein usw. Ebenso wie die Distanz der Bewegung insgesamt begrenzt ist, wird so auch die verstrichene Zeit insgesamt begrenzt sein. Wie auch immer, die Halbierung sagt nichts darüber, ob zur Überwindung der Distanz ein unendliches Ausmaß an *Zeit* erforderlich ist. Sie richtet sich einfach auf die angebliche Unmöglichkeit, eine unendliche Anzahl von Dingen zu durchlaufen, und nicht auf die Unmöglichkeit, sie in endlicher Zeit zu durchlaufen. So ergibt sich, daß der Einwand des Aristoteles (ebenso wie seine Lösung) danebengeht, weil er Zenon einen Irrtum zuschreibt, den begangen zu haben es keinen Grund gibt, von Zenon anzunehmen.

Nach diesen abwegigen Einwänden wollen wir nun Zenons Gedankengang prüfen. Wie Aristoteles das Argument präsentiert, hat es drei Prämissen:

1. Die Hälfte der Strecke zu durchlaufen ist immer notwendig.
2. Diese [*sc.* die halben Strecken] sind unendlich viele.
3. Es ist unmöglich, eine unendliche Anzahl von Dingen zu durchlaufen.
   Daher:
4. Es ist unmöglich, die gesamte Distanz zu durchlaufen.

Die ausführlichere Version am Anfang dieses Abschnitts formuliert die Prämissen neu, so daß die Konsequenz (4) sich schlüssig ergibt. Wie zuvor gehe ich davon aus, daß Zenons Gegner den Prämissen (1) und (2) zustimmen werden. Was ist mit Prämisse (3)?

An dieser Stelle ist es nützlich, den Begriff des mathematisch Unendlichen ins Spiel zu bringen. Denn Zenons Beschreibung der Situation, weit entfernt davon, irgendeine logische Unmöglichkeit einzuschließen, läßt einige Züge des Unendlichen erkennen – Züge, die uns als sonderbar und kontraintuitiv vorkommen mögen und die für endliche Ansammlungen falsch sind, die sich aber unvermeidlich ergeben, wenn man das endliche Intervall *AB* als aus einer unendlichen Anzahl von Teilintervallen zusammengesetzt beschreibt.

Es gibt eine unendliche Anzahl natürlicher Zahlen: 1, 2, 3, ... In der Halbierung läßt sich die Folge der Intervalle, die durchlaufen werden sollen, in eine Eins-zu-eins-Korrespondenz mit der Folge der natürlichen Zahlen bringen. Das erste Intervall, AA_1 (die halbe Distanz von *A* nach *B*), entspricht der Nummer 1, das zweite Intervall, A_1A_2 (die halbe Distanz von A_1 nach *B*), der Nummer 2, und so weiter. Es gibt genau eine Nummer für jedes Intervall und genau ein Intervall für jede natürliche Zahl. Wie weit wir nun die natürlichen Zahlen auch zählen, es gibt immer noch mehr; und ebenso gibt es, wie viele Intervalle wir auch durchlaufen, immer noch mehr. Es gibt keine höchste Zahl und kein letztes Intervall. Wenn »eins«, »zwei« usw. zu sagen ein Akt des Zählens ist, dann gibt es keinen letzten Akt des Zählens, welcher die natürlichen Zahlen ausschöpfen würde. Entsprechend gibt es keinen Akt, ein Intervall zu durchlaufen, der der letzte solche Akt beim Durchlaufen von *AB* wäre. Wir können keine dieser Folgen durchlaufen, wenn wir ihre Elemente der Reihe nach durchlaufen.

In bestimmten Fällen ist ferner die Summe einer unendlichen Folge von Zahlen endlich. Insbesondere betrachte man die Folge, die sich in der Halbierung spiegelt: $1/2$, $1/4$, $1/8$, ..., und nenne diese Folge *T*. Sie ist eine unendliche Folge, da sie eine unendliche Anzahl von Elementen hat. Diese Elemente entsprechen den Längen der Intervalle, die beim Durchqueren des Stadions durchlaufen werden müssen. Die Summe der ersten n Glieder von *T* nennen wir die n-te Teilsumme von *T* und bezeichnen sie als S_n. Dann ist $S_1 = 1/2$, $S_2 = 3/4$, usw. Nun stehe *S* für die Folge der Teilsummen S_1, S_2, S_3, ... Die Elemente von *S* entsprechen den Gesamtentfernungen, die nach jedem Zug zurückgelegt sind: ½ Stadion nach dem ersten Zug, ¾ nach dem zweiten, usw. Es gibt kein letztes Element von *T* und daher auch kein letztes von *S*. Weil die Elemente von *T* alle größer als Null sind, wächst mit n auch S_n. Weil aber jedes Element von *T* nur halb so groß ist wie das vorangehende, ist der Betrag, um den S_n wächst, jedesmal nur halb so groß wie der Betrag beim vorangehenden Mal. Tatsächlich sind alle Teilsummen kleiner als 1. Das ist ganz genau so wie in der Situation, die Zenon beschreibt. Wieviele Intervalle wir auch durchlaufen, haben wir dennoch nicht die Zielline erreicht (d.h. für alle n gilt S_n 1). Außerdem kommt, wenn n wächst, S_n so nahe an 1 heran, wie wir das wollen (in dem präsisen mathematischen Sinn, daß für jedes beliebige x, gleichgültig wie klein es ist, sich ein y finden läßt derart, daß gilt: 1 − x S_n). Unter diesen Umständen definieren die Mathematiker den Grenzwert von S_n, falls n nach unendlich geht, als 1. Das bedeutet präzise gesprochen, daß, wenn n größer und größer wird (oder wenn n nach unendlich geht), S_n so nahe an 1 herankommt, wie wir das wünschen. Es bedeutet nicht, daß n jemals einen Wert ›unendlich‹ oder das S_n jemals den Wert 1 erreicht, und so verlangt es von uns nicht, davon zu sprechen, daß eine unendliche Anzahl von Aufgaben erfüllt werde.

Diese Beschreibung paßt vorzüglich auf die Bewegung zur Durchquerung des Stadions. Ganz egal, wie viele Intervalle wir bereits durchlaufen haben, wir haben noch nicht die Ziellinie erreicht. Weil die Teilsummen aber der Gesamtentfernung entsprechen, die nach der Durchquerung des jeweils nächsten Teilintervalls zurückgelegt sind, entspricht der Grenzwert der Teilsummen der gesamten zurückzulegenden Entfernung, der ganzen Länge des Stadions. Je mehr Intervalle wir durchlaufen, desto näher sind wir der Ziellinie. Wir können so dicht an die Ziellinie herankommen, wie wir das wünschen – jedenfalls in dem Sinn, daß es für jede gegebene Entfernung von der Ziellinie, wie klein sie auch sein mag, eine endliche Anzahl von Intervallen gibt derart, daß, nachdem wir sie einmal durchquert haben, wir um weniger als die vorgegebene Distanz von der Ziellinie entfernt sind, selbst wenn es kein Intervall mit der Eigenschaft gibt, daß wir nach der Durchquerung dieses Intervalls die Ziellinie erreichen würden.

Wir können nun zur Prämisse (3) zurückkehren. Zenons Behauptung, daß es unmöglich sei, eine unendliche Anzahl von Dingen zu durchlaufen, ist korrekt, indem wir sie nicht durchlaufen können, falls wir sie eins nach dem anderen nehmen. Es gibt in der unendlichen Folge von Intervallen kein letztes Intervall und folglich auch kein letztes zu nehmen. Mit anderen Worten: Es gibt in der unendlichen Folge kein Intervall von der Art, daß wir, wenn wir dieses durchlaufen, die Durchquerung des Stadions zum Abschluß bringen. Das heißt aber nicht, daß wir das Stadion überhaupt nicht durchlaufen könnten. Die Illusion, daß es dies heiße, kommt von unserer Neigung her, in endlichen Termini zu denken. Wenn zur Durchquerung des Stadions 100 Schritte erforderlich sind, dann verlangt die Durchquerung des Stadions von uns, alle 100 Schritte vollständig zu tun; die Durchquerung des Stadions vollenden wir dann mit dem letzten Schritt. In dieser Weise erwarten wir, daß, wenn die Durchquerung des Stadions von uns die Durchquerung einer unendlichen Folge von Intervallen verlangt, wir die Durchquerung des Stadions mit der Durchquerung des letzten Intervalls zum Abschluß bringen. Weil es aber kein letztes Intervall gibt, scheint zu folgen, daß wir die Durchquerung des Stadions nicht hinbekommen können. Ebenso wie wir eine Reise von 100 Schritten mit dem 100. Schritt vollenden, so erwarten wir, daß wir eine Reise durch eine unendliche Folge von Intervallen mit der Durchquerung des unendlichsten Intervalls vollenden. Weil wir eine unendliche Anzahl von Aufgaben aber nicht eine nach der anderen erfüllen können, scheint zu folgen, daß wir die Reise nicht vollenden können.

Aber diese Ergebnisse folgen nicht. Im vorliegenden Fall durchqueren wir das Stadion, indem wir 100 Schritte machen. Weil es als eine unendliche Folge von Intervallen beschrieben werden kann, schließt die Durchquerung des Stadions ein, sie alle zu durchqueren. Wenn wir folglich das Stadion mit 100 Schritten durchquert haben, haben wir die unendliche Folge von Intervallen durchquert – sie allesamt. Das ist einfach eine Konsequenz aus Zenons Beschreibung der Bewegung. Sie schließt aber nicht ein, daß wir das (inexistente) letzte Intervall durchquert hätten.

Eine Art, diesen Punkt zur Geltung zu bringen, ist, daß, um eine endliche oder eine unendliche Anzahl von Zügen zu durchlaufen, wir sie alle durchlaufen müssen. (Wenn wir die Ziellinie erreichen, haben wir alle 100 Schritte getan und haben die ganze unendliche Folge von Intervallen durchquert.) Aber während eine endliche Folge zu durchlaufen einschließt, den letzten Zug zu tun (den 100. Schritt), schließt eine unendliche Folge zu durchlaufen das nicht ein. Das bedeutet, daß es keine Möglichkeit gibt, eine unendliche Folge von Zügen zu durchlaufen, wenn man sie einen nach dem anderen macht. Wenn es freilich eine andere Möglichkeit gibt, die Züge zu machen, könnte es möglich sein, sie alle zu durchlaufen. Mit anderen Worten: Prämisse (3) trifft zu für Fälle, wo wir die »unendlich vielen Dinge« eins nach dem anderen nehmen; sie gilt aber nicht notwendig für andere Weisen, sie zu nehmen. Im vorliegenden Fall durchqueren wir die unendliche Folge von Intervallen als Ergebnis davon, daß wir 100 normale Schritte machen; somit trifft Prämisse (3) hier nicht zu.

Die Halbierung geht daneben. Sie versucht zu zeigen, daß unsere gewöhnlichen Annahmen über die Bewegung zu einem Widerspruch führen: Wir glauben, das Stadion durchqueren zu können; aber die Prämissen (1), (2) und (3) schließen ein, daß wir es nicht können. Unsere gewöhnlichen Annahmen verpflichten uns, (1) und (2) zu akzeptieren. Aber die Plausibilität von (3) hängt von einer bestimmten Art ab, unendliche Folgen von Aufgaben anzugehen. Falls es da andere Arten gibt, und insbesondere wenn es eine andere Art gibt, die in der Durchquerung des Stadions mit endlich vielen Schritten (von endlicher Größe) enthalten ist, dann müssen wir den Punkt, auf den es Zenon ankommt, nicht zugestehen. In der Tat gibt es solch eine andere Art. Wir können seine revidierte Beschreibung der Bewegung (die Prämissen (1) und (2)) akzeptieren und zeigen, daß sie, weit davon entfernt, die Existenz der Bewegung zu widerlegen, damit vielmehr vollkommen kompatibel ist. (Und dieses willkommene Ergebnis hat Bestand.) Bei der Durchquerung des Stadions mit 100 Schritten bringen wir Zenons erstes Intervall nach 50 Schritten zum Abschluß. Nach 25 weiteren vollenden wir sein zweites Intervall. Sobald wir nochmals 13 Schritte getan haben, haben wir die Durchquerung des dritten abgeschlossen. (Wir sind 88 m gelaufen, und das dritte Intervall endet bei 87,5 m.) Entsprechend haben wir das vierte, fünfte und sechste Intervall hinter uns gebracht, sobald wir 94, 97 bzw. 99 Schritte gelaufen sind. Sobald wir 100 Schritte getan haben, haben wir die Durchquerung aller verbliebenen Intervalle abgeschlossen – eine unendliche Anzahl. Wirklich, es *ist* möglich, Dinge, die in dieser Weise unendlich sind, zu durchlaufen; und das ist genau das, was wir brauchen, um die Halbierung zu widerlegen. Anders als die früheren Lösungsversuche, die gegen Zenon unfaires Geschütz auffuhren, begnügt die vorliegende Lösung sich nicht einfach damit, eine alternative Beschreibung der Bewegung hinzustellen, die keine Unmöglichkeit ins sich schließt. Vielmehr zeigt sie darüber hinaus, daß Zenons revidierte Beschreibung der Bewegung nicht bloß keine Unmöglichkeit einschließt, sondern in Wirklichkeit Konsequenzen mit sich bringt, die mit der Existenz von Bewegung vereinbar sind – Konsequenzen, die ernsthafte Schwierigkeiten verursachen würden, wenn sie aus den beiden ersten Prämissen Zenons *nicht* folgen würden.

6. Der Achilles

Es folgt eine ausführlichere Version des Achilles:

Achilles wird die Schildkröte niemals einholen, obwohl er schneller als die Schildkröte rennt. Wenn er den Punkt erreicht, von dem die Schildkröte gestartet ist (A), wird diese sich um eine bestimmte Strecke bis zu einem neuen Punkt (A_1) entfernt haben, wie klein diese Strecke auch immer sein mag. Wenn Achilles A_1 erreicht, wird die Schildkröte sich zu einem weiteren Punkt (A_2) fortbewegt haben, und so fort. Jedesmal, wenn Achilles einen Punkt erreicht, wo die Schildkröte war, ist diese nicht mehr da. Sie ist immer voraus; und so wird Achill sie nie einholen.

Wie früher bereits vermerkt dreht diese Paradoxie sich um »niemals« und »immer«, nicht um Eigenschaften unendlicher Folgen, unbeschadet des Umstands, daß das Wettrennen in Zenons Beschreibung tatsächlich aus einer unendlichen Folge von Abschnitten oder Teilaufgaben besteht. Die Paradoxie wird in der Perspektive Achills entwickelt, da er ja um die Wette läuft. Achilles wird niemals alle Teilaufgaben erledigen, die erfüllt werden müssen, um die ursprüngliche Aufgabe zu erfüllen, jedenfalls in dem Sinne nicht, daß, wieviele Teilaufgaben er zu irgendeinem Zeitpunkt auch erledigt haben mag, immer noch mehr zu erledigen sind. Unter diesen Umständen hilft es nicht, darauf hinzuweisen, daß er an die Schildkröte (in dem auf S. 134 definierten Sinne) so nahe herankommt, wie er will, oder daß er die Schildkröte einholt, sobald er eine Strecke der Länge XY/(Y – Z) gelaufen ist und dafür eine Zeit X/(Y – Z) gebraucht hat, wobei X die ursprüngliche Vorgabe für die Schildkröte, Y die Geschwindigkeit Achills und Z die Geschwindigkeit der Schildkröte ist. Das Problem ist nicht, daß es keinen Zeitpunkt gibt, zu dem Achill die Schildkröte einholen wird, oder daß es keinen Raumpunkt gibt, wo ihm das gelingt, sondern daß diesen Punkt zu erreichen (und schlußendlich zu diesem Zeitpunkt zu gelangen) etwas zu tun erfordert, was unmöglich ist.

Nach der natürlichen Art, die Wörter ›immer‹ und ›niemals‹ aufzufassen, bedeutet »Die Schildkröte ist immer voraus«: »Die Schildkröte ist zu jeder Zeit voraus«; und »Achilles holt die Schildkröte niemals ein« bedeutet: »Es gibt keinen Zeitpunkt, zu dem Achilles die Schildkröte einholt«. Die Paradoxie entwickelt allerdings nicht *diese* Behauptungen. Sondern sie verlangt von uns, die beiden Sätze anders aufzufassen: den Satz »Die Schildkröte ist immer voraus« im Sinn von »Zu jeder Zeit während des Rennens (d.h. solange Achilles aufholt) ist die Schildkröte voraus«; und den Satz »Achilles holt die Schildkröte niemals ein« im Sinn von »Während des Rennens gibt es keinen Zeitpunkt, zu dem Achilles die Schildkröte einholt«. »Die Schildkröte ist immer voraus, solange Achilles aufholt« schließt selbstverständlich nicht ein, daß die Schildkröte immer voraus ist. Trotzdem ist die harmlose erstere Behauptung alles, was die Paradoxie beweist, gibt dabei aber vor, die letztere Behauptung zu beweisen. Es ist die letztere und nicht die erstere, die unseren gewöhnlichen Auffassungen über die Bewegung widerspricht. Es wäre erschreckend, zu erfahren, daß Achilles die Schildkröte überhaupt niemals einholen würde; demgegenüber ist es ganz willkommen, wirklich nicht überraschend und im Grunde tautologisch, zu erfahren, daß er die Schildkröte zu keinem Zeitpunkt einholt, bevor das Rennen vorüber ist, d.h. bevor er sie einholt.

Der Achilles geht daneben, weil er auf Mehrdeutigkeit spekuliert. Außerdem entwickelt er eine unendliche Folge von Aufgaben, die derselben Analyse unterliegt wie die Folge von Intervallen in der Halbierung. Die Folge hat kein abschließendes Element und kann nicht dadurch vollendet werden, daß die Aufgaben eine nach der anderen erledigt werden (so stellt die Paradoxie es dar, daß Achilles die Aufgabe zu erfüllen versucht). Aber genau wie in der vorangehenden Erörterung der 100. Schritt (mit konstanter Länge), den wir bei der Durchquerung des Stadions machten, uns in die Lage brachte, die gesamte unendliche Folge von Intervallen durchlaufen zu haben, von der die Halbierung zeigt, daß wir sie durchlaufen müssen, so wird Achilles, wenn er seinen letzten (gleich langen) Renn-Schritt gemacht hat, die ganze unendliche Folge von Aufgaben erledigt haben, von denen die Paradoxie zeigt, daß er sie erfüllen muß. Wir haben hier wieder eine willkommene Situation, die unsere gewöhnlichen Auffassungen über die Bewegung eher rechtfertigt als unterminiert.

7. Der fliegende Pfeil

Wenn alles immer dann im Ruhezustand ist, wenn es an einem Ort ist, der mit ihm selbst gleich ist, und wenn das, was sich bewegt, immer »im Jetzt« ist, dann ist ein Pfeil, der sich schnell bewegt, unbewegt. (Aristoteles, *Phys.* VI,9, 239b5–7)

Dieses Argument läßt sich folgendermaßen analysieren:

1. Wenn etwas zu einer Zeit t einen Raum einnimmt, der mit dem Gegenstand selbst gleich ist, dann ist es zur Zeit t in Ruhe.
2. In jedem Augenblick (»Jetzt«) seines Flugs nimmt der Pfeil einen Raum ein, der mit ihm selbst gleich ist.
3. Zu jedem Augenblick (»Jetzt«) seines Flugs ist der Pfeil in Ruhe. (aus (1) und (2))
4. Was sich bewegt, ist immer »im Jetzt«, d.h. die gesamte Dauer seiner Bewegung besteht aus Augenblicken.
5. Während seines ganzen Flugs ist der Pfeil in Ruhe. (aus (3) und (4))

Einige dieser Aussagen erfordern eine Erläuterung. Die Absicht von (1) ist, eine hinreichende Bedingung dafür bereitzustellen, daß ein Gegenstand in Ruhe ist; die entsprechende Einschätzung der Bewegung ist aber schwer auszumachen. (1) impliziert, daß, wenn etwas nicht in Ruhe ist, d.h. wenn es in Bewegung ist, es keinen Raum einnimmt, der mit ihm selbst gleich ist; vermutlich nimmt es einen Raum ein, der größer als es selbst ist.[19] Wenn wir die Zeit t als einen Augenblick auffassen, dann behauptet Zenon, daß Dinge in Bewegung sich *dehnen*, so daß die Absicht von (1) sein wird, die Möglichkeit auszuschließen, daß Gegenstände sich wie ein Gummiband bewegen, welches sich ursprünglich von A nach B erstreckt, sich dann dehnt zu einer Ausdehnung von A nach D und dann wieder zu seiner ursprünglichen Größe zurückkehrt und dabei eine Erstreckung von C nach D erreicht. (Dann ist die Entfernung zwischen A und B gleich der zwischen C und D und kleiner als die zwischen A und D.) Wenn das Gummiband sich zu einem Augenblick t von A nach D erstreckt, ist es zur Zeit t in dem Sinne in Bewegung, daß es sich in dem Prozeß befindet, damit aufzuhören, das Intervall AB einzunehmen, und dazu überzugehen, das Intervall CD einzunehmen. Nach dieser Interpretation folgt (3) schlüssig aus (1) und (2); aber warum Zenon denken sollte, daß Bewegung notwendigerweise eine Dehnung einschließt, ist nicht klar. Eine andere Möglichkeit ist, daß die involvierte Zeit t ein Intervall und daß Zenon der Ansicht ist, daß, wenn X, welches dieselbe Größe bleibt, sich über das Intervall t davon, das Intervall AB einzunehmen, dahin ändert, das Intervall CD einzunehmen, – daß X dann über das Intervall t als ein ganzes genommen das gesamte Intervall AD einnimmt, welches größer als ein mit X (d.h. mit AB) gleicher Raum ist. Das zu vertreten heißt nicht, zu sagen, daß X zu jedem Augenblick in t das ganze Intervall AD oder sonst irgendeinen Raum einnehme, der nicht mit ihm selbst gleich ist. Nach dieser Interpretation (die aus dem Text zugegebenermaßen schwer herauszuholen ist) haben wir eine plausiblere Darstellung dessen, was während der Bewegung passiert; und die entsprechende Behauptung über die Ruhe, daß X

während t dann in Ruhe ist, wenn es während t AB einnimmt, ist evidentermaßen wahr. Allerdings wird nun der Schluß über (2) nach (3) ungültig, weil (2) und (3) sich auf Bewegung in einem Augenblick beziehen, nicht auf Bewegung über ein Intervall hin.

Die Prämissen (2) und (3) habe ich ergänzt; sie stehen nicht in Aristoteles' Text, sind aber der plausibelste Weg, um dem Argument einen durchgängigen Zusammenhang zu verschaffen.[20] Um nämlich eine Chance zu haben, von (4) aus nach (5) zu schließen, benötigen wir eine zusätzliche Prämisse, die in den Termini von Augenblicken (nicht von Intervallen) gestaltet ist. Der Ausdruck in (4), der mit »im Jetzt« wiedergegeben wurde, wird gern mit einem bestimmten Artikel übersetzt; er bedeutet »in einem Augenblick«.

Diese Paradoxie wirft tiefgreifende Probleme bezüglich der Natur der Bewegung auf. Ich werde zwei davon diskutieren, erstens einen Punkt im Zusammenhang mit Prämisse (1). Zenon nimmt an, daß etwas in einem Augenblick in Ruhe sein kann – ein Konzept, von dem Aristoteles zeigte, daß es problematisch ist. Aristoteles argumentierte, daß Bewegung nicht in einem Augenblick stattfinden kann; sie findet über ein Zeit-*Intervall* hin statt. Weil außerdem Ruhe die Abwesenheit von Bewegung ist, findet auch Ruhe über Intervalle hin statt. In einem Augenblick in Ruhe zu sein, ist ebensowenig möglich, wie es möglich ist, sich in einem Augenblick zu bewegen (*Phys.* VI,3, 234a24–b9). Aber Aristoteles irrt hier, wie im 19. Jahrhundert abschließend dargelegt wurde, als man die Grundlagen der Differentialrechnung auf eine tragfähige Basis stellte. Wir sprechen wirklich sowohl von Bewegung als auch von Ruhe in einem Augenblick (»Um genau 3 Minuten und 12 Sekunden nach 20 Uhr fuhr ich 65 Meilen pro Stunde, Herr Wachtmeister.« Oder: »Von etwa 8.10 bis etwa 8.20 Uhr wurde ich durch einen Verkehrsstau aufgehalten; präzise um 15 Minuten und π Sekunden nach 8 war das Auto somit in Ruhe.«) – und solche Rede ist kein Unsinn. Selbst wenn der ursprüngliche Sinn von Bewegung (und Ruhe) ein Zeitintervall einschließt, in dem die Bewegung stattfindet, gibt es einen völlig intakten sekundären oder abgeleiteten Sinn, in dem wir von etwas sprechen können, das in einem Augenblick *in Bewegung* oder *in Ruhe* ist. Dabei behaupten wir nicht, daß etwas sich in einem Augenblick um *jede beliebige Distanz* bewegt, sondern daß etwas in einem Augenblick eine Geschwindigkeit haben kann, weil alles, dessen Geschwindigkeit Null ist, sich in Ruhe, und alles, dessen Geschwindigkeit von Null verschieden ist, sich in Bewegung befindet. Die Geschwindigkeit über ein Zeitintervall wird definiert als das Verhältnis der in dem Zeitintervall zurückgelegten Strecke zur Länge des Intervalls:

$$v(t_1 t_2) = \frac{s(t_2) - s(t_1)}{t_2 - t_1}$$

Die Geschwindigkeit zum Zeitpunkt t ist dementsprechend gleich dem Grenzwert (zu verstehen analog der Definition oben auf S. 134) des Verhältnisses der Strecke, die in Zeitintervallen t zurückgelegt wird, zur Länge dieser Intervalle, wenn diese Intervall-Länge nach Null konvergiert. Wenn t_1 früher als t_2 ist und das Intervall t_1 t_2 den Zeitpunkt t enthält, ist die Geschwindigkeit zum Zeitpunkt t der Grenzwert, der sich für das Verhältnis der zwischen t_1 und t_2 zurückgelegten Strecke zur Länge des Intervalls zwischen t_1 und t_2 ergibt, wenn $t_2 - t_1$ nach Null konvergiert:[21]

$$v(t) = \lim_{t_2 - t_1 \to 0} \frac{s(t_2) - s(t_1)}{t_2 - t_1}$$

Der zweite Punkt hängt zusammen mit der Prämisse (4). Selbst wenn Zenon den oben herausgestellten Punkt zugesteht, bleibt noch ein weiteres Problem. Der fliegende Pfeil ist zu verschiedenen Augenblicken an verschiedenen Punkten seiner Flugbahn. Wie aber bewegt er sich von einem Punkt zum anderen? Aristoteles sagt, daß Zenons Schlußfolgerung »sich aus der Annahme ergibt, daß die Zeit aus den Jetzten zusammengesetzt ist; wenn das nämlich nicht zugestanden wird, ist der Schluß nicht möglich« (*Phys.* VI,9, 239b30–33). In der Sicht des Aristoteles ist das Problem dieses: Wenn etwas in Bewegung ist, nimmt es zu verschiedenen Zeitpunkten verschiedene Orte ein. Wenn t_1 und t_2 zwei aufeinanderfolgende Zeitpunkte sind, nimmt ein Gegenstand, der über das Zeitintervall $t_1 t_2$ hin in Bewegung ist, zu diesen Zeitpunkten verschiedene Stellen ein, $s(t_1)$ und $s(t_2)$. Doch wie bewegt er sich von $s(t_1)$ nach $s(t_2)$? Hierauf gibt es keine Antwort, weil es zwischen t_1 und t_2 keine Zeit bzw. keinen Augenblick für die Bewegung gibt, so daß sie darin stattfinden könnte.

Aristoteles löst die Paradoxie, indem er bestreitet, daß die Zeit aus »Jetzten« besteht. Weil die Zeit ein Kontinuum bildet, gibt es keine einander unmittelbar benachbarten Augenblicke. Zu beliebigen zwei Zeitpunkten t_1 und t_2 läßt sich zwischen ihnen ein weiterer Zeitpunkt t_3 finden. Weil die Bewegung ebenfalls kontinuierlich ist, besteht eine Eins-zu-eins-Entsprechung zwischen den Zeitpunkten während des Flugs des Pfeils und den Stellen, die er während des Flugs einnimmt. Während des Intervalls zwischen t_1 und t_2 bewegt er sich von $s(t_1)$ nach $s(t_2)$; zu jeder Stelle $s(t_3)$ auf dem Weg des Pfeils von $s(t_1)$ nach $s(t_2)$ gibt es zwischen t_1 und t_2 einen Zeitpunkt t_3, zu dem der Pfeil sich an der Stelle $s(t_3)$ befindet; und zu jedem Zeitpunkt t_3 zwischen t_1 und t_2 gibt es auf dem Weg des Pfeils von $s(t_1)$ nach $s(t_2)$ eine Stelle $s(t_3)$, die der Pfeil zum Zeitpunkt t_3 einnimmt. Somit schließt die Bewegung keine instantanen Sprünge von Stelle zu Stelle oder von Zeitpunkt zu Zeitpunkt ein.

Diese Antwort ist hilfreich, aber nur bis zu einem gewissen Grad. Wenn Raum, Zeit und Bewegung Kontinua sind, sind sie nicht aus kleinsten Einheiten von endlicher Größe zusammengesetzt, wie B1 (S. 126) beweist. Nach B2 (S. 126) sind sie auch nicht aus Einheiten der Größe Null zusammengesetzt. Nach Aristoteles bestehen sie aus Intervallen, nicht aus Punkten; Bewegung schließt für Aristoteles, wie wir gesehen haben, ein, sich in einem bestimmten Zeit-Intervall um ein bestimmtes Strecken-Intervall zu bewegen. Die Lösung des vorherigen Problems, daß es nämlich in einem bestimmten Sinn Bewegung in einem Zeitpunkt geben kann, schließt jedoch ein, daß in einem bestimmten Sinn Zeit, Raum und Bewegung durchaus aus (einem Kontinuum von) Punkten bestehen. Wir können nicht nur kohärent von einer Geschwindigkeit zum Zeitpunkt t sprechen; vielmehr können wir von einer Bewegung über das

Zeitintervall von t_1 bis t_2 auch kohärent als der Summe der Bewegungen zu all den Zeitpunkten von t_1 bis t_2 sprechen. Wenn wir wissen, was die Geschwindigkeit zu jedem Zeitpunkt ist, können wir die Bewegung über das ganze Intervall dadurch bestimmen, daß wir über das Intervall von t_1 bis t_2 das beschränkte Integral der Geschwindigkeit ermitteln.

Doch nun kehrt so etwas wie das ursprüngliche Problem wieder. Weil Bewegung einschließt, zu verschiedenen Zeiten an verschiedenen Orten zu sein, bleibt noch die Schwierigkeit, wie der Pfeil von einem Ort zum anderen kommt, oder auch von einer Zeit zur anderen. Dabei geht es nicht darum, von einer Stelle zur nächsten oder von einem Zeitpunkt zum nächsten zu *springen*; denn in einer kontinuierlichen Erstreckung ist kein Punkt gegenüber einem anderen der »nächste«. Vielmehr geht es immer noch darum, von $s(t_1)$ nach $s(t_2)$ durch all die Zwischenstellen hindurch zu gelangen, und von t_1 nach t_2 durch all die Zeitpunkte hindurch, die dazwischen liegen.

Die Antwort darauf ist, daß der Pfeil ersteres tut, indem er an all den Zwischen-Stellen *ist*, und daß er letzteres tut, indem er in allen Zwischen-Zeitpunkten *ist*. Sich während des Zeitintervalls von t_1 bis t_2 kontinuierlich von $s(t_1)$ nach $s(t_2)$ zu bewegen heißt für den Pfeil, zu all den verschiedenen Zeitpunkten während t_1-t_2 kontinuierlich verschiedene Stellen von $s(t_1)$ bis $s(t_2)$ einzunehmen, ohne irgendeine Ruhepause und ohne eine Änderung der Bewegungsrichtung. Entsprechend heißt, sich durch das Zeitintervall von t_1 bis t_2 hindurch zu bewegen, sich während all der verschiedenen Zeitpunkte während des Intervalls von t_1 bis t_2 zu bewegen. Weil eine Bewegung genau genommen über Raum- und Zeitintervalle hin stattfindet und sich nur abgeleiteterweise an Stellen und zu Zeitpunkten ereignet, folgt, daß, wenn der Pfeil sich kontinuierlich über das räumliche Intervall von $s(t_1)$ nach $s(t_2)$ bewegt, er durch alle Zwischenstellen kommt. Entsprechend kommt er durch alle dazwischen liegenden Zeitpunkte, wenn er sich während des Zeitintervalls kontinuierlich von t_1 bis t_2 bewegt.

Auf der Ebene der einzelnen Raum- und Zeitpunkte ist die Antwort die, daß in Bewegung zu sein (eine Geschwindigkeit ungleich Null zu haben), während der Pfeil eine gegebene Stelle $s(t)$ einnimmt, für ihn heißt, sich über ein gewisses räumliches Intervall hin zu bewegen, welches die Stelle $s(t)$ enthält. Ebenso heißt für den Pfeil, sich zum Zeitpunkt t zu bewegen, sich in einem gewissen Zeitintervall zu bewegen, welches t einschließt. Die Schwierigkeit, wie der Pfeil während seines Flugs von einer Stelle zur anderen oder von einem Zeitpunkt zum anderen kommt, wird erneut dadurch gelöst, daß das klar gemacht wird, was zu fliegen für den Pfeil genau heißt.

Die Paradoxien: Schlußfolgerung

Von diesen Paradoxien habe ich einige wegen ihrer historischen und philosophischen Relevanz und andere deshalb ausgewählt, weil sie Züge darstellen, die für die Denkweise Zenons charakteristisch sind. Es sind uns noch andere Paradoxien erhalten, die jede ihren Pfiff haben. Doch ist jetzt genug Material beisammen, um diese Skizze zu einem Ergebnis zu bringen.

Die hier betrachteten Argumente greifen die Vielfalt und die Bewegung an. Ein weiteres Argument attackiert die Verläßlichkeit des Gehörsinnes, wieder ein anderes die Ansicht, daß die Dinge einen Ort haben. Weil normale Leute (im Gegensatz etwa zu manchen Philosophen) an Vielfalt und Bewegung glauben, sich (wenigstens bis zu einem gewissen Grad) auf die Sinne verlassen und denken, daß manche Dinge einen Ort haben, besteht einiger Grund anzunehmen, daß Zenon seine Paradoxien gegen gewöhnliche Auffassungen über die Welt richtete; und in diesem Sinn habe ich die Paradoxien präsentiert. Platons Feststellung, daß Zenons Buch »eine Hilfe für das Argument des Parmenides gegen diejenigen ist, die es verspotten, indem sie sagen, daß, wenn Eines ist, das Argument viele lächerliche Konsequenzen hat, die ihm widersprechen« (*Parm.* 128c-d), – diese Feststellung widerspricht der vorgetragenen Ansicht nicht. Normale unphilosophische Leute, die das Gedicht des Parmenides hörten, werden es sehr wahrscheinlich aus eben diesen Gründen verspottet haben.

Es gab eine Zeit, da hat man allgemein angenommen, Zenon habe seine Paradoxien mit bestimmten Philosophen und Mathematikern im Sinn entwikkelt und insbesondere an die Pythagoreer gedacht. Andere haben argumentiert, Zenon sei darauf aus gewesen, alle möglichen Theorien über Raum, Zeit und Bewegung zu widerlegen; er wollte nicht bloß die Vorstellungen normaler Leute oder die bestimmter Philosophen zurückweisen, sondern Stolpersteine für alle möglichen Theorien über die Natur von Raum, Zeit und Bewegung konstruieren. Zum Beispiel greifen die Halbierung und der Achilles Theorien an, daß Raum und Zeit unendlich teilbar seien, und der Fliegende Pfeil attakkiert Theorien, nach denen Raum und Zeit nur endlich teilbar sind.[22] Allein, die Belege für diese Auffassungen sind dürftig bis nicht existent, und sie sind aus der Mode gekommen. Was übrigbleibt, ist die Tatsache, daß Zenon das Alltagsverständnis, den Common sense angreift; das allerdings ist nicht das ausschließliche Vorrecht von Philosophen.

Platons Zeugnis über Zenon ist stehengeblieben als eine gangbare Interpretation. Wir haben keinen guten Grund gefunden, daran zu zweifeln, daß es Zenons Absicht war, Parmenides in den oben (S. 122–124, 130f. und in Anm. 12) erörterten Weisen zu unterstützen. Und obgleich Platon sagt, daß alle Argumente Zenons die Vielheit angreifen, muß dies nicht bedeuten, daß Platon einige der uns überlieferten Paradoxien nicht zur Kenntnis genommen hätte, insbesondere die nicht, die sich gegen die Bewegung richten. Daß er die Aussage »Alles ist eins« als emblematisch für den Eleatismus als ganzen benutzte, finde ich plausibel. Zu sagen, Zenon habe gegen die Advokaten der Vielheit argumentiert, wird dann einfach zu einer Ausdrucksweise für das, was wahr ist: Zenon argumentierte gegen Ansichten, die den Grundauffassungen des Eleatismus in irgendeiner Weise widersprechen. Wenn das zutrifft, könnten alle überlieferten Paradoxien aus dem Buch stammen, welches Platon erwähnt.[23]

Anmerkungen

[1] Für eine skeptische Einstellung zu diesen chronologischen Hinweisen siehe Mansfeld [32], 64–68.

[2] Wir können allerdings nicht sicher sein, daß Zenon überhaupt jemals Athen besucht hat. Diogenes Laertius (IX,28) sagt, daß er Elea niemals verlassen habe. Plutarch freilich berichtet, daß Zenon Perikles unterwies (*Perikles* 4.3), und Platon sagt, daß er durch Unterricht in Athen eine beachtliche Menge Geld verdient habe (*Alkibiades* I 119a), was zumindest *einen* längeren Besuch vermuten läßt.

[3] Wieviele Bücher schrieb Zenon? Platon erwähnt lediglich eins, und das in einer Art, die uns davon abhält zu denken, es habe weitere Bücher gegeben. Die Suda listet vier Titel auf, wirkt aber wenig vertrauenerweckend; es ist sogar unklar, welches der vier Bücher dasjenige ist, welches Platon beschreibt. Siehe Lee [324] 8.

[4] Siehe für diese Art, Zenon zu lesen, Barnes [14] 234–235.

[5] Proklos, *In Parm.* 694,23–25; Elias, *In Cat.* 109,17–30.

[6] Diese Zählung schließt die beiden (nicht in DK enthaltenen) Argumente ein, die Proklos Zenon in seinem *Kommentar zu Platons Parmenides*, 769,22ff. und 862,25ff., zuschreibt; ins Englische übersetzt und diskutiert wurden sie in Dillon [327] bzw. Dillon [326].

[7] Barnes [14] 207.

[8] Siehe McKirahan [10] 169.

[9] Barnes [14] 235.

[10] Barnes [14] 236.

[11] Die angeführte Rekonstruktion ist im wesentlichen die von Cornford [285] 68. Für andere Rekonstruktionen, die allesamt Trugschlüsse enthalten, siehe Barnes [14] 237–238, McKirahan [10] 182–183.

[12] Bei dieser Deutung des Eudemos-Textes folge ich Owen [338] 46. Andere haben in diesem Zeugnis eine Zurückweisung des parmenideischen Monismus gesehen.

[13] Wie Simplikios berichtet, argumentierte Zenon, daß die Dinge »*der Größe nach* unendlich« seien, d.h. unendlich groß (*In Phys.* 140,34). Aber das wörtliche Zitat Zenons sagt nicht »der Größe nach«; wenn wir uns an den zitierten Text halten, können wir das Argument so rekonstruieren, daß der Trugschluß vermieden wird.

[14] In den Anfängen des Atomismus des 5. Jahrhunderts wurde dieses Argument als grundlegend angesehen. Siehe dazu Furley [400] Kap. 6, und Taylor, in diesem Band S. 166. Was Epikurs Behauptung betrifft, daß Atome minimale Teile haben, die auch theoretisch unteilbar sind, siehe Epikur, *Brief an Herodot* 56–59, und Furley [400] Kap. 1 und 8.

[15] Gelegentlich wird die Ansicht vertreten, daß dieses Argument auch gegen Parmenides' Monismus spreche, indem es beweise, daß das Eine geteilt werden könne und somit nicht wirklich eines sei. Dieser Schluß trifft nur dann zu, wenn Parmenides das Eine als räumlich ausgedehnt konzipiert hat, was ein Grund ist, eine Parmenides-Interpretation anzunehmen, nach der das Eine nicht räumlich ausgedehnt ist. Siehe McKirahan [10] 172–173; Sedley, in diesem Band S. 110, optiert jedoch für die andere Interpretation.

[16] Die Literatur ist immens. Für eine Auswahl philosophischer Reaktionen auf Zenon vgl. insbesondere Russell [339] und [340]; Ryle [341]; Grünbaum [334]; und Salmon [328], außerdem den Schwarm von Anmerkungen zu den Bewegungsparadoxien, die zwischen 1951 und 1954 in *Analysis* erschienen sind (siehe in der Bibliographie Nr. [346–355]). Den Standard für eine sorgfältige logische Zergliederung der Argumente setzt Barnes [14].

[17] Das vierte Paradox, welches als »Das Stadion« und als »Die sich bewegenden Reihen« bekannt ist, werde ich nicht erörtern. Es ist auf sehr weit voneinander abweichende Weisen interpretiert worden. Nach einer Deutung handelt es sich um ein gültiges Argument gegen atomistische Zeitauffassungen (siehe Tannery [131]; Lee [324]; Kirk und Raven [4] (1. Auflage); auch Owen [338]). Nach einer anderen Interpretation hat es nichts mit solch einer Zeitauffassung zu tun und macht einen groben logischen Schnitzer (siehe Furley [400]; KRS [4]; und Barnes [14]).

[18] Dafür, daß die Halbierung die eine Hälfte einer Antinomie war, gibt es keinen Beleg, und auch nicht dafür, daß dies entscheidend ist; das besondere Interesse, welches Aristoteles an der Paradoxie nahm, hätte ihn dazu verleitet, den anderen Ast zu vernachlässigen.

[19] Der Umstand, daß in der relativistischen Mechanik ein Gegenstand in Bewegung schrumpft, ist für eine historische Interpretation von Zenons Argument offensichtlich irrelevant.

[20] Für eine andere Rekonstruktion des Arguments, die diese Prämissen nicht benutzt, siehe Vlastos [344] 3–18.

[21] Die übliche mathematische Definition verlangt, daß t einer der Endpunkte des Intervalls ist. Aber die hier genannte Formel ist damit äquivalent.

[22] Für die Geschichte dieser Zenon-Interpretationen siehe insbesondere Tannery [131]; Cornford [285]; Raven [226]; und Owen [338]; außerdem die Kritiken, welche in den bei Barnes [14] 617 Anm. 5 und 618 Anm. 6 erwähnten Werken enthalten sind.

[23] Erste Versionen dieses Kapitels habe ich in San Francisco an der California State University und in Austin an der University of Texas vorgetragen. Durch die lebendige Diskussion, die sich bei beiden Gelegenheiten an den Vortrag anschloß, hat die abschließende Version gewonnen, ebenso durch die Bemerkungen von Jim Bogen und Sandy Grabiner. Sandy Grabiner war in mathematischen Dingen eine unschätzbare Hilfe.

8 Empedokles und Anaxagoras: Antworten auf Parmenides

Daniel W. Graham

Es steht außer Frage, daß das Gedicht des Parmenides einen Wendepunkt in der Geschichte der frühen griechischen Philosophie darstellte. Kein ernsthafter Denker konnte Parmenides' Werk ignorieren. Und doch scheint es für die Kosmologie und für wissenschaftliche Forschung unüberwindliche Hürden aufzustellen. In der ersten Generation, die auf Parmenides folgte, gab es Denker, welche die Tradition der jonischen Spekulation fortsetzen wollten. Aber wie konnten sie Parmenides entgegentreten? Was würden sie von ihm halten, und welche Auswirkungen würden seine Argumente auf ihr Werk haben? Die ersten Neu-Jonier, wie man sie genannt hat,[1] waren Empedokles und Anaxagoras.[2] Unbeschadet einiger entscheidender Unterschiede haben die beiden Philosophen in ihrem Ansatz viel gemeinsam. Sie sind annähernd Zeitgenossen,[3] und wie wir sehen werden, machen sie bei ihrem Zugang zum wissenschaftlichen Nachdenken ähnliche Züge. Wir wollen zuerst die Systeme von Empedokles und Anaxagoras untersuchen und dann ihre Antworten auf Parmenides diskutieren.

1. Empedokles und Anaxagoras

Nachdem er uns ermahnt hat, bei unserer Bewertung der Sinneszeugnisse die Balance zu wahren (DK 31 B3), geht Empedokles dazu über, die grundlegenden Konstituenten des Universums zu identifizieren und eine Kosmologie zu entwickeln, die auf solche Konstituenten gegründet ist. Es gibt vier »Wurzeln« (*rizōmata*): Erde, Wasser, Luft und Feuer (B6), die sich in ganzzahligen Verhältnissen verbinden und Zusammensetzungen bilden. Zum Beispiel besteht Knochen aus zwei Teilen Erde, vier Teilen Feuer und zwei Teilen Wasser (B96); und Blut besteht aus gleichen Portionen aller vier Wurzeln (B98). Die Wurzeln existieren immer aus eigenem Recht, zeigen sich uns aber nicht immer, weil sie manchmal miteinander vermischt sind. In Wirklichkeit handelt es sich bei den vier Wurzeln aber um unveränderliche Stoffe, die in der Antike als die vier Elemente bekannt wurden. In einem bestechenden Gleichnis vergleicht Empedokles die Natur mit Malern:

Wie wenn Maler Votivtafeln bunt gestalten, Männer, die sich infolge ihres Scharfsinns in ihrem Fach gut auskennen, – wenn sie also vielfarbige Pulver mit ihren Händen anfassen und sie in geeignetem Verhältnis mischen, von den einen mehr und den anderen weniger, bilden sie aus ihnen Gestalten, die allen Dingen ähnlich sind, indem sie Bäume schaffen, Männer und Frauen, Tiere, Vögel und sich im Wasser ernährende Fische, ferner auch Götter, langlebige, im höchsten Rang der Ehre stehend. (B23,1–8)

Wie ein Maler mit nur wenigen Farben vielfältige Formen sehr unterschiedlicher Dinge darstellen kann, so kann die Natur mit einigen wenigen Elementen alle natürlichen Substanzen schaffen.

Bei einer Erörterung dieser Realitäten führt Empedokles auch zwei personifizierte Kräfte ein, Liebe und Streit, wobei die Liebe die Elemente vereint und der Streit sie trennt (B17,19ff.). Empedokles beschreibt Liebe und Streit als räumlich ausgedehnt, aber unsichtbar. Es gibt einige Auseinandersetzungen darüber, wie sie handeln; offensichtlich verbindet aber die Liebe ungleiche Elemente miteinander, während der Streit sie trennt. Wie es scheint, ist keine Kraft notwendig, um beispielsweise Erde mit Erde zu verbinden, wohl aber, um Erde mit Wasser, Luft oder Feuer zu kombinieren. Liebe und Streit interagieren, um die Welt zu gestalten. Liebe bringt die Elemente zusammen in ein harmonisches Arrangement und vereinigt schließlich alle Dinge zu einer vollkommen homogenen Mischung in einer kosmischen Kugel (*sphairos*). Schließlich dringt allerdings Streit von außen in die Kugel ein, zerstört ihre Einheit und führt eine Trennung der Elemente herbei. Aus den getrennten Teilen der Kugel geht ein Kosmos hervor, in dem die verschiedenen Massen von Erde, Wasser, Luft und Feuer in Erscheinung treten und Pflanzen und Tiere entstehen. An diesem Punkt gibt es eine Kontroverse darüber, was da vor sich geht. Nach der einen Darstellung fährt Streit fort, die Elemente zu trennen, bis Erde, Wasser, Luft und Feuer vollständig voneinander geschieden und in ihre konzentrischen Lagen geschichtet sind, ohne noch irgendwelche Zusammensetzungen zu gestatten, auch keinerlei Lebewesen; an diesem Punkt beginnt Liebe sich vom Zentrum der kosmischen Kugel her auszudehnen und bildet aufs neue Zusammensetzungen, darunter auch Lebewesen.[4] Fragment B35 scheint diese Deutung zu empfehlen:

... Als der Haß zur untersten Tiefe des Wirbels vorgedrungen war und die Liebe in die Mitte des Strudels gelangte, da also kamen alle diese Dinge hier in dieser Mitte zusammen, um nur ein einziges Ding zu sein, nicht auf einmal, sondern indem sie von verschiedenen Seiten zusammentraten, sobald sie dazu bereit waren. Und wie sie sich vermischten, strömten unzählige Völker sterblicher Wesen hervor. Vieles indes verharrte gegenüber dem, was sich mischte, ungemischt, all das, was der Haß von der Höhe noch zurückhielt; denn er war noch nicht mit tadellosem Erfolg ganz hinausgetreten bis zu den äußersten Grenzen des Kreises; in einem Teil der Glieder vielmehr beharrte er noch und hatte die anderen bereits verlassen. In dem Maße aber, in dem er immer vorneweg lief, heraus aus den Gliedern, in eben dem Maße ging auf sie stets der milde unsterbliche Drang der tadellosen Liebe los. (B35,3–13)

Wenn Liebe das Schlachtfeld beherrscht, verursacht sie, daß Zusammensetzung stattfindet, und Streit zieht sich an die Peripherie des Kosmos zurück. Nach einer anderen Darstellung gibt es niemals eine vollständige Trennung der Elemente, sondern lediglich einen andauernden Kampf zwischen Streit und Liebe, den Liebe schließlich gewinnt, indem sie in einem endlosen zyklischen Prozeß wieder die Kugel bildet.[5]

Nach der ersten Auffassung gibt es für Pflanzen und Tiere zwei verschiedene Schöpfungsvorgänge, einen in der Phase, wenn der Streit zunimmt, und einen anderen, wenn die Liebe zunimmt. Während der Zunahme des Streits kommen, solange die kosmische Trennung der Elemente vor sich geht, aus der Erde »ganznaturige Gestalten« hervor. Diese werden, zumindest in manchen Fällen, schrittweise in Lebewesen differenziert, welche lebensfähig sind. Später geht diese Generation unter, wenn der Streit jedes Element vollständig in seine jeweils eigene Formation absondert. Wenn die Liebe sich zur Geltung zu bringen beginnt, werden aus den Elementen zuerst einzelne Gliedmaßen gebildet; diese Glieder verbinden sich in Zufallskombinationen und bilden Monster, zum Beispiel »Kuhgeschlechtliches mit menschlichem Gesicht« und »Menschengeschlechtliches mit Ochsenkopf«. Unfähig zu überleben, gehen diese Monster zugrunde. Doch wenn die Glieder in lebensfähigen Kombinationen zusammenfinden, überleben die dabei entstehenden Tiere und vermehren sich. In seiner Darstellung der Entstehung aus Gliedern entwickelt Empedokles eine Art Vorläufer zu modernen biologischen Theorien. Obgleich er keine Theorie der schrittweisen Evolution formuliert, setzt seine Konzeption zur Erklärung der existierenden Arten ein Prinzip der natürlichen Selektion voraus. Aristoteles (*Phys.* II,8) kritisiert Empedokles, weil er in der Hervorbringung natürlicher Arten dem Zufall eine zu bedeutende Rolle zuschreibe; aber hierin steht Empedokles der modernen Wissenschaft näher als Aristoteles.

Viele Einzelheiten von Empedokles' kosmischem Kreislauf bleiben unklar. Klar ist aber, daß sein Hauptthema das endlose Alternieren zwischen den Vorgängen der Vereinigung und der Trennung ist, die aus vielem eines hervorbringen und aus einem vieles:

> Und diese Dinge hören ihren fortwährenden Wechsel niemals auf. Bald kommen alle in Liebe zusammen zu Einem, bald stieben im Groll des Streits alle wieder einzeln auseinander. Insofern sie also gelernt haben, sich aus Mehrerem zu Einem zu entwickeln, und sie sich dann wieder als Mehrere entfalten, sobald das Eine sich auseinanderentwickelt, insofern sind sie im Entstehen begriffen und haben sie kein beständiges Leben. Insofern sie aber ihren fortwährenden Wechsel niemals aufhören, insofern existieren (sind) sie ewig, unveränderlich im Kreislauf. (B17,6–13)

Empedokles nimmt die Symmetrie der gegensätzlichen Prozesse von Vereinigung und Trennung dadurch zur Kenntnis, daß er antithetische Linien ausbalanciert; die Kontinuität des Vorgangs bringt er zur Geltung, indem er seine Beschreibungen wiederholt. In seinem Kreislauf haben sowohl eines als auch vieles einen Platz. Und es gibt eine Art Unwandelbarkeit, die sich in den Wiederholungen des Zyklus selbst manifestiert, wie Zeile 13 das explizit zum Ausdruck bringt. Empedokles setzt als charakteristische Züge seiner dynamischen Weltsicht also ein Eines und ein Vieles an, Bewegung und Ruhe, ja sogar Ruhe in Bewegung.

In seiner Psychologie führt Empedokles etwas ein, was wie übernatürliche Faktoren aussieht. Die Menschen haben eine ewige Seele, die wegen ihrer Sünden aus ihrem seligen Wohnsitz verbannt ist. Auf ihrer Wanderung von Ort zu Ort wohnt die Seele abwechselnd in verschiedenen Körpern, bis sie das tut, was richtig ist, so daß sie dann in der Lage ist, den Zyklus der Wiedergeburten zu verlassen. Vielleicht ist diese religiöse Doktrin durch pythagoreische Lehren beeinflußt;[6] und sie unterscheidet die Philosophie des Empedokles von der anderer Neu-Jonier. Die Diskussion darüber, ob seine psychologisch-religiösen Auffassungen mit seiner Naturphilosophie in Einklang gebracht werden können, hält an. Ebenso wie in seiner Philosophie macht Empedokles auch in seinem Stil Anleihen im Bereich der Religion. Er präsentiert seine Naturtheorie nämlich ebenso wie seine Theorie der Seele in Hexametern und knüpft damit an die epische Tradition an, wie das schon Parmenides machte, an dessen Sprache die seine anklingt, wobei er aber einen blumigeren Stil pflegt, der voll ist von Personifikationen, Metaphern und mythologischen Motiven.[7]

Im Gegensatz dazu schreibt Anaxagoras eine sachliche jonische Prosa, wenn er eine traditionellere Art von Weltentstehungslehre entwickelt. Nach Anaxagoras' berühmter Einleitung »waren zusammen alle Dinge, unbegrenzt sowohl der Anzahl als auch der Kleinheit nach« (DK 59 B1). Aus der urzeitlichen Mischung entstand die Welt, als der kosmische Geist (*nous*) eine Rotationsbewegung begann, durch die verschiedene Stoffe voneinander getrennt wurden. Schwere und feuchte Materialien sammelten sich im Zentrum, während leichte und trockene Materialien an den Rand befördert wurden, so daß sich die Umrisse der Welt abzuzeichnen begannen. Einige schwere Gegenstände wurden mit dem Wirbel herumgeschleudert und durch Reibung entzündet und bilden nun die Himmelskörper. Die Wirbelbewegung dauert an und dehnt sich im grenzenlosen Universum aus; aber es gibt keine zyklische Entstehung und Zerstörung der Welt wie bei Empedokles, sondern nur eine fortschreitende Expansion.

So gut wir das aus den dürftigen Einzelheiten der Fragmente irgend entnehmen können, ließ Anaxagoras eine unendliche Anzahl verschiedener Substanzen als die Bausteine seines Kosmos gelten. Als Beispiele erwähnt er Luft, Äther (die feurige obere Luftschicht) und Erde (B1, B4); und antike Quellen fügen biologische Gewebe und Substanzen wie etwa Blut, Fleisch und Knochen hinzu. In demselben Zusammenhang wie von den Substanzen spricht Anaxagoras auch von gegensätzlichen Eigenschaften wie heiß und kalt, feucht und trocken, hell und dunkel (B4). Manche moderne Interpreten haben sich bemüht, solche Substanzen wie Fleisch und Blut als Kombinationen aus den Gegensätzen zu erklären, in gewisser Weise ähnlich zu den Kombinationen von Elementen, durch die bei Empedokles die Zusammensetzungen gebildet werden sollen; nach diesen Interpreten gilt Fleisch also als eine bestimmte Kombination von heiß und kalt, feucht und trocken, hell und dunkel, und so weiter, immer in bestimmten Proportionen.[8] Textzeugen für eine solche Reduktion gibt es jedoch nicht; und mit dem, was Anaxagoras sagt, ist es zumindest vereinbar, daß die Gegensätze ebenso als Substanzen angesehen werden sollten wie Erde und Luft. Demnach scheint er so viele Elemente anzusetzen, wie es materielle Stoffe gibt, und vielleicht, wie es qualitativ bestimmte Arten von Stoffen gibt. Er wiederholt das Prinzip, daß jedes mit jedem gemischt ist, wobei er vermutlich meint, daß jeder Stoff mit jedem anderen vermischt ist mit nur einer einzigen Ausnahme: Der Geist (*nous*) ist von allen anderen Stoffen verschieden und findet sich nur in einigen Dingen, vermutlich in belebten Gegenständen, ohne jemals mit ihnen vermischt zu sein (B12). Er versteht und regiert alles.

Man hat fünf Postulate identifiziert, die die Naturtheorie des Anaxagoras charakterisieren:[9]

1. Nach dem Postulat des Nicht-Werdens wird (entsteht) keine Substanz, und es geht auch keine zugrunde.
2. Das Postulat der universalen Mischung behauptet, daß alles in allem ist.
3. Aufgrund des Postulats der unendlichen Teilbarkeit kann Materie unendlich geteilt werden.
4. Das Prädominationspostulat besagt, daß die Eigenschaften derjenigen Substanz, welche die größte Menge zu einer Mischung beistellt, in der resultierenden Substanz vorherrschen.
5. Nach dem Homoiomerienpostulat schließlich ist jede Substanz aus Anteilen genau derselben Art zusammengesetzt; d.h. sie ist durch und durch homogen.

In den Fragmenten finden sich für alle diese Postulate Belege, ausgenommen für das letzte. Oft werden die Elemente des Anaxagoras als vollkommen homogen aufgefaßt, weil Aristoteles sie *homoiomerē* nennt, d.h. Teile wie das Ganze habend. Aristoteles' *homoiomerē* – er ist insbesondere an Gewebe von Lebendigem interessiert – sind Stoffe, die in Teile von derselben Art Stoff zerlegt werden können, so z.B. eine Portion Blut, die sich in kleinere Blut-Portionen teilen läßt. Unklar ist indes, ob Aristoteles die Elemente des Anaxagoras als homogen erklärt oder ob er diese einfach als solche Dinge identifiziert, die in seinem eigenen System tatsächlich homogen sind wie etwa Fleisch und Blut, die das aber nicht notwendig im System des Anaxagoras sind. Das einzige, was Anaxagoras ausdrücklich als homogen identifiziert, ist der Geist, bei dem er dann so fortfährt, daß er ihn mit der Unbeständigkeit der Elemente kontrastiert (B12 Ende).[10] Das letzte Postulat muß deshalb kontrovers bleiben.[11] An den anderen hält Anaxagoras aber klarerweise fest, und es läßt sich zeigen, daß die ersten vier Postulate untereinander keine Inkonsistenzen aufweisen.[12] Anaxagoras entwickelt eine Theorie, in der es eine nachdrückliche Mischung aller Dinge gibt, die sich auf der mikroskopischen Ebene endlos fortzusetzen scheint. Die Komponenten der Mischung sind immerwährende, ewige Elemente, die sich selbst dann manifestieren, wenn sie in einer lokalen Mischung quantitativ vorherrschen. Die Quantitäten von Elementen können von Ort zu Ort variieren; aber von jedem Element ist an jedem Ort irgendeine Spur zu finden.

Obwohl in den Systemen von Empedokles und Anaxagoras viele Einzelheiten unklar bleiben, können wir in ihren Naturtheorien beachtliche Ähnlichkeiten beobachten. Beide setzen als Grundbausteine des Universums elementartige Substanzen an. Im Gegensatz dazu scheinen früh-jonische Systeme Grundsubstanzen anzunehmen, die ineinander transformiert werden; zum Beispiel wandelt Anaximenes' Luft sich in Feuer, wenn sie dünner, und der Reihe nach in Wind, Wolken, Wasser, Erde und Steine, wenn sie dichter wird.[13]

Außerdem behandeln die älteren Systeme die Kräfte, welche eine Veränderung steuern, als ihrer jeweiligen Grundsubstanz innewohnend; so wird von der Luft des Anaximenes und dem Feuer Heraklits angenommen, jeweils selber eine eigene Bewegungskraft zu haben.[14] Empedokles und Anaxagoras dagegen identifizieren äußere Kräfte, die auf die Elemente einwirken: für ersteren sind das Liebe und Streit, für letzteren der Geist. Somit sehen beide einen Unterschied zwischen den relativ trägen Elementen und den aktiven Kräften, die sie steuern. Freilich sind die Kräfte noch nicht völlig vom Stoff abstrahiert: sie nehmen einerseits wie natürliche Körper einen Raum ein und werden andererseits mit geistigen Attributen identifiziert.[15] Sie bilden einen einzigartigen Typ von physisch-geistigem Seienden, aber noch nicht einen kategorisch verschiedenen Typ von Gegenstand.

Außerdem greifen Empedokles und Anaxagoras beide zu einem Mischungsmodell, um die Art zu erklären, in der die Elemente miteinander interagieren. In mancher Hinsicht ist die Interaktion der Elemente ähnlich wie das, was vor sich geht, wenn sich beispielsweise Flüssigkeiten wie Wasser und Wein vermischen. Verschiedene Ingredienzien gehen in die Mischung ein, und daraus geht ein von ihnen verschiedener Stoff hervor. Während die frühen Jonier eine einzige dynamische Substanz ins Auge fassen, die sich in einem Kreislauf von Transformationen in andere Substanzen verwandelt, setzen Empedokles und Anaxagoras eine Vielfalt von Substanzen mit jeweils fixierter Natur an, die in verschiedenen Verhältnissen interagieren, um gemischte Substanzen hervorzubringen. In ihrer Konzeption kann man zumindest theoretisch zwischen den Grundbestandteilen und den resultierenden Mischungen unterscheiden, zwischen Element und Zusammensetzung, zwischen reinen und phänomenalen Substanzen.

2. Der Einfluß des Parmenides

Wir müssen nun zurückkehren zu Parmenides und zu seinem Einfluß auf Empedokles und Anaxagoras. Parmenides hatte behauptet, daß sich zwei Wege der Untersuchung denken lassen, daß (es) ist oder daß (es) nicht ist. Der letztere Weg ist jedoch ein unmöglicher Weg, weil er nicht aussprechbar und nicht wißbar ist, so daß nur der erstere Weg Anerkennung finden kann. Zu werden ist unmöglich, weil es einen Wechsel von dem voraussetzt, was nicht ist, zu dem, was ist, und weil es folglich Nicht-Sein voraussetzt. Differenzierung verbietet sich, weil sie einen Kontrast zwischen dem einschließt, was ist, und dem, was nicht ist. Bewegung ist unmöglich, weil sie ein Werden voraussetzt. Was ist, kann nicht unvollständig sein, weil es in diesem Fall das voraussetzen würde, was nicht ist. Parmenides fährt dann fort und entwickelt eine trügerische Kosmologie, die er vorab kritisiert, weil sie einen Trugschluß enthalte (B8,50–52). Wenn diese Kosmologie, welche die beste ist, die sich ausdenken läßt, fehlgeht, gehen (*a fortiori*) auch alle anderen Kosmologien in die Irre.

Parmenides' Argument gegen den Wechsel ist schonungslos. Aber was es bedeutet, ist alles andere als klar. Wie haben wir seine Punkte aufzufassen? Und was noch wichtiger ist, wie haben Empedokles und Anaxagoras sie aufgefaßt? Über alte Ansichten zu Parmenides haben wir einen Bericht. Platon und Aristoteles sehen es als gegeben an, daß Parmenides (und die Mitglieder seiner *Schule*, die Eleaten)[16] Monisten waren; das heißt: Sie behaupten, es gebe eben genau eine Wirklichkeit, nämlich das Seiende. In einer antiken Debatte über die Bewegung argumentieren sie gegen Heraklit und seine Anhänger, die der Ansicht waren, alles sei in Bewegung, und behaupten, daß eher alles in Ruhe sei.[17] Um demgegenüber die Phänomene zu retten, setzen die Pluralisten Empedokles und Anaxagoras und die Atomisten eine Vielheit von Seiendem an und lehren, daß dieses Viele untereinander interagieren kann.[18]

Nun gibt es mit dieser Auffassung einige Schwierigkeiten. Zunächst einmal argumentiert Parmenides nicht ausdrücklich für den Monismus.[19] Es ist wahr, daß nach einer bestimmten Lesart aus seiner Theorie ein Monismus folgt: Wenn alles, was es gibt, Seiendes ist und wenn das, was ist, etwas Determiniertes ist, dann gibt es nur *einen* Gegenstand. Parmenides selbst argumentiert jedoch eher gegen den Dualismus (dies in der zweiten Hälfte seines Gedichts) als für einen Monismus.[20] Darüber hinaus ist es schwer, eine Theorie zu finden, auf die Parmenides reagiert.[21] In jedem Fall war es so, daß die antiken Quellen bei der Rekonstruktion der Begriffe der alten Debatte die Rolle des Parmenides nicht umfassend gewürdigt haben; als Informanten über das, was vor sich ging, sind sie deshalb nicht ganz zuverlässig. Sie scheinen die alte Auseinandersetzung eher als eine fixierte Debatte zwischen verschiedenen dogmatischen Schulen denn als eine dynamische Interaktion dargestellt zu haben.

Die Philosophiegeschichtsschreibung des 20. Jahrhunderts hat das Verdienst, gesehen zu haben, daß Parmenides die Art, die Themen aufzufassen, verändert hat. Nach der vorherrschenden Ansicht attackierte Parmenides die wesentlichen Grundlagen der jonischen Naturphilosophie und argumentierte wirkungsvoll gegen alle Bewegung und Veränderung. In einem verzweifelten Versuch, die Kosmologie zu retten, räumten Empedokles und Anaxagoras ein, zu entstehen und zu vergehen sei unmöglich; für ihre Elemente, die die eleatischen Eigenschaften haben, ihrer Natur nach ewig und unwandelbar zu sein, erlaubten sie jedoch eine Ordnung und Neuanordnung. Mißlicherweise verschoben sie dabei aber bloß das Problem, weil sie nie begründeten, wieso die begrenzten Arten von Veränderung, die sie erlaubten, theoretisch möglich sind. Die Atomisten werden häufig wegen ihrer Bereitschaft gerühmt, sich dem Problem direkt gestellt zu haben, indem sie zuließen, daß das Nicht-Seiende existiert, nämlich in der Form eines leeren oder freien Raums, in welchem Bewegung stattfinden kann. Daher haben sie erfolgreich eine theoretische Möglichkeit der Veränderung vorgesehen, während Empedokles und Anaxagoras das versäumten.

Obwohl diese Einschätzung weithin anerkannt ist,[22] stößt sie auf ernsthafte Schwierigkeiten. Man betrachte, wie Empedokles und Anaxagoras auf Parmenides antworten:

... Für nichts von all dem, was sterblich ist, gibt es eine Geburt [*physis*] und für nichts ein Ende im verwünschten Tod; es gibt vielmehr nur Mischung und Austausch dessen, was gemischt ist, und Geburt heißt das bloß bei den Menschen. (Empedokles, DK 31 B8)

Wenn, was zur Gestalt eines Menschen gemischt ist, ans helle Licht kommt, oder was zum Geschlecht der wilden Tiere oder zu dem der Sträucher oder der Vögel gemischt ist, dann sagt man, daß es entstehe. Sobald es sich aber voneinander sondert, spricht man andererseits von unglückseligem Geschick; da redet man nicht, wie es göttlichem Gesetz entspräche; doch als Brauchtum halte auch ich mich daran. (B9)

Die Toren! Denn ihre Bemühungen sind ja nicht von weitreichenden Gedanken getragen, da sie meinen, es könne etwas entstehen, was zuvor nicht war, oder etwas könne sterben und ganz und gar zugrundegehen. (B11)

Denn daß aus ganz und gar Nicht-Seiendem etwas entsteht, ist unmöglich, und daß Seiendes völlig verschwindet, läßt sich weder erreichen noch kann es davon Kunde geben. Denn es wird immer dort sein, wo man es nur immer hinstellt. (B12)

Die Griechen denken nicht richtig über das Werden und Vergehen. Denn kein Gegenstand wird oder vergeht; sondern ausgehend von Gegenständen, die sind, wird er zusammengemischt und abgetrennt. Und so täten sie recht daran, das Werden ein Zusammengemischtwerden und das Vergehen ein Abgetrenntwerden zu nennen. (Anaxagoras, DK 59 B17)

Beide, Empedokles ebenso wie Anaxagoras, unterstützen aus ganzem Herzen die Zurückweisung von Werden und Vergehen durch Parmenides, ohne einschränkende Bedingungen oder implizite Kritik. Und in den Fragmenten zu irgendeinem anderen Thema argumentiert keiner von ihnen ausdrücklich gegen ihn.[23] Auch finden wir in den antiken Quellen (zumal wenn sie an Diskussionen zwischen rivalisierenden Schulen interessiert waren) keinerlei Beleg, daß sie Parmenides kritisiert hätten.[24] Warum nicht? Wo sind die Zeugnisse, daß sie verzweifelt versucht hätten, die Kosmologie gegen seinen Angriff zu retten? Moderne Interpreten nahmen an, daß (1) Parmenides gegen jedwede Veränderung argumentierte, daß (2) Empedokles und Anaxagoras ihn auch so lasen, daß er gegen alle Veränderung argumentiere, und daß sie daher (3) Parmenides bekämpften. Freilich gibt es keine ausdrücklichen Belege für (2); und falls (2) falsch ist, wird (3) nicht folgen. Eine Möglichkeit besteht darin, daß sowohl (1) als auch (2) wahr sind, daß Empedokles und Anaxagoras aber, wie gute Naturwissenschaftler, die Argumente des Parmenides schlicht als zu abstrakt philosophisch übergehen und einfach mit dem Vorhaben fortfahren, den Kosmos zu erklären.[25] Die Dichotomie zwischen Naturwissenschaft und Philosophie scheint aber anachronistisch zu sein. Außerdem akzeptierten Empedokles und Anaxagoras die Zurückweisung von Werden und Vergehen durch Parmenides; diese Tatsache widerlegt die Behauptung, daß Parmenides' Argumente zu abstrakt philosophisch seien. Wenn Empedokles und Anaxagoras einen Teil von Parmenides' Theorie akzeptieren, schulden sie uns eine begründete Widerlegung zu dem Teil, den sie zurückweisen.

Empedokles und Anaxagoras stimmen mit Parmenides überein, ohne von ihm explizit abzuweichen. Nach der Standardauffassung sollten wir abweichende Ansichten erwarten; und nach der Auffassung, daß sie bloß ein naturwissenschaftliches Programm verfolgen, sollten wir nicht die Übereinstimmung erwarten. Können wir ihre Einstellung also so erklären, wie sie in den Fragmenten ausgedrückt ist? Ich denke, wir können es. Wir müssen einfach (2) zurückweisen. Doch wie können wir das bewerkstelligen? Wir müssen beachten, daß das Gedicht des Parmenides schwierig zu interpretieren ist; und das war es zu seiner Zeit um nichts weniger als heute. Obwohl wir soweit angenommen haben, daß es eine einfache Deutung des Textes gebe, haben moderne Interpreten ihn tatsächlich auf unterschiedliche Weisen verstanden. Eine mögliche Lesart ist, daß Parmenides, indem er das Nicht-Seiende zurückweist, eine radikale Kosmologie entwickelt, in der es genau eine Substanz gibt, das Seiende, und keine Veränderung. Diese Interpretation scheint in der alten Einschätzung von Parmenides als einem Monisten verkörpert zu sein. Ebenfalls möglich ist, daß Parmenides Überzeugungen von Veränderung und Differenzierung kritisiert, ohne sie durch eine neue Art letzter Substanz in der Welt zu ersetzen. Das Seiende, was immer es ist, muß den Regeln des eleatischen Seienden Genüge tun: Es muß ewig sein, rundum gleich, unveränderlich und vollkommen. Nach dieser Deutung ist Parmenides nicht der letzte Kosmologe, sondern vielmehr der erste Metaphysiker. Er sagt uns, wie etwas beschaffen sein müßte, damit es als erklärendes Prinzip gelten könnte. Diese Interpretation mag allzu kantisch klingen, insofern sie darauf abzielt, die Voraussetzungen einer wissenschaftlichen Erklärung zu finden. Sie macht aber Sinn als eine Erklärung für das, was mit den ansonsten bizarren Behauptungen gemeint sein könnte, daß es keine Veränderung und keinen Unterschied gebe.

Darüber hinaus erlaubt diese Deutung es uns, die zweite Hälfte von Parmenides' Gedicht in Betracht zu ziehen, in der er seine eigene Kosmologie entwickelt. Zugegeben, Parmenides formuliert eine Art Dementi, wenn er diese Kosmologie einführt (DK 28 B8,50–52). Im Fortgang bietet er eine Diagnose an (Zeilen 53–54); aber es ist nicht klar, worin seine Diagnose genau besteht, und ob sein Widerstand sich gegen die Kosmologie überhaupt richtet oder eben gegen die unangemessene Ontologie, auf welche die Sterblichen ihre Kosmologien gründen.[26] Nach einer Lesart sagt er: »Sie [die Sterblichen] haben sich in ihren Ansichten nämlich dahin festgelegt, zwei Formen zu benennen, von denen die eine zu benennen nicht erlaubt ist – darin liegt ihr Irrtum.« Könnte es sein, daß der Grund, warum eine der gegensätzlichen Formen nicht benannt werden sollte, der ist, daß sie als von der anderen abgeleitet aufgefaßt wird? Wenn für Heraklit das Feuer grundlegend ist, d.h. das heiße, trockene und leichte Prinzip, dann wird das, was kalt, feucht und schwer ist, nicht aus eigenem Recht existieren. Tatsächlich könnte man fragen, wie letzteres überhaupt existieren kann, wenn das Seiende aus dem Heißen und Trockenen besteht und aus nichts sonst. Vielleicht besteht der Fehler, den die Sterblichen machen, dann darin, eine Kosmologie zu entwickeln, die auf zwei entgegengesetzten Prinzipien beruht, obwohl sie ihre zwei Prinzipien in Wirklichkeit als interdependente Gegensätze auffassen. Wenn wir sie stattdessen als unabhängige und »gleiche« Realitäten verstehen, wie Parmenides das in B9 tut, dann können wir eine befriedigende Erklärung der Natur zustandebringen. Wo Parmenides seine Kosmologie als die bessere im Vergleich zu jeder anderen empfiehlt (B8,60–61), könnte man dies als einen generellen Zusatz zu seiner Naturphilosophie verstehen oder zumindest als einen zu seiner Untersuchungsmethode.

Wie anderswo, so liefern die Hexameter des Parmenides auch an dieser Stelle ein Argument, das eher suggestiv als beweiskräftig ist, eher voll von Mehrdeutigkeiten und alternativen Deutungen als klar. Ein so scharfsinniger Erforscher der frühen griechischen Philosophen wie Aristoteles konnte die Kosmologie des Parmenides dahingehend auffassen, daß sie eine ernsthafte Erklärung der Realität biete.[27] Die zweite Hälfte des Gedichts könnte man dann lesen – nicht als einen Text, der eine trügerische Kosmologie entwickelt, sondern als Skizze eines Programms für die richtige Art von Kosmologie. Ich argumentiere nicht, daß solch eine Deutung die richtige sei, sondern nur, daß dies eine mögliche Deutung ist – und darüber hinaus eine, die Empedokles und Anaxagoras zuzuschreiben historisch plausibel ist.[28]

3. Das parmenideische Erklärungsmodell

Aus der ersten Hälfte von Parmenides' Gedicht entnehmen wir, daß das Seiende (1) ewig sein muß, (2) rundum gleich, (3) in seiner Natur unveränderlich und (4) vollständig. Aus der zweiten Hälfte ist zu ersehen, daß das Seiende (5) einen Dualismus konstituiert, (6) eine Gegensätzlichkeit verkörpert, und zwar (7) eine von unabhängigen Entitäten, die (8) untereinander gleich sind. Die Kritik des Parmenides an den Kosmologien der Sterblichen könnte als eine Attacke auf (5) gelesen werden, wo Parmenides die Sterblichen kritisiert, weil sie Nicht-Seiendes als einen der beiden Gegensätze auffassen.[29] Wenn wir dann einen Dualismus zwischen Seiendem und Nicht-Seiendem zurückweisen, lassen wir die Option eines Pluralismus gleicher und unabhängiger Entitäten offen. Der Pluralismus stellt sich daraufhin als Nachfolgetheorie zu einem problematischen Dualismus dar.

Die entscheidende ernsthafte Herausforderung für eine pluralistische Interpretation ist die, wie man die Eigenschaft, rundum gleich zu sein (2), so verstehen kann, daß die angeblich verschiedenen Entitäten nicht in eine Einheit zusammenfallen. In dem Abschnitt, wo Parmenides sich dazu am ausführlichsten äußert, B8,22–25, sagt er, daß (es) rundum gleich ist, weil es nicht an einem Ort mehr oder weniger von ihm gibt als an einem anderen Ort, weil vielmehr alles voll von Seiendem ist. Wenn wir nun »Seiendes« so verstehen, daß der Ausdruck für irgendeine bestimmte Realität steht, kommt heraus, daß das unbestimmte Subjekt unserer Erörterung sowohl quantitativ als auch qualitativ gleichmäßig ist, daß daher, nach Leibniz' Gesetz, jeder seiner Teile von jedem anderen ununterscheidbar ist und daß alle die angeblichen Teile des Seienden folglich zu einem einzigen Seienden zusammenfallen werden. Wenn wir »Seiendes« jedoch so verstehen, daß es sich nicht auf jede beliebige spezielle Art von Gegenstand bezieht, darunter auch auf Seiendes (was immer dies sei), sondern daß das Wort nur ein Platzhalter für jeden beliebigen Gegenstand ist, den wir als wirklich bestimmen, dann wird nicht folgen, daß die Welt aus einer einförmigen Substanz besteht. Es wird genügen, wenn Seiendes, was immer es ist, intern einheitlich ist, daß dieses dann ist, wenn es, wo immer es ist, quantitativ in einer einheitlichen Weise verteilt ist. Aber die Möglichkeit, daß es mehrere Arten von Wirklichkeit gibt, von denen jede intern einheitlich ist, wird dabei durch nichts ausgeschlossen. Diese letztere Lesart ist zwar nicht die alleroffensichtlichste; sie ist aber auch nicht offensichtlich falsch; und in einem bestimmten Sinn könnte sie als die anspruchsvollste und als diejenige gelten, die man am ehesten wählen würde.[30]

Nach dieser Deutung ist eine pluralistische Kosmologie keine verzweifelte Alternative zu Parmenides' kosmischem Monismus, sondern eine intelligente Weiterentwicklung des von Parmenides selbst entworfenen Programms. Auf Parmenides ist keine kritische Antwort nötig, weil der pluralistische Kosmologe kein Rivale des Parmenides ist, sondern ein Anhänger seiner Theorie und jemand, der seine Methode praktiziert. Parmenides beendet die Einleitung zu seinem Gedicht mit folgenden Worten:

> ... So steht es dir an, alles zu erfahren, einerseits das unerschütterliche Herz der wohlgerundeten Wahrheit und andererseits die Meinungen der Sterblichen, in denen keine wahre Verläßlichkeit wohnt. Nichtsdestoweniger wirst du auch dieses verstehen lernen, wieso das, was man meint, in gültiger Weise Bestand haben (sein) muß, indem es alles ganz und gar durchdringt. (B1,28–32)

In Übereinstimmung mit einer konstruktiven Deutung der zweiten Hälfte des Gedichts könnten wir diese Bemerkungen folgendermaßen auffassen: Du mußt sowohl die unveränderlichen Prinzipien der Natur als auch die Weisen lernen, auf die ihr Zusammenwirken die wechselnden Phänomene der Natur hervorbringt. Obwohl das Studium der letzteren keine Gewißheit erzeugt, kann es doch ein Verständnis der passenden Art zustandebringen. Wir müssen – erstmals – formell zwischen Metaphysik und Physik unterscheiden. In der zweiten Hälfte seines Gedichts läßt Parmenides als *explananda* Phänomene zu, die entstehen (*gignesthai*) (B11); und das können auf der Spur seiner Prinzipien auch diejenigen tun, die ihm folgen möchten.

Nun entsprechen die Elemente des Empedokles und des Anaxagoras in der Tat den Prinzipien, die man aus Parmenides herausziehen kann. Diese Elemente sind (1) ewig, (2) von einer einzigen Natur, (3) in ihrer Natur unveränderlich, (4) vollständig in dem Sinne, daß nichts erforderlich ist, um sie Wirklichkeit werden zu lassen. Sie konstituieren (5) nicht einen Dualismus (von dem man annehmen darf, daß Parmenides ihn kritisierte), sondern (5a) einen Pluralismus, der gleichwohl (6) Gegensätze verkörpert (daraus aber nicht besteht). Ferner sind die Elemente (7) unabhängig von einander und (8) einander gleich. Demnach sieht es so aus, als könnten die Theorien von Empedokles und Anaxagoras so betrachtet werden, daß sie konstruktive Anregungen des Parmenides verkörpern.

Das vorherrschende Erklärungsmodell von Empedokles und Anaxagoras ist das der Mischung. Die Elemente vermischen sich und bringen dadurch phänomenale Gegenstände hervor. Die Ingredienzien der Mischung existieren vorher und werden weiter existieren, nachdem die Mischung selbst aufgelöst ist; die hervorgebrachte Mischung ist demgegenüber ein temporärer Interaktionszustand ewig existierender Konstituenten. Auf der letzten Ebene der Beschreibung existiert nicht die Mischung, sondern gibt es nur die unveränderlichen Elemente selbst. Wir können zwischen einer unveränderlichen eleatischen Welt von Elementen und einer veränderlichen Welt von Ereignissen unterscheiden. Solche Ereignisse sind abgeleitete Gebilde und daher in einem gewissen Sinn nicht wirklich – das heißt, keine letzten Prinzipien der Erklärung. Jedoch sind sie auch nicht bloße Illusionen. Vielmehr sind sie abgeleitete Zustände letzter Prinzipien. Das Modell sieht eine Unterscheidung zwischen dem Letzten und dem Abgeleiteten vor, dem Wirklichen und dem Phänomenalen. Für Empedokles und Anaxagoras würde eine Täuschung nicht darin bestehen, eine illusionäre Welt zu erfinden, sondern darin zu denken, daß die Eigenschaften phänomenaler Gegenstände die letzten Eigenschaften der Dinge sind. Zum Beispiel wäre es ein Fehler anzunehmen, daß, weil Pflanzen und Tiere, Tische und Stühle entstehen und vergehen, die letzten Wirklichkeiten ebenfalls entstehen und vergehen.

Was zwischen den frühen Joniern und den Pluralisten stattfand, war eine größere Veränderung. Die frühen Jonier faßten einen einzigen Stoff ins Auge, der sich in viele verschiedene Substanzen transformieren sollte. Die Luft des Anaximenes wird Feuer, wenn sie verdünnt, und Wind, Wolken, Wasser, Erde und Steine, wenn sie in passendem Grad verdichtet wird.[31] Es scheint einen genuinen Sinn zu geben, in dem die Luft des Anaximenes und das Feuer Heraklits entstehen und vergehen und in dem andere Substanzen vollständig werden, indem sie sich in Luft und Feuer verwandeln. Ihre ursprüngliche Substanz kann infolge des Umstands, daß sie zu allen Dingen wird, nichts dauernd sein. Der Pluralist nimmt gegen die frühjonische Weltsicht Stellung, und zwar indem er darauf besteht, daß es sozusagen bestimmte eleatische Gesetze gibt, die das Wirkliche steuern. Diese Gesetze schließen die Möglichkeit aus, daß die letzten Prinzipien selbst der Veränderung unterliegen, daß sie entstehen und vergehen oder daß sie sich in andere Substanzen verwandeln oder in einen vervollständigten Zustand entwickeln können.

Darüber hinaus haben die Pluralisten dadurch, daß sie die letzten Stoffe als unveränderliches Seiendes identifizieren, einen beachtlichen Schritt in Richtung auf eine Unterscheidung zwischen Wirkendem und Erleidendem, Geist und Materie, Seele und Körper getan. Während die früheren Jonier dazu neigten, ihrer letzten Substanz Wirksamkeit und Kraft zuzuschreiben, trennen die Pluralisten die Wirksamkeit von den Substanzen ab. Empedokles setzt Liebe und Streit und Anaxagoras setzt einen kosmischen Geist an. Empedokles anerkennt ebenfalls eine ewige Seele unabhängig von den stofflichen Elementen.

Obwohl man weder Empedokles noch Anaxagoras zuschreiben (oder vorwerfen) kann, er inszeniere einen voll entwickelten Wirkendes-Erleidendes- oder Geist-Körper-Dualismus (der Geist des Anaxagoras hat immer noch physische Eigenschaften wie etwa die Homogenität und einen Platz im Raum), bewegen sie sich in Richtung auf diese Unterscheidungen. Es gibt noch keine strenge Unterscheidung zwischen Substanz und Eigenschaften, wie wir aus der Art ersehen können, in der Anaxagoras anscheinend Stoffe und Eigenschaften vermengt. Er und Empedokles zeigen aber ein wachsendes Bewußtsein für den Unterschied zwischen materiellen und geistigen Entitäten sowie zwischen dem, was bewegt, und dem, was bewegt wird. Die Unterscheidung zwischen einem Gegenstand und seinen Affekten wird in der philosophischen Literatur erst bei Platon auftauchen und die kategoriale Unterscheidung zwischen Substanz und Eigenschaft erst bei Aristoteles.[32] Aristoteles schließlich wird für die Materie ein Wort heranziehen, welches ursprünglich »Holz« oder »Baumaterial« bedeutet, *hylē* – ein Begriff, mit dem die frühgriechischen Philosophen sich ständig befassen, ohne doch in der Lage zu sein, darauf abstrakt Bezug zu nehmen.[33]

4. Eleatische Einwände

Die begrifflichen Fortschritte, die Empedokles und Anaxagoras machten, sind durch Überlegungen des Parmenides inspiriert. Ihre Realitäten sind substantieller als die der frühen Jonier: Es handelt sich bei ihnen um Seiendes, was ewig ist und fixierte Naturen und Eigenschaften hat. Obwohl sie sich nicht selbst verändern, verändern sie sich in ihren Beziehungen zu anderen Dingen, nämlich in Beziehung zu anderen Grundsubstanzen. Dies ist die Stelle, an der die frühen Pluralisten am verwundbarsten durch eleatische Einwände sind: Wie kann es irgendeine Veränderung in den Beziehungen von Grundsubstanzen untereinander geben? Um sich nämlich in ihren Beziehungen zueinander zu ändern, werden sie sich auf die eine oder andere Weise in ihren Konfigurationen ändern müssen. Zumindest werden sie sich in ihrer räumlichen Anordnung ändern müssen, so daß sie sich in verschiedenen Verhältnissen mischen können, was sich dann seinerseits im Auftauchen verschiedener phänomenaler Eigenschaften auswirken wird. Doch wenn man die Möglichkeit der Ortsbewegung ausschließt, dann blockiert man dadurch die pluralistische Lösung des Veränderungsproblems. Außerdem lassen sich Einwände gegen den Status einer neuen Beziehung oder einer neuen Konfiguration von Substanzen erheben: Sie setze das Auftauchen irgendeiner neuen Situation voraus da, wo vorher keine existierte; somit verletze sie das Prinzip des Nicht-Werdens, welches sowohl von Empedokles als auch von Anaxagoras anerkannt wird.

Diese Probleme tauchen beide in der zweiten Generation eleatischer Einwände auf. Zenon von Elea hat eine Reihe von Argumenten, die auf die Unmöglichkeit der Bewegung zu fokussieren scheinen. Und Melissos wendet ausdrücklich ein, das Auftauchen einer neuen Konfiguration verletze die nachdrücklichen Einwände des Parmenides gegen etwas, das aus dem nichts entsteht.[34] Wie sich die beiden Pluralisten und die neue Generation von Eleaten chronologisch zueinander verhalten, ist nicht klar. Wir können aber vernünftigerweise fragen, wie verletzlich die Theorien von Empedokles und Anaxagoras gegen die neuen eleatischen Einwände sind, unabhängig davon, ob sie historisch damit konfrontiert wurden oder nicht. Es sieht so aus, als habe keiner der beiden viel zu sagen, um auf Einwände zu antworten, die die Unmöglichkeit der Bewegung herausstellen. Einwände gegen die Bewegung scheinen tatsächlich auch schon im zweiten Argument von Parmenides' Fragment B8 aufzutauchen, so daß sie nicht neu waren, wie neu auch immer Zenons Paradoxien gewesen sein mögen. Bei Empedokles und Anaxagoras läßt sich vielleicht eine Tendenz beobachten, nicht so sehr die Ortsbewegung als vielmehr die Allgegenwart der Elemente zu betonen: Empedokles stellt die Elemente als Wurzeln dar und erklärt, daß sie »durch alles hindurchlaufen«,[35] als ob das Zusammengesetzte eine Kordel aus verflochtenen Strängen wäre. Anaxagoras betont, daß alles in allem sei, d.h. daß keine Substanz von irgendeinem Element völlig frei ist. Diese Bemerkungen lenken die Aufmerksamkeit vom Problem der Ortsbewegung ab, lösen es aber nicht, weil beide Philosophen voraussetzen, daß die Konzentration eines gegebenen Elements in einer Mischung dem Wandel unterliegt. Dies setzt voraus, daß Portionen der Elemente den Ort wechseln.[36]

Was das Auftauchen neuer Konfigurationen betrifft, muß Empedokles sie klarerweise zulassen: Wenn neue Verhältnisse von Elementen auftauchen, werden neue Zusammensetzungen geschaffen. Empedokles scheint die Wichtigkeit dieser Situation herunterzuspielen, indem er den Umstand betont, daß das, was wirklich ist, nicht die Zusammensetzungen sind, welche kommen und gehen, sondern die Elemente selbst, die ewig sind. Er will zwar nicht sagen, daß Zusammensetzungen bloße Illusionen sind; aber er will durchaus klar machen, daß sie keineswegs als wirkliche Konstituenten der Welt in Frage kommen. Empedokles begnügt sich mit einer eleatischen Ontologie, die eine nicht-eleatische Welt von Erscheinungen zum Ergebnis hat.

Anaxagoras erlaubt wechselnde Verhältnisse von Elementen; aber das Auftauchen irgendwelcher neuer Substanzen gestattet er nicht: Die phänomenale Substanz, der wir in unserer Erfahrung begegnen, ist eben gerade der Satz von Elementen (von denen es eine unbestimmt große Anzahl gibt). Aber es gibt kein Auftauchen neuer Eigenschaften, keine Supervenienz einer neuen Eigenschaft an einer Konfiguration von Substanzen. Jede phänomenale Eigenschaft, die wir erfahren, ist in dem Satz letzter Realitäten schon da, wie ein vollständiger Überblick über sie zeigen würde. Phänomenale Eigenschaften *entstehen* nicht wirklich; sondern sie *werden manifest*, wenn ihre Träger in der Mischung zu prädominieren beginnen. Anaxagoras minimalisiert also das Ausmaß an Neuerung in der Welt. Er tut das um den Preis, eine unbegrenzt große Anzahl von Elementen zu haben. Im Gegenzug gewinnt er aber eine solide Verteidigung gegen den Vorwurf, es würden neue Konfigurationen entstehen. Melissos würde zweifellos einwenden, daß selbst das Manifestwerden eines bereits existierenden Merkmals eine Veränderung einschließe, die die Vernunft verbieten müsse. Anaxagoras könnte demgegenüber herausstellen, er habe das absolute Minimum an Veränderung angesetzt, das nötig sei, um eine Erfahrungswelt zu unterstützen. In jedem Fall ist unklar, ob das Manifestwerden einer Eigenschaft ein Fall von Werden in dem durch Parmenides verbotenen Sinn ist. Denn es ist kein *Gegenstand* entstanden. Anaxagoras hat das Urchaos zu einem Reservoir gemacht, das in einem latenten Zustand alle Substanzen enthält, die auftauchen können.[37] Die einzige Neuerung, die sich in der Welt finden läßt, ist nicht die Erschaffung von etwas Neuem, sondern das Manifestwerden von etwas Latentem, die »Absonderung« von etwas in der Mischung. Außerdem ist jede Veränderung in der Welt im Prinzip dieselbe Art von Veränderung: Eine Substanz, die in einer Mischung latent vorhanden ist, wird manifest; wenn zum Beispiel Wasser verdampft, sondert sich Luft ab, die latent im Wasser war. In dieser Welt gibt es Veränderung, aber keine Veränderung von Substanzen, noch nicht einmal die von Elementen, welche (wie bei Empedokles) etwas Zusammengesetztes hervorbringen würden: Es gibt nur die Absonderung eines Elements von den anderen Elementen – die für Anaxagoras immer eine partielle Absonderung ist. Somit wechselt die relative Konzentration der Elemente, ein Prozeß, der eine räumliche Bewegung voraussetzt; auf der grundlegenden Ebene der ontologischen Beschreibung gibt es aber keine andere Art der Veränderung.

Sind Empedokles und Anaxagoras erfolgreich? Sie entwerfen beide geniale und mächtige Konstruktionen entlang den von Parmenides entworfenen Linien: Sie setzen ewige Entitäten mit fixierten Naturen an, die – in Übereinstimmung mit dem Weg der Meinung – verschiedene Qualitäten verkörpern. Bei Empedokles ist die Chemie ökonomisch und elegant und taugt zur Erklärung zahlloser Substanzen, indem sie sich auf wechselnde Konfigurationen von gerade eben vier Bausteinen stützt. Bei Anaxagoras ist die Chemie unökonomisch, aber unerschütterlich eleatisch, indem sie als ihren Output genau diejenigen Substanzen auflistet, die auch ihr Input sind. Es gibt keine explanatorische Vereinfachung; es gibt aber auch keine supervenienten Eigenschaften, die wegzuerklären wären.

Halten diese Theorien den Kritiken von Zenon und Melissos stand? Gegen Zenons Problem bezüglich der Teilbarkeit von Materie vertritt Anaxagoras eine verteidigbare Alternative: Materie ist durch und durch teilbar. Weder Empedokles noch Anaxagoras scheinen aber eine Antwort auf Zenons Probleme bezüglich der Ortsbewegung zu haben. Sie spielen eine solche Bewegung herunter; weil sie sie aber letztlich voraussetzen, können sie den Problemen nicht entkommen. Gegen den Einwand des Melissos, daß eine neue Konfiguration nicht entstehen kann, hat Empedokles keine Antwort, während Anaxagoras zumindest herausstellen kann, daß er keine neuen Substanzen hat, daß vielmehr alle phänomenalen Eigenschaften in der Mischung schon latent vorhanden sind. Neue Konfigurationen sind bloße phänomenale Veränderungen mit phänomenalen Ergebnissen. Diese Antwort löst das Problem letztlich nicht; sie kommt einer Lösung aber so nahe, wie ein Naturphilosoph ihr überhaupt nahekommen kann, ohne sich auf einen logischen oder metaphysischen Rahmen zu stützen – d.h. ohne aufzuhören, ein Naturphilosoph zu sein.

In der Situation der Philosophie in der Mitte des 5. Jahrhunderts steckt vielleicht eine Ironie. Wenn der Pluralist Parmenides dahingehend versteht, daß er metaphysische Bedingungen für die Möglichkeit einer Naturphilosophie ausbreitet, dann kann er ein Naturphilosoph sein, ohne Metaphysik zu betreiben. Wenn er Parmenides aber dahingehend versteht, daß er eine neue Naturphilosophie mit dem Seienden im Zentrum anbietet, dann wird er darauf antworten müssen, indem er ein Metaphysiker wird, um an jener Auffassung Kritik zu üben. In der Tat brachten die Argumente des Parmenides die Naturphilosophie an den Rand von Logik und Metaphysik, indem sie die Grenzen natürlicher Substanz unter Druck setzten. Doch wenn es möglich war, Parmenides so zu lesen, daß er ein Handbuch zur Entwicklung einer vertretbaren Naturphilosophie bereitstellte – und eine solche Deutung war, wie ich argumentiert habe, durchaus möglich –, dann konnte man eher auf seinen Grundlagen bauen, als daß es nötig war, nach neuen Grundlagen zu suchen. Der Zugang, den Empedokles und Anaxagoras selbst wählten, läßt vermuten, daß sie ersteres taten.

Wenn das richtig ist, dann ist die Geschichte von der Mitte des 5. Jahrhunderts nicht die Geschichte verzweifelter Pluralisten, die sich in Nachhut-Gefechten gegen aggressive eleatische Attacken zur Wehr setzten. Eher handelt es sich um das Gefecht zweier Schulen darum, wer die Überlieferung für sich beanspruchen kann: die Neu-Jonier versuchten, auf den von Parmenides entworfenen Grundlagen eine angemessene Naturphilosophie zu errichten, während die Neu-Eleaten zu zeigen versuchten, daß Parmenides diese Grundlagen beseitigt hatte. Der Streit drehte sich nicht so sehr darum, ob die Naturphilosophie erhalten bleiben konnte, als vielmehr darum, wie Parmenides zu lesen sei. Es war eine Auseinandersetzung darüber, wer die wirklichen Erben von Elea waren. Letztlich haben die Neu-Eleaten diesen Kampf derart vollständig gewonnen, daß die Zeugnisse von der Auseinandersetzung nahezu verschwanden. Aber daß bei Empedokles und Anaxagoras jede Feindschaft gegenüber Parmenides fehlt, das offenbart, wo sie standen. Diese ersten Neu-Jonier, weit davon entfernt, Gegner des Parmenides zu sein, sollten so gesehen werden, wie sie sich selbst sahen: als eleatische Pluralisten.[38]

5. Anhang

Anaximenes wird gelegentlich noch im Licht der Deutung interpretiert, die er bei Aristoteles und Theophrast gefunden hat: Die Luft bleibt bestehen als Substrat oder als zugrundeliegende Substanz für andere Substanzen (siehe z.B. Barnes [14] Kap. 3). Das heißt aber, Aristoteles' Theorie von Substrat und Form auf einen Philosophen anzuwenden, der mit solchen Unterscheidungen noch nichts zu tun hat. Anaximenes macht die Luft zum ersten Prinzip (*archē*). Das heißt für ihn aber nicht, daß sie wie eine aristotelische materiale Ursache immer gegenwärtig sei, sondern daß es eine Zeit gab, zu der alles im Universum Luft war, daß jede andere Substanz aus Luft hervorgeht und daß die Luft irgendwie alles kontrolliert. Im Gegensatz zu dem, was ein Nach-Parmenideer sagen würde, ist Anaximenes der Ansicht, daß »grenzenlose Luft das Prinzip ist, aus dem die Dinge *hervorgehen*, die entstehen, die, die entstanden sind, die, die es geben wird, sowie Götter und Göttliches« (Hippolytos, *Ref.* I,7,1). Theophrast erläutert, daß Luft, »wenn sie verdünnt wird, zu Feuer *wird*, wenn verdichtet, zu Wind, dann zu Wolken, ...« (Simplikios, *In phys.* 24,29–30). Kein Pluralist würde sagen, daß eine seiner ursprünglichen Realitäten irgendetwas *geworden* sei. Aristoteles und sein Mitarbeiter Theophrast sind durch diese Ausdrucksweise nicht sonderlich beunruhigt, weil Aristoteles die vier Elemente in Substanzen zurückverwandelt hat, die entstehen und vergehen (*GC* II). Es kann aber gerade diese Art der Darstellung sein, bei der ein Gegenstand zu vielen anderen Dingen wird, die Parmenides dazu brachte, gegen die Veränderung zu argumentieren (siehe Graham [242]).

Wie allerdings konnten Aristoteles und Theophrast Anaximenes und die Jonier derart falsch verstehen? Zum Teil deshalb, weil Aristoteles darauf erpicht war, ihnen die Rolle von Vorgängern seiner selbst zuzuschieben (*Metaph.* I,3–4 und *passim*), von Vorgängern, die zuerst die materiale Ursache (die Materie als Substrat für Veränderung) und dann andere seiner vier Ursachen entdeckt haben. Während es nun unbestreitbar wahr ist, daß die Jonier sich damit befaßten, die materiale Substanz zu identifizieren, aus der die Welt entstanden ist, folgt daraus dennoch überhaupt nicht, daß sie ihren ursprünglichen Stoff als eine materiale Ursache im Sinn des Aristoteles auffaßten, d.h. als eine fortbestehende Grundlage von Veränderung, in der dann Formen fallweise Wirklichkeit werden. In ähnlicher Manier erklärt Aristoteles, daß alle seine Vorgänger gefragt hätten: »Was ist die Substanz?« (*Metaph.* VII,1). In einem bestimmten Sinn ist das ganz richtig, wenn wir »Substanz« nämlich als einen Term verstehen, der die unhintergehbar letzte Realität bezeichnet, was immer diese ist. In einem anderen Sinn ist die Behauptung des Aristoteles aber falsch und schädlich: Seine Vorgänger suchten keineswegs blind nach der Substanz-Konzeption des *Aristoteles*. Was diese Fälle zeigen, ist, daß Aristoteles bei dem Versuch, seine Vorgänger in seine Schubfächer einzupassen, gelegentlich den Unterschied zwischen dem verwischt, wovon man vernünftigerweise sagen kann, daß seine Vorgänger damit befaßt waren, und dem, wovon man vernünftigerweise nur bei einem aristotelischen oder nach-aristotelischen Philosophen sagen kann, daß er damit befaßt war.

Allgemein ist es meiner Meinung nach falsch, daß Anaximenes oder irgendein anderer früher Jonier ein »materialer Monist« gewesen sei, das heißt, daß sein einziges Prinzip eine materielle Ursache in dem strengen aristotelischen Sinn von etwas gewesen sei, das als eine Grundlage von Veränderungen alle Veränderungen überdauert. Daß er in einem gewissen Sinn ein Materialist war, trifft zu; und daß er ein Monist war, ist in gewissem Sinn wahr – nämlich in dem Sinn, daß es bei ihm ein einziges Prinzip gibt, aus dem alle anderen Substanzen entstehen, das in einem bestimmten Sinn vollkommener als sie ist und das sie alle kontrolliert. Aber daß er ein materialer Monist im Sinn des Aristoteles gewesen sei, ist nicht wahr. Die Theorie des materialen Monismus, die

Aristoteles auf die frühen Jonier projiziert, setzt metaphysische Prinzipien von Subjekt und Prädikat, Form und Materie, Potentialität und Aktualität voraus, die schlicht nicht zur jonischen Ontologie gehören und die, wie sich argumentieren ließe, zu hochgestochen sind, um von früh-jonischen Theoretikern jemals konzipiert worden zu sein.

Anmerkungen

[1] Der Ausdruck stammt von Barnes [14] Kap. 15, der die Kontinuität ihres Vorhabens mit dem der frühen jonischen Philosophen betont. Der Terminus erlaubt uns in geeigneter Weise, Philosophen aus Italien und Sizilien wie etwa Philolaos und Empedokles, mit späteren Philosophen aus Jonien wie zum Beispiel Anaxagoras zu einer Klasse zusammenzufassen.

[2] Diese beiden Philosophen scheinen ungefähr eine Generation früher als Philolaos, Archelaos, Diogenes von Apollonia und Leukipp tätig gewesen zu sein, und vielleicht ein paar Generationen früher als Demokrit.

[3] Die naheliegendste Art, Aristoteles, *Metaph.* I,3, 984a11, zu verstehen, ist die, daß Anaxagoras älter als Empedokles war, sein Werk aber später publiziert hat. Der Ausdruck für »später« könnte allerdings auch »geringer« oder sogar »moderner« heißen. Wer von beiden zuerst veröffentlicht hat, ist kontrovers, wenn auch Ähnlichkeiten darauf hinzudeuten scheinen, daß der eine auf den anderen reagierte (O'Brien [375]). Siehe auch die detaillierte Rekonstruktion der Chronologie des Anaxagoras bei Mansfeld [395]. In jedem Fall sind die beiden annähernd Zeitgenossen und reagieren sie beide auf Parmenides.

[4] Zu den Positionen von Liebe und Streit siehe Guthrie [16] 179, O'Brien [359] 116–117, Graham [363] 308 Anm. 39, O'Brien [369] 418–421.

[5] Zu denen, die eine vollständige Trennung der Elemente zurückweisen, gehören Bollack [356] Bd. 1; Hölscher [360]; Solmsen [361], Long [362]; Schofield in KRS 288 Anm. 1, 299–305 (in der deutschen Ausgabe S. 318 Anm. 7, 330–336); Osborne [364]. Eine vollständige Trennung wird u.a. verteidigt von O'Brien [359] und [369]; Barnes [14] 308–311; Wright [358]; Graham [363] und Inwood [357]. Wenn eine vollständige Trennung der Elemente stattfindet, muß es zwei Perioden geben, in denen Tiere und Pflanzen geschaffen wurden, eine vor der Trennung und eine danach; wenn es keine vollständige Trennung gibt, genügt *eine* Schöpfungsperiode. Ein großer Teil der Diskussion dreht sich darum, wie die verschiedenen Stufen der Schöpfung, die sich in den Fragmenten identifizieren lassen, in den kosmischen Kreislauf einzuordnen sind. Vgl. für die Ansicht, daß für die Entstehung von Lebewesen nur Liebe verantwortlich ist, Broadie in diesem Band S. 197.

[6] Über pythagoreische Wiedergeburtslehren siehe Huffman, in diesem Band, S. 64f. Für pythagoreische Einflüsse auf Empedokles siehe Kingsley [105].

[7] Zur Dichtung des Empedokles siehe Most, in diesem Band S. 326.

[8] Diese Deutung beginnt mit Tannery [131] und Burnet [6], denen dann beispielsweise Cornford [384] und Vlastos [392] gefolgt sind.

[9] Die Fünfer-Liste stammt von Kerfert [390]. In eine Reihe früherer Untersuchungen wurden mehrere dieser Postulate identifiziert.

[10] Es ist – mißlicherweise – unklar, ob Anaxagoras einschlußweise sagt, daß kein Abschnitt eines Stoffs so ist wie jeder andere Abschnitt von ihm, oder ob er nur sagt, daß kein wahrnehmbarer Gegenstand so wie irgendein anderer ist.

[11] Für die Entwicklung einer Alternative zur Homoiomerienkonzeption siehe Graham [387].

[12] Kerferd [390]; Barnes [14] Kap. 16; Graham [387].

[13] Barnes, [14] Kap. 3, hat die aristotelische Auffassung wieder belebt, daß einige frühe Jonier, darunter Anaximenes, »materiale Monisten« gewesen seien, das heißt, daß sie eine Grundsubstanz ansetzten (im Fall des Anaximenes Luft), die ihre Eigenschaften ändert, so daß sie dann die Phänomene anderer Substanzen hervorbringt, die darin aber trotzdem immer als ein zugrundeliegendes Prinzip für sie präsent war. Diese Einschätzung scheint auf einem Mißverständnis der antiken Zeugnisse zu beruhen. Siehe Heidel [388]; Cherniss [34] 362ff., bes. 371; Stokes [130] Kap. 2; Graham [242] und den Anhang zu diesem Kapitel; für das Gegenteil siehe jedoch Sedley, in diesem Band S. 112.

[14] Für Anaximenes: Cicero, *De natura deorum* I 10,26; Aetios I 7,13. – Heraklit DK 22 B30, 64, 67.

[15] Siehe Vegetti, in diesem Band S. 249.

[16] Die Vorstellung, daß er eine Schule gründete, ist wahrscheinlich anachronistisch. Aber um eine bequeme Bezeichnung zu haben, beziehe ich mich auf eine Gruppe gleichgesinnter Philosophen mit dem traditionellen Terminus einer Schule.

[17] Platon, *Theait.* 180d-e, *Soph.* 242c-d; Aristoteles, *Phys.* II,1, *Metaph.* I,5, 986b 18–25.

[18] Platon, *Soph.* 242d–243a; Aristoteles, *Phys.* I,1, 184b18–22.

[19] Siehe hierzu Mourelatos [309] 130–133; Barnes [14]; und Curd [287], Curd [290]. Der Ausdruck »Eines« findet sich mit möglichen Implikationen eines Monismus nur in B8,6 und B8,54; in beiden Fällen scheint die Implikation bestenfalls schwach zu sein. Doch siehe Sedley, in diesem Band S. 109.

[20] So Mourelatos [309].

[21] Die antike Tradition schreibt den meisten der frühen Philosophen die Auffassung zu, daß die Bewegung ewig sei; außer vielleicht im Fall Heraklits gibt es allerdings keine Fragmente, die diese These zum Ausdruck bringen, und es ist wohl wahrscheinlich so, daß das Prinzip aus dem Schluß des Aristoteles abgeleitet ist, daß die Auffassung der frühen Philosophen eine ewige Bewegung voraussetze. Heraklit andererseits macht nicht den Eindruck, als betone er die Ewigkeit von Bewegung; er könnte den dialektischen Hintergrund für die Reaktion des Parmenides geliefert haben. Früher war man der Meinung, Parmenides habe auf bestimmte pythagoreische Auffassungen reagiert (so Paul Tannery [131] 232–247 und im Anschluß daran Burnet [6] 183ff., 314–315, Cornford [285] Kap. 1 und Raven [226]). Es ließ sich aber keine Spur der behaupteten pythagoreischen Auffassungen finden (Vlastos [229] 376–377).

[22] Was die Pluralisten als Philosophen angeht, die auf die radikale Kritik des Parmenides antworten, siehe KRS 351 (dt. Ausgabe S. 385); Barnes [14] 313–317. Zu dem angeblichen Erfolg der atomistischen Antwort siehe KRS 433 (fast unverändert gegenüber der ersten Auflage) (dt. Ausgabe S. 472). Zum Mißlingen des gesamten pluralistischen Vorhabens siehe Barnes [14] 441–442.

[23] Raven (KRS 358–359; dt. Ausgabe S. 392f.) argumentiert, daß Anaxagoras B1 eine pointierte Zurückweisung dessen darstelle, was Parmenides zum Monismus, zur Zeitlosigkeit und zur Unteilbarkeit sagte. Diese Interpretation hängt jedoch entscheidend davon ab, wie Anaxagoras Parmenides las – ein Problem, auf das wir weiter unten zu sprechen kommen.

[24] Aristoteles stellt den Leukippschen Atomismus als eine Reaktion auf die Eleaten dar, *GC* I,8, 325a2ff. Aber wie KRS, 409 Anm. 4 (dt. Ausgabe S. 446 Anm. 7) be-

merkt, sind die Positionen, von denen man sagt, daß Leukipp auf sie reagiere, die von Melissos und nicht die von Parmenides. An der Stelle Aristoteles, *GC* I,2, 316a13ff., wird für Demokrit gezeigt, wie er durch eine begründete Zurückweisung Zenonischer Positionen zu seinen Prizipien gelangt ist. Diese Interpretationen lassen vermuten, daß der Atomismus eine Antwort auf die zweite Generation der Eleaten war. Und falls Zenon und Melissos dazu nötigen, die neu-jonischen Prinzipien zu überdenken, dann könnte das deshalb so sein, weil *sie* für die Ansicht verantwortlich sind, daß Parmenides ein strenger Monist war, der bloß einer einzigen Entität zu existieren erlaubte.

[25] In diesem Sinne Mourelatos [118] 128–130.

[26] Zu verschiedenen Lesarten von B8,53–54 siehe Mourelatos [309] 80–85. Der Abschnitt widersetzt sich einer leichten Deutung, selbst mit den besten Werkzeugen der Philologie.

[27] *Metaph.* I,5, 986b31ff.

[28] Für eine Deutung, die mir näher an Parmenides' Absichten heranzukommen scheint, siehe Long [304]. Für die generelle Position, daß die Pluralisten der Führung des Parmenides auf dem Weg der Meinung zu folgen versuchen, siehe jetzt Curd [290] und A. Finkelberg, »Xenophanes' physics, Parmenides' doxa und Empedocles' theory of cosmogonical mixture«, *Hermes* 125 [1997] 1–16. Curd vertritt die strenge Auffassung, daß die Pluralisten mit ihrer Parmenides-Deutung Recht hatten. Finkelberg verfolgt den Dualismus der parmenideischen Kosmologie zurück nach Xenophanes.

[29] Wie Aristoteles die Passage versteht, *Metaph.* I,5, 986b33–987a2.

[30] Mourelatos [309], besonders 134–135, verteidigt eine Deutung dieser Art.

[31] Siehe den Anhang, S. 160f.

[32] Platon, *Euthyphron* 11a; Aristoteles, *Cat.* Kap. 2, 4, 5.

[33] Siehe D.W. Graham, »Aristotle's discovery of matter«, *AGP* 66 (1984) 37–51.

[34] Zu der Beziehung, die Zenons Argumente zur Lehre des Parmenides haben, siehe McKirahan, in diesem Band S. 122, 142; was Melissos betrifft, siehe Sedley, S. 119.

[35] B17,34, 21,13, 26,3.

[36] Vgl. Aristoteles, *Phys.* VIII,9, 265b17ff.

[37] Eine schwierige Frage, die in diesem Zusammenhang auftaucht, ist die, was genau die Samen des Anaxagoras sind. Furley [385] 72–75 argumentiert, daß es sich um biologische Samen handelt, aus denen lebendige Gebilde hervorwachsen. Wenn das zutrifft, dann sind sogar Pflanzen und Tiere im Urchaos latent vorhanden. Aber es gibt noch viele andere Deutungen der Samen; und die Aufmerksamkeit, die Anaxagoras ihren Gestalten (?) (*ideai*), ihren Farben und ihrem Geschmack widmet (B4), legt es nahe – zumindest der Tendenz nach –, daß er an ihnen eher als Orten phänomenaler Qualitäten denn als Quellen biologischer Entstehung interessiert ist. In jedem Fall sind alle Stoffe in der Urmischung latent vorhanden; und wenn Furley Recht hat, sind dort latent sogar biologische Arten vorhanden.

[38] Der Ausdruck »eleatischer Pluralismus« wurde von R.B.B. Wardy, »Eleatic Pluralism«, *AGP* 70 (1988) 125–146, auf die frühen Atomisten angewandt. Ich möchte ihn insbesondere auf Empedokles und Anaxagoras anwenden und dabei die Möglichkeit vorbehalten, daß die Atomisten – aus Gründen, auf die Wardy nicht eingeht, in wichtigen Hinsichten anti-eleatisch sein könnten, zum Beispiel in der Behauptung Demokrits, daß »Ichts [Etwas] um nichts mehr ist als Nichts [Nicht-Etwas]« (DK 68 B156). In einem gewissen Sinn sind sicherlich auch die Atomisten eleatische Pluralisten, aber nicht notwendig so durchgängig, unerschrocken und vielleicht genial wie ihre Vorgänger, weil sie sich der Kritik späterer Mitglieder der eleatischen Schule gegenübersahen.

9 Die Atomisten[1]

C.C.W. Taylor

Der Atomismus war das Werk zweier Denker des 5. Jahrhunderts v.Chr.: Leukipp und Demokrit. Ersterer – bezeugt durch Aristoteles, unsere Hauptquelle – war der Begründer der Theorie und schon in der Antike eine etwas vage Gestalt, die durch seinen berühmteren Nachfolger Demokrit derart in den Schatten gestellt wurde, daß man gemeinhin glaubte, die Theorie sei von letzterem entwickelt worden. Epikur, der den Atomismus im späten 4. und frühen 3. Jahrhundert v.Chr. weiterentwickelte und popularisierte (er folgte in der Tradition verschiedener Gestalten wie Nausiphanes und Anaxarchos, heute kaum mehr als Namen), ging so weit zu bestreiten, daß Leukipp überhaupt jemals gelebt habe. Nur wenig mehr wissen wir über Demokrit (siehe S. XVII). Wie die Beziehung zwischen Leukipp und Demokrit genau aussah, ist unklar. Platon nennt niemals einen der beiden mit Namen. Aristoteles und seine Nachfolger behandeln Leukipp als den Begründer der Theorie, schreiben deren Grundprinzipien aber auch sowohl Leukipp als auch Demokrit zu; spätere Quellen tendieren dahin, die Theorie als das Werk von Demokrit allein zu behandeln. Daß sie von Leukipp ausging, ist klar. Es ist aber möglich, daß die beiden in gewissem Ausmaß zusammenarbeiteten; und es ist nahezu sicher, daß Demokrit die Theorie in einer Reihe von Feldern weiterentwickelte, zum Beispiel indem er sie so erweiterte, daß sie eine materialistische Psychologie und eine ausgefeilte Erkenntnislehre umfaßte, außerdem eine Darstellung zur Entwicklung der menschlichen Gesellschaft, die besonderen Nachdruck auf die Fähigkeit der Menschen legte, aus Zufallserfahrungen zu lernen.[2]

1. Physische Prinzipien

Nach Aristoteles (*GC* I,7–8, 324a35–325a31) versuchten die Atomisten, die beobachtbaren Daten von Vielheit, Bewegung und Veränderung mit der eleatischen Bestreitung zu versöhnen, daß es möglich sei, daß etwas entsteht oder vergeht. Wie Anaxagoras und Empedokles postulierten sie unveränderliche Elementargegenstände und erklärten das phänomenal begegnende Werden und Vergehen durch das Zusammenkommen und die Trennung dieser Gegenstände. Ihre Konzeptionen der Elementargegenstände und der Vorgänge unterschieden sich aber radikal von den Ansätzen bei Anaxagoras und Empedokles. Für Anaxagoras waren die Elementargegenstände beobachtbare Stoffe und Eigenschaften, und für Empedokles waren es die Elemente, Erde, Luft, Feuer und Wasser:

die elementaren Prozesse waren für beide die der Mischung und Trennung solcher elementarer Gegenstände. Im Gegensatz dazu waren die elementaren Gegenstände für die Atomisten nicht Eigenschaften oder Stoffe, sondern körperliche Individuen; und die elementaren Prozesse waren nicht Mischung und Trennung, sondern die Bildung und Auflösung von Aggregaten solcher Individuen. Weiter waren die Basisindividuen nicht beobachtbar, im Gegensatz zu den beobachtbaren Stoffen des Anaxagoras und den beobachtbaren Elementen des Empedokles. Infolgedessen konnten auch die Eigenschaften der Elementargegenstände nicht beobachtet werden, sondern mußten ihnen durch die Theorie zugeschrieben werden.

Weil die Theorie eine mutmaßlich unbegrenzte Anzahl von Phänomenen zu erklären hatte, nahm sie eine unbegrenzte Anzahl elementarer Individuen an, postulierte dabei aber so wenig erklärende Eigenschaften wie möglich, im einzelnen Gestalt, Größe, räumliche Anordnung und Ausrichtung innerhalb einer gegebenen Anordnung.[3] Alle beobachtbaren Körper sind Aggregate elementarer Individuen, die daher notwendigerweise zu klein sind, um beobachtet werden zu können.[4] Diese Elementarkörperchen sind physikalisch unteilbar (*atomon*, wörtlich: ›unzerschneidbar‹), und zwar nicht bloß faktisch, sondern prinzipiell; Aristoteles (*GC* I,2, 316a14–b7) berichtet von einem (nicht haltbaren) atomistischen Argument, das einige Ähnlichkeit mit einem von Zenons Argumenten gegen die Vielfalt hat (DK 29 B2): Falls es (wie das z.B. Anaxagoras behauptete) theoretisch möglich wäre, einen materiellen Gegenstand *ad infinitum* zu teilen, müßte die Teilung den Gegenstand auf nichts reduzieren. Dieses Argument wurde von einem zweiten mit derselben Schlußfolgerung unterstützt; Atome sind deshalb theoretisch unteilbar, weil sie nichts Leeres enthalten. Nach dieser Konzeption können Körper sich nur entlang ihren Zwischenräumen spalten; wenn es also wie in einem Atom keine Zwischenräume gibt, ist keine Spaltung möglich. (Dasselbe Prinzip erklärte wahrscheinlich auch, warum die Atome gegen andere Arten der Veränderung immun sind, etwa gegen Umgestaltung, Kompression und Expansion. Von allen diesen Veränderungsarten nahm man vermutlich an, daß sie eine Verschiebung von Materie innerhalb eines Atoms erfordern, die ohne irgendwelche Lücken, welche die verschobene Materie aufnehmen könnten, nicht möglich ist.) Es ist verlockend, die Annahme, daß Körper sich nur entlang ihren Zwischenräumen spalten können, mit dem Prinzip vom zureichenden Grund zu verbinden, auf das die Atomisten sich als ein fundamentales Erklärungsprinzip beriefen, indem sie etwa argumentierten, daß die Anzahl atomarer Gestalten unbegrenzt sein müsse, weil es für ein Atom nicht mehr Grund gebe, die eine Gestalt zu haben, als eine andere (Simplikios, *In phys.* 28,9–10).[5] Unter Voraussetzung der totalen Homogenität eines Atoms könnten sie gedacht haben, daß es keinen Grund geben könnte, warum es sich an irgendeinem Punkt oder in irgendeiner Richtung eher spalten sollte als an einem anderen Punkt oder in einer anderen Richtung. Nach dem Prinzip vom zureichenden Grund konnte es sich also überhaupt nicht spalten.

Das Programm, die Gegebenheiten der Sinneswahrnehmung mit den Erfordernissen der eleatischen Theorie zu versöhnen, führte die Atomisten dazu, einen leeren oder freien Raum anzusetzen, (a) als das, was Atome voneinander trennt, und (b) als das, worin sie sich bewegen. Parmenides hatte argumentiert (DK 28 B22–25), daß es keine Vielheit von Dingen geben könne, wenn es nichts Leeres gebe, um sie voneinander zu trennen; und Melissos hatte argumentiert (DK 30 B7), daß es keine Bewegung ohne Leeres geben könne, in das hinein die in Bewegung befindlichen Gegenstände sich bewegen; Aristoteles bezeugt, daß die Atomisten beide Thesen akzeptierten (*Phys.* IV,5, 213a32–34; *GC* I,8, 325a27–28). Auf die Frage, was es ist, das die Atome voneinander trennt und wohinein sie sich bewegen, lautete ihre Antwort einfach »nichts«, »was nicht ist« oder »das Leere« – drei Termini, die sie offenbar als austauschbar betrachteten. Demnach schreckten die Atomisten nicht vor der Schlußfolgerung zurück, daß dasjenige, was ist, um nichts mehr ist als das, was nicht ist (Aristoteles, *Metaph.* I,4, 985b8; Plutarch, *Adv. Col.* 1108F).[6] Aber die Behauptung, daß dasjenige, was verschiedene Gegenstände trennt, nichts ist, führt geradewegs zu einer Inkohärenz; entweder gibt es nichts, was diese Gegenstände trennt, in welchem Fall sie nicht voneinander getrennt sind, oder es gibt etwas, was sie trennt, in welchem Fall »nichts« der Name für etwas ist.

Wir haben keine Vorstellung davon, ob diese Vorhaltung den Atomisten wirklich gemacht wurde oder wie sie ihr begegnet wären, wenn sie gemacht worden wäre. Für eine angemessene Verteidigung können wir bestenfalls den folgenden Vorschlag anbieten: Es gibt in der Tat etwas, was beliebige zwei nicht aneinander anliegende Atome trennt, nämlich ein Intervall. Ein Intervall ist aber nicht irgendeine Art von *Ding*: Es ist bloß eine Lücke, eine Abwesenheit von jedwedem. Es gibt also in der Tat Lücken zwischen Atomen; aber Lücken sind nichts; und wenn ein Atom sich bewegt, bewegt es sich in eine Lücke. Das kann allerdings nicht die ganze Geschichte sein. Der Begriff eines Intervalls oder einer Lücke zwischen Gegenständen setzt nämlich eine kontinuierliche Dimension voraus, in der die Gegenstände und das Intervall zwischen ihnen allen gleichermaßen situiert sind. Das heißt, die Konzeption der Atomisten vom Leeren kann nicht bloß die vom Nichtsein eines natürlichen Gegenstands gewesen sein; zumindest handelte es sich um die Konzeption einer Lücke im Raum, wobei der Raum – wie rudimentär auch immer – als eine kontinuierliche Dimension aufgefaßt wird. Zudem behaupteten die Atomisten, daß das Leere der Ausdehnung nach unbegrenzt sei, und benutzten den Ausdruck »das Unbegrenzte/Unendliche« als eine weitere Bezeichnung für es; die natürlichste Interpretation dafür ist die, daß sie behaupteten, der leere Raum sei seiner Ausdehnung nach unendlich. Sie glaubten also, daß das Universum aus einer unbegrenzt großen Ansammlung unteilbarer physischer Gegenstände (Atome) bestehe, die sich im unendlichen Raum bewegen, wobei der Raum ein dreidimensionales Kontinuum ist, von dem jeder Teil entweder durch einen Gegenstand eingenommen oder nicht eingenommen sein kann.[7]

In diesem leeren Raum befinden die Atome sich in einem Zustand ewiger Bewegung. Diese Bewegung ist nicht das Ergebnis eines Plans. Vielmehr ist sie durch eine unendliche Folge vorausgehender atomarer Interaktionen bestimmt[8] (daher zwei der prinzipiellen Kritiken des Aristoteles an Demokrit, daß er nämlich die Zielursache eliminiert (*GA* V,8, 789b2–3) und jede atomare Bewegung »unnatürlich« gemacht habe (*De caelo* III,2, 300b8–16)[9]). Die theoretische Rolle des Leeren bei der Erklärung der Trennung der Atome voneinander hat eine interessante Implikation, die uns durch Philoponos überliefert ist (*In phys.* 494,19–25; *In GC* 158,26–159,7). Weil Atome voneinander durch das Leere getrennt sind, können sie genau genommen niemals miteinander in Kontakt kommen. Denn wenn sie wirklich in Kontakt kämen, und sei es auch nur für einen kurzen Moment, gäbe es nichts, was sie voneinander trennen würde. Doch dann wären sie voneinander ebenso untrennbar wie die untrennbaren Teile eines Atoms, dessen Unteilbarkeit ja dem Umstand zugeschrieben wird, daß es in ihm nichts Leeres gibt (siehe oben); die beiden früheren Atome wären nun wirklich Teile eines einzigen größeren Atoms. Aber, so erklären die Atomisten, es ist unmöglich, daß zwei Dinge eines werden sollten. Da sie der Ansicht waren, daß eine atomare Fusion theoretisch unmöglich ist, und da sie es als gegeben ansehen, daß jeder Fall wirklichen Kontakts zwischen Atomen ein Fall atomarer Fusion wäre (weil die Fusion nur durch das dazwischentretende Leere verhindert wird), zogen sie vielleicht den Schluß, daß der Kontakt selbst theoretisch unmöglich ist.[10] Was als Aufprall erscheint, ist daher in Wirklichkeit eine Aktion über eine äußerst kurze Distanz. Eher als daß sie wirklich aufeinanderknallen, müssen Atome so aufgefaßt werden, daß sie sich gegenseitig abstoßen, und zwar durch eine Art Kraft, die durch das Leere hindurch übertragen wird. Ferner ist, obgleich keine Quelle das direkt bezeugt, die Verzahnung von Atomen, die das Grundprinzip zur Bildung von Aggregaten ist, keine Verzahnung im strikten Sinne, weil das Prinzip, daß Atome sich nicht berühren, eine Verzahnung ebensosehr verbietet wie einen Aufprall. Genauso wie der Aufprall als etwas Ähnliches wie die magnetische Abstoßung rekonstruiert werden muß, so muß die Verzahnung als eine quasi-magnetische Anziehung rekonstruiert werden. Wenn diese Annahme zutrifft (fairerweise ist darauf hinzuweisen, daß sie außer von Philoponos von keiner anderen antiken Quelle bekräftigt wird), dann ist es eine verblüffende Tatsache, daß zwar die Korpuskular-Philosophie der Nach-Renaissance, die an den griechischen Atomismus anknüpfte, dazu tendierte, die Unmöglichkeit, über eine Distanz zu wirken, als ein Axiom anzusehen, daß im Gegensatz dazu aber die ursprüngliche Form der Theorie die *a priori*-These enthielt, daß jede Wirkung Wirkung über eine Distanz ist. Folglich ist jener Aufprall – weit davon entfernt, uns unseren grundlegendsten Begriff der physikalischen Interaktion zu liefern – selber eine bloße Erscheinung, welche aus der Welt verschwindet, wenn die Beschreibung der Wirklichkeit mit voller Schärfe betrieben wird.[11]

2. Zufall und Notwendigkeit

Während die großen Umrisse dessen, was die Atomisten über diese Themen dachten, sich einigermaßen ordentlich rekonstruieren lassen, ist im Detail vieles dunkel. Das Universum der Atomisten ist absichtslos, mechanistisch und deterministisch; jede Begebenheit hat eine Ursache, und Ursachen bringen ihre Wirkungen notwendig hervor.[12] Grob gesprochen ist der Prozeß mechanisch; letztlich geschieht alles in der Welt als Resultat atomarer Interaktion. Der Prozeß atomarer Interaktion hat weder einen Anfang noch ein Ende, und jede einzelne Phase dieses Prozesses wird ursächlich durch eine vorhergehende Phase notwendig. Aber auf genau welche Weise die Atomisten den Prozeß funktionieren sahen, ist dunkel. Dieser Umstand läßt sich weitgehend der fragmentarischen Natur der Zeugnisse zurechnen, die wir besitzen. Aber vielleicht war auch die Darstellung der Theorie selbst nicht ganz frei von Obskurität.

Der grundlegende Text ist das einzige Fragment von Leukipp (DK 67 B2): »Nichts geschieht aufs Geratewohl, sondern alles in begründeter Weise und infolge von Notwendigkeit.« Die Verneinung, daß irgendetwas »aufs Geratewohl« (*matēn*) geschieht, könnte gut isoliert genommen werden und würde dann auf eine Behauptung hinauslaufen, daß alle natürlichen Begebenheiten absichtlich seien; denn das Adverb und seine Verwandten haben häufig den Sinn von »vergeblich« (d.h. nicht in Übereinstimmung mit jemandes Absicht) oder »witzlos«. Wenn das der Sinn von von *matēn* beziehungsweise Nicht-*matēn* wäre, wäre »aufgrund von Vernunft« (*ek logou*) am ungezwungensten zu verstehen als »zu einem Zweck«. Diese Übersetzungen sind jedoch sehr unwahrscheinlich. Die Mehrzahl der Quellen folgt Aristoteles (*GA* V,8, 789b2–3) in seiner Behauptung, daß Demokrit Zweckhaftigkeit in der Welt der Natur bestritt und alles durch mechanistische »Notwendigkeit« erklärte. Eine Deutung von Leukipp, die ihn nicht nur (im Gegensatz zu Demokrit) erklären läßt, daß einige, sondern daß alle natürlichen Begebenheiten zweckhaft sind, nimmt zwischen den grundlegenden Weltauffassungen der beiden eine derart große Verwerfung an, daß wir erwarten sollten, daß sie in der Überlieferung die eine oder andere Spur hinterlassen hat. Außerdem wird in dem Leukipp-Fragment die Zuschreibung aller Begebenheiten an die Notwendigkeit, ein zentrales Merkmal der mechanistischen Weltsicht Demokrits, selbst bestätigt. Wir sollten uns also nach einer Deutung des Fragments umsehen, die es mit Demokrits Verneinung finaler Verursachung zu vereinbaren erlaubt.

Solch eine Interpretation läßt sich erreichen, ohne den Texten Gewalt anzutun. Gelegentlich (z.B. Herodot VII 103,2; Platon, *Tht.* 189d) muß *matēn* wiedergegeben werden – nicht als »ohne Absicht«, sondern als »ohne Grund« (»vergeblich« und »leer« haben ähnliche Anwendungsbereiche). Unter Voraussetzung dieser Deutung von *matēn* muß »aufgrund von Vernunft« im Sinne von »aus einem Grund« verstanden werden, wobei das Verständnis von ›Vernunft‹ mit dem Begriff einer vernünftigen Erklärung verknüpft ist. Der erste Teil des Fragments (»Nichts geschieht aufs Geratewohl, sondern alles aufgrund von Vernunft« behauptet demnach nicht universale Zweckhaftigkeit in der Natur, sondern ein Prinzip, von dem wir bereits gesehen haben, daß es den Atomismus durchzieht, das Prinzip vom zureichenden Grund. Anstatt einer radikalen Diskontinuität zwischen Leukipp und Demokrit bestätigt das Fragment nach dieser Deutung die Verpflichtung auf ein Prinzip, welches für den Atomismus grundlegend ist. Die zweite Hälfte des Fragments (»und infolge von Notwendigkeit«) formuliert einen strengeren Anspruch, der den Begriff der vernünftigen Erklärung mit den Begriffen von Notwendigkeit und Ursache verknüpft. Die strengere Behauptung ist, daß, was immer geschieht, geschehen *muß* und nicht anders kann als geschehen. Das läuft auf eine Spezifizierung des Grunds hinaus, dessen Existenz in der ersten Hälfte des Satzes behauptet wird; nichts geschieht ohne einen Grund, und im Fall von all dem, was geschieht, ist der Grund, aus dem es geschieht, daß es geschehen muß.[13]

Demnach gibt es keine Zufallsereignisse, das heißt keine Begebenheiten, die einfach passieren. Andererseits haben wir Belege, daß die Atomisten dem Zufall eine gewisse Rolle bei der Verursachung der Ereignisse zuschrieben, wenn auch nicht leicht zu bestimmen ist, welche Rolle genau. Aristoteles (*Phys.* II,4, 196a24–28), Simplikios (*In phys.* 327,24–26, 330,14–20) und Themistios (*In phys.* 49,13–16) sagen alle, daß Demokrit die Bildung jedes kosmischen Urwirbels[14] dem Zufall zugeschrieben habe (Aristoteles findet gar eine besondere Absurdität in der Theorie, daß, während Ereignisse in einem Kosmos in regulären Kausalfolgen vorkommen, der Kosmos selbst rein durch Zufall ins Dasein kommt). Es könnte sein, daß dies durch einen Satz in Diogenes Laertius' Zusammenfassung von Demokrits Kosmologie bekräftigt wird, den Satz, daß Demokrit den kosmischen Wirbel selbst mit Notwendigkeit identifizierte (IX,45). Nach dieser Interpretation ist die Auskunft, daß alles aus Notwendigkeit geschieht, auf Ereignisse innerhalb eines Kosmos beschränkt, und sie besagt, daß alle diese Ereignisse durch diejenigen Atombewegungen determiniert sind, die den Wirbel ausmachen. Der Wirbel selbst freilich ist nicht durch irgendetwas determiniert; er findet einfach statt. Nach dieser Auffassung regiert die Notwendigkeit eine Weltordnung, ist aber nur lokal für sie da und geht selbst durch Zufall aus einem präkosmischen Zustand hervor, in welchem es keine Notwendigkeit gibt.

Die Anerkennung reinen Zufalls ist freilich unverträglich mit dem Prinzip vom zureichenden Grund, von dem wir wissen, daß die Atomisten es akzeptierten. Eine Versöhnung von beidem wird angeboten durch eine Passage bei Theodoretos (*Graecarum affectionum curatio* VI,15) bzw. Aetios (I 29,7): »Anaxagoras, Demokrit und die Stoiker sagen, er [scil. der Zufall] sei eine für menschliches Raisonnement undurchschaubare Ursache«. Das könnte man im Sinne einer Behauptung lesen, daß Ereignisse dem Zufall zuzuschreiben ein Eingeständnis sei, daß man ihre Ursachen nicht kenne; daß sie Ursachen haben, bestreite man damit nicht. Einige andere Belegstücke unterstützen diesen Vorschlag. Diogenes' Zusammenfassung der Kosmologie Leukipps (IX,30–33) schließt mit dem Satz: »Genauso wie die Entstehung von Welten, so vollziehen sich auch ihr Wachstum, ihr Verfall und ihr Untergang nach Maßgabe einer

Notwendigkeit, deren Beschaffenheit er nicht erklärt.« Auf einer Linie mit seinem bekanntem Diktum ist Leukipp dann der Ansicht, daß alle Ereignisse, eingeschlossen die Entstehung von Welten, aus Notwendigkeit geschehen; er sah sich aber nicht in der Lage zu sagen, was dasjenige sei, was kosmische Ereignisse notwendig macht. Daraufhin ist es plausibel, daß entweder er selbst oder Demokrit sagte, daß man von solchen Ereignissen *sagen* könne, sie träten durch Zufall ein, dies eben in dem Sinn, daß wir ihre Ursachen nicht kennen (ob nur faktisch oder prinzipiell nicht kennen, ist unbestimmt). Erklärungen bestimmter Arten von Ereignissen und einzelner Begebenheiten waren von dem Prinzip geleitet, daß es keine Zufallsereignisse gibt; es wurde aber kein Versuch unternommen, Erklärungen für die grundlegenden kosmischen Prozesse selbst anzubieten. Das muß nicht implizieren, daß sie buchstäblich unverursacht sind, wohl aber daß sie eben als unverursachte Gebilde behandelt werden können, weil ihre wirklichen Ursachen einen Grad von Komplexität besitzen, der die Entdeckungskräfte des menschlichen Geistes übersteigt.

Für die Atomisten geschieht also alles aus Notwendigkeit. Notwendigkeit mit den mechanischen Kräften von Stoß und Bewegung zu identifizieren könnte auf Demokrit zurückgehen. Welche Ansicht genau vertrat er darüber? Aetios berichtet, daß Demokrit mit Notwendigkeit »den Widerstand, die Bewegung und den Stoß der Materie« meinte (I 26,2). Bekommen Stoß und Bewegung in dieser Identifikation den gleichen Status, oder wird es als gewährleistet angesehen, daß Bewegung immer durch einen vorausgehenden Stoß verursacht ist? Nach der ersten Lesart kann es Bewegungen geben, die entweder unverursacht sind oder die einer anderen Ursache als einem Stoß zugeschrieben werden können. Das Zeugnis des Aristoteles (*Phys.* VIII,1, 252a32–b2), Demokrit sei der Auffassung gewesen, man solle nicht nach einer Ursache für das fragen, was immer der Fall ist, spricht für die erste Alternative. Er könnte dann gesagt haben, daß die Atome einfach immer in Bewegung sind. Aber während dieses Prinzip es ihm erlaubt, die Frage auszuschließen: »Was verursacht, daß die Atome in Bewegung sind?«, verlangt das Prinzip vom zureichenden Grund, daß die Frage »Warum bewegt sich ein bestimmtes Atom mit einer bestimmten Bewegung?« beantwortet wird; und es könnte unvermeidlich erscheinen, daß diese Antwort auf eine vorausgehende Atomkollision Bezug nimmt, wie das durch verschiedene Quellen bezeugt wird (z.B. Simplikios, *In phys.* 42,10–11; Alexander, *In metaph.* 36,21–25).

An dieser Stelle müssen wir noch einmal auf das Zeugnis des Philoponos zurückkommen, daß Atome niemals wirklich kollidieren oder in Kontakt kommen, mit der Implikation, daß die grundlegenden physikalischen Kräfte die Anziehung und die Abstoßung sind. Nach dieser Auffassung wird der überwiegende Teil der Atombewegungen durch die Analogie zum Stoß erklärt, nämlich durch die Abstoßung, während die relative Stabilität von Atomen in einem Aggregat nicht durch ihre buchstäbliche Verzahnung zu erklären ist, sondern dadurch erklärt werden muß, daß sie so zusammengehalten werden, *als ob* sie durch eine Anziehungskraft verzahnt wären, welche über die kleinen Lücken hinweg wirkt, die es zwischen den Atomen in dem Aggregat gibt.

Zusätzlich könnte jedoch eine Form von Anziehung ebenfalls manche atomare Bewegungen erklärt haben; Sextus zitiert Demokrit (*M.* VII,116–118), der der Ansicht sei, daß Gegenstände derselben Art dazu tendieren, sich zusammenzuscharen, und dies durch Beispiele illustriere, die er aus dem Verhalten belebter und unbelebter Gegenstände entnehme (Vögel, die sich zusammenscharen; Körner unterschiedlicher Arten, die durch Betätigung eines Siebs aussortiert werden; Kieselsteine verschiedener Gestalt, die durch Einwirkung von Wellen an einem Strand zusammensortiert werden.)

Daß dieses Prinzip auf die Atome angewandt wurde, ist aus der Darstellung zu ersehen, die Diogenes Laertius von der Kosmogonie des Leukipp gibt, wo Atome mannigfacher Gestalt eine wirbelnde Masse formen, aus der sie dann »Gleiches zu Gleichem« ausgesondert werden. Die Aussonderung von Atomen unterschiedlicher *Größe* konnte durch die stärkere zentripetale Tendenz der größeren Atome adäquat erklärt werden, die selbst eine Funktion ihrer größeren Masse ist. Aber der Kontext bei Diogenes, wo zur Beschreibung der Atome gerade gesagt wurde, sie seien von mannigfacher Gestalt – insoweit ohne Erwähnung der Größe –, legt nahe, daß »Gleiches zu Gleichem« hier verstanden werden muß im Sinne von »Gleiches zu Gleichem der Gestalt nach«. Der Bericht des Aetios über Demokrits Erklärung von Lauten (IV 19,3) versichert, daß Atome gleicher Gestalt sich zusammenscharen, und er enthält dieselben illustrierenden Beispiele wie die Passage bei Sextus. Es ist plausibel, wenn es auch nicht ausdrücklich festgestellt wird, daß dieses selbe Prinzip zur Erklärung dient, warum sich Aggregate kugelförmiger Atome bilden, zum Beispiel Flammen.

Wir haben also einen gewissen Beleg, daß Demokrit in seiner Dynamik drei grundlegende Kräfte postulierte, eine abstoßende Kraft, welche die Rolle des Stoßes in einer konventionellen Korpuskulartheorie übernimmt, und zwei Arten von Anziehungskraft, eine, die Atome gleicher Gestalt zusammenzieht, und eine zweite, die Atome unterschiedlicher Gestalt in einem Atomaggregat zusammenhält. Daß Demokrit den Terminus »Notwendigkeit« auf alle drei anwandte und sie gleichermaßen als Kräfte ansah, denen nicht zu widerstehen ist, ist plausibel. Man muß allerdings erstens beachten, daß die Belege für diese Theorie äußerst fragmentarisch sind, und zweitens, daß, selbst wenn sie akzeptiert wird, wir keine Vorstellung davon haben, ob oder wie Demokrit versuchte, diese Kräfte in einer einheitlichen Theorie zu vereinigen. Derart schmucklos hingestellt bringt die Theorie offenkundige Schwierigkeiten mit sich; z.B. wenn zwei Atome derselben Gestalt kollidieren, prallen sie dann zurück, oder kleben sie zusammen? Wenn alle Atome sowohl eine Anziehungs- als auch eine Abstoßungskraft haben, dann muß es noch grundlegendere Prinzipien geben, die determinieren, welche Kraft oder Kombination von Kräften die Bewegung der Atome bestimmt. Unsere Quellen geben keinen Hinweis, ob Demokrit derartige Fragen überhaupt erwogen hat.

3. Epistemologie

Während wir überhaupt keine Belege haben, auf die hin wir annehmen könnten, daß Leukipp sich mit epistemologischen Fragen befaßt hat, gibt es überaus viele Zeugnisse davon, welch große Bedeutung diese Fragen für Demokrit hatten. Daß dessen epistemologische Interessen wenigstens teilweise durch seinen Mitbürger und älteren Zeitgenossen Protagoras (siehe S. 275–278) angeregt wurden, ist durchaus wahrscheinlich. Unsere Quellenlage ist allerdings hoch problematisch, insofern sie Gründe liefert, Demokrit in der Frage der Verläßlichkeit der Sinne zwei diametral entgegengesetzte Positionen zuzuschreiben. Auf der einen Seite haben wir eine Reihe von Texten, darunter auch wörtliche Zitate, in denen er die Sinne als total unzuverlässig zurückweist; auf der anderen Seite schreibt eine Anzahl von Texten ihm die Lehre zu, daß alle Erscheinungen wahr sind, was ihn in eine Linie mit dem Subjektivismus des Protagoras bringt, eine Position, von der es heißt, daß er sie explizit zurückgewiesen habe (Plutarch, *Adv. Col.* 1108F). Die erstere der beiden Deutungen wird hauptsächlich durch Belege aus Sextus unterstützt und letztere vor allem durch Belege aus Aristoteles und seinen Kommentatoren. Wir können die Frage aber nicht dadurch lösen, daß wir einfach den einen Quellenblock zugunsten des anderen beiseitesetzen. Denn (a) Aristoteles berichtet im Verlauf weniger Zeilen (*Metaph.* IV,5, 1009b7–17) sowohl, daß Demokrit sagt, es sei entweder nichts wahr oder es sei uns unklar, als auch, daß er behauptet, was in der Sinneswahrnehmung erscheine, sei notwendigerweise wahr; und (b) schreibt Sextus (*M.* VII,136) einiges von Demokrits Verurteilung der Sinne einem Werk zu, in welchem er sich vornahm, »den Sinneswahrnehmungen die Herrschaft über die Überzeugungen zuzuerkennen«. *Prima facie* läßt die Quellenlage also vermuten, daß beide Deutungen Aspekte von Demokrits Denken reflektieren. War dieses Denken demnach völlig inkonsistent? Oder kann der Anschein eines systematischen Widerspruchs eliminiert oder zumindest gemildert werden?

Die erste Interpretation gründet sich auf die atomistische Darstellung der sekundären Qualitäten, deren Beobachter-Abhängigkeit Demokrit als erster Philosoph erkannt zu haben scheint. Unsere Sinne präsentieren uns die Welt als eine, die aus Gegenständen besteht, welche durch Farbe, Klang, Geschmack, Geruch usw. charakterisert sind, während die Welt in Wirklichkeit aus Atomen besteht, die sich im Leeren bewegen; und weder die Atome noch das Leere sind durch irgendwelche sekundären Qualitäten gekennzeichnet. Infolgedessen haben wir eine Dichotomie, wie die Dinge uns einerseits erscheinen und wie sie andererseits in Wirklichkeit sind; und diese Dichotomie ist ausgedrückt in dem berühmten Slogan (DK 68 B9): »Durch Festsetzung süß, durch Festsetzung bitter, durch Festsetzung warm, durch Festsetzung kalt, durch Festsetzung Farbe, in Wirklichkeit aber Atome und Leeres.« Des weiteren muß die Unterscheidung zwischen der Wirklichkeit der Dinge und den Erscheinungen, welche jene Wirklichkeit präsentieren, durch eine Darstellung der Kausalprozesse ergänzt werden, durch die wir solche Erscheinungen empfangen: Atomare Aggregate affizieren uns, indem sie von ihrer Oberfläche kontinuierliche Ströme von Atom-Filmen aussenden, welche auf unsere Sinnesorgane treffen; und die sich daraus ergebenden Wahrnehmungszustände sind eine Funktion der Interaktion, die sich zwischen solchen Filmen und der atomaren Struktur der Organe abspielt. Rot zu sein beispielsweise heißt für einen Gegenstand, konstant Filme von Atomen von solcher Art auszusenden, daß dann, wenn diese Filme mit etwas kollidieren, was in einer geeigneten Lage ist, um sie wahrzunehmen, der Gegenstand für dieses die Filme wahrnehmende Gebilde rot aussieht.

Wir sind von der Wirklichkeit daher doppelt distanziert, nicht nur phänomenologisch, indem Dinge uns anders erscheinen, als sie sind, sondern auch ursächlich, indem wir atomare Aggregate durch das physikalische Dazwischentreten anderer Aggregate (scil. der atomaren Filme) und die Einwirkung dieser letzteren auf unsere Sinnesorgane wahrnehmen. Eine Reihe von Fragmenten betont die kognitive Kluft, welche uns von der Wirklichkeit trennt: (B6) »Mit Hilfe dieses Maßstabs muß ein Mensch einsehen, daß er fern von der Wirklichkeit ist.« (B8) »Freilich wird klar sein, daß, wie jedes Ding in Wirklichkeit beschaffen ist, – daß das zu erkennen eine unlösbare Aufgabe ist.« (B10) »Daß wir also in Wirklichkeit nicht einsehen, wie ein jedes ist oder nicht ist, das ist auf vielerlei Weise gezeigt worden.« Schließlich (B117): »In Wirklichkeit wissen wir nichts; denn die Wahrheit liegt im Abgrund.«

Diese Texte bringen uns sofort vor ein größeres Interpretationsproblem. Einerseits betonen B9 und damit zusammenhängende Berichte die Kluft zwischen Erscheinung und Wirklichkeit, indem sie behaupten, daß die Sinne die Wirklichkeit unzutreffend wiedergeben und deshalb unzuverlässig sind. Diese dogmatische Behauptung setzt voraus, daß wir irgendeine Art von Zugang zur Wirklichkeit haben, der uns in die Lage versetzt, das Bild in den Sinnen unglaubwürdig im Hinblick darauf zu finden, wie die Dinge in Wirklichkeit sind. Andererseits stellen B6, 8, 10 und 117 die erheblich radikalere Behauptung auf, daß die Wirklichkeit vollkommen unzugänglich ist, und unterhöhlen damit die These, daß es zwischen Erscheinung und Wirklichkeit eine Kluft gebe. B7, »Es zeigt also auch dieses Argument, daß wir in Wirklichkeit nichts über irgendetwas wissen; vielmehr ist die Meinung etwas, was jedem einzelnen von uns zufließt«,[15] und die zweite Hälfte von B9, »Wir aber fassen nichts als zuverlässig auf, sondern als etwas, was sich nach dem Zustand des Körpers und der Dinge verändert, die auf ihn eindringen und ihm Widerstand entgegensetzen«, versuchen, in einem unbehaglichen Spagat beiden Positionen Genüge zu tun, weil sie die radikal skeptische Schlußfolgerung aus einer Prämisse über den Wahrnehmungsmechanismus ziehen, die doch einen Zugang zur Wahrheit über den Mechanismus voraussetzt. Wir könnten daraus schließen, daß Demokrit einfach versäumte, die dogmatische Behauptung, daß die Sinne die Wirklichkeit unrichtig wiedergeben, von der skeptischen Behauptung zu unterscheiden, daß wir über die Wirklichkeit nichts wissen können, von welcher Art es auch sei. Eine alternative Strategie besteht darin, nach einem Weg zu suchen, der darauf ausgeht, die Quellen so zu interpretieren, daß die beiden Behauptungen einem Zusammenklang der einen mit der anderen näher gebracht werden.

Wir können die beiden Behauptungen einander annähern, wenn die »skeptischen« Fragmente so gedeutet werden, daß sie sich – nicht auf Erkenntniszustände allgemein, sondern – insbesondere auf Zustände der Sinneserkenntnis beziehen. Dann werden diese Fragmente einfach die These wiederholen, daß wir *durch die Sinne* nichts über die Natur der Wirklichkeit wissen, eine These, die mit dem in der ersten Hälfte von B9 formulierten Slogan vereinbar ist und die die offenkundige innere Spannung in B7 und in der zweiten Hälfte von B9 auflöst. Eine Bekräftigung für diesen Vorschlag ergibt sich, wenn wir den Zusammenhang betrachten, in dem Sextus B6–10 zitiert. Es ist der Zusammenhang der Kritik Demokrits an den Sinnen, und Sextus bemerkt dazu: »In allen diesen Bemerkungen hebt er [Demokrit] die Erkenntnis praktisch ganz auf, auch wenn er vor allem nur die Sinne angreift.« Sextus versteht Demokrit also allem Anschein nach so, daß er sich in diesen Fragmenten nur auf die Sinne bezieht, obgleich die Kritik, die dort gegen die Sinne gerichtet ist, in seiner (d.h. in Sextus') Sicht alle Formen der Erkenntnis trifft. Bestätigt wird dies durch eine Unterscheidung, die Sextus unmittelbar Demokrit zuschreibt, nämlich die Unterscheidung zwischen der »dunklen« Erkenntnis, die durch die Sinne vermittelt ist, und der »echten« Erkenntnis, zu der der Intellekt verhilft (B11). Von letzterem heißt es insbesondere, er befasse sich mit Dingen, die über die Grenzen sinnlicher Unterscheidungsmöglichkeiten hinausreichen, und wir müssen daher annehmen, daß die Atomtheorie selbst dieser Form von Wissen zuzuschreiben ist. Bestätigt wird das durch Passagen (*M.* VIII,6–7. 56), in denen Sextus die Position Demokrits mit der Platons in Verbindung bringt; Beide verwerfen die Sinne als Quellen von Wissen und erklären, daß nur intelligible Gegenstände wirklich seien. Für Platon sind die intelligiblen Gegenstände natürlich die Formen, während sie für Demokrit die Atome sind, die der Wahrnehmung nicht zugänglich und die infolgedessen von der Art sind, daß ihre Eigenschaften sich nur mit theoretischen Mitteln bestimmen lassen.

Nach dieser Deutung ist die Position, die in den von Sextus zitierten Fragmenten zum Ausdruck kommt, keine allgemeine Skepsis, sondern etwas, was wir als theoretischen Realismus bezeichnen könnten. Das Eigentümliche der physikalischen Welt wird weder durch die Sinneswahrnehmung offenbart, noch ist es uns unzugänglich; offenbart wird es durch eine Theorie, die, ausgehend von Wahrnehmungsgegebenheiten, diese Gegebenheiten als Erscheinungen erklärt, die durch die Interaktion hervorgebracht werden, welche sich zwischen einer Welt nicht wahrnehmbarer physischer Atome und Wahrnehmungsmechanismen abspielt, die ebenfalls aus Atomen bestehen. Doch wie Sextus herausstellt (*M.* VIII,56) und wie Demokrit selbst bemerkte (in B125, seiner berühmten »Beschwerde der Sinne«), droht nun erneut Skepsis, weil die Theorie als ihren Ausgangspunkt Wahrnehmungsdaten benutzen muß. Folglich, wenn die Sinne ganz unzuverlässig sind, gibt es keine verläßlichen Daten, auf die sich die Theorie gründen ließe; somit, wie die Sinne in B125 zum Verstand sagen: »Dieses Niederstrecken [von uns] ist dein eigener Fall.«

Kommentatoren, die B125 lesen, als drücke der Text eine Festlegung auf die Skepsis von seiten Demokrits aus,[16] verwerfen naturgemäß die vorangehende einheitliche Interpretation. Nach dieser Auffassung sind B117 und B6–10 nicht auf die Sinneswahrnehmung beschränkt, sondern drücken eine vollblütige Zurückweisung jeder Form von Erkenntnis aus, die so zu verstehen ist, daß sie die im ersten Teil von B9 und in B11 getroffene Unterscheidung zwischen Erscheinung und Wirklichkeit sowie den in B11 erhobenen Anspruch auf »echte Erkenntnis« aufhebt. Sextus präsentiert B6–11 jedoch in einem einzigen Zusammenhang (*M.* VII,135–140), ohne irgendwie anzudeuten, daß innerhalb der Sammlung ein Konflikt bestehe. Ferner macht er in *PH* I,213–214 deutlich, daß die Skeptiker Demokrit zwar insofern gleichen, als sie sich wie er auf Phänomene einander widersprechender Erscheinungen berufen, z.B. darauf, daß der Honig für den Gesunden süß und für den Kranken bitter schmeckt; in Wirklichkeit aber benutzt Demokrit diese Phänomene nicht, um die skeptische Position zu unterstützen, daß es unmöglich ist, zu sagen, wie der Honig tatsächlich ist; sondern er benutzt sie, um die dogmatische Position zu festigen, daß der Honig selbst weder süß noch bitter ist. (Ich verstehe letzteres als die Behauptung, daß Süße und Bitterkeit keine intrinsischen Attribute der Atomstruktur sind, die den Honig ausmacht (siehe S. 173f.).) Kurz: Sextus sieht Demokrit nicht als einen Skeptiker an, sondern als einen Dogmatiker. Freilich zitiert Sextus nicht B125; und es ist möglich, daß er den Text, aus dem das Fragment stammt, nicht kannte; *M.* VIII,56 zeigt, daß er sich des Problems bewußt war, welches in dem Fragment dramatisch gestaltet wird; klarerweise sah er das Problem aber eher als eine Schwierigkeit für Demokrit an, als daß es Demokrits Widerlegung der Grundlage seiner eigenen Theorie signalisiere.

An dieser Stelle sollten wir in Erwägung ziehen, in welchem Sinn die Theorie des Atomismus die Sinnesdaten als ihren Ausgangspunkt nimmt und ob diese Rolle tatsächlich durch die Kluft zwischen Erscheinung und Wirklichkeit bedroht wird, auf der B9 insistiert. Nach Aristoteles (*GC* I,2, 315b6–15, I,8, 325a24–26), beginnt die Theorie bei den Sinnesdaten in dem Sinne, daß es deren Rolle war, die Erscheinungen zu retten, d.h. alle Sinnesdaten als Erscheinungen einer objektiven Welt zu erklären. Sowohl Aristoteles als auch Philoponos (*In GC* 23,1–16) erwähnen, daß einander widersprechende Erscheinungen zu den Daten gehören, die es zu retten gilt; die Theorie hat zu erklären, sowohl daß der Honig für den Gesunden süß schmeckt, als auch daß er für den Kranken bitter schmeckt; und keine der beiden Erscheinungen erhebt irgendeinen Anspruch, zuverlässiger als die andere zu repräsentieren, wie die Dinge in Wirklichkeit sind. Alle Erscheinungen leisten zu der Theorie den gleichen Beitrag. Das ist eine Position, die der Atomismus mit Protagoras teilt. Aber letzterer stellt den gleichen Status der Erscheinungen dadurch sicher, daß er ihre Objektivität aufgibt; in der Welt des Protagoras macht nichts mehr als die Gesamtheit gleichrangiger Erscheinungen die Wirklichkeit aus. Im Gegensatz dazu erfordert die Aufgabe, die Gleichrangigkeit der Erscheinungen mit der Objektivität der physischen Welt zu versöhnen, für Demokrit die Kluft zwischen Erscheinung und Wirklichkeit. Ohne die Kluft ist eine Welt gleichrangiger Erscheinungen inkonsistent und daher nicht objektiv. Es gibt aber keinen Grund, die Gleichrangigkeit zu verneinen; als Erscheinung ist jede Erscheinung ebenso gut wie jede andere. Daher besteht die Aufgabe einer Theorie darin, die beste Beschreibung einer objektiven Welt zu erreichen, die der Forderung Genüge tut, zu zeigen, wie all die im Widerstreit liegenden Erscheinungen entstanden sind.[17]

Weit davon entfernt also, die Grundlagen der Theorie zu bedrohen, ist die Kluft zwischen Erscheinung und Wirklichkeit für sie vielmehr wesentlich. Was ist in diesem Fall der springende Punkt an der Beschwerde der Sinne in B125? Liefert dieses Fragment nicht einen schlüssigen Beleg, daß Demokrit der Meinung war, daß die Kluft die Theorie bedrohe, und folglich (in der Annahme, daß er seine eigene Theorie verstand) einen schlüssigen Beleg gegen die Interpretation, die ich hier zur Geltung zu bringen suche? Ich denke, daß es nicht so ist, aus dem einfachen Grund, daß wir den Zusammenhang nicht kennen, aus dem das Zitat stammt. Der springende Punkt der Beschwerde muß nicht (und, die Eigenart von Demokrits Theorie vorausgesetzt, sollte sicherlich nicht) das Zugeständnis sein, daß die Theorie sich selbst widerlege. Es ist zumindest ebenso wahrscheinlich, daß es sich um eine Warnung dagegen handelt, die Erklärung der Kluft zwischen Erscheinung und Wirklichkeit so mißzuverstehen, als verlange sie die Preisgabe sinnlicher Evidenz. Wir können uns einen anti-empiristischen Opponenten vorstellen (Platon zum Beispiel), der sich auf die Kluft beruft, um die Behauptung zu unterstreichen, daß die Sinne vollkommen unzuverlässig seien und deshalb aufgegeben werden sollten. In seiner Entgegnung stellt Demokrit heraus, daß die Attacke auf die Sinne selbst auf sinnlicher Evidenz beruht. Sextus stellt Demokrit in der Tat in dieser Hinsicht mit Platon in eine Reihe (*M.* VIII,56). Aber wie dem auch sei, ich für mein Teil bin der Ansicht: Wenn wir die aristotelischen Belege über die Anerkennung der Erscheinungen durch die Atomisten als Ausgangspunkt ihrer Theorie mit all den anderen Zeugnissen zusammennehmen, einschließlich der Fragmente, dann müssen wir zu dem Schluß kommen, daß das Bild Demokrits als eines mißratenen Platonisten ein Mißverständnis ist. Die Unterscheidung der Atomisten zwischen Erscheinung und Wirklichkeit schließt nicht die Devise »Weg mit den Sinnesdingen!« ein; ganz im Gegenteil sind Erscheinungen für die Theorie grundlegend, (1) weil sie die Daten liefern, die die Theorie zu erklären hat, und (2) weil sie das primäre Anwendungsfeld für die beobachtungsgestützte Terminologie bilden, die verwendet wird, um die Natur und das Verhalten derjenigen Entitäten zu beschreiben, die von der Theorie angesetzt werden.[18]

Ein letzter Einwand freilich kommt von Aristoteles selbst, der Demokrit als einen beschreibt, der von widerstreitenden Erscheinungen ausgehend schließt, »daß entweder nichts wahr ist oder daß es uns jedenfalls verborgen ist« (*Metaph.* IV,5, 1009b11–12). Aus einer Reihe von Gründen ist das ein sehr kniffliger Text. Aristoteles erklärt, warum manche Leute sich Protagoras in der Meinung anschließen, daß, was immer der Fall zu sein scheint, auch der Fall ist; im unmittelbaren Zusammenhang (1009a38ff.) führt Aristoteles die Phänomene widerstreitender Erscheinungen und das Fehlen eines Entscheidungskriteriums an, mit dem man zwischen den Erscheinungen wählen könnte, zwei Punkte, die zu jener Meinung beitragen. Aber in B9 wechselt er von dem Gedanken, daß widerstreitende Erscheinungen zu der Ansicht führen, daß alle Erscheinungen wahr seien, zu der skeptischen Darstellung dieser Phänomene, daß es nämlich unklar sei, welche der Erscheinungen wahr oder falsch ist; »denn diese ist nicht wahrer als jene, sondern sie sind gleich«. Dies, so sagt Aristoteles, – d.h. die Ansicht, daß keine der Erscheinungen wahrer als die andere sei – ist der Grund, warum Demokrit sagte, daß entweder nichts wahr ist oder daß es uns unklar ist. Somit wird Demokrit dargestellt als jemand, der einen vor die Wahl stellt, entweder den dogmatischen Standpunkt zu übernehmen, daß keine der Erscheinungen wahr sei, oder den skeptischen Standpunkt, daß das unklar sei (was wahr ist). Im nächsten Satz sagt Aristoteles jedoch, daß, weil Demokrit und andere das Denken der Wahrnehmung angleichen, sie der Auffassung sind, daß das, was in der Wahrnehmung erscheint, notwendig wahr ist (vgl. *GC* I, 315b9: sie (d.h. Leukipp und Demokrit) dachten, daß die Wahrheit in der Erscheinung lag). Wenn Aristoteles also nicht total verwirrt ist, muß die Disjunktion »entweder ist keine der Erscheinungen wahr, oder es ist uns verborgen« mit der These vereinbar sein, daß alle Sinneswahrnehmungen wahr sind. Wenn »es ist uns verborgen« gelesen wird im Sinne von »es ist uns verborgen, welche wahr ist«, dann sind die Behauptungen inkonsistent.

Ich nehme allerdings an, daß das, was Demokrit sagte, darauf hinauslief, daß entweder nichts wahr ist oder daß es (d.h. die Wahrheit) verborgen ist. Die erste Alternative wies er schlicht zurück, etablierte also die zweite. Und das ist genau das, was er in B117 behauptet: Die Wahrheit (über die Atome und das Leere) liegt im Abgrund, das heißt, sie erscheint nicht in der Wahrnehmung – sie ist verborgen (*adēlon*) in dem Sinn, daß sie nicht einfach zu sehen ist. Daß er den Ausdruck *adēlon* gern auf die Atome und das Leere anwandte, wird durch Sextus (*M.* VII,140) bezeugt, der Diotimos als Beleg dafür anführt, daß Demokrit der Auffassung war, daß die Erscheinungen das Kriterium für diejenigen Dinge sind, die verborgen sind, und daß er den Slogan des Anaxagoras billigte: »Die erscheinenden Dinge sind der Anblick der Dinge, die verborgen sind.« Die Wahrheit – das heißt, die wirkliche Natur der Dinge – ist also verborgen (d.h. nicht evident), aber alle Wahrnehmungen sind wahr, indem alle für die Theorie gleichrangig und unentbehrlich sind.

Wenn es das ist, was Demokrit vertrat, dann kann vernünftigerweise gesagt werden, daß »wahr« das falsche Wort ist, um die Rolle der Erscheinungen in seiner Theorie zu kennzeichnen. »Alle Erscheinungen sind gleichrangig« ist genauso vereinbar mit »Alle Erscheinungen sind falsch«, und letzteres zu sagen wäre angesichts seines Insistierens auf dem nicht-evidenten Charakter der Wahrheit für ihn sicherlich weniger irreführend gewesen. Obgleich es hier einige schwierige Punkte gibt, verzichte ich darauf, eine Argumentation zu dieser Frage vorzulegen. Denn es geht mir nicht darum, Demokrits These zu verteidigen, daß alle Erscheinungen wahr sind. Ich akzeptiere, daß er diese These wirklich vertrat, und habe mich bemüht, zu erklären, warum er das tat und wieso er sie (a) zusammen mit seiner Zurückweisung des Subjektivismus des Protagoras vertrat und (b) zusammen mit den Ansichten, die in den von Sextus angeführten Fragmenten zum Ausdruck kommen.

Die Darstellung, die die Atomisten von den Erscheinungen geben, hängt von der gesamten Wahrnehmungstheorie ab, deren Teil sie ist, und die Wahrnehmungstheorie hängt ihrerseits von der Theorie der menschlichen Natur und letztlich der Welt als ganzer ab. Die Theorie ist ganz spekulativ, weil sei als erklärende Entitäten mikroskopische Strukturen ansetzt, von deren Existenz und Natur es keine experimentelle Bestätigung geben konnte. Entwicklungen in solchen Wissenschaften wie der Neurophysiologie haben unsere Begriffe von den Strukturen, die den Wahrnehmungsphänomenen zugrundeliegen, in solch einem Ausmaß verändert, daß moderne Darstellungen für Leukipp und Demokrit nicht wiederzuerkennen wären. Aber die grundlegenden Intuitionen des antiken Atomismus, daß die Erscheinungen auf der Ebene der internen Struktur dessen, der wahrnimmt, und des wahrgenommenen Gegenstands zu erklären sind und daß das Wissenschaftsideal es verlangt, die Beschreibung solcher Strukturen innerhalb des Skopus einer einheitlichen Theorie der Natur der Materie zu leisten, – diese Intuitionen haben den Test der Zeit überstanden.

4. Psychologie

Demokrits kompromißloser Materialismus erstreckt sich auch auf seine Psychologie. Wenn es in den Quellen auch einige Ungereimtheiten gibt, so gehen doch die besten Zeugnisse dahin, daß er keine Unterscheidung zwischen der vernunftbegabten Seele oder dem Geist und der vernunftlosen Seele oder dem Lebensprinzip machte, daß er sie vielmehr beide in einem Zug darstellte und sie als eine physische Struktur kugelförmiger Atome erklärte, die den ganzen Körper durchziehen. Diese Theorie von der Identität von Seele und Geist erstreckte sich über die Identität der physischen Struktur hinaus auch auf die Identität der Funktion, indem Demokrit das Denken, die Tätigkeit der vernunftbegabten Seele, durch denselben Prozeß wie den erklärte, durch den er die Wahrnehmung erklärte, eine der Tätigkeiten der sinnlichen oder vernunftlosen Seele. Beide werden durch das Auftreffen extrem feiner, sich schnell bewegender Filme von Atomen (*eidōla*) zustandegebracht, die von den Oberflächen aller Dinge um uns herum ständig ausgesandt werden. Diese Theorie kombiniert eine Kausalerklärung der Wahrnehmung und des Denkens mit einer groben bildlichen Auffassung des Denkens. Der paradigmatische Fall der Sinneswahrnehmung ist das Sehen; etwas zu sehen und etwas zu denken besteht beides darin, ein Bild des gesehenen oder gedachten Gegenstands zu entwerfen; und ein Bild zu entwerfen besteht darin, eine Folge von wirklichen physischen Bildern des Gegenstands zu haben, die von außen auftreffend auf jemandes Seele einwirken. Diese Angleichung des Denkens an die Erfahrung hat zwar einige Affinitäten mit dem klassischen Empirismus, unterscheidet sich davon aber in einer entscheidenden Hinsicht: Während die Grundlehre des Empirismus die ist, daß das Denken sich von der Erfahrung herleitet, ist das Denken für Demokrit eine Form von Erfahrung, oder genauer: die Kategorien von Denken und Erfahrung sind ungenügend differenziert und erlauben es deshalb nicht, daß das eine gegenüber dem anderen als grundlegender charakterisiert wird. Von anderen Schwierigkeiten abgesehen steht diese Theorie insbesondere vor dem Problem, eine für Demokrits Epistemologie zentrale Unterscheidung zu erklären, die Unterscheidung zwischen der Wahrnehmung der beobachtbaren Eigenschaften atomarer Aggregate und dem Denken der unbeobachtbaren Struktur dieser Aggregate. Wir wissen überhaupt nichts darüber, wie – wenn überhaupt – Demokrit versuchte, mit diesem Problem zurechtzukommen.[19]

5. Ethik und Politik

Die Quellenlage für Demokrits ethische Auffassungen unterscheidet sich radikal von der für die bisher erörterten Gebiete. Denn obgleich die Doxographie zur Ethik mager ist, haben die Quellen uns eine riesige Menge angeblicher Zitate zu ethischen Themen aufbewahrt: bei weitem die Mehrzahl von ihnen kommt aus zwei Sammlungen, der des Stobaeus (5. Jh. n.Chr.) und einer Sammlung mit dem Titel »Die Sprüche des Demokrates«. Zwar ist die große Masse dieses Materials wahrscheinlich demokriteischen Ursprungs. Aber die vorliegenden Zitate repräsentieren einen langen Prozeß von Exzerpierung und Paraphrase und machen es daher schwer zu bestimmen, wie nah jeder einzelne Spruch an Demokrits eigenen Worten ist. Verschiedene stilistische und inhaltliche Merkmale lassen vermuten, daß die Maximensammlung des Stobaeus einen größeren Anteil authentisch demokriteischen Materials enthält als die Sammlung, die unter dem Namen »Demokrates« zirkuliert.[20]

An die Grenzen gebunden, die uns durch die Art dieses Materials auferlegt werden, können wir daraus einige tentative Schlußfolgerungen über Demokrits ethische Auffassungen ziehen. Er engagierte sich in den thematisch breiten zeitgenössischen Debatten zur individuellen und sozialen Ethik, von denen wir durch Platon und aus anderen Quellen Kenntnis haben. Zu der Frage, die Sokrates als die grundlegendste Frage in der Ethik darstellt, »Wie soll ich leben?« (Platon, *Gorg.* 500c; *Rep.* I 352d), ist Demokrit der erste Denker, von dem wir wissen, der dazu ausdrücklich ein höchstes Gut oder Ziel ansetzte; er nannte es »gute Laune« oder »Wohlbefinden« und scheint es mit der ungetrübten Lebensfreude identifiziert zu haben. Vernünftigerweise kann man annehmen, daß er die Präsumtion vom Primat des Selbst-Interesses teilte, die dem platonischen Sokrates und seinen unmoralischen Gegnern Kallikles und Thrasymachos gemeinsam ist. Nachdem er das höchste menschliche Interesse mit guter Laune identifiziert hat, bezeugen die Testimonien und Fragmente weiter, daß er der Ansicht war, das maßgebliche Ziel sei durch Mäßigung zu erreichen, eingeschlossen die Mäßigung im Streben nach Vergnügen, ferner durch eine Unterscheidung nützlichen Vergnügens von schädlichem Vergnügen und drittens durch Konformität mit der konventionellen Moral. Das Fazit ist die Empfehlung, einen moderaten, aufgeklärten Hedonismus zu leben, der einige Affinitäten mit dem Leben aufweist, das in Platons *Protagoras* von Sokrates empfohlen wird (wobei diskutiert wird, ob von Sokrates in eigener Person oder als einem Repräsentanten gewöhnlicher aufgeklärter Ansichten), und – augenfälliger – Affinitäten mit dem epikureischen Ideal, wovon es der Vorläufer war.[21]

Ein interessanter Zug der Fragmente ist die häufige Betonung des individuellen Gewissens oder des Schamgefühls.[22] Einige Fragmente betonen das Vergnügung eines guten und die Qual eines schlechten Gewissens (B174, B215), während andere empfehlen, man solle sich eher durch seinen inneren Sinn für Scham als durch ein Bemühen um die Meinung anderer leiten lassen (B244, B264, B84). Dieses Thema kann durchaus das Interesse an dem widerspiegeln, was später als die Frage nach den moralischen Sanktionen bekannt wurde, ein Interesse, das sich in den zeitgenössischen Debatten ermitteln läßt. Bei der Kritik konventioneller Moralität trat wiederholt das Thema auf, daß, weil die Bestärkung von Moralität hier auf Konventionen aufruht, jemand, der konventionellen Sanktionen entgehen kann, zum Beispiel indem er im Geheimen falsch handelt, keinen Grund hat, moralischen Forderungen nachzukommen.[23] Ein Verteidiger konventioneller Moralität, der, wie Demokrit und Platon, den Primat des Eigeninteresses akzeptiert, sieht sich daher der Forderung gegenüber, auf die eine oder andere Art zu zeigen, daß das Eigeninteresse am besten durch die Beobachtung konventioneller moralischer Vorschriften gefördert wird. Demokrit scheint dies versucht zu haben, und zwar sowohl durch eine Berufung auf göttliche Sanktionen (nicht *post mortem*, weil für die Atomisten die Seelen-Atome beim Tod des Körpers zerstreut wurden, sondern in der Form von Mißgeschicken, die während des Lebens eintreten, B175), als auch durch eine Berufung auf die »interne Sanktion« des Gewissens. Demokrit scheint der erste Denker gewesen zu sein, der bei seinem Versuch, Moralität vom Eigeninteresse abzuleiten, das Gewissen ins Zentrum rückte und so einen Pfad öffnete, dem dann andere folgten, darunter auch Butler und J.S. Mill.

Der Versuch, Moralität auf Eigeninteresse zu gründen, schließt, auf welche Weise er auch durchgeführt wird, die Zurückweisung der Antithese zwischen Gesetz oder Konvention (*nomos*) und Natur (*physis*) ein, die vielen Moralkritiken im 5. und 4. Jahrhundert zugrundeliegt. Für Antiphon, Kallikles, Thrasymachos und Glaukon fordert die Natur einen auf, nach seinem eigenen Interesse zu suchen, während Gesetz und Konvention mehr oder weniger erfolgreich darauf aus sind, einen eben davon abzuhalten. Aber wenn das langfristige Interesse von jemand darin besteht, ein angenehmes, vergnügliches Leben zu erreichen, und wenn die natürlichen Konsequenzen falschen Handelns, eingeschlossen Krankheit, Unsicherheit und Gewissensbisse, einem das Leben unbehaglich machen, während die natürlichen Konsequenzen rechten Handelns einem ein deutlich kontrastierend angenehmes Leben verschaffen, dann zeigen Natur und Konvention in dieselbe und nicht in eine entgegengesetzte Richtung, wie die Kritiker der Moralität behauptet hatten. (Ob Demokrit die Einwände erwogen hat, daß das Gewissen von der Konvention erzeugt werde und daß auch eine Ermahnung, die Leute möchten ihr Gewissen entwickeln, annehme, dieses müsse ein Konventionsprodukt sein, darüber haben wir keine

Zeugnisse.) Wenn die Texte auch keine ausdrückliche Erwähnung des *nomos-physis*-Gegensatzes selbst enthalten, so nehmen doch einige von ihnen auf das Gesetz in einer Weise Bezug, daß sie eine Zurückweisung der Antithese vermuten lassen. B248 behauptet, es sei das Ziel eines Gesetzes, den Leuten zu nutzen, und widerspricht damit der These Glaukons (Platon, *Staat* II 359c), daß das Gesetz die Leute im Gegensatz zu ihrer natürlichen Neigung nötige. Ergänzt und erklärt wird B248 durch B245: Gesetze interferieren mit dem Leben der Menschen, weil sie nur Anklang finden, um die Menschen daran zu hindern, einander zu schädigen, wozu sie durch Mißgunst angeregt werden. Somit befreit das Gesetz die Menschen von der Aggression anderer und nutzt ihnen also, indem es ihnen die Gelegenheit gibt, den Eingebungen der Natur zu ihrem eigenen Vorteil zu folgen. Der deutlichste Ausdruck für diese Integration von *nomos* und *physis* findet sich in B252: Das Wohlergehen der Stadt ist das größte Gut, und wenn dafür gesorgt ist, ist für alles gesorgt, wohingegen, wenn es zerstört ist, alles zerstört ist. Mit anderen Worten: ein stabiles Gemeinwesen ist notwendig, um jenes Wohlergehen zu erreichen, welches für uns das von der Natur gesetzte Ziel ist. Diese Belegstelle enthält den zentralen Punkt in der Verteidigung des *nomos* (nachdrücklich hervorgehoben im Mythos des Protagoras (Platon, *Prot.* 322a–323a)), daß nämlich Gesetz und Zivilisation der Natur nicht entgegengesetzt sind, daß sie für die menschliche Natur vielmehr erforderlich sind, um zu blühen; dies ist auch der zentrale Punkt in der epikureischen Darstellung von der Entwicklung der Zivilisation (siehe insbesondere Lukrez V).[24]

6. Zum Abschluß

Der Atomismus kann also als ein facettenreiches Phänomen angesehen werden. Auf eine Vielzahl von Weisen steht er in Verbindung mit unterschiedlichen Lehren, mit vorausgehenden, mit zeitgenössischen und mit nachfolgenden. Die atomistische Naturphilosophie ist einer von mehreren Versuchen, die jonische Tradition einer umfassenden Naturphilosophie den Anforderungen der eleatischen Logik anzupassen. Die atomistische Epistemologie nimmt die Herausforderung des Protagoreischen Subjektivismus auf; in ihrer Behandlung der Beziehung zwischen Erscheinung und Wirklichkeit betritt sie Neuland und stellt eine Pionierleistung dar in ihrem Versuch, es mit der Herausforderung der Skepsis aufzunehmen. Die atomistische Ethik führt uns in der Art, in der sie die Frage des Lebensziels behandelt und das Thema der Beziehung zwischen Eigeninteresse und Moralität sowie zwischen *nomos* und *physis* erörtert, in die Welt der Sophisten und des frühen Platon. In den nachfolgenden Jahrhunderten übte der Atomismus Leukipps und Demokrits einen fortwährenden Einfluß aus, sei es als eine Herausforderung, der es sich zu stellen gilt – so am bemerkenswertesten bei Aristoteles –, sei es als ein Vorläufer des Epikureismus in allen seinen Aspekten; durch seinen Einfluß hierauf wirkte er auch darin nach, daß in der Korpuskular-Philosophie des 16. und 17. Jahrhunderts die atomistische Physik wieder auflebte.

7. Anhang

Ich schließe mit einer kurzen Diskussion der strittigen Frage nach dem Zusammenhang (oder dem fehlenden Zusammenhang) zwischen Demokrits Ethik und seiner Naturtheorie. In einer früheren Erörterung (Taylor [423], ohne zusätzliche Argumente bekräftigt in Gosling & Taylor [414]) habe ich gegen den Anspruch von Vlastos (Vlastos [424]) argumentiert, zwischen dem Inhalt der beiden Bereiche von Demokrits Denken signifikante Verbindungen zu finden. Die Position von Vlastos hat einige neue Verteidiger gefunden (und meine Ansicht einige Kritiker), insbesondere Sassi [421] und Farrar [96]; diese Diskussionen verlangen, wie mir scheint, die Frage noch einmal neu aufzunehmen.

Es wird, denke ich, allseits einvernehmlich akzeptiert, daß Demokrit, als er seine ethischen Schriften abfaßte, seine Naturtheorie nicht aufgegeben hatte und daß er daher zuallermindest bemüht gewesen sein wird, in seine Ethik nichts einzubringen, was mit der Naturphilosophie unverträglich wäre. Ich möchte die weitergehende Annahme machen, daß er in seinen ethischen Schriften die atomistische Auffassung von der Seele als einer physischen Substanz, welche den Körper durchzieht, als gesichert annahm. Aber wie dem auch sei, bin ich weiterhin nicht überzeugt von irgendeiner engeren Beziehung zwischen Physik und Ethik. Insbesondere sehe ich keinen Hinweis, daß von irgendeiner ethischen Schlußfolgerung (z.B. davon, daß das Gute »Heiterkeit« ist) angenommen wurde, sie sei von der Naturtheorie abgeleitet, oder daß die Naturtheorie irgendwelche Charakterisierungen zur Natur irgendeines ethisch bedeutsamen psychologischen Zustands angeboten hätte. Mit anderen Worten: Ich sehe keinen Anhaltspunkt, daß Demokrit an Typ/Typ-Identitäten zwischen ethischen Zuständen wie der Heiterkeit und physischen Zuständen wie etwa dem glaubte, daß man seine Seelenatome in »dynamischem Gleichgewicht« (Vlastos [424] 584, Farrar [96] 229) hat. Meine früheren Kritiken an dieser Art Auffassung bestehen fort.

Es gibt allerdings einen speziellen Punkt, bei dem ich jetzt denke, die Skepsis zu weit getrieben zu haben. Das war bei meiner Zurückweisung von Vlastos' Interpretation von B33, daß das Lehren die Konfiguration der Seelenatome ändert und dadurch eine neue Natur schafft. Mein Grund war, daß *rythmos* ein technischer Terminus der Atomistik für die Gestalt eines individuellen Atoms war und nicht für die Struktur eines atomistischen Aggregats, wofür *diathigē* der Terminus war. Daher konnte *metarythmizei* (oder *metarysmoi*) in dem Fragment nicht die Bedeutung »umgestalten« im Sinne von »eine neue Konfiguration hervorbringen« haben. Indes enthält das Verzeichnis von Buchtiteln Demokrits, worauf schon Vlastos hingewiesen hatte, den Titel *Peri ameipsirysmiōn* (*Über Gestaltwechsel*) (D.L. IX,47); dies kann sich nicht auf Veränderungen in den

Gestalten individueller Atome beziehen (weil diese hinsichtlich ihrer Gestalt unveränderlich sind) und muß daher Veränderungen in der Gestalt atomarer Aggregate betreffen. Außerdem deutet Hesychios *ameipsirysmein* als »die Zusammensetzung (*synkrisin*) verändern oder eine Metamorphose (Gestaltänderung, Transformation) erfahren«; und wenn er das Wort auch keinem Autor zuschreibt, ist es doch zumindest wahrscheinlich, daß es von Demokrit in diesem Sinn gebraucht wurde, weil weder das Verb noch die damit verwandten Wörter irgendjemandem sonst zugeschrieben werden. Daher scheint mir jetzt, daß Vlastos' Deutung des Fragments wohl zutrifft. Für Demokrit ist Lehren ebenso wie Denken und Wahrnehmen ein physischer Prozeß, der die Einwirkung von *eidōla* auf die Seele einschließt, mit nachfolgender Neuanordnung des Seelen-Aggregats. (Vgl. B197: »Die Unvernünftigen sind gestaltet (*rhysmountai*) durch die Gunst des Zufalls ...«, und Anm. 15). Diesen Ursachen-Befund zu akzeptieren verpflichtet einen natürlich nicht dazu, Typ/Typ-Identitäten mit psychologischen Zuständen zu unterstützen.

Nachdem psycho-physische Identität beiseitegesetzt ist, lassen sich vielleicht einige losere Verbindungen zwischen Demokrits Ethik und anderen Bereichen seines Denkens feststellen. In Taylor [423] argumentierte ich für eine strukturelle Parallele zwischen Ethik und Epistemologie, eine Idee, die mir immer noch plausibel erscheint. Eine weitere Verbindung ist die mit der Kosmologie. Es ist nicht unvernünftig anzunehmen, daß Demokrit zwischen der Bildung von Welten (*kosmoi*) aus dem ursprünglichen atomaren Chaos durch die Zusammenscharung von Atomen unter der Gewalt der Notwendigkeit und der Bildung von Gemeinwesen (die in B258, 259 ebenfalls als *kosmoi* bezeichnet werden) aus Individuen, die von der Notwendigkeit getrieben werden, sich zusammenzutun, um zu überleben, – daß Demokrit zwischen diesen Aggregationsprozessen zumindest eine Analogie sah. Es kann auch sein (wie dies zum Beispiel von Müller [496] vorgeschlagen wurde), daß die Zusammenscharung gleicher Individuen mit gleichen, von der bezeugt ist, daß sie bei der Bildung der Welt am Werk war (DK 67 A1,31), eine Art Gegenstück in der sozialen Sphäre hatte.

Anmerkungen

[1] Eine andere Version dieses Kapitels erschien bereits als Teil des Kapitels »Anaxagoras and the Atomists« in C.C.W. Taylor, ed. *Routledge History of Philosophy*, Vol I, *From the Beginning to Plato* (London 1997); und Material daraus erschien auch in *The Atomists*, Text und Übersetzung von C.C.W. Taylor (Toronto 1999). Mit Dank sei die Erlaubnis der Verlage vermerkt, Herrn Taylors Werk abzudrucken.

[2] Zur Poetik Demokrits, die über den Rahmen dieses Kapitels hinausgeht, siehe Most, in diesem Band S. 310.

[3] Um es mit dem Beispiel des Aristoteles (*Metaph.* I,4, 985b18–19) zu sagen: AN unterscheidet sich von NA durch die Anordnung und AN von AZ durch die Ausrichtung innerhalb einer gegebenen Anordnung.

[4] Während die meisten antiken Quellen zustimmen, daß Atome zu klein sind, um wahrnehmbar zu sein, geben einige späte Quellen an, daß einige Atome sehr groß sind (nach einer Darstellung sogar »so groß wie die Welt«). Mir scheint es am allerwahrscheinlichsten, daß die Atomisten der Auffassung waren, daß es zwar Atome aller möglichen Größen gibt (aus demselben Grund, aus dem es Atome aller möglichen Gestalten gibt), daß die Atome in unserer Welt aber alle zu klein sind, um wahrgenommen zu werden. Siehe Barnes [14] Kap. 17 (b).

[5] Für eine ausführliche Diskussion des Gebrauchs, den die Atomisten von diesem Prinzip machten, siehe S. Makin, *Indifference Arguments* (Oxford und Cambridge, MA, 1993).

[6] Plutarch formuliert diese Maxime in Termini, die vermutlich die eigene Terminologie der Atomisten darstellen: »Das s-Ding ist um nichts mehr als das Nicht-s-Ding«, wobei »s-Ding« das Wort *den* repräsentiert, eine künstliche Bildung, die (einfach durch Weglassen der Negationspartikel) speziell entwickelt wurde, um mit dem Wort *mēden*, »nichts«, zu kontrastieren, das selber etymologisch äquivalent ist mit *mēd' hen*, »nicht ein einziges [sc. Ding]«.

[7] Für eine ausführlichere Erörterung siehe Sedley [409].

[8] Zu deren Natur siehe S. 171.

[9] Im System des Aristoteles ist eine natürliche Bewegung diejenige Bewegung, die der Natur eines Gegenstands bestimmter Art eigen ist. Zum Beispiel ist es für einen Stein natürlich, sich nach unten zu bewegen, d.h. auf die Erde zu fallen, wenn er nicht gehalten wird. Durch die Ausübung externer Kraft können Gegenstände auch veranlaßt werden, sich auf Weisen zu bewegen, die ihrer natürlichen Bewegung entgegengesetzt sind; ein Stein beispielsweise kann hochgeworfen werden. Die These der Atomisten, daß jede atomare Bewegung das Ergebnis einer vorausgehenden atomaren Interaktion sei, ist deshalb in den Begriffen des Aristoteles äquivalent mit der These, daß jede atomare Bewegung unnatürlich sei, eine Behauptung, von der er überzeugt war, daß sie inkohärent sei (weil der Begriff einer unnatürlichen Bewegung den einer natürlichen Bewegung voraussetzt).

[10] Siehe Kline & Matheson [403] und Godfrey [404]. I.M. Bodnár, »Atomic Independence and Indivisibility«, *Oxford Studies in Ancient Philosophy* 16 (1998), 35–61, argumentiert (auf S. 49–53), daß die Texte des Philoponos nicht so sehr Belege für die wirklichen Auffassungen der Atomisten liefern; sondern es handle sich eher um bloße Vermutungen, die hervorgerufen worden seien durch seine Interpretation der aristotelischen Texte, welche er kommentierte.

[11] Platzgründe verhindern es, verschiedene Fragen zur Natur der Atome zu erörtern, die das Thema vieler gelehrter Diskussionen waren. Von zahlreichen Autoren wird die umstrittene Frage erörtert, ob Atome ein Gewicht haben, am ausführlichsten von O'Brien [407], mit einer zwingenden Kritik von Furley [408]. Zu den Fragen, ob und in welchem Sinn man von Atomen sagen kann, sie hätten Teile, siehe z.B. Barnes [14] Kap. 17 (c) sowie Furley [400] Kap. 6 und [99] Kap. 9,3–4. Ich diskutiere diese Fragen in meinem Kommentar zu den Atomisten: *The Atomists: Leucippus and Democritus. Fragments. A Text and Translations with a Commentary* von C.C.W.T., Toronto 1999.

[12] Uns liegen keine expliziten Zeugnisse von Reflexionen der frühen griechischen Philosophen über Kausalerklärungen vor. Siehe dazu Vegetti, in diesem Band Kap. 13.

[13] Die beste Diskussion des Fragments bietet Barnes [399], der, obgleich er am Schluß eine agnostische Einstellung bevorzugt, doch mehr Sympathie für die Auffassung hat, daß Leukipp eine universale Teleologie akzeptiert haben könnte. Die nichtteleologische Deutung, die ich vorschlage, wird auch von McKirahan [10] 321–322, vertreten.

[14] Nach der Theorie der Atomisten beginnt eine Weltordnung sich dann zu formen, wenn aus der unendlichen Menge sich zufällig anrempelnder Atome einige einen kreisförmigen Strudel oder Wirbel bilden.

[15] Der griechische Text des letzten Teils des Zitats lautet: *episysmiē hekastoisin hē doxis*. Ich übersetzte *episysmiē* als ein Adjektiv, welches eine nähere Bestimmung zu *doxis* (Meinung) ist und – von dem Verb *epirrheō* her – den Sinn von »zufließen« hat. Das ist derjenige Sinn des Wortes (das sich nur in dieser (von Sextus, *M.* VII, 137, zitierten) Passage findet), der ihm in dem Lexikon des Hesychios aus dem 5. Jh. n.Chr. zugeschrieben wird. Andererseits war *rysmos* (eine jonische Form von *rythmos*) ein technischer Terminus der Atomistik für »Gestalt« (Aristoteles, *Metaph.* I,4, 985b15–16), und einer der Titel, die uns in der Liste des Diogenes Laertius von den Werken Demokrits erhalten sind (IX,47), lautet *Peri ameipsirysmiōn* (»Über Gestaltwechsel«), wo *ameipsirysmiē* ein Nomen ist. Ferner findet man zwar nicht das Nomen *epirysmiē* selbst; wohl aber begegnet das Verb *epirrythmizein* (sehr selten) im Sinn von »verändern«. Einige Gelehrte, darunter Guthrie [16] und Barnes [14], interpretieren das Wort hier deshalb als ein Substantiv, als eine Variante zu *ameipsirysmiē*, und bekommen als Sinn »Die Meinung ist ein Umgestalten«. (H. de Ley, »Δόξις ἐπιρυσμίη: A critical note on Democritus fr. 7«, *Hermes* 97 (1969) 497–498, schlägt sogar wirklich vor, den Text des Sextus zu emendieren, so daß es dort *ameipsirysmiē* heißt.) Worauf es in dem Fragment ankommt, ist nach beiden Interpretationen dasselbe, nämlich daß unsere Meinungen über die Welt durch die Einwirkung von Atomen determiniert sind, die von den Gegenständen um uns herum zu unseren Rezeptionsmechanismen hinströmen. Diese Einwirkung wird durch den ständigen Zufluß von Atomen hervorgebracht und erzeugt ihrerseits eine ständige Veränderung (Umgestaltung) der Rezeptionsmechanismen. Die alternativen Interpretationen greifen verschiedene Stufen des Kausalprozesses heraus; weil aber der gesamte Prozeß erforderlich ist, um die Meinung und ihre Beziehung zur Wirklichkeit zu erklären, hängt von der Wahl der Deutung nichts Substantielles ab.

[16] So zum Beispiel Barnes [14] Kap. 24.

[17] Für eine ähnliche Auffassung siehe McKim [417].

[18] Siehe Taylor [423].

[19] Zur weiteren Erörterung von Demokrits Psychologie siehe Laks, in diesem Band Kap. 12.

[20] Was Einzelheiten angeht, siehe meinen oben in Anm. 11 erwähnten Kommentar.

[21] Für eine ausführlichere Diskussion siehe Kahn [416]. Diese nützliche Untersuchung identifiziert eine Reihe von Feldern, wie etwa den Konflikt zwischen Vernunft und Verlangen, auf denen das Denken Demokrits signifikante Ähnlichkeiten mit und Gegensätze zu den frühen Ansichten Platons aufweist.

[22] Die Beziehung zwischen dem Begriff des Gewissens und dem der Scham wirft zwar einige knifflige philosophische Fragen auf. Ich mache mich aber nicht daran, sie eingehender zu untersuchen, weil der Grundbegriff des Vorwurfs gegen sich selbst, den wir in den Fragmenten finden, dem Begriff des Gewissens und dem der Scham gemeinsam ist.

[23] Siehe Antiphon DK 87 B44; Kritias DK 88 B25; Glaukons Geschichte vom Ring des Gyges in Platons *Staat*, 359b–360d; und Decleva Caizzi in diesem Band, Kap. 15. Der Text des Kritias ist in diesem Band auf S. 203 übersetzt.

[24] Für eine ausführlichere Diskussion siehe Procopé [420]; und für die Demokritische Theologie siehe Broadie, in diesem Band S. 201.

10 Rationale Theologie

Sarah Broadie

1. Einleitung

Die antike griechische Philosophie entstand in einer Kultur, deren Welt immer voller Götter war. »Alles ist voll von Göttern«, sagte Thales (Aristoteles, *De an.* I,5, 411a8), und die frühesten »Theorien über alles« waren mythologische Panoramas wie etwa Hesiods *Theogonie*, in der die Genealogie der Götter auch eine Geschichte über die Evolution des Universums ist. Wenn daher bestimmte Griechen begannen, auf eine philosophische Weise über die physische Welt nachzudenken, dann befaßten sie sich mit Dingen, die »göttlich« zu nennen damals noch ganz natürlich war, selbst in dem Zusammenhang ihres neuen wissenschaftlichen Zugangs. Aus diesem Grund ist nicht ganz klar, wo man die Grenze zwischen der Theologie der frühen griechischen Philosophen und ihren anderen Leistungen ziehen sollte. Der Klarheit wird aber nicht gedient, indem man jeden Satz oder jede Ansicht von ihnen als »theologisch« einstuft, in dem oder in der irgendwelche Begriffe von Göttlichem zum Vorschein kommen. Theologie zu treiben heißt nicht einfach, Theorie in der Weise zu treiben, daß man solche Begriffe auf eine nicht zufällige Art verwendet. Eher heißt es zum Beispiel, über die göttliche Natur zu reflektieren oder ein Argument oder eine Erklärung auf die Idee des Göttlichen als solches zu gründen oder die Frage der Existenz von Göttern zu erörtern und über die Gründe oder Ursachen theistischer Überzeugungen nachzudenken.

Nach diesen Kriterien ist Hesiods *Theogonie* kein Werk der Theologie. Auch die Naturtheorien von Anaximander, Anaxagoras und Diogenes von Apollonia sind dies nicht, die alle auf ihr fundamentales Prinzip Epitheta anwenden, die eine Gottheit bezeichnen.[1] Das Unbegrenzte Anaximanders hat – in den Worten des Aristoteles –

> keinen Anfang. Vielmehr scheint dieses der Anfang (die *archē*) von allem zu sein, alles zu umfassen und alles zu steuern, wie das all die sagen, die neben dem Unbegrenzten keine anderen Ursachen ... ansetzen. Und dieses sei das Göttliche;[2] denn es sei unsterblich und unzerstörbar, wie Anaximander sagt und die meisten der alten Naturphilosophen. (*Phys.* III,4, 203b10–15[3])

Etwa anderthalb Jahrhunderte später spricht Diogenes von Apollonia in einer ähnlichen Weise von seinem eigenen ersten Prinzip, der Intelligenten Luft (DK 64 B2–8). Aber wie es scheint, wird die Göttlichkeit der *archē* in keiner der Theorien diskutiert oder an eine Erläuterung gebunden. Vom Unbegrenzten Anaximanders heißt es nicht, es sei deshalb das erste Prinzip, weil es göttlich ist, sondern es sei deshalb göttlich, weil es das elementare Naturprinzip ist. Diogenes setzt sein Prinzip nicht deshalb mit der Einsicht gleich, weil dies darin impliziert wäre, daß es göttlich sei, sondern deshalb, weil die Ordnung des Kosmos nur als das Werk von Einsicht erklärt werden kann. Die Theorien lassen sich beide in Beweise für die Existenz eines göttlichen Wesens umwandeln; aber nichts könnte dem Sinn ihrer Autoren ferner liegen als der Gedanke, daß es eines solchen Beweises bedürfe. Die Frage, die sie stellen, ist nicht »Existiert Gott?« oder »Was ist die Natur Gottes?«; sondern sie lautet: »Was ist das Grundprinzip des Kosmos?« Als Mitglieder einer bestimmten philosophischen Tradition nehmen sie an, daß es solch ein Prinzip gibt; als Geschöpfe ihrer Kultur nennen sie alles, was für den Kosmos fundamental ist, »göttlich«. Im wesentlichen dasselbe gilt für den kosmischen Geist, den Anaxagoras postulierte: er ist »mit keiner Sache vermischt; nur er existiert vielmehr an und für sich« (DK 59 B12); nicht weil er göttlich wäre – so als ob Absonderung sich für eine Gottheit schickt –, sondern weil er nur als abgesonderter Geist seine Aufgabe erfüllen kann, Dinge auszugrenzen. Anaxagoras ist ein interessanter Fall, weil es Grund gibt anzunehmen, daß er nirgendwo in seinem Buch *Über die Natur* von dem kosmischen Geist wirklich als »göttlich« spricht, obwohl er eine Sprache verwendet (der Geist »erkennt alles«, »herrscht über alle Dinge« usw.), die traditionellerweise Göttlichkeit einschließt. Es könnte sein, daß er, obgleich er natürlich faktisch die allgemeine kulturelle Einstellung teilt, den ausdrücklichen Terminus dennoch aus seiner Kosmologie verbannt, weil er sieht, daß der Terminus nichts zu seiner Theorie beiträgt.

Es kann indes keinen Zweifel geben, daß die Identität, die auf einer bestimmten Beschreibungsebene zwischen der göttlichen Realität und dem Gegenstand der Naturwissenschaft bestand, den Gang der frühen griechischen Philosophie auf grundlegende Weisen gestaltet hat. Dies trifft selbst dann zu, wenn die Ebene, auf der die Identität gilt, so wie in den oben erwähnten Fällen, unterhalb des Horizonts liegt, in welchem die Philosophen nach einer spezifisch *physischen* Erklärung fragen. Wir können die Identität nicht als einen fremden Zug im Denken dieser Philosophen beiseite lassen – als toten Ballast aus der Vergangenheit oder als eine hohle Form. Bei einem Verfahren dieser Art versäumt man es, der tiefen Feierlichkeit Genüge zu tun, mit der die frühen Philosophen die Natur des Grundprinzips darlegen – die absichtlich kunstvoll hymnische Qualität ihrer Prosa. Und wenn Anaximander archaischen Plunder im Kopf hatte, kann dies nicht erklären, wieso dieselbe Bürde Diogenes im späten 5. Jahrhundert immer noch belasten konnte. Wir sehen das Fortdauern einer Tradition, dies aber nur deshalb, weil sie wirksam praktiziert wurde. Eine bessere Theorie ist die, daß es der Identität zwischen Göttern und Naturprinzipien nie erlaubt war, jemals zu verblassen; denn sie half dabei, der tiefen Verpflichtung des Philosophen auf das Unternehmen wissenschaftlicher Untersuchung einen Sinn zu verleihen: einem Unternehmen Sinn zu geben, das in den größeren Kreisen ihrer Kultur keineswegs immer geschätzt wurde.

Der theistische Rahmen berührte nicht nur die Sprache der Philosophen, sondern affizierte auch ihr Denken. Bei der Suche nach Ursachen für physische

Phänomene ist es natürlich, zunächst anzunehmen, daß, was immer wir als eine Ursache identifizieren, nicht seinerseits einer Erklärung bedarf. Doch von etwas, S, was in einem bestimmten Zusammenhang als Ursache für P auftritt, mag sich bei weiterer Untersuchung herausstellen, daß es »ein eigenes Leben« hat, d.h. daß es zusätzlich zu den Eigenschaften, die Licht auf P werfen, noch weitere Eigenschaften hat. Nun ergeben sich Fragen wie zum Beispiel: »Welche zugrundeliegende Natur erklärt die Kombination all dieser Eigenschaften in S?« und »Warum gibt die Kombination in manchen Fällen Anlaß zu P und in anderen nicht?«. Was zuerst als eine unverursachte Ursache erschien, davon stellt sich nun heraus, daß es seinerseits kausale Wurzeln hat. Zu akzeptieren, daß es in der Erklärung nichts Letztes gibt, ist eine moderne Einstellung, die ihre Existenz der Emanzipation der Wissenschaft von der Religion verdankt. Aber wo die Kräfte der Natur selbst als göttlich empfunden werden, da gilt jede Theorie, welche diese Kräfte identifiziert, als eine *Letzterklärung*. Denn es kann wohl nichts göttlich sein, was auf ihm vorgeordnete Begriffe zurückführbar ist. Soweit es um die frühen griechischen Philosophen geht, folgt daraus, daß (wie wir das sagen würden) die Differenz zwischen metaphysischer und empirischer Untersuchung unerkannt bleibt. Das erste Prinzip des Diogenes beispielsweise ist beides: das, was wir atmen, und etwas Geheimnisvolles und Erhabenes: Teil der Natur und gleichzeitig der Grund der Natur.[4]

Bisher haben wir Philosophen erwähnt, deren Werk nicht in dem Sinne theologisch ist, der im allerersten Abschnitt gekennzeichnet wurde, obgleich dieser Sinn für den Historiker der Theologie von Interesse ist. Es ist aber nicht immer leicht, die Grenze zwischen einem Philosophieren über Gott als solchen und einem Philosophieren zu ziehen, das sich in einer theistisch befrachteten Perspektive mit der Natur befaßt. Eine Untersuchung der letzteren Art erzeugt natürlicherweise Fragen nach ersterem; und wenn derselbe Philosoph sich in beiden Bereichen umtut (das Hauptbeispiel dafür ist Empedokles), dann können die Ebenen sich in einer einzigen Theorie verbinden. Daß zu theologischer Reflexion übergegangen wird, ist von Hause aus zu erwarten, weil eine theistische Religion natürlich eine Sorgfalt hinsichtlich der Ausdrucksformen aufkommen läßt. Im sprachlichen Bereich schließt Ehrerbietung gegenüber Gott ein, daß Weisen der Äußerung, die möglicherweise pietätlos sind, akribisch vermieden werden. Diese Einstellung wurde auf den Gegenstand der Naturphilosophie ausgedehnt. Als die kritische Theologie also begann, wurden wissenschaftliche Theorien über das Göttliche als die Früchte einer Suche vorgetragen, die auf einen *nach Frömmigkeitsmaßstäben angemessenen Diskurs* aus war, (und in der Regel waren sie von verletzender Anprangerung durch entgegengesetzte Auffassungen begleitet). Es war dieses Bemühen um eine gottesfürchtige Sprache, welches Xenophanes von Kolophon einen Platz in der Geschichte der westlichen Philosophie verschaffte, den Platz als der erste, der gegen die populären Konzeptionen des Göttlichen theologisch angedacht hat. Sein Gottesbegriff ist zwar tief; aber es fehlt ihm der theoretische Reichtum der Schlußfolgerungen, zu denen Heraklit und später Empedokles gelangt sind, die auf einen von der Philosophie selbst ausgehenden Druck antworteten, auch auf den, der eben von Xenophanes ausging. Empedokles ist eine komplizierte Gestalt; denn nach der hier angebotenen Darstellung ging seine Theorie des Universums hervor aus einem Ringen darum, das, was für ihn die klaren Anforderungen der Ehrfurcht waren, mit den davon verschiedenen Anforderungen einer kosmologischen Erklärung zu integrieren.

Empedokles selbst hätte das allerdings nicht als eine Beschreibung seines Unternehmens anerkannt. Er gehörte einer intellektuellen Tradition an, in der Wahrheit über letzte Realitäten eine einzigartige Sorte Wahrheit genau deshalb ist, weil sie dank ihres Gegenstandes Wahrheit über das Göttliche ist. Wenn das Feld der Kosmologie als solches ein heiliger Bezirk ist, müssen kosmologische Methoden als solche sowohl die Forderungen der Frömmigkeit beachten als auch die (für uns) strikteren rationalen Erfordernisse der Kohärenz und Konsistenz. Eine Konsequenz daraus, die bei Empedokles und vor ihm schon bei Parmenides deutlich ist (obwohl die Kosmologie nicht das Hauptanliegen des Parmenides ist), ist eine methodologische Abhängigkeit von göttlichem Beistand. Die Präambeln, welche die Muse des Empedokles und die Schutzgöttinnen des Parmenides einführen (DK 31 B3 und B131; DK 28 B1), verdienen sowohl philosophische als auch literarische Aufmerksamkeit. Beide Philosophen-Dichter knüpfen an Hesiods Anrufung der Musen in der *Theogonie* an: die singenden Töchter des Zeus, der selber auch Zuhörer und Thema ihres Gesangs ist. Wenn Sänger und Zuhörerschaft wechseln und einerseits zu Hesiod, andererseits zu seiner menschlichen Zuhörerschaft werden, bleibt doch das Thema dasselbe: dies aber nur, weil die Musen jetzt den Sänger inspirieren, der sonst zu einem Thema seines eigenen Niveaus absinken müßte. Ehrfurcht und Frömmigkeit schließen das Zugeständnis ein, daß allein Gott ohne Hilfe in angemessener Weise Gott feiern kann. Und diese griechischen Denker teilten noch eine andere Intuition, die uns von der Bibel her ebenfalls vertraut ist, nämlich daß Ehrfurcht und Frömmigkeit Hände und Herz verlangen, um moralisch sauber und rein zu sein. Im antiken griechischen Kontext gab dies Anlaß zu der kuriosen Lehre, die eine lange Geschichte vor sich hatte, daß die, welche die intellektuellen Höhen erklimmen, auch ethisch vorbildlich sein müssen.

2. Xenophanes

Xenophanes dachte systematisch über die Natur und über Gott nach; aber wie diese Themen bei ihm verknüpft waren, können wir lediglich vermuten. Sein Interesse an der physischen Welt ist von charakteristisch empirischem Zuschnitt. Er spekuliert über die grundlegenden Stoffe der Dinge – nach ihm Wasser und Erde (DK 21 B29; B33) –, und er erklärt in den Termini von Wolken, die aus Wasser sind, ein breites Spektrum von Phänomenen.[5] Es scheint jedoch, daß er nie in feierlichem metaphysischem Stil von diesen Grundsubstanzen als allumfassend oder alles durchdringend sprach (vgl. Empedokles, DK 31 B17,32–34). Wenn es so etwas wie eine Beziehung zwischen seiner Wissenschaft und seiner

Theologie gab, könnte sie in der Annahme bestanden haben, daß, wenn der Gebrauch der Vernunft die Werke der Natur erhellen kann, wie die milesische Philosophie das laufend unter Beweis stellte, – daß er dann auch zu dem davon ganz verschiedenen Thema der Götter bessere Schlußfolgerungen zustandebringen kann. Bessere, heißt das, als die Auffassungen, die einfach zur Hand sind: populäre Begriffe, die der Kultur durch kultische Praktiken, durch die Dichtung und durch Werke der Kunst eingeprägt sind. Außerdem könnte Wissenschaft dem Unternehmen einer rationalen Theologie dadurch dienen, daß sie natürliche Erklärungen beispielsweise für Sonnen- und Mondfinsternisse anbietet (die gemeinhin als Wunderzeichen galten) oder für das Elmsfeuer und für den Regenbogen (die gemeinhin als göttliche Erscheinungen angesehen wurden; vgl. DK 21 A35, A39, B32).

In Versen in einem Genre schreibend, das später als *sillos* bekannt war, einem Medium für sarkastisch humoriges Moralisieren, erklärte Xenophanes:

> Aber wenn Rinder und Pferde und Löwen Hände hätten oder mit ihren Händen malen und Bildwerke vollenden könnten, wie das die Menschen tun, dann würden die Pferde die Göttergestalten den Pferden und die Rinder sie den Rindern ähnlich malen und sie würden die Statuen der Götter mit einem solchen Körper meißeln, wie sie ihn jeweils auch selber haben. (B15)

Er drückte den Punkt auch in den Termini verschiedener Menschenrassen aus: Die Götter der Äthiopier sind stumpfnasig und dunkel, die der Thraker blond und blauäugig (B16; vgl. B14).

Aber der anthropomorphe Irrtum greift tiefer, und anstatt nur lustig zu sein, wird er moralisch verderblich und frevelhaft. Lange bevor Platon dieselbe Lektion predigte (*Staat* II 377d ff.), verurteilte bereits Xenophanes die Geschichtenerzählerei Homers und Hesiods, die

> den Göttern alles zugeschrieben haben, was bei den Menschen schändlich ist und getadelt wird: zu stehlen, die Ehe zu brechen und sich gegenseitig zu betrügen. (B11)[6]

Und in einem Trinkspruch prangert er die Trinker an, die das übliche Trankopfer für die Götter darbringen und anschließend »Erfindungen der Vorzeit« über die Schlachten wüster Gottheiten erzählen (B1). Was das eigene Verständnis des Xenophanes angeht, so ist Gott

> ein einziger Gott, unter Göttern und Menschen der größte,[7] weder dem Körper noch der Einsicht nach in irgendeiner Weise den Sterblichen gleich ... (B23)
>
> Als ganzer sieht er, als ganzer denkt (versteht) er, und als ganzer hört er ... (B24)
>
> Aber ohne Anstrengung, durch das Denken seines Geistes erschüttert er alles. (B25)

Xenophanes erklärte es auch für nicht weniger frevelhaft, zu sagen, daß die unsterblichen Götter geboren seien, als zu sagen, daß sie sterben (Aristoteles, *Rhet.* II,23, 1399b6–9). Und er sagte:

> Immer bleibt er in demselben Zustand, ohne sich in irgendeiner Weise zu bewegen; bald hierhin, bald dorthin zu gehen geziemt sich für ihn nicht. (B26)

Ein präziser Monotheismus gehört nicht zu den Neuerungen des Xenophanes, wenn ihm diese Lehre auch oft angehängt wurde. Wie seine Sprache zeigt, geht es ihm nicht um die numerische Einheit des Göttlichen, sondern um dessen Stimmigkeit mit sich selbst. Ob wir von Gott oder von Göttern sprechen (und Xenophanes sagt beides), – worauf es ankommt, ist, daß das Göttliche nicht mit dem Göttlichen in Streit geraten kann, sei es, daß es zur Unterwerfung genötigt würde, und dies gar durch Göttliches (vgl. Ps.-Aristoteles, *MXG* 977a31), sei es, daß es in verschiedene kognitive Funktionen aufgeteilt würde, die unstimmige Darstellungen ergeben könnten. Wie dem auch sei, Xenophanes tut einen neuen Schritt, indem er feststellt, daß Ehrfurcht und Frömmigkeit von uns verlangen, daß wir nicht denken, die Götter würden entstehen. Damit wird ein Standard in theologischer Strenge gesetzt, den selbst Platon nicht eingehalten hat, der im *Timaios* (34b) von dem geschaffenen Universum als «einem seligen Gotte« spricht. Der Gottheit Bewußtsein zuzuschreiben wäre eine weitere beachtliche Neuerung gewesen, wenn – was aber nicht der Fall zu sein scheint – Xenophanes dies behauptet hätte, als er über das »Grundprinzip der Natur« theoretisierte. Die Vorstellung, daß für diese theoretische Rolle eines Grundprinzips etwas Geistiges der beste Kandidat ist, hätte ihn an die Spitze der Naturphilosophen seiner Zeit gesetzt. Aber es sieht eher danach aus, daß Xenophanes sich auf einen vorwissenschaftlichen Begriff des »größten *Gottes*« beruft, der alles weiß. Der Gedanke als solcher geht mindestens bis auf Homer und Hesiod zurück (*Od.* XX,75; *Il.* VIII,51–52; *Werke und Tage* 267), wenn diese Dichter auch schwerlich einen Begriff von Zeus als nichts anderem als einem alles kontrollierenden Bewußtsein hätten entwickeln können, wie Xenophanes das vielleicht tut. Solch eine Auffassung würde Xenophanes natürlich nicht auf eine unkörperliche Gottheit verpflichten, und daß er definitiv das Gegenteil annahm, folgt aus B23 (»weder dem Körper noch der Einsicht nach in irgendeiner Weise den Sterblichen gleich«). Offensichtlich empfindet Xenophanes es ebenfalls nicht als mißlich anzunehmen, daß ein und dasselbe Wesen (a) körperlich ist, (b) »alles erschüttert«, jedoch (c) absolut bewegungslos ist (B25 in Verbindung mit B26). Indem er (b) und (c) verbindet, scheint er dem aristotelischen Begriff des unbewegten Bewegers nahezukommen. Für Xenophanes wäre der entscheidende Punkt allerdings nicht, daß die Gottheit selbst bewegungslos ist, sondern daß sie überall mit anstrengungsfreier Unmittelbarkeit wirkt.

Von seiner eigenen Tätigkeit dachte Xenophanes, er leiste seinen Anhängern einen großen Dienst durch die Ausübung dessen, was er »unsere eigene [scil. Art von] Weisheit (*sophiē*)« nennt, die, wie er sagt, zum Wohlstand und zur Herrschaft des Gesetzes beiträgt. Siege bei Olympischen Spielen bringen der *polis* keine solchen Wohltaten; trotzdem werden Olympiasieger mit bürgerlichen Ehrungen belohnt, »obwohl keiner von ihnen so würdig ist wie ich; denn *unser* Talent (Wissen) ist doch besser als die Kraft von Männern und Pferden« (B2). Was immer der Anwendungsbereich der Xenophanischen *sophiē* ist – Beispiele davon haben wir schon kennengelernt –, er vergleicht sie bevorzugt mit physischer Tüchtigkeit. Bemerkte Xenophanes die Entsprechung zwischen seinem und seines Gottes wichtigstem Charakteristikum, dem Geist? Und wenn er sie bemerkte, entwarf er dann den Begriff Gottes in Übereinstimmung mit dem, was er an sich selbst am meisten schätzte, oder war es andersherum? Es ist schwer zu glauben, daß diese Verwandtschaft bei Xenophanes' stolzem Anspruch auf höhere als olympische Ehren keine Rolle spielt. Auf der anderen Seite nahm er auch an, daß alles aus Erde ist und schließlich in Erde endet (B27). Auf welchen Bereich »alles« sich hier bezieht, ist nicht klar: Gott kann nicht inbegriffen sein; aber ist der menschliche Geist mit enthalten? Ein Text, der sich über den pythagoreischen Seelenwanderungsglauben lustig macht (B7), legt eine affirmative Antwort nahe. In dieselbe Richtung deutet der Bericht des Aristoteles, daß Xenophanes auf die Frage der Bürger von Elea, ob sie einer bestimmten Meeresnymphe opfern oder ob sie sie beweinen sollten, antwortete, daß sie sie nicht beweinen sollten, wenn sie sie als eine Göttin ansähen, und ihr nicht opfern sollten, wenn sie sie für ein menschliches Wesen hielten (*Rhet.* II,23, 1400b5). Verwischt nicht die Grenze zwischen dem Geschlecht der Anbeter und dem Geschlecht derer, die sie anbeten!

Das ist die Stimme der traditionellen Frömmigkeit, die auch in den folgenden Zeilen zu hören ist:

> Und wirklich, kein Mensch hat hinsichtlich der Götter und hinsichtlich all der Dinge, die ich erkläre, das gesehen, was klar (wahr) ist ... Bei allen [Dingen *oder* Menschen] gibt es vielmehr (nur) Mutmaßung. (B34)

Hier antwortet Xenophanes auf jeden Zweifel, den wir hinsichtlich der Aufrichtigkeit seiner Zurückweisung des Anthropomorphismus etwa gehabt haben könnten. Die Unterscheidung zwischen Wissen und bloßem Glauben oder Meinen, dem zweitbesten Vermögen des Menschen, unterstreicht seine Beschreibung des größten Gottes, der im Körper *oder im Denken* überhaupt nicht wie wir ist. Xenophanes' neue Darstellung des Göttlichen hatte niemals die Absicht, die Wahrheit über Gott so auszugeben, wie Gott sie sehen würde. Jemand der *das* begreifen könnte, wäre nicht darauf angewiesen, schimpfende *silloi* zu benutzen, die insbesondere für solche Wesen gedacht sind, deren Wege verbesserungsfähig sind (vgl. B18), einschließlich ihrer Wege, über das Göttliche nachzudenken.

Es wäre allerdings falsch, ›traditionelle Frömmigkeit‹ für die einzige Determinante von Xenophanes' strikter Trennung des Menschlichen vom Göttlichen zu halten. Wir müssen auch seine Entscheidung (um eine solche muß es sich gehandelt haben) in Betracht ziehen, den größten Gott nicht als ein Prinzip der theoretischen Physik zu behandeln. Angesichts seiner Zeit, seines Hintergrunds und seiner Interessen hat Xenophanes das Werk der milesischen Philosophen mit Sicherheit gekannt, und daß deren Konzeption von der einzigen physischen *archē* seine Konzeption vom größten Gott zu inspirieren half, ist plausibel. Xenophanes' Ziel war freilich nicht, eine grundlegende physikalische Theorie vorzutragen, sondern sein Publikum im Sinne moralischer und bürgerlicher Führung von allem abzubringen, was in den überkommenen Verständnissen von den Göttern herabsetzend irrational war. Es hätte diese Absicht zunichte gemacht, wenn er seine Erörterungen über Gott in den esoterischen Rahmen einer physikalischen Abhandlung gestellt hätte. So kam es, daß Xenophanes' Theologie kaum Spuren von dem Pantheismus zeigt, der in der milesischen Philosophie implizit enthalten war und der von Heraklit bald ausgearbeitet werden sollte.

3. Heraklit, Parmenides, Empedokles

Heraklit

Heraklit ist in der Geschichte der frühen griechischen Theologie eine bedeutende Gestalt. Weil ihm aber Kapitel 5 dieses Buches gewidmet ist, werden wir uns hier nur kurz mit ihm befassen und beschränken uns auf einen Vergleich mit Xenophanes.

Heraklit schimpft auf Hesiod, Pythagoras, Xenophanes und Hekataios und stuft sie ein als »Vielwisser ohne begriffliches Verständnis« (DK 22 B40). Der gemeinsame Faktor bei den vieren könnte ein Interesse an Gottesfragen gewesen sein: die mythologischen Zugänge Hesiods im Vergleich zu den mutmaßlich höher anzusetzenden Zugängen der drei anderen Figuren. Pythagoras predigte Reinkarnation und religiöses Asketentum; die Schriften des Hekataios enthielten ein Werk zur Genealogie, das anscheinend in entmythologisierendem Geist verfaßt war; Xenophanes, – das wissen wir. Wir können annehmen, daß Heraklit sich selbst als einen sah, der Theologie treibt und der dies besser als die anderen tut. Ob er die anderen kollektiv zurückwies, weil sie die Wahrheit nicht so sahen, wie er sie sah, oder ob er gegen jeden von ihnen eine spezifische Kritik richtete, können wir nur erraten. Wir können aber in jedem Fall grundlegende Punkte eines Gegensatzes zwischen ihm und Xenophanes erkennen.

Xenophanes hatte es für ein Sakrileg erklärt, die Götter mit Streit und Hinterlist in Verbindung zu bringen. Für Heraklit auf der anderen Seite ist es nicht die Natur Gottes, die es geradewegs zu erkennen gilt (B93; vgl. B32, B123). Xenophanes hatte so gesprochen, als ob es über die Götter eine offenkundige Wahrheit *gibt* und als ob nur die Sterblichen nicht zu einem klaren Wissen von ihr vordringen können; für Heraklit ist dies deshalb so, weil es keine offenkundige Wahrheit gibt. Nach Aristoteles (*Eudemische Ethik* VII,1, 1235a25) tadelte Heraklit Homer, weil er sagte: »Möchte nur der Streit unter den Göttern und Menschen vergehen!«, und gab als Grund der Kritik an, daß es ohne Gegensätze keine Harmonie gäbe. In der Perspektive Heraklits ist Xenophanes also ebenso blind wie Homer, den er rügt; denn Xenophanes und Homer halten es für ausgemacht, daß Streit böse ist. Und während Xenophanes Bewegung und Veränderung von der göttlichen Natur ausgeschlossen und die Ansicht vertreten hatte, daß Gott weder aufhören noch anfangen kann, sagt Heraklit:

> Der Gott ist Tag-Nacht, Winter-Sommer, Krieg-Frieden, Sättigung-Hunger [alle Gegensätze, das ist die Bedeutung]; er wandelt sich gerade so, wie Feuer, wenn man es mit Räucherwerk vermischt, nach dem Wohlgeruch jedes einzelnen [Duftstoffs] benannt wird. (B67)

und:

Unsterbliche Sterbliche, sterbliche Unsterbliche; sie leben ihren Tod und sterben ihr Leben. (B62)

Eine aggressivere Verneinung des konventionellen, von Xenophanes nicht in Frage gestellten Glaubens an die unüberbrückbare Kluft zwischen Menschlichem und Göttlichem hätte es kaum geben können. Und wenn Xenophanes auch nicht beansprucht hätte, die Werte Gottes zu *wissen*, hätte er schwerlich auch nur eine bloße Meinung dulden können, daß »für den Gott alles schön und gut und gerecht ist; die Menschen dagegen haben das eine als ungerecht und das andere als gerecht angesetzt« (B102).[8] Zweifellos dachte Heraklit, daß Menschen, die nach Menschenart funktionieren, auf ihren menschlichen Unterscheidungen zwischen dem Gerechten und dem Ungerechten bestehen müssen und sollen (vgl. B33; B44). Aber man könnte zugunsten von Xenophanes antworten, daß dann, *wenn* Menschen diese Unterscheidungen anwenden, das heißt, wenn sie sich in praktischer, nicht übermenschlicher Weise verhalten, daß es *dann* so sein muß, als ob sie keine Ahnung davon haben, wie die Dinge für Gott sind (während der heraklitische Philosoph eine solche Ahnung durchaus zu haben meint). Mit anderen Worten: Im praktischen Zusammenhang – und das ist da, wo Xenophanes seine Botschaften vorbringt – sind wir gebunden, so zu verfahren, als ob Xenophanes bezüglich der Grenzen der menschlichen Erkenntnis recht hätte.

Parmenides

In der Antike hat man den größten Gott des Xenophanes mit dem Parmenideischen Seienden identifiziert. Xenophanes wurde als ein eleatischer Monist dargestellt und Parmenides als ein metaphysischer Theologe. Die Verdrehung des Xenophanes war schlimmer als die des Parmenides; aber eine Verdrehung von Parmenides gab es durchaus. Jeder, der diese Pseudo-Verbindung der beiden Philosophen akzeptiert, wird natürlicherweise annehmen, daß das Parmenideische Seiende Gott ist. Immerhin schreibt der ›Weg der Wahrheit‹ dem, was ist, viele göttliche Attribute zu: es ist ungeworden, unvergänglich, unveränderlich, ganz, alles umfassend und ewig anwesend. Allerdings nennt Parmenides selbst, wie es scheint, sein Seiendes niemals göttlich. Wenn man die Identität mit Xenophanes' Gott akzeptiert, wird man schließen, daß Parmenides über den einen Punkt deshalb geschwiegen hat, weil er es als selbstverständlich ansah, daß Seiendes göttlich ist, und weil er von seiner Zuhörerschaft erwartete, dies ebenso zu tun. Uns freilich steht es frei, zu überlegen, ob Parmenides für sein Schweigen nicht Gründe gehabt haben könnte. Die Feierlichkeit des Wegs der Wahrheit und der Umstand, daß der ganze Diskurs als göttliche Offenbarung präsentiert wird, machen es unwahrscheinlich, daß es ein Zufall ist, daß das Seiende selbst niemals als Gott oder Gott ähnlich beschrieben wird. Der Grund dafür ist vermutlich der, daß Parmenides auf diese Weise signalisiert, daß der Weg der Wahrheit ein Unternehmen ist, das von jedem anderen, das sich traditionell mit göttlichen Dingen befaßte, sehr verschieden ist. Insbesondere soll die Zuhörerschaft es nicht als Kosmologie mißverstehen. Sein Thema »Gott« zu nennen, hätte die Annahme nahegelegt, daß dieses Thema der Ursprung oder das Prinzip des Kosmos sei, in welchem Fall die zugehörige Darstellung den Anforderungen einer physischen Erklärung Genüge tun müßte. Stattdessen startet Parmenides, wie wir wissen, das Unternehmen einer reinen Metaphysik, mit ihrer eigenen Methode einer reinen Logik, die von physikalischen Annahmen unabhängig ist. Nur auf dem Weg der Sterblichen taucht im Gegenstand der Erörterungen ausdrücklich eine Gottheit auf:[9] eine kosmische Gottheit, wie es zu dem kosmologischen Weg der Meinung paßt (DK 28 B12,3).

Aber was ist mit der nicht benannten Göttin, der Quelle der Offenbarung beider Wege (B1,22ff.; B8,50ff.)? Um den traditionslosen Stoff des Wegs der Wahrheit anzuschneiden (und um den kosmologischen Weg auf die Ebene sterblicher Meinung herunterzutransponieren), hängt Parmenides von göttlicher Erleuchtung ab. Ist das so einzuschätzen, daß er sich auf göttliche Autorität deshalb stützt, weil die selbstverständliche Logik des Wegs der Wahrheit als ungenügende Garantie für ihre Richtigkeit erscheint? Das wäre eine abwegige Position. Es gibt keinen Hinweis darauf, daß Parmenides sich in den Zustand eines cartesischen Zweifels versetzt hätte, der sich auf die ewigen Wahrheiten erstreckt hätte. Und aus solch einem Zustand heraus Zuflucht zu göttlicher Autorität zu nehmen, ohne mit Gründen (wie Descartes das zu tun versuchte) den Glauben zu mustern, daß Gott existiert, das wäre derart naiv, daß so etwas anzunehmen absurd ist. Nein, Parmenides' Gottheit weist eher darauf hin, daß man auf dem Weg der Wahrheit keine Wahrheit suchen kann, das heißt, daß man keine Wahrheit suchen kann, indem man sich allein auf Gründe stützt, ohne sich zuerst in die Hände der Götter gegeben zu haben. Denn der Weg der Wahrheit »liegt fürwahr abseits der üblichen Pfade der Menschen« (B1,27). Es ist eine Wahrheit, die für Sterbliche, die dem sterblichen Gesichtspunkt verhaftet sind, einfach nicht glaubhaft ist. Daher muß Parmenides seinen menschlichen Blickpunkt aufgeben, *bevor* er das Tor erreichen kann, wo ihn die hierophantische Göttin empfängt und von wo aus sie ihn in den Weg der Wahrheit einweist. *Zu* dem Tor *hin* und durch es hindurch muß er in einem Wagen transportiert werden, geführt von Hilfsgottheiten, den »Töchtern der Sonne« (B1,8). Denn man nehme stattdessen an, er wäre, wie einem das passieren könnte, immer noch ohne Distanz zu den gewöhnlichen Meinungen auf die logisch selbstverständlichen Prämissen des Wegs der Wahrheit gestoßen. Man nehme weiter an, er hätte den Weg dann unter seiner eigenen Regie angetreten, Schritt für Schritt. Er wäre den Schlußfolgerungen des Wegs über die Wirklichkeit begegnet: Schlußfolgerungen, die für den Geist der Sterblichen nicht zu ertragen sind. Er hätte dann etwas logisch Zwingendes zurückweisen müssen, entweder einen Ausgangspunkt oder einen Schritt. Alternativ dazu wäre er durch diese Zwänge gebunden geblieben, während eine davon verschiedene Art der Nötigung, die Kraft der »in viel Erfahrung entwickelten Gewohnheit« (B7,3), ihn veranlaßt hätte, Schlußfolgerungen zurückzuweisen und dadurch im Effekt zu behaupten, daß das notwendig Wahre das Falsche oder das Bedeutungslose impliziert. In allen Varianten hätte Parmenides die Vernunft der Verachtung ausgeliefert und »das unerschütterliche Herz der wohlgerundeten Wahrheit« (B1,29) entweiht. Der Weg der Wahrheit kann nicht dazu benutzt werden, diejenigen *zu widerlegen*, die für das Alltagsverständnis stehen; denn Wahrheit, die in ihrer rationalen Ganzheit der Vernunft evident ist, ist nicht ebenso evident für diejenigen, welche die Vernunft nicht ganz kontrolliert. Wie also sollen Sterbliche die Ebene erreichen, wo sterbliche Meinungen ihre Kraft verloren haben und vernünftige Einsicht die Herrschaft innehat? Nicht mit den Mitteln ihrer eigenen vernünftigen Einsicht! Daher die göttliche Wagenfahrt, in der die Parmenides-Figur höchst un-olympisch als ganz passiv erscheint (siehe besonders B1,4: »Auf diesem Weg ließ ich mich tragen; denn auf diesem trugen mich die verständnisreichen Stuten«).

Empedokles

Die verblüffenden Theorien des Empedokles sind reich an Material für die Geschichte der Theologie. Die vorliegende Rekonstruktion wird sich auf das Wechselspiel kosmogonischer und transzendenter Aspekte des Göttlichen in Empedokles' Naturphilosophie konzentrieren.[10]

Jeder kosmische Zyklus des Empedokleischen Universums beginnt mit der Aufspaltung einer ursprünglichen Ganzheit, der Einheit der Kugel. Unter dem Druck von Haß (oder Streit), einer von zwei Urkräften, sondern sich die vier »Wurzeln« aus, um die Regionen zu bilden, die wir als Erde, Meer, Luft und feurigen Äther kennen. Die Wurzeln werden mit den Namen von Göttern bezeichnet (DK 31 B6); Liebe, die andere Urkraft, wird mit der Göttin Aphrodite identifiziert (auch als Kypris bekannt; siehe zum Beispiel B17,24; B22,5; B73). Somit ist auch Haß eine Gottheit; denn er ist ebenso grundlegend wie Liebe. Empedokles betont, daß die vier Wurzeln und die zwei Kräfte »gleich und der Herkunft nach gleichaltrig« (z.B. B17,19–20. 27) sind. Als nächstes setzt Liebe einen vielstufigen zoogonischen Prozeß in Gang, der im Auftauchen lebenstüchtiger Geschöpfe kulminiert, die in der Lage sind, sich auf irgendeine Art zu vermehren. Wenn die Liebe also erstmals zu handeln beginnt, sucht sie nicht die durch Haß bewirkte Trennung sofort rückgängig zu machen. Vielmehr *nutzt* sie die verschiedenen Naturen der Elemente *aus*, indem sie durch Mischung aus ihnen eine stattliche Anzahl neuer Wesen schafft, die lebendigen Formen. So weit hat Liebe sich also in zwei sehr verschiedenen Weisen manifestiert: in der Hervorbringung zahlloser zusammengesetzter Wesen innerhalb des Kosmos und als Grenzfall in der präkosmischen Einheit der Kugel. (Der Grenzfall wird wiederkehren; denn von Weltzyklus zu Weltzyklus hat Liebe mehr Vorrang, bis schließlich alles wieder in der Kugel aufgeht.)

Von Sphairos bzw. der Kugel sagt Empedokles: »Denn seinem Rücken entspringen nicht zwei Zweige, keine Füße, keine schnellen Knie, keine zeugungsfähigen Schamteile; als Kugel war er vielmehr allein und sich selbst gleich.« Er nennt die Kugel auch »Gott« und beschreibt sie als »Sphairos, der Runde, durch die feste Verborgenheit der Harmonie gestützt; und er erfreut sich der über die Maßen erfreulichen Einsamkeit [oder: Ruhe]« (B29, B31, B27). Dieses letzte Textstück lenkt die Aufmerksamkeit auf ein traditionelles göttliches Attribut, eins, auf das in einem rein kosmologischen Kontext zu stoßen wir nicht erwarten würden: den Glückszustand. Das Alleinsein der Kugel (oder ihre Bewegungslosigkeit) und ihre daraus resultierende Wonne unterscheiden sie von den kosmogonischen Gottheiten, der Liebe, dem Haß und den Wurzeln. Der Empedokleische Kosmos ist voll von Göttlichem, aber nicht voll von Glückseligem. Es ist wahr, daß die kosmogonische Liebe von den Sterblichen auch »Wonne« genannt wird (B17,24); aber die Natur ist gleichermaßen die Domäne von Haß. Und die Wonne, die sterbliche Wesen vermöge der kosmogonischen Liebe erfahren, ist nur ein begrenztes Vergnügen. Die isolierte Seligkeit der Kugel bedeutet göttliche Transzendenz, ein Konzept, das für Empedokles kaum zugänglich war außer durch solch einen imaginativen Symbolismus. Es handelt sich nicht einfach nur darum, daß die Kugel nicht Teil der Naturordnung ist. Soweit ist das ohnehin klar, nachdem die kosmogonische Funktion der Kugel als der *Quelle* des Kosmos vorausgesetzt wird. Aber die Freude der Kugel zeigt, daß sie mehr als das ist. Denn die Freude gehört nicht zu ihrer Rolle als Quelle, sondern zu ihrer solitären Vollkommenheit, die zertrümmert werden mußte, damit sie jene Rolle wirklich übernehmen konnte, wie das zu der vom Schicksal zugewiesenen Zeit eintreten sollte, als »der große Streit ... sich zur Herrschaft aufschwang« und »alle Glieder des Gottes erschüttert wurden, eins ums andere« (B30, B31).

Aristoteles beanstandete, daß Empedokles das Aufplatzen der Kugel nicht erklärt habe (*Metaph.* III,4, 1000b12ff.). In der ungeteilt wissenschaftlichen Perspektive des Aristoteles ist die Kritik berechtigt. Empedokles muß freilich gewußt haben, daß er sich auf eine noch schwerere Last der Inkohärenz einließ, als er von den bebenden Gliedern des arm- und fußlosen Sphairos sprach. Das Problem ist nicht nur einfach, daß der Kugelbegriff zu schwach ist, um zu erklären, wie der Kosmos entstand (eine Schwäche, die durch die Rede von einer erfüllten Zeit und der Oberhand von Haß mühsam verdeckt wird). Wenn der Kugelbegriff unter dem Gesichtspunkt einer rationalen Kosmogonie versagt, dann tut er das infolge eines positiven Grunds, nämlich infolge von Empedokles' Gespür, daß, was immer die Quelle des Kosmos ist, es in jedem Fall auch göttlich transzendent ist, und dies in Verbindung damit, daß Empedokles Transzendenz als sich selbst genügende Wonne begreift. Demnach existiert der Kosmos durch einen Fall. An dieser Stelle zeigt Empedokles' Kosmologie in eine Richtung, die er in ihren mythischen und religiösen Einzelheiten in dem Gedicht verfolgt, das von ihm unter dem Titel der *Reinigungen* bekannt ist. Diese Geschichte von einem Dämon, der wegen seiner Sünden vom Himmel verbannt und zu einem 30000 Jahre dauernden Zyklus von Wiedergeburten verdammt ist, hat ihren Keim in sterblichen »Andeutungen von Unsterblichkeit«. Vielleicht hielt der (ja auch) sehr wissenschaftliche Empedokles unsere Neigung zu solchen Andeutungen für eine natürliche Tatsache über uns und für nicht weniger aufschlußreich für irgendetwas Grundlegendes über die Welt, als es solche Tatsachen wie die Atmung, die Sinneswahrnehmung und die Fortpflanzung sind – Werke der Liebe, die er im einzelnen zu erklären versuchte (z.B. B65, 67, 84, 100).

Verschiedene Texte legen eine weitere Hypothese nahe: daß die transzendente Dimension der Kugel dazu gedacht ist, die göttliche Heiligkeit zu schützen. In einer Präambel zur Kosmologie betet Empedokles:

Aber, ihr Götter, bewahrt mir die Zunge vor dem Wahn jener Leute und leitet aus geheiligten Lippen reines Quellwasser in seine Bahn. Und vor allem dich, vielfach gefeierte, weißarmige, jungfräuliche Muse, bitte ich, mir das zu gewähren, was Tageswesen zu hören erlaubt ist. Begleite vom Ort der Frömmigkeit an den folgsam fahrenden Wagen [der Lieder]. (B3)

Auch noch an anderer Stelle, vermutlich ebenfalls in dem kosmologischen Gedicht, bittet er die Muse, ihm zu helfen, »über glückselige Götter eine gute Kunde« zu offenbaren (B131; vgl. B132)[11] Die Intensität dieser Bitte um religiöse Integrität ist nicht verwunderlich, wenn wir das Kräftepaar von Liebe und Haß in Betracht ziehen. Es gibt wirklich Gut und Böse. Völlig anders als Heraklits schöpferischer Krieg, dem Vater und unumstrittenen Herrscher aller Dinge (DK 22 B53), ist Empedokles' Haß »verwünscht« (B17,19), »böse« (B20,4); seine Werke sind »besonders unheimlich durch die Eingebungen des Hasses, weil der ihnen das Entstehen bereitete« (B22,9). Diese schreckenerregende Macht ist jedoch *göttlich*. Empedokles schwächt das Problem nicht ab, indem er den Haß etwa als eine neutrale Kraft der Trennung präsentiert. Vermutlich könnte er das Nebenergebnis nicht akzeptieren, das sich daraus ergäbe: die Neutralisierung der »tadellosen« Liebe (vgl. B35,13). Indem er vom Haß aber erklärt, er sei für den Kosmos so fundamental, daß er die Kugel schließlich immer in Stücke reißt und den Triumph der Liebe zerstört, bewegt Empedokles sich am Rand der Blasphemie. Er sagt, daß schon die Existenz des Kosmos die ewigwährende Anwesenheit von etwas als Gott unter Göttern beweist, das *verflucht* ist. »Eine gute Kunde über glückselige Götter« sollte sowohl wahrhaft (B17,26) als auch ehrfürchtig sein; aber wie ist eine gute Kunde möglich, wenn Götter nur kosmogonische Prinzipien und wenn das Böse mit dem Guten gleichgeordnet ist? Die Lösung des Empedokles besteht allem Anschein nach darin, für die kosmogonische Kugel eine nicht-kosmogonische Dimension zu postulieren und dorthin die Bürde der göttlichen Heiligkeit zu verschieben.

Die Beschreibung der Kugel in B29 (zitiert oben auf S. 197f.) klingt nach in einer weiteren Passage:

Denn an seinen Gliedern ist er auch nicht mit einem menschlichen Haupte versehen, und es schwingen sich nicht aus seinem Rücken zwei Äste; keine Füße, keine schnellen Knie, keine behaarten Schamglieder; vielmehr ist er einzig und allein ein Sinn, heilig und jenseits aller Beschreibung, der mit schnellen Gedanken durch den gesamten Kosmos stürmt. (B134)

Diese Gottheit wird nicht als kugelförmig dargestellt, sondern als ein Sinn oder Geist und als koexistent mit dem Kosmos. Vermutlich ist dieses Wesen etwas anderes als die Kugel, deren Zerstörung der Kosmos ja seine Entstehung verdankt. Aber auch der neue Gott ist eine vollkommene Einheit, nur jetzt in kognitiver Art: ein einziges Auffassen der ganzen Wirklichkeit des Kosmos. Ebenso wie die »Wonne der Kugel in ihrer Einsamkeit/Ruhe«, so hat auch diese Gottheit keine feststellbare kosmogonische Funktion; ihre Beziehung zum Kosmos ist das, was später »theoretisch« genannt wurde: der Kosmos existiert bereits.[12]

Ungeachtet der geistigen Natur dieses Wesens könnte Empedokles ihm eine physische Basis zugeschrieben haben, die durch das Wirken von Liebe verwirklicht wird. Menschliches Denken war seiner Ansicht nach eine Tätigkeit des Bluts, der am vollkommensten gemischten Zusammensetzung (B105, B98; siehe S. 243). Wenn vom göttlichen Denken dasselbe gilt, haben wir ein weiteres Beispiel für die Fähigkeit der Liebe, an die Wirkungen von Haß anzuknüpfen und sie zu nutzen. Denn außer daß sie Lebendiges schafft, macht die Liebe eine göttliche Einsicht möglich, deren Tätigkeit den Haß in zweifacher Weise voraussetzt: ihre physische Basis ist eine vollkommene Fusion vom Haß getrennter Elemente; und ihr Gegenstand ist der ganze Kosmos, der in seiner Existenz vom Haß abhängt.

Ob diese Gottheit nun auf eine physische Realität gegründet ist oder nicht, in jedem Fall bezeichnet sie eine Richtung für Annäherung. Wie Empedokles sich den menschlichen Geist denkt, hat dieser eine Natur, die in Abhängigkeit von den Gedanken, die ihn erfüllen, blüht oder versagt. Die meisten Menschen mißverstehen während des gesamten Lebens ihre eigene begrenzte Erfahrung; »zahlreich ist, was einem an Leidvollem zustößt, und es läßt die Nachdenklichkeit abstumpfen« (B2; vgl. B110); und davon lassen die meisten ihren Geist einnehmen. Da diese Besetzer in einem menschlichen Geist nicht eigentlich zuhause sind, entschwinden sie später in alle Ecken der Welt, wo sie hingehören, und lassen leere Behausungen zurück. Aber Themen wie die von Empedokles' Gedicht *Über die Natur*, »wenn du sie nämlich in deinem kräftigen Verstand verankerst und sie in reinen Übungen auf zuträgliche Weise betrachtest«, – solche Themen bleiben dann eingepflanzt und werden mit vielen neuen Gedanken derselben Art zur Blüte kommen (B110). Zu sagen, wie dieser Text das tut, daß Gedanken über den Kosmos als ganzen die richtigen Bewohner des menschlichen Geistes sind, ist ebensoviel, wie zu sagen, daß der Kosmos *selbst* als ein ganzer die wahre Ergänzung des Geistes *qua* Denken sind (im Unterschied zum Blut, welches denkt). Um diese *Annäherung* zwischen Geist und Kosmos voranzubringen, wirkt Liebe biologisch dadurch, daß sie das Gleichgewicht des denkenden Bluts aufrechterhält; hier jedoch, einzigartig im Reich der Lebewesen, verfolgt die Liebe ihre einigende Absicht durch die freie und bewußte Wahl des Geistes, das philosophische Leben zu führen. Und ein noch vollständigeres, weil universaleres Beispiel für das Werk der Liebe wäre das Leben eines Philosophen wie Empedokles, der anderen den Weg wahrer Philosophie öffnet. Solche Gestalten, sagt Empedokles, »wachsen empor zu Göttern, die in höchsten Ehren stehen«, sogar in höheren als »Seher, Dichter, Ärzte und Fürsten« (B146). An anderer Stelle nennt Empedokles solche Gestalten

»langlebige Götter« (B21,12; B23,8); und in den *Reinigungen* wagt er es, sich selbst als einen von ihnen zu proklamieren:

Freunde, die ihr in der großen Stadt des gelben Flusses Akragas wohnt, ... seid mir gegrüßt! Was mich angeht, als ein unsterblicher Gott reise ich umher, nicht mehr sterblich, bei allen, wie es sich gehört, geehrt ... (B112)

Für Empedokles ist dies nicht blasphemischer Wahn, sondern eine Schlußfolgerung, die von kosmologischen Überlegungen getragen und unter Beachtung von Ehrfurcht und Frömmigkeit gestaltet ist.

Der von Empedokles benutzte Ausdruck »nicht mehr sterblich« (Xenophanes hätte sich wegen dieser Formulierung und wegen der Rede von »langlebigen Göttern« in seinem Grab herumdrehen müssen) ist ein Echo auf Heraklits »Unsterbliche Sterbliche«. Der damit zum Ausdruck gebrachte Gedanke ist aber sehr verschieden. Heraklit meinte, daß das Entstehen und Vergehen sterblicher Dinge zum unsterblichen Leben des Kosmos beitrage, während der unsterblich gewordene Philosoph des Empedokles dem Kosmos wie der Wissende dem Gewußten gegenübersteht. Wir können das ›unsterblich geworden‹ deuten, wenn wir bedenken, daß die Göttlichkeit des Empedokleischen Philosophen und die Göttlichkeit der Empedokleischen Wurzeln und Kräfte zu verschiedenen Kategorien gehören. Die Wurzeln und Kräfte können die kosmogonischen Aufgaben, die sie als göttlich qualifizieren, nicht ausführen, ohne durch einen ganzen kosmischen Zyklus hindurch existent zu bleiben; der philosophische Genius dagegen ist nicht auf chronologische Unsterblichkeit angewiesen, um die Lebensqualität zu erreichen, die ihn in die Runde der Götter setzt.

4. Der Atomismus des 5. Jahrhunderts, und was danach kam

Das Aufkommen des Atomismus Leukipps und Demokrits markiert in der Entwicklung des theologischen Denkens einen entscheidenden Punkt. Solange die fundamentalen Größen des Kosmos als tätige Gebilde oder als Kräfte aufgefaßt wurden, die ihre jeweils eigene Natur ausagierten, und solange man sie sich eher als indefinit anwesend denn als wohlumschriebene Gegenstände gedacht hat, solange war es nicht absurd, sie für göttlich zu halten, auch wenn sie unpersönlich waren; und umgekehrt war es ebenfalls nicht absurd, die Götter als physische Prinzipien anzusehen. Im antiken Atomismus hatten diese Einstellungen aber keinen Platz. Denn die letzten physikalischen Größen dieser Theorie sind (1) feste, lokalisierte Partikeln, die ewig ohne jeden Zweck kollidieren und die so winzig sind, daß ihnen jede individuelle Bedeutung abgeht, und (2) das Leere, sonst noch als »nicht eins« bekannt (DK 68 A37), was seinem Namen entsprechend nichts tut als nur die Bedingung für Atombewegungen bereitzustellen. Obgleich diese Gebilde als ungeworden, unvergänglich und letzte Größen aufgefaßt werden, wäre es lächerlich, das Leere »unsterblich« zu nennen oder von einzelnen Atomen als Göttern zu sprechen. Endlich haben wir eine wahrhaft naturalisierte natürliche Welt.

Mit Bezug auf die Theologie schafft dieses völlig neue Bild eine neue Reihe von Alternativen für diejenigen, die das Bild ernst nehmen. Entweder (i) gibt es keinen Gott; oder (ii) Gott ist jenseits der Natur und steht in keinerlei Beziehung zu ihr; oder (iii) Gott, so genannt, ist ein nicht-fundamentales Phänomen innerhalb der Welt; oder (iv) die ältere Überlieferung hatte recht, die Ursprünge der Natur für göttlich zu halten, irrte aber, indem sie nicht verstand, daß die Natur selbst von Gott freie Materie ist, woraus dann folgt, daß das Wesen und die Tätigkeit des göttlichen Prinzips ganz nicht-physisch sein müssen. Eine Position dieser letzteren Art sollte Platon sich im *Timaios* zueigen machen, wo eine außerweltliche Intelligenz atomähnliche Gebilde herstellt, die die ursprünglichen Konstituenten des Kosmos bilden. Die zweite Alternative wurde hier nur deshalb mit aufgenommen, weil sie logisch möglich ist; zu einer lebendigen Option wurde sie erst in sehr viel späterer Zeit. Die dritte Alternative, die viele kaum vom Atheismus der ersten Variante unterscheiden würden, war die Position Demokrits.

Aber bevor wir uns der Demokritischen Theologie zuwenden, so wie sie ist, sollten wir noch folgendes zur Kenntnis nehmen: Für den modernen Geist sind die vier Alternativen reichlich abgenutzt. Aber unter Demokrits Zeitgenossen müssen sie selbst den Aufgeklärten alle als befremdlich und schockierend erschienen sein; so tief war die mythopoetische Einstellung zur Natur in ihrer Kultur verwurzelt. Es ist daher nicht verwunderlich, daß die Naturphilosophie zumindest eine Zeit lang im traditionellen Stil fortgeführt wurde, zum Beispiel von Diogenes von Apollonia, der den Ausdruck »Gott« auf seine eigene Substanz anwandte, die Intelligente Luft. Diogenes könnte das Werk Leukipps gekannt haben, sah aber offenbar keinen Bedarf, gegen es zu argumentieren. Die Beweislast lag damals bei den Atomisten; und Demokrit sah, daß man sich ihrer nicht anders als allein dadurch entledigen konnte, daß der Atomismus um eine Theorie ergänzt würde, welche den Götterglauben der Menschen erklärt. Solche Theorien boten sich damals in größerer Zahl an, und Demokrit hat mehr als eine wiedergegeben – ob übernommen oder als eigene Erfindungen, wissen wir nicht. Er erwog, ob die »Götter« physikalische Phänomene sind, gewaltige Bilder, die dem Menschen erscheinen und gelegentlich zu sprechen scheinen (B166; A74). Er schlug vor, der Götterglaube sei aus dem Schrecken der frühen Menschen angesichts von Sonnen- und Mondfinsternissen, Blitz und Donner und dergleichen entstanden (A75). Er meinte, der menschliche und der tierische Geist bestehe aus feurigen Partikeln, und scheint den Schluß gezogen zu haben, daß das, was die Menschen »Gott« nennen, ein riesiges äußeres Konglomerat aus solchen Partikeln sei (vielleicht nehmen die Menschen es nicht nur als hell oder feurig wahr, sondern als einen riesigen Geist-Genossen) (A74).

In seinen ethischen Schriften sprach Demokrit von den Göttern als denen, die Gutes, nicht Schlechtes geben, und sagte, daß sie nur diejenigen lieben, welche die Ungerechtigkeit hassen (B175, B217). Es kann sein, daß er damit eine pragmatische Unterstützung für diese verbreiteten Überzeugungen auszudrücken meinte, während er gleichzeitig Botschaften rein humanistischer Bedeutung an die sandte, die im Bilde waren, so zum Beispiel die Botschaft, daß Abscheu gegen Ungerechtigkeit für wahres Glück wesentlich sei. Zweifellos ist ein Glaube an externe Gottheiten unvermeidlich und sogar angemessen für unwissende Leute, deren Antwort auf einen Donner eher darin besteht, daß sie sich daran machen, den Donnerer zu beschwichtigen, als darin, über die Ursache des Donners zu spekulieren. In derselben Weise könnte solch eine Meinung für ethisch verkrüppelte Leute notwendig sein, die von falschem Handeln nur aus Furcht vor Strafe Abstand nehmen und nicht deshalb, weil sie Moralität als die Wurzel des Glücks ansehen.

Einen neuen Dreh bekommt dieser ethische Punkt im Fragment eines zeitgenössischen Dramas, dem *Sisyphos*, das wechselnd Euripides und Kritias zugeschrieben wird, einem älteren Cousin Platons. Da heißt es von Gott, er sei das geistige Produkt eines genialen Menschen, der die Fiktion deshalb erfand, um die Schlechtigkeit seiner Genossen im Zaum zu halten:

> Dann als zwar die Gesetze sie hinderten, offen Gewalttaten zu begehen, sie aber im Verborgenen solche begingen, da, scheint mir, hat zuerst ein schlauer und gedankenkluger Mann die Götterfurcht den Sterblichen erfunden, auf daß ein Schreckmittel da sei für die Schlechten, auch wenn sie im Verborgnen etwas täten oder sprächen oder dächten. Von dieser Überlegung also aus führte er das Überirdische ein: ›Es ist ein Daimon, in unvergänglichem Leben prangend, mit dem Geiste hörend und sehend, denkend im Übermaß, sich selbst gehörend (?), göttliche Wesen in sich tragend, der alles unter Sterblichen Gesprochene hören, alles Getane schauen kann. Wenn du aber mit Schweigen etwas Schlechtes planst, wo wird das nicht verborgen sein den Göttern; denn dafür ist die Vernunft zu stark in ihnen.‹ ... Es wohnten aber, sagte er, die Götter an einem Ort, dessen Benennung die Menschen am meisten erschrecken mußte, ... dem sich drehenden Gewölbe dort oben, wo er die Blitze wahrnahm und das furchtbare Donnergetöse und den sternäugigen Himmelsbau, der Zeit, des weisen Baumeisters, schönes Buntwerk, ... So, denke ich, hat zuerst einer die Sterblichen dazu bestimmt, zu glauben, es gebe das Geschlecht der Götter. (DK 88 B25, Übersetzung Diels)

Bei dem Gedanken, daß Religion auf eine »noble Lüge« gegründet sei (vgl. *Staat* III 414bff.), kann man fast Platon murmeln hören, daß die mutmaßlich sterbliche Seele des geheimen Wohltäters der Menschheit bei sich selbst mehr als nur einen Hauch von Göttlichkeit beherbergt haben muß, um einen Himmel voller Götter *ex nihilo* zu erfinden und diese Illusion seit unerdenklicher Zeit weltweit in Gang zu halten. Noch wichtiger ist, daß, wenn es keine Götter gibt, die Himmelsordnung (nicht zu reden vom Reich der Pflanzen und Tiere) ein Zufall sein muß. Für Platon ist das unglaublich, was es in Wirklichkeit wohl auch für den Charakter im *Sisyphos* ist, der sich nicht enthalten kann, von dem »sternäugigen Himmelsbau« zu sprechen, »der Zeit, des weisen Baumeisters, schönes Buntwerk«, wo seine Lehre doch sein sollte, daß unbegrenzte Zeit es allenfalls erlaubt, daß ein System wie unser Himmel eventuell zufällig zustandekommt. Das zu behaupten ist indes so, wie zu erklären, daß die Ordnung einer gut geleiteten menschlichen Gesellschaft eher durch Zufall ›da ist‹ als deshalb, weil Menschen auf die Regelung ihrer Angelegenheiten Vernunft verwenden, wie wir das im Fall des Gesetzgebers und des hochtrabenden Erfinders edler Lügen sehen.

Was der *Sisyphos*-Typ wirklich meinte, war vielleicht nicht, daß Gott ein Mythos ist, wenn mit »Gott« die Quelle der Ordnung im Universum gemeint ist, sondern daß der Glaube an ein Wesen, das sowohl höher steht als wir selbst *als auch moralisch auf uns achtgibt*, in Wirklichkeit der Glaube an ein Machwerk ist. Die platonische Antwort darauf wäre, daß die Ordnung der Natur Zeugnis für eine ordnende Vernunft ist, welche sogar in der kleinsten Einzelheit *Wert* auf Ordnung legt. Wie könnte es für einen solchen Gott eine indifferente Angelegenheit sein, ob menschliche Wesen ihr Leben in einer gerechten und ordentlichen Weise führen? (Vgl. *Philebos* 28c–29a; *Gesetze* X, 888a–903b.) Hier sehen wir Platon auf seine Weise – so wie den archaischen Empedokles auf die seine Art – auf das theologische Problem antworten, das durch ihre Kultur gestellt wurde: Wie läßt sich ein Gottesverständnis gestalten, daß mehr ist als einfach nur der Ursprung der Natur, wobei »mehr« all das bedeutet, was in irgendeiner Weise zusätzlich erforderlich ist, um den Sachverhalt mit Sinn auszustatten, daß dieser Ursprung ein Gegenstand der Verehrung für Wesen wie uns ist: für ethische Lebewesen, die, obwohl Teil der Natur, wissen, was es heißt, getrieben zu sein, nach einem Verständnis ihrer selbst und des Ganzen zu suchen.[13]

Anmerkungen

[1] Anaximenes ist wahrscheinlich ein weiteres Beispiel; siehe Cicero, *De natura deorum* (I,10,26 und DK 13 B2) mit der Diskussion von KRS [4] 158–161 (dt. Ausgabe S. 173–176).

[2] Es kann sein, daß Aristoteles hier paraphrasiert und nicht zitiert. Aber alles andere an seiner Sprache erlaubt keinen Zweifel, daß Anaximander die *archē* als göttlich ansah; es gibt auch keinen Grund (wie es den im Fall des Anaxagoras gibt, siehe S. 188), um anzunehmen, daß Anaximander den Gebrauch des Wortes vermieden hätte.

[3] Die englischen Übersetzungen vorsokratischen Materials stammen, soweit nichts anderes vermerkt ist, aus McKirahan [10]. Die deutschen Übersetzungen folgen nach Möglichkeit der deutschen Ausgabe von KRS.

[4] Das Potential für Absurditäten wird in den *Wolken* des Aristophanes wundervoll ausgelotet.

[5] Siehe Lesher [189] 132–137 für einen Überblick über die Quellenlage, und Algra, in diesem Band S. 55.

[6] Siehe Most, in diesem Band S. 308f.

[7] Oder: »Ein einziger Gott ist unter Göttern und Menschen der größte«.

[8] Das sind nicht, oder nicht alles, Worte Heraklits, und einige Forscher stellen sogar in Frage, ob es sich um eine Paraphrase handelt. Aber der Gedanke im ersten Teil des Textes ist klar zum Beispiel in B80 impliziert, wo Konflikt mit Gerechtigkeit gleichgesetzt und gesagt wird, daß alles nach Maßgabe von Streit geschieht.

[9] Obwohl die Gerechtigkeit (in DK 28 B1,14 personifiziert) = Notwendigkeit = Schicksal auf beiden Wegen erwähnt wird, kommt sie doch eher als Teil des Rahmens denn als Teil des thematischen Gegenstands vor.

[10] Diese Darstellung fokussiert auf Empedokles' Kosmologie und wirft nur einen flüchtigen Blick auf die *Reinigungen* (von denen hier angenommen wird, daß sie von

dem Gedicht *Über die Natur* zu unterscheiden sind, wenn diese Frage auch kaum die gegenwärtigen Schlußfolgerungen berührt). Außerdem wird hier angenommen, daß die Interpretation der Kosmologie durch Solmsen [361] insgesamt richtig ist. Das Entscheidendste, was Solmsen unter dem hier maßgeblichen Gesichtspunkt gefunden hat, ist, daß es eine Zoogonie der Liebe, aber keine des Streits (Hasses) gibt. Für weitere Erörterungen zu Empedokles' religiösem Denken siehe Huffman, in diesem Band S. 69, und für eine abweichende Interpretation von Empedokles' Kosmologie siehe Graham, in diesem Band S. 146f.

[11] Siehe Kahn [365] 429–430 Anm. 8 über die Gründe, den Ort für B131 in *Über die Natur* zu vermuten.

[12] Über die Zuordnung von B134 zur Kosmologie siehe Kahn a.a.O. Die Gottheit von B134 könnte sehr wohl die kosmogonische Kugel dann sein, wenn ihr Wissen vom Kosmos ein *Plan* wäre (noch besser: ein *Traum*, zerschlagen durch Haß); aber »durch ... stürmen« (*kataïssousa*) deutet eher auf einen wirklich vorhandenen Gegenstand hin.

[13] Die Autorin dankt Charles Kahn, James Lesher und Tony Long für hilfreiche Bemerkungen, wenngleich dieses Kapitel nicht notwendigerweise deren Meinungen wiedergibt.

11 Das frühe Interesse am Wissen

J.H. Lesher

1. Poetischer Pessimismus und philosophischer Optimismus

Die griechischen Philosophen waren nicht die ersten, die über die Natur und die Grenzen des menschlichen Wissens nachdachten; dieser Vorzug gehört den Dichtern des archaischen Griechenland. In Buch XVIII der *Odyssee* beispielsweise ruft der Umstand, daß Penelopes Freier nicht bemerken, welches Desaster sie erwartet, seitens des verkleideten Odysseus einige bekannte Bemerkungen über die geistigen Fähigkeiten der Gattung hervor:

Nichts Armseligeres nährt die Erde als den Menschen unter allem, was auf der Erde Atem hat und kriecht. Da meint er, niemals werde ihm hernach ein Übel widerfahren, solange die Götter Gedeihen geben und sich seine Knie regen! Jedoch wenn die seligen Götter auch Bitteres vollenden, trägt er auch dies nur widerwillig in seinem ausdauernden Mute. Denn immer nur so ist der Sinn (*noos*) der Erdenmenschen, wie den Tag heraufführt der Vater der Menschen und der Götter. (*Od.* XVIII,130–137; Übersetzung Schadewaldt)

Wie bei anderen Gelegenheiten in den Homerischen Gedichten,[1] so reflektieren die Gedanken der Sterblichen nur ihre gegenwärtigen Erfahrungen; die Ereignisse, die zurückliegen, liegen auch jenseits ihrer Verständniskräfte. Wenn umgekehrt die Götter sich entschließen, einen einzelnen Menschen mit übermenschlichen Kräften der Einsicht auszustatten, zeichnet dessen Wissen sich durch seine enormen Ausmaße aus:

... Kalchas, der Sohn des Thestor, von den Vogelflugdeutern bei weitem der beste, der das wußte, was gegenwärtig ist, das, was zukünftig sein wird, und das, was früher gewesen ist, ... (*Il.* I,69–70)

Weitaus typischer für die Gattung sind aber solche »Toren, Tagesdenker« – Achilles, Agamemnon und die Freier –, die »nicht zugleich voraus und rückwärts zu denken« wissen und die auch nicht den weisen Rat derer bedenken, die das können. Dasselbe Thema zieht sich durch weite Teile der frühen griechischen Dichtung: Die Sterblichen »denken in der Art, wie sie die Verhältnisse antreffen«, und versäumen es, das weiterreichende Schema der Dinge zu erfassen:

So, Glaukos, Sohn des Leptines, ist der Sinn (*thymos*) der sterblichen Menschen, wie jedweder Tag beschaffen ist, den uns Zeus vor Augen stellt; und wie sie die Verhältnisse antreffen, in der Art denken sie. (Archilochos, Frgm. 68 D.)

Bei den Menschen gibt es keinen Geist (*noon*), sondern wir leben jeden Tag wie grasendes Vieh, nicht wissend (*ouden eidotes*), wie Gott es zu Ende bringen wird. (Simonides, Frgm. 1)[2]

Unter solchen Umständen besteht »menschliche Weisheit« darin, die Grenzen zu erkennen, die unserer sterblichen Existenz eigen sind, und »nicht zu hohe Ziele anzustreben«. Wie Epicharm warnt: »Sterbliche Gedanken soll der Sterbliche hegen, nicht unsterbliche der Sterbliche« (DK 23 B20; Übers. Diels).

Von diesem älteren »poetischen Pessimismus« kann man Spuren in den Lehren der frühesten Philosophen sehen. Zwei alte Quellen (Arius Didymus und Varro in DK 21 A24) berichten, daß Xenophanes der Meinung war, daß »es Gottes Sache ist, die Wahrheit zu wissen, und Sache der Menschen, sich Meinungen zu bilden«. In derselben Tonlage warnt Xenophanes' naher Zeitgenosse Alkmaion:

Über das Unsichtbare wie über die sterblichen Dinge haben Gewißheit (*saphēneia*) die Götter, uns Menschen dagegen ist es gegeben, Schlüsse aus Zeichen zu ziehen (*tekmairesthai*). (DK 24 B1)[3]

Heraklit (DK 22 B104), Parmenides (DK 28 B6,4–7) und Empedokles (DK 31 B2,1–8) äußern alle die Standardanklage gegen den *noos* der gewöhnlichen Sterblichen.

In einer Reihe anderer Hinsichten freilich spiegeln die Lehren und Aktivitäten der frühen griechischen Philosophen eine deutlich optimistischere Einstellung wider. Nach Aristoteles war Thales der erste von einer Reihe von Forschern, die alle natürlichen Phänomene unter Bezugnahme auf eine stoffliche Grundsubstanz oder ein stoffliches Grundprinzip zu erklären suchten (*Metaph.* I,3, 983b20). Wenn wir die Darstellung des Aristoteles als auch nur annähernd korrekt anerkennen, müssen wir denken, daß Thales und ebenso seine Nachfolger Anaximander und Anaximenes annahmen, daß die grundlegenden Ursachen und Prinzipien der Natur der menschlichen Entdeckung offen stehen. Da die Erklärungen, die von den Milesiern vorgebracht wurden, eine schrittweise Verfeinerung erkennen lassen, hat man von ihren Untersuchungen auch gesagt, sie repräsentierten den Anfang der »Tradition der kritischen Rationalität« im Westen.[4] Obwohl wir also von keinem der ersten Philosophen-Wissenschaftler irgendeine ausdrückliche Bemerkung zum Thema der Erkenntnis haben, scheint es ganz vernünftig, ihnen einen gewissen Grad von »epistemologischem Optimismus« zuzuschreiben.

Manche frühe Denker lassen auch ein Interesse an der Methode oder an Methoden erkennen, durch die sich Erkenntnis gewinnen läßt. Die jonischen Philosophen wurden von den späteren Autoren im allgemeinen als Spezialisten im Bereich »jener Weisheit« angeführt, »die man die *Untersuchung* der Natur nennt« (*tautēs tēs sophias hēn dē kalousi peri physeōs historian*).[5] Xenophanes scheint in DK 21 B18 seine Unterstützung für eine Untersuchung oder »Suche« zu geben, im Gegensatz dazu, sich auf göttliche »Enthüllungen« oder »Mitteilungen« zu stützen:

Doch nicht gleich zu Anfang haben die Götter den Sterblichen alles enthüllt, sondern suchend (*zētountes*) finden sie im Laufe der Zeit Besseres hinzu.

Im *Philebos* bezieht Platon sich auf eine Untersuchungsmethode, »durch die man alles entdeckt hat, was jemals im Bereich von Kunst und Wissenschaft gefunden wurde«, und schreibt diese Methode »irgendeinem Prometheus« zu:

Und die Alten ... haben uns diese Sage übergeben, aus Einem und Vielem sei alles, wovon jedesmal gesagt wird, daß es ist, und habe Bestimmung und Unbestimmtheit in sich verbunden. Deshalb nun müssen wir, da dieses so geordnet ist, immer Einen Begriff von allem jedesmal annehmen und suchen; denn finden würden wir ihn gewiß darin. Wenn wir ihn nun ergriffen haben, dann nächst dem Einen, ob etwa zwei [Begriffe] darin sind, zu sehn, wo aber nicht, ob drei oder irgend eine andere Zahl. (Platon, *Philebos* 16c-d)

Einige der dem Pythagoras und seinen Anhängern zugeschriebenen Lehren spiegeln die Methode wider, die Platon hier im Sinn zu haben scheint, nämlich die Natur von etwas dadurch zu verstehen, daß man die Elemente aufzählt, aus denen es besteht.[6] An irgendeinem Punkt in der letzten Hälfte des 5. Jahrhunderts v.Chr. entwickelte der pythagoreische Denker Philolaos verschiedene Erklärungen von Naturphänomenen genau entlang diesen Linien. Er identifizierte »Begrenzer« und »Unbegrenztes« als die beiden zusammengefügten Elemente der »Natur im Kosmos«, »sowohl des Kosmos im ganzen als auch von allem in ihm« (B1 und B2), und behauptete, daß man von nichts eine Erkenntnis ohne eine Zahl haben kann (B4). Die Göttin, die im Gedicht des Parmenides erscheint, will ebenfalls eine Untersuchung oder Suche voranbringen, wenn auch eine von anderer Art, wenn sie ihren Schüler drängt, seine Gedanken vom Pfad der vertrauten Erfahrung wegzulenken und sich stattdessen auf ihren *elenchos* zu konzentrieren – auf ihre »Prüfung« oder ihre »kritische Überarbeitung« –, den *elenchos* der möglichen Wege, über das nachzudenken, was ist. Zumindest bei diesen Gelegenheiten schickten sich die Philosophen nicht nur an, ihr Publikum von der Wahrheit ihrer neuen Lehren zu überzeugen, sondern darüber hinaus auch einen Prozeß zu beschreiben, durch den die Wahrheit von jedermann erkannt werden könne.

Schließlich hat praktisch jeder frühe Denker, über den wir eine aussagekräftige Menge von Informationen haben, das gehegt, was als die grundlegende Voraussetzung des epistemologischen Optimismus bezeichnet werden könnte: die Überzeugung, daß die Ereignisse, die in der Natur stattfinden, sich in Übereinstimmung mit einer feststehenden – und daher entdeckbaren – Reihe allgemeiner Prinzipien ereignen. Bei Thales könnte es sein, daß die Vorstellung von einem geregelten Veränderungsprozeß nur implizit in seiner Ansicht enthalten war, daß das Wasser die Substanz sei, aus der alles entstanden ist und zu der alles zurückkehrt. Aber wenn dann Anaximander konstatiert, daß die Dinge eintreten »gemäß der Notwendigkeit; denn sie strafen und vergelten sich gegenseitig ihr Unrecht nach der Ordnung der Zeit« (DK 12 A9), dann haben wir einen klaren Ausdruck für die Auffassung, daß die Natur ihren eigenen inneren Ordnungsprinzipien unterliegt.[7] Anaximenes' Zwillingskräfte der Verdichtung und Verdünnung, Heraklits Gerechtigkeit, Parmenides' Gerechtigkeit und Notwendigkeit, Empedokles' Liebe und Streit, Philolaos' harmonisierende Kraft, Anaxagoras' ordnender kosmischer Geist und Demokrits Notwendigkeit – sie alle bilden Variationen eines ursprünglich milesischen Themas: Die Natur wirkt auf eine regelmäßige und infolgedessen verständliche Weise.

Insbesondere vier frühe Denker – Xenophanes, Heraklit, Parmenides und Empedokles – erforschten die Bedingungen, unter denen von menschlichen Wesen Wissen erlangt werden kann, besonders Wissen in der Form eines Grundverständnisses der Natur der Dinge. Diese Reflexionen schöpfen das frühe griechische Interesse an epistemologischen Fragen nicht aus;[8] was sie aber tun, ist, viele Ideen herauszustellen, die in späteren Erklärungen des Wissens eine herausragende Rolle spielen.

2. Xenophanes

Wie beobachtet, liest man Xenophanes' Bemerkungen über Wissen und Erkenntnis am besten im Licht seines Interesses an religiösen Fragen: die Kräfte des menschlichen Geistes müssen wie andere menschliche Fähigkeiten und Leistungen in einen Vergleich zu den außerordentlichen Erkenntniskräften einer höchsten Gottheit gesetzt werden.[9] Beispielsweise in DK 21 B23 erfahren wir:

> Ein einziger Gott, unter Göttern und Menschen der größte, weder dem Körper noch der Einsicht nach in irgendeiner Weise den Sterblichen gleich.

Der Sinn des Ausdrucks »weder dem Körper ... den Sterblichen gleich« ergibt sich aus der Beschreibung eines göttlichen Wesens, welches in der Lage ist, Dinge als ein ganzes zu erfassen, d.h. ohne die einzelnen Organe der Sinneswahrnehmung, und allein »durch das Denken seines Geistes alles zu erschüttern«:

> ... Als ganzer sieht er, als ganzer denkt (versteht) er, und als ganzer hört er ... (B24)
>
> ... Immer bleibt er an demselben Ort, ohne sich in irgendeiner Weise zu bewegen; bald hierhin, bald dorthin zu gehen geziemt sich für ihn nicht. (B26)
>
> ... sondern ganz ohne Anstrengung, durch das Denken seines Geistes erschüttert er alles. (B25)

In B34 scheint Xenophanes daraus die passende Schlußfolgerung für Kreaturen zu ziehen, denen Erkenntnisfähigkeiten dieser Art abgehen:

> Und wirklich, kein Mensch hat hinsichtlich der Götter und hinsichtlich all der Dinge, die ich erkläre, das gesehen, was klar ist (*to saphes*), und es wird auch keinen geben, der es gesehen hat. Denn selbst wenn es jemandem in höchstem Maße (*ta malista*) gelänge, Vollendetes zu sagen (*tetelesmenon eipōn*), wäre er sich dessen trotzdem nicht bewußt (*ouk oide*). Bei allen [Dingen *oder* Menschen] gibt es nur Mutmaßung (*dokos*). (B34)

Sowohl der Wortlaut als auch die volle Bedeutung dieses Fragments bleiben Gegenstand kontroverser Erörterungen.[10] Nach vielen antiken Autoren (siehe A1,20, A25, A32, A33 und A35) war Xenophanes, wenn auch nicht ganz konstant, ein Pionier der Skepsis. Während seine theologischen Äußerungen verwirrend dogmatisch gewesen sein können, scheint er in B34 die skeptische Schlußfolgerung zu antizipieren, daß es kein Kriterium gibt, durch dessen Anwendung eine bloße Vermutung in eine klare und vollkommen verläßliche Wahrheit umgewandelt werden kann. Zweifel hinsichtlich einer solchen Deutung wurden aber schon recht früh geäußert, nämlich zur Zeit des Diogenes Laertius (A1,20), und die meisten modernen Autoritäten verwerfen die Deutung als anachronistisch. Daß Xenophanes sich zu Beginn von B34 auf die »Götter und ... Dinge, die ich erkläre« bezieht, läßt annehmen, daß der Ausdruck »all der Dinge« nicht »alle möglichen Gegenstände« bedeutet haben kann (denn wenn er das täte, gäbe es keinen Grund, weiterhin auch die Götter zu erwähnen). Weil »all der Dinge« vermutlich »alle Konstituenten des natürlichen Bereichs« bedeutet (vgl. B27: »Alles ist aus Erde ...«), sollte B34 nicht als Äußerung einer universalen Skepsis gelesen werden.

Die Ähnlichkeiten zwischen Xenophanes' Konzeption eines höchsten Seienden als »einem« und »sich nicht bewegendem« und der Auffassung des Parmenides von dem, »was ist«, als »ewig, kontinuierlich, bewegungslos und unveränderlich« veranlaßten einige spätere Autoren, Xenophanes als den Gründer der eleatischen Philosophie anzusehen. Als solcher galt er auch als jemand, der eine ausgeprägt rationalistische Konzeption der Erkenntnis gepflegt hat, d.h. als jemand, der »die Sinneswahrnehmungen zugunsten der Vernunft bestritten hat« (siehe die Berichte von Aristokles und Aetius in A49). In der Forschung bleibt die Meinung geteilt, ob dieser eleatische Xenophanes jemals existierte; aber die meisten vermuten, daß die Verbindung der beiden Denker in der Hauptsache auf zwei lose formulierten Bemerkungen von Platon (*Soph.* 242d) und Aristoteles (*Metaph.* I,5, 986b21) beruht.

Viele Züge der Dichtung des Xenophanes, aber auch einige Ansichten, die ihm in den alten Berichten zugeschrieben wurden, machen in Verbindung mit dem Bild eines Philosophen, der die Gültigkeit aller Sinneserfahrung entwertete, einen dürftigen Eindruck. beispielsweise bietet er uns in B1, einem Trinklied, eine detaillierte Beschreibung eines Banketts an, das auch ein Fest für die Sinne war:

In unserer Mitte sendet heiligen Duft der Weihrauch empor, kaltes Wasser ist da, süßes, lauteres. Bereit liegen rötlich-blonde Brote, und der würdige Tisch beugt sich unter der Last des Käses und fetten Honigs. Der Altar steht in der Mitte ganz mit Blumen geschmückt, Gesang umfängt das Haus und Festesfreude. (Übers. Diels)

In B28 erwähnt Xenophanes, daß »die Grenze der Erde nach oben hier zu unseren Füßen zu sehen ist (*horatai*) ...«, während er in B31 die Sonne beschreibt: sie »schwingt sich über die Erde und erwärmt sie dabei ...«

Andere Fragmente und Berichte veranschaulichen, wie Xenophanes sich für Phänomene an entfernten Orten interessierte: daß es in unterirdischen Höhlen Wasser gibt; monatelange »(Sonnen-)Finsternisse« (das jährliche Verschwinden der Sonne in nördlichen Breiten?); Berge und Vulkanausbrüche in Sizilien; das verrückte elektrische Phänomen, das man als das Elmsfeuer kennt; unterschiedliche Götterauffassungen von Thrakien bis Äthiopien und wechselnde soziale Gepflogenheiten von Lydien bis Ägypten.

In einem besonders bezeichnenden Reimpaar stellt Xenophanes die verbreitete Auffassung von Iris – der Regenbogen-Boten-Göttin der überkommenen griechischen Religion – dem meteorologischen Phänomen gegenüber, das da »zu erblicken« ist:

Und sie, die sie Iris nennen, auch das ist eine Wolke, eine, die purpurn, hellrot und gelbgrün anzusehen ist. (B32)

Wie in seinen entmythologisierten Beschreibungen des Meeres (B30) und der Sonne (B31), so erklärt Xenophanes auch hier, daß das eigentliche Naturphänomen, der Regenbogen, nicht in den Termini seines überkommenen Namens und seiner zugehörigen mythischen Bedeutung beschrieben werden sollte, sondern eher als »eine Wolke, eine, die purpurn, hellrot und gelbgrün anzusehen ist«. Xenophanes scheint in diesen Fragmenten nicht nur akzeptiert zu haben, daß das Zeugnis der Sinne eine legitime Wissensquelle ist, sondern auch seine Zuhörerschaft ermuntert zu haben, die eigenen Beobachtungskräfte einzusetzen, um mehr über die Welt um uns herum zu lernen.

Was den Hauptpunkt der Bemerkungen des Xenophanes in B34 angeht, möchte ich argumentieren, daß er nicht darin besteht, daß kein menschliches Wesen die Wahrheit über die bedeutendsten Dinge erfaßt hat oder jemals erfassen wird, also nicht darin, daß kein menschliches Wesen über die Eigenschaften der Götter und über die Kräfte Bescheid weiß, die den natürlichen Bereich steuern. Die eigentliche Erklärung für diese Behauptung scheint in unserem Text gar nicht gegeben zu werden. Besonders relevant sind vielmehr zwei Erwägungen: (1) Wenn wir den Gegensatz zugrundelegen, den Xenophanes an anderer Stelle zwischen göttlichen und sterblichen Fähigkeiten markiert, können wir sicher sein, daß kein sterbliches Wesen die Fähigkeit hat, eine gottgleiche synoptische Ansicht von »allem« zu besitzen. (2) Nach der gemeinhin üblichen Assoziation wird *saphēneia* mit der Idee verbunden, einen unmittelbaren Zugang zu Ereignissen und Sachverhalten zu bekommen;[11] angesichts dieses Verständnisses wird unser Unvermögen, die Dinge aus erster Hand zu beobachten, wohl jede Möglichkeit ausschließen, jemals die klare und sichere Wahrheit (*to saphes*) über sie zu erkennen. Die in der zweiten Hälfte von B34 enthaltene hypothetische Argumentationslinie würde diese Schlußfolgerung verstärken. Niemandem sollte (darüber hinaus) eine solche synoptische Ansicht einfach auf *der* Grundlage zuerkannt werden, daß er einzelne Begebenheiten so, wie sie stattfinden, beschrieben oder vielleicht sogar erfolgreich vorhergesagt hat.

In diesen Unterweisungen suchte Xenophanes eine Obergrenze für die Suche nach Wahrheit aufzustellen, indem er seine Zuhörer warnte, daß die Begrenzungen, die unserer menschlichen Natur eigen sind, uns immer daran hindern würden, die wichtigsten Wahrheiten zu (er)kennen. In B18 und B32 indes scheint er zu einer Untersuchung natürlicher Phänomene zu ermuntern und seine Präferenz dafür auszudrücken, daß man selber »sucht«, anstatt sich auf göttliche Enthüllungen zu stützen. Wir sollten Xenophanes deshalb nicht als den Gründer der eleatischen Philosophie in Erinnerung behalten, sondern als einen Advokaten und zugleich vorsichtigen Kritiker der jonischen Wissenschaft.

3. Heraklit

Diogenes Laertius teilt uns nicht den Titel des kleinen Buchs mit, das Heraklit im Tempel der Artemis niederlegte. Aber angesichts des Themas von vielen der erhaltenen Fragmente wäre »Die Wahrheit – und wie man sie erkennen kann« eine passende Wahl gewesen. Was für einer Wahrheit suchte Heraklit teilhaft zu werden, wie glaubte er, daß sie sich entdecken lasse, und in welchem Ausmaß repräsentieren seine Ansichten über diese Dinge eine neue Konzeption von der Natur und den Quellen des menschlichen Wissens?[12]

Ganz klar, ein zentrales Element in seiner Botschaft war, daß auf irgendeine wichtige Weise »alles« verknüpft ist: »Wenn man nicht auf mich, sondern auf die Auslegung (den Logos) hört, ist es weise, beizupflichten, daß alles eins ist« (DK 22 B50).

Während *logos* hier als Heraklits Erklärung oder Beschreibung der Welt verstanden werden kann (d.h. »Wenn man nicht auf mich, sondern auf die Erklärung hört, die ich anzubieten habe«), deutet der Umstand, daß der *logos* in B2 als »gemeinschaftlich« beschrieben wird, darauf hin, daß er sich auch auf die »wirkliche Natur« oder »Tiefenstruktur« der Dinge selbst bezieht (vgl. B45, wo auf die Tiefe des *logos* der Seele Bezug genommen wird).

Es scheint auch klar zu sein, daß die Einheit der Dinge in gewissem Sinn in der Spannungs-, Streit- oder Konflikt-Beziehung besteht, die zwischen entgegengesetzten Eigenschaften oder Wesenheiten statthat:

Was einander widerstreitet, eint, und die schönste Harmonie ergibt sich aus Dingen, die in entgegengesetzte Richtungen gehen. (B8)

Man sollte wissen, daß der Krieg etwas Allgemeines und Recht Streit ist und daß alles nach Maßgabe von Streit und Notwendigkeit geschieht. (B80)

Die Arten, auf die die Gegensätze sich gegenseitig unterstützen oder sich gegenseitig brauchen oder auf die sie im Laufe der Zeit ineinander übergehen, sind an die Wirkungen einer besonderen Substanz, des Feuers, gebunden, das einerseits als die Quelle funktioniert, aus der andere Dinge entstehen, und andererseits auch als steuernde Kraft, die den Veränderungsprozessen Grenzen oder Maße setzt:

Alles ist austauschbar gegen Feuer und Feuer gegen alles, ebenso wie es Waren gegen Gold sind und Gold gegen Waren. (B90)

Dies Weltordnung (*kosmos*), dieselbe für alle, hat weder einer der Götter noch ein Mensch geschaffen, sondern immer war sie, ist sie und wird sie sein: ein ewiglebendiges Feuer, das nach Maßen entflammt und nach Maßen verlöscht. (B30)

Zwei besonders sichtbaren und mächtigen Formen des Feuers, der Sonne und den Blitze, wird zugetraut, alle natürlichen Veränderungen zu lenken und zu kontrollieren:

Alles steuert der Blitz. (B64)

Die Sonne ist deren Aufseher und Wächter, um die Veränderungen zu definieren ... sowie die Jahreszeiten (Horen), die alles bringen, wie Heraklit sagt, und erweist sich darin ... als Mitarbeiter(in) des Haupt- und Urgotts ... (B100)

Heraklits These ist also, zumindest zum Teil, die, daß die natürliche Welt als ein *kosmos* gesehen werden sollte, als ein geordneter Bereich, in dem alle natürlichen Veränderungen durch eine äußerst mächtige kosmische Intelligenz überblickt und gelenkt werden. Diese kosmische Kraft oder dieses kosmische Feuer (in modernerer Ausdrucksweise vielleicht: diese kosmische Energie) zeigt sich offen im Blitz und im Licht der Sonne; sie existiert aber auch verborgen in der Spannung oder dem Konflikt, der alle Gegensätze eint (vgl. B65: »Er nennt es [scil. das Feuer] ›Mangel und Sättigung‹«).

Es überrascht nicht, daß die Zeus-ähnliche Kraft, welche allen natürlichen Vorgängen und Umwandlungen die Grenzen setzt, als höchst weise bezeichnet wird: »Das eine und alleinige Weise wünscht nicht und wünscht doch, mit dem Namen des Zeus benannt zu werden« (B32). Demgegenüber besteht die Weisheit (vermutlich bei uns) darin, zu verstehen, wie diese höchst weise Kraft wirkt: »Die Weisheit besteht (nur) in einem: darin, mit der Einsicht vertraut zu sein, wie alles überall gelenkt wird« (B41).[13]

Und insoweit »... die trockene Seele die weiseste und beste ist« (B118), sollten wir erkennen, daß unsere Seele in einer bestimmten Beziehung zu dieser kosmischen Kraft steht, und sollten darauf bedacht sein, unsere Gedanken und Handlungen mit ihr in Einklang zu bringen.

Nach Heraklit könnte eine derart tiefe Einsicht in die Natur der Dinge niemals aus den Lehren anerkannter Autoritäten und Experten gewonnen werden, seien sie nun von dichterischer oder auch von philosophischer Provenienz:

Viel zu wissen lehrt nicht, ein begriffliches Verständnis (Weisheit; *noon*) zu gewinnen; sonst hätte es dies den Hesiod und den Pythagoras gelehrt, ebenso Xenophanes und Hekataios. (B40)

Lehrer der meisten ist Hesiod; sie sind überzeugt, er wisse das meiste – er, der Tag und Nacht nicht kannte: sie sind ja doch eins! (B57)

Was haben sie eigentlich für einen Begriff (*noos*) oder Verstand (*phrēn*)? Sie hören auf Volkssänger und bedienen sich der großen Menge als Lehrer, nicht wissend, daß ›die meisten schlecht sind und nur die wenigen gut‹. (B104)

Daß (in B50) darauf verwiesen wird, »nicht auf mich, sondern auf die Auslegung (den Logos)« zu hören, legt nahe, daß wir die kritischen Bemerkungen Heraklits ganz allgemein verstehen sollten: Eine Kenntnis, die den Namen »Wissen« verdient, wird auf keinen Fall einfach dadurch erworben, daß wir eine Behauptung auf die Autorität unseres Lehrers hin akzeptieren, selbst dann nicht, wenn der Lehrer Heraklit sein sollte.

Daß in der Liste derer, die unter Beweis stellen, daß »viel zu wissen nicht lehrt, ein begriffliches Verständnis (Weisheit) zu gewinnen«, auch Xenophanes und Hekataios enthalten sind, beides frühe Praktiker von Fakten findendem Reisen und Beobachten, deutet an, daß Untersuchungen in der Art der Jonier uns niemals zu einem wirklichen Verständnis des Kosmos verhelfen werden. Die Fragmente B45: »Der Seele Grenzen kannst du nicht entdecken gehn, selbst wenn du jeden Weg abschreitest; so tief ist der *logos*, den sie hat« – und B101: »Ich erforschte mich selbst«, – lassen ebenfalls darauf schließen, daß Heraklit sich dafür entschied, keine »Forschung« in der Form zu betreiben, wie sie von seinen Vorgängern unterstützt und praktiziert wurde.[14]

Weniger klar ist allerdings, welchen Wert oder welche Wichtigkeit er Informationen beimaß, die durch Sinneswahrnehmung gewonnen werden. Fragment B55 – »Dinge, die man sehen, hören und lernen kann, denen gebe ich den Vorzug« – wurde als ein Beleg für den Wert von Sinneserfahrung angesehen (selbst wenn diese Deutung dadurch ein wenig beeinträchtigt wird, daß der Text auch den breiteren Terminus »lernen« enthält). Die Pointe der Bemerkung ist nach dieser Deutung, daß, was auch immer sonst wir tun müssen, um ein Wissen vom *logos* zu erwerben, wir jedenfalls zuerst durch die Möglichkeiten unserer Sinne Informationen über die Natur der Dinge gewinnen müssen. Was in B55 bevorzugt wird, sind jedoch genau genommen die »*Dinge*, die« man sehen, hören usw. kann, vermutlich die Personen, Orte und Gegenstände, die den natürlichen Wirklichkeitsbereich bevölkern. Eine Bevorzugung dieser *Dinge* zu behaupten (vielleicht im Gegensatz dazu, den Meinungen anerkannter Experten zu vertrauen) ist aber nicht eigentlich ein Beleg für den Wert der Sinneserfahrung selbst.

Tatsächlich enthalten mehrere Fragmente Bemerkungen dazu, wie wenig auf dem Weg eines verläßlichen Verständnisses der Natur der Dinge von den Sinnen zu erwarten ist:

Schlechte Zeugen sind den Menschen Augen und Ohren, wenn sie Seelen haben, die deren Sprache nicht verstehen (›barbarische Seelen‹). (B107)

Die ohne Verständnis hören, gleichen Menschen, die taub sind. Das Sprichwort: »Abwesend sind sie anwesend« bezeugt es ihnen. (B34)

Die Meinung nannte er einen Fall von heiliger Krankheit und den Gesichtsinn trügerisch. (B46)

Demgegenüber machen andere Fragmente klar, daß die Wahrheit, die wir aufzudecken suchen, kein mit den Sinnen wahrnehmbarer Zug der Welt ist:

Nichtoffensichtliche Harmonie (Verbindung) ist stärker (*oder* besser) als offensichtliche. (B54)

Die Natur (*bzw.* die wahre Konstitution von etwas: *physis*) liebt es, sich zu verbergen. (B123)

Fragment B51 bietet eine gewisse Anleitung dazu, auf welche Weise das gesuchte Verständnis zu erreichen ist:

Sie verstehen nicht, wie etwas, das auseinandergeht, mit sich selbst zusammengeht: eine gegenspännige Verbindung wie bei Bogen und Leier.

Die »gegenspännige Verbindung« im Fall des Bogens und der Leier zu begreifen dürfte wahrscheinlich einschließen, daß man ein Verständnis davon gewinnt, wie jeder ihrer Bestandteile (Saite und Holzrahmen oder Holzbogen) zur wirkungsvollen Funktion des Ganzen beiträgt: Die Saite muß am Rahmen so befestigt sein, daß der Bogen oder die Leier ihren Dienst erfüllen kann – wenn vorausgehend keine Spannung, dann nachfolgend keine Aktion. Denselben Analyseprozeß müssen wir durchlaufen, wenn wir die volle Bedeutung der umfassenderen Wirklichkeit begreifen möchten; wir müssen herausfinden, wie jedes der kontrastreichen Merkmale der natürlichen Welt zum wirkungsvollen Funktionieren des Ganzen beiträgt. Um »zu verstehen, wie die Gegensätze zusammengehen«, wird es erforderlich sein, ein Verständnis dafür zu gewinnen, wie dasselbe Phänomen unter verschiedenen Gesichtspunkten entgegengesetzte Eigenschaften haben kann (B4, 9, 13, 37, 82 und 83), oder dafür, wie es entgegengesetzte Eigenschaften für denselben Betrachter in verschiedenen Hinsichten haben kann (B12, 49a, 58–60, 91 und 103), oder dafür, wie Gegensätze die nacheinander folgenden Phasen eines einzigen Prozesses darstellen können (B57, 88 und 126), oder dafür, wie sie wesentlich voneinander abhängig sind (B23 und 111).

Die Häufigkeit, mit der Heraklit in seinen eigenen paradoxen Bemerkungen entgegengesetzte Eigenschaften verknüpft, läßt annehmen, daß er seinen persönlichen *logos* kunstvoll dazu herrichtete, den umfassenderen *logos* widerzuspiegeln: die komplexe verborgene Natur des Kosmos ganz allgemein. Die Hinweise auf »die Sibylle« (B92) und auf den »Herrn, dem das Orakel von Delphi gehört« (B93) weisen in dieselbe Richtung: Nur die, die fähig und willens sind, über das, was sie sehen und hören, verständig nachzudenken, und die in der Lage sind, ein komplexes Ganzes in die es ausmachenden entgegengesetzten Aspekte zu analysieren und diese dann in einer einzigen Operation zusammenzubinden, – nur die können hoffen, entweder den *logos* Heraklits oder den *logos* dessen zu interpretieren, was allem gemeinsam ist.

Durch seine bestechenden Beobachtungen zum *logos* und zur verborgenen *physis* der Dinge und dazu, wie sie zu entdecken sind, verschob Heraklit den Brennpunkt des philosophischen Interesses an Erkenntnis und Wissen: weg von der überkommenen Sicht der Weisheit, die in die Lehren geachteter Dichter und selbsternannter Experten eingebettet erschien, weg auch von der oberflächlichen Bemühung um diejenigen Züge der Welt, die uns durch Sinneswahrnehmung zugänglich sind, und hin zu einem theoretischen Verständnis des Kosmos, das für uns dadurch zu erreichen ist, daß wir über seine komplexe, aber verborgene Natur reflektieren.[15]

4. Parmenides

Zu irgendeinem Zeitpunkt in den ersten Jahrzehnten des fünften Jahrhunderts v.Chr. verfaßte Parmenides ein Gedicht, dessen Form und Inhalt den Gang des philosophischen Denkens in Griechenland fundamental veränderte. Zwar gibt es bei praktisch allen uns erhaltenen Fragmenten von Parmenides' Gedicht enorme Interpretationsschwierigkeiten. Es lassen sich aber doch wenigstens drei

Merkmale identifizieren, die dazu taugen, es von den früheren philosophischen Diskussionen abzusetzen: (1) der hohe Abstraktionsgrad, mit dem Parmenides die Natur des »Seienden« oder dessen erörtert, »was ist« (*to eon*), (2) die methodische Art, in der jeder mögliche Weg, über das, »was ist«, nachzudenken, unterschieden und bewertet wird, und (3) der Grad an Strenge, mit der Parmenides jedes Attribut des »Seienden« festsetzt.

Parmenides entschloß sich, der Hauptdarstellung als Vorwort ein Gedicht (DK 28 B1) voranzustellen, dessen Merkmale zum Verständnis dessen, was die Darstellung in den folgenden Fragmenten bedeutet, von großer Wichtigkeit sind.[16] Die Göttin macht in diesem Vorwort klar, daß die Unterweisung des jungen Mannes sich in zwei verschiedene Teile aufgliedern wird. Er wird erfahren

> einerseits das unerschütterliche Herz der wohlgerundeten Wahrheit und andererseits die Meinungen der Sterblichen, in denen keine wahre Verläßlichkeit wohnt. (B1,29–30)

Die in enger Beziehung zueinander stehenden Ideen von Überzeugung und Vertrauen werden in der Hauptdarstellung bei verschiedenen Gelegenheiten auftauchen: der »es ist«-Weg des Denkens über das, »was ist«, wird als »die Bahn der Überzeugung« identifiziert (B2,4); weiter wird »die Kraft der Überzeugung« es nicht zulassen, daß von dem, »was ist«, irgendetwas entsteht (B8,12); Entstehen und Vergehen sind durch »die wahre Überzeugung« verstoßen (B8,27–28); und »damit beende ich die verläßliche Rede und das Denken im Bereich der Wahrheit« (B8,50). Das dem Jüngling in B1 in Aussicht gestellte »unerschütterliche Herz« stimmt auch mit dem unerschütterlichen Charakter des »Seienden« überein, wie er in (B8,4) offenbart werden wird. Außerdem ist der Bereich, den der junge Mann erreicht hat, so weit von jeder Region der bekannten Welt entfernt, daß er sogar jenseits der üblichen Entfernungen liegt: »Dort ist das Tor der Bahnen der Nacht und des Tags. ... Das Tor, selbst hoch in der Luft (ätherisch), ist ausgefüllt von großen Türflügeln« (B1,11. 13). Weil Nacht und Tag im folgenden als die Grundlage aller Unterscheidungen identifiziert werden, die die Sterblichen treffen (B8,53–59, 9,1–4), scheint dieser Zug des Gedichts die Darstellung zu antizipieren, die Parmenides vom »Seienden« als einer einzigen, in sich nicht unterschiedenen Einheit gibt. Kurz: Bei der »vollkommen überzeugenden Wahrheit«, die die Göttin von Anfang an in Aussicht stellt, kann es sich nur um Parmenides' Darstellung des »Seienden« als eines ewigen, unteilbaren, sich nicht bewegenden und sich nicht verändernden Ganzen handeln.

Nichtsdestoweniger spielen in dem Vorwort auch zwei Merkmale der phänomenalen Welt eine herausragende Rolle: Licht und Dunkel. Wir hören von den »Heliaden« oder den »Töchtern der Sonne«, die den jungen Mann bei seiner Reise geleiten, und hören von einer Reise vom Haus der Nacht zum Licht. Diese Details wurden oft als symbolische Repräsentationen dafür angesehen, daß der junge Mann im Begriff steht, eine erhellende intellektuelle Erfahrung zu machen, also für einen Übergang von philosophischer Dunkelheit ins Helle. Indes verbinden die Grammatik und der Sinn des Ausdrucks »ins Licht« diesen Ausdruck eher mit den Töchtern der Sonne, die das Haus der Nacht bereits verlassen haben, und nicht mit dem jungen Mann selbst.

Diese frühen Hinweise auf das Licht der Sonne lassen sich zwanglos als Antizipationen der zentralen Rolle verstehen, die die Sonne in der kosmologischen Darstellung spielt, die in B8,56, 9,1–3, 10,2–3 und 12,1–2 unterbreitet wird.[17] Wenn beispielsweise die Göttin ihre vorbereitenden Bemerkungen zum Abschluß bringt, sagt sie voraus:

Nichtsdestoweniger wirst du auch dieses verstehen lernen, wieso das, was man meint, in gültiger Weise Bestand haben (sein) muß, indem es alles ganz und gar durchdringt. (B1,31–32)

Demgegenüber erfahren wir in B9,3–4, daß »alles« in den Begriffen der Kräfte von Licht und Nacht verstanden werden muß, die einander vollständig durchdringen:

Alles ist zugleich voll von Licht und unsichtbarer Nacht, von beiden gleichermaßen, da es nichts gibt, das zu keinem von beiden gehören würde.

Kurz gesagt, von den charakteristischen Merkmalen des Gedichts lassen einige annehmen, daß der junge Mann sowohl die »sehr überzeugende« Darstellung dessen lernen wird, »was ist«, als auch eine auf die Sonne gestützte Darstellung der natürlichen Welt, »in der keine wahre Verläßlichkeit wohnt«.[18]

So viele der Worte auch sind, erklärt Parmenides doch nirgends präzise, worin Wissen und Erkenntnis bestehen oder warum es bestehendem sterblichen Denken nicht gelingt, den hohen Standards für Wissen und Erkenntnis zu genügen. Aber einige Fragmente geben doch hilfreiche Hinweise.

Wie wir gesehen haben, geht die Entdeckung der richtigen Weise, über das, »was ist«, zu sprechen (*legein*) und zu denken (*noein*),[19] einher mit dem Erwerb vollständiger Überzeugung. Daß man diese Bedingung erreicht, ist gebunden an verschiedene, in B8 dargestellte Argumente, daß das, »was ist«, nicht möglicherweise entstehen oder vergehen, geteilt werden, sich verändern oder eine Entwicklung durchmachen kann, Argumente, von denen Parmenides als von »sehr vielen Zeichen« (*sēmata*) spricht:

... Einzig übrig bleibt also noch die Darstellung des Weges, daß es ist. Auf diesem Weg gibt es sehr viele Zeichen, daß das, was ist, nicht hervorgebracht (geworden) und nicht zerstörbar ist, daß es ganz und einzigartig, unerschütterlich und vollkommen ist. (B8,1–4)

Im Gegensatz dazu kann man das, »was nicht ist« (*to mē eon*) weder wissen noch andere wissen machen:

Der andere [Weg], daß es nicht ist und daß [es] sich gehört, daß [es] nicht ist, – das ist, so sage ich dir (mache ich dich wissen; *phrazō*), ein völlig unerkundbarer Pfad. Denn das, was nicht ist, kannst du weder erkennen (*ou gnoiēs*) noch aussprechen (wissen machen; *phrasais*). (B2,5–8)

Das Prinzip hinter dieser Behauptung ergibt sich offenbar daraus, daß es unmöglich irgendeine parallele Serie von *sēmata* für das geben kann, »was nicht ist«. Weil das Nichtseiende niemals in irgendeiner Hinsicht gesagt werden kann (vgl. B7,1: »Das nämlich kann niemals erzwungen werden, daß ist, was nicht ist«), deshalb entbehrt es jeglicher identifizierbarer, lehr- oder lernbarer Eigenschaften, die dazu dienen könnten, seine Natur zu definieren und einen in die Lage zu versetzen, darüber ein Wissen zu erwerben und mitzuteilen.[20] Außerdem macht B7 geltend, daß der Jüngling die Wahrheit über das Seiende dadurch entdecken muß, daß er dem Zeugnis von Auge, Ohr und Zunge (d.h. der Sprache) widersteht und sein Denken stattdessen auf »die streitbare Widerlegung« (*polyderin elenchon*) gründet, die die Göttin zu den möglichen Wegen des Denkens über das, »was ist«, vorträgt:

Vielmehr sollst du dein Denken von diesem Weg der Untersuchung zurückhalten, und die in viel Erfahrung entwickelte Gewohnheit soll dich nicht zwingen, auf diesem Weg ein zielloses Auge weiden zu lassen, ein Ohr voller Widerhall und eine Zunge [mit bedeutungsloser Sprache]. Beurteile stattdessen auf vernünftige Weise (*logōi*) die streitbare Widerlegung, die ich vorgetragen habe. (B7,2–6)

Der *logos*, auf den der junge Mann hingewiesen wird, daß er darauf seine Entscheidung stütze, ist zwar wohl eher die »Darstellung« der Göttin – also die Folge der Argumente, die sie in B8 auseinandersetzen wird – als irgendein »Vernunftvermögen«.[21] Über das Seiende kenntnisreich zu werden ist aber in jedem Fall eine Sache des Widerstands gegen den Andrang der gemeinen Erfahrung und eine Sache, durch vernünftige Überlegung durch die Argumente hindurchzufinden, die im Lauf von B8 gegen das Entstehen und Vergehen, gegen Teilbarkeit, Bewegung, Veränderung oder Entwicklung vorgetragen werden.

Um zusammenzufassen: Das Wissen, welches die Göttin dem jungen Mann in Aussicht gestellt hat, wird durch den »Es ist«-Weg, über das Seiende zu sprechen und zu denken, insoweit repräsentiert, als von dem, »was ist«, gezeigt wurde, daß es der alleinige und einzig wahre, wahrhaft vertrauenswürdige und daher vollkommen überzeugende Weg ist, über das Seiende zu sprechen und zu denken. In einigen Hinsichten wird diese Art, über Wissen zu sprechen, den aufmerksamen unter den Zuhörern des Parmenides wohl nicht als eine gänzlich neue Idee vorgekommen sein: An den bekanntesten Stellen der gesamten griechischen Literatur, an denen es um Entdeckungen geht, spielen bereits dieselben Elemente eines Prüfprozesses eine herausragende Rolle, das wahre Sprechen, das Erkennen von Zeichen und das Erreichen vollkommener Überzeugung.[22] (Man könnte sich kaum einen besseren Weg vorstellen, um zu demonstrieren, daß der junge Mann über das Seiende Wissen erworben hat, als den, zu zeigen, daß sein Verständnis von der Natur des Seienden alle üblichen Kennzeichen des Wissens besitzt.) Wenn die Göttin allerdings erklärt, daß er sein Wissen von dem, »was ist«, durch einen Argumentationsprozeß erwerben muß, ohne von der Information Gebrauch zu machen, die seine Sinne ihm zur Verfügung stellen, dann setzt sie auf rationale Argumentation und Reflexion eine Prämie aus, die neu ist und außerordentlich einflußreich war.[23]

Nachdem sie ihre Darstellung, wie man über das Seiende denken sollte, beendet hat, kündigt die Göttin an:

Damit beende ich die verläßliche Rede (*piston logon*) und das Denken im Bereich der Wahrheit. Im folgenden sollst du die Meinungen (*doxas*) der Sterblichen erfahren und das trügerische Gefüge (*kosmon apatēlon*) meiner Worte hören. (B8,50–52)

Sie fährt sogleich fort und erklärt, daß die Sterblichen darin irrten, das Feuer (oder das Licht) und die dunkle Nacht als ganz getrennte und unabhängige Gegensätze zu unterscheiden (B8,53–59). Die Ansichten in der Forschung bleiben tief geteilt darüber, was dieser Abschnitt, die »*doxa*-Sektion«, in der Unterweisung der Göttin bedeutet. Nach manchen Erklärungen ist die in diesen Fragmenten vorgetragene Theorie nicht die eigene Ansicht des Parmenides, sondern bloß eine Zusammenstellung von Ansichten, die bei anderen Philosophen gängig sind. Andere Gelehrte glauben, daß die *doxa* eigene Ansichten des Parmenides bietet, aber nur als zweitbeste Erklärung im Verhältnis zu der gerade abgeschlossenen Darstellung. Nochmals andere meinen, daß Parmenides seinen Studenten eine kosmologische Darstellung an die Hand gibt, die er für komplett falsch hält, vielleicht als eine Art Impfung gegen die Attraktivität all dieser Arten zu sprechen, wie das durch B8,60–61 nahegelegt wird:

Wie diese Weltordung sich in ihrer Gesamtheit plausibel darstellt, verkünde ich dir, so daß dich niemals irgendeines Menschen Ansicht überholen wird.

Aber wenn die Göttin »diese Weltordung in ihrer Gesamtheit« »plausibel« (*eoikota*) charakterisiert, kann sie sich schwerlich auf die eben erwähnten irrigen Konzeptionen von Sterblichen beziehen, deren Ansicht nämlich eigentlich gar nicht plausibel ist (vgl. B8,54: »darin liegt ihr Irrtum«). Das plausible Arrangement der Göttin kann nur die kombinierte, auf Licht *und* Dunkelheit gestützte Kosmologie sein, die in B9–12, 14 und 15 unterbreitet wird. Da, denke ich, ist es schwierig, anzunehmen, daß Parmenides nicht bis zu einem gewissen Grad auf die Wahrheit und Wißbarkeit der Ansichten verpflichtet ist, die er vorträgt. In B10 beispielsweise beschreibt die Göttin die Übung in kosmologischer Unterweisung in Termini, die unmißverständlich *Wissen* konnotieren:

Und du wirst um die Natur (*physin*) des Äthers wissen (*eisēi*) und sämtliche Zeichen (*sēmata*) in ihm kennen ...
weiter wirst du vom wandernden Wirken und von der Natur (*physis*) des rundäugigen Mondes erfahren (*peuseēi*) ... (B10,1–2. 4–5)

Wenn sie zudem (in B9) erklärt, daß »alles zugleich voll von Licht und unsichtbarer Nacht« ist, »da es nichts gibt, das zu keinem von beiden gehören würde«, dann spricht sie als eine, die sich in den in B2–8 vorgelegten Lehren, soweit sie das Nichtseiende betreffen, vollkommen auskennt. Es gibt daher einigen Grund, ihre Darstellung als eine glaubhafte Kosmologie anzusehen, die von den Irrtümern gereinigt ist, die alles vorausgehende sterbliche Denken infiziert haben, als eine Kosmologie, die mit der in den Fragmenten B2 bis B8 dargestellten Konzeption des Seienden völlig verträglich ist.[24]

Darin, daß die Göttin die »Weltorordnung« als *eoikota* (plausibel, wahrscheinlich) darstellt, wäre natürlich nicht impliziert, daß die Darstellung falsch wäre. Von Xenophanes bis Platon werden Formen dieses Ausdrucks von den Philosophen verwendet, um damit eine Darstellung zu bezeichnen, die als wahr vorgetragen wird, auch wenn man sie nicht mit voller Sicherheit wissen kann.[25] Und obwohl der Ausdruck »keine wahre Verläßlichkeit« routinemäßig als synonym mit »falsch« betrachtet wurde,[26] steht die Formulierung »in denen keine wahre Verläßlichkeit wohnt« in B1,30 lediglich in Kontrast mit »einer Darstellung, die ein unerschütterliches Herz sehr überzeugender Wahrheit hervorbringt«. Natürlich ist es möglich, eine Behauptung sowohl als wahr als auch als weniger als »sehr überzeugend« anzusehen. Noch nicht einmal, daß die Weltordnung, wie sie in den Worten der Göttin erscheint, als trügerisch gilt (*kosmon emōn epeōn apatēlon*), sollte als eine Erklärung dafür aufgefaßt werden, daß sie durch und durch falsch sei (eine offenkundig falsche Darstellung des Kosmos würde in Wirklichkeit wohl niemanden täuschen).[27] Eher ist »trügerisch« hier in B8 das Korrelat zu »keine wahre Verläßlichkeit« in B1,30; beides weist darauf hin, daß man keiner Darstellung des Kosmos vollkommen vertrauen kann, noch nicht einmal der, die Parmenides nun vorbringt, – im Gegensatz zu der soeben vorgelegten Darstellung dessen, »was ist«, der man sehr wohl vollkommen vertrauen kann, der Darstellung, in der »wahre Verläßlichkeit« alles Entstehen und Vergehen weggestoßen hat (B8,28–30). Wir haben daher eine gewisse Berechtigung, die Unterscheidung zwischen den beiden Abschnitten der Unterweisung der Göttin zusammen mit der sie begleitenden Unterscheidung dazwischen, »wahre Verläßlichkeit« auf der einen und bloße »Wahrscheinlichkeit« oder »Plausibilität« auf der anderen Seite zu erreichen, als einen Versuch anzusehen, zwei verschiedene Formen des Wissens voneinander abzuheben. Weil die erste dieser Formen mit einer Reihe von Aussagen befaßt ist, deren Wahrheit durch den Einsatz logischer Argumentation bewiesen werden kann, während die zweite sich auf die Natur der Dinge richtet, auf die wir durch Sinneswahrnehmung stoßen, könnte die Darstellung des Parmenides in moderneren Termini als ein Pionierversuch beschrieben werden, apriorisches Wissen von empirischem Wissen zu unterscheiden.

5. Empedokles

In der Generation nach Parmenides verfaßte Empedokles ein Gedicht,[28] in welchem er seine »vielfach gefeierte Muse« einlud, »vom Ort der Frömmigkeit an den folgsam fahrenden Wagen« zu begleiten (DK 31 B3) und ihm beizustehen, einen guten *logos* über glückselige Götter« zu verkünden (B131). Wenn diese Formulierungen noch nicht ausgereicht haben sollten, die Bemühungen des Empedokles als eine direkte Antwort auf Parmenides auszuweisen, dann dürfte B17,26 alle Zweifel ausgeräumt haben: »Du indes höre meine Rede; ihr Gang ist frei von Trug« (*logou stolon ouk apatēlon*). Während Parmenides es verneint hatte, daß bezüglich der Natur irgendwelcher Gegenstände des physischen Bereichs eine unerschütterliche Überzeugung möglich sei, weist Empedokles seinen Schüler Pausanias an, »ein ausgeprägtes Wissen (*torōs* ... *isthi*) dieser Dinge« zu haben, »da das Wort, das du gehört hast, von einer Gottheit stammt« (B23,11). Im Zentrum von Empedokles' Philosophie steht die Auffassung, daß der Kosmos aus vier ungeschaffenen und unvergänglichen Elementen besteht (Erde, Luft, Feuer und Wasser) und dazu aus aus zwei einander abwechselnden Kräften (Liebe und Streit); alles andere, was es gibt, resultiert aus der Verbindung oder Trennung dieser Elemente in wechselnden Verhältnissen. Somit kann es zwar keine Entstehung und keinen Untergang in irgendeinem absoluten Sinne geben (aus Gründen, die im wesentlichen mit denen übereinstimmen, die Parmenides vorgetragen hatte); wir können aber nichtsdestoweniger verstehen, wie einzelne (zusammengesetzte) Körper geschaffen oder zerstört werden können, sich herumbewegen oder qualitative Veränderungen zeigen können.

Empedokles spricht ebenfalls in Parmenideischen Standardbegriffen, wenn er seinen Schüler drängt:

Du aber, wenn einmal die Ausführungen (*logoio*) an ihrem Platz in deinem Innern angekommen sind, erkenne (*gnōthi*) [die Wahrheit], dem Geheiß der vertrauenswürdigen Beweise (*pistōmata*) unserer Muse gemäß. (B4,2–3)

und wenn er ihn auffordert, »tief in seinen Denkorganen« zu meditieren:

Wenn du sie [meine Worte] nämlich in deinen kräftigen Denkorganen verankerst und sie in reinen Übungen auf zuträgliche Weise betrachtest, werden diese gewiß alle dein ganzes Leben lang bei dir bleiben. (B110,1–3)

Daraus ergibt sich eine offenkundige Frage: Wie konnte Empedokles annehmen, daß seine Darstellung von einem komplexen, in Veränderung befindlichen physischen Kosmos fähig sei, Pausanias mit einem verläßlichen Verständnis auszustatten, wenn doch Parmenides bestritten hatte, daß es möglich sei, eine vollkommen zuverlässige Darstellung solcher Dinge zu erzielen?

Die Antwort, denke ich, liegt in Parmenides' eigener Behauptung (in DK 28 B16), daß der *noos* der Sterblichen entsprechend der Mischung (*krasis*) oder dem physischen Zustand ihrer Glieder wechselt (siehe S. 233). Weil nach der Erklärung des Empedokles alle Körper »Abflüsse« (*aporroiai*) zu einander aussenden und von einander empfangen (vgl. DK 31 B89 und 90), ist es anscheinend so, daß unsere physische Konstitution in signifikantem Grad durch die Natur oder die Naturen all der Dinge determiniert ist, die um uns herum existieren. Wenn Parmenides also recht daran tat, das Denken mit unseren körperlichen Bedingungen zu verknüpfen (und wie wir gesehen haben, hatten die Dichter und die Philosophen gleichermaßen festgestellt, daß die Sterblichen »das, womit sie zusammentreffen, denken«), dann können wir daraus mit gleichem Recht den Schluß ziehen, daß unser Denken durch alle Dinge bestimmt wird, die uns »gegenwärtig« sind:

Denn in Beziehung zum Vorhandenen wächst den Menschen der Scharfsinn. (B106)

In dem Maße, wie sie andersartig werden und anderes werden, ist auch das Hegen andersartiger Gedanken und Empfindungen gegenwärtig. (B108)[29]

Und genau deshalb, weil das Denken durch die Umstände gestaltet wird, müssen wir üben, in bezug auf die einzelnen Dinge, mit denen wir »zusammentreffen«, gut zu urteilen, darunter auch in bezug auf die Nachrichten, die andere uns unter Umständen gerne zuteil werden lassen möchten:

Schmale Pfade nämlich sind die Kräfte, die über die Glieder verbreitet sind; zahlreich ist, was einem an Leidvollem (Andringendem) zustößt, und es läßt die Nachdenklichkeit abstumpfen ... (B2,1–2)

Und vieles andere wirst du aufgrund ihrer [scil. dieser meiner Worte/Ideen] erwerben. Denn von sich aus werden sie jeden einzelnen veranlassen, in seinen Charakter hineinzuwachsen, so wie es der Natur bei jedem einzelnen entspricht. Wenn du jedoch nach andersartigen Dingen trachtest, wie es bei den Menschen tausenderlei Leidvolles (Andringendes) gibt, was ihre Nachdenklichkeit stumpf macht, dann, sage ich dir, werden sie, wenn die Zeit dafür reif ist, sogleich von dir fortgehen ... (B110,4–8)

Tüchtigkeit im Denken – der Grad, bis zu dem ein Individuum »Reichtum in seinen Denkorganen« erreichen kann – hängt für Empedokles also von dem Ausmaß ab, in dem jemandes »Mischung von Ideen« mit den Realitäten selbst übereinstimmt (oder genauer: mit dem speziellen Mischungs-Verhältnis oder Mischungs-*logos*, durch das oder den die spezielle Natur eines Gegenstands bestimmt wird).[30]

Zudem macht Empedokles die Sinneswahrnehmung, wie Theophrast es darstellt, zu einem »Ergebnis von Gleichem«:

Denn mit Erde sehen wir Erde, mit Wasser Wasser und mit Luft strahlende Luft, aber mit Feuer vernichtendes Feuer; Liebe sehen wir mit Liebe und Streit mit verderblichem Streit. (B109)

Vielleicht als eine Konsequenz von Identität im Material gibt es eine Symmetrie zwischen den Abflüssen selbst und den Poren in den einzelnen Sinnesorganen, welche die Abflüsse jeweils aufnehmen (dies erklärt, warum das eine Sinnesvermögen nicht in der Lage ist, die Eigenschaften wahrzunehmen, die von den anderen Sinnesvermögen aufgespürt werden).[31] Wie die Schärfe im Denken, so wird auch die Schärfe im Wahrnehmen in den Begriffen einer Übereinstimmung zwischen den Mischungen in den Dingen und denen im Wahrnehmenden erklärt (Theophrast, *Sens.* 11). Kurzum: Empedokles bietet für Sinneswahrnehmung und Denken eine Erklärung an, die beide Prozesse an die rationale Struktur und physische Natur der Dinge selbst bindet, an deren *logos* und *physis*. Wenn diese Überlegungen mit der allgemein akzeptierten Ansicht verknüpft werden, daß unsere Gedanken durch physische Gegebenheiten gestaltet werden, dann statteten sie Empedokles mit hervorragenden Gründen aus, die Aussicht auf ein völlig verläßliches Wissen von der natürlichen Welt anzubieten.

Drei Punkte in der Erklärung der Erkenntnis durch Empedokles sind für das spätere griechische Denken über Wissen und Erkenntnis von besonderer Wichtigkeit. Erstens: Nachdem viele frühe Denker offenbar angenommen haben, daß in gewissem Sinn »Gleiches Gleiches (er)kennt«, formuliert Empedokles dieses Prinzip in Form eines Isomorphismus zwischen dem erkennenden/wissenden Geist und seinem Gegenstand, eine Idee, die ein größeres Gewicht in den Theorien gewinnt, die von Platon[32] und Aristoteles[33] vorgelegt wurden.

Zweitens: Ebenso wie vor ihm in gewissem Grad für Heraklit und Parmenides, so bestand auch für Empedokles Wissen darin, die Natur (*physis*) und die rationale Struktur (*logos*) einer Sache zu erfassen.[34] Beim Übergang von der Welt des alten alltäglichen Denkens und Vorstellens zu Philosophie und Wissenschaft hatte der Begriff der *physis* eines Gegenstands eine Schlüsselrolle gespielt.[35] Wenn das Wort in Verbindung mit einem einzelnen Phänomen benutzt wurde, bezeichnete *physis* »dasjenige Bündel stabiler Kennzeichen, durch die wir den betreffenden Gegenstand erkennen und die Grenzen antizipieren können, innerhalb deren er auf andere Dinge einwirken oder von diesen Einwirkungen erfahren kann.[36] Und wenn *physis* in Verbindung mit dem Kosmos als ganzem benutzt wurde, lieferte es den frühen griechischen Philosophen einen Rahmen, um über den physischen Bereich in seiner Gesamtheit nachzudenken; es bezeichnete dann entweder eine einzige Ursubstanz, aus der alles, was existiert, ursprünglich entstanden ist, oder ein Grundelement oder eine Reihe von Grundelementen, die im Grunde darstellten, was alle Dinge in Wirklichkeit sind.

Der Begriff der »Natur«, der »wesentlichen Natur« oder des »Was es ist« eines Dinges wird in den klassischen Erklärungen des Wissens eine fundamentale Rolle spielen. In Platons frühen Dialogen wird Sokrates bei einer Reihe von Gelegenheiten als ein allgemeines Prinzip hervorheben, daß wir zuerst die wesentliche Natur einer Sache herausbekommen müssen – ihr *ti estin* oder »was sie ist« –, bevor wir zu bestimmen versuchen, welche anderen Merkmale sie wohl besitzt.[37] Sowohl Platon als auch Aristoteles werden das Wissen im grundlegendsten Sinne des Wortes als eine Sache charakterisieren, gedanklich die wesentliche Natur oder das *ti estin* eines Gegenstands zu erfassen.[38] Dieser Nachdruck darauf, die Natur einer Sache zu begreifen, erklärt auch die Häufigkeit, mit der »einen *logos* oder eine Erklärung zu geben« in eine Anzahl empfohlener Definitionen des Wissens übergeht;[39] denn erklären zu können, »was eine Sache ist«, wird ganz plausibel als eine notwendige Bedingung angesehen, damit man davon sprechen kann, zu wissen, was sie ist.

Drittens: Wie aus seiner Anweisung für Pausanias in B3 hervorgeht, erkennt Empedokles die Möglichkeit an, ein vollkommen verläßliches Verständnis der Wahrheit aus einer Mehrzahl verschiedener Quellen zu gewinnen:

> Komm' vielmehr und betrachte mit aller Kraft, bis wohin ein jegliches klar ist; halte nicht etwa einen Blick für vertrauenswürdiger (*pistei*), als es nach dem Gehör angebracht ist, stelle auch nicht das geräuschvolle Ohr über die Klarstellungen der Zunge und entziehe das Vertrauen (*pistin*) auch keinem der anderen Glieder (Organe), soweit es dort einen Durchgang zum Verständnis (*noēsai*) gibt; sondern verstehe (*noei*) ein jegliches, insoweit es klar ist! (B3,9–13)

Tatsächlich findet in seiner Darstellung jede Wissenskonzeption einen Platz, die von früheren Denkern geschätzt wurde: Wie die jonischen Forscher, so macht auch Empedokles sich daran, die Ursachen und Prinzipien der Dinge zu erkennen, deren Existenz wir durch die Sinneswahrnehmung ermitteln; wie Heraklit betrachtet er Erkennen und Wissen als eine Angelegenheit, denkerisch den *logos* und die *physis* der Dinge zu begreifen; und wie Parmenides ist er der Ansicht, daß wir durch reines Nachdenken, und indem wir den *logos* in unserer Brust analysieren, vollkommen zuverlässige Indikatoren der Wahrheit gewinnen können. Indem er die Idee von einer Vielfalt der Quellen des Erkennens und Wissens artikuliert, antizipiert Empedokles auch die in hohem Maß pluralistische Auffassung vom Wissen, die Aristoteles in seiner *Metaphysk* I vorlegt, in den *Analytica posteriora* II,19 und in der *Nikomachischen Ethik* VI.

Anmerkungen

1 Vgl. *Ilias* I,343–344: »Und er [Agamemnon] versteht nicht, zugleich voraus und rückwärts zu denken, wie die Achaier sich im Kampf bei den Schiffen retten können«; ähnlich *Il.* III,107–110; XVIII,250; *Od.* XX,350ff.; XXI,85 und XIV,452.

2 Vgl. Theognis, 141–142; Solon, Frgm. 1, 13, 16; Pindar, *Olympie* VII,25–26; *Nemeie* VI,6–7; VII,23–24; XI,43–47.

3 Der Text ist unsicher. DK liest *peri tōn aphaneōn, peri tōn thnētōn saphēneian men theoi echonti, hōs de anthrōpois tekmairesthai*, während andere den Ausdruck *peri tōn thnētōn* (»wie über die sterblichen Dinge«) weglassen. Ich folge LSJ darin, *dedotai* (»ist es gegeben«) einzufügen. Heraklit (DK 22 B78) und Philolaos (DK 44 B6a) kontrastierten ebenfalls göttliches und menschliches Wissen.

4 Vgl. Burnet [20] 3; Guthrie [15] 29; Barnes [14] 5; Lloyd [111] 49; McKirahan [10] 73–75; Cohen, Curd & Reeve [7] VIII – und viele andere. Siehe die ausgewogenen Bemerkungen von Algra, in diesem Band S. 55f.

5 Platon, *Phaidon* 96a7–8. Was Anaximander und *historiē* betrifft, siehe Aelian, *Varia historia* III,17 und Diogenes Laertius II,1; für Xenophanes siehe Hippolytos bei DK 21 A33.

6 Dazu gehören: musikalische Harmonien (wie bei Philolaos DK 44 B6a, A24); geometrische feste Körper (vgl. Aristoteles, *Metaph.* XIV,3, 1091a15); die Kräfte in der Seele (Philolaos, B13); oder der Kosmos als ganzes (vgl. Aristoteles, *Metaph.* I,5, 986a).

7 Näheres bei Cherniss [87] 10, Vlastos [186] 82 und G. Vlastos, *Plato's Universe* (Seattle 1975).

8 Siehe z.B. in diesem Band Huffmans Darstellung des Philolaos, S. 74–75, und Taylors Diskussion der von Protagoras und Demokrit aufgeworfenen epistemologischen Themen, S. 173–179. Zu der Bedeutung, die Homer und Hesiod der Wahrheitsliebe zuschreiben, siehe Most, in diesem Band S. 314.

9 Siehe S. 207 und Broadie, in diesem Band S. 192f.

10 Im Anschluß an H. Fränkel (*Hermes* 60 (1925) 185ff.) optierten Diels-Kranz dafür, dem *iden* des Sextus-Textes gegenüber dem *geneto* bei Plutarch den Vorzug zu geben. Diese letztere Lesart wurde jüngst freilich von Hussey [246] verteidigt und bringt in die Bemerkungen des Xenophanes eine größere Einheit. Nach dieser Lesart ist Xenophanes durchweg damit beschäftigt, die Existenz irgendeines Individuums zu bestreiten, das mit einer besonderen Gabe ausgestattet ist, die tiefsten Wahrheiten zu

erkennen. Die verschiedenen Interpretationen von B34 wurden in Lesher [189] gesichtet.

[11] Vgl. zum einen Herodot II,44, wo dasjenige Wissen, welches *saphes* ist, Hand in Hand mit unmittelbarer Beobachtung geht, und zum anderen den Gegensatz zwischen *saphēneia* und *tekmairesthai* bei Alkmaion, DK 24 B1.

[12] Auf diese Fragen haben die Forscher weit auseinandergehende Antworten gegeben. Die vorliegende Darstellung konzentriert sich auf Heraklits Bemerkungen über die Natur als einen Kosmos, der durch die Kraft von Feuer/Zeus/Streit/Gegensätzlichkeit in Schwung gehalten und gelenkt wird. Ich sage kaum etwas über die klassische Auffassung von Heraklit als einem Proponenten der Theorie ständiger Veränderung, besonders weil ich das als eine Verdrehung der Vorstellungen Heraklits ansehe, die durch Platon und Aristoteles eingeführt wurde. Für eine Erörterung dieses Punkts siehe Kirk [233].

[13] Marcovich [234] folgend nehme ich an, daß *gnōmēn* (Einsicht) sich hier eher auf ein existierendes, intelligentes Wesen anstatt auf eine »Meinung« oder ein »Urteil« in der Person des Wissenden bezieht.

[14] Dies ist eine kontroverse Behauptung. B35 lautet: »Nach Weisheit strebende Männer müssen sehr viele Dinge erforschen (*historas*)«, und viele haben dieses Fragment als eine Bemerkung zur Unterstützung von Forschung gelesen. Aber: (1) Wie Marcovich ([234] 26) festgestellt hat, bedeutete *historas* »vertraut sein mit«, »versiert sein in«, »wissen« und bezeichnete nicht speziell die Fakten findende Reise und Beobachtung der jonischen Philosophen-Wissenschaftler. (2) Kein Fragment und kein antiker Bericht lassen darauf schließen, daß Heraklit selbst jemals irgendwelche »Fakten findende Forschung« betrieben hat. Und (3) weil der *Logos* allen Dingen gemeinsam ist, müßte er sich in den vertrautesten Umgebungen entdecken lassen, wie er dort am Werk ist.

[15] Man könnte argumentieren, daß vielen frühen Denkern eine Unterscheidung zwischen dem, was der Fall zu sein scheint, und dem, was wirklich stattfindet, deutlich gewesen sein muß. Aber Heraklit ist dann immer noch der erste Denker, von dem wir wissen, der eine Unterscheidung dazwischen getroffen hat, einerseits mit den wahrnehmbaren Eigenschaften eines Gegenstands vertraut zu sein und andererseits seine wahre Natur zu verstehen.

[16] So gut wie kein Aspekt von Parmenides' Gedicht ist frei von textlichen oder Interpretationskontroversen. Die hier unterbreitete Darstellung versucht, das Proömium und den *doxa*-Abschnitt in einer Weise darzustellen, die mit den in B2–8 unterbreiteten Lehren konsistent ist. Eine Reihe verschiedener Zugänge zu Parmenides werden vorgestellt und kritisch gewürdigt bei Tarán [267], Mourelatos [309], KRS, Gallop [272] und Coxon [270].

[17] Nach Theophrast (*Sens.* 1ff.) suchte Parmenides auch Sinneswahrnehmung und Denken in den Termini einer Mischung von Warmem (das in Beziehung zur Sonne steht) und Kaltem zu erklären. B16 versichert, daß so, »wie sich zu jeder Zeit die Mischung der viel irrenden Glieder verhält, so auch der *noos* den Menschen zur Seite steht ...« Für eine Diskussion der Stelle siehe Vlastos [321] und Laks, in diesem Band S. 233.

[18] Das trifft ganz besonders zu, wenn wir (wie das von Bicknell [484] vorgeschlagen wurde) B10 mit seinen vielen Bezugnahmen auf die Sonne, den Mond, die Sterne und den Äther eher dem Proömium als der Hauptdarstellung zuordnen.

[19] Gelegentlich wurde vorgeschlagen, *noos* und *noein* im Gedicht des Parmenides sollten als eine intuitive Bewußtseinsform verstanden werden, die dem Wissen, Erkennen oder Vertrautsein mit etwas sehr viel näher steht als jeder Prozeß diskursiven

Denkens (Coxon [270] 174; Mourelatos [309] 68–70; und viele andere). Aber in B2,2 bezieht Parmenides sich auf »die Wege der Untersuchung«, die es für *noēsai* gibt oder die für dieses erreichbar sind; und weil einer der beiden Wege – der Weg des »ist nicht« – als »völlig unerkundbar« beschrieben wird, könnte er niemals ein *für Wissen erreichbarer* Weg gewesen sein. Zudem kann der *noos* irren, wie aus B6,4–6 hervorgeht. Ohne irgendeine Möglichkeit von irrtumsfähigem *noos* oder irrtumsfähiger *noēsis* wäre in der Tat kaum zu verstehen, warum die Göttin sich in B7,2 bemüht, den jungen Mann zu warnen, er solle sein *noēma* vom Untersuchungspfad des »ist nicht« fern halten. Was ich als die richtige Auffassung ansehe, wurde von Tarán [276] 80–81 und Barnes [14] 158–159 verteidigt.

[20] Siehe die ausführliche Diskussion dieses Punkts bei Mourelatos [309].

[21] Guthrie [15] 419–424 argumentiert, daß der erste Fall, wo *logos* unmißverständlich »Vernunft« bedeutet, erst ein Jahrhundert nach Parmenides zu finden ist.

[22] Die Szenen in der *Odyssee* (XXIII,107ff. und XXIV,324ff.), in denen Odysseus erkannt wird, zuerst von Penelope und später von Laertes; die verschiedenen Entsprechungspunkte werden erörtert in Lesher [494].

[23] Am bekanntesten bei Platon (vgl. *Phaidon* 66, *Staat* VI 490 und VII 533–534).

[24] Für eine im ganzen ähnliche Einschätzung von Parmenides' Kosmologie siehe Graham, in diesem Band S. 153; und für eine davon abweichende Interpretation siehe Sedley S. 112.

[25] Vgl. Xenophanes B35: »Dies soll zwar als der Wahrheit gleichend (*eoikota*) betrachtet werden ...«; und Platons Verwendung des Ausdrucks *eikota mythos* (»wahrscheinliche Geschichte«) an den Stellen *Tim.* 29d und 49c und auch anderwärts.

[26] So unter anderem durch KRS, Barnes [14] und Long [304].

[27] *Apatēlos* heißt nicht »falsch«, sondern »täuschend« oder »trügerisch«. Wie Simplikios erklärt, nennt Parmenides »diese Darstellung nicht deshalb ›vorstell-‹ bzw. ›vermutbar‹ (*doxaston*) und ›trügerisch‹ (*apatēlon*), weil sie schlicht falsch wäre (*pseudē haplōs*), sondern deshalb, weil das mit den Sinnen Wahrnehmbare aus dem Bereich der einsehbaren Wahrheit in den Bereich herausfällt, der aufscheint und Gegenstand des Meinens ist« (*In Phys.* 39,10 = DK 28 A34).

[28] Ich halte *Peri physeōs* oder *Über die Natur* für verschieden von den *Katharmoi* oder *Reinigungen*. Die Zwei-Gedichte-Sicht wird unter anderem von Wright [358] und Kingsley [105] verteidigt. Osborne [364], Inwood [357] und McKirahan [10] argumentieren – meiner Meinung nach, ohne daß es schlüssig wäre –, daß beide Gedichte Teile eines einzigen Werks waren.

[29] Wie Theophrast erklärte, läßt sich in diesem Zusammenhang auch Empedokles' Identifizierung des Denkens mit dem Blut (B105) verstehen: »Das ist auch der Grund, warum wir besonders gut mit dem Blut denken; in ihm nämlich sind die Elemente der Dinge besonders gut gemischt.« (Theophrast, *Sens.* 10; DK 31 A86)

[30] Zu Empedokles' Identifikation der Natur von etwas mit dem *logos* der Mischung seiner Elemente siehe Aristoteles, *De an.* I,4, 408a13–23, und *Metaph.* I,9, 993a15–24 (DK 31 A78).

[31] Theophrast, *Sens.* 1 (A86). Für eine eingehende Erörterung von Empedokles' Erklärungen des Denkens und der Sinneswahrnehmung siehe Verdenius [498], Long [366] und Wright [358].

[32] Siehe *Phaidon* 79d; *Tim.* 47b, 90a-e; *Staat* VI 500c.

[33] Siehe *De an.* III,5, 429a; *NE* VI,1, 1139a.

[34] Vgl. *kata physin* bei Heraklit DK 22 B1,4–5, und *physis* bei Parmenides DK 28 B10. Parmenides behauptet nirgends, daß das Seiende (*to eon*) eine *physis* habe – so gut wie

sicher deshalb nicht, weil, wie B8,10 erklärt, das Seiende niemals »wachsen« (*phyn*) kann. Er ist aber klarerweise der Meinung, daß das, »was ist«, eine feststehende und definierbare Natur hat (vgl. B8,4: »ganz und einzigartig, unerschütterlich und vollkommen«). Empedokles stimmt mit Parmenides offensichtlich überein, wenn er in DK 31 B8 *physis* lediglich als einen Namen ansieht, der den Dingen von den Menschen gegeben wurde, aber in B110 den Lernprozeß beschreibt als ein Hineinwachsen in den »Charakter, so wie es der *physis* bei jedem einzelnen entspricht«.

35 Vlastos, *Plato's Universe* (siehe Anm. 7), 19.

36 Vlastos, ebd.

37 Vgl. Platon, *Gorg.* 501a; *Laches* 190d; *Charmides* 176b; *Prot.* 360–361; *Menon* 71b, 80d und 100b-c; *Lysis* 223b7; *Hippias major* 304d8–e2; und *Staat* I 354a-b.

38 Vgl. Platon, *Symp.* 211c; *Staat* VII 520c; *Tht.* 175e; *Krat.* 440a. Für Aristoteles vgl. *Metaph.* VII,1, 1028a36–37: »Und wir glauben jedes einzelne dann am besten zu wissen, wenn wir erkannt haben, was etwas ist (*ti estin*), beispielsweise der Mensch oder das Feuer, besser als wenn wir erkannt haben, wie es beschaffen ist oder wieviel oder wo es ist.«

39 Vgl. Platon, *Menon* 98a; *Staat* VI 510c; *Tht.* 201d ff.; Aristoteles, *APo* II,8–10; 93a–94a.

12 Seele, Sinneswahrnehmung und Denken

André Laks

Seele – Sinneswahrnehmung – Denken: jedem dieser Stichworte könnte ein eigenes Kapitel gewidmet werden. Trotzdem gibt es, jenseits von Platzfragen, einen Grund, sie zusammen anzugehen. Die drei Begriffe stehen nämlich in einer Wechselbeziehung; und es sind bestimmte Aspekte dieser Wechselbeziehung, denen ich mich hier zuwenden will. Der erste Teil dieses Kapitels konzentriert sich auf die Seele und auf ihre Beziehung zu den beiden anderen Begriffen. Der zweite Teil widmet sich insbesondere der Beziehung zwischen dem Denken und den Sinnen. Da ein wichtiger Aspekt dieser letzteren Frage sich auf die Epistemologie bezieht, ist eine gewisse Überlappung mit J. Leshers Beitrag zu diesem Band (Kapitel 11) nicht zu vermeiden. Ich habe aber versucht, die Aufmerksamkeit nicht so sehr auf epistemologische als vielmehr auf »physiologische« Fragen zu richten. Diese Akzentsetzung braucht, wie sich herausstellt, nicht als allzu künstlich zu erscheinen. Denn wie wir sehen werden, stellt sich die Frage, ob die Interessen der frühen griechischen Philosophen an der Beziehung zwischen dem Denken und den Sinnen nicht anstatt epistemologisch vielmehr primär physiologisch waren, in einem Sinn des Begriffs »physiologisch«, der auszubuchstabieren bleibt.

1. Unterwegs zu einem Begriff der Seele

Bestimmten Hinweisen im platonischen *Timaios* folgend[1] unterschied Aristoteles vier psychische Funktionen: die Funktionen der Ernährung, der Wahrnehmung, der Ortsbewegung und des Denkens oder der Einsicht (*De an.* II,2, 413a21ff.). Daß die Seele (*psychē*) Speisen verdaut, und sogar daß sie die Quelle für Bewegung ist, klingt für uns befremdlich. Vertraut ist uns dagegen die Auffassung, daß die Seele wahrnimmt und denkt; diese Funktionen sind noch in der Cartesischen Seelenkonzeption enthalten.[2] Für die frühen griechischen Philosophen indes war solch eine Vorstellung alles andere als selbstverständlich. Sie konnten über kognitive Fähigkeiten sprechen, ohne in irgendeiner Weise auf die Seele Bezug zu nehmen. Das Naturgedicht des Empedokles ist dafür ein bemerkenswertes Beispiel. Obwohl es eine der ausgearbeitetsten Behandlungen von Wahrnehmungsmechanismen und Denkprozessen enthält, die im frühen griechischen Denken zu finden sind, nimmt Empedokles in diesem Zusammenhang keinen Bezug auf *psychē*. Insofern man bei diesem Terminus eine Verknüpfung mit »Atem« empfand (d.h. »lebenspendender Atem«),[3] mag es sein, daß er für die Auffassungen des Empedokles nicht besonders geeignet war. Im Gegensatz zu den meisten Autoren bezog Empedokles die vollendetste Form intellektuellen Lebens nämlich nicht auf die Trockenheit, sondern auf eine bestimmte Art von Feuchtigkeit, auf das Blut (DK 31 B105).[4] Wir finden die Seele aber auch bei Anaxagoras marginalisiert, der zwar den »Intellekt« (*nous*) zum Status des höchsten Prinzips erhebt, aber *psychē* offenkundig im traditionellen homerischen Sinn von »Leben« benutzt: B12, »alles, was *psychē* hat«, bedeutet »alle Lebewesen«. Diese Bedeutung ist auch an der einzigen Stelle anzunehmen, wo das Wort bei Empedokles vorkommt und die aus dem religiösen Gedicht *Katharmoi* (*Reinigungen*) stammt: B138 spricht im Zusammenhang ritueller Opferung von »mit dem Erz das Leben (*psychē*) herausschöpfend«.

Dieser Sachverhalt ist – auf einer bestimmten Stufe philosophischen Feinsinns – höchstwahrscheinlich die Spur der ursprünglichen Trennung zwischen der Seele, aufgefaßt als Lebensprinzip, und der ganzen Skala der Funktionen, die wir gewohnt sind, psychologisch zu nennen, etwa Gefühle, Leidenschaften und Erkenntnisprozesse. Obwohl der homerische Mensch mehr Einheit besessen haben könnte, als B. Snells gefeierte Theorie es erlaubte,[5] gilt doch noch, daß *psychē* für Homer nicht das Prinzip dieser Einheit war, sondern eher so etwas wie eines ihrer wesentlichen Elemente, wiewohl ein lebenswichtiges.

Im Verlauf des fünften Jahrhunderts allerdings wurden Seele, Sinneswahrnehmung und Denken immer fester verbunden. Man kann sogar sagen, daß die Geschichte dieser Triade während dieser Periode die Geschichte ihrer Konstituierung ist, die schließlich zu einer einheitlichen Theorie psychologischen Lebens führte.[6]

Diese Vereinheitlichung ist das Ergebnis eines komplizierten Prozesses, in welchem drei Hauptfelder interagiert haben müssen. Allem Anschein nach hat die poetische Tradition, insbesondere die lyrische Dichtung, in dieser Geschichte eine wichtige Rolle gespielt. Es ist dort das erste Mal, daß die Seele als das Hauptorgan des emotionalen Lebens erscheint.[7] Darüber hinaus trugen sicherlich religiöse Bewegungen erheblich zur Konzeptualisierung eines persönlichen psychischen Wesens bei. Vom Seele/Körper-Dualismus kann man sagen, er gehe auf Homer zurück, weil, wenn *psychē* Leben ist, *sōma* den Körper als solchen bzw. die Leiche bezeichnet. Aber die Bedeutung des Gegensatzes verändert sich mit der Verbreitung des Transmigrationsglaubens, dessen Wichtigkeit im sechsten und fünften Jahrhundert außer Zweifel steht.[8] Wie in orphischen Kreisen der Körper dem Grab der Seele assimiliert wird, das stellt Homerische Werte auf den Kopf. Weit davon entfernt, einen absoluten Mangel zu erleiden, wenn sie den Körper verläßt, beginnt die Seele erst dann ihr wahres Leben. Ob man in pythagoreischen Kreisen das Wort *psychē* benutzte, um sich auf das unsterbliche »Selbst« zu beziehen, läßt sich schwer mit Sicherheit feststellen;[9] aber wie wir gesehen haben, vermied Empedokles es bezeichnenderweise nicht nur in seinem Naturgedicht, den Terminus in diesem Sinn zu verwenden, sondern auch in seinen *Reinigungen*, ungeachtet des starken orphisch-pythagoreischen Hintergrunds seiner Lehre.[10] In diesem Gedicht ist *psychē*, wie wir sahen, einfach bloß Leben; auf das Selbst wird mit dem sehr viel beziehungsreicheren Wort *daimōn* (wörtlich: Gottheit) Bezug genommen. Wenn Demokrit die Seele daher mit dem Wohnsitz von jemandes gutem oder bösem *daimōn* identifiziert (DK 68 B171), spiegelt er auf einer säkularisierten Ebene den außergewöhnlichen spirituellen Aufstieg wider, der dem alten »Lebensatem« im Gefolge religiöser Erwägungen und Erlösungskulte zuteil geworden war.

Die Philosophie spielte in dieser Evolution gewiß ebenfalls eine Rolle, allerdings eine, die schwer einzuschätzen ist.[11] Aristoteles berichtet uns, daß Thales dem Magneten eine Seele zugeschrieben habe, da er Eisen bewege;[12] und Anaximenes identifizierte die Seele vermutlich mit seinem ersten Prinzip, der Luft; von daher konnte er behaupten, daß eine Seele das Universum ebenso regiere, wie die Seele uns regiert (DK 13 B2).[13] Es gibt verschiedene Hinweise, daß die weiteren Entwicklungen des Begriffs der Seele durch zwei Forderungen bestimmt wurden, die in zwei potentiell entgegengesetzte Richtungen gehen. Einerseits bestand die Aufgabe, die psychischen Funktionen zu vereinheitlichen, und andererseits die Aufgabe, sie zu differenzieren. Wenn Philolaos DK 44 B13 echt ist,[14] spiegelt das Fragment eine Art von mittlerer Position: Die Seele, lokalisiert im Herzen, wird als das Wahrnehmungsorgan aufgefaßt, während die Einsicht noch davon getrennt gehalten und im Gehirn lokalisiert wird. Aber eine Generation später, bei Diogenes von Apollonia und Demokrit, hat die Integration ihre letzte Phase erreicht. Die Luft für Diogenes und Kugelatome für Demokrit sind beides, sowohl das Material, welches die Seele ausmacht, als auch das wahrnehmungsmäßige und einsichtsmäßige Zentrum der Erkenntnis.[15] Theophrasts sorgfältige Formulierung bei seiner Darstellung der Lehre des Diogenes (*Sens.* 39) läßt darauf schließen, daß dieses Merkmal des Umfassenden beabsichtigt war: »Diogenes aber«, so schreibt er, »verknüpft so wie das Leben und das Denken mit der Luft *auch* die Sinneswahrnehmungen.« Anaximenes hatte die *psychē* in ihrem Homerischen Verständnis von Leben mit der Luft identifiziert; und da die Luft den Kosmos des Anaximenes steuert, war sie vermutlich auch verantwortlich für das, was wir als Denken bezeichnen. Nun stellt sich heraus, daß die Luft ebenfalls für die Sinneswahrnehmungen verantwortlich ist. Die nächste Frage wird daraufhin natürlich sein, wie zwischen Sinneswahrnehmung und Denken zu differenzieren ist. Diogenes führt hierzu die Eigenschaft der Luft an (nur trockene und reine Luft kann denken), und Demokrit weist auf ein Organ hin (das Gehirn denkt).[16] Solche Kriterien überzeugten Aristoteles nicht davon, daß der Unterschied damit erklärt sei.

Der neue Status der Seele als das zentrale Organ gleichermaßen für das Leben, für Gefühle und für Erkenntnisprozesse gestaltete die gängigen Auffassungen über die Beziehung zwischen Körper und Seele um. Zwei Texte sind in dieser Hinsicht bezeichnend. Der Autor der medizinischen Abhandlung *Über Diät* betont, im Zusammenhang seiner Ausführungen über Träume, die Autonomie der Seele gerade bei der Ausübung ihrer körperlichen Funktionen:

Denn die Seele, welche dem wachenden Körper Dienste leistet, ist nicht sie selbst, da sie ihre Sorge auf vielerlei verteilt, sie gibt vielmehr einem jeden einzelnen Teile des

Körpers etwas von sich ab, so dem Gehöre, dem Gesichte, dem Gefühle, dem Gange, den Tätigkeiten des ganzen Körpers ... Wenn hingegen der Körper ausruht, so bewohnt die Seele, in Bewegung versetzt und die Teile des Körpers durchlaufend, ihr eigenes Haus und verrichtet alle Handlungen des Körpers selbst. Denn der schlafende Körper hat keine Wahrnehmungen, sondern die wachsende Seele erkennt, sieht das Sichtbare, hört das Hörbare, geht, rührt an, ist traurig, denkt nach ... (IV,86, Übers. R. Fuchs)

Diese physiologische Autonomie findet ihr moralisches Gegenstück bei Demokrit, der die Seele so versteht, daß sie für den Zustand des Körpers verantwortlich ist:

Wenn der Körper gegen sie [scil. die Seele] einen Prozeß wegen der Schmerzen [und wegen alles weiteren] führen würde, das ihm das ganze Leben hindurch in übler Weise zugestoßen ist, und wenn er [Demokrit] selbst der Richter über die Klage wäre, dann würde er die Seele gerne verurteilen, weil sie den Körper teils durch vielfache Verwahrlosung und Trunkenheit zugrundegerichtet, teils durch vielfaches Lustverlangen verdorben und auseinandergerissen habe – so wie man für ein Werkzeug oder Gerät, das in schlechter Verfassung ist, den rücksichtslosen Benutzer verantwortlich macht. (DK 68 B159)[17]

Wenn es auch unmöglich ist, zu entscheiden, ob der letzte Vergleich dem Autor des Zitats gehört, Plutarch, oder ob er auf Demokrit selbst zurückgeht, so ist doch ganz deutlich, daß wir hier recht nah an der sokratischen Lehre sind und daß am Ende des fünften Jahrhunderts Platons und Aristoteles' umfassender Begriff der Seele in großem Umfang bereits zur Verfügung steht.

Welche Rolle spielte in dieser Entwicklung Heraklit? In seinen Fragmenten kommt der Ausdruck *psychē* bemerkenswert häufig vor,[18] eine Tatsache, die ersichtlich Heraklits nachdrückliches Interesse an der Seele offenbart. Zumindest in manchen Fällen erscheint die Seele als ein Kontrollorgan, so etwa in DK 22 B117 (»Wenn ein Mann betrunken ist, wird er von einem unerwachsenen Buben geführt, schwankend, ohne zu wissen, wohin er geht; denn feucht ist seine Seele«); oder sie erscheint als die Quelle psychologischen Lebens, so nach wenigstens einer Lesart von DK 22 B85 (der Text ist umstritten): »Gegen das Herz (*thymos*) anzukämpfen ist eine schwere Aufgabe; denn was man will, das kauft man um den Preis der Seele«.

Allerdings ist Vorsicht angebracht. Wie bei einer Reihe anderer Phänomene scheint Heraklits Betonung weniger auf der leitenden Rolle als vielmehr auf der paradoxen Identität der Seele gelegen zu haben. Sein *besonderes* Interesse an der Seele wird am besten dadurch erklärt, daß *psychē* – unsere eigene *psychē* – das einzigartige Privileg besitzt, unter den vielen Phänomenen, die die allgemeine Spannung zwischen Gegensätzen aufweisen, als einziges in der Lage zu sein, die Spannung zu *fühlen*. Nach B77 besteht für die trockene Seele (d.h. für das Leben) psychisches Vergnügen darin, feucht zu werden und somit ihren eigenen Tod zu erfahren, da Feuchtigkeit das ist, was die Trockenheit vernichtet (»Für Seelen ist es ein Genuß, nicht der Tod, feucht zu werden« oder je nach Konjektur auch: »... entweder ein Genuß oder der Tod ...«). Aber wie dem auch sei, Heraklits Bemerkungen über die Seele scheinen eher *vorauszusetzen*, daß sie eine Art von Kontrollfunktion ausübt, als zur Begründung dieser Auffassung beizutragen. Bezeichnend könnte in dieser Hinsicht sein, daß Heraklit keine physiologische Theorie über kognitive Mechanismen und andere vitale Funktionen anbietet.[19] Der Doppelprozeß von Differenzierung und Vereinheitlichung, den die Seele während dieser Periode durchgemacht hat, wäre freilich ohne das Aufkommen physiologischer Theorien schwerlich konzipiert worden. In diesem Punkt ist es interessant, Heraklit und Diogenes einander gegenüber zu stellen. Diogenes' Theorie stützt sich auf denselben Gegensatz zwischen dem Trockenen und dem Feuchten, den Heraklit benutzt. Für ihn bedeutet das aber, eine äußerst detaillierte Darstellung davon zu geben, wie trockene Luft und vitale Flüssigkeiten (an erster Stelle Blut) für die Gesamtheit physiologischer Funktionen verantwortlich sind – nicht nur für die Sinne und das Denken, sondern auch für die Ernährung, den Schlaf, die Atmung und die Verdauung. Bei Heraklit ist nichts derartiges zu finden; und das ist vermutlich der Grund, weshalb Theophrast in seiner Schrift *De sensibus* (*Über die Sinneswahrnehmungen*) zwar eine eingehende Darstellung der Theorie des Diogenes bietet (43–45), aber über Heraklit, obwohl er am Anfang der Abhandlung erwähnt wird, überhaupt nichts zu sagen hat.

Die Frage nach der Rolle Heraklits in der Entwicklung einer einheitlichen Psychologie wirft das Problem auf, welche Art von Interesse die frühen griechischen Philosophen an den verschiedenen psychologischen Funktionen hatten, den kognitiven wie den vitalen. Dieses Thema ist entscheidend für die Erörterung früher Ansichten über das Denken und die Sinne.

2. Zur Unterscheidung der Sinne und des Denkens

In seiner Schrift *Über die Seele* behauptet Aristoteles, daß die Alten (*hoi archaioi*) Sinneswahrnehmung und Denken als identisch auffaßten (*De an.* III,3, 427a21–22). Eine mit etwas Kontext ausgestattete Version derselben Einschätzung findet sich in der *Metaphysik* IV,5, 1009b12–15: »Weil sie annehmen, daß Denken Sinneswahrnehmung sei und diese in einer Veränderung bestehe, behaupten sie, daß das, was in einer Sinneswahrnehmung erscheint, notwendigerweise wahr sei.« Im folgenden Satz verweist Aristoteles namentlich auf Empedokles und Demokrit und »sozusagen jeden anderen«, bevor er Belege beibringt. Die Belege betreffen entweder die behauptete Prämisse oder die Schlußfolgerung und stammen aus Empedokles, Parmenides, Anaxagoras und einem anonymen Corpus von Denkern, die zur Stützung ihrer Ansicht eine Zeile Homers heranzogen.[20]

(a) »Von Anaxagoras wird auch ein Ausspruch gegenüber einigen seiner Gefährten überliefert, daß die Dinge für sie so seien, wie sie sie auffaßten.« Aristoteles beruft sich hier auf eine mündliche Überlieferung und wohl nicht auf das Buch des Anaxagoras. Außerdem erwähnt der Ausspruch nicht die Sinne; und es geht darum, »wie die Dinge *den Freunden* [des Anaxagoras] erscheinen«, was natürlich nicht impliziert, daß Anaxagoras selbst von dem, was wahr zu sein scheint, annimmt, daß es auch wirklich wahr ist – sondern eher anders herum. Alle diese Besonderheiten deuten darauf hin, daß Aristoteles in dem, was ihm von Anaxagoras schriftlich vorlag, nichts fand, womit sich die Ansicht belegen läßt, die er ihm gerne zuschreiben will.

(b) Eine ähnliche Vorsicht ist bei der Interpretation von Parmenides und Empedokles erforderlich. Parmenides DK 28 B16 lautet:

Denn so, wie sich zu jeder Zeit die Mischung der viel irrenden Glieder verhält, so steht auch der Geist den Menschen zur Seite; das, was denkt, ist nämlich dasselbe bei allen und jedem Menschen, die ursprüngliche Beschaffenheit der Glieder; denn das Vorwiegende [*oder, mit einer anderen Übersetzung desselben Wortes,* das Volle] ist der Gedanke.[21]

Das Fragment spricht nicht von den Sinnen, wohl aber, wie Theophrast bemerkte (*Sens.* 3), von der Erkenntnis im allgemeinen (*gnōsis*); es betrifft die Gedanken der Sterblichen (*noos, noēma, phronein*), deren charakteristische Eigenschaft ihre Unbeständigkeit ist. Die angeführten Zeilen müssen aus dem zweiten Teil des Gedichts stammen und geben nicht die Auffassungen des Parmenides über richtiges Denken wieder. Die aber sind, um das allermindeste zu sagen, für jemandes Auffassungen darüber, was Denken ist, ebenso wichtig wie für seine Auffassungen über das Alltags- bzw. über das irrige Denken. Was Empedokles betrifft, werden wir sehen, daß Aristoteles bessere Gründe gehabt haben könnte, ihm die Ansicht anzuhängen, daß Sinneswahrnehmung und Denken identisch seien,[22] selbst wenn die Texte, auf die er sich bezieht, DK 31 B106 und B108, im Grunde beschreiben, wie menschliches Denken variiert (man sollte hervorheben, daß diese Variation zumindest in B106 positiv und nicht negativ ist):

In dem Maße, wie sie [= die Elemente] in ihrer Natur anders werden, ist ihnen auch andersartige Gedanken (*phronein*) zu hegen gegenwärtig. (DK 31 B108)
Denn in Beziehung zu dem, was anwesend ist, wächst bei den Menschen der Scharfsinn (*mētis*). (B106)

Die komplexe Strategie des Aristoteles im vierten Buch der *Metaphysik* hat wie so vieles in diesem Buch ihre Wurzeln in Platons *Theaitet* (»Wissen ist Sinneswahrnehmung« ist die erste These, die in diesem Dialog zur Untersuchung ansteht). Dieser Umstand kann hier nicht analysiert werden. Ziemlich klar sollte allerdings sein, daß der historische Wert der Bemerkungen des Aristoteles sich am Text nicht unmittelbar ablesen läßt. Bestätigt wird dies durch Theophrasts Behandlung desselben Punkts in seiner Schrift *Über die Sinneswahrnehmungen.* Es ist wohl richtig, daß Theophrast in gewissem Ausmaß die Behauptungen des Aristoteles unterstützt. Er ist allerdings auffallend sorgfältiger als sein Meister. Zunächst schreibt er die Identitäts-These nicht »den Alten« im allgemeinen zu, sondern nur Parmenides und Empedokles. Darüber hinaus ist seine Behandlung dieser beiden Autoren nuancierter als die Darstellung des Aristoteles. Die Nuance könnte im Fall des Parmenides wirklich subtil sein. In *Sens.* 4 wird der Satz: »Das Wahrnehmen und das Denken erachtet er nämlich als dasselbe«, der auf das gleiche Zitat wie bei Aristoteles (B16) folgt, als eine Rechtfertigung für den Umstand eingeführt, daß Parmenides über das Denken in Hinsicht auf seine Instabilität sprach (anstatt es als etwas aufzufassen, das sich *nicht* ändert, wie dies in der peripatetischen Sicht vorausgesetzt werden mußte); genau genommen behauptet der Satz nicht, daß Parmenides die geistige Erkenntnis als identisch mit der Sinneswahrnehmung auffaßte. Noch vielsagender ist Theophrasts Bericht über Empedokles: »Das Denken findet nämlich vermöge von Ähnlichem statt und das Nichtwissen vermöge von Unähnlichem (Verschiedenem), wobei er [Empedokles] annimmt, daß das Denken entweder dasselbe wie die Sinneswahrnehmung oder ihr sehr ähnlich ist« (*Sens.* 10). Erstens steht Denken hier im Gegensatz zu Nichtwissen und bezieht sich daher auf wahres Denken oder Wissen und nicht auf Denken im allgemeinen oder auf falsches Denken. Zweitens macht der Grund, der für die Annahme angegeben wird, daß Wissen und Sinneswahrnehmung dasselbe seien, klar, daß das, was identisch ist, nicht die Sinneswahrnehmung und das Wissen selbst sind, sondern eher das Prinzip ihrer Erklärung. Die Idee ist, daß Sinneswahrnehmung und Denken beide vermöge dessen stattfinden, was ähnlich oder gleich ist (*to homoion*), und ihre Abwesenheit vermöge dessen, was verschieden oder gegensätzlich ist.[23] Drittens wird das »identisch« des Aristoteles durch den Zusatz von »oder sehr ähnlich« korrigiert, eine Formel, die ein gewisses Maß an Unterschied erlaubt. Schließlich, aber nicht eben unwichtig, macht Theophrast auch klar, daß die Feststellung des Aristoteles als eine Implikation zu konstruieren und nicht als ein Bericht aufzufassen ist.[24] Obwohl Theophrasts Formulierung uns also an die des Aristoteles erinnert, sind die Implikationen in wichtigen Hinsichten verschieden.

Das ist bezeichnend. Es ist tatsächlich so, daß Theophrast sich nicht nur keinen Verallgemeinerungen hingibt. Vielmehr ist er durch seine ganze Darstellung hindurch auch darauf bedacht, die Aufmerksamkeit darauf zu lenken, daß bei den Autoren, über die er spricht, eine explizite Unterscheidung zwischen Sinneswahrnehmung und Wissen vorliegt. So widmet er in den Fällen des Empedokles, des Diogenes von Apollonia und des Demokrit typischerweise einen eigenen Abschnitt dem »Denken« (*Sens.* 10, 44, 58). Alkmaion lobt er, weil er ein Kriterium angeboten hat, das es ermöglicht, Lebewesen, die nur Sinneswahrnehmung besitzen, von Menschen zu unterscheiden, die sowohl Sinneswahrnehmung als auch Verständnis haben (*syniēsin*; 25). Außerdem bekommen wir einen wertvollen Hinweis, wenn auch nur einen indirekten, im Fall des Kleidemos, der behauptete, daß unter den Sinnen »nur die Ohren nicht selbst Unterscheidungen treffen, sondern an den Verstand weiterleiten« (38). Es ist offensichtlich so, daß Aristoteles' treuester Schüler gedacht haben muß, Aristoteles sei mit seiner allgemeinen Behauptung über etwas Wichtiges hinweggegangen. Im großen und ganzen zeigt Theophrasts Doxographie, daß »die Alten« die Art von Unterscheidung, die Aristoteles ihnen zuvor abgesprochen hatte, sehr wohl getroffen haben.

Fragmente und Testimonien aus unseren Quellen bestätigen dies. Philolaos B13 (siehe S. 230), Xenophanes DK 21 B34 und verschiedene Heraklit-Fragmente (DK 22 B1, 17, 34, 56, 72) nehmen von der Verstandeserkenntnis an, daß sie unterscheidende Merkmale besitzt. Demokrit stellt bekanntlich zwei Arten von Erkenntnis (*gnōmē*) einander gegenüber, eine Art, die im »Gesichtsinn, Gehörsinn, Geruchssinn, Geschmacksinn und Tastsinn« besteht, und eine zweite, »die davon abgesondert ist« (DK 68 B11). In einer berühmten Passage, in der er Personifikationen verwendet, läßt er die Sinne sich dem Verstand widersetzen: »Unglückseliger Verstand, von uns [scil. den Sinnen] nimmst du deine Beweise und streckst uns damit nieder? Dieses Niederstrecken ist dein eigener Fall« (B125).[25] Es gibt also einen Sinn, in dem die Unterscheidung zwischen Wahrnehmung und Denken eine Selbstverständlichkeit war. Man wundert sich wirklich, wie es anders hätte sein können. Schließlich gehörte es zum Programm der frühen griechischen Philosophen, über das Zeugnis der Sinne hinauszugehen. Aristoteles selbst war sich in anderen Texten sehr bewußt, daß die Unterscheidung zumindest für einige von ihnen fundamental war, darunter ganz besonders für Parmenides. In der *Metaphysik* sagt er nämlich, daß Parmenides, außer daß er »nach der Vernunft« (*logōi*) ein einziges Prinzip zugestand, »nach der Sinneswahrnehmung« zwei Prinzipien anerkannte (I,5, 986b27); und in *Über Werden und Vergehen* schreibt er – mit offenkundigem Bezug auf die Eleaten –, daß »einige der älteren Philosophen« Behauptungen aufstellten, »bei denen sie sich über die Sinneswahrnehmung hinweggesetzt und sie außer Acht gelassen haben, weil man der Vernunft folgen müsse« (*GC* I,8, 325a13).[26]

Warum Aristoteles dazu kam, zwei derart verschiedene Auffassungen über Parmenides zu vertreten, und ob er darauf eingestellt gewesen wäre, bei anderen frühen Denkern eine ähnliche Dualität ausfindig zu machen, das sind Fragen, die über den Rahmen dieses Kapitels hinausgehen. Wenn aber anzunehmen ist, daß die alten Denker ziemlich früh zu einer Unterscheidung zwischen Sinneswahrnehmung und Denken kamen, müssen wir fragen, worin diese Unterscheidung bestand.

Man kann auf eine Reihe funktionaler Unterschiede hinweisen. Alkmaion benutzt das Wort *syniēmi* (»verstehen«), das eine Art funktionaler Unterscheidung zwischen dem Wahrnehmen, das allen Lebewesen gemeinsam ist, und der verstandesmäßigen Einsicht nahelegt, die unterscheidend menschlich ist (*Sens.* 25). Bei Empedokles ist der Gegensatz der zwischen einer fragmentarisch-stückweisen Einsicht der Sinneswahrnehmung und einer synthetischen Einsicht durch das Denken, die in gewissem Sinne synästhetisch ist.[27] Bei Diogenes finden wir eine interessante Mehrdeutigkeit. Das Denken wird zwar von der Sinneswahrnehmung unterschieden. Aber erstens ist die Unterscheidung eher material als funktional. Diogenes sagt, daß wir »dank trockener reiner Luft« denken, wenn die Verteilung dieser Luft im ganzen Körper nicht durch verschiedene blockierende Faktoren verhindert wird« (44). Überdies legt Theophrasts Zeugnis unabweisbar nahe, daß Diogenes vom *nous* (Intellekt) annahm, er sei das eigentliche Wahrnehmungsorgan. Um nämlich zu beweisen, daß »innere Luft« das wahrnehmende Organ sei, führte er als Beleg den Umstand an, daß »wir oft, wenn wir den *nous* auf andere Dinge gerichtet haben, weder sehen noch wahrnehmen« (42). Wenn ich recht sehe, hat Diogenes das Schema des

Kleidemos (siehe S. 234) auf das Sehen und Hören ausgedehnt, wenn nicht gar auf alle Sinne. (Bereits Xenophanes hatte im Gefolge Homers gesagt, daß der göttliche *nous* sieht und hört: DK 21 B24). Wenn das zutrifft, droht die Unterscheidung zwischen Wahrnehmen und Denken sich bei Diogenes zu verflüchtigen, obwohl man Diogenes in gewisser Weise so verstehen kann, daß er einen wirklichen Fortschritt gemacht hat; denn er antizipiert die Unterscheidung in Platons *Theaitet* zwischen den Sinnesorganen, *durch* die wir etwas auffassen, und dem Zentrum der Wahrnehmung, welches etwas auffaßt (184c). Der Unterschied ist natürlich der, daß Diogenes nicht zögert, dieses Zentrum *nous* zu nennen, während Platon es *psychē* nennt und damit Raum für den *nous* als eine separate Fähigkeit läßt.

In einigen anderen Fällen freilich ist das Zeugnis Theophrasts, oder besser: das Fehlen dieses Zeugnisses, verwirrend. Wie schon bemerkt, teilt Theophrast die Strategie des Aristoteles, sich an den zweiten (»falschen«) Teil von Parmenides' Gedicht zu halten und jede Erwähnung von dessen Bemerkungen über Denken und Erkenntnis im ersten (»wahren«) Teil zu vermeiden. Wie er mit Demokrit umgeht, ist ebenfalls befremdlich. Denn der einzige Satz, den er Demokrits Erklärung des Denkens widmet, zeigt, so schwierig er auch ist, daß Theophrast nicht beabsichtigte, eine funktionale Erklärung zu geben, was Denken ist, wie er sie vermutlich hätte geben können (und, falls es so ist, hätte geben sollen): »Über das Denken sagte er nur, daß es dann vor sich geht, wenn die Seele sich nach der Bewegung in einem ausgeglichenen Zustand befindet;[28] aber wenn jemand sich überhitzt oder unterkühlt, sagt er, daß es sich ändert« (58). Noch rätselhafter ist Theophrasts Einstellung zu Anaxagoras. Wenn überhaupt irgendjemand, dann ist Anaxagoras der Philosoph, der die Unabhängigkeit des Intellekts oder des »Geistes« (*nous*) postuliert, und Theophrast muß von der Ansicht des Anaxagoras gewußt haben, »daß wir wegen der Schwäche unserer Sinne nicht imstande sind, das Wahre zu unterscheiden« (DK 59 B21).

Trotz all ihrer Skrupel und Genauigkeit vermittelt die Abhandlung Theophrasts also nicht den Eindruck, sich mit dem Unterschied zwischen den Sinnen und dem Denken völlig angemessen befaßt zu haben. Man könnte argumentieren, daß die Unterscheidung zwischen den Sinnen und dem Denken in einem Werk *Über die Sinneswahrnehmungen* sowieso nebensächlich war. Wenn wir jedoch davon ausgehen, daß Theophrast nach Zeugnissen zu dieser Unterscheidung bei frühen griechischen Denkern suchte, sieht das Bild, das sich ergibt, dennoch befremdlich verdreht aus. Geht dies *nur* auf Theophrasts Unzulänglichkeiten zurück? Könnte es nicht außerdem so sein, daß die frühen griechischen Denker, obwohl die Unterscheidung für sie wesentlich war, trotzdem in Wirklichkeit *keine* klare Trennlinie zwischen Sinneswahrnehmung und Denken zogen – ›klar‹, heißt das, nach peripatetischen Kriterien, geschweige denn nach unseren eigenen Kriterien?

An diesem Punkt scheint es angebracht, auf das Bezug zu nehmen, was als »die Entwicklungs-Auffassung« über die Erkenntnistheorien und die kognitive Terminologie in der frühen griechischen Philosophie bekannt ist. In dieser Auffassung gibt es, grob gesprochen, zwei Komponenten:

(a) Wissen ist bei Homer aufs ganze gesehen »wahrnehmend« und letztlich intuitiv.
(b) Ungeachtet der wachsenden Wichtigkeit des *nous* als eines Mittels für den Zugang zur »Wahrheit« oder dafür, über die Erscheinungen hinauszugehen, blieben die Auffassungen der frühen griechischen Philosophen über das Denken (und Wissen) dem Homerischen Modell intuitiven Wissens in massiver Weise verpflichtet und sozusagen in seinem Bann.

Obwohl oder vielmehr weil diese Auffassung nicht behauptet, daß Wissen mit Wahrnehmen äquivalent ist, sondern nur behauptet, daß es letztlich nach dem Modell des Wahrnehmens aufzufassen ist, kann sie als das moderne Gegenstück zu der alten peripatetischen Behauptung über die Identität von Wahrnehmen und Denken bei den früheren Philosophen angesehen werden. Ist an ihr mehr als an ihrer alten Fassung?

Die Entwicklungs-Auffassung wurde kürzlich von J. Lesher einer sorgfältigen Kritik unterzogen.[29] Nach Lesher haben die frühen griechischen Philosophen nicht nur Wahrnehmen und Denken nicht identifiziert (so die aristotelische These), sondern sie haben das Denken auch noch nicht einmal nach dem Modell des Wahrnehmens aufgefaßt (so die Entwicklungs-Auffassung). Vielmehr galt das Denken von Anfang an als grundsätzlich *reflektierend*, eine Eigenschaft, an der die Sinneswahrnehmung keinen Anteil hat.

Den besten Beleg für diese letztere Auffassung liefert Parmenides DK 28 B8, wo der Prozeß des »Denkens dessen, was ist« auf eine Reihe von schlußfolgernden Schritten hinausläuft, was Lesher treffend damit vergleicht, wie bei Homer Penelope Odysseus wiedererkennt (siehe S. 218 in diesem Band). Zu identifizieren, was Odysseus ist, und ihn als den zu erkennen, der er ist, sind keine Fragen von Wahrnehmung oder Quasi-Wahrnehmung, sondern Fragen, bei denen es darauf ankommt, sorgfältig Zeichen zu prüfen und dem Gang eines Arguments zu folgen.

Andere Texte, die Lesher zitiert, wie etwa Heraklit DK 22 B93 und B101, sind schwieriger zu behandeln; aber eine Unterstützung für eine nicht-intuitive Konzeption von Wissen und Denken kann wahrscheinlich, ziemlich allgemein, aus der kosmischen oder universalen Funktion hergeleitet werden, die mit Vernunft ausgestattete Wesen im frühen griechischen Denken spielen. Empedokles' »heiliger Geist«, der sich durch das Universum hin ausbreitet (DK 31 B134,4), der »Geist« (*nous*) des Xenophanes, des Anaxagoras und des Diogenes sowie Heraklits »Vernunft« (*logos*) sind leichter als überlegende, organisierende oder strukturierende Kräfte denn als intuitive Fähigkeiten zu verstehen. Aber Vorsicht ist ebenfalls angebracht. Man sollte der Versuchung widerstehen, aus einem relativ kleinen Textbestand Verallgemeinerungen abzuleiten. Sogar die aussagekräftigsten Zeugnisse zugunsten der reflektierenden oder, wie man sie auch nennen könnte, der *dianoetischen* Konzeption des Denkens bleiben meistenteils implizit. Darüber, welche Auffassungen ein Autor wohl über das Denken hat, Schlüsse aus einem wirklichen Stück Denken zu ziehen (so wie im Fall des Parmenides aus dem Argument von B8) oder sie (so wie im Fall von Anaxagoras' »Geist« in B12) aus der kosmogonischen Rolle zu ziehen, die dem Nous zugeschrieben wird, ist etwas ganz anderes als, sich auf explizite Aussagen darüber stützen zu können, was das Denken ist. Außerdem gibt es Gründe, daran zu zweifeln, ob die *Tätigkeit* des Denkens ein Hauptinteresse dieser Denker darstellte: Bezeichnend ist zum Beispiel, daß Empedokles, wenn er sagt, das Denken sei Blut, es mit seiner *Lokalisierung* identifiziert,[30] so als ob das, worin Denken besteht, als selbstverständlich betrachtet wird. Es könnte deshalb sein, daß vorderhand gute Kandidaten für eine »dianoetische« Konzeption des Denkens mit dem »intuitiven« oder »noetischen« Modell arbeiten. Schließlich war es erst bei Platon, daß der Unterschied zwischen *dianoia* und *nous* artikuliert wurde.

Die spezielle Frage danach, wie die frühen griechischen Philosophen die Beziehung zwischen Sinneswahrnehmung und Denken auffaßten, wirft dieselbe Art von Schwierigkeit auf wie die Frage nach der Natur des Denkens. Wieder sind die expliziten Belege dürftig. Sicher ist, daß zumindest einige von ihnen diese Beziehung erforscht haben müssen. Platon nimmt nämlich im *Phaidon* auf solche (anonyme) Theorien Bezug, die für die Interessen dieser Philosophen typisch gewesen sein sollen:

Ist es das Blut, wodurch wir denken, oder die Luft oder das Feuer? Oder ist es wohl keines von diesen, sondern ist es das Gehirn, welches uns alle Wahrnehmungen hervorbringt, die des Sehens und Hörens und Riechens, und entsteht aus diesen dann Gedächtnis und Vorstellung, und geht aus Erinnerung und Vorstellung, wenn sie zur Ruhe kommen, dann auf dieselbe Weise Erkenntnis hervor? (96b)

Kurioserweise sind unsere hauptsächlichen unmittelbaren Belege zu diesem Thema negativ, da sie von Parmenides und Heraklit kommen.[31] Das heißt nicht, daß sie uninteressant wären. Im Gegenteil; diese Zeugnisse liefern Grundlagen, um zu denken, daß selbst anti-empirisch gesonnene Denker in einer Weise »die Sinneswahrnehmungen retten« konnten, was sie für das Thema sehr viel wichtiger macht, als man vielleicht gedacht hätte.

Wir nehmen zuerst Parmenides B7,3–6:

... und die in viel Erfahrung entwickelte Gewohnheit soll dich nicht zwingen, auf diesem Weg ein zielloses Auge, ein Ohr voller Widerhall und die Zunge weiden zu lassen. Beurteile stattdessen auf vernünftige Weise die streitbare Widerlegung, die ich vorgetragen haben.[32]

Zunächst muß festgehalten werden, daß diese Zeilen über Sinneswahrnehmungen sprechen, was in Zweifel gezogen wurde.[33] Gewiß beziehen sich die beiden Ausdrücke *akoē* und *glōssa* auf Verstehen und Sprache und nicht auf Sinneswahrnehmung; aber die Verknüpfung von *akoē* mit *omma* (das Auge) weist bestimmt auf Sehen und Hören hin. Aber hat Parmenides die Sinne *zurückgewiesen*, wie häufig behauptet wird? Die Epitheta *askopon* (»ziellos«) und *ēchēessan* (»widerhallend«) deuten vielleicht in eine andere Richtung. Eine Mehrheit von Interpreten nimmt an, daß ihre Funktion definierend ist. Nach dieser Auffassung sind Augen und Ohren von Natur aus »ziellos« und »hohl«. Es läßt sich aber etwas zugunsten einer restriktiveren Deutung sagen. Parmenides weist hier den Gebrauch der Sinne nicht schlechthin zurück, sondern tut dies nur, insofern sie »ziellos« und »hohl« sind, das heißt, insofern sie zu der tief verwurzelten Gewohnheit beitragen, die mit Erfahrungswissen verbunden ist (*ethos* ... *polypeiron*).[34] Andererseits stellt Parmenides' Göttin in Aussicht, sterbliche Meinungen ebenso wie Kenntnis der Wahrheit zu lehren (B1, B10); und das schließt gewiß ein, Sinneswahrnehmungen auszuüben und sie auf »korrekte« Weise auszuüben. Daß Parmenides nicht erklärte, was der positive, »zielgerichtete« Gebrauch des Auges sein könnte (wie man beispielsweise in passender Weise die Wanderungen des Mondes betrachtet) oder was etwa der »volle« Gebrauch des Gehörs wäre (wie eine Unterhaltung von Menschen vernünftigerweise anzuhören ist), ist eine andere Frage. In dieser Hinsicht steht Parmenides Heraklit B107 oder B55 nahe: »Schlechte Zeugen sind den Menschen Augen und Ohren, wenn sie Seelen haben, die barbarisch sind« (B107)[35]; »Dingen, die zu sehen und zu hören Belehrung bringt, denen gebe ich den Vorzug« (B55)[36]. Beide Fragmente implizieren, daß unter bestimmten Bedingungen (der Weisheit oder der Einsicht) die Sinne sehr wohl »gute Zeugen« sein können. Auch Empedokles dachte dies; denn er drängte seinen Schüler Pausanias, die Sinneswahrnehmung in einer voll entwickelten Weise auszuüben – der einzigen Weise, in der die Sinne ihren fragmentarischen Charakter übersteigen und helfen könnten, das synthetische Verständnis zu gewinnen, das er zum unterscheidenden Merkmal des Denkens machte:

> Komm' vielmehr und betrachte mit aller Kraft, bis wohin ein jegliches klar ist; halte nicht etwa einen Blick für vertrauenswürdiger, als es nach dem Gehör angebracht ist, stelle auch nicht das geräuschvolle Ohr über die Klarstellungen der Zunge und entziehe das Vertrauen auch keinem der anderen Glieder [Organe], soweit es dort einen Durchgang zum Verständnis gibt; sondern verstehe ein jegliches, insoweit es klar ist! (DK 31 B3)

3. Die Physiologie von Sinneswahrnehmung und Denken

In deutlichem Kontrast zu den epistemologischen Fragen, die wir gestreift haben, sind wir – hauptsächlich dank der Abhandlung Theophrasts *Über die Sinneswahrnehmungen* – ziemlich gut darüber informiert, wie Sinneswahrnehmung und Denken physiologisch funktionieren. Es gibt eine Tendenz, dieses rein physiologische Interesse einem nobleren, philosophischen Interesse gegenüberzustellen, das sich vermutlich auf solche durchaus epistemologischen Fragen beziehen würde, wie sie in den uns erhaltenen Quellentexten so schwer zu fassen sind. Diese Unausgewogenheit in unseren Quellen zwischen epistemologischen und physiologischen Erwägungen könnte zum Teil auf die Wechselfälle der Überlieferung zurückgehen. Ich neige jedoch zu der Annahme, daß sie vielmehr einen authentischen Tatbestand spiegelt. Nach Platon und Aristoteles waren die frühen griechischen Philosophen Physiologen (*physiologoi*), was natürlich nicht heißt, daß sich die Art und Weise, wie sie »Physiologie« betrieben, mit der unseren völlig deckt.

Auf der Grundlage von Theophrasts detaillierter Darstellung kann man sehen, daß Lehren über die Sinneswahrnehmung zumindest seit Empedokles dazu tendieren, ihre Auseinandersetzungen auf gemeinsamem Gelände zu führen. Trotz all ihrer Unterschiede operieren sie mit einem relativ geschlossenen Satz von Daten, Überzeugungen und Fragen. Besonders klar ist das im Fall des Gesichtssinns, der, wie das kaum anders zu erwarten ist, viel von der Aufmerksamkeit auf sich zieht: Soweit es um die Erkenntnis geht, ist er der wichtigste aller Sinne (zusammen mit dem Gehör); zudem ist das Auge ästhetisch und emotional einer der wertvollsten Teile des menschlichen Körpers. Fast jede Theorie hat etwas über die Funktion der wässrigen Substanz auf der Oberfläche des Auges (Theophrast, *Sens.* 7, 26, 50) oder über das Bild des Gegenstandes zu sagen, das in der Pupille widergespiegelt wird (Theophrast, *Sens.* 36, 40, 50). Ein bemerkenswertes Muster gibt es in der Gesamtpräsentation der Theorie. In den Berichten Theophrasts über Empedokles, Anaxagoras und Diogenes folgt auf die Erklärung, wie die verschiedenen Sinne funktionieren, ein Abschnitt, der den Unterschieden in der Schärfe gewidmet ist, und zwar den Unterschieden sowohl innerhalb einer gegebenen Art, nämlich bei den Menschen, als auch zwischen den Menschen und anderen Lebewesen (8, 11, 29, 40, 50, 56). Warum bestimmte Individuen oder bestimmte Arten von Lebewesen besser nachts als während des Tages sehen, ist ebenfalls Teil des Programms (8, 27, 42), genauso das Thema, welche Beziehung zwischen der Sinneswahrnehmung einerseits und Lust und Angst andererseits besteht.[37]

Ungeachtet tiefgreifender Meinungsverschiedenheiten in den Erklärungen selbst offenbaren auch die *Typen* der Erklärungen eine Reihe relativ homogener Voranahmen.

Die Sinneswahrnehmung selbst ist niemals ein Problem. Vielmehr ist sie so etwas wie ein gegebenes Vermögen, sei es, daß sie wie bei Empedokles und Diogenes elementaren Prinzipien, sei es, daß sie wie bei Demokrit einem bestimmten Organ zugeschrieben wird. Was als erstes einer Erklärung bedarf, ist die Weise, auf die das Wahrnehmungsobjekt das wahrnehmende Organ trifft. Daher liegt eine doppelte Betonung auf dem, was man »Topologie« nennen könnte: frühe griechische Lehren über die Sinne sind in großem Umfang Geschichten über Ortsbewegungen, über das Hindurchgehen und über das Ankommen.

Das Objekt dringt nicht selbst in die Organe ein, sondern erreicht sie nur durch Delegation. Dementsprechend ist das klassische Schema das der »Emanationen« des Empedokles, die bei Parmenides vielleicht schon vorangekündigt sind.[38] Bezeichnend ist, daß die gewöhnlich als *eidōla* bezeichneten *Bilder* Demokrits auch als Emanationen angesprochen werden konnten (siehe besonders 50, 51). Eine Besonderheit der Theorie Demokrits, auf der Theophrast länglich insistiert (50–53), ist die, daß solche Bilder nicht selbst das Auge erreichen. Was ins Auge gelangt, sind »Eindrücke« (*typoi*), die die Bilder, die vom Gegenstand kommen, ebenso wie unsere eigenen Emanationen auf der dazwischen befindlichen Luft bewirkt haben (51). Der Grund dafür, solch ein kompliziertes Schema zu wählen, muß der gewesen sein, daß es die Erklärung von Wahrnehmungsverzerrungen erleichterte, und vielleicht außerdem die Wahrnehmung von Distanzen. Nach dem bekannten Zeugnis des Aristoteles über Demokrits Theorie des Sehens würden wir, wenn der Himmel frei von Luft wäre, am Himmelsgewölbe sogar eine Ameise sehen (*De an.* II,7, 419a15–17).[39] Was Anaxagoras und Diogenes in bezug auf die Übermittlung dachten, ist schwieriger zu erkennen. Aber der Punkt, auf den es Anaxagoras ankam, als er sich die verbreitete Auffassung zueigen machte, nach der das Bild des Gegenstands auf der Pupille reflektiert wird (27, vgl. 36), könnte gewesen sein, daß diese Reflexion ein bestimmter Fall des Prinzips ist, daß »das, was erscheint, der Anblick der nichtoffenkundigen Dinge« ist (DK 59 B21a). In diesem Fall muß eine Art von Übermittlung stattgefunden haben, weil es das Bild im Auge gab. Und wenn Diogenes – befremdlich genug – behauptet, daß das Bild auf dem Auge sich mit innerer Luft »vermischen« muß, damit eine Wahrnehmung zustande kommt (40), impliziert er, daß das Bild selbst das Auge erreicht hat.

Das Gegenstück zu diesem Interesse an Emanationen ist die Aufmerksamkeit, die auf »Durchgänge« oder »Poren« verwendet wird (bei Empedokles heißen sie *poroi*). Es gibt viele solche Durchgänge. Als erstes sind da die Durchgänge, welche für die Sinnesorgane konstitutiv sind. Ohren und Nasenlöcher sind die offenkundigsten Beispiele. Aber wie wird das Auge passiert? Empedokles beschreibt, wie »Durchgänge« von Feuer und Erde auf der Oberfläche des Auges abwechseln, so daß es das aufnehmen kann, was scheint, und das, was dunkel ist (Theophrast, *Sens.* 7). Demokrit beruft sich auf »Geschmeidigkeit« und »Leere«, um zu erklären, wie die »Bilder« ins Auge eindringen (50, 54). Alkmaion (vielleicht) und Kleidemos (sicher) sprechen von seiner »durchsichtigen« Natur (26, 38). Hinter dem Auge muß der Weg klar, der Kanal in einer direkten Linie durchgebohrt sein, frei von schmierigen Stoffen oder Blut (Demokrit, 50, vgl. 55/56; Diogenes 40). Wenn, bei Diogenes, die Zunge das Organ ist, welches für Geschmack und Lust (im Griechischen dasselbe Wort: *hēdonē*) am empfindlichsten ist, dann deshalb, weil sie den Punkt bildet, wo sich die Gefäße, vom ganzen Körper kommend, konzentrieren (43). Wenn andererseits die Fische ebenso wie kleine Kinder töricht sind, dann hat dies seinen Grund in der Luft, die sich nicht ausbreiten kann, im Fall der Fische, weil deren Fleisch zu kompakt ist, und im Fall der Kinder, weil da noch zu viel von der ursprünglichen Feuchtigkeit ist, die die Kanäle blockiert (44, 45). Die Durchgänge können winzig klein und sogar unsichtbar sein. Empedokles war der Meinung, daß wir durch die Haut atmen (DK 31 B100); und Demokrit erkannte an, daß Töne durch den ganzen Körper hindurchgehen und nicht nur durch die Ohren (55).

Die Schlüsselstellung der Durchgänge in den frühen griechischen Theorien der Wahrnehmung erklärt vielleicht den paradoxen Status des Tastsinns. Aristoteles bemerkt in *De sensu*, daß frühe griechische Denker, durch Demokrit markant vertreten, dem Tastsinn die Vorzugsstellung zuerkannt hätten, das Prinzip zur Erklärung der anderen Sinne zu sein (442a29). Theophrast stimmt dem im Fall Demokrits zu (*Sens.* 55) und sagt über Empedokles, daß die Anpassung an die Durchgänge eine Art von Berührung sei (15, vgl. 7). Zweifellos spiegelt diese Analyse zum Teil die peripatetische Lehre wieder, daß alle Sinneswahrnehmungen, einschließlich des Tastens, durch ein *Medium* wirken.[40] Andererseits wird der Tastsinn in den frühen griechischen Theorien in auffälliger Weise vernachlässigt. Anaxagoras ist die Ausnahme. Theophrast hält es für wert, seine Meinung zu berichten, weil sie eine Rolle dabei spielte, im Gegensatz zu den meisten anderen Denkern das Prinzip zu etablieren, daß die Sinneswahrnehmung durch Gegensätze stattfindet (28, vgl. 2);[41] er besteht jedoch darauf, daß andere über den Tastsinn so gut wie nichts zu sagen haben. Dieses Schweigen ist außerordentlich aufschlußreich. Wenn der Tastsinn regelmäßig keine gesonderte Betrachtung erfordert, dann deshalb, weil er keinerlei Art von Ortsbewegung einschließt. In diesem Sinn ist die Bemerkung des Aristoteles gerechtfertigt; der Tastsinn ist zumindest potentiell eher ein *explanans* als ein *explanandum.*

Es überrascht daher nicht, wenn das Interesse an den einzelnen Sinnen in demselben Verhältnis abnahm, wie ihre Nähe zum Tastsinn zunahm. Der Tastsinn erfordert nur dann Aufmerksamkeit, wenn durch die Anerkennung eines zentralen Organs und daher durch eine innere Verzweigung wieder eine Distanz eingeführt wird, wie es bei Alkmaion (25) und Diogenes (43) geschieht. Empedokles (9), Anaxagoras (28) und Demokrit (72) andererseits haben über ihn nichts Charakteristisches zu sagen. Was den Geruchssinn angeht, setzt er eine Distanz voraus, allerdings eine, die durch die Atmung auch sofort unterdrückt wird. Eben darauf läuft die Standarderklärung hinaus, wenn sie sagt, daß der Geschmack »zusammen mit der Atmung« auftritt (Empedokles, 9, 22; Alkmaion, 25). Wenn das zutrifft, könnten wir versucht sein zu schließen, daß, wenn das Sehen und Hören unter den Sinneswahrnehmungen die interessantesten sind, dies nicht nur deshalb so ist, weil sie epistemologisch reich und physiologisch komplex sind, sondern auch deshalb, weil mehr Arbeit erforderlich ist, um zu erklären, wie in ihren Fällen ein Kontakt möglich ist.

Weiter in die Einzelheiten zu gehen, würde uns zu weit ab führen. Der Punkt, mit dem ich gerne schließen würde, ist von allgemeinerer Natur. Topologische Erklärungen spiegeln sicher einen großen Teil physiologischer Interessen wider. Die Physiologie ist – wie immer in der frühen griechischen Philosophie – von sich aus von philosophischer Natur, weil sie sich von einer Reihe allgemeiner Prinzipien nicht ablösen läßt, deren Anliegen letztlich ein ontologisches ist. Empedokles und Anaxagoras sind in der Abhandlung Theophrasts in einem bestimmten Sinn die zentralen Gestalten, da sie den Gegensatz zwischen zwei idealen Typen für die Erklärung der Erkenntnis verkörpern (Erklärung durch das Ähnliche bzw. durch das Gegensätzliche); sie sind auch in dieser Hinsicht paradigmatisch.

Wie jedes andere Stück der Theorie des Anaxagoras, so erzählt auch seine Erklärung der Sinneswahrnehmung eine Geschichte von Unterschied, Vorherrschaft und sogar Gewalt. Bekanntlich ist nach Anaxagoras Schnee, der weiß zu sein scheint, schwarz, weil er aus Wasser besteht (DK 59 A97). Die Unterscheidungsleistung im Zusammenhang der Sinneswahrnehmung ist immer einseitig und offenbart nur das, was im Gegenstand vorherrschend ist. Aber die Unterscheidungskraft der Sinneswahrnehmung wäre selbst unmöglich, wenn *wir* von dem, was wir wahrnehmen, nicht verschieden wären. Das ist sozusagen der materiale Ausdruck für die Schwäche der Sinne, die ihre Wirkung innerhalb und dank der Mischung entfalten, die nur der *nous*, als das einzige ungemischte Wesen (B12), trennen kann.[42] Wenn wir Süßes unterscheiden können, dann wegen des Gegensatzes zum Sauren, das sich in uns befindet. Die Wahrnehmungen werden um so genauer sein, je ausgeprägter der Gegensatz ist. Worum es in der Sinneswahrnehmung geht, ist ein Stärkenverhältnis (27, 37). Dies erklärt die entscheidende Rolle, die in Anaxagoras' Theorie die Größe der Wahrnehmungsorgane und allgemeiner die Größe der Lebewesen spielt. Es erklärt außerdem, warum es nach Anaxagoras keine Wahrnehmung gibt, die nicht schmerzhaft ist. Auch wenn wir den Schmerz unter normalen Umständen nicht bemerken, zeigen doch sowohl exzessive Wahrnehmungen als auch das Bedürfnis nach Schlaf den Schaden, der sich bei der Ausübung von Sinneswahrnehmung ansammelt.

Am besten liest man dieses Bündel von Merkmalen gegen den Hintergrund der Theorie des Empedokles, dessen Darstellung insofern, als die Liebe in der Person der Aphrodite wie ein Kunsthandwerker tätig ist, weitgehend teleologisch und sogar eschatologisch ist. Für Empedokles sind Sinneswahrnehmung und Denken Gelegenheiten von vortrefflichem Rang: Sie erlauben Unterscheidungen und Hierarchien. Das ist der Grund, weswegen der Abschnitt seines Gedichts, der sich mit dem Denken befaßt, zu einer Behandlung intellektueller Gaben und des Fertigkeitswissens führte,[43] die bei anderen Denkern keine Parallele gehabt zu haben scheint. Das Hauptthema, welches seine Analyse der Erkenntnisfähigkeiten organisiert, ist jedenfalls das Thema von Fragmentierung und Synthese. Ortsbewegung ist nicht nur notwendig, damit Kontakt und somit Sinneswahrnehmung stattfindet; vielmehr andersherum: Die Sinneswahrnehmung stellt einen Weg dar, auf dem die Elemente zusammenzukommen. Im Wahrnehmungsprozeß ist das Zusammentreffen der Elemente allerdings nur ein teilweises. Wasser findet Wasser (das ist das, worin die Wahrnehmung dunkler Gegenstände besteht), oder Feuer findet Feuer (wenn helle Gegenstände wahrgenommen werden); aber Luft und Erde bleiben beiseite.[44] Unter diesem Gesichtspunkt erweitert das Denken, in dem alle vier Elemente am Werk sind (denn Blut ist eine harmonische Zusammensetzung aller vier Elemente) nur eine Tendenz zur Einigung, die sich schon in der Sinneswahrnehmung feststellen läßt. Ob Sinneswahrnehmung oder Denken, jeder kognitive Akt ist innerhalb der Grenzen des menschlichen Lebens die Antizipation der letzten Vereinigung der Elemente in der Einheit der göttlichen »Sphäre« (Kugel, *sphairos*). Dies sind Akte der Liebe, und das ist der Grund, warum sie mit Lust verbunden sind.[45]

Die schöne Korrelation zwischen Anaxagoras' und Empedokles' Auffassungen über das Denken und die Sinne auf der einen und ihren philosophischen Gesamtauffassungen von der Welt auf der anderen Seite läßt sich auch bei anderen Denkern finden oder wenigstens ahnen, etwa bei Diogenes von Apollonia[46] oder bei Demokrit, selbst wenn bei letzterem der Schwerpunkt seiner systematischen Interessen eher auf den wahrnehmbaren Gegenständen (den atomaren Formen) als auf den Sinnen selbst gelegen haben mag.[47] Weniger trifft dies bei anderen Denkern zu, entweder wegen des Zustands unserer Überlieferung oder wegen der Art von Philosophie, die sie praktizierten (Alkmaion beispielsweise ist zwar ein Physiker, muß aber starke medizinische Interessen gehabt haben[48]). Das Gleichgewicht zwischen wissenschaftlichem Programm und systematischem Interesse ist selbst bei den gewandtesten Denkern ein empfindliches. Man könnte sogar argumentieren, daß es bei jedem Autor, von dem wir etwas vorliegen haben, und von einem Autor zum anderen eine gewisse Spannung zwischen seinem systematischen Vorhaben und der Verpflichtung gibt, so etwas wie ein wissenschaftliches Programm zu erfüllen – ein Programm, das in der Reihe relativ geschlossener Daten und Fragen enthalten ist, auf die ich zuvor angespielt habe.[49] Aber insgesamt kann man sagen, daß die frühen griechischen Philosophen die Erkenntnisprozesse nicht weniger als die kosmologischen Phänomene erfolgreich in ihren physiologischen Zugang integriert haben. Dies mag auf Kosten eines epistemologischen Bewußtseins gegangen sein, das zu nach-sokratischen, oder genauer: zu nach-platonischen, Interessen besser gepaßt haben wird.

Anmerkungen

[1] Wie von Solmsen [497] 160–164 gezeigt wurde.

[2] Descartes, *Zweite Meditation*: »... Ein denkendes Ding! Und was heißt das? Nun, – ein Ding, das zweifelt, einsieht, bejaht, verneint, will, nicht will und das auch Einbildung und Empfindung hat« (Übers. A. Buchenau). (»Qu'est-ce qu'une chose qui pense? C'est-à-dire une chose qui doute, qui conçoit, qui affirme, qui nie, qui veut, qui ne veut pas, qui imagine aussi, et qui sent.«)

[3] Was die semantischen Aspekte der Wortgeschichte von *psychē* betrifft, siehe Jouanna [493].

[4] Siehe S. 238.

[5] Siehe Snell [128], zusammen mit der Kritik von T. Jahn, *Zum Wortfeld ›Seele-Geist‹ in der Sprache Homers* (München 1987).

[6] Claus [486]. – Claus verdanke ich den Titel dieses Abschnitts.

[7] Jarcho [492].

[8] Burkert [201] 120–165. Siehe Huffmann, in diesem Band S. 64f.

[9] Huffmann [198].

[10] Siehe Riedweg [367].

[11] Siehe Furley [489].

[12] *De an.* I,2, 405a19–21 = DK 11 A22. Die Gleichsetzung von »Alles ist voll von Göttern« mit »Seele ist überall« wird von Aristoteles ausdrücklich als Konjektur präsentiert (*De an.* I,5, 411a7).

[13] Das Fragment wird gelegentlich als unecht betrachtet, da es späteren Einfluß (von seiten des Diogenes von Apollonia oder der Stoiker) erkennen läßt. Für eine Diskussion siehe Wöhrle [188] 63–64.

[14] Wie Huffmann [198] 307–314 annimmt, ist es das.

[15] Aetius IV,3,5 (= DK 68 A102) und IV,8 (vgl. IV,2), vgl. Aristoteles, *De an.* I,2, 404a5.

[16] Die Information über Diogenes steht bei Theophrast (*Sens.* 44), der allerdings

nicht hilfreich ist, soweit es um Demokrit geht (ebd. 58); siehe unten S. 236. Zur Funktion des Gehirns bei Demokrit siehe Sassi [421] 73ff., im Gegensatz zu Bicknell [410].

[17] Übersetzung angelehnt an die von J. Mansfeld [12].

[18] DK 22 B12, 36, 45, 67a, 77, 85, 98, 107, 115, 117, 118, sowie eine Gruppe von Fragmenten, wo der Terminus durch verschiedene Grade von Wahrscheinlichkeit impliziert zu sein scheint (B26, 88, 136, A16). Vgl. Nussbaum [256].

[19] Siehe die Kritiken von Claus [486] und Schofield [261] an kosmo-physiologischen Interpretationen der *psychē*-Fragmente, wie sie beispielsweise von Mansfeld [255] vertreten werden. Zur weiteren Diskussion von Heraklits Darstellung der *psychē* siehe Hussey, in diesem Band S. 92.

[20] Ich nehme die Belege in der umgekehrten Reihenfolge wie Aristoteles vor und lasse die Gruppe anonymer Denker beiseite. Sie wirft Probleme auf, die zu verwickelt sind, um hier erörtert zu werden. Für eine ausführliche Untersuchung (einschließlich der Frage der Reihenfolge) siehe Mansfeld [40].

[21] Der Text und die Bedeutung des Fragments werden viel diskutiert. Für Hinweise dazu und für einen Versuch, *to pleon* in der letzten Zeile im Sinn von »das Volle« zu verstehen, siehe Laks [301].

[22] Siehe unten S. 240, 242f.

[23] Sedley [378] 26–31 denkt, das Prinzip »Gleiches kennt Gleiches« finde bei Empedokles nur auf das Denken Anwendung (vgl. DK 31 B109). Obwohl *Über die Sinneswahrnehmungen* von den beiden traditionellen Prinzipien »Gleiches durch Gleiches« und »Verschiedenes durch Verschiedenes« (siehe dazu Müller [496]) einen scholastischen Gebrauch macht, denke ich nicht, daß Theophrast die Lehre des Empedokles hier falsch wiedergibt.

[24] Man beachte Theophrasts Verwendung von *hōs* im Gegensatz zu Aristoteles' *phasi* an der *De anima*-Stelle und *hypolambanein* in dem Text aus der *Metaphysik*.

[25] Zu Xenophanes und Heraklit siehe Lesher, in diesem Band S. 209–215, und Lesher [494] 13, 20–23. Zu Demokrit siehe Taylor, in diesem Band S. 179f.

[26] Dieselbe Art Einschätzung finden wir bei Theophrast, Frgm. 227 FHSG.

[27] Siehe DK 31 B3, unten S. 239.

[28] Für eine Verteidigung des überlieferten Texts (*meta tēn kinēsin*) siehe Sassi [421] 187ff. Mit der üblichen Korrektur (*kata tēn krasin*) lautet der Text: »wenn die Seele sich ihrer Mischung nach in einem ausgeglichen Zustand befindet«.

[29] Lesher [494].

[30] Siehe Long [366] 268.

[31] Lesher hat nachdrücklich argumentiert, daß Xenophanes sich auf empirische Beobachtung verpflichtet hat (siehe in diesem Band S. 210). Das ist aber eine Frage der Rekonstruktion, abgesehen davon, daß das Problem des Empirismus weit über das der Beziehung zwischen Sinneswahrnehmung und Denken hinausreicht (obgleich die beiden Fragen offensichtlich in Beziehung zueinander stehen).

[32] Übersetzung wie bei Lesher oben S. 218.

[33] Für Zweifel in dieser Hinsicht siehe Mansfeld [40].

[34] Diese Interpretation könnte einige Unterstützung bekommen, wenn man *logōi* nicht als »Vernunft« versteht bzw. mit »auf vernünftige Weise« übersetzt, sondern einfach als »Argument« deutet (Lesher [494] 24 Anm. 46, und in diesem Band S. 218).

[35] Weil das Wort *barbaros* im Griechischen bedeutet: »wer nicht Griechisch spricht«, wurde »barbarisch« in dem Fragment Heraklits oft so verstanden, als impliziere es, daß die Seelen, um die es geht, »die Sprache der Sinne nicht verstehen«. Das scheint zweifelhaft; aber siehe Hussey, in diesem Band S. 82.

[36] Nach der Konstruktion und der Übersetzung von Mansfeld [12] Bd. I 254.

[37] Es gibt Gründe anzunehmen, daß Empedokles derjenige war, der die Liste der Agenda aufgestellt hat.

[38] Das ist zumindest eine mögliche Erklärung dafür, warum Erkenntnis eine gewisse *symmetria* erfordert (Theophrast, *Sens.* 3, zu vergleichen mit der Kritik an der Theorie des Empedokles in 15).

[39] Demokrits Erklärung des Sehens wird viel diskutiert. Siehe K. von Fritz, »Demokritos' Theorie des Sehens« in: Ders., *Grundprobleme der Geschichte der antiken Wissenschaft*, Berlin 1971, 594–622, und O'Brien [419].

[40] Cherniss [34] 314–316.

[41] Theophrasts Klassifikation früherer Theorien der Sinneswahrnehmung stützt sich auf einen Gegensatz zwischen denen, die die Sinneswahrnehmung in den Termini einer »Ähnlichkeit« erklären, welche zwischen dem Wahrnehmenden und dem wahrgenommenen Gegenstand bestehe, und denen, die zwischen Wahrnehmendem und Wahrgenommenem eine »Unähnlichkeit« oder einen »Gegensatz« annehmen. Siehe hierzu Mansfeld, in diesem Band S. 28.

[42] Hierzu siehe Laks [394].

[43] Das ist die Implikation von Theophrasts Bericht *Sens.* 10–11.

[44] Theophrast, *Sens.* 10–11.

[45] Siehe Bollack [356] Bd. 1, 263–264.

[46] Über ihn siehe Laks [425].

[47] Dieser Aspekt des Problems wurde hier überhangen. Der Leser könnte auf den zweiten Teil von Theophrasts Abhandlung hinweisen.

[48] Die Frage des intellektuellen Profils Alkmaions wird bei Mansfeld [495] behandelt.

[49] Dies betrifft natürlich die Kosmologie nicht weniger als die Physiologie in dem präzisierten Sinne des Wortes.

13 Schuld, Verantwortung, Ursache: Philosophie, Geschichtsschreibung und Medizin im fünften Jahrhundert

Mario Vegetti

»Die Vorstellung von der Natur, daß diese einen universalen Zusammenhang von Ursache und Wirkung einschließt, entfaltete sich im Laufe der Entwicklung der vorsokratischen Philosophie so, daß sie *explizit* gemacht wurde«: G.E.R. Lloyd.[1] – »Der Begriff der Ursache ist, das zeigt das griechische Wort, dessen Thukydides sich bedient, πρόφασις, der Sprache der Medizin entlehnt«: W. Jaeger.[2] – »Das Wort *aition* ist von den Hippokratischen Schriften an ein Standardwort für ›Ursache‹; und die davon abgeleitete Form *aitia* ... bedeutete einen Vorwurf oder eine Anklage; aber schon zur Zeit von Herodots Buch kann es einfach ›Ursache‹ oder ›Erklärung‹ bedeuten«: B. Williams.[3]

In ihren intellektuellen Ausrichtungen sind diese drei herausragenden Gelehrten zwar weit voneinander entfernt; übereinzustimmen scheinen sie aber in der Ansicht, daß es in der Philosophie, in der Geschichtsschreibung und in der Medizin des fünften Jahrhunderts einen präzisen und wohldefinierten Begriff der Kausalität gibt. Dieses Urteil wird weithin geteilt. Es bedarf aber trotzdem einer Korrektur oder zumindest einer Klärung und Ausformulierung, und zwar unter zwei verschiedenen, jedoch komplementären Gesichtspunkten.

Erstens zeigt, wie wir sehen werden, eine lexikalische Untersuchung zur Kausalität, also im Umfeld der Wörter *aitia, aitios, to aition* und *prophasis*, daß explizite theoretische Reflexionen über Kausalzusammenhänge und über darauf gestützte Erklärungsformen nur schrittweise und mit einer beachtlichen Unsicherheit aufkamen und daß die Unsicherheit aus der Unschärfe resultierte, die die moralische, politische und juridische Sprache im Umgang mit Schuld und Verantwortung und mit der Zuschreibbarkeit von Tatsachen und Handlungen zeigte. Interessanterweise entwickelte sich die Konzeptualisierung von Kausalität eher in medizinischen Zusammenhängen als in der frühen griechischen Philosophie (jedenfalls nach den Fragmenten der letzteren zu urteilen und unter Beiseitesetzung der Kausalformulierungen, die von Aristoteles und der Peripatetischen Doxographie beigetragen wurden).

Zweitens ist es nötig, die Beziehung zu klären, die zwischen der Entwicklung der theoretischen Reflexion über Kausalität und der Art von kausalen Verknüpfungen besteht, welche damit beschrieben werden. Zum Beispiel schließt die Behandlung der »Ursache« durch Aristoteles im zweiten Buch seiner *Physik* keinen Humeschen Begriff einer kausalen Verknüpfung ein, nach dem die Ursache der notwendige Vorgänger zu ihrer Wirkung ist. In dieser Hinsicht bleibt Aristoteles der Komplexität des Denkens des 5. Jahrhunderts treu und versucht – wenn auch im Zusammenhang einer rigorosen Theorie –, die verschiedenen Dimensionen der Kausalität zu reproduzieren, die dort mehr oder weniger vage aufgekommen waren. Ein Ursachenbegriff andererseits wie der, wonach eine Ursache dasjenige ist, was notwendig und hinreichend ist, um die Wirkung hervorzubringen, – ein solcher Ursachenbegriff findet sich in einem Teil der medizinischen Zeugnisse; in dieser Hinsicht präfiguriert das Ursachenverständnis des 5. Jahrhunderts eher den Stoizismus als Aristoteles.

Das Denken des 5. Jahrhunderts entbehrte weitgehend einer ausdrücklichen theoretischen Reflexion über das Problem der Kausalität und hatte keinen – im Sinne Humes – »strengen« Begriff kausaler Verknüpfungen. Es war aber durchaus in der Lage, (mehr oder weniger spontan) Beziehungen zwischen Dingen und Ereignissen zu begreifen, die eine spätere Theorie in den allgemeinen Zusammenhang der Kausalität eingebunden hätte. Was wir uns klar machen müssen, ist, daß diese Beziehungen Gegenstand von Beschreibungen in Termini wurden, die von der Kausalitätssprache verschieden sind, welche ich in diesem Kapitel analysieren werde.

Es gibt zum Beispiel Phänomene, die »von Natur aus« (*physei*) vorkommen, welche von der Regelmäßigkeit der Naturordnung unserer Welt abhängen. Diese Abhängigkeit wird sowohl in der Philosophie als auch in der Medizin häufig als eine »Notwendigkeit« (*anankē*) beschrieben. Gelegentlich kann diese Notwendigkeit verknüpft werden – nicht mit natürlicher Regelmäßigkeit, sondern mit den Verfügungen des Schicksals und der Gottheit, so etwa in Agamemnons berühmtem Satz: »Nicht ich bin schuldig (*aitios*), sondern Zeus und Moira, die im Dunkeln wandelnde Erinys« (*Il.* XIX,86–87). Bei Herodot begegnet die notwendige Abhängigkeit der Ereignisse vom Plan einer Gottheit häufig in Verbindung mit dem Ausdruck »wie es geschehen mußte« (*edei*). Wenn die Regelmäßigkeit, von der die Ereignisse abhängen, aber nicht göttlich oder natürlich, sondern menschlich ist, dann wird diese Verbindung oft mit dem schwächeren Ausdruck *eikos* (plausibel, mutmaßlich, wahrscheinlich) ausgedrückt, besonders in politischen und juristischen Zusammenhängen.

Diese Abhängigkeitsbeziehungen zwischen Dingen, Ereignissen und Ordnungsformen können jedoch nur dann in den Zusammenhang von Kausalität und Kausalerklärung eingebracht werden, wenn man dabei spätere Denkmuster verwendet. Um das zu demonstrieren, wollen wir kurz ein paar offenkundige Beispiele aus der frühen griechischen Philosophie durchgehen und mit dem berühmten Anaximander-Fragment beginnen, welches uns von Simplikios überliefert wird (DK 12 B1):

> Und was den seienden Dingen die Quelle des Entstehens ist, dahin erfolgt auch ihr Vergehen »gemäß der Notwendigkeit; denn sie strafen und vergelten sich gegenseitig ihr Unrecht nach der Ordnung der Zeit«.

Die universale und notwendige Verknüpfung, welche die Dinge im kosmischen Kreislauf bindet, wird hier ersichtlich in die moralisch/juridischen Begriffe von Schuld und Strafe und nicht so sehr in die einer kausalen Erklärung gefaßt.

Bei den unmittelbar folgenden Philosophen finden wir die weit verbreitete Idee einer Abhängigkeit der Dinge und Vorgänge von der »Macht« eines Ursprungsprinzips (*archē*). So heißt es bei Parmenides (DK 28 B12): »... die *daimōn*

(Göttin), die alles lenkt ... und beherrscht (*archei*).« Besonders bei Empedokles und Anaxagoras erscheinen Prinzipien, die sehr viel später als Präfigurationen der (Kausal-)Ursächlichkeit interpretiert werden sollten: im ersten Fall Liebe und Streit (*philia* und *neikos*), im zweiten Fall die Einsicht (*nous*). Diese Prinzipien üben ihre Tätigkeiten in bezug auf andere entstehende Prinzipien biologischer Art aus, so auf die »Wurzeln« (*rizōmata*) des Empedokles und die »Samen« (*spermata*) des Anaxagoras.

Im Text des Empedokles (siehe z.B. DK 31 B26) scheinen Liebe und Streit nun zwei etwas anthropomorphe Metaphern für die Zusammenscharung und die Trennung der kosmischen Elemente zu sein; außerdem scheinen sie von den Elementen selbst nicht getrennt zu sein. Was sie tun, wird jedenfalls in der politischen Sprache der Macht ausgedrückt (z.B. DK 31 B17,28: »und abwechselnd üben sie im Kreislauf der Zeit die Vorherrschaft aus (*krateousi*)«). Im Gegensatz zu Empedokles wird das Prinzip des Anaxagoras, der Nous, ausdrücklich als von den Dingen getrennt konzipiert, auf die er in seinen eigenen Tätigkeiten einwirkt. Wahrscheinlich ist das der Grund, warum Platon in der bekannten Passage des *Phaidon* (97b ff.) auf Anaxagoras als denjenigen Bezug nimmt, der die Vorstellung einer Zielursache aufgebracht hat. Indes ist die Art und Weise, wie Anaxagoras die Abtrennung des Nous und seiner Tätigkeit in bezug auf die Welt ausdrückt, einmal mehr die Sprache der politischen und militärischen Macht: der Nous ist »selbständig herrschend« (*autokrates*), übt seine eigene Gewalt aus (*kratein, ischeuei*) und hat die Macht (*archē*), die Rotation der Welt in Gang zu setzen (DK 59 B12). Dank dieser Macht, die er besitzt, hat der Nous allen Dingen eine Ordnung auferlegt (*panta diekosmēse*). Diese Konzeption einer steuernden Tätigkeit hat vermutlich die Art beeinflußt, in der Platon sich im *Timaios* über die Einwirkung des Demiurgen auf die raum-zeitliche Welt äußert. Es scheint klar zu sein, daß diese embryonale Form kausalen Denkens noch komplett in eine metaphorische Sprache eingekleidet ist, die man aus dem politischen Bereich abgeleitet hat. Das Bedürfnis, die Anfänge der Weltordnung zu erklären, schließt keine theoretische Reflexion über den Begriff der Ursache ein, sondern ist eher gezwungen, sich selbst in den Termini der Macht auszudrücken, die die Götter in der Welt ausüben oder die die Menschen in der Gesellschaft ausüben, gerade so, wie die Sprache bei Anaximander juridisch und ethisch bleibt.

Um der Frage näher zu kommen, wie kausales Denken begann, können wir das akzeptieren, was Michael Frede so unübertrefflich formuliert hat:

Als die Verwendung von ›aition‹ so ausgedehnt wurde, daß wir bei allem fragen könnten, ›Was ist das aition?‹, da muß diese Ausdehnung der Verwendung von ›aition‹ in der Annahme stattgefunden haben, daß es für alles, was zu erklären ist, etwas gibt, was in bezug darauf eine Rolle spielt, die der Rolle entspricht, welche die Person, die verantwortlich ist, in bezug auf das spielt, was schief gegangen ist; das heißt, die globale Ausdehnung der Verwendung von ›aition‹ ist nur verständlich auf der Grundlage der Annahme, daß es in bezug auf alles und jedes etwas gibt, was dafür verantwortlich ist, indem es dies oder jenes tut.[4]

Mein Ziel in diesem Kapitel ist es, auf dem Weg einer Korrektur der zu Beginn erwähnten, weithin geteilten Meinungen zu verifizieren, wann genau und auf welche Weise diese Ausdehnung, Konzeptualisierung und Verallgemeinerung kausalen Denkens stattgefunden hat. Die Frage ist mit anderen Worten: Wann fand der Übergang von der persönlichen Sprache der Schuld und der moralischen, politischen und gesetzlichen Verantwortung zu der abstrakten und »neutralisierten« Sprache der Ursache statt? (Wie wir sehen werden, schließt dieser Übergang nicht notwendig ein, daß die sprachlichen Formen *aitia* und *aitios* durch das neutrale Substantiv *to aition* substituiert werden.) Bei der Beantwortung der Frage haben wir es mit einem langen und komplexen Vorgang zu tun, einem Prozeß, der sich über das Denken des gesamten fünften Jahrhunderts hin erstreckte und der sogar in den entwickelteren theoretischen Bemühungen von Platon und Aristoteles tiefe Spuren hinterlassen hat.

1. Die Philosophen

Eine lexikalische Untersuchung zur Kausalität bei den frühen griechischen Philosophen führt zu dem erstaunlichen Resultat, daß es eine Reflexion über das Problem kausaler Erklärung so gut wie überhaupt nicht gab. Erstaunlich ist ein solches Resultat deshalb, weil die Quellentexte zu den frühen griechischen Philosophen natürlich außerordentlich reich an Hinweisen auf die Ursachen-Sprache sind. In der Perspektive dieses Kapitels haben diese Zeugnisse allerdings überhaupt keinen Wert, weil sie ganz von der Interpretation des Aristoteles abhängen, die man im ersten Buch seiner *Metaphysik* und im zweiten seiner *Physik* findet. Aristoteles schaut auf diese Denker dort als auf unvollkommene Vorgänger der Forschung zur Kausalität, wie sie von ihm selbst durchgeführt wird. Wenn wir unser Augenmerk stattdessen nur auf die Fragmente richten, die in gewissem Umfang die ursprüngliche Sprache der frühen griechischen Philosophen widerspiegeln, dann ist die Terminologie echter Kausalität praktisch verschwunden. Was wir finden, ist eine Terminologie, die mit den traditionellen moralischen und juridischen Konnotationen vollkommen übereinstimmt.

Aitia kommt nur ein einziges Mal bei Demokrit vor (DK 68 B83), und zwar mit der Bedeutung »Grund« oder »Motiv«. *Prophasis* andererseits hat die Bedeutung von »Entschuldigung« oder »Rechtfertigung« (DK 68 B119), die bei den Historikern und den Ärzten ganz normal ist.[5] Bei Gorgias kommt *aitia* in der *Helena* und im *Palamedes* vor (DK 82 B11, 11a) und hält natürlich an der Bedeutung von »Schuldhaftigkeit« oder »Verantwortlichkeit« fest, der Standardbedeutung im moralischen und juristischen Diskurs. Auf dieselbe Art wie bei Gorgias wird der Ausdruck von Antiphon in seinen *Tetralogien* gebraucht. Diese rhetorischen Übungen, dazu bestimmt, Leute auf die Argumentation vor Gericht vorzubereiten, stellen einen strengen Zusammenhang zwischen gesetzlicher Verantwortlichkeit und Schuldhaftigkeit oder religiöser Befleckung (*miasma*) her.[6]

In seiner zweiten *Tetralogie* ist die Frage, um die es geht, die Verantwortlichkeit eines jungen Mannes, der im Verlauf eines Trainings einen Speer geschleudert und damit einen seiner Kameraden getötet hatte, der versehentlich das Gelände des Gymnasiums betreten hatte. Diese Art von Problem ähnelt einer Anekdote, die von Plutarch mit Bezug auf Protagoras und Perikles erzählt wurde (DK 80 A10). Die beiden hatten einen ganzen Tag damit verbracht, über die zu diskutieren, die für die unbeabsichtigte Tötung eines gewissen Epitimos verantwortlich (*aitioi*) waren; die Tötung erfolgte unter Umständen, die den von Antiphon behandelten ähnlich waren. Offensichtlich handelte es sich um eine exemplarische Gesetzesfrage: Wer oder was ist verantwortlich: der Speer, der Werfer oder die Funktionäre, die bei den Übungen die Aufsicht führten?

In diesen Fällen haben wir es nicht mit »Spekulationen über Ursache und Wirkung« zu tun, wie Adkins das in bezug auf Gorgias annahm, wobei er solche Überlegungen für eines der Hauptthemen der zeitgenössischen Sophisten hielt.[7] Die Quellenlage deutet eher auf eine Debatte hin, die in zwei Bereichen über Fragen der Verantwortlichkeit und Schuldhaftigkeit geführt wurde, nämlich in einem moralischen und religiösen Zusammenhang – in diesem Bereich erreichte die Debatte einen ihrer Höhepunkte in Sophokles' *Oidipus auf Kolonos*, wo Ödipus sich deshalb für moralisch und gesetzlich unschuldig (*katharos*) erklärt, weil seine Übeltaten unabsichtlich waren (Zeilen 546–548; siehe auch 266–271) – und andererseits in der gesetzlichen Sphäre wie bei Gorgias und Antiphon und in der Geschichte über Protagoras.[8] Wie wir im nächsten Abschnitt sehen werden, nahm dasselbe Thema eine zentrale Stelle in den Überlegungen ein, die die Historiker über politische Aktionen anstellten.

Es ist also offenbar sicher, daß die frühen griechischen Philosophen weder in ihrer Naturphilosophie noch in ihren sophistischen Debatten irgendwelche theoretische Mühe auf die Sprache und die Begriffe der Verursachung im allgemeinen verwendet haben. Um die ersten Spuren davon zu entdecken, müssen wir die Untersuchung auf die Gebiete der Geschichtsschreibung und vor allem der Medizin ausdehnen.

2. Die Historiker

Die Geschichte Herodots beginnt mit einer Erörterung über die *aitia* für die Kriege zwischen Griechen und Barbaren. Worum es hier geht, sind die Gründe und Motive für die Kriege, die aber aus einem wechselseitigen Disput bestehen, aus einem Austausch von Vorwürfen, für begangene Verbrechen und für Racheakte verantwortlich zu sein. In den Augen der Griechen sind die Phönizier *aitioi*, schuldig der Delikte (*adikēmata*), die gegen sie verübt worden sind (I,1). Aber die Griechen sind ihrerseits schuldig, *adikia* gegen die Barbaren begangen zu haben, und werden am Ende wegen der Aggression, die sie gegen Troja entfalteten, als »gewaltig schuldig« angesehen (*megalōs aitioi*, I,4,1). Durch Herodots ganzes Werk hindurch bleibt die normale Bedeutung von *aitia* »Verantwortung für ein begangenes Delikt« – und auch »Schuld«, die das Motiv für eine Bestrafung abgibt (vgl. I,137,1).

Dieser Gebrauch von *aitia* (und korrelativ von *aitios*) ist eine klare Ausdehnung der Gerichtssprache in den Zusammenhang politischer Auseinandersetzungen hinein. In manchen Fällen (z.B. IV,167,3) ist die Verantwortung nur ein »Vorwand« (*proschēma*), den sich jemand zu eigen macht, um einen Gewaltakt zu rechtfertigen. Daß dieses Wort mit *aitia* in Verbindung gebracht wird, ist interessant, weil *proschēma* an einer Stelle (IV,133,1) mit *prophasis* verknüpft wird und *prophasis* bei Herodot genau die normalen Bedeutungen hat, »Vorwand« oder »Entschuldigung« (vgl. IV,145,1). Wenn *aitia* sich nun in der Bedeutung mit *prophasis* teilweise überlappt, dann ist das sicherlich nicht ein Zug in die Richtung einer Ursachen-Sprache, sondern eher ein Hinweis, daß wir es mit dem Austausch von Verantwortungen, Zuweisungen, Entschuldigungen und Vorwänden zu tun haben, die für Gesetzesdebatten und politische Dispute typisch sind. *Prophasis* kann – mit ›Vorwand‹ vereinbar, aber davon doch leicht abweichend – auch die Bedeutung »Zufallsumstände« annehmen, mittels deren etwas Vorherbestimmtes stattfindet. In diesem Sinn führt Herodot die Geschichte vom Ruin des Skythenkönigs Skyles ein: »Da nun aber einmal Unglück über ihn kommen sollte (*edei*), war dies die Gelegenheit dazu« (*apo prophaseōs toiēsde*, IV,79,1). Somit bezeichnet *prophasis* auch den offenkundigen, sichtbaren Aspekt eines verborgenen Geschicks.

Bis zu diesem Punkt weicht Herodots Sprache, wie gesehen, nicht von den überkommenen Sprachgebräuchen in Justiz, Ethik, Politik und Religion ab. Dennoch lassen sich vage Anzeichen für eine Veränderung finden, dahingehend, daß der Sprachgebrauch fast unmerklich vom Bereich der Verantwortung in den der Kausalität übertragen wurde. Wo Herodot die Gründe für die Überschwemmung des Nils diskutiert, berichtet er von der Meinung, daß die etesischen Winde dafür verantwortlich (*aitioi*) seien, und weist diese Ansicht zurück aufgrund der Tatsache, daß die Überschwemmung sogar dann stattfindet, wenn diese Winde nicht da sind (II,20,2–3). Dieser Text kann gewiß als Entlastung der Winde von einem Vorwurf gelesen werden; er weist aber ebenfalls auf ein wichtiges Erfordernis kausalen Denkens hin, nämlich auf die Anwesenheit der Ursache in Verbindung mit ihren Wirkungen. In derselben Passage erklärt Herodot, daß seiner eigenen Meinung nach die Sonne in Ägypten für die Überschwemmungen ebenso verantwortlich (*aitios*) ist wie für die Trokkenheit der dortigen Luft (II,25,5–26,1). Auch hier finden wir einen vagen Hinweis auf einen Übergang von der Sprache der Zurechenbarkeit zu einer Konzeption von Kausalität.

Andere Abschnitte, alle von einer zögernden oder negativen Art und zugleich dadurch gekennzeichnet, daß sie das nominalisierte Adjektiv *to aition* verwenden, lassen dieselbe Interpretation zu. So etwa (VII,125): »Und ich frage mich, was wohl der Grund (*to aition*) gewesen sein mag, der die Löwen veranlaßte (*to anankazon*), alles andere zu verschonen und allein die Kamele anzufallen, wo sie dieses Tier doch früher nie gesehen und sich an ihm versucht hatten.« Der zögernde Ton dieses Textes enthält den Sinn: »Ich weiß nicht, wie man dieses Ereignis erklären könnte.« Klar ist, daß wir, genauso wie bei der Erörterung zur Überschwemmung des Nils, Zeugen eines Übergangs in Richtung auf eine Art kausalen Denkens sind, wie vage und undeutlich der Übergang auch sein möge.

Der Anfang von Thukydides' *Geschichte* ist ganz herodoteisch: Thukydides will die Verantwortlichkeiten und Streitpunkte (I,23,5: *aitiai/diaphorai*) beschreiben, das heißt, die öffentlich akzeptierten Motive (*aitias*) für den Ausbruch des Kriegs zwischen den Athenern und den Spartanern (vgl. I,146). Der Sinn, den Thukydides dem Wort *aitia* normalerweise in bezug auf politische Kontroversen gibt, ist eine Ausweitung derjenigen Wortverwendung, mit der Verantwortlichkeit oder Schuld in juridischen oder ethischen Zusammenhängen ausgedrückt wird. Daher wird das Wort häufig in Verbindung mit *hamartēma* (Irrtum, Fehler) und *adikein* (Unrecht tun) benutzt (z.B. II,60,4–7, I,39,3, IV,114,5). In der Debatte zwischen den Korinthern und den Spartanern (I,69,6) wird eine *aitia*, eine »Beschwerde«, die gegen Freunde vorgebracht wird, welche irren – daher ein Ausdruck, der frei von Feindseligkeit ist –, einer *katēgoria*, »Anklage« gegenübergestellt, die sich gegen Feinde richtet. Aber wie es um diese psychologische Nuance auch steht, selbst wenn sie ihren Ursprung in juridischer Sprache hat, hat Thukydides sie sich nicht konsistent zueigen gemacht, da er *aitia* nämlich oft in bezug auf Antagonisten verwendet.

Einen Zug in eine entschieden kausale Richtung hat man oft in der berühmten Passage (I,23,6) gesehen, wo Thukydides, nachdem er von den Vorwürfen und Beschwerden gesprochen hat, die zwischen den Athenern und den Spartanern gewechselt worden waren, hinzufügt: »Den wahrsten Grund (*prophasis*) freilich, zugleich den meistbeschwiegenen (*aphanestatē*), sehe ich im Wachstum Athens, das die erschreckten Spartaner zum Kriege zwang (*anankasai*).« Was hier hervorgehoben werden muß, ist der Umstand, daß *prophasis* nicht soviel bedeutet wie »der letzte, eigentliche Grund«, im Gegensatz zu den erklärten Vorwänden (*aitiai*). Wie Irigoin gezeigt hat, ist das Wort *prophasis* nicht von *phēmi* abgeleitet, sondern von *phainō* und bedeutet »zeigen«, »ans Licht bringen«.[9] Thukydides kontrastiert diese *prophasis* mit den Äußerungen der Kombattanten, welche die wahren Gründe des Krieges verschleiern. Was er also meint, ist dies: »Der wahrste Grund, den ich ermitteln kann, ungeachtet der Tatsache, daß er nicht öffentlich artikuliert wurde«, war wirklich die psychologisch und politisch unausweichliche Situation, in der die Spartaner sich fanden.[10] Wir sind wieder nicht in der allgemeinen Umgebung des kausalen Denkens, sondern in der des Gerichtssaals: der Entdeckung einer verborgenen Motivation.[11]

Wichtiger und zugleich schwerer zu interpretieren ist eine Passage über die Pest in Athen (II,48,3), wo das entscheidende Wort nicht *prophasis*, sondern *aitia* ist. Thukydides schreibt: »Mag nun jeder, ob Arzt oder Laie, darüber sagen, was seiner Meinung nach wahrscheinlich (*eikos*) der Ursprung davon war und welchen Ursachen (*aitias*) er eine Wirkung (*dynamis*) bis in solche Tiefe zutraut (*nomizei*).« Daß hier Ausdrücke wie *eikos* und *nomizein* vorkommen, könnte besagen, daß wir uns – wie bei Herodot II,25,5 (oben zitiert) – wieder in dem Zusammenhang befinden, daß Verantwortung und Schuld zugeschrieben werden. Aber die Verbindung von *aitia* mit *dynamis* im Sinne von »Vermögen, Wirkungen hervorzubringen« gibt diesem Text zweifelsfrei einen ausgeprägt kausalen Sinn und rückt ihn in die Nähe bestimmter medizinischer Texte wie etwa der *Alten Medizin*, die einen noch größeren Schritt in diese Richtung tun. Wir sollten festhalten, daß dort, ebenso wie hier bei Thukydides, *aitia* der kausale Ausdruck ist, nicht *prophasis* oder die neutrale Form *to aition*.

Dieser letzte Ausdruck, den Thukydides nicht sehr häufig benutzt, bedeutet normalerweise in einem ganz allgemeinen Sinn »Motiv«.[12] Eine interessante Verwendung dieses Wortes gibt es allerdings in einem Passus, der den Texten ähnlich ist, die wir aus Herodot zitiert haben. In bezug auf eine Flutwelle meint Thukydides, daß deren Grund (*aition*, III,89,5) ein Erdbeben sein müsse; »ohne Erdbeben aber kann es, soviel ich sehe, dergleichen nicht geben«. Hier beobachten wir nicht nur, wie der Begriff der Verantwortlichkeit auf jedes beliebige Phänomen ausgedehnt wird (Fredes Punkt im Blick auf den Ursprung kausalen Denkens); sondern wie bei Herodot haben wir auch eine Formulierung für die notwendige Präsenz der Ursache in Verbindung mit ihrer Wirkung. Auch hier können wir sehen, wie der Übergang zu einer Form kausalen Denkens beginnt, das aber noch vage ist und keine begriffliche Allgemeinheit besitzt. Es sind die medizinischen Schriftsteller, bei denen wir einen entschiedeneren Schritt in dieses Richtung finden.

3. Medizin

Das medizinische Material, das für unsere Zwecke in diesem Kapitel diskutiert werden könnte, ist selbst dann, wenn es auf die Schriften des fünften Jahrhunderts beschränkt wird, zu umfangreich, um hier vollständig erörtert zu werden. Stattdessen beschränke ich mich darauf, eine Reihe entscheidend wichtiger Texte zu betrachten, die uns die Koordinaten für eine Karte des für unser Thema relevanten medizinischen Denkens verschaffen. Was die relative Datierung der Texte betrifft, wissen wir zu wenig, um auf einer chronologischen Grundlage vorzugehen; außerdem können wir in jedem Fall divergierende Positionen finden, die in mutmaßlich gleichzeitigen Hippokratischen Texten übernommen wurden. Von einem unzweideutigen Fortschritt des medizinischen Denkens im 5. Jahrhundert zu sprechen ist weder bei diesem noch bei einem anderen Thema möglich. An dem einen Extrem finden wir durchaus Schriften, in denen die Sprache kausaler Erklärung vollkommen fehlt oder völlig irrelevant ist. So kommen die Wörter *aitia* und *prophasis* nirgends in *De locis in homine* vor, was als eine der ältesten Schriften im Hippokratischen Textcorpus gilt (440–430?) und unter manchen Gesichtspunkten auch als eine der maßgeblichsten.[13]

Ausdrücke für Ursache und Verantwortung fehlen ebenfalls fast ganz in einem so wichtigen Werk wie den *Prognosen*. Hier muß ich freilich eine Mehrdeutigkeit aufklären, die sich in der Geschichte der Interpretation dieses Werks weithin antreffen läßt. Wohl auf der Grundlage eines unbewußten positivistischen Vorurteils hat man lange Zeit angenommen, die prognostische Funktion Hippokratischer »Zeichen« basiere auf ihrem Charakter als »Ursachen«: ein Zeichen (*sēmeion*) wäre demnach deshalb vorbedeutend, weil es die Ursache der Wirkungen bilden würde, die im Verlauf der Krankheit auf es folgen. Diese Deutung ist aber ganz unbegründet.[14] Das Hippokratische Zeichen bewahrte eine gewisse Verwandtschaft mit den prophetischen Voraussagen, aus denen es hervorgegangen ist und mit denen es wetteiferte; und vorbedeutend ist es deshalb, weil es den sichtbaren Aspekt einer Konstellation von Phänomenen darstellt, mit denen es durch eine Regelmäßigkeit verknüpft ist, die durch das Gedächtnis des Arztes und durch den Bericht prognostischer Handbücher registriert wird. Es wird genügen, hierzu einen Abschnitt aus den *Prognosen* (Abschnitt 4) anzuführen:

Über die Bewegungen der Hände weiß ich folgendes: Wenn die Hände bei akutem Fieber, bei Lungenentzündung, bei Zwerchfellentzündung oder bei Kopfschmerzen vor dem Gesicht hin- und herfahren, in der leeren Luft nach etwas greifen, Flocken lesen oder Fasern aus der Bettdecke zupfen, Partikeln von der Wand kratzen, dann sind das alles Zeichen, die schlecht sind und auf den Tod hindeuten.

Die Bewegungen der Hände sind gewiß in keinem möglichen Sinn »Ursachen« des Todes; vielmehr werden sie in der Regel mit einem fatalen Ende der Krankheit assoziiert und repräsentieren deshalb die sichtbare Ebene ihres ansonsten unsichtbaren Fortgangs; sie sind eine Öffnung, durch die das Unsichtbare (*aphanes*) sich sichtbar (*phaneron*) und daher vorhersagbar macht. Weder *De locis* noch die *Prognostik* tragen also irgendetwas zur Ausgestaltung kausalen Denkens bei.

Eine mittlere Position nehmen in unserer Karte drei Abhandlungen ein, von denen zwei, *Über die heilige Krankheit* und *Über Luft, Wasser und Örtlichkeit*, ziemlich ähnlich und relativ alt sind, während die dritte (*Über die Natur des Menschen*) vermutlich dem Anfang des vierten Jahrhunderts angehört und eine bedeutende Rolle dabei spielte, das Hippokratische Denken zu konsolidieren; sie war auch Aristoteles und Galen bekannt. Beginnen wollen wir mit *Über die heilige Krankheit*. In den Anfangszeilen dieser Schrift (nach der Edition von Littré) haben – angefangen mit Jaeger – viele die Gründungserklärung einer ausgereiften Theorie der natürlichen Kausalität gesehen. In der neuen Ausgabe Grensemanns lautet dieser Text:

Was die sogenannte heilige Krankheit betrifft, [die Epilepsie,] ist die Situation diese: Meiner Meinung nach ist diese Krankheit um nichts mehr göttlich und um nichts mehr heilig als jede andere Krankheit; sondern ebenso wie andere eine Natur haben, aus der sie entstehen, so hat auch sie eine Natur und eine *prophasis*.[15]

Die heilige Krankheit hat einen natürlichen (nicht einen göttlichen) Ursprung und daher eine *prophasis* – eine Erklärung, einen klar beibringbaren Grund, genau wie der Krieg im Prolog des Thukydides. Die Aufgabe der Hippokratischen Abhandlung wird darin bestehen, diese für jedermann zugängliche, »öffentliche« Erklärung der Epilepsie zu spezifizieren. Im Gegensatz dazu schreiben die Gegner des Autors, die Magier und Reiniger, die Krankheit dem

Göttlichen zu, damit sie, wenn die Patienten sterben, »die Entschuldigung (*prophasis*) vorbringen können, daß nicht sie, sondern die Götter schuld (*aitioi*) daran seien« (1,20). Die Sprache von *prophasis/aitios* gleitet hier – wieder wie bei Thukydides – ganz klar in die juridische Richtung von Schuld und Sühne und verrät dabei eine beachtliche begriffliche Vagheit. Diese kehrt sogar auch in dem Satz wieder, mit dem der »positive« Teil des Texts beginnt: »Es ist das Gehirn, welches für dieses Leiden verantwortlich (*aitios*) ist, wie bei allen anderen ernsten Erkrankungen. Auf welche Weise und aus welchem Grund (*prophasis*) es dazu kommt, werde ich klar erklären« (Sektion 6). Diese Sprache ruft einerseits die Sprache vor Gericht in Erinnerung: Die schuldige Seite ist demaskiert; die Methoden und die Motive des Verbrechens sind offengelegt. Aber andererseits bezieht *prophasis* sich im Sprachgebrauch des Autors auf die Einwirkung warmer Winde auf das Gehirn, von denen das Leiden ausgeht, und geht dadurch über den juridischen Zusammenhang in die Richtung einer kausalen Erklärung hinaus.

Sogar noch etwas deutlicher taucht derselbe kritische Punkt in *Über Luft, Wasser und Örtlichkeiten* auf. In diesem Werk, das Platon gut bekannt war, finden wir häufige Beispiele für den adverbialen Gebrauch von *anankē*, um damit die notwendige Abhängigkeit zu bezeichnen, die zwischen den psycho-somatischen Eigenschaften der Leute und der Geographie und dem Klima besteht.[16] Dieser deterministische Zusammenhang beeinflußt auch die Bedeutung, die mit den Ausdrücken *aitia/aitios* und *prophasis* verbunden wird.

In einigen Fällen sind wir nicht weit vom Sprachgebrauch Herodots entfernt, so zum Beipiel im Fall der Unterscheidung zwischen *prophasis* und *aition* (Sektion 4): »Viele Abszesse treten aus irgendeinem beliebigen Grund (*prophasis*) auf. Die Spannung des Magens und die Härte der Eingeweide sind dafür verantwortlich (*aition*).« Komplexer ist der Text von Abschnitt 16: Für die Unterschiede im Charakter zwischen Asiaten und Europäern sind die Jahreszeiten verantwortlich (*aitioi*), die in Asien keine starken Temperaturunterschiede erzeugen. Aus diesen Gründen (*prophaseis*), so fügt der Autor hinzu, »und auch aufgrund ihrer Gesetze«, die sie zu Untertanen von Monarchen machen, seien die Asiaten schwächer. Zwischen Verantwortlichkeit und Ursache auf der einen Seite und Erklärung und Ursache im strengen Sinn auf der anderen Seite zu unterscheiden, ist hier sehr schwierig. Diese Schwierigkeit geht auf mehr als nur einen Faktor zurück – auf die Oszillation im Gebrauch der Termini und darauf, daß der Autor sich eine doppelt deterministische Perspektive zueigen macht (eine, die auf die Umgebung bezogen ist, und eine politische); er bringt das durch solche Ausdrücke wie »und auch« zum Ausdruck, welche die Linie der Verursachung aufweichen.

Noch interessanter ist die begriffliche Struktur von Sektion 22, wo es um die Gründe für die weit verbreitete Impotenz der Skythen geht, die »die Schuld (*aitia*) dafür den Göttern geben«. Dem Autor zufolge geht das Gebrechen auf die Reitgewohnheiten der Skythen zurück, auf daraus resultierende Hodenschwellungen und auf die Heilverfahren, die sie bei sich selbst praktizieren, indem sie einen Schnitt in die Adern hinter ihren Ohren machen. Ihre Impotenz geht auf dieses Bündel von Gründen (*prophaseis*) zurück »und auch« darauf, daß ihre Gewohnheit, Hosen zu tragen und zu reiten, sie daran hindert, zu masturbieren, so daß sie ihr sexuelles Verlangen vergessen. Es ist klar, daß diese Überfülle von Gründen, die der Autor sich zueigen macht, nicht auf einen echten Kausalnexus hinauslaufen kann, sondern auf ein System von Erläuterungen, die jeweils durch *apo/dia* angezeigt werden und die in ihrer Gesamtheit dazu dienen, die Idee zu entkräften, daß das Gebrechen der Gottheit zuzuschreiben sei, und es auf der natürlichen Ebene beweisbarer Evidenz wiederherzustellen. (Derselben Absicht dient das Argument des Autors, daß die Impotenz nur die reichen Skythen angehe, die es sich leisten können, zu reiten; das wäre nicht der Fall, wenn das Gebrechen einen göttlichen Ursprung hätte, weil sie sich bei den Göttern ja durch Darbringung zahlreicher Opfer einschmeicheln können.)

Eher als von einer Ursache können wir hier – ebenso wie in Verbindung mit dem doppelten umgebungsmäßigen und politischen Determinismus – von der Konvergenz einer Vielzahl von Umständen oder Gründen sprechen, die den Anforderungen einer rationalen Erklärung Genüge tun. Die begriffliche Vagheit, welche die Kausalität umgibt, kann in solchen Passagen auch als ein Reichtum in den Erklärungsformen angesehen werden, der im Denken des Aristoteles noch einen Nachhall finden wird.

In der Schrift *Über die Natur des Menschen* finden wir eine Sprache, die ähnlich, aber weniger kompliziert ist. Angesichts von Krankheiten epidemischen Charakters erfahren wir (Sektion 9), »daß es notwendig ist, die Verantwortung (*aitia*) dem zuzuschreiben«, was allen gemeinsam ist: der eingeatmeten Luft. Aber in Fällen mit differierender Pathologie werden die diätetischen Gepflogenheiten der einzelnen verantwortlich (*aitia*) sein; und die Therapie muß daher den Grund (*prophasis*) für das Gebrechen bekämpfen. Die Möglichkeit, die Gründe der Krankheit in Erfahrung zu bringen, wird in interessanter Weise mit der Fähigkeit verknüpft, eine öffentliche Erklärung für ihre Entwicklung zu geben (Sektion 13). Die *prophasis*-Sprache ist hier nicht weit von der Feststellung des Thukydides über die Gründe des Peloponnesischen Kriegs entfernt; gleichzeitig zeigt die Passage aber einen entscheidenden Übergang in Richtung darauf, eine Ursache anzugeben. Noch klarer tritt dieser Übergang in einer Reihe von Texten in Erscheinung, die einen sophistischen Einfluß auf die medizinische Schriftstellerei verraten, in Texten wie *Über den Atem* und *Über die Kunst*, welche auf das Ende des fünften Jahrhunderts oder auf den Anfang des vierten zu datieren sind.

Über den Atem beginnt im Stil einer juridischen Untersuchung. »Alle Krankheiten haben ein und dieselbe Form und Ursache (*idea/aitia*). Was diese Ursache ist, werde ich in der folgenden Erörterung zu erklären versuchen« (Sektion 2). Der Autor benutzt das Wort *aitia* in dieser Passage vollkommen äquivalent mit *to aition*, der Form im Neutrum. Als sei er dabei, seine Ansprache an die Jury abzuschließen, schreibt er:

Es ist also klar, daß die Atmung bei allen Krankheiten der wirksamste Faktor ist; alles andere sind begleitende und sekundäre Ursachen (*synaitia/metaitia*); aber daß dies die Ursache (*aition*) der Krankheiten ist, habe ich gezeigt. Ich habe versprochen, die Ursache der Kranheiten zu erklären, und ich habe gezeigt, daß das *pneuma* (die eingeatmete Luft) die größte Macht sowohl in anderen Dingen als auch im Körper der Lebewesen hat. Ausführlicher habe ich meine Erörterung bei bekannten Beschwerden verweilen lassen, anhand deren die Annahme sich als korrekt erwiesen hat. (Sektion 15)

Dieser Abschnitt liefert ein herausragendes Beispiel für eine begriffliche Entwicklung, die mit Hilfe einer weitgehend traditionellen Sprache formuliert wird. Der Stil ist wirklich das, was ein Zeitgenosse mit dem *logos* eines Sophisten oder eines Anwalts assoziiert hätte. Es wird eine Untersuchung eingeleitet und eine Anklage-Hypothese formuliert; am Ende haben die Öffentlichkeit und das Gericht gezeigt bekommen, daß die Hypothese wahr ist, daß der Verdacht wirklich schuldhaft ist und daß die anderen Beschuldigten in höchstem Grad Komplizen sind. (*Synaition* und *metaition* sind in diesem Sinn häufig in der Tragödie zu finden.)[17] Andererseits haben wir hier die Umrisse einer kausalen Untersuchung vor uns, die ganz präzise und streng angelegt und die dazu in der Lage ist, den Hauptursachenfaktor (*to aition*) exakt zu spezifizieren und ihn von Ursachen zu unterscheiden, die bloß von begleitender und hinzukommender Art sind. In dieser Hinsicht und auch darin, daß er auf eine Hypothese zurückgreift, die einer Bestätigung bedarf, antizipiert dieser Text von *Über den Atem* den berühmten Abschnitt in Platons *Phaidon* (99a ff.), der mit Recht als die früheste philosophische Reflexion über Kausalität gilt. Auch dort finden wir die Unterscheidung zwischen dem wahren *aition* und begleitenden Bedingungen (99b2–4) und den Rekurs auf eine Hypothese (100a3–4).

Es ist ziemlich wahrscheinlich (wenn auch wegen der Chronologie nicht sicher), daß der extreme kausale Reduktionismus in *Über den Atem* eines der Ziele war, gegen die sich die Schrift *Die alte Medizin* (1,1) wandte, wo nämlich diejenigen kritisiert werden, »die eine oder zwei Hypothesen annehmen« und die »einen verkürzten Begriff vom Verursachungsprinzip« haben.[18] Darauf werden wir noch weiter eingehen. In der Schrift *Über die Kunst* behält der Gebrauch von *aitia/aitios* noch einen streng juridischen oder sophistischen Sinn. Diejenigen kritisierend, die den Ärzten ungerechtfertigterweise Vorwürfe wegen des Tods ihrer Patienten machen, ruft der Autor, als ein perfekter Anwalt der Verteidigung, aus (Sektion 7): »Sie geben die Schuld (*aitia*) dem einen, der in keiner Weise schuldhaft/verantwortlich (*aitios*) ist, und erlauben den Schuldigen, frei davonzukommen.« Im Bereich der Epistemologie macht dieser Traktat aber keine begrifflichen Fortschritte von Bedeutung. Der Autor schreibt (Sektion 6), daß es keine spontanen »Heilungen« gibt, weil im Zusammenhang dessen, was kausal (*dia ti*) erklärbar ist, das Spontane (*automaton*) verschwindet; und das ist genau der Zusammenhang der Medizin, ein Zusammenhang, in dem die Kausalität (*dia ti*) die Phänomene regiert und sie deshalb vorhersagbar macht.

Das medizinische Denken sophistischer Stilrichtung war am Ende des fünften Jahrhunderts offenbar der Ort, wo die kausale Struktur der Erklärung in der Medizin erstmals die Ebene einer nennenswerten begrifflichen Verallgemeinerung erreichte. Der medizinische Kontext ist auch derjenige, in dem dieser Vorgang seine abschließende Verfeinerung erfuhr.

4. Über *Die alte Medizin*

Die alte Medizin beginnt mit einer Polemik gegen die, welche »auf der Grundlage von einer oder zwei Hypothesen« die *archē tēs aitiēs* in einer Weise vereinfachten, die zu reduktionistisch sei.[19] Dieser Ausdruck könnte gewiß in der traditionellen Weise als der »schuldhafte Anfangspunkt« für das Einsetzen einer Krankheit interpretiert werden (vgl. zum Beispiel den alten Vorwurf (*palaia aitia*), den Ödipus mit Blick auf den Mörder von König Laios erwähnt: Sophokles, *Oidipus Tyrannos* 109). Der Kontext legt aber eine andere Deutung nahe, nämlich den Ausdruck als »Anfangspunkt des Ursachenprozesses« zu verstehen: In den zur Diskussion stehenden Hypothesen werden Elemente oder Eigenschaften physischer Art, solche wie etwa das Heiße und das Kalte, als die auslösenden Ursachen aller Krankheiten angesehen, so wie die Atemluft (*pneumata/physai*) in dem ähnlichen Zusammenhang von *De flatibus*.

Die begriffliche Trennlinie zwischen Schuld oder Verantwortung auf der einen und Ursächlichkeit auf der anderen Seite ist ganz bestimmt in einer anderen entscheidenden Passage dieser Abhandlung überquert worden (in dem Sinn überquert, den Frede in dem Zitat oben auf S. 249 herausgestellt hat): »Als die Gründe/Ursachen (*aitia*) einer jeden Sache muß man zweifellos diejenigen Dinge (*tauta*) auffassen, bei deren Anwesenheit die Sache mit Notwendigkeit in einer bestimmten Art auftritt, welche Erscheinungsform indes verschwindet, sobald diese selben Dinge eine andere Verbindung eingehen« (19,3).[20] Dieser Text hat einige Diskussionen ausgelöst; es kann aber keinen Zweifel geben, daß wir hier die klarste, die allgemeinste und die begrifflich präziseste Vorstellung von Kausilität vor uns haben, die sich im Denken des fünften Jahrhunderts finden läßt (natürlich in der chronologischen Annahme, daß dies die Entstehungszeit der *Alten Medizin* ist).

Eine Ursache kann als solche angesehen werden, (1) wenn ihre Anwesenheit eine bestimmte Wirkung hervorbringt, (2) wenn diese Wirkung notwendig und auf eine univoke Weise festgelegt ist und (3) wenn ihre Abwesenheit oder Veränderung dazu führt, daß die Wirkung ausbleibt. Dies alles nimmt nicht nur genau die bereits erwähnte Erörterung von Platons *Phaidon* vorweg, sondern auch die strengeren Definitionen der Ursache, die bei Aristoteles und sogar bei Sextus Empiricus aufgestellt werden; bei Aristoteles (*Metaph.* V,2, 1013a31–32): Ursache ist »das Bewirkende von dem, was bewirkt wird, und das Verändernde von dem, was verändert wird« – und bei Sextus (*PH* III,14): »Eine Ursache ist dasjenige, aufgrund von dessen Einwirkung der Effekt entsteht«.[21]

Die alte Medizin scheint also eine neue Geschichte kausalen Denkens einzuläuten, welche die langsame und unsichere Veränderung, die wir durch das fünfte Jahrhundert hindurch in der Philosophie, in der Geschichtsschreibung und in der Medizin selbst beobachten konnten, in sich aufnimmt und zur Vollendung bringt. Es gibt zwar ein Element der Kontinuität. Aber was stärker hervorsticht, sind Innovation und Brüche auf der Ebene der Strenge und der Fähigkeit zu begrifflicher Verallgemeinerung. Das radikal Neue dieser Abhandlung wurde bislang noch nicht angemessen gewürdigt, weil wir uns – wie ich meine Ausführungen begonnen habe – daran gewöhnt haben, verschiedene Aspekte der Kultur des fünften Jahrhunderts mit einer zu optimistischen Interpretation der Kausalität zu versehen und dabei Konzeptionen zu übersehen, die wirklich eng mit der ethischen und juridischen Sphäre von Schuld, Verantwortung und Zurechnung verknüpft sind.

Angesichts der radikalen Neuerungen von *Die alte Medizin* kann man verstehen, warum einige Gelehrte vorgeschlagen haben, das Werk komplett nachplatonisch sein zu lassen und es ins spätere 4. Jahrhundert zu datieren.[22] Diese Auffassung gründet sich aber auf eine irrige historische Annahme, die sich schnell unterminieren läßt, und auf einige plausible Gründe, die aber überhaupt nicht schlüssig sind. Die historische Annahme ist die, daß ein Arzt in einer solchen begrifflichen Entwicklung nicht die führende Gestalt sein konnte und daß die Schrift deshalb von einem philosophischen Denker abhängen muß. Es ist jedoch ganz im Gegenteil vollkommen gerechtfertigt anzunehmen, daß viele philosophische Texte durch Theorien inspiriert sind, die ihren Ursprung in der Medizin hatten, wie das Platon im *Phaidros* sogar ausdrücklich sagt.[23] Wir sind daher ganz berechtigt zu dem Gedanken, daß dies in den Beziehungen zwischen dem *Phaidon* und der *Alten Medizin* in bezug auf die Reflexion über Kausalität der Fall ist. Es trifft natürlich zu, daß die traditionelle Datierung der Abhandlung (nicht später als das Ende des fünften Jahrhunderts) uns nötigt, dem Werk absolute Originalität zuzuschreiben und es für seine Zeit einzigartig zu machen. Solche Originalität erstreckt sich freilich nicht nur auf die Kausalitätstheorie der Schrift und auf ihre Kritik an der medizinischen Verwendung von »Hypothesen«; vielmehr enthält der Traktat, soweit wir wissen, in Sektion 20,1 auch das früheste Beispiel für den Gebrauch des Wortes »Philosophie«.[24] Der Zusammenhang des Autors ist der einer Kritik des Empedokles, den er als einen typischen Repräsentanten der Naturforschung und ihrer Ursprungstheorien in den Termini stofflicher Elemente ansieht. Es handelt sich dabei um eine sehr klare doxographische Anspielung, welche die Kritik sowohl von Platon als auch von Aristoteles antizipieren würde. Ohne es hier weiter erörtern zu können, vermittelt *Die alte Medizin* darüber hinaus eine umfassende Vorstellung von der historischen Entwicklung des medizinischen Wissens, wie man es im Laufe der Zeit erworben hatte, indem man von den eigenen Prinzipien der Medizin ausging und einer speziellen Methode folgte.[25] Dieser Ausblick ist im Zusammenhang des Denkens des fünften Jahrhunderts (und nicht nur dort) ebenfalls ganz außerordentlich.

Indem ich solche Beobachtungen mache, beabsichtige ich nicht, die Diskussion um Dillers Vorschläge zur Datierung von *Die alte Medizin* neu zu eröffnen, Vorschläge, die er selbst inzwischen zum Teil zurückgezogen hat. Meine Absicht ist einfach herauszustellen, daß dieses Werk sowohl im Bereich der Kausalität als auch bei verschiedenen epistemologischen Themen eine radikale Wende zwischen dem Denken des fünften Jahrhunderts und der philosophischen Ausarbeitung des vierten Jahrhunderts darstellt.

Um zum Schluß zu kommen: Meine Studie hat gezeigt, daß es nicht zutrifft, wie dies vorgeschlagen wurde, daß der Übergang von den Worten *aitia/aitios* zu dem adjektivischen Substantiv *to aition* ein Anwachsen der begrifflichen Verallgemeinerung bedeutet. Diese Vorstellung wurde vermutlich durch eine stoische Terminologie nahegelegt. Tatsächlich benutzen aber Thukydides, *Alte Medizin* und auch Aristoteles alle das Substantiv und das Adjektiv ohne irgendeinen Unterschied in der Bedeutung.

Es gibt dann noch einen philosophischen Punkt, der wichtiger ist. Aristoteles folgte den strengen Definitionen der Kausalität in *Antike Medizin* nicht vollständig.[26] Seine eigene Definition der »Typen von Kausalität« in der *Physik* II, in der *Metaphysik* V und an anderen Stellen schaut auf die ganzen Bemühungen des 5. Jahrhunderts zurück und gewinnt aus deren Unsicherheiten ein Element, das reich und begrifflich komplex ist. Die Antwort auf die Warum-Frage sollte seiner Ansicht nach nicht darauf beschränkt werden, die hervorbringende oder bewirkende Ursache anzugeben, genau entlang den Linien, von denen sich die Theorie von *Alte Medizin* leiten ließ und wie die Stoiker sie später gesehen haben.[27] Der Gebrauch, den Aristoteles von der Vorstellung eines »Endes« oder »Ziels« in der Ursachenerklärung macht (und den es bereits in Platons *Phaidon* gibt), stellt den moralischen und politischen Zusammenhang von »Motiven« und »Gründen« wieder her, der für das Denken des 5. Jahrhunderts kennzeichnend war und den die *Antike Medizin* in ihrer drastisch strengen Art als albern aufgegeben zu haben scheint.

Anmerkungen

[1] Lloyd [110] 49. Lloyd stellt mit Bestimmtheit fest (53–55), daß die Entwicklung einer »Idee der Kausalität« *als solcher* bei den Historikern und den Ärzten gesucht werden muß; und er betont auch die (an Schuld gebundene) ursprünglich moralische Bedeutung von Wörtern wie *aitia/aitios*. Siehe auch Lloyd [108] 230ff.; zu den juristischen Ursprüngen von Verantwortungsdiskussionen: G.E.R. Lloyd, *Adversaries and Authorities: Investigations into Ancient Greek and Chinese Science* (Cambridge/New York 1996), 100ff.

[2] Jaeger [102] Bd. I, 491. Jaeger insistiert auf der Ursachen-Bedeutung von *prophasis*, weil er selbstverständlich mit dem moralisch/juridischen Sinn von *aitia* vertraut ist; ebd. 220.

[3] Williams [138] 58.

[4] Frede [504] 132. Fredes Artikel befaßt sich in erster Linie mit dem Kausalitätsverständnis der Stoiker.

[5] Vgl. DK 68 B222. DK 68 B118 (ein von Eusebius mitgeteiltes spätes Zeugnis von Dionysios, Bischof in Alexandria) enthält das Wort *aitiologia*; aus dem Zusammenhang ergibt sich aber klar, daß die Passage kein wörtliches Demokrit-Zitat ist: »Demokrit selbst, so sagt man, pflegte zu erklären, daß er lieber eine einzige Ursachenerklärung

(*aitiologia*) finden als König bei den Persern werden wolle.« Für eine erheblich zuversichtlichere Einschätzung von Demokrits Interesse an Kausalität siehe Taylor, in diesem Band S. 170f.

[6] Zu diesem Text vgl. Said [519] 186ff. Für Verwendungen von *aitia/aitios* bei Antiphon vgl. III,2,9; II,2,3. 6; II,4,10.

[7] Adkins [82] 126. Dessen ungeachtet ist dieses Werk für die in diesem Kapitel erörterten Fragen fundamental.

[8] Das Athenische Gesetz hatte seit dem Gesetzeswerk Drakons eine radikale Unterscheidung zwischen absichtlicher und unabsichtlicher Tötung eines Menschen eingeführt; aber die Moralität auf ihrer religiösen Grundlage von Schuldhaftigkeit und Befleckung entwickelte gegen diese Unterscheidung weiterhin Widerstand. Die endgültige Position zu dieser Frage war vermutlich die Behandlung der Verantwortlichkeit durch Aristoteles in *NE* III,1–7. Für die gesetzlichen Aspekte des Problems im 5. Jahrhundert vgl. Jones [103] und E. Cantarella, *Studi sull'omicidio in diritto greco e romano* (Mailand 1976).

[9] Siehe Irigoin [505] 173–180.

[10] Ich folge der Interpretation von K. Weidauer, *Thukydides und die Hippokratischen Schriften. Der Einfluß der Medizin auf Zielsetzung und Darstellungsweise des Geschichtswerks* (Heidelberg 1954), 8–20. Siehe auch Deichgräber [500] 209–224 und Rawlings [518].

[11] Für andere Verwendungen von *prophasis* in der Bedeutung »Gründe der Beschuldigung«, »beigebrachter Grund« oder »Vorwand« vgl. III,13, VI,105,2. Daß das Wort nicht die Bedeutung »Ursache« haben kann, wird bestätigt durch das, was Thukydides in II,49,2 zur Analyse der Pest in Athen sagt: »Wer schon vorher ein Leiden hatte, dem ging es immer über in dieses, die andern aber befiel es ohne irgendeine *prophasis* plötzlich aus heiler Haut ...«, d.h. ohne irgendwelche vorausgehende Bedingung oder einen klaren Grund, woraus sich die Pesterkrankung erklären könnte. Für eine interessante Parallele vgl. *Epidemien* III,3, wo der Autor genau wie Thukydides schreibt, daß einige von der Krankheit »aus einem angebbaren Grund« (*meta prophasios*) erfaßt wurden, »aber andere nicht«. Über Kausalität in den *Epidemien* vgl. Diller [502] und di Benedetto [499], bes. 317.

[12] Vgl. z.B. I,11,1, II,65,8, III,82,8.

[13] Wahrscheinlich gehört er in die Nähe der Anaxagoreischen Gruppe; siehe Vegetti [522].

[14] Angefangen bei Littré 1839, Bd. 1 453, hat die kausale Interpretation des »Zeichens« sich weit verbreitet; vgl. vor allem Lonie [512] 79ff.; Perilli [517] und Marzullo [514] (ein grundlegendes Werk). Auf der anderen Seite vgl. Vegetti [523] 76ff.

[15] Der Text von Jones (1923), *physin men echei kai prophasin*, rechtfertigt die Übersetzung »hat eine natürliche Ursache«.

[16] Über die Verbindung zwischen *Über Luft, Wasser und Örtlichkeiten* und dem *Phaidros* vgl. Mansfeld [513]; und für den Einfluß dieses Hippokratischen Werks auf den *Staat* vgl. Vegetti [524].

[17] Für *metaitios* im Sinn von »komplizenhaft« oder »mitverantwortlich« vgl. Aischylos, *Agamemnon* 811; *Choephoren* 100; *Eumeniden* 199, 465; Euripides, *Die Schutzflehenden* 26. Für *synaitios* in bezug auf eine doppelte, menschliche und göttliche Verantwortung vgl. *Agamemnon* 1116; siehe auch Said [519] 177ff.

[18] Zur Frage der Chronologie vgl. Lloyd [154] 49–69.

[19] Was die Chronologie betrifft, vgl. wieder Lloyd [154] 49–69.

[20] Das Wort *tauta* wird bei der Mehrheit der Übersetzer abstrakt und allgemein interpretiert (Jones, Festugière, Eggers Lan, Lara Nava, Vegetti). Aber im Anschluß an

Müri [515] versteht Jouanna [506] 201 Anm. 144 das Wort so, daß es sich auf die vorausgehenden Worte bezieht, auf »diese Temperamente«. Widerlegt wird diese Interpretation durch das, was folgt; dort sind nicht nur die Temperamente, sondern auch Heiß und Kalt die Ursachen anderer Krankheiten. *Tauta* schließt daher sowohl die Temperamente als auch Heiß und Kalt und eventuell jede Krankheitsursache ein. Auf die Wichtigkeit des Textes hat, antizipiert von Bacon und Mill, Lloyd [110] 54 Anm. 232 aufmerksam gemacht.

21 Was Platon angeht, vergleiche man *Phaidon* 96a9–10: »Denn es dünkte mich gar etwas Herrliches, die Ursachen von allem zu wissen, wodurch jegliches entsteht und wodurch es vergeht und wodurch es besteht« mit *Die alte Medizin* 20,2, wo der Medizin die Aufgabe zugeschrieben wird, »zu erkennen, was der Mensch ist und aus welchen Ursachen er entsteht«. Vgl. auch *Phaidon* 96c7–8 (»wodurch der Mensch wächst ... daß es vom Essen und Trinken herkomme«) mit *Die alte Medizin* 20,3 (»was der Mensch im Verhältnis zu dem ist, was er ißt und trinkt«). Der Zusammenhang dieser Stellen bei Platon ist eine Analyse echter Kausalitätsformen in polemischer Auseinandersetzung mit Anaxagoras.

22 Diese Hypothese wurde von Diller [501] formuliert, der den Ursachenbegriff der Schrift allerdings überhaupt nicht erwähnt, sondern vielmehr auf ihrem Angriff auf die Methode der Hypothese insistiert, die im *Phaidon* behandelt wird. Dillers Vorschlag hat keinen Beifall gefunden, und er hat ihn teilweise zurückgezogen; vgl. Diller [503], wo er *Die alte Medizin* als ein Werk ansieht, das im Übergang vom sophistischen Denken zur Athenischen Philosophie verfaßt worden sei, und wo er sagt: »In VM [= *Die alte Medizin*] ... erscheint die Medizin als begründet auf die Einsicht in kausale Zusammenhänge« (92). Weder Longrigg [510] noch Nickel [516] bieten zu dem Punkt irgendetwas signifikant Neues, wiewohl sie *Die alte Medizin* beide in Verbindung mit vorplatonischem Denken untersuchen.

23 Vgl. *Phaidros* 270c: »So sieh nun zu, was über die Natur Hippokrates sagt und die richtige Vernunft.« Zur Diskussion dieser Stelle siehe Vegetti [522] 97ff. und Mansfeld [513].

24 Traditionell hat man dies nicht als das erste Vorkommen des Worts »philosophia« anerkannt, weil man glaubte, das Wort sei pythagoreischen Ursprungs. Diese Idee ist aber von Burkert [205] mit guten Gründen bestritten worden.

25 Vgl. Sektion 2: »Die Medizin aber besitzt das alles von alter Zeit her; sowohl ihr Ausgangspunkt als auch ihr Weg sind gefunden; dank dieser Mittel sind in langer Zeit die vielen schönen Entdeckungen gemacht worden und wird auch das übrige noch entdeckt werden, wenn man, befähigt und in Kenntnis der bisherigen Entdeckungen, von diesen ausgehend seine Untersuchungen anstellt.«

26 Zur Kausalität bei Aristoteles siehe Sorabji [520].

27 Was die stoische Tendenz betrifft, Ursächlichkeit auf eine einzige »bewirkende« Form zu reduzieren, siehe Frede [504], ferner J.J. Duhot, *La conception stoicienne de la causalité* (Paris 1988) und A. Ioppolo, »Il concetto di causa nella filosofia ellenistica e romana«, ANRW (1994) 4493–4545.

14 Rhetorik und Relativismus: Protagoras und Gorgias

Paul Woodruff

Protagoras und Gorgias sind die bedeutendsten der frühen Sophisten. Obwohl die Philosophie in unserem Verständnis nicht ihre Hauptbeschäftigung war, lehrten sie doch Sichtweisen und Methoden der Argumentation, die die nachfolgenden Philosophen faszinierten. In ihrem eigenen Umfeld entfalteten sie den Geist des neuen Lernens, die kulturelle und intellektuelle Revolution des fünften Jahrhunderts v.Chr. in Griechenland. Diese Revolution – oder besser: die Reaktion darauf – wird in Aristophanes' Komödie *Die Wolken* durch einen Charakter illustriert, der sich in einer sophistischen Schule einschreibt, um das »ungerechte Argument« zu lernen. Dieses, so hat er gehört, kann selbst für die schlimmsten Taten der Verbrecher die Gunst des Richterkollegiums gewinnen. Der Unterrichtsplan, sieht er, umfaßt Wissenschaft ebenso wie Rhetorik, die in dieser Satire beide lachhaft sind. Was nicht lachhaft ist, ist die verbreitete Animosität gegen die Schule, die dazu führte, daß sie in Asche gelegt wurde (einschließlich mindestens eines Studenten), ein grausiges Zeichen für die starken Gefühle, die später zum Tod des Mannes beitragen sollten, dessen Name Aristophanes für den Leiter seiner imaginären Schule verwendete – Sokrates.

Sophisten

Sokrates, wie Platon uns zu zeigen bemüht ist, hätte in einer solchen Schule keinen Platz; denn er betrieb keine forensische Rhetorik und auch keine Naturwissenschaft, unterrichtete niemand gegen Entgelt und reiste nicht herum. Im Gegensatz dazu reisten die Sophisten in den griechischen Städten herum, lehrten Erwachsene oder junge erwachsene Studenten und bekamen ein beachtliches Entgelt, besonders für die Verbreitung der Macht von Worten. Das Wort *sophistēs* bezog sich bei seinen frühesten Verwendungen auf weise Männer wie zum Beispiel Dichter und begegnete noch im vierten Jahrhundert v.Chr. als ein allgemeiner Ausdruck für Philosophen und Redner. Unter dem Einfluß Platons bekam das Wort freilich eine engere Bedeutung und gewann seine besondere Assoziation mit Rhetorik und Relativismus. Das ist irreführend; denn zu den Gegenständen, die die Sophisten unterrichteten, gehörten Redekunst, Ethik, politische Theorie, Gesetze, Geschichte, Mnemotechnik, Literatur, Mathematik und Astronomie. Einige Sophisten behandelten außerdem Metaphysik und Erkenntnislehre. Andere verfolgten ein anthropologisches Interesse an den Ursprüngen der menschlichen Kultur, die sie (im Gegensatz zu früheren Mythologien) menschlicher Erfindung zuschrieben. Die Botschaft der

Sophisten, daß der Fortschritt durch technologische und politische Entwicklungen zustandekomme, beförderte ihre Behauptung, die unverblümt ihnen selbst diente, daß die Bildung zu den größten öffentlichen Gütern gehöre.

Von den vielen Büchern und Reden, die die Sophisten verfaßt haben, ist kaum etwas erhalten. In bezug auf Fragen ihrer Lehre bleibt uns oft nichts anderes übrig, als aus dürftigen Anhaltspunkten spekulative Schlüsse zu ziehen. Viel von dem, was wir über die Sophisten annehmen, ist von Platon abgeleitet, der den meisten von ihnen aber kritisch bis ablehnend gegenübersteht, weil sie sich als Lehrer in Dingen präsentierten, von denen sie seiner Meinung nach nicht wirklich etwas verstanden. Platons Werk ist eine historische Fiktion, die er fünfzig oder mehr Jahre nach den Schockwellen geschrieben hat, die Protagoras in Athen auslöste; er verfolgt damit eher ein philosophisches als ein historisches Ziel; und wir müssen darauf achten, uns nicht durch seinen lebendigen Stil verführen zu lassen, es für die Darstellung eines Augenzeugen zu halten.

Das Ziel Platons besteht zum Teil offensichtlich darin, Sokrates von den Sophisten zu unterscheiden, denen er in der damals verbreiteten Vorstellung zugerechnet wurde. Dieses Ziel hilft zu erklären, warum in Platons Darstellung Sokrates verschiedene Sophisten dazu herausfordert, ihre Ansprüche als Lehrer zu verteidigen, und warum er dabei für sich selbst nachdrücklich bestreitet, irgend so etwas wie ein Lehrer zu sein. Obwohl Platon Protagoras und Gorgias respektvoll behandelt, läßt er Sokrates sie doch mit Leichtigkeit widerlegen und ist er schroff, wenn er über die Sophisten im allgemeinen schreibt. Seiner Ansicht nach vertauschen die Sophisten Erscheinung und Wirklichkeit und setzen Überredung an die Stelle der Wahrheit; sie verwenden mit Bedacht Trugschlüsse, um eine verdatterte Zuhörerschaft irrezuführen; und sie erheben Anspruch auf die Fähigkeit, durch die Macht der Rhetorik jedermann in Themenbereichen zu bezwingen, von denen sie, die Sophisten, überhaupt keine Ahnung haben.

Platons Porträt der Sophisten hat uns für eine schlaue Argumentation den Ausdruck »sophistisch« verschafft. Aber George Grote, ein Gelehrter des 19. Jahrhunderts, entwickelte in seiner *History of Greece* im Anschluß an Vorgaben Hegels eine eindrückliche Verteidigung der Sophisten, und die meisten Forscher der neuen Gelehrsamkeit haben versucht, ihr Thema von dem negativen Bild zu trennen, das es mit sich zu bringen pflegte. Heutzutage ist der Platz der Sophisten in der Geschichte der griechischen Philosophie weithin anerkannt.

Der erste und höchst erfolgreiche, selbsternannte Sophist war Protagoras. Sein Beruf, wie er ihn definierte, war es, seine Studenten dadurch besser zu machen, daß er ihnen die Tugend eines guten Urteils (*euboulia*) vermittelte, die, wie er sagte, sie sowohl im öffentlichen Leben als auch in der Besorgung ihres eigenen Haushalts mit hohen Fähigkeiten ausstatten oder mächtig machen werde (Platon, *Prot.* 318e). Er hatte ein breites Interesse am Gebrauch der Sprache, besonders für rednerische Zwecke. In der Geschichte der Philosophie ist er bestens wegen seiner Lehre bekannt, daß »aller Dinge Maß der Mensch ist« (DK 80 B1), was in der Interpretation Platons damit äquivalent ist, daß die Wahrheit relativ zu individueller Wahrnehmung und individuellem Urteil sei. Nur eine Handvoll Sätze sind uns von Protagoras überliefert, dazu ein paar Wörter, Titel oder Fangphrasen, so daß die Aufgabe, sein Denken auf derartige Punkte hin zu rekonstruieren, weitgehend spekulativ ist.

Was Gorgias anlangt, haben wir zwei vollständige Reden, ein gewichtiges Fragment einer dritten und zwei verschiedene Zusammenfassungen eines größeren philosophischen Texts – was insgesamt doch nur ein kleiner Prozentsatz dessen ist, was er in einem langen produktiven Leben geleistet hat. Im großen und ganzen ein Zeitgenosse des Protagoras, war er ein Lehrer für öffentliches Reden und erhob nach Platon keine Ansprüche, seine Studenten in anderen Hinsichten besser zu machen. Warum hätte er das auch sollen, wenn er doch von der alles überragenden Macht der Rede überzeugt war? Er verfolgte seine Argumentationsmethode von der öffentlichen Bühne der Rede bis zur Behandlung tiefer philosophischer Probleme. Während Protagoras die Wirklichkeit relativierte und die Individualität von Wissen hervorhob, stellte Gorgias Wirklichkeit und Wissen ganz in Abrede. In ihrer Paradoxie sind die beiden Lehren wahrscheinlich Antworten auf Entwicklungen in der vorangehenden Philosophie, und beide riefen bei nachfolgenden Philosophen Antworten hervor.

Der Erfolg des Protagoras als Lehrer und der Ruf des Gorgias als Redner ebneten der nächsten Sophistengeneration den Weg. Prodikos war für die präzisen Unterscheidungen bekannt, um die er sich bei der Definition von Wörtern bemühte. Hippias hatte das breiteste Interessenspektrum; von ihm heißt es, er habe sich in der Wissenschaft verdient gemacht (durch die Erfindung der unter dem Namen ›Quadratrix‹ bekannten Kurve), und er war auch wegen seiner astronomischen Arbeiten bekannt. Zeugnisse, die sich auf die Lehren beziehen, haben wir ferner von Antiphon, Kritias, Euenos, Euthydemos, Thrasymachos, Alkidamas und Lykophron. Der *Anonymus Iamblichi* (ein unbekannter, von Jamblichos zitierter Autor) und der Autor der *Dissoi logoi* (*Zweigliedrige Argumente*) werden ebenfalls als Sophisten angesehen. Auffassungen, die sich auf diese Männer unter den Sophisten beziehen, begegnen bei Platon im *Staat* 358e–359b (über den Gesellschaftsvertrag) und im *Gorgias* 483a–484c (über den Konflikt zwischen Gesetz und Natur). Weiterhin ist der Einfluß der Sophisten in Thukydides' *Geschichte des Peloponnesischen Krieges* durchweg offenkundig: in der Beherrschung der Rhetorik, in seinem Realismus hinsichtlich menschlicher Motivationen und in seiner Zurückhaltung bezüglich der Religion und der Götter.

Sokrates erscheint in den *Wolken* des Aristophanes – die uns erhaltene Version stammt von 420 v.Chr. – als ein Lehrer, der Unterricht in Naturkunde und in der Art von öffentlicher Rede erteilt, die von den Sophisten unterrichtet wurde. Obwohl in den meisten Einzelheiten falsch, muß das Porträt des Aristophanes von Sokrates doch wahr genug gewesen sein, um ein Publikum zu amüsieren, das die Reputation des Sokrates kannte. Außer Antiphon und Thukydides ist Sokrates die einzige prominente Gestalt aus Athen, die sich in der neuen Bildungsart engagierte, und sein Werk hat mit dem der Sophisten vieles gemeinsam. Er teilte das Interesse der Sophisten an der Ethik und übernahm einige ihrer Ideen und Methoden. Seine Theorie der Strafe als eines Erziehungsmittels steht dem nahe, was Platon dem Protagoras zuschreibt (*Prot.* 324b), und seine Methode zu fragen ist eine Variante der sophistischen Praxis. Sein Interesse daran, Begriffe wie etwa den der Gerechtigkeit zu definieren, steht in Beziehung zu dem, was Sophisten in der Frage der Richtigkeit der Wörter unternahmen.

1. Rhetorik

Überredung, sagt Gorgias, »hat dieselbe Macht wie Zwang, aber nicht dieselbe Form«, und sie hat diese Macht kraft der erworbenen Fertigkeit (*technē*) des Sprechers, unabhängig davon, ob das, was zur Überredung gesagt wird, wahr ist oder nicht (*Helena* 13).[1] Gorgias stützt diese Behauptung auf drei Beispiele: Spekulative Astronomen wirken überzeugend durch bloße Meinung über Gegenstände, die nicht zu sehen sind; Philosophen triumphieren durch die Schnelligkeit ihres Denkens; und Redner vor Gericht gewinnen eher dank der Fertigkeit, mit der ihre Reden geschrieben sind, als aufgrund des Umstands, daß sie recht haben.

Daß Geschicklichkeit in der Handhabung der Worte vor einem Gerichtshof die Wahrheit übertrumpfen könne, impliziert als solches noch keine skeptische oder relativistische Philosophie. Eine solche Meinung könnte genauso von jemandem vertreten werden, der die Wahrheit respektiert (wie Gorgias es in der *Helena* zu tun beansprucht), oder von jemandem, der die Möglichkeit, die Wahrheit zu sagen, völlig verwirft (wie Gorgias es in seiner Schrift *Über das Nichtseiende* zu tun scheint). Selbst Platon erkennt die Macht von Reden an, die vor großen Gruppen gehalten werden; aus diesem Grund präsentiert er Sokrates, wie er tätig ist, in Zusammenhängen, in denen Wahrheit eine größere Chance hat zu überzeugen als vor einem Gerichtshof. Die Athener Gerichtshöfe bestanden aus so vielen Geschworenen, daß es zu viele waren, um sie zu bestechen, daß es aber leicht möglich war, sie durch Rhetorik zu lenken. Im Gegensatz dazu appelliert Sokrates jeweils an die tiefsten Überzeugungen seines Gesprächspartners allein, und bezüglich dieser Überzeugungen ist es die Wahrheit, die zählen sollte, und nicht die Fertigkeit irgendeiner der Parteien.

Die ersten uns bekannten Lehrer in der Kunst der Worte waren Korax und Tisias in Sizilien. Für gewöhnlich werden sie allerdings nicht zu den Sophisten gerechnet. Der erste solche Lehrer, der ein Sophist genannt werden sollte, war Gorgias. Als er im Jahr 427 v.Chr. aus Leontinoi zu Besuch kam, eroberte er Athen im Sturm und übte einen enormen Einfluß auf die nächste Rednergeneration aus. Was er anzubieten hatte, war offenbar das populärste, was von den Sophisten je angeboten wurde. Das Aufkommen einer Demokratie in Athen und Sizilien während des fünften Jahrhunderts hatte starken Rednern vor Gericht und in Versammlungen neue Kräfte verliehen; aber eine neue Erfindung war die Kunst der Worte nicht. Die Griechen waren von öffentlichen Rededarbietungen schon zur Zeit Homers fasziniert und hatten diejenigen immer geehrt, die in Redewettkämpfen erfolgreich waren. Staatsmänner wie Themistokles verdankten ihren Erfolg der Redekunst, lange bevor Sophisten die Bühne betraten, und zu den frühesten griechischen Theaterstücken gehörten Bühnenansprachen. In allen griechischen Städten, aber besonders in Demokratien, hatte kunstvolles Reden einen bedeutenden Platz im Unterhaltungswesen, in den Beratungen von Gremien und vor Gericht. Athen räumte einem erwachsenen männlichen Bürger das Recht ein, in der Volksversammlung zu sprechen, und dies verschaffte nicht gewählten Wichtigtuern, bekannt als Demagogen, die Möglichkeit, die Politik allein durch öffentliches Reden zu beeinflussen. Einstweilen konnten demokratische Gerichtshöfe einen Menschen ruinieren oder retten, und zwar, wie es scheint, in Abhängigkeit davon, ob die Anklage oder die Verteidigung die bessere Rede hielt. Trotzdem triumphierte die Rhetorik in der Politik nicht immer und verschaffte auch nicht immer Sicherheit vor Gericht. Perikles, der beste Redner seiner Zeit, war bei seiner eigenen Verteidigung vor Gericht nicht erfolgreich, und Antiphons Verteidigungsrede war zwar bei den Intellektuellen ein Erfolg, bewahrte ihn aber nicht vor der Hinrichtung.

Die philosophische Tradition, Rhetorik bloß als die Kunst der Überredung aufzufassen, geht in hohem Grad auf Platon zurück, der Gorgias als jemanden darstellt, der Rhetorik als eine Kunst der Überredung unterrichtet, das heißt als etwas, was hinsichtlich des erörterten Gegenstands neutral ist, was für sich gehandhabt werden kann und was mächtig genug ist, um die Experten in jedem anderen Feld zu übertrumpfen, selbst bei den Gegenständen ihrer eigenen Fachdisziplin. Die Denker vor Platon hatten wahrscheinlich kein derart enges Konzept der Rhetorik im Sinn; Platons Darstellung davon ist tendentiös, und die meisten frühen Lehrer der öffentlichen Rede gingen über die gegenstandsneutrale Kunst der Überredung hinaus.[2] Wir wissen, daß die Sophisten im Rahmen der Kunst der Worte solche Themen wie die Charakteristika von Sprechakten erörterten (Aristoteles, *Poetik* 19, 1456b15) und den korrekten Gebrauch von Wörtern und Methoden der Argumentation behandelten. Dieser letzte Punkt war nicht bloß für persuasive Zwecke gedacht, sondern zur Verwendung bei ernsthaften Untersuchungen aller Art, von der Metaphysik bis zur Anthropologie. Platon bemerkte zwar, daß solche Methoden kein Wissen begründen können, zog daraus aber den falschen Schluß, daß sie überhaupt keinen Wert haben können als allein den, zu überreden.

»Richtigkeit der Wörter«

Dies war das Thema eines Unterrichts, den eine Reihe von Sophisten erteilten; aber nur in wenigen Fällen wissen wir noch, was dieser Titel bedeutete. So argumentierte Protagoras, daß das Wort *mēnis* (»Zorn«) in der ersten Zeile der *Ilias* – im üblichen griechischen Sprachgebrauch ein feminines Nomen – eigentlich als ein maskulines Nomen hätte behandelt werden sollen. Außerdem suchte er Dichter zu korrigieren, die sich in ihren Versen selbst zu widersprechen schienen.[3] Prodikos thematisierte den präzisen Gebrauch der Wörter und traf sorgfältige Unterscheidungen zwischen Wortpaaren wie »Vergnügen« und »Genuß«.[4] Beide suchten offenbar im Umgang mit Worten eine größere Präzision, als der alltägliche Sprachgebrauch sie erlaubte. Auch Gorgias beruft sich auf eine Richtigkeit der Wörter (DK 82 B6); aber seine Kunst verziert öffentliche Reden mit Euphemismen und Metaphern (B5a, 15 und 16). Die philosophischen Anschauungen uns bekannter Sophisten erlauben nicht ohne weiteres, für die Richtigkeit einen festgelegten Standard anzunehmen; und manche Forscher haben die Vermutung geäußert, daß die Sophisten mit »Richtigkeit« einen effektiven Gebrauch der Sprache gemeint hätten;[5] das wäre mit einem Relativismus vereinbar, insofern dieselbe Sprache verschiedene Leute unterschiedlich affiziert. Dennoch steht außer Zweifel, daß der Standard, den Protagoras ansetzte, von der öffentlichen Meinung unabhängig war; dieser Standard setzte das natürliche Geschlecht der Wörter nämlich über ihr konventionelles Geschlecht.

Einander entgegengesetzte Reden

Die Kunst, einander entgegengesetzte Reden vorzutragen – Argumente für beide Seiten eines Problems zu unterbreiten –, wurde von Protagoras und von anderen Sophisten gelehrt (D.L. IX,51). Die Werke des Protagoras sind verloren; aber in den *Tetralogien* Antiphons und in den *Dissoi logoi* sind uns Beispiele erhalten, außerdem in der *Geschichte* des Thukydides und in den Theaterstücken von Euripides und Aristophanes. Diese Kunst steht in Beziehung dazu, »das schwächere Argument stärker zu machen«,[6] was angesichts der Zweideutigkeit der benutzten Wörter im Griechischen auch hieß, »das falsche Argument zum richtigen machen«. Die von Gorgias erhaltenen Schaureden illustrieren, wie ein cleveres Argument eine schwache Position stärken kann. Diese Praxis wurde vielen Sophisten vorgehalten, und sie war Teil des unausgesprochenen Vorwurfs gegen Sokrates (Platon, *Apol.* 18b). Entgegengesetzte Argumente machen wie Argumente zur Verteidigung einer schwachen Position typischerweise Gebrauch vom Begriff des *eikos*, der eine Art von Relativität einschließt.

»Eikos« und »euboulia«

Sich auf eine vernünftige Erwartung zu berufen, auf eine, die *eikos* (»wahrscheinlich« oder »mutmaßlich«) ist, ist dasjenige Argumentationsschema, das zu unterrichten bei den Sophisten am üblichsten war. In Gerichts- und in Beratungsreden wurde dieses Schema überall gebraucht, und es hatte auch eine nützliche Funktion in dem, was wir heute als Sozialwissenschaft bezeichnen würden. Gute Beispiele dafür sind in den erhaltenen Reden des Gorgias sowie in der *Verteidigung* und in den *Tetralogien* des Antiphon zu finden. Ein reicher Mann beispielsweise, der beschuldigt wird, einen Mantel gestohlen zu haben, könnte sich auf die Erwartung stützen, daß ein Reicher sich nicht die Mühe machen würde, einen Mantel zu stehlen, da er es nicht nötig habe, sich dem Risiko einer solchen Handlung auszusetzen, wenn er sich einen Mantel doch kaufen könnte. Antiphon wurde vorgeworfen, ein Anführer der oligarchischen Gruppe des Jahres 411 v.Chr. gewesen zu sein; das Fragment, welches uns von seiner Verteidigungsrede erhalten ist, hängt ganz vom *eikos* ab, indem es argumentiert, daß die Motive, die man für den Sturz einer Regierung erwartet, in seinem Fall nicht zutreffen: Es wäre für einen Redner nicht *eikos* gewesen, eine Oligarchie zu wünschen, weil der Markt für Reden in der oligarchischen Regierungsform kleiner sei.

Häufig in rhetorische Fragen eingekleidet, sind solche Berufungen auf das, was *eikos* ist, grundlegend für die umfangreicheren Argumentationsstrukturen, die die Sophisten entwickelt haben – einander entgegengesetzte Reden (für die Protagoras berühmt war) und exhaustische Argumentationshierarchien (die Gorgias entwickelt hat). Wenn es keine Augenzeugen gibt, springt das *eikos* ein, wie es das für Thukydides bei seiner Rekonstruktion der frühen griechischen Geschichte tut, indem es seine Extrapolationen von den dürftigen Belegen aus leitet, die ihm zur Verfügung standen. Die Sprecher bei Thukydides stützen sich oft auf das *eikos*, daß es ihre Voraussagen der Zukunft leitet, und sie tun das in der Diskussion über die Strategie ebenso wie in der Ermahnung, in der Schlacht tapfer zu kämpfen.[7]

Platon behandelt *eikos* fälschlicherweise als einen Wert, den die Sophisten anstelle der Wahrheit anbieten würden (*Phaidros* 267a). Wie *eikos* in Wirklichkeit gebraucht wird, handelt es sich um eine zugegebenermaßen riskante Methode, die Wahrheit zu erkunden, wenn die verfügbaren Belege keine bündigen Schlußfolgerungen erlauben. Der Begriff des *eikos* hängt als solcher von dem der Wahrheit ab; was *eikos* ist, sagt Aristoteles, ist das, was »meistenteils« gilt, und je öfter wir finden, daß eine Verallgemeinerung zutrifft, um so mehr ist sie *eikos* (*Rhet.* II,25,8–11). Nicht ganz richtig ist das allerdings bei der Sorte von Themen, die von den Sophisten behandelt wurden. Was ein Urteil, das auf *eikos* gegründet ist, typischerweise bedroht, ist nicht das Fehlen von Beispielen für seine allgemeine Regel (was für normale Fälle offenbar gilt), sondern eher eine Information, die den in Rede stehenden Fall davon ausschließen würde, unter die Regel zu fallen. Wenn beispielsweise alles, was wir wissen, dies ist, daß der Angeklagte reich und daß das Diebesgut bloß ein Mantel war, dann wäre es nicht vernünftig, wenn wir erwarten würden, daß der Angeklagte der Dieb gewesen sei; aber wenn bestimmte Details hinzukommen (die Kälte der Nacht, die Abwesenheit von Zeugen, die Rücksichtslosigkeit des Angeklagten, der wirklich ohne seinen Mantel draußen war), dann wird die Anklage dadurch vernünftiger. Entgegengesetzte Reden bei den Sophisten und bei Thukydides zeigen, daß diese Denker sich sehr wohl bewußt waren, daß Unterschiede in der Hintergrundinformation Unterschiede im *eikos* erzeugen, was daher relativ zur Hintergrundinformation ist. Verändere den Hintergrund eines gegebenen Falls, und du veränderst das, was darüber zu meinen vernünftig ist! Wenn über die Tatsachen wenig bekannt ist, können opponierende Redner Erwägungen ins Feld führen, angesichts deren entgegengesetzte Schlußfolgerungen gleichermaßen vernünftig erscheinen, wie das in Antiphons erster Tetralogie vorkommt: Der Ankläger argumentiert, es sei wahrscheinlich, daß der reiche Angeklagte das Verbrechen begangen hat, um seine Reichtümer vor dem Mann zu schützen, den ermordet zu haben er angeklagt ist; der Angeklagte kontert, daß das Verbrechen zu begehen seinen Reichtum einem noch größeren Risiko ausgesetzt hätte und daß es daher unwahrscheinlich sei, daß er es begangen habe. Der Ankläger lenkt in diesem Fall die Aufmerksamkeit auf die Tatsache, die der Angeklagte herunterspielt, nämlich darauf, daß der Angeklagte dem Risiko ausgesetzt war, durch das Opfer in einen Prozeß verwickelt zu werden. Dieser Umstand macht die normale Erwartung zunichte, daß reiche Leute es nicht nötig haben, auf Verbrechen zurückzugreifen.

Solche Berufungen auf normale Erwartungen sind das, was moderne Logiker *anfechtbar* nennen; sie gelten nur für normale Bedingungen und werden durch unerwartete Abnormalitäten außer Kraft gesetzt. Ein guter Gebrauch dieser Argumentationsart hängt von einem klaren Sinn für das ab, was für eine gegebene Generalisierung normal ist, und von einem Wissen darum, welche Fragen zu ihrer Entkräftung führen könnten. Anfechtbares Argumentieren ist häufig das beste, was wir tun können (wie bei den meisten medizinischen Diagnosen). Seine Schwäche besteht freilich darin, daß es in hohem Maß vom guten Urteil und von der Erfahrung derer abhängt, die es verwenden; sie müssen in der Lage sein, einschlägige Fragen zu stellen und relevante Antworten zu identifizieren. Alle *eikos*-Urteile stehen in Beziehung zu ausgewählter Hintergrundinformation. Aristoteles übersieht das und nimmt fälschlicherweise an, daß ein Ergebnis bedingungslos *eikos* sein könne. Wenn es so aussehen sollte, als seien einander entgegengesetzte Ergebnisse gleichermaßen *eikos*, dann wäre nach Ansicht des Aristoteles doch nur eins von ihnen bedingungslos dies wirklich (*Rhet.* II,24). Aber wenn wir das Ergebnis ohne einschränkende Bedingungen beurteilen könnten, hätten wir von vornherein kein Bedürfnis nach einem *eikos*-Urteil. Aristoteles hätte dann recht gehabt zu sagen, daß nur eins der Ergebnisse wahr sein könne; aber das ist eine andere Geschichte. Wichtig ist, *eikos*-Urteile den probabilistischen Ergebnissen gegenüberzustellen, die in der modernen Naturwissenschaft gefunden werden. Die Wahrscheinlichkeiten dort sind auf Induktionen von dokumentierten Beobachtungen gegründet und stehen nicht in Beziehung zu subjektiver Information; dagegen kommt es für das *eikos* nicht darauf an, ob die Verallgemeinerung, von der es abhängt, wahr ist – dem stimmen alle Parteien zu –, sondern darauf, ob der Fall darunter fällt oder nicht. Die Stärke eines guten *eikos*-Urteils ist nicht seine empirische Fundierung, sondern die Relevanz der Information, die seinen Rahmen bildet.

An der zitierten Stelle sagt Aristoteles, daß der Gebrauch, den Protagoras von dieser Argumentationsart machte, öffentliches Ärgernis erregte, weil er das schwächere Argument stärker zu machen schien. Solch eine Methode weckte die Furcht, ein guter Redner könne erfolgreich einen Kriminellen verteidigen oder einen unschuldigen Menschen für schuldig erklären. Wenn es keinen Zeugen gibt, um die Sache zu klären, und man nicht durch ein Urteil entscheiden kann, welche Information in bezug auf die Sache die relevantere ist, dann kann ein Wettstreit von Reden, die sich auf das berufen, was *eikos* ist, bloß ein Wettstreit zwischen den Überzeugungskräften der beiden Redner sein. In solch einem Fall kann ein Sprecher ebensogut für die eine Seite des Falls wie für die andere sprechen, sofern er nur darin geübt ist, so etwas zu tun.

Daß auf beiden Seiten gleichermaßen glaubhafte Argumente möglich sind, ist für Platon fatal in bezug auf die moralische Integrität der Gerichtsrhetorik; ernsthafte Leute sollten sich deswegen beunruhigen, anstatt sich mit weltfremden Sachen zu beschäftigen. Aber für diejenigen, die sich wie Protagoras im Bereich der praktischen Politik und der Justiz engagieren, würde die Gefahr einer Argumentation aufgrund dessen, was *eikos* ist, eher auf die enorme Wichtigkeit der *euboulia*, eine guten Urteils, hinweisen, einer Tugend, die, wenn nicht von Platon, so doch von anderen Griechen sehr geschätzt wurde. Ein gutes Urteil macht den Unterschied zwischen trickreicher Rhetorik und einer ernsthaften Untersuchung aus, einen Unterschied, der mit Blick auf den Schauplatz des Menschlichen äußerst wichtig ist.

Die Rhetorik des Gorgias

Die Rhetorik des Gorgias verlangt eine gesonderte Behandlung, und zwar nicht nur deshalb, weil Gorgias der allererste griechische Redner ist, sondern auch deshalb, weil von ihm zwei vollständige Reden erhalten sind, das *Enkomion der Helena* und die *Verteidigung des Palamedes* (DK 82 B11), und außerdem ein umfangreiches Fragment einer dritten Rede, der *Bestattungsrede* (B6). Die Reden sind alle dazu gedacht, die Kunst der öffentlichen Rede vorzuführen, indem sie Kniffe benutzen, die man auf andere Reden leicht übertragen konnte. Im Stil, in der Anlage und im Argument repräsentieren sie Muster, die infolge des weit verbreiteten Einflusses von Gorgias als Lehrer in der späteren Rhetorik zu beobachten sind. Die *Bestattungsrede* des Gorgias klingt in vielen Reden nach, von der des Perikles bis zu der Lincolns; und seine *Verteidigung des Palamedes* wird in Organisation und Argument von niemand geringerem als von Platon in seiner *Verteidigung des Sokrates* imitiert (bekannt als die *Apologie*). Elemente von Gorgias' Stil begegnen in einer Reihe anderer platonischer Reden, insbesondere in Agathons Enkomion auf die Liebe im *Symposion*. Im wirklichen Leben übte der Unterricht des Gorgias offensichtlich einen erheblichen Einfluß auf Hippias und später auf Platons Zeitgenossen Isokrates aus.

In seinem Stil übertrug Gorgias auf die Prosa einiges von der Kraft, die er der Dichtung zuschrieb, die Gefühle des Publikums zu erregen (*Helena* 9). Rhythmus, Balance und innerer Reim sind darauf ausgelegt, (wie in der Dichtung) Textstücke memorierbar zu machen, und die Gedanken werden durch eine Sprache ausgedrückt, die mit Metaphern (B5a) und zusammengesetzten Ausdrücken (B15) verziert ist. Balance und Reim werden gemeinsam durch das Mittel der Antithese erreicht, was sich in der deutschen Übersetzung leider nur zum Teil wiedergeben läßt: »Wenn sie mit Gewalt entführt und gesetzlos gezwungen und ungerecht mißhandelt wurde, ist klar, daß er, der sie entführt hat, indem er sie mißhandelte, Unrecht tat, und daß sie, die entführt wurde, indem sie mißhandelt wurde, unglücklich war« (*Helena* 7). Wir erfahren, daß Gorgias' Kunst der Worte vom Begriff des *kairos* abhängt – davon, das Angebrachte zur rechten Zeit zu sagen; aber was er damit genau meinte, wissen wir nicht (B13); und in den erhaltenen Reden wählt Gorgias nicht gezielt das richtige Argument für den Augenblick aus, sondern türmt Argument auf Argument und versucht damit, die Zuhörer glauben zu machen, daß er jede Möglichkeit abgedeckt habe.

Die *Verteidigung des Palamedes* ist wohl als Muster für eine Verteidigungsrede vor Gericht gedacht gewesen, obwohl der Fall, um den es geht, den Mythen entnommen ist, die über den Trojanischen Krieg überliefert sind. Palamedes, ein griechischer Held, bekannt für seine Erfindungsgabe, ist von Odysseus angeklagt worden, daß er sich von den Trojanern bestechen ließ, um die Griechen zu verraten. Da es keine Beweise gibt, muß die Sache auf *eikos* beruhen. (Im 4. Jahrhundert v.Chr. schrieb Alkidamas eine Anklageschrift für diesen Prozeß, offensichtlich als Antwort auf Gorgias; darin beruft Odysseus sich auf Belege, die nicht mehr zugänglich sind: einen Pfeil, der eine Botschaft von einem Trojaner zu Palamedes beförderte.) Gorgias' Verteidigung folgt einer Linie, die den Lesern von Platons *Apologie* vertraut sein wird, angefangen von dem einleitenden Verzicht auf kunstvolle Rhetorik (4) bis zu dem abschließenden Appell und der Warnung an die Richter (33–35). Die Argumente im Innern der Rede sind in einer Art organisiert, die für Gorgias charakteristisch ist: Jede Möglichkeit wird in Betracht gezogen, sogar solche Möglichkeiten, die sich nur aus anderen ergeben könnten, die er bereits verworfen hat. Wie zum Beispiel hätte Palamedes sich geheim und privat mit den Trojanern treffen können, wenn sie doch keine gemeinsame Sprache sprechen? Aber man nehme gleichwohl an, sie hätten sich doch getroffen, wie hätten sie dann im Geheimen Sicherheiten austauschen können? Und so fährt er fort, entlang einer langen Liste rhetorischer Fragen, die untereinander durch die Formel verbunden sind: »Zugegeben, daß es so war, obwohl es nicht so war, wie konnte dann das nächste passieren?«[8]

Das *Enkomion der Helena* argumentiert, daß der Trojanische Krieg Helena nicht anzulasten sei; es sei nicht ihr Fehler, daß sie von ihrem Mann weg nach Troja verschleppt worden sei. Auch diese Rede hängt vom *eikos* ab. Für Helenas Reise nach Troja gibt es nur vier mögliche Erklärungen, die vernünftig sind, sagt Gorgias: die Götter planten die Reise; sie wurde physisch gezwungen, sich dorthin zu begeben; sie wurde durch die Macht der Rede dazu genötigt; oder sie war von Liebe ergriffen. Wieder im Weg einer Exhaustion zeigt Gorgias, daß man Helena bei keiner der Möglichkeiten einen Vorwurf machen kann. Sein Argument im Fall der Rede feiert die Macht der Sprache, den Geist zu beeinflussen, indem er sie mit der Macht einer Droge vergleicht, den Körper zu beeinflussen (*Helena* 14). In einem uns erhaltenen Satz über das Theaterwesen finden wir auch eine Reverenz an die Kraft der Sprache zur Täuschung: »Die Tragödie bewirkt eine Täuschung, bei der der Täuschende gerechter ist als der nicht Täuschende und der Getäuschte klüger als der nicht Getäuschte« (B23). In seinem Essay *Über das Nichtseiende* scheint Gorgias jedoch zu behaupten, daß wir mittels der Sprache gar nicht miteinander kommunizieren können, und das schafft ein Problem, auf das wir noch zurückkommen werden. Die letzten Worte der *Helena* sagen uns, die Rede sei zur Unterhaltung des Verfassers geschrieben worden; deshalb können wir nicht sicher sein, wie ernst Gorgias solche Argumente meinte, wie er sie dort gibt. Verspieltheit gibt es in der frühen griechischen Rede im Übermaß. Die Verwendung absurder Trugschlüsse wie etwa derjenigen, die Euthydem berühmt gemacht haben, ist freilich mehr dazu geeignet, ein Publikum zu verblüffen, als dazu, es gegen seinen Willen hereinzulegen oder zu überreden. Insgesamt war die Kunst der Worte aber für ernsthafte Zwecke gedacht und kostete beträchtliches Honorar.

2. Relativismus

Relativismus im weitesten Sinn ist jede Ansicht, die zuläßt, daß offenkundig widerstreitende Urteile für die Leute, die an die Urteile glauben, in irgendeiner Hinsicht gleich sind: gleich beliebig, gleich vernünftig, gleich nützlich oder gleich wahr. Extremer Relativismus ist jede Ansicht, die die Möglichkeit absoluter Wahrheit verneint, indem sie darauf insistiert, daß nichts ohne relativistische Bedingungen wahr sein könne; das ethische Korrelat dazu insistiert darauf, daß nichts unbedingt gut sein könne. Die Philosophen interessiert extremer Relativismus deshalb, weil er einen Widerspruch (oder einen Widerspruch in moralischen Fragen) unmöglich macht. Ein solcher Relativismus kann aber keinem der Sophisten zugeschrieben werden, ausgenommen möglicherweise Protagoras.[9]

Die Reisenden kamen im frühen Griechenland rasch auf die Idee, daß die verschiedenen Moraltraditionen, die sie entdeckten, *gleichermaßen willkürlich* seien, da sie alle auf Gewohnheit beruhten. Die Macht der Gewohnheit (*nomos*) wurde bereits vor den Sophisten erkannt und schon in der vielzitierten Zeile Pindars gefeiert: »*Nomos*, König aller Sterblichen und Unsterblichen« (zu finden beispielsweise in Platons *Gorgias* 484b). Herodot beobachtet, wie gewohnheitsmäßige Begriffe von Richtig und Falsch über die kulturellen Grenzen hinweg variieren (III,38); und als reisende Lehrer entwickelten einige Sophisten ein Interesse daran, ethische, politische und religiöse Vorstellungen in verschiedenen Kulturen zu vergleichen. Untersuchungen dieser Art neigen dazu, traditionelle Werte als willkürlich erscheinen zu lassen, und Verteidiger sogar von neu aufgekommenen Traditionen hatten im späteren 5. Jahrhundert Grund, sich durch die neue Bildung bedroht zu fühlen, weil diese sich auf die Konservativen berief, die den neuen Gepflogenheiten des demokratischen Athen kritisch gegenüberstanden. Solche Forschung hätte zu einem extremen Relativismus führen können, hätte sie nicht eine Festlegung auf natürliche Werte eingeschlossen, so zum Beispiel die Natur-Leidenschaft, von der sich Kallikles in seiner radikalen Attacke auf die Gewohnheit leiten läßt (Platon, *Gorg.* 483a–484c).

Wir haben bereits gesehen, wie einander entgegengesetzte Auffassungen dadurch *gleich vernünftig* werden, daß unterschiedliche Redner für *eikos*-Urteile unterschiedliche Informationen als relevant auswählen. Obwohl es verwirrend sein mag, zieht dieses Resultat keinen extremen Relativismus nach sich: In einer Welt unbedingter Wahrheiten können konträre Auffassungen genauso gleich vernünftig sein, wie es für eine Münze gleich wahrscheinlich ist, auf die Kopf- oder auf die Zahlseite zu fallen. Außerdem würde ein extremer Relativismus das *eikos* vernichten, indem er die unbedingte Wahrheit zurückweist, die dem *eikos* begrifflich vorausgeht.

Gleich nützlich können widersprechende Auffassungen je nach den Umständen sein. Wie Heraklit, so war auch Protagoras vermutlich der Meinung, daß dasselbe für die eine Art gut und für eine andere schlecht sein könne (Platon, *Prot.* 334a-c; vgl. DK 22 B61). Nach dieser Auffassung wären widersprechende Ansichten über die Gesundheitsdienlichkeit eines bestimmten Öls gleich nützlich, je nachdem, ob das Öl innerlich oder äußerlich anzuwenden ist. In manchen Köpfen könnte dieser Relativismus die davon unabhängige Idee gefördert haben, daß es so etwas wie etwas absolut Gutes oder etwas absolut Schlechtes nicht gibt; aber ein extremer Relativismus folgt nicht daraus.

Gleichheit in bezug auf Wahrheit ist eine radikalere Behauptung, und das ist vermutlich das, was Protagoras meinte: »Der Mensch ist das Maß aller Dinge, der seienden, daß sie sind, und der nicht seienden, daß sie nicht sind« (DK 80 B1). Dieser Satz (der möglicherweise aus einem Buch stammte, das *Wahrheit* genannt wurde) impliziert nach Platon, daß meine Urteile für mich und deine für dich jederzeit wahr sind (*Tht.* 152a). In seinem ursprünglichen Zusammenhang scheint dies nur auf die Sinneswahrnehmung Anwendung zu finden; aber Platon dehnt es auf die Meinung ganz allgemein aus. Nach Platons Verständnis meint Protagoras zu behaupten, daß keine Meinung jemals falsch sei und daß jede Meinung für die Person wahr sei, deren Meinung es ist. Relativismus in bezug auf Wahrheit impliziert, daß einander widerstreitende Ansichten gleichermaßen wahr sind. In der Logik wirft das ein Problem auf. Wenn die einander widerstreitenden Ansichten einen Gegensatz bilden, können sie nicht beide wahr sein; das ist die Bedeutung von ›Gegensatz‹. Wenn sie nun keinen Gegensatz bilden, in welchem Sinn widerstreiten sie dann einander? Es kann kein wahrheitsfunktionaler Widerstreit sein, wenn es keine gemeinsame Wahrheit gibt, und es kann kein Widerstreit über eine Handlung sein, wenn es keine gemeinsame Wirklichkeit gibt, in der man handelt.

Protagoras und Wahrheit

Die antiken Philosophen erkannten die Schwierigkeit, die in dem Wahrheits-Relativismus des Protagoras steckt, und es wurde in der Antike über vier Lösungen nachgedacht, von denen keine ganz befriedigte. Welche davon, wenn überhaupt irgendeine, gut zu Protagoras passen würde, können wir nicht mit Sicherheit sagen. Wir müssen berücksichtigen, daß der ›Homo mensura‹-Satz uns ohne einen Kontext überliefert ist, der es uns erlauben würde, zu einer abschließenden Interpretation zu kommen. Was die Frage betrifft, ob die Formulierung »der Mensch« in diesem Satz sich auf ein Individuum oder auf die Gattung bezieht, folgen die Gelehrten im allgemeinen Platons individualistischer Deutung, aber mit Vorsicht. Platons Zeugnis ist nicht authentisch, weil es in einen Dialog verwoben ist, der Platons eigenem philosophischen Werk dient. Die Zeugnisse späterer Autoren, etwa des Aristoteles und sehr viel später des Sextus Empiricus, sind über akademische Quellen vermittelt, die ihrerseits von Platon kontaminiert sind.[10] Was hier also folgt, ist eine Zusammenfassung der Hauptversuche, die Lehre des Protagoras zu rekonstruieren.

Erstens: Aristoteles dachte, Protagoras habe sich von dem Gesetz von der Widerspruchsfreiheit ganz dispensieren und darauf insistieren wollen, daß einander widersprechende Ansichten schlicht wahr sind, selbst wenn sie einen kontradiktorischen Gegensatz bilden. Aristoteles sagt, der ›Homo mensura‹-Satz des Protagoras folge aus der Position und bringe sie mit sich, daß dieselbe Aussage zur selben Zeit sowohl wahr als auch falsch sein könne (*Metaph.* IV,5, 1009a6–15 und IV,4, 1007b18–25). Die Kosten dafür, das Gesetz aufzugeben, sind allerdings hoch; und Protagoras scheint sich in anderen Zusammenhängen auf das Gesetz berufen zu haben: *Protagoras* 339b9 zeigt, daß Platon der Meinung war, Protagoras habe Einwände gegen Widersprüche in der Dichtung gehabt; und Platons eigene Versuche, das Problem zu lösen, geben das Gesetz nicht auf.

Zweitens eine Lösung, die in Platons *Theaitet* impliziert ist (und die ohne den Heraklitismus auskommt, den Platon eingefügt hat): Wenn »der Wind ist warm« und »der Wind ist kalt« uneingeschränkt widersprüchlich sind, sind sie einander genug entgegengesetzt, um einander zu widerstreiten; wenn jeder der Sätze aber unter einer qualifizierenden Bedingung wahr ist (»für mich«, »für dich«), dann sind sie in bezug auf Wahrheit hinreichend gleich, obwohl keiner von ihnen einfach wahr ist, und die qualifizierenden Zusätze (»für mich« und »für dich«) eliminieren den wirklichen Konflikt. Wenn das die Lösung des Protagoras ist, muß er bestreiten, daß ein Sprecher dem anderen wirklich widersprechen kann, und diese Bestreitung ist ebenfalls bezeugt (Platon, *Euthydemos* 286ab, D.L. IX,53). Jeder der einander gegenübertretenden Sprecher würde eine private Wahrheit verkünden; und es würde zwischen ihnen keinen Konflikt geben. Auch diese Lösung bringt freilich hohe Kosten mit sich: Es ist schwer zu verstehen, was mit privaten Wahrheiten gemeint sein könnte, vor allem weil die Forscher sich einig sind, daß Protagoras kein Idealist gewesen sein kann und daß er nicht der Meinung war, daß der Inhalt meines Geistes einfach meine private Wahrheit ausmache.[11] Es ist jedenfalls schwer, die Idee aufzugeben, die auch für den Unterricht des Protagoras grundlegend ist, daß Sprecher entgegengesetzte Positionen einnehmen können. Aber die Lösung Platons schließt sogar den praktischen Konflikt aus (›praktisch‹ verstanden im Gegensatz zu einem logischen Konflikt). Zum Beispiel findest du, der Wind sei kalt, und könntest wünschen, Schutz davor zu suchen, während ich den Wind warm finde und wünschen könnte, draußen im Wind zu bleiben; wir sprechen allerdings nicht von demselben Wind, und so gibt es keinen Konflikt.

Die dritte Lösung ist die heraklitische Interpretation, die ebenfalls im *Theaitet* unterbreitet wird. Der platonische Sokrates schreibt dort Protagoras ebenso wie Heraklit die Vorstellung zu, daß Gegensätze sich immer in die Dinge hinein und aus ihnen heraus verschieben, die wir wahrnehmen (und alles andere verändert sich ebenfalls). Sokrates nennt dies die »geheime Lehre« des Protagoras und meint damit u.a., daß er für diese Deutung keine Belege habe, weder schriftliche noch irgendetwas aus mündlicher Überlieferung. Wir müssen davon ausgehen, daß dies ganz und gar ein Beitrag Platons ist und daß es keine unmittelbare Relevanz für Protagoras hat, außer daß wir zu erklären haben, warum Platon der Meinung war, die Veränderungshypothese erkläre den ›Homo mensura‹-Satz. Seine Lösung des Widerspruchsproblems ist diese: Was ich wahrnehme, gilt nur in dem Moment, in dem ich es wahrnehme, und für dich ist es ähnlich (unter der Annahme, daß wir nie beide in demselben Augenblick denselben Gegenstand wahrnehmen und daß wir jeder den Gegenstand dadurch, daß wir ihn wahrnehmen, verändern). Platon besteht darauf, daß in dieser Auffassung »ist« überall durch »wird« ersetzt werden müßte; aber wenn »ist« aus dem Bild verschwindet, so tun das unvermeidlich auch Wahrheit und Wissen, wie Platon sie versteht. Nichtsdestoweniger entsprechen die sich verändernden Wahrnehmungen eines jeden untrüglich dem sich verändernden Gegenstand, mit dem jemand in Wahrnehmungskontakt ist, so daß in der geheimen Lehre so etwas wie eine Relativität von Wahrheit erhalten wäre.

Die vierte Lösung ist die zuträglichste. Man nehme an, es gebe eine einzige Wahrheit für uns alle, die aber komplex genug ist, um unsere verschiedenen Ansichten von ihr zu unterstützen. Die Dinge könnten beispielsweise aus Gegensätzen bestehen, wie frühe griechische Philosophen das annahmen; und wenn es im Wind beides gibt, Heiß und Kalt, dann könnte (dank eines besonderen Zugs meines Wahrnehmungsapparats) ich mehr vom Heißen fühlen, während du mehr vom Kalten fühlst; aber jeder von uns fühlt etwas, was im Wind wirklich vorhanden ist. Der Wind ist wirklich sowohl heiß als auch kalt, und das ist logisch möglich, wenn Gegensätze ko-präsent sein können, wie ja auch in dieselbe Suppe Süßes und Saures gerührt werden können. Diese Lösung läßt die Logik intakt. Aber in welchem Sinn erlaubt sie unseren Anschauungen, in Konflikt zu geraten? In Konflikt geraten sie dadurch, daß sie aus den mancherlei Eigenschaften des Winds polare Gegensätze aussondern und sie herausziehen; sie könnten auch in Konflikt geraten, wenn sie entgegengesetzte Handlungsverläufe empfehlen sollten (nach drinnen gehen, draußen bleiben), weil der Wind für uns beide ja derselbe ist. Die einzige antike Autorität für diese vierte Auffassung ist Sextus Empricus, *Pyrrhonische Hypotyposen* I,216. Die Darstellung des Sextus könnte jedoch aus einem Mißverständnis von Platons *Theaitet* hervorgegangen sein, der seinerseits entweder die zweite oder die dritte Interpretation verlangt.[12] Eine Argumentation zugunsten der vierten Deutung muß ein *eikos* zur Grundlage haben; angesichts dessen, was wir von Protagoras und seiner Zeit wissen, ist diese Lösung die vernünftigste.[13] Nach dieser Deutung bestreitet Protagoras nicht die absolute Wahrheit und ist auch kein extremer Relativist. Das wiederum ist ein glückliches Ergebnis, weil extremer Relativismus unverträglich mit einer Reihe von Behauptungen wäre, die Protagoras und andere Sophisten aufgestellt haben.

Natur und die neue Bildung

»Was immer wir sehen, es hat eine Natur (*physis*)«, sagt Gorgias, »nicht die Natur, welche wir gerne hätten, sondern die, die jedes Ding nun einmal hat« (*Helena* 15). Berufungen auf die Natur insgesamt oder auf die Natur einzelner Dinge sind in der neuen Bildung geläufig und schließen einen extremen Relativismus oder Skeptizismus aus. Die Natur ist unabhängig von dem, was irgendjemand denkt, daß sie sei; wenn ein Redner daher populäre oder konventionelle Ansichten angreifen möchte, was ist dann angebrachter oder natürlicher, als sich auf die Natur selbst als Zeugen gegen die Überlieferung zu berufen? Natur steht hinter dem Wissen in der Art, in der Konvention (*nomos*) hinter der Meinung steht, und die Berufung auf die Natur versucht typischerweise, das Wissen dessen, der sich da beruft, gegen die übliche Meinung auszuspielen. Weil die Natur für alle dieselbe ist, sperrt die Berufung auf sie sich gegen Relativismus; und weil die Berufung Wissen voraussetzt, schließt sie Skepsis aus.

Hippias beruft sich Platon zufolge auf *physis*, um seine Ansicht von der natürlichen Verwandtschaft der Menschheit (oder zumindest der Weisen) zu verteidigen, die bloß durch die Konventionen nationaler Unterschiede geteilt sei (*Prot.* 337d–338b). Platons Kallikles greift die konventionelle Gerechtigkeit mit der Begründung an, sie versuche, das Gesetz der Natur zu blockieren, daß die Starken frei sein sollten, ihre größten Wünsche zu erfüllen (*Gorg.* 482c ff.). Gorgias ist für uns zu spielerisch, um sicher zu sein, daß er glaubt, was er in der *Helena* zugunsten der Natur sagt. Aber klar ist die Sache wieder bei Protagoras' Standard für die »Richtigkeit von Wörtern«. Diesen Maßstab wendet er gegen die Konventionen der Sprache so an, als handle es sich um eine Berufung auf die Natur – beispielsweise das natürliche Geschlecht.[14] Außerdem stellt Platon Protagoras dar, wie er die Gerechtigkeit als für menschliche Gesellschaften universal verteidigt, indem er sie zu den Notwendigkeiten des menschlichen Lebens rechnet. Obwohl sie durch einen Lernprozeß erworben wurde, bildet die Gerechtigkeit nichtsdestoweniger eine Parallele zu den natürlichen Überlebensfähigkeiten der Tiere (*Prot.* 322). Als ein notwendiges Werkzeug für das Überleben kann die Gerechtigkeit nicht das sein, was jede beliebige Gruppe sagen könnte, daß sie sei; beispielsweise könnte sie nicht das Gesetz von Zähnen und Klauen sein (welches das Überleben nicht unterstützt), und es muß eine natürliche Grenze für das geben, was sie sein könnte. Eine adäquate Darstellung von Protagoras' Relativismus muß durch die Anerkennung dieser Tendenz zum Naturalismus gemildert sein. Die Kombination ist nicht so sonderbar, wie sie aussehen könnte: Nietzsche verbindet seinen wohlbekannten perspektivischen Relativismus mit psychologischem Naturalismus. Für beide, für den antiken wie für den modernen Relativisten ist der Naturalismus jedenfalls nicht in einer Metaphysik verwurzelt, sondern in der menschlichen Erfahrung.[15] Allgemein war die Attacke der neuen Bildung auf die Tradition nicht auf einen Relativismus gegründet, sondern auf Ansichten über die festliegende Natur der Dinge. Die traditionellen Auffassungen, daß Sophisten Relativisten seien,[16] müssen der Erkenntnis Platz machen, daß das, was die Sophisten am meisten als eine Gruppe charakterisiert, ihre Festlegung darauf ist, die menschliche Natur zum Gegenstand der Untersuchungen zu machen. Außerdem müssen wir die Vorstellung aufgeben, daß Sophisten Skeptiker seien.

Gorgias und Skepsis

In *Über das Nichtseiende* stellt Gorgias für alles, was jemand sagen mag, drei Thesen auf: (1) Es gibt nichts; (2) selbst wenn es etwas gäbe, so könnte man davon kein Wissen haben; und (3) selbst wenn man davon ein Wissen haben könnte, so könnte dies doch anderen nicht mitgeteilt werden.[17] Dieses Thesenbündel ist weder Skeptizismus noch Relativismus: Es ist kein Skeptizismus, weil ein echter Skeptiker (im Sinne der Antike) sich aller Meinungen enthält, eben auch negativer Meinungen wie derjenigen, für die Gorgias hier argumentiert; kein Relativismus ist es, weil die Behauptungen des Gorgias allgemein und negativ sind (»Es ist für alle von uns unmöglich, etwas zu wissen«), während ein Relativist wie Protagoras Behauptungen aufstellt, die positiv und lokal sind (»Meine Ansichten sind wahr für mich«). Es handelt sich auch nicht um extremen Relativismus, der nämlich Falschheit ganz unmöglich macht und deshalb Widerspruch und Widerlegung eliminiert; demgegenüber läßt Gorgias konsistenterweise zu, daß manche Auffassungen wahr und andere falsch sind.[18]

Gorgias entwickelt sein Argument hier dialektisch; er verwendet Argumentationsformen, die von den dogmatischen Philosophen entlehnt sind, zu denen er im Gegensatz steht, vornehmlich Zenon und Melissos. Das Werk ist ein ernsthafter Versuch, deren und Parmenides' Ansichten über das Seiende zurückzuweisen. Die These ist einfach negativ, so daß wir nicht sicher sein können, was Gorgias gegebenenfalls an die Stelle der Auffassungen gesetzt hätte, die er zurückweist.[19] Am wahrscheinlichsten ist wohl, daß er überhaupt keine philosophische Theorie vorzuschlagen hatte – keine alternative Darstellung über Seiendes, Wissen und Bedeutung –, sondern einfach die Praxis, die er lehrte, menschliche Angelegenheiten durch den wirksamen Gebrauch von Worten zu beeinflussen. In einem modernen Kontext hätte er sich vielleicht als einen Behaviouristen und Pragmatisten bezeichnet.

Obwohl Skeptizismus und Relativismus streng genommen Gegensätze sind, haben sie nichtsdestoweniger bestimmte Affinitäten. Relativität wurde in der späteren Antike einer der Haupttropen skeptischer Argumentation, und antike Quellen identifizieren Änesidem, den Denker, der aller Wahrscheinlichkeit nach im 1. Jh. v.Chr. den Pyrrhonismus wiederbelebt hat, als einen Relativisten. Obwohl eine von Sextus' Quellen Protagoras zu einem positiven Dogmatiker macht (*PH* I,216), listet eine andere ihn unter den Denkern auf, die das Wahrheitskriterium durch Berufung auf Relativismus aufheben (*M.* VII,60). Der Weg geht in beide Richtungen; allemal führt Skeptizismus über das nicht Wahrnehmbare zu Relativismus.

Skeptizismus über das nicht Wahrnehmbare

»Über die Götter«, schrieb Protagoras, »habe ich keine Möglichkeit zu wissen, weder daß sie sind, noch daß sie nicht sind, noch wie sie etwa an Gestalt sind; denn vieles gibt es, was das Wissen hindert: die Nichtwahrnehmbarkeit (*adēlotēs*) des Gegenstands, und daß das Leben des Menschen kurz ist« (DK 80 B4). Protagoras meint vermutlich, daß wir keine klaren Blickpunkte auf die Götter haben, wie wir sie haben könnten, wenn wir lange genug gelebt hätten, um Zeugen von Ereignissen geworden zu sein, bei denen man sagt, daß die Götter eingegriffen hätten. Protagoras vermeidet hierüber ebenso wie über andere Gegenstände Spekulationen jenseits der menschlichen Sphäre.[20]

Allgemein begrenzt Protagoras das, was wir wissen, auf das, was wir wahrnehmen; der Rest ist *adēlon*. Einige Zeugnisse legen die Annahme nahe, daß Protagoras der Ansicht ist, daß das, was zu einer gegebenen Zeit wahrgenommen wird, alles sei, was es wirklich gibt.[21] Ein strenger Empirismus dieser Art führt zu einem Wahrheitsrelativismus (mit Problemen, die in den folgenden Abschnitten zu erörtern sind), weil verschiedene Leute verschiedene Dinge unter ähnlichen Umständen sehen können. Aus solchen Gründen verwirft Demokrit die Sinneswahrnehmung als eine Quelle des Wissens darüber, wie die Dinge sind, und wir können fast sicher sein, daß Protagoras davon Abstand nehmen würde, über Dinge zu reden, die so obskur wie Demokriteische Atome sind. Protagoras und Demokrit kamen aus derselben Stadt und waren im großen und ganzen Zeitgenossen (sogar in der Antike gab es eine Debatte, wer von ihnen der ältere sei). Wir haben Belege, daß sie – in einer Weise, die für ihre antiken Anhänger verwirrend war – über die Einführung eines Wahrnehmungsrelativismus unterschiedlicher Auffassung waren. An der Ansicht des Protagoras, daß »jedwedes um nichts mehr (*ou mallon*) dieses als jenes« ist, hat Demokrit etwas auszusetzen, obwohl er selber etwas Ähnliches sagt. Vermutlich würden sie in bezug auf die Relativität wahrnehmbarer Eigenschaften übereinstimmen, aber einander energisch widersprechen in der Frage, ob es feste Strukturen jenseits der Ebene der Sinneswahrnehmung gibt (DK 68 B156,14). Selbst Platon wird der Relativität dessen zustimmen, was wir wahrnehmen; das ist der Grund, warum er sich dem Nichtwahrnehmbaren zuwendet. Protagoras andererseits wendet sich vom Nichtwahrnehmbaren ab und nötigt sich auf diese Weise selbst zu einer Art Relativismus.

Lehren ohne Wissen

Wie Platon die Sophisten einschätzt, bewerten die meisten von ihnen Überredung höher als Wahrheit. Er wirft ihnen vor, sich als moralische Lehrer zu präsentieren, obwohl ihr Wissen (seiner Meinung nach) in kaum mehr besteht als in der Fähigkeit, Experten zu imitieren. Nun sind Platons Maßstäbe, wie er selbst zugeben würde, zu hoch, um von irgendeinem gewöhnlichen Sterblichen erfüllt werden zu können. Wir können Protagoras und Gorgias vor dem Vorwurf Platons aber nicht einfach dadurch schützen, daß wir entgegenkommendere Maßstäbe anwenden. Denn wir haben Grund anzunehmen, daß sie beide Ansichten unterrichteten, die es unmöglich machen würden, irgendeinen vernünftigen Wissensstandard zu erfüllen. Wie kann Protagoras unterrichten, wenn Relativismus bedeutet, daß er nicht mehr als seine Schüler weiß? Wie kann Gorgias unterrichten, wenn er in *Über das Nichtseiende* recht hat? Wenn sie in ihrem Denken und ihrer Praxis kohärent sind, dann mußten sie der Meinung sein, sie könnten Lehrer sein, ohne Wissen zu haben.

Eine Gorgianische Antwort

Gorgias beansprucht, nur Rhetorik zu lehren, und wenn Platon in diesem Punkt recht hat, unterrichtet Gorgias die Redekunst in völliger Abstraktion von irgendeinem thematischen Inhalt. *Über das Nichtseiende* wirft Schwierigkeiten für das Wissen oder dafür auf, sich darüber, wie die Dinge sind, auszutauschen; aber die Schrift impliziert nichts unmittelbar über die meisterliche Handhabung und die Übermittlung von Fertigkeiten. Wenn Gorgias also beispielsweise das Schreinerhandwerk lehren würde und wenn wir damit einverstanden sind, daß er dies tun könnte, ohne vorzugeben, er wisse oder sage, was Holz oder Möbel wirklich sind, dann könnte er vor seinen eigenen Argumenten (wenn nicht gar vor denen des Sokrates) sicher sein. Gorgias lehrt allerdings Rhetorik, und das ist außerordentlich angreifbar. Das dritte Argument von *Über das Nichtseiende* schließt: »Wenn es etwas gibt, das man wissen kann, dann könnte doch niemand es einem anderen vermitteln, zum einen weil Dinge keine Wörter sind, und zum anderen, weil niemand dasselbe im Kopf hat wie jemand anders.«[22]

Wenn das Ziel der Rhetorik darin bestünde, das, was der Sprecher möchte, in die Köpfe der Zuhörer einzupflanzen, dann wäre nach diesem Argument eine effektive Rhetorik unmöglich. Gorgias lehrt nun aber Rhetorik. Vielleicht sieht er das unter einem anderen Gesichtspunkt, einem Gesichtspunkt, unter dem ein Redner dann Erfolg hätte, wenn er die Stimmen bekommt, die er zu bekommen wünscht, unabhängig davon, was in den Köpfen seiner Zuhörer geschieht, mit anderen Worten: wenn sein Ziel ein rein verhaltensmäßiges ist. Wenn es so steht, ist Gorgias' Argument nicht gegen die Kraft der Worte gerichtet, sondern dagegen, daß man ihre Bedeutungen referentiell oder vorstellungsmäßig versteht, und dann bedroht sein Argument nicht seine Karriere. Das Ziel der Rhetorik würde darin bestehen, das Handeln zu beeinflussen, und in nichts mehr.[23]

Eine Protagoreische Antwort

Der ›Homo mensura‹-Satz des Protagoras impliziert, daß, weil meine Urteile für mich und deine für dich wahr wären, keiner von uns von einem Lehrer irgendetwas zu gewinnen hätte, zumindest nichts, soweit es um Wahrheit geht (Platon, *Tht.* 161c–162c). Ein jeder hätte aus privaten Schätzen ein solches Wissen, wie es jedem einzelnen zu haben möglich wäre, und keiner könnte über irgendeinen Gegenstand mehr wissen als jemand anders.

Wenn das Ziel des Unterrichts die Übermittlung von Wissen wäre, dann wäre das Lehren nach Ansicht des Protagoras unmöglich. Vielleicht ist das allerdings deshalb so, weil er das Lehren ganz vom Wissen abtrennen würde. Der Hauptgegenstand, den er zu lehren beansprucht, ist ein gutes Urteil in praktischen Angelegenheiten, *euboulia*, zusammen mit der Fähigkeit, für jede Seite eines Falls zu sprechen, eine Fähigkeit, die Aristoteles mit dem Gebrauch von *eikos* in Verbindung bringt (*Rhet.* II,24). Ein gutes Urteil im Bereich vernünftiger Erwartung hängt nicht davon ab, mehr über die Wahrheit zu wissen als andere, sondern davon, den guten Sinn dafür zu haben, einschlägige und sachdienliche Fragen zu stellen und zu erkennen, welche Information am relevantesten ist. *Eikos* ist begrifflich parasitär zur Wahrheit; aber der Weg zum *eikos* erfordert (anders als der Weg zur Wahrheit) kein besonderes Wissen über den Gegenstand, um den es geht, weil alle an einem Disput über *eikos* beteiligten Parteien mit derselben Information beginnen. Damit Protagoras deshalb ein Lehrer sein kann, braucht er nicht mehr Informationen oder besser begründete Informationen als die, die seine Schüler haben. Vielmehr kann er stattdessen nur diesen Vorzug lehren: gutes Urteil.

Gorgias und Protagoras würden ähnliche Antworten geben, weil beide sich von der Faszination früherer Philosophen abwenden, um die verborgene(n) Natur(en) der Dinge wissen zu wollen. Sie haben sich aber nicht von der Natur insgesamt dispensiert. Es ist die Natur, die die Bedingungen für menschliches Überleben setzt und die die Wirkungen von Worten und Leidenschaften auf unsere Handlungen vorhersagbar macht; aber dies ist nicht die Natur, welche von den Naturwissenschaftlern oder Metaphysikern hinter der Oberfläche widerstreitender Erscheinungen gesucht wurde. Für die Sophisten ist Natur die komplexe Wirklichkeit, die unsere Erfahrung markiert, menschliche Wesen zu sein, und die uns in die Lage versetzt, wechselseitig vernünftige Erwartungen zu hegen. Obwohl niemals stabil genug, um ein Gegenstand platonischen Wissens zu sein, ist diese Wirklichkeit durch Rechtschaffenheit und gutes Urteil für jedermanns Meinung zugänglich. Und obwohl die Kunst der Worte nicht dazu geeignet ist, die eine oder die andere Meinung zweifelsfrei zu begründen, kann sie uns dahin bringen zu sehen, welche Meinungen sich zueigen zu machen angesichts dessen, was wir wissen, am vernünftigsten ist. Für den Schauplatz menschlicher Handlungen und Entscheidungen, wo Wissen keinen Halt gewinnen kann, bekommt der Unterricht in gutem Urteil und die Kunst der Worte den höchsten praktischen Wert. Dies ist der Hauptunterricht der Sophisten. Seine unerwartete Hinterlassenschaft war die fortdauernde Herausforderung, die er den Philosophen bescherte.

Anmerkungen

[1] Die *Helena* steht bei DK unter Nummer 82 B11, aber ohne Übersetzung. Englische Übersetzungen findet man bei Sprague [431] und Gagarin/Woodruff [429], eine deutsche Übersetzung bei Buchheim [460] 3–17.

[2] Die Hauptthese von Cole [440]; siehe dazu die Besprechung von W.W. Fortenbaugh, *Gnomon* 65 (1993) 385–389.

[3] Zeugnisse für Protagoras' Interesse an der Richtigkeit von Wörtern sind: Platon, *Krat.* 391c; *Phaidros* 267c6; *Prot.* 338e–339a; Plutarch, *Perikles* 36,3; Aristoteles, *SE* 14, 173b17.

[4] Nachgeahmt wird das bei Platon, *Prot.* 337a-c.

[5] Guthrie [17] 205.

[6] Von Aristoteles dem Protagoras zugeschrieben (*Rhetorik* II,24, 1402a23).

[7] Woodruff [448]. Siehe auch Vegetti, in diesem Band S. 253f.

[8] Für eine eingehende Analyse siehe Long [464].

[9] Bett [470], Fine [473]. Für Protagoras im Verhältnis zu Demokrit siehe Taylor, in diesem Band S. 176.

[10] Für eine elegante Zusammenfassung der Hauptschwierigkeiten bei der Interpretation des Fragments und des diesbezüglichen Konsenses der Gelehrtenschaft siehe Mansfeld [475] 43.

[11] Burnyeat [471].

[12] Für die zweite siehe Burnyeat [471], für die dritte Fine [473].

[13] Diese Rekonstruktion wird gewöhnlich die objektive Interpretation genannt und wird mit der gebotenen Vorsicht von vielen neueren Wissenschaftlern favorisiert: Kerferd [433] 87; Mansfeld [475] 43; Schiappa [476] 130. Für eine Übersicht über die in der Forschung vertretenen Meinungen siehe Kerferd [433] 87 Anm. 3.

[14] Aristoteles, *SE* 14, 173b17.

[15] Zu Nietzsches Naturalismus und Perspektivismus siehe B. Leiter, »Perspectivism in Nietzsche's Genealogy of Morals«, in R. Schacht (Hg.), Nietzsche, Genealogy, Morality: *Essays on Nietzsche's Genealogy of Morals* (Berkeley/Los Angeles 1994) 334–357.

[16] Zum Beispiel de Romilly [435] 95–103.

[17] Gorgias' Schrift *Über das Nichtseiende* ist in zwei Paraphrasen erhalten. Die eine davon ist durch Sextus Empiricus überliefert (*M.* VII,65–87) und wurde offensichtlich zurechtgemacht, um mit Gorgias als Quelle die skeptischen Zwecke zu unterstützen. Die andere stammt vom Autor der pseudo-aristotelischen Schrift *Über Melissos, Xenophanes und Gorgias* und ist ebenfalls schadhaft; sie wird von vielen Forschern vorgezogen und wurde von Gagarin/Woodruff [429] ins Englische übersetzt. Die Paraphrase des Sextus ist bei Sprague [431] als B3 übersetzt. Bei Buchheim [460] 41ff. sind beide Paraphrasen ins Deutsche übersetzt.

[18] Kerferd [433] 97.

[19] Zur Interpretation von *Über das Nichtseiende* siehe Kerferd [433] 93–100, Mourelatos [465] und Newiger [466]. Victor Caston argumentiert, in einem brillanten Beitrag, der in der von ihm herausgegebenen *Festschrift für A.P.D. Mourelatos* erscheinen wird, daß der Gegner des Gorgias in *Über das Nichtseiende* kein Eleate sein kann; Caston vermutet, daß es Protagoras ist.

[20] Über die Implikationen von B4 für die Interpretation des ›Homo mensura‹-Fragments‹ siehe Mansfeld [475].

[21] Aristoteles, *Metaph.* IX,3, 1047a4–7: »Denn es könnte nichts ... überhaupt [als F] sinnlich wahrnehmbar sein, es sei denn, es wird [als F] wahrgenommen«; vgl. DK 29

A29. Von Protagoras heißt es auch, er behaupte, daß Kreis und Tangente nicht in einem Punkt übereinstimmen, wie das die Geometer sagen, daß sie vielmehr wohl so, wie wir die Figuren sehen, über eine Strecke hin übereinstimmen (Aristoteles, *Metaph.* III,2, 997b35–998a4). Ein mögliches Fragment von Didymos dem Blinden bezieht sich darauf (Woodruff [479]), ebenso wie der Dialog von Zenon und Protagoras über die Hirse (DK 29 A29 = Simplikios, *In phys.* 1108,18ff.). Für damit zusammenhängende Auffassungen siehe Antiphon 6 und 37 bei Gagarin/Woodruff [429].

22 Gagarin/Woodruff [429] 209.

23 Mourelatos [465].

15 Protagoras und Antiphon: Sophistische Erörterungen über Gerechtigkeit

Fernanda Decleva Caizzi

1. Einleitung

In der Periode von den *Eumeniden* des Aischylos (456 v.Chr.) an, wo die Einrichtung des Gerichtshofs des Areopags gefeiert wurde, bis zum Prozeß und zum Tod des Sokrates (399 v.Chr.), an den Platon in seiner *Apologie* erinnert, war Gerechtigkeit in der Athener Diskussion eins der bedeutenderen Themen.[1] Historiker, Dramatiker, Redner und Philosophen entwickelten eine breite Palette von Perspektiven und Belegen zu einem der entscheidenden Themen der Zeit. In der frühesten griechischen Literatur war menschliche Gerechtigkeit sehr eng mit göttlicher Gerechtigkeit und Macht verknüpft; aber im fünften Jahrhundert, der Zeit der Tribunale und Volksversammlungen, war die Gerechtigkeit rein in der menschlichen Sphäre dasjenige, was hauptsächlich die Aufmerksamkeit auf sich zog. Man fragte nach ihrem Ursprung, nach ihrer Verbindung zur Natur und zur Wahrheit, nach ihrer Durchführung, nach den Bedingungen, die ihre Entwicklung gewährleisten können, und nach den Kräften, die ihr Gegenteil hervorbringen – Zwangsmittel, Gewalt und Ungerechtigkeit.

Um eine allgemeine Vorstellung davon zu bekommen, in welchen Begriffen man an diese Themen am Ende des fünften Jahrhunderts heranging, genügt es, die Reden zu lesen, die Platon in seinem *Staat* zu Beginn des zweiten Buchs Glaukon und Adeimantos in den Mund legt. Diese Reden bilden die beste Einleitung zu unserem Thema, da sie den kulturellen Hintergrund veranschaulichen, vor dem Platon das große Projekt entwickelt, das er in diesem Dialog verfolgt. Bevor wir uns den Einzelheiten zuwenden, sind ein paar Worte zu den Fragen nötig, die im vorangehenden ersten Buch aufkommen.

Zu Beginn des *Staats* nimmt Sokrates die Einladung an, ins Haus des betagten Kephalos zu kommen, des Vaters von Lysias, einem Redner, und von Polemarchos. Kephalos ist derjenige, der im Verlauf der Unterhaltung mit Sokrates über die Vorzüge und Nachteile von Alter und Reichtum das Thema der Gerechtigkeit aufwirft: Jemand, der schon fast am Ende des Lebens ist, beginnt die Geschichten ernst zu nehmen, die er vorher ignoriert oder verlacht hat, Geschichten über die Strafen, die im Hades denen zugemessen werden, die Unrecht begangen haben. Aus dem, was Kephalos sagt, ergibt sich eine Definition der Gerechtigkeit – »die Wahrheit zu sagen und das zurückzugeben, was man von jemandem empfangen hat« –, die Sokrates mit Skepsis aufnimmt, die aber Polemarchos verteidigt, indem er eine Bekräftigung aus dem Dichter Simonides heranzieht (331cd), der unter Gerechtigkeit versteht, »jedem zu geben, was ihm gebührt«. Im Verlauf der anschließenden Diskussion weist Sokrates auch diese Definition und ihre Implikationen zurück, »den Freunden Gutes und den Feinden Schlechtes anzutun«. Das bringt Thrasymachos in Rage, und nachdem er sich mit Mühe zurückgehalten hat, interveniert er (336c), darauf erpicht, eine Definition der Gerechtigkeit vorzuschlagen, die er für unwiderleglich hält: »Gerechtigkeit ist nichts anderes als der Vorteil des Stärkeren.«

Als Sokrates ihn auffordert, die These ausführlicher zu entwickeln, legt Thrasymachos dar, daß Gerechtigkeit in allen Gemeinwesen, wie sie auch regiert werden, dieselbe ist und mit den Interessen der etablierten Kräfte zusammenfällt, unabhängig davon, ob die Verfassung die einer Tyrannis, die einer Oligarchie oder die einer Demokratie ist.[2] In der Forschung hat man große Mühe auf den Versuch verwendet, die genauen Einzelheiten der Position des Thrasymachos auszuarbeiten.[3] Für unsere Zwecke genügt es aber, das herauszustellen, was er unter dem Druck der Fragen des Sokrates sagt:

> ... daß du nicht weißt, wie die Gerechtigkeit und das Gerechte in Wirklichkeit einem anderen zugutekommt, als Vorteil des Stärkeren und des Regenten, aber zum eigenen Schaden des Untergebenen und Dienenden. Die Ungerechtigkeit aber ist das Gegenteil; die herrscht über die wahrhaft Einfältigen und Gerechten, und diese, die Regierten, tun das, was jenem als dem Stärkeren Vorteil bringt, und machen ihn durch ihr Dienen glücklich, sich selber aber ganz und gar nicht. (Platon, *Staat*, 343cd; Übersetzung Rufener)

Nach Thrasymachos treffen gerechtes und erfolgreiches Verhalten nicht in derselben Person zusammen. Wer auch immer die Gesetze respektiert und seinem Nachbarn kein Unrecht tut, also m.a.W. der oder die Gerechte, schafft demjenigen Raum, der sich in entgegengesetzter Weise verhält, und er bekommt immer weniger zurück als der Ungerechte. Dies ist eine allgemeine Regel; ihre Auswirkungen jedoch sind von maximaler Evidenz im Fall der Tyrannis. Dort erlauben Kraft und Gewalt einem einzelnen Individuum, sein eigenes Interesse systematisch zu verfolgen, und das kann nur dadurch geschehen, daß diese Person Unrecht gegen andere Individuen begeht, die, ohne ihrerseits Unrecht zu tun, dem einen Individuum, welches ungerecht ist, erlauben, seinen eigenen Interessen vollständig nachzugehen. Es ist nicht nur so, daß die Übeltaten des Tyrannen nicht bestraft werden und daß durch die Nichtbestrafung das Prinzip sanktioniert wird, daß die Interessen der einen Person, die die Macht hat, mit der Ungerechtigkeit koinzidieren; vielmehr haben die Übeltaten auch noch den weiteren Effekt, daß sie dem Tyrannen dank seines Erfolgs bei der Zufügung von Übeln das Ansehen verschaffen, unter den Menschen der glücklichste zu sein.[4] Leute, die die Ungerechtigkeit zurückweisen, tun dies daher ganz aus der Furcht heraus, daß sie, falls sie ungerechte Handlungen begehen, diese umgekehrt erleiden werden. Das gerechte Verhalten eines einzelnen fällt nicht mit seinem eigenen Interesse zusammen und macht ihn deshalb nicht glücklich; vielmehr gewährleistet es die Interessen und das Glück seiner Nachbarn, da es sie nicht dem Risiko aussetzt, Ungerechtigkeit zu erfahren. Dies gilt sowohl in den Beziehungen zwischen den einzelnen Mitgliedern einer Gesellschaft als auch insbesondere in den Beziehungen zwischen dem einzelnen und der Regierung; denn Macht garantiert Straffreiheit oder führt dazu, daß Gesetze aufgestellt werden, die den Leuten an der Macht nützlich sind.

In seiner Antwort auf Thrasymachos erklärt Sokrates, daß er nicht überzeugt ist,

> daß Ungerechtigkeit mehr Gewinn bringe als Gerechtigkeit, auch wenn man sie gewähren läßt und sie nicht hindert, nach ihrem Willen zu tun. Im Gegenteil, mein Guter, es soll einer nur ungerecht sein und die Möglichkeit haben, Unrecht zu tun – entweder in aller Heimlichkeit oder indem er es mit Gewalt durchsetzt – er überzeugt mich dennoch nicht, daß sie mehr Gewinn bringt als die Gerechtigkeit. Und so geht es vielleicht noch dem einen oder anderen unter uns und nicht nur mir allein. (345a; Übersetzung Rufener)

Zu denen, die nicht überzeugt sind, daß Ungerechtigkeit besser ist, gehört mit Sicherheit Glaukon, der alsbald erklärt (347e), daß er das Leben des gerechten Mannes vorteilhafter als das des ungerechten findet. Diese Feststellung ist allerdings mehrdeutig und verlangt weitere Klärung: Sie könnte von jemandem akzeptiert werden, der der Meinung ist, daß das Vorteilhafte und das Gute nicht zusammenfallen, daß die Gerechtigkeit aber trotzdem, wenn auch nichts Gutes, so doch das geringere Übel und allein deshalb nützlich ist, weil sie größere Übel vermeidet. Wir begegnen hier einer weit verbreiteten Auffassung, die natürlich das genaue Gegenteil dessen ist, wovon Sokrates überzeugt war. Glaukon wiederholt seinen Punkt zu Beginn des nächsten Buchs, wo er den Wunsch äußert, Sokrates ein für allemal das beweisen zu hören, was bisher niemand bewiesen hat, nämlich daß die Gerechtigkeit in sich selbst für den, der sie besitzt, ein Gut ist, ungeachtet ihrer Konsequenzen und unabhängig davon, welche Vorteile sie bringen mag. Nur so wird es möglich sein, die Mehrdeutigkeit aufzulösen, die in der Behauptung enthalten ist, daß das Leben des Gerechten vorteilhafter als das des Ungerechten ist, und zu zeigen, daß gerecht zu sein gut *ist* und mit jemandes Interessen zusammenfällt. Die gängigen Ansichten über den Ursprung und die Natur der Gerechtigkeit zu erklären (vgl. 358a3–4; 358c; 358e–359b) ist also deshalb nötig, um Sokrates dazu zu bewegen, das Thema ausführlich und in angemessener Weise zu erörtern.

Wie schon bemerkt, bilden die Ausführungen Glaukons (358e–362c) und die daran anschließende Darstellung des Adeimantos (362c–367a) eine ausgezeichnete Einleitung zum Thema dieses Kapitels. Die beiden Brüder beziehen sich nicht namentlich auf irgendeinen Denker, und was sie sagen, ist gewiß Platons Erfindung; aber jeder Leser, der mit dem Athener Leben im fünften Jahrhundert und mit sophistischen Diskussionen vertraut war, mußte Platon unweigerlich so verstehen, daß er vertraute Argumente wachruft, selbst wenn die Argumente, die tatsächlich vorgebracht wurden (für die wir allerdings wenig Belege haben), nicht in so ausdrücklichen und nicht in so brutalen Begriffen formuliert worden sein sollten. Offensichtlich spielt Platon auf Gerechtigkeitstheorien an, die von intellektuell begabten und kulturell einflußreichen Personen ausgearbeitet worden waren,[5] und er spielt auch auf die allgemeine Meinung an, die sich im Verhalten der Bürger im täglichen Leben widerspiegelte oder die dieses Verhalten bestimmte, welches auf diese Weise die Theorien selbst bekräftigte.

Die Hauptlinien der Position Glaukons, die als ein Lob der Ungerechtigkeit vorgetragen wird, sind folgende: Absolut gesprochen oder – um die zeitgenössische Sprache zu verwenden – besser: mit Bezug auf die »Natur« (*physis*) gesprochen, ist Unrecht zu tun etwas Gutes (*agathon*) und es zu erleiden etwas Schlechtes (*kakon*), dies in dem Sinn, daß Handlungen der ersten Art vorteilhaft und Handlungen der zweiten Art unvorteilhaft sind. Nun wiegen aber die Nachteile, die aus dem Erleiden von Unrecht erwachsen, die Vorteile wieder auf, die aus dem Unrechttun hervorgehen. Diejenigen, die also nicht in der Lage sind, Unrecht zu tun *und* zu vermeiden, daß ihnen Unrecht geschieht, finden es deshalb vorteilhaft, untereinander ein Abkommen zu treffen, kein Unrecht zu tun. Das ist der Grund, warum die Menschen begonnen haben, Gesetze aufzustellen und sich in Gemeinden zusammenzuscharen. Mit dem Namen des Gesetzlichen und des Gerechten (*nomimon kai dikaion*) wurde das geltende Recht oder Gesetz bezeichnet, was auf diese Weise als ein Kompromiß zwischen dem erscheint, was das beste ist (Unrecht zu tun, ohne die Folgen erleben zu müssen), und dem, was das schlechteste ist (Unrecht zu leiden ohne eine Möglichkeit der Vergeltung). Daraus folgt, daß, wer Gerechtigkeit praktiziert, dies unter dem Zwang tut, ein größeres Übel zu vermeiden, und nicht freiwillig, wie das der Fall wäre, wenn die Gerechtigkeit an sich gut wäre.

In dieser Weise konstruiert, kann gerecht zu sein gewiß als vorteilhaft bezeichnet werden. Es ist das aber nur wegen der Übereinkunft, die einen davor bewahrt, seinerseits Unrecht zu erleiden. In Wirklichkeit treibt die Natur die Leute an, selbst mehr haben zu wollen (*pleonexia*) und den so verstandenen Aufstieg als das zu verfolgen, was gut für sie ist, während das Gesetz in Verbindung mit Zwang (*bia*) sie dazu bringt, Gleichheit zu respektieren (359c5–6). Das bedeutet: Sobald die Bedingungen dafür günstig sind, gewinnt die Natur wieder die Oberhand über die Regeln, die durch das Gesetz gewaltsam auferlegt sind, und wird jeder, der es ungestraft kann, Unrecht tun. Die Leute sind der Ansicht, daß, aus ihrer privaten und persönlichen Perspektive, ungerecht zu sein ihnen weitaus nützlicher ist, als gerecht zu sein (360d); und sie sind von dieser Ansicht derart bestimmt, daß jemand, der Unrecht tun könnte und es dennoch nicht täte, als geisteskrank angesehen würde (da er gegen seine wahre Natur und seinen wirklichen Vorteil handelte), obwohl er durch diejenigen unaufrichtig gepriesen würde, die Angst haben, daß ihnen Unrecht geschieht.

Wenn wir das Leben zweier Männer hernähmen, der eine vollkommen und wahrhaft gerecht und der andere vollkommen und wahrhaft ungerecht, und wir würden dem ersten das Aussehen oder das Ansehen verschaffen, vollkommen ungerecht zu sein, und wir würden für letzteren das Gegenteil erreichen, dann würde das Leben des gerechten Mannes allgemein als das Musterbeispiel von Unglück angesehen und das Leben des ungerechten Mannes als das Gegenteil. Gerechtigkeit gehört demnach zum Bereich der *doxa*, der Erscheinung oder der

Meinung, und Ungerechtigkeit zu dem der Wahrheit und Wirklichkeit (*alētheia*, 362a). Ungerechtigkeit, persönlicher Vorteil und Glück sind streng miteinander verknüpft – nach dieser Auffassung.

Die Ausführungen des Adeimantos verfolgen dieselbe Perspektive wie die Glaukons, werden aber als Lob der Gerechtigkeit präsentiert, wenn auch mit dem Ziel, aufzuweisen, daß das, was zählt, die *Erscheinung* ist (365b). Auf den Einwand, daß es schwierig ist, der Entdeckung zu entgehen, daß man Unrecht tue, stehen verschiedene Hilfsmittel zur Verfügung: in bezug auf menschliche Sanktionen können die Leute Zuflucht zu geheimen Clubs und zu Rhetoriklehrern nehmen, die die Kunst lehren, eine Jury von der eigenen Unschuld zu überzeugen; und im Hinblick auf das Göttliche kann man annehmen, daß es keine Götter gibt oder daß sie kein Interesse an menschlichen Angelegenheiten haben oder daß sie, falls sie doch daran Interesse haben, leicht beschwichtigt werden können.[6]

Um seinen Punkt zu bekräftigen, daß die menschliche Natur zur Ungerechtigkeit neige, fügt Glaukon in seine Ausführungen die bekannte Geschichte vom Ring des Gyges ein. Dieser Ring setzte denjenigen, der ihn besaß, einen einfachen Hirten, in die Lage, sich selbst unsichtbar zu machen und die Macht an sich zu reißen, indem er den König ermordete und zum Begründer der Dynastie des Kroisos von Lydien wurde (*Staat* II 359c–360b). Wie man weiß, übernimmt Platon hier eine Geschichte, die von Herodot erzählt wurde (I,8–13). In dessen Darstellung zwingt die Frau von König Kandaules den Gyges, ihren Mann zu töten und dessen Platz einzunehmen, um Kandaules dafür zu bestrafen, der er Gyges ihre außergewöhnliche Schönheit sehen ließ. Die Erzählung Herodots ist darauf angelegt zu erklären, wie Gyges dazu kam, die Macht an sich zu ziehen; bemerkenswert ist aber, daß der Historiker dieses Ereignis nicht mit dem Mörder des Königs verbindet:[7] Nach Herodot leistete Gyges gegen den Wunsch des Königs zunächst Widerstand, aus Angst, ihm werde daraus etwas Schlimmes erwachsen, wurde aber genötigt einzuwilligen (I,9,1). Als er durch die Königin dann in eine Situation versetzt wurde, wo er wählen mußte, zu töten oder getötet zu werden, wählte er, zu töten. Herodot hebt diesen Punkt zweimal hervor (I,11,4; 12,1), betont aber auch, daß Gyges keine echte Wahl hatte; das ist der fundamentale Unterschied zwischen seiner Version und der, die Glaukon erzählt. Die Wahl erscheint als erzwungen und unvermeidlich, weil die Alternativen extrem sind: sein Leben oder sein Tod. Der Gyges des Herodot ist nicht durch sexuelles Verlangen oder durch eine natürliche Lust auf Macht oder durch eine Berechnung seines zukünftigen Vorteils motiviert. Es gibt also mehr Unterschiede als Ähnlichkeiten zwischen den beiden Geschichten.

Um den entscheidenden Punkt zu verdeutlichen, stellen wir uns vor, der Gyges des Herodot hätte einen Ring gehabt, der seinen Träger unsichtbar gemacht hätte. Angesichts der Art, wie diese Geschichte erzählt ist, ist es vernünftig anzunehmen, daß Gyges den Ring benutzt hätte, um zu fliehen und damit eine Übertretung der Gesetze seines Volks zu vermeiden (I,10,3). Demgegenüber benutzt der Gyges Glaukons den Ring als sein Mittel, um ungestraft zu töten und auf diese Weise ungestraft das zu tun, was er wirklich zu tun wünscht. Die Pointe dieser Geschichte ist, zu zeigen, daß jeder Mensch kraft seines Menschseins unter analogen Umständen ähnlich handeln würde. Im Buch X des *Staats* (612b) finden wir eine ausdrückliche Bestätigung für das, was jeder Leser Platons gut weiß: für den platonischen Sokrates hat der Ring als ein Symbol der Straflosigkeit keinen Wert und keine Funktion. Wenn Sokrates sich selbst in der Situation von Herodots Gyges gesehen hätte, hätte er ohne zu zögern den Selbstmord eher gewählt als das Unrechttun. Wir müssen nur an Sokrates' Diskussion mit Polos und Kallikles im *Gorgias* denken oder an seine Zurückweisung des Vorschlags im *Kriton*, daß er sich vor einer ungerechten Verurteilung durch eine Gesetzesübertretung in Sicherheit bringen könne.

Die tiefgreifenden Unterschiede zwischen den beiden Gyges-Geschichten ermöglichen es uns, einen prinzipiellen Punkt in den Blick zu nehmen, um den es in den Gerechtigkeitsdiskussionen während der zweiten Hälfte des fünften Jahrhunderts ging: Es ging um die Konzeption von der vorausgesetzten Natur des Menschen. Ich möchte vorschlagen, daß eine der Positionen im wesentlichen die These des Protagoras ist, nämlich die, die dem Geist der Darstellung Herodots verpflichtet ist, während die von Glaukon erzählte Version der These Antiphons sehr nahe steht.

2. Protagoras über Gerechtigkeit

Aufgrund der Lebensdaten des Protagoras und angesichts dessen, was Platon über ihn sagt, können wir vernünftigerweise annehmen, daß er der erste Denker war, der sich ausgiebig und maßgebend mit der Frage der Gerechtigkeit befaßt hat. Allerdings ist schwer zu ermitteln, in welchem Werk oder in welchen Werken und in welcher Form er das Thema behandelte. Daß Protagoras ein Werk mit dem Titel *Wahrheit* zugeschrieben wird, beruht auf einem Hinweis Platons (*Tht.* 161c). Nach dem Zeugnis des Sextus Empiricus (*M.* VII,60) hatte dasselbe Werk den Untertitel *Umwerfende Argumente* (*Kataballontes logoi*). Befremdlich ist aber, daß keiner der Titel in Protagoras' Schriftenverzeichnis zu finden ist (D.L. IX,55). Das ist um so verwunderlicher, als das eine, was wir über dieses Werk sicher wissen, dies ist, daß es mit dem berühmten Satz begann: »Der Mensch ist das Maß aller Dinge, der seienden, daß sie sind, und der nichtseienden, daß sie nicht sind« (DK 80 B1). Möglicherweise war Protagoras' sogenannte *Wahrheit* eines der Argumente, die in seinen zwei Büchern *Widerstreitende Argumente* (*Antilogiai*, D.L. IX,55) enthalten waren, und bezog der von Sextus erwähnte Untertitel sich auf diese Sammlung.

Diese schwierige Frage hat für unser Thema deshalb eine gewisse Bedeutung, weil Diogenes Laertius uns sagt, daß nach dem Peripatetiker Aristoxenos »fast die ganze *Republik* [d.i. Platons *Staat*] aus den *Antilogika* des Protagoras entlehnt« sei (D.L. III,37).[8] Obwohl dieses Zeugnis offensichtlich polemisch und von zweifelhaftem historischen Wert ist, beweist es doch zumindest, daß Protagoras das Problem der Gerechtigkeit in einiger Ausführlichkeit behandelte, wenn wir auch nicht sicher sein können, daß er das in dem Werk getan hat, welches Platon *Wahrheit* nennt.

Was Antiphon angeht, wissen wir über sein Werk *Über die Wahrheit* glücklicherweise etwas mehr. Der Text wurde im dritten Jahrhundert unserer Zeitrechnung immer noch gelesen und vervielfältigt. Er verteilte sich auf zumindest zwei Bücher und wurde von Lexikographen als das Werk des Antiphon von Rhamnos zitiert.[9] Eine Reihe bezeichnender Fragmente, die sich mit Gerechtigkeit befassen, sind auf Papyri aus Oxyrhynchos erhalten.[10]

Es fällt auf, daß die Werke der beiden Sophisten einen Titel gemeinsam haben. Zusammen mit dem, was wir aus der übrigen zeitgenössischen Literatur wissen, macht diese Koinzidenz es plausibel, Protagoras und Antiphon als die Exponenten zweier radikal verschiedener Ansichten über die menschliche Natur und die Rolle der Gerechtigkeit zu betrachten, Ansichten, die wahrscheinlich beide innerhalb eines einzigen Jahrzehnts entwickelt wurden.

Protagoras reflektiert die politische und kulturelle Atmosphäre der Mitte des fünften Jahrhunderts, als in den Nachwirkungen der Perserkriege die Athener ihr demokratisches Regime konsolidierten.[11] Antiphon ist der bekannteste Vertreter einer Kritik des Gesetzes (*nomos*), die ihren Höhepunkt in den 420er Jahren zu erreichen und die Ereignisse des Peloponnesischen Kriegs zu reflektieren scheint, wie er in der Geschichte des Thukydides beschrieben wird.[12] Die Infragestellung des *nomos* zeigt sich am radikalsten in der Antithese zur Natur (*physis*). Diese Perspektive setzt eine Vertrautheit mit den begrifflichen Kategorien der Philosophie voraus (Wahrheit versus Erscheinung) sowie ein Bewußtsein für Anthropologie, wie es uns durch die frühesten Hippokratischen Schriften und durch das Werk des Thukydides überliefert ist.

Wenn wir den Abschnitt über Gerechtigkeit und Ungerechtigkeit beiseitelassen, der in dem anonymen Traktat *Dissoi logoi* (*Doppel-Argumente*) steht, den manche vermutungsweise Protagoras zugeschrieben haben,[13] dann kommt das beste Zeugnis über dessen Position von Platon. Schon früh in Platons *Protagoras* behandelt die Dialogfigur, die Platon so genannt hat, in mythischer und in argumentativer Form ausgiebig das Thema der Gerechtigkeit. Wichtig ist außerdem Platons späterer Dialog *Theaitet*. Das Handlungsdatum dieses Dialogs, das Jahr 399, liegt später, als Protagoras gelebt hat; obwohl dieser im *Theaitet* kein lebender Charakter ist, wird er an einer Stelle als Sprecher vorgestellt (166a–168c) und wird seine Philosophie sehr eingehend diskutiert. Zwei Eigenheiten dieses Dialogs, die die Leser leicht vergessen, sind für unser Thema von Bedeutung. Erstens datiert Platon den Dialog unmittelbar vor die Zeit, als die Athener Demokratie Sokrates zum Tod verurteilte. Zweitens enthält der Dialog einen sogenannten Exkurs, der strategisch in der Mitte plaziert ist (172c–177b); dessen Thema, das von Platon als sehr wichtig hervorgehoben wird, ist der Gegensatz zwischen Gerechtigkeit und Ungerechtigkeit.

Wenn wir, wie wir das tun sollten, mit dem *Protagoras* beginnen, sollten wir uns bewußt bleiben, daß die Deutung dessen, was Protagoras in diesem Dialog sagt, einen erheblichen Einfluß darauf hat, wie wir den *Theaitet* verstehen. Nach einigen Gelehrten, wiewohl keineswegs nach allen, sind die Protagoreischen Thesen in den beiden Werken unverträglich.

Von Sokrates aufgefordert zu beweisen, daß die Tugend lehrbar ist, beginnt Protagoras damit, seinen bekannten Mythos darzustellen (320c–322d). Als die Zeit reif dafür war, die Gattungen sterblicher Lebewesen zu erschaffen, betrauten die Götter Prometheus und Epimetheus mit der Aufgabe, sie zu organisieren und ihnen ihre jeweils passenden Fähigkeiten (*dynameis*) zuzuteilen. Weil Epimetheus die Verteilung verpfuschte, indem er für die anderen Lebewesen alle Fähigkeiten aufbrauchte, kam die Menschheit ohne irgendwelche Mittel der Selbsterhaltung in die Welt. Daraufhin stahl Prometheus von Hephaistos und Athena das Feuer und die Kunstfertigkeit und gab sie den Menschen. Doch ungeachtet dieser Gaben waren die Menschen nicht in der Lage, als Art zu überleben, weil die anderen Lebewesen zu stark waren. Ihr erster Versuch einer Sozialisation als Mittel zum Überleben schlug fehl, weil ihnen die Kunst der Politik und deshalb auch die Kunst fehlte, sich selbst militärisch zu organisieren.

Über diese Situation beunruhigt, sandte Zeus Hermes auf die Erde mit dem Auftrag, an alle Menschen *aidōs* und *dikē* zu verteilen, »wechselseitigen Respekt und Gerechtigkeit«, das heißt: die Grundprinzipien des sozialen Lebens. Es ist eher dieser Besitz als die Kunstfertigkeit (so notwendig diese als das menschliche Mittel auch ist, um das zu gewährleisten, was die Tiere direkt von der Natur bekommen), der die Menschen hauptsächlich von anderen Lebewesen unterscheidet und der sie dazu befähigt, nicht dem Gesetz zu unterliegen, das in der Tierwelt vorherrscht, daß nämlich der Stärkste derjenige ist, der überlebt; dieses Gesetz würde das Menschengeschlecht zerstören. Die Verteilung dieser Fähigkeiten war von einem Dekret des Zeus begleitet: Wer an den Fähigkeiten keinen Anteil hat, sollte als eine Bedrohung für die Gemeinschaft getötet werden.

Nach dieser Geschichte sind *aidōs* und *dikē* also Eigenschaften, die allen normalen menschlichen Wesen gemeinsam sind. Sie repräsentieren nicht den natürlichen Zustand von Individuen, wenn sie isoliert für sich genommen werden; sondern sie müssen als für Menschen insofern natürlich aufgefaßt werden, als der Mensch ein soziales Wesen geworden ist. Wo immer es ein Zusammenwohnen gibt, dort sind auch diese beiden Attribute vorhanden, ungeachtet des ungerechten Verhaltens einzelner, das einen veranlassen könnte, daran zu zweifeln (*Prot.* 327cd).

Es ist schwerlich eine bloße Koinzidenz, daß der Kern dieses Mythos bereits in Hesiods berühmten Worten vorliegt (*Werke und Tage* 273–279):

Perses, du aber laß dir davon das Herz nun bewegen:
Höre du jetzt auf das Recht und schlag die Gewalt aus dem Sinn dir!
Denn ein solches Gesetz erteilt den Menschen Kronion:
Fische zwar sollten und wildes Getier und gefiederte Vögel
fressen einer den andern, weil unter ihnen kein Recht ist.
Aber den Menschen gab er das Recht (*dikē*) bei weitem als bestes
Gut. (Übers. A. von Schirnding)

Der Mythos des Protagoras überträgt das Thema Hesiods in die eigene Zeit. Weit davon entfernt, mit der menschlichen Natur in Konflikt zu stehen, bietet für Protagoras das Gesetz (oder vielmehr seine abstrakten Grundlagen, der wechselseitige Respekt und die Gerechtigkeit) – mit anderen Worten: bietet eine zivile Gesellschaft – die einzigen Bedingungen, unter denen für menschliche Wesen Sicherheit gewährleistet ist. Nach dieser Konzeption fällt das Gesetz mit dem Nützlichen oder mit dem zusammen, was für die menschliche Gattung im allgemeinen förderlich ist. Indem er den Mythos verläßt und sich der Geschichte zuwendet, findet Protagoras sein allgemeines Prinzip in den *nomoi* artikuliert, den Standardnormen oder gesetzlichen Statuten, die jedes Gemeinwesen zu seinem eigenen Vorteil aufstellt. Gerechtigkeit besteht im Respekt für diese Normen. Dank ihrer und dank der Art, wie die Mitglieder einer Gesellschaft das von der Zeit ihrer Geburt an eingeprägt bekommen, ist das Interesse des Individuums mit dem kollektiven Interesse vereinigt; es wird durch dieses gewährleistet und von ihm in gewissem Sinne erleichtert (*Prot.* 327b): Das Individuum ist als solches und als ein Teil der Gruppe geschützt.

Die enge Verbindung zwischen Individuum und Gruppe (oder um die Sprache des Aristoteles zu benutzen: die Tatsache, daß der Mensch ein soziales Lebewesen ist) wird von Sokrates in der Verteidigung, die er Protagoras im *Theaitet* anbietet, klar formuliert (166a–168c, besonders 167a-c). Wenn eine Gruppe von Individuen die spezifischen Urteile in ihr zu einem Gemeinschaftsurteil vereint, nimmt letzteres denselben unstrittigen Status an, der für die Wahrnehmung des Individuums von irgendetwas gilt, z.B. von der Temperatur des Winds oder vom Geschmack des Honigs. Das, was einer jeden Gesellschaft als »gerecht« und »fein« erscheint, ist dies so lange, wie die Gesellschaft entscheidet, daß es so sei. Aber der Inhalt dessen, was gerecht und fein ist, variiert von Gesellschaft zu Gesellschaft in derselben Weise, wie bei den Individuen die Wahrnehmungen von einem zum anderen wechseln (vgl. *Prot.* 334ab). Und wie es möglich ist, daß die Wahrnehmung eines Individuums für das Subjekt nicht immer nützlich ist (im Krankheitsfall zum Beispiel könnte die unangenehme Erfahrung, Honig bitter zu finden, einen veranlassen, den Arzt zu rufen), so kann Protagoras, indem er am politischen (so wie der Arzt am menschlichen) Körper arbeitet, für jede Stadt das als gerecht und gut erklären, was für sie nützlich ist. Unter der Voraussetzung, daß das, was gesetzlich ist, und das, was gerecht ist, zusammenfallen, stattet Protagoras sich selbst mit den Gründen für seine erzieherische Mission aus, die er »die Kunst der Wohlberatenheit (*euboulia*)« nennt (*Prot.* 318e–319a) und die mit »vorteilhafter« Überlegung äquivalent ist. Das Konzept setzt eine unmittelbare Intervention voraus, um den geistigen Zustand des Subjekts oder der Subjekte zu modifizieren; aber das Individuum oder die Gruppe bleibt der Anstifter seiner bzw. ihrer eigenen Entscheidungen (genauso wie jedes Individuum, ob gesund oder krank, das Maß seiner eigenen Wahrnehmungen bleibt, unabhängig davon, ob sie vorteilhaft oder schädlich sind).

Angesichts von alledem scheint es legitim, zwei Schlußfolgerungen zu ziehen: Erstens fällt die Entscheidung des Gemeinwesens – oder das, was das

Gemeinwesen für gültig hält – für Protagoras mit dem zusammen, was gerecht ist, und Ungerechtigkeit besteht deshalb darin, die *nomoi* des Gemeinwesens zu verletzen. Zweitens wird der Inhalt der Wahrnehmung und des Denkens des einzelnen durch die besondere Verbindung zwischen ihm und den Dingen zustandegebracht, und er ist das Maß der Dinge, weil niemand sonst seine Wahrnehmung und Erfahrung der Realität ersetzen kann; ähnlich unumstößlich ist die Verbindung zwischen der Reihe *nomoi* (dem, was als gemeinsam erscheint) und der Gruppe, die diese *nomoi* als solche zustandebringt. Wie indes der Zustand des Individuums beschädigt sein und Verhältnisse herbeiführen kann, wo es einer medizinischen Behandlung bedarf, so kann auch der politische Körper ein schädliches Gesetzes- oder Gerechtigkeitssystem hervorbringen und die Intervention des »weisen Mannes« verlangen, mit seinem Wissen, wie die vorübergehend zerbrochene Einheit zwischen dem, was gesetzlich oder gerecht ist, und dem wiederhergestellt werden kann, was vorteilhaft ist.

Die Beziehung zwischen der Gruppe und dem, was legal, gerecht und vorteilhaft ist, ist somit unmittelbar analog zu der Beziehung, die das Individuum zu den Dingen hat. Die Gruppe ist das Maß dessen, was gerecht und ungerecht ist, und der Inhalt davon variiert von Volk zu Volk in derselben Weise, wie die Erfahrung eines Individuums mit der eines anderen *in Kontrast stehen kann.*

Wir können also sehen, wie in den Augen des Protagoras eine demokratische Verfassung dasjenige politische System repräsentieren kann, in dem – mehr als bei jedem anderen System – kollektive und individuelle Interessen zusammenfallen. Solch ein System versetzt alle Einzelbürger in die Position von »gleich vor dem Gesetz« (*isonomia*).[14] Dieses Konzept wird in der Rede zum Ausdruck gebracht, die Herodot dem Otanes in den Mund legt, wo er die Demokratie verteidigt (III,80,6); und eine höchst bezeichnende Parallele dazu liegt in der Begräbnisrede des Perikles vor (*Thukydides* II,37,1–3). Die Athener Kultur wird dort wegen der Freiheit gerühmt, deren sich die Athener Bürger erfreuen, und auch für den allgemeinen Respekt, den man den Prinzipien des Lebens in diesem Gemeinwesen entgegenbringt. Perikles scheint implizit zu sagen, daß *dikē* und *aidōs*, welche Protagoras als »die Gaben des Zeus« bezeichnet, sich im Verhalten der Athener Bürger auf das Äußerste manifestieren, was daher als eine Bestätigung für die allgemeine Gültigkeit von Protagoras' Mythos dient.

Wir sollten jedoch beachten, daß Platons Sokrates im *Theaitet* die Anwendbarkeit von Werten auf die Analogie zwischen dem Arzt und dem Sophisten zurückweist, die er Protagoras als eine Verteidigung gegen seine rüdesten Kritiker anbot. Der Sophist, so argumentiert er, ist der Vertreter einer weit verbreiteten Meinung (172ab); und »selbst diejenigen, die die Lehre des Protagoras nicht völlig akzeptieren, ergreifen mit ihrer Weisheit eine solche Meinung« oder sind mit anderen Worten der Ansicht, daß »in bezug auf Recht und Unrecht oder Frömmigkeit und Gottlosigkeit ... nichts in dieser Art schon von Natur eine bestimmte Beschaffenheit habe, sondern was gemeinsam vorgestellt werde, das werde wahr zu der Zeit, wann und solange, als es dafür gehalten werde«. Kurz: Was für die physischen Zustände einer Person gilt (wo gesund zu sein »naturgemäß« und krank zu sein »im Gegensatz zur Natur« heißt), kann nicht für Werte gelten: Sobald wir die Welt des *nomos*, der Übereinkunft, einmal betreten, gibt es nicht länger irgendetwas, das die Verbindung zwischen Gerechtigkeit, Legalität und Interesse (individuell und kollektiv) gewährleisten könnte; mit seiner Meinung, sie sichern zu können, täuscht Protagoras sich. Dieses platonische Thema motiviert »die noch größere Untersuchung« (in dem sogenannten Exkurs des Dialogs, 177c) über den Unterschied zwischen dem öffentlichen Redner und dem Philosophen mit ihrer Antithese zwischen der Gerechtigkeit, wie sie im täglichen Leben praktiziert wird, und der Gerechtigkeit »selbst« (175c). Platon wollte die Aufmerksamkeit offenkundig auf das lenken, was er als die unvermeidlichen Resultate von Protagoras' Relativismus und Bildungsmission ansah; trotz aller seiner guten Absichten könnte Protagoras den Ruin eines Gemeinwesens nicht verhindern.

3. Thukydideischer Abstand

Die Geschichte des Thukydides ist das beste Zeugnis für diesen Degenerationsprozeß. Perikles' optimistische Propaganda in der Leichenrede wird flankiert durch eine sehr desillusionierte und leidenschaftslos nüchterne Analyse der menschlichen Natur und ihrer Motivationen.[15] Hier ist eine Auswahl einiger der bekanntesten Abschnitte.

Wo er die Ausbreitung der Pest in Athen beschreibt, kommentiert Thukydides die Art, wie sich aus der Unterbrechung des normalen Lebens »Gesetzlosigkeit« (*anomia*) ergab (II,53):

> Da war keine Schranke mehr, nicht Götterfurcht, nicht Menschengesetz; für jenes kamen sie zum Schluß, es sei gleich, fromm zu sein oder nicht, nachdem sie alle ohne Unterschied hinsterben sahen, und für seine Vergehen gedachte keiner den Prozeß noch zu erleben und die entsprechende Strafe zu zahlen. (Übers. G.P. Landmann)

In der durch die Seuche erzeugten chaotischen Situation kamen die Forderungen und Antriebe der individuellen Natur an die Oberfläche und legten so den rein konventionellen Charakter der sozialen Normen bloß, deren die Athener sich, in Perikles' Worten, selbst rühmten.

Thukydides stellt ähnliche Punkte heraus, wo er die Wirkungen des Bürgerkriegs in Korkyra analysiert (III,82–83). Auch dort bewirkte die Unterbrechung des normalen Lebens, daß elementare Bedürfnisse und entfesselt überhebliche Impulse aufkamen, die die traditionellen Werte stürzen ließen. »Der Krieg«, so bemerkt er, »ist ein gewalttätiger Lehrmeister«, ein Lehrer, der sich selbst gewaltsam aufdrängt und der die Leute insbesondere lehrt, der Gewalt freie Herrschaft einzuräumen, die in jedem von uns nistet.

Denselben Pessimismus über die menschliche Natur bringt Diodotos während seiner Diskussion mit Kleon über das Schicksal von Mytilene zum Ausdruck. Diodotos behauptet, daß Strafen[16] und insbesondere die Todesstrafe machtlos sind, um die menschliche Natur daran zu hindern, dem Gesetz Gewalt anzutun (III,45)[17]:

... Und dennoch gibt Hoffnung Mut zur Gefahr, und noch nie hat einer in sicherer Voraussicht seines Unterganges einen gewagten Anschlag dennoch unternommen. Und welche abfallende Stadt hätte je ihre Kriegsmacht ... als zu gering eingeschätzt für ihr Unterfangen? Es ist in der Natur, daß alle, seien es Einzelne oder Staaten, sich schuldig machen, es gibt kein Gesetz, das zu hindern; denn alle Strafen haben die Menschen schon durchversucht, immer steigernd, um so vielleicht Ruhe zu bekommen vor den Frevlern. (Übersetzung G.P. Landmann)

In Thukydides' Darstellung des Peloponnesischen Kriegs wird zunehmend gesehen, wie das Konzept für ein Gleichgewicht zwischen individuellen und kollektiven Interessen (das die demokratische Verfassung anscheinend gewährleistet hatte) in einem Zustand der Krise ist. Aber am schroffsten offenbarte sich die Kollision von Interesse und Gerechtigkeit (wobei Gerechtigkeit für das Prinzip steht, Konflikte ohne Rückgriff auf Gewalt zu lösen) in Athens Außenpolitik. Die Worte Kleons über Gesetze und Intellektuelle in der Diskussion von Mytilene (III,37,3–4) und noch klarer zehn Jahre später die berühmte Erklärung des Athener Botschafters an die Leute von Melos (V,89) schieben das von Hesiod und Protagoras bekräftigte Prinzip als unverbindlich beiseite, daß die menschliche Gattung (im Unterschied zur Tierwelt) Gerechtigkeit besitze. Stattdessen erklären sie, daß Gerechtigkeit nur zwischen Gleichen gelte (d.h. unter Bürgern oder innerhalb einer einzelnen Gruppe), aber nicht da, wo die Machtbalance ungleich sei, wie in der Außenpolitik. Was in diesem Fall Anwendung findet, ist Hesiods Fabel über den Falken und die Nachtigall (*Werke und Tage* 202): Es gewinnt der, der am stärksten ist.

4. Antiphon

Die Fragmente von Antiphons Werk *Über Wahrheit* sind die einzigen Worte eines Sophisten zum Thema der Gerechtigkeit, die uns in nicht-vermittelter Form erhalten sind. Obwohl wir kein sicheres Zeugnis über ihre Abfassungszeit haben, ist es eine stimmige Schätzung, daß sie älter als die erste Aufführung von Aristophanes' *Wolken* sind.[18] Angesichts der antidemokratischen Einstellung des Werks und seiner klaren Gegnerschaft gegen die zeitgenössische Kultur könnte es gut gegen Ende der 430er Jahre erschienen sein.

»Gesetzmäßig« (*nomimon*) ist das erste Wort des Texts, welches sich plausibel rekonstruieren läßt (17,1B,I,5).[19] Es läßt annehmen, daß Antiphon die Identifizierung von Gesetzlichkeit bzw. konventioneller Norm und Gerechtigkeit erwähnt hat und daß seine Definition, daß Gerechtigkeit darin bestehe, »die Gesetze/Normen des Gemeinwesens, in dem man als Bürger lebt, nicht zu überschreiten« (1B.I.6–11), den Abschluß des vorangehenden Arguments bildete, das verloren gegangen und das die Prämisse dessen ist, was folgt.[20]

Um Antiphons Kritik der Gerechtigkeit zu verstehen, sind zwei Punkte wichtig. Erstens benutzt Antiphon in dem erhaltenen Textstück »Gerechtigkeit« und »gerecht« (*dikaiosynē/dikaion*) konsistent in ihrem ebenso traditionellen wie gängigen Sinn.[21] Anders als Kallikles in Platons *Gorgias* (483c) schlägt er keine eigene Definition der Gerechtigkeit vor – keine »natürliche« oder »wahre« Gerechtigkeit –, die mit der Gerechtigkeit im üblichen Sinn in Kontrast stünde. Zweitens ist es wohl wahr, daß *nomimos* im späten fünften Jahrhundert »der adjektivische Repräsentant von *nomos* im Sinn von ›Statut‹ wird und Personen oder Handlungen beschreibt, die ›mit dem Gesetz übereinstimmen‹«;[22] dennoch gibt es in dem Papyrus viele Hinweise, daß Antiphon in seinen Gebrauch dieser Ausdrücke (*nomos/nomimon*) nicht nur geschriebene Gesetze einschließt, sondern auch die ganze Fülle der Normen und Regeln einer Stadt, ob ihre Verletzung nun Scham (*aischynē*) oder eine echte gesetzliche Strafe (*zēmia*) mit sich bringt. Diese Ausdehnung der Sphäre des *nomos* läßt das Gesetz in den Bereich eindringen, der der »Natur« eigen ist, und dient dazu, die antithetische Beziehung zwischen diesen Begriffen herauszuheben.

Für Antiphon hat Gerechtigkeit etwas mit den Interessen des einzelnen zu tun, weil sie – unter Beachtung der Gesetze – in Gegenwart von Zeugen praktiziert werden muß. Aber in Abwesenheit von Zeugen sollte man der Natur folgen. Im nächsten Schritt seines Arguments betont Antiphon, daß die Vorschriften der Natur notwendig und nicht konventionell sind. Sie zu verletzen bringt unvermeidlich Schaden, gleichgültig, ob andere als Beobachter da sind oder nicht. Was Antiphon im Sinn hat, scheinen die elementaren oder biologischen Erfordernisse der menschlichen Natur zu sein. Er bestreitet nicht, daß es in *manchen* Situationen vorteilhaft sein könnte, der Gerechtigkeit zu folgen; wovon er findet, daß es »der Natur feindlich« sei, ist »der *Haupt*teil dessen, was nach den Gesetzen gerecht ist« (1B.II.26–27).[23] Seine Position stellt sich aber tatsächlich als ganz radikal dar, wenn wir den Nachdruck in Betracht ziehen, den er auf den starken Kontrast zwischen Gesetzen und Natur legt, ferner auf die Rolle von Zeugen und auf den Unterschied zwischen denjenigen Sanktionen, die von der *doxa* (»Erscheinung/Meinung«) abhängen und die nur anwendbar sind, wenn jemand erwischt wird, und den »notwendigen« und »wahren« Sanktionen, die von der Natur ausgehen. Antiphon trennt die Interessen des einzelnen vom Gehorsam gegen das Gesetz an sich ab (z.B. 1B,I,14–23), und im Gegensatz zu Protagoras entfernt er von der Gerechtigkeit die allgemeine Grundlage (die Gaben des Zeus für den Menschen, *aidōs* und *dikē*), die die Gerechtigkeit zum unterscheidenden Merkmal der menschlichen Natur macht und die den Zusammenfall von Gerechtigkeit und Nutzen garantiert. Seine Position ruft unvermeidlich die Prämissen in Erinnerung, von denen Glaukon bei seiner Darstellung von Gyges und seinem Ring ausgeht.

Viele von Antiphons Punkten scheinen Erfahrungen des sozialen Lebens in Athen zu reflektieren; sie sind von einem Standpunkt aus wahrgenommen, der betont, wie unangemessen die Regeln dieses Lebens sind, um auf die Bedürfnisse des einzelnen zu antworten, und sie werden bestätigt durch Belege, die jedermann in die Augen sprangen. Der in den Begriffen von Leben und Tod erfolgende Rekurs auf die Natur als das einzige Kriterium für Vor- und Nachteil; die Verbindung zwischen nützlich und erfreulich einerseits und zwischen schädlich und schmerzhaft andererseits (1B,IV,9–22); die Beobachtung, daß das Gesetz die einzelnen selbst dann nicht schützen kann, wenn sie ihm folgen

(1B,V), und das um so weniger, wenn sie die unschuldige Seite sind; der Verweis auf gerichtliche Verfahrensregeln und darauf, daß die Überredung weitaus stärker als Wahrheit und Falschheit ist (1B,VI-VII) – all das impliziert eine Moralität, die in erster Linie egoistisch und auf den eigenen Schutz bedacht ist, geschickt darin, sich dadurch zu rechtfertigen, daß sie die Unzulänglichkeiten von Gerechtigkeit und Gesetz herausstellt, den Menschen Sicherheit zu bieten.

Das zweite Fragment des Papyrus enthält ein sehr subtiles Argument, das wir dann richtig einschätzen können, wenn wir annehmen, daß das Begriffspaar »Unrecht tun und Unrecht leiden« (*adikein/adikeisthai*) streng mit dem Begriffspaar »schädigen und geschädigt werden« (*blaptein/blaptesthai*) verknüpft ist.[24] In der Annahme, daß die Wahrheit zu sagen für menschliche Angelegenheiten als gerecht (und vorteilhaft) angesehen wird, wird jemand, der so handelt, nicht gerecht sein im Sinne des Begriffs der Gerechtigkeit, der nämlich impliziert, daß da, wo niemand gelitten hat, auch keine Ungerechtigkeit begangen wurde. »Denn notwendigerweise tut jemand, der Zeugnis ablegt, auch dann, wenn er die Wahrheit bezeugt, trotzdem einem anderen in irgendeiner Weise Unrecht und erleidet dann umgekehrt auch seinerseits Unrecht, weil er sich bestimmt Haß zuzieht« (2A,I,15–22). Ungerechtigkeit/Schaden widerfährt sowohl dem, der durch das Zeugnis für schuldig erklärt wird, weil es von jemandem stammt, der, was ihn selbst betrifft, von der überführten Person keinen Schaden erlitten hat, als auch dem Zeugen, der für den Rest seines Lebens vor Rache und Bedrohungen auf der Hut sein muß. Antiphon fährt fort (2A,II,12–25):

> Diese Ungerechtigkeiten scheinen nun aber nicht von geringer Bedeutung zu sein, weder das Unrecht, welches er erleidet, noch das, welches er begeht. Denn es ist sowohl unmöglich, daß diese Dinge gerecht sind, als auch unmöglich, daß er kein Unrecht tut und keins erleidet; notwendigerweise ist vielmehr entweder beides gerecht oder beides ungerecht.

In Antiphons Worten, »kein Unrecht tun und keins erleiden«, wollten manche Gelehrte das eigene Gerechtigkeitsideal des Sophisten finden. Aber was Antiphon im Sinn hat, ist die traditionelle Konzeption, wie durch Platons Glaukon bewiesen wird (*Staat* II 359a), der den Umstand kommentiert, daß manche Leute es nützlich finden, eine wechselseitige Übereinkunft zu treffen, kein Unrecht zu tun und keins zu erleiden.[25] Daß Antiphon gedacht hat, dieses Ergebnis könnte an sich wünschenswert sein, wird durch nichts ausgeschlossen. Sicher indes können wir darüber sein, daß er zu zeigen versucht hat, warum solch eine Übereinkunft sehr wenig praktische Möglichkeiten hat und was ihre Konsequenzen wären. Die Verbindung zwischen »gerecht« und »nützlich« am Anfang seines Texts (2A,I,5–6) und die Antithese zwischen »unterstützen« und »schädigen« am Ende (2A,II,30–36) zeigen, daß die Grundlage seines Arguments die These (1B) ist, daß das, was zählt, der »Nutzen« sei. Er stellt die Gerechtigkeit der Natur genau deshalb gegenüber, weil die Gerechtigkeit nicht das gewährleisten kann, was dem einzelnen gut tut und nützlich ist.

Interessanterweise geht Antiphon von der Prämisse (2A,I,3–9) aus, daß die Wahrheit zu bezeugen für menschliche Angelegenheiten als gerecht und *kollek-*

tiv nützlich angesehen wird, und wechselt dann seine Perspektive sofort zum einzelnen Individuum hin. Indem er die schädlichen Auswirkungen eines als gerecht angesehenen Verhaltens unterstreicht, zeigt er, daß individueller und kollektiver Nutzen nicht zusammenfallen, sondern ständig im Konflikt sind. So bekräftigt er einmal mehr seine eigene Distanz gegenüber der Position des Protagoras.

Ein Punkt, der noch zu prüfen bleibt, ist die Funktion, die er dem *nomos* einräumt, und sind die Bedingungen, unter denen es sich für die Leute lohnen würde, sich bestimmten Restriktionen zu unterwerfen (1B,V,25–VI,9):

Wenn nun die, welche solche Einrichtungen akzeptieren, von den Gesetzen eine gewisse Unterstützung bekämen und die, welche die Einrichtungen nicht akzeptieren, sondern sich ihnen widersetzen, davon Nachteile hätten, dann wäre die Bindung, die in den Gesetzen enthalten ist, nicht unnütz. Aber wie die Dinge stehen, sieht es danach aus, daß diejenigen, die solche Einrichtungen akzeptieren, von der gesetzmäßigen Gerechtigkeit nicht genügend Hilfe erhalten.

Die Gesetze sind die Frucht einer Übereinkunft zwischen den Menschen; aber diese Übereinkunft bringt nicht die Resultate, auf die die Leute gehofft haben, eine Gesellschaft, welche nicht durch Gewalt und sogenannte höhere Gewalt oder Sachzwänge regiert würde.[26] Das sind keine abstrakten und allgemeinen Probleme; vielmehr betreffen sie den Nachteil, das Leiden und die Härten für ein einzelnes, konkretes Individuum zu jedem Augenblick seiner oder ihrer Existenz. Die Unangemessenheit des *nomos* (und daher der Gerechtigkeit, die in gesetzlichen Vorschriften besteht) ergibt sich aus der Tatsache, daß gesetzliche Regelungen kaum jemals den grundlegenden Anforderungen der Natur entsprechen, die durch das Gesetz unterdrückt werden. Die Natur ist demnach das grundlegende Kriterium, um Schmerz und Erfreuliches, Nutzen und Schaden zu messen.

Wenn wir Antiphon aus einer platonischen Perspektive lesen, wo die Gründe für Schlußfolgerungen explizit gemacht werden, dann können wir ihm eine Grundlage für eine gültige Schlußfolgerung verschaffen, die aus zwei Voraussetzungen wie etwa diesen gezogen wird: (1) Das Gesetz ist unangemessen, um Aggression zu antizipieren und zu blockieren; (2) Der einzelne sucht natürlicherweise das, was ihm Erfreuliches bringt, und vermeidet das, was ihm Schmerz bereitet. Antiphons implizierte Schlußfolgerung wird die sein, daß das Interesse des einzelnen und das, was ihm Erfreuliches verschafft, wesentlich darin besteht, allen natürlichen Bestrebungen eine uneingeschränkte Herrschaft einzuräumen, aus seinem Nachbarn Vorteile zu ziehen, oder kurz: Unrecht zu tun. Thukydides läßt die ansonsten unbekannte Gestalt, die er Diodotos nennt, erklären, daß die Gesetzesverletzung ein natürlicher Instinkt ist. Im Fall Antiphons schließt das nicht ein, daß er jeden, der dazu ungestraft in der Lage ist, einlädt, den Nächstbesten oder die Nächstbeste auszurauben, um sich auf diese Weise mit den Mitteln zur Befriedigung seiner hedonistischen Instinkte zu versehen. Eher sollten wir Antiphon so verstehen, daß er zu einer Reflexion darüber einlädt, wie man sein Leben mit einem Minimum an Unannehmlichkeiten in einer umsichtigen Balance führt, die es zwischen natürlichen Erfordernissen und den Erfordernissen zu finden gilt, die durch das soziale Leben auferlegt werden. Es ist der politische Sinn, dessentwegen Antiphons Kritik des *nomos* und der Gerechtigkeit so leidenschaftlich ist; und in seinen zeitgenössischen Anspielungen zeigt dieser politische Sinn das, was Ostwald »eine gewisse Oberklassengewalt gegen die Athener Demokratie« genannt hat.[27]

Anhand der begrenzten Anhaltspunkte, die wir aufgrund von Antiphons *Über die Wahrheit* haben, können wir vermutungsweise sagen, daß die von mir diskutierten Fragmente von ihm in einen größeren wissenschaftlichen Zusammenhang gesetzt wurden, der durch ein Naturkonzept (und nicht nur durch ein Konzept der menschlichen Natur) gekennzeichnet war, ein Naturkonzept, das wir mit dem Risiko des Anachronismus säkular und materialistisch nennen können.[28] Antiphons Interesse an der Biologie (im weiten Sinne) und seine Behandlung der menschlichen Natur und des menschlichen Nutzens rufen die medizinische Tradition ebenso in Erinnerung wie einige Aspekte von Thukydides.[29] Diese allgemeine Grundlage ist auch in seiner psychologischen Sprache offenkundig, zum Beispiel in seiner Verwendung des Wortes *nous*, um den Sitz der Gefühle auszudrücken, und in der Art, wie er das Wort *gnōmē* verwendet, um damit sowohl eine Entscheidung als auch die Fähigkeit zur Entscheidung auszudrücken. Obwohl er der *gnōmē* eine Leitungsfunktion zuschreibt (DK 87 B2), insistierte er wahrscheinlich darauf, daß sie nur dann funktionstüchtig ist, wenn man der Natur Rechnung trägt.[30]

Für Platon war eine solche Theorie widersprüchlich, weil sie der Natur eher als der Einsicht ontologische und axiologische Priorität einräumte. Dieser Irrtum war in Platons Augen das hochgestochene Ergebnis einer derart großen Unkenntnis, daß es als höchste Einsicht mißverstanden werden könnte (*Gesetze* X, 886b). Sein prinzipieller Fehler war die Erhebung des Körpers über den Geist (891e); denn diese Verkehrung macht es nach Platon unmöglich, das menschliche Leben vor Ungerechtigkeit und Unglück zu schützen.

Es ist reizvoll anzunehmen, daß Platon Antiphons scharfsinnige Analyse im Sinn hatte, als er in seinen Dialogen bestimmte entscheidende Passagen schrieb. Daß Platon ihn nirgends erwähnt oder daß er ihm nicht den offiziellen Raum gibt, den er den anderen führenden Sophisten einräumt, war vermutlich eine Art von *damnatio memoriae*, die nur dann voll verständlich ist, wenn man aufgrund sämtlicher Zeugnisse, die uns zur Verfügung stehen, Antiphon als Persönlichkeit rekonstruiert hat.[31]

Im Fall des Protagoras konnte Platon wenigstens die positive Einstellung des Sophisten zur Gerechtigkeit und seinen Versuch teilen, ihr dadurch eine Grundlage zu verschaffen, daß er sie zu einer Eigenschaft machte, die zu den Menschen in ihrem Sozialverhalten gehört. Außerdem konnte Platon mit der Weigerung des Protagoras sympathisieren, eine Polarisierung zwischen *nomos* und *physis* zuzulassen, und mit der Aufgabe, der er sich dann stellen mußte, nämlich der Aufgabe, die Gerechtigkeit als ein universales Prinzip mit ihren wechselnden lokalen Manifestationen vereinbar zu machen. Der Fall Antiphons war davon völlig verschieden: ein Redenschreiber, der Mitglied der oligarchischen Partei war; eine intellektuell und politisch verwirrende Persönlichkeit, die sich bis in die letzte Phase ihres Lebens weigerte, die politische Arena unmittelbar zu betreten; und ein Mann, der aus seiner eigenen Intelligenz gern Kapital schlug, ohne sich dadurch einem persönlichen Risiko auszusetzen, und der kurz davor haltmachte, die letzten Konsequenzen aus seinen Theorien zu ziehen, von denen Platon meinte, sie seien unvermeidlich.[32]

Platon entschied sich dafür, Antiphon mit Sokrates nicht direkt zu konfrontieren. Sondern er attackiert ihn und seinesgleichen in zahlreichen Dialogen implizit, wo er die enormen Gefahren für Kultur und Politik herausstellte, die eine radikale Kritik des *nomos* mit sich bringen könnte. Protagoras wußte ungeachtet seiner Unterstützung für die Nützlichkeit von Gerechtigkeit und Gesetz nicht, wie er sie gegen ihre Gegner verteidigen könnte, da – nach Platon – sein eigenes Denken das Ergebnis der seinerzeit vorherrschenden schwankenden Ontologie war. Antiphons Eintreten für die Schwäche des Gesetzes und für das Unvermögen der Gerechtigkeit, die menschliche Natur vor der Ungerechtigkeit zurückzuhalten, leitete sich, so dachte Platon, aus einer irrigen »materialistischen« Weltauffassung her. Im Schatten des Sokrates und auf gänzlich neuen Grundlagen packte Platon die ungeheure Aufgabe an, die Zweiteilung zwischen *physis* und *nomos* wiederherzustellen und die Gerechtigkeit zum größten Gut der menschlichen Seele zu machen.[33]

Anmerkungen

[1] Für eine ausgezeichnete Behandlung der Verbindungen zwischen Gerechtigkeit und den Ursprüngen der Demokratie siehe Ostwald [121].

[2] Es ist viel über die Verbindungen geschrieben worden, die möglicherweise zwischen der Gerechtigkeitsdefinition des Thrasymachos und der Position bestehen, die Kallikles in Platons *Gorgias* einnimmt (482c–484c). Der Hauptunterschied ist, daß Kallikles seine Ansichten über das Recht zu herrschen auf die Unterscheidung zwischen Natur (*physis*) und Konvention (*nomos*) gründet, während für Thrasymachos alles, worauf es ankommt, der Besitz der Macht als solcher ist.

[3] Für eine neuere kritische Auseinandersetzung mit Thrasymachos' Argument vgl. T.D. Chappell, »The virtues of Thrasymachus«, *Phronesis* 38 (1993) 1–17.

[4] Vgl. *Gorgias* 470d–471d.

[5] Vgl. *Staat* II 358b3–362c und *Gesetze* X 881e1–2.

[6] Hier gibt es enge Parallelen zu den Themen, die in den *Gesetzen* (X 885b–890a) entwickelt werden, besonders in bezug auf die Behandlung des Atheismus in dem späteren Dialog; vgl. Decleva Caizzi [452].

[7] In seiner Darstellung, wie Deïokes die Macht über die Meder gewann, lenkt Herodot die Aufmerksamkeit auf das gerechte Verhalten des Mannes (I,96,2) und verwendet dabei den Ausdruck *dikaiosynē*; dies könnte die früheste Belegstelle sein, an der das Wort in einem absoluten Sinn vorkommt. Siehe Havelock [442] und [100] 296–305, der vorgeschlagen hat, Protagoras als den Erfinder des Ausdrucks anzusehen.

[8] Die Quelle des Diogenes Laertius für den Plagiat-Vorwurf des Aristoxenos gegen Platon war Favorinos (vgl. D.L. III,57). Dessen Tätigkeit fällt in die ersten Jahrzehnte

des zweiten Jahrhunderts n.Chr. Wir haben keine Möglichkeit herauszubekommen, ob an Aristoxenos' Vorwurf irgendetwas Wahres ist. Platon war aber offensichtlich sehr an Protagoras' Werk interessiert.

[9] Anders als die Gelehrten, die zu der Zeit schrieben, als der Papyrus gefunden wurde, sind neuere Forscher geneigt, Antiphon den Redner und Antiphon den Sophisten gleichzusetzen. Siehe Narcy [457].

[10] DK 87 B44; der Text wurde neu herausgegeben von Bastianini & Decleva Caizzi [449].

[11] Dieser Punkt wird nicht von der Frage nach den persönlichen Beziehungen des Perikles zu Protagoras berührt; für Zweifel, die in dieser Hinsicht – vielleicht übertrieben – aufgekommen sind, siehe P.A. Stadter, »Pericles among the intellectuals«, *ICS* 16 (1991) 111–124.

[12] Siehe Ostwald [121] 199–290, der von der »Polarisierung der 420er Jahre« spricht, und Ostwald [458].

[13] Von den *Dissoi logoi* (DK 90), einem Werk unbekannten Ursprungs und Datums, nimmt man gewöhnlich an, daß es sophistisches Denken widerspiegelt; für eine ausgewogene Darstellung dazu siehe Burnyeats Artikel über »Dissoi logoi« in Craig [145].

[14] Vgl. Herodot III,80–82, und M. Ostwald, »Ancient Greek ideas of law«, in: *Dictionary of the History of Ideas*, Bd. II (New York 1973), 673–685; *Nomos and the Beginnings of Athenian Democracy* (Oxford 1969); Ostwald [121].

[15] Man beachte Kleons zynische Worte über die Verbindung zwischen der Stärke eines Gemeinwesens und der Stabilität seiner *nomoi*, ganz ungeachtet ihres Werts; zu Thukydides vgl. Farrar [96] 127–191.

[16] Protagoras hebt im Gegensatz dazu den erzieherischen Wert der Strafe hervor (Platon, *Prot.* 324a-c). Außerdem argumentiert er, daß ein Gemeinwesen die Notwendigkeit von Gerechtigkeit derart zwingend unterstelle, daß jeder, der wahrheitsgemäß zugeben würde, ungerecht zu sein, als verrückt angesehen würde (ebd. 323bc). Man vergleiche demgegenüber *Staat* II 359b, wo Glaukon behauptet, daß jemand für verrückt gehalten würde, der die Mittel hätte, ungestraft Unrecht zu tun und der trotzdem davon Abstand nähme, es zu tun.

[17] Die Rede, die Thukydides dem Diodotos in den Mund legt, reflektiert Gedanken Antiphons über die innere Schwäche des *nomos* als Sanktion gegen die Forderungen der *Natur* (vgl. Moulton [456] und Decleva Caizzi [451]). Relevant ist auch das bekannte Fragment aus Kritias' *Sisyphos* (DK 88 B25) mit seinem Ergebnis, daß die Götter eine menschliche Erfindung sind, um die Schwäche des Gesetzes aufzufüllen und die Furcht vor Entdeckung zu erhöhen; siehe dazu in diesem Band S. 203.

[18] 423 v.Chr. Siehe Ostwald [458] 296–297.

[19] Ich zitiere den Text nach der Ausgabe von Bastianini & Decleva Caizzi [449] = *CPF* I,1* Antiphon I,17 (Antipho). In dieser Ausgabe haben wir für 17,1, das *POxy* 1364+1367 umfaßt, aus paläographischen und kontextuellen Gründen die frühere Anordnung der Fragmente umgedreht; unser 17,1,A ist gleich DK 87 B44 Frgm. B und unser 17,1,B gleich DK 87 B44 Frgm. A. Unser 17,2 enthält *POxy* 1797.

[20] Vgl. Xenophon, *Mem.* IV, 4,12–18, wo Sokrates Hippias als seinen Gesprächspartner wählt und von Prämissen wie denen Antiphons ausgeht, wo er aber zu der ganz anderen Schlußfolgerung gelangt, daß Gehorsam gegen die Gesetze sowohl für das Gemeinwesen als auch für den einzelnen unzweideutig vorteilhaft ist. Vgl. Decleva Caizzi [450] 203–208.

[21] Siehe Furley [453], der zum Teil auf Kerferd [454] aufbaut.

[22] So Ostwald [121] 133.

[23] Ich verstehe diese Passage nicht so, als schreibe sie der Gerechtigkeit irgendeinen allgemeinen Nutzen zu, obwohl Antiphon nach einem von Stobaeus zitierten Text (DK 87 B58) die Torheit kommentiert hat, zu denken, daß jemand, der seinen Nachbarn ungerecht behandelt, aller Vergeltung entgehen könne.

[24] Dazu, ob bzw. daß dieser Text Antiphon zuzuschreiben ist, siehe Bastianini & Decleva Caizzi [449] 214–215.

[25] Für einen Überblick über die Auffassungen in der Forschung über diesen Abschnitt siehe Bastianini & Decleva Caizzi [449] 221–222.

[26] Siehe 1B,I,27–II,1, wo Gesetze als »Übereinkünfte« angesehen und so von »natürlichen« Dingen unterschieden werden.

[27] Ostwald [458] 298.

[28] Platon spielt auf Antiphon wahrscheinlich in den *Gesetzen* X, 889a–890a an; vgl. dazu Decleva Caizzi [452]. Antiphons Name begegnet bei Platon nur im *Menexenos* 236a; vgl. dazu meine Bemerkungen a.a.O. 293–296.

[29] Antiphon illustriert die Uniformität der menschlichen Natur durch Hinweis auf Atmung, Lachen und Weinen, Hören und Sehen, Hände und Füße (1A,II-III). Xenophon kontrastiert ihn als einen Hedonisten und Verteidiger des materiellen Erfolgs mit Sokrates (*Mem.* I,6).

[30] Vgl. DK 87 B14, wo das Subjekt des Ausdrucks »entblößt von ihrem Ausgangspunkt« *gnōmē* sein sollte und nicht die Natur, wie das gemeinhin angenommen wird; vgl. Decleva Caizzi [452] 304.

[31] Antiphon wurde zum Tod verurteilt, weil er der eigentliche Kopf der oligarchischen Revolution von 411 v.Chr. war. Thukydides (VIII,68) beschreibt ihn als einen brillanten Mann, der die beste Rede zur Selbstverteidigung gehalten hat, die er je gehört habe (für ein mutmaßliches Fragment davon vgl. *CPF* I,1* 17,4). Antiphon wurde hingerichtet; die Bestattung in attischer Erde wurde ihm verweigert; und seinen Nachkommen wurden ihre bürgerlichen Rechte genommen.

[32] Der anonyme, der Philosophie gegenüber kritisch eingestellte Redenschreiber, der am Ende des *Euthydemos* erwähnt wird, paßt zwar zu Isokrates, könnte aber auch auf Antiphon bezogen werden, wie A.E. Taylor gut beobachtet hat: *Plato the Man and his Work* (London 1960), 100–102.

[33] Siehe M. Ostwald, »Plato an law and nature«, in: H. Nordth (Hg.), *Interpretations of Plato, Mnemosyne* Suppl. 50 (1977), 41–63.

Dieses Kapitel wurde ursprünglich in Italienisch geschrieben. Die Autorin möchte sich bei Tony Long nicht nur für die Übersetzung ins Englische bedanken, sondern auch für viele wertvolle Anregungen im Verlauf der Abfassung des Textes.

16 Die Poetik der frühen griechischen Philosophie

Glenn W. Most

Einleitung: Eine Poetik der frühen griechischen Philosophie?

Schon der Titel dieses Kapitels wird für einige Leser ein Paradox oder eine Provokation sein. Schließlich ist zwar der Ausdruck »Vorsokratiker« modern, aber das ihm zugrundeliegende Konzept hat antike Wurzeln;[1] und von Anfang an wurde es dazu verwendet, die Philosophen, die zumeist in Prosa schrieben, von den Dichtern zu unterscheiden, die in Versen schrieben. Solch eine Unterscheidung hält den weitgehend unphilosophischen Charakter der frühen griechischen Dichter und den weitgehend unpoetischen Charakter der frühen griechischen Philosophen fest und könnte uns als selbstverständlich erscheinen, was sie aber in Wirklichkeit nicht immer war. Heraklit nennt Hesiod und Xenophanes in einem Atemzug mit Pythagoras und Hekataios (DK 22 B40); Hippias schrieb eine Abhandlung, die die Meinungen der Dichter und der Philosophen parallelisierte (DK 86 B6); Platon unterscheidet bei seinen Vorgängern nicht scharf zwischen Dichtern und Philosophen und läßt seinen Protagoras erklären, daß die alten Dichter in Wirklichkeit Sophisten gewesen seien, ihre Ansichten aber aus Angst, Feindschaft zu wecken, getarnt hätten (*Prot.* 316d-e). Soweit wir wissen, war Aristoteles der erste Autor, der terminologisch zwischen den von ihm so genannten *mythologoi* und *theologoi* auf der einen Seite und den *physikoi* oder *physiologoi* auf der anderen unterschied. Seiner Ansicht nach handelte es sich bei der ersten Gruppe wirklich um Geschichtenerzähler, um Dichter, die Mythen über Heroen und Götter erzählten, und alle Ansichten über die Natur der Welt, die man aus ihnen herausziehen würde, wären zufällig, obskur und philosophisch uninteressant; die letztere Gruppe beschäftigte sich demgegenüber, angefangen von Thales, im Grunde mit derselben Art der Untersuchung zur physischen Welt wie Aristoteles selbst, und obwohl die Theorien dieser Denker, was nicht überrascht, im Vergleich mit seiner eigenen Theorie defizitär waren, waren sie nichtsdestoweniger philosophisch seriös, das heißt, es lohnte sich, sie zu studieren, auszuplündern und zu widerlegen. Nur solch eine Unterscheidung – kombiniert mit spezifischen Ansichten über die wahre Natur der *poiēsis* als der Erzählung von *mythoi* – konnte es Aristoteles erlauben, im Eröffnungskapitel seiner *Poetik* die berühmte Feststellung zu machen, daß Homer und Empedokles außer ihrem Versmaß nichts gemeinsam hätten, so daß es richtig wäre, den einen einen Dichter und den anderen eher einen *physiologos* als einen Dichter zu nennen (1447b17–20).

Es war diese aristotelische Unterscheidung, die die Grundlage für seinen Schüler Theophrast bildete, als er seine Sammlung naturphilosophischer Lehren der frühen griechischen Philosophen anlegte, und Theophrast fuhr mit seinem Werk seinerseits fort, die Grundlage zu schaffen, auf der praktisch alle alten und – letztlich – modernen Diskussionen dieser Denker aufbauten.[2] Für diese Tradition ist der Unterschied zwischen den frühen griechischen Dichtern und den frühen griechischen Philosophen nicht bloß ein Unterschied zwischen Versen und Prosa, sondern er schließt auch weitergehende Gegensätze ein – zwischen Mythos und Vernunft, Tradition und Innovation, Gesellschaft und Einzelnem, Zwang und Freiheit, Irrtum und Wahrheit. Für den überwiegenden Teil der modernen westlichen philosophischen Tradition, der sich – mit Recht – rühmt, sich von dem emanzipiert zu haben, was er als die Fesseln von Mythos und Religion ansieht, stellen die frühen griechischen Denker einen entscheidenenden ersten Schritt in einem Jahrtausendprozeß der Aufklärung dar, der die abwegigen Chimären der Dichtung hinter sich läßt, um sich vorwärts zu bewegen, hin zu dem kalten, klaren Licht der Vernunft. Wie kann man es wagen, den Philosophen dieser Tradition eine Poetik anzuhängen?

Und doch gibt es wenigstens drei Sinne, in denen man nützlicherweise und durchaus mit einiger Wichtigkeit die Poetik der frühen griechischen Philosophie diskutieren kann. Der erste, offenkundigste und vielleicht am wenigstens interessante Sinn ist eine *explizite*, bewußte Form der Poetik. Eines der vielen Themen, über die die frühen griechischen Denker nachgedacht haben, war die Dichtung – *de facto* dachten sie über die in ihrer Gesellschaft geschätzte Prestige-Dichtung nach, und es wäre verwunderlich und sogar unverantwortlich von ihnen gewesen, wenn sie das nicht getan hätten –; und was sie über diesen Gegenstand gesagt haben, können wir als mehr oder weniger rudimentäre Beiträge zu einer besonderen philosophischen Disziplin ansehen, der Untersuchung der Natur und der Ziele der Dichtung, die später den Namen »Poetik« erhielt.[3] In diesem Sinn hat die frühe griechische Philosophie, die über die Dichtung genauso wie über Göttliches oder Wissen reflektiert, im wesentlichen in derselben Art eine Poetik, in der sie eine Theologie oder eine Epistemologie hat. Das Spektrum expliziter Ansichten über die Dichtung, das diesen Denkern zugeschrieben werden kann, ist sehr breit und erstreckt sich von Bewunderung und Anerkennung bis zu regelrechter Feindschaft; alle teilen sie jedoch bestimmte allgemeine Themen, die in der späteren europäischen Poetik weiterhin wichtig geblieben sind. Vor allem macht die ausdrückliche Poetik der frühen griechischen Philosophen oft den Eindruck, ihre Distanz zu den anerkannten Autoritäten der griechischen Dichtung auszudrücken: Gerade durch die Geste, das zu definieren und abzugrenzen, was die Dichter hoffen können, zu wissen oder mitzuteilen, nähren die Philosophen allem Anschein nach die Meinung, daß sie selber einer solchen Begrenzung enthoben seien. Dadurch modellieren sie für sich selbst natürlich anscheinend einen Diskursraum, der gegenüber anderen Formen sozialer Kommunikation autonom und privilegiert wäre. Eine explizite Poetik kann somit als ein taktisches Instrument im Zusammenhang philosophischer Selbstlegitimation verstanden werden.

Zweitens war das Erbe der frühesten griechischen Dichtung ein entscheidender Faktor, um die Parameter der kommunikativen Situation der frühen griechischen Philosophie zu definieren. Homer und Hesiod sind nicht nur wichtige frühe Belege für die Notwendigkeiten, welche einen ernsthaften öffentlichen Diskurs im archaischen Griechenland regelten, sondern sie beeinflußten solche Notwendigkeiten auch massiv für viele Jahrhunderte in der späteren griechischen (und sogar nicht-griechischen) Kultur. Als Konsequenz daraus tragen manche der grundlegenden Kriterien, die die frühen griechischen Philosophen bei ihren Reflexionen über den Kosmos und bei ihrer Kommunikation über diese Reflexionen mit ihren Zuhörern und Lesern zu erfüllen versuchen mußten, unvermeidlich eine bestechende Verwandtschaft zu den herausragendsten Zügen der Werke Homers und Hesiods. Trotz all der unbestreitbaren Neuheit vieler Fragen und Antworten der frühen griechischen Philosophie blieben die Grundrichtung, welche diese Fragen nahmen, und die Grundform dessen, was als eine befriedigende Antwort für die Philosophen und ihr Publikum zählen konnte, in vielen Fällen den analogen Merkmalen der frühen griechischen Dichtung ganz ähnlich. Es ist unwahrscheinlich, daß diese Ähnlichkeit bloß eine zufällige Parallele oder daß sie das Resultat irgendeines obskuren Merkmals der abstrakten archaischen griechischen Seele wäre, die von manchen Exponenten der *Zeitgeist*-Richtung beim Zugang auf die Geistesgeschichte postuliert wird: vielmehr sollte die Ähnlichkeit eher als ein konkretes Maß für den außerordentlichen literarischen, erzieherischen und kulturellen Erfolg einer sehr kleinen Anzahl poetischer Texte verstanden werden, eben der Texte, die Homer und Hesiod zugeschrieben werden. Die Arten, in denen diese beiden Dichter die diskursiven Parameter gestaltet haben, innerhalb deren die frühen griechischen Philosophen wirkten, könnten terminologisch als *implizite* Poetik gefaßt werden; denn wie stark der Einfluß der Dichter auf die Philosophen auch gewesen sein mag, am wahrscheinlichsten ist, daß es eher ein unterschwelliger als ein bewußter Einfluß war. Jeder Grieche, der in dieser Periode in den öffentlichen Diskurs eingriff, war diesem Einfluß wohl unvermeidlich ausgesetzt, und daß die frühen griechischen Philosophen in dieser Hinsicht bewußt versucht hätten, mit den frühesten griechischen Dichtern in Konkurrenz zu treten, ist unwahrscheinlich.

Im Gegensatz dazu ist die dritte, noch interessantere Art einer frühen griechischen philosophischen Poetik wahrscheinlich vollkommen bewußt gewesen: der immanente poetische Charakter vieler Werke der frühen griechischen Philosophen. Über die soeben erörterten grundlegenden und weithin geteilten diskursiven Notwendigkeiten hinaus scheinen insbesondere bestimmte frühe griechische Philosophen sich bewußt dafür entschieden zu haben, hoch spezielle Textstrategien einzusetzen, die in enger Verbindung zur frühen griechischen Dichtung standen. Das offenkundigste Beispiel dafür ist natürlich die kuriose Entscheidung von Xenophanes, Parmenides und Empedokles, ihre philosophischen Auffassungen der Welt in der Form poetischer Verse vorzulegen, speziell in der Form daktylischer Hexameter. In der Tat bleibt das Problem, warum diese drei Gestalten nach der Erfindung der philosophischen Prosa zur älteren Form der Verse zurückkehrten, in den Darstellungen des frühen griechischen Denkens eine zentrale Interpretationsschwierigkeit. Das Problem ist aber nicht auf diese drei beschränkt. Nicht weniger augenfällig ist im gegenwärtigen Zusammenhang die offenkundige Sorgfalt, die Heraklit darauf verwandte, seine Einsichten in einer Sprache zu formulieren, die aus den traditionellen Formen der Dichtung wirksame Ausdrucksmittel übernahm, um die Einsichten plausibler erscheinen zu lassen. Terminologisch können wir diese dritte Art der Poetik als *immanente* Poetik fassen; im Dienst einer philosophischen Kommunikation macht sie nämlich von spezifisch poetischen Verfahren systematischen Gebrauch. Wenn es ein Gemeinplatz ist, der durch diese vier Gestalten völlig unstrittig bewiesen wird, daß es nämlich keinen antiken (oder selbst modernen) Philosophen gibt, dessen diskursive Form im Hinblick auf die Aufgabe, sein Denken ganz zu verstehen, umstandslos vernachlässigt werden kann, dann ist es trotzdem im Fall der frühen griechischen Denker als einer Gruppe besonders wahr, daß keine Darstellung ihrer Philosophie als voll befriedigend angesehen werden kann, die nur die Struktur ihrer Argumente erwägt und nicht auch auf die Form eingeht, in der sie sich entschieden haben, diese Argumente ihrem Publikum mitzuteilen.

Ein wichtiger Grund dafür liegt in der Tatsache, daß die Institutionalisierung der Praxis der Philosophie als einer professionellen Disziplin im Laufe der Geschichte der europäischen Kultur nur schrittweise erfolgte. Moderne Philosophen sind größtenteils Professionelle, die für andere Professionelle schreiben. Der Autor und sein Publikum sind ein klar bestimmtes Segment der Gesellschaft, das von anderen Leuten zum einen durch eine Attitüde abgehoben ist, die auf seiten des umfassenderen gesellschaftlichen Systems aus vagem Respekt, aber grundlegender Indifferenz besteht, und zum anderen durch eine Reihe identifizierbarer objektiver Merkmale: Mitgliedschaft in öffentlich bestätigten Institutionen und sich selbst regulierenden Gesellschaften; Veröffentlichung in bestimmten Arten von Zeitschriften und Büchern, die in speziellen Läden verkauft werden; und ein wohl etabliertes System von Prüfungen, Sanktionen und Belohnungen, in dem der Erfolg weitgehend (aber niemals ausschließlich) darauf zurückgeht, daß öffentlich anerkannten Kriterien Genüge getan wird. In der Antike war es, wenn überhaupt jemals, dann nur bei den Neuplatonikern der Spätantike so, daß solch ein geschlossenes System zum Charakteristikum von Philosophie wurde; und es kam erst im vierten Jahrhundert v.Chr. dazu, daß überhaupt ein erster Schritt in diese Richtung getan wurde, mit der anschließenden Etablierung einer Reihe wetteifernder philosophischer Schulen in Athen. In der Periode andererseits, die in dem vorliegenden Band erörtert wird, existierte die Philosophie überhaupt noch nicht als ein weitgehend abgetrenntes Segment des gesellschaftlichen Diskurses, und schrieben die Autoren, die wir Philosophen nennen, nicht nur einer für den anderen, sondern auch für die weitere Gesellschaft, deren Teil sie waren. Es ist daher nicht verwunderlich, daß sie in bewußterer und vielleicht auch fruchtbarerer Weise von den Grundtexten ihrer Gesellschaft abhingen (die im Fall der griechischen Kultur poetische Texte waren), als viele moderne Philosophen das tun. Diese Abhängigkeit zu ignorieren, sie als unphilosophisch in Verruf zu bringen oder sie gar als eine bedauerliche Form primitiven Denkens zu entschuldigen, aus der das wirklich interessierende Herz, die logischen Argumente, herausgeschnitten und gerettet werden könne, heißt, unversehens ein Bündnis mit einem sehr jungen und ganz provinziellen Begriff dessen einzugehen, was Philosophie ist und was sie nicht ist, und jenen Begriff unhistorisch in eine diskursive Situation der fernen Vergangenheit zurückzuprojizieren, deren Teilnehmern solche Ideen bestimmt als wirklich sehr befremdlich vorgekommen wären.

Ein Grund, die Poetik der frühen griechischen Philosophie zu studieren, ist deshalb, unseren Sinn für das zu erweitern, was Philosophie zur Philosophie macht.

1. Explizite Poetik in der frühen griechischen Philosophie: Der Streit zwischen Philosophie und Poetik

Während der ganzen Antike und tatsächlich sogar bis zur Aufklärung scheint die am weitesten verbreitete Auffassung von Homer und Hesiod die gewesen zu sein, daß sie Lehrer gewesen seien, von denen man nicht nur bestimmte Heroengeschichten oder Göttermythen lernen könne und solle, sondern auch Verhaltensmuster, Gesprächsmodelle und viele spezifische Arten praktischen Wissens – ja, Lehrer bis hin zu göttlichen Weisen, die alles wußten und als Quelle allen menschlichen Wissens dienen könnten. Obwohl Platon in seinem *Ion* Sokrates nachhaltig die naive Ansicht des Rhapsoden Ion zerstören läßt, daß Homer gerade deswegen ein großer Dichter gewesen sein müsse, weil er ein großer Arzt, Prophet und Feldherr gewesen sei, überlebte Ions eigene Auffassung ihre Vernichtung durch Platon trotzdem, und ihr Echo war noch viele Jahrhunderte lang zu vernehmen, unterstützt durch die Gegebenheiten eines Erziehungssystems, in dem alle griechischen Kinder, die überhaupt in der Schule irgendetwas zu lesen lernten, Homer zu lesen lernten (und in dem viele nie lernten, viel anderes zu lesen, wenn überhaupt etwas anderes).

Es ist diese verbreitete Auffassung, auf die Xenophanes und Heraklit hinweisen, wenn ersterer sagt: »Da von alters her alle nach Homer gelernt haben ...« (DK 21 B10); und letzterer schreibt: »Lehrer der meisten ist Hesiod ...« (DK 22 B57).[4] Aber genau diese beiden Denker waren, wie wir sogleich sehen werden, diejenigen, deren erhaltene Fragmente die schärfsten direkten Kritiken an Homer und Hesiod enthalten, die uns aus dem frühen Griechenland überliefert sind. Sie erkennen also nicht einfach nur das pädagogische Privileg an, das den frühen epischen Dichtern weithin zugebilligt wurde, geschweige, daß sie es rühmen würden. Stattdessen prangern sie die Tatsache an, daß so viele Griechen von den alten Dichtern irrige Ansichten einfach übernehmen, ohne sie kritisch zu prüfen oder sich selber Gedanken zu machen. Gegen die kulturelle Vorherrschaft solcher Dichter erheben diese Autoren Protest und fordern, daß inskünftig Griechenland lernt von – ihnen selbst. Es verdient hervorgehoben zu werden, daß die frühen griechischen Philosophen die archaischen griechischen Dichter weder hier noch sonstwo jemals deshalb kritisieren, weil sei hinsichtlich der ästhetischen Schönheit oder der rhetorischen Überzeugungskraft Mängel aufweisen würden; vielmehr erfolgt die Kritik nur in den Begriffen der Falschheit des Inhalts. Die klare Implikation ist, daß die Dichter bislang nur deshalb so viele Leute zum Narren halten konnten, weil ihre Dichtung so verführerisch schön ist. Wie wir später sehen werden, ist für die Philosophen nicht Schönheit, sondern Wahrheit das entscheidende Kriterium für den schließlichen diskursiven Erfolg.

Der Streit der frühen griechischen Philosophen mit den traditionellen Dichtern beginnt mit Xenophanes, der behauptet: »Homer und Hesiod haben den Göttern alles zugeschrieben, was bei den Menschen schändlich ist und getadelt wird: zu stehlen, die Ehe zu brechen und sich gegenseitig zu betrügen« (DK 21 B11).[5] Obwohl der Zusammenhang dieses Fragments verloren gegangen ist, ist doch sein Ton offensichtlich vorwurfsvoll: anstatt die Dichter zu rühmen, beispielsweise weil sie die Götter als mächtig genug darstellen, um sich Handlungen erlauben zu können, die bei den Menschen als schändlich gelten (die Ansicht Homers über die Götter weicht davon manchmal nicht viel ab), wirft Xenophanes ihnen vor, einen üblen Anthropomorphismus zu begehen, indem sie den Göttern nicht nur menschliche Handlungen zuschreiben, sondern ihnen darüber hinaus auch noch die allerniederträchtigsten anhängen. Xenophanes sagt hier nicht ausdrücklich, daß die Dichter über die Götter gelogen hätten; aber eben das ist mit Sicherheit das, was er meint. Denn wenn Götter diese Dinge tun, befinden sie sich sogar auf einer niedrigeren moralischen Ebene als die meisten Menschen; warum sollten wir sie also verehren? Aus anderen Fragmenten wissen wir, daß Xenophanes eine radikal neue Theologie entwickelt hatte, die nur eine einzige, nicht-anthropomorphe Gottheit ansetzte. Offenbar war seine Kritik der epischen Tradition dazu bestimmt, Raum für seine eigenen Auffassungen zu schaffen.[6] Aus unserer Perspektive gesehen hat sich das, was als ein Gott zählt, der menschlicher Verehrung würdig ist, von der Zeit und der Literaturgattung Homers zu der des Xenophanes entwickelt; aber aus der Perspektive des Xenophanes gesehen ist die frühere Ansicht einfach falsch, während seine eigene richtig ist.

Bei Heraklit erreicht dieser Streit seinen erbittertsten Höhepunkt.[7] Heraklit wirft Hesiod und Pythagoras, selbst dem Xenophanes und Hekataios vor, viel gelernt, aber keine Einsicht gewonnen zu haben (DK 22 B40): Elemente von Wissen, einzelne Tatsachen, selbst wenn sie in der Art ausladender enzyklopädischer Konstrukte einander gegenübergestellt werden, die zumindest für bestimmte Formen archaischen griechischen Denkens typisch waren, sind kein Ersatz für die gründliche analytische Einsicht, welche Tiefenstrukturen erkennen kann, die der Oberfläche der Erscheinungen zugrundeliegen; und Heraklit illustriert dieses Prinzip polemisch und drastisch, indem er einfach auf vier sehr verschiedene Arten von Weisen verweist.[8] An anderer Stelle verspottete Heraklit Homer, weil es ihm, nach einer traditionellen Anekdote, nicht gelang, die Rätselaufgabe eines Kindes zu beantworten (DK 22 B56); und mit einem geringschätzigen Wortspiel behauptete er, Homer und Archilochos sollten, weit davon entfernt, durch Rhapsoden vorgetragen zu werden, geschlagen (*rapizest-*

hai) und aus den poetischen Wettbewerben herausgeworfen werden (B42). Die Attacken, die Heraklit andererseits gegen Hesiod richtet, sind inhaltlich gezielter, zweifellos deshalb, weil er das Gefühl hatte, daß eben die Eigenart von dessen Dichtung ihn zu einem ernsthafteren Rivalen machte. So fährt der Text, der mit der Bemerkung beginnt: »Lehrer der meisten ist Hesiod«, mit der Behauptung fort: »sie sind überzeugt, jener wisse das meiste, der Tag und Nacht nicht kannte: die sind ja doch eins!« (B57) – gewiß ein ernsthaftes Versehen für jemand, der ein Gedicht mit dem Titel *Werke und Tage* verfaßt hat! An anderer Stelle kritisiert Heraklit Hesiod, wie es heißt, deshalb, weil er behauptete, manche Tage seien gut und manche schlecht und weil er dabei die Tatsache ignorierte, daß alle Tage genau dieselbe Natur haben (B106). Für Heraklit sind Tag und Nacht, weit davon entfernt, einander als unversöhnliche Gegensätze gegenüber zu stehen, in Wirklichkeit komplementäre Partner in einer weiteren, tieferen und komplexeren Struktur. Die schwerfällige Gelehrsamkeit eines Hesiod, der in seiner kosmischen Genealogie Tag und Nacht verschiedene Plätze zuweist und der traditionelle Kunde über glückliche und unglückliche Tage sammelt, ist für ihn einfach sinnlos.

Xenophanes und Heraklit haben ihre Aufmerksamkeit offenbar beide auf die Dichtung nicht um ihrer selbst willen gerichtet, sondern um maßgebliche Lehren zu kritisieren und um auf diese Weise Raum für ihre eigenen Lehren zu schaffen. Erst im späteren fünften Jahrhundert finden wir in Demokrit einen griechischen Philosophen, der eine Theorie der Poetik entwickelt zu haben scheint, die diese in ihrem eigenen Recht sieht. Unter den Titeln der verlorenen Werke, die Demokrit zugeschrieben werden (D.L. IX,48), kommen *Mousika* vor (*Schriften zu den musischen Künsten*), *Peri poiēseōs* (*Über die Dichtung*) und *Peri rhythmōn kai harmoniēs* (*Über Rhythmus und Harmonie*). Besonders überraschend ist das freilich nicht; zur selben Zeit begannen griechische Dichter und Musiker selber Prosatexte über die Künste zu verfassen, denen sie nachgingen. Leider ist über die poetischen Theorien Demokrits kaum mehr bekannt, als daß er das herausgestellt hat, was er *enthousiasmos* nannte, einen zeitweiligen Zustand göttlicher Verzückung, dem alles Feine zu verdanken sei, was die Dichter geschrieben hätten (DK 68 B17, 18). Diese Theorie könnte dazu gedacht gewesen sein, Erwartungen der zeitgenössischen Philosophie an die Dichtung mit den traditionellen Ansprüchen zu vermitteln, die die Dichter selbst hinsichtlich der Quelle ihres Wissens und ihrer Fähigkeiten erhoben.[9] Aber die eigentliche historische Bedeutung der Theorie liegt in der Tatsache, daß Platon sie in seiner eigenen Poetik noch einmal aufgreifen und sie mit der Auffassung verbinden sollte, daß die Dichter nicht in der Lage seien, das zu erklären, was sie anscheinend zu wissen beanspruchten – und daß er die Dichter dadurch für manche Leser als unwissend verurteilte und sie für andere als inspiriert erhöhte.

Die frühen griechischen Philosophen legten somit die Fundamente für eine der hartnäckigsten polemischen Traditionen in der westlichen Poetik, indem sie den (impliziten oder expliziten) Anspruch der Dichter auf zuverlässiges Wissen bestritten und ihnen bestenfalls eine irrationale, unerklärliche Inspiration zubilligten. Sie bereiteten aber auch die Grundlagen für das wichtigste Mittel zur

Stärkung der Dichter vor, ein Mittel, das dazu gedacht war, die Dichter gegen solche Vorwürfe zu schützen, nämlich die allegorische Interpretation.[10] Wie der Gegner der Poetik, so nimmt auch der Allegorist an, daß die einzig wahre Lehre die ist, die der Philosoph besitzt; aber anstatt einfach anzuerkennen, daß der Text des Dichters nach seiner nächstliegenden Deutung mit jener Lehre unvereinbar ist, geht der Allegorist einen Schritt weiter und behauptet, daß der Dichter, obwohl es so aussehen könnte, als sage er etwas, was der Wahrheit widerspricht, doch in Wirklichkeit etwas anderes meint, was mit der Wahrheit ganz kompatibel ist. Indem er das sagt, macht der Allegorist sich den vertrauten terminologischen Gegensatz aus dem fünften Jahrhundert zwischen *doxa* und *alētheia* zueigen, den Gegensatz zwischen »Erscheinung« und »Wahrheit«, der entwickelt worden war, um mit epistemologischen Problemen zurechtzukommen, bei denen es um die Sinneswahrnehmung ging, und diesen Gegensatz wendet er neu auf die poetischen Texte an. Denn immerhin, wenn schon Homer und Hesiod von Odysseus oder den Musen sprachen, wie sie Falsches sagten, das wahr zu sein schien (Homer, *Od.* XIX,203, Hesiod, *Theog.* 27), warum soll der Allegorist die eigene Formulierung der Dichter dann nicht einfach umdrehen und verallgemeinern können, um sie dann auf ihre Dichtung als ganze anzuwenden?

Theagenes von Rhegion war gegen Ende des sechsten Jahrhunderts v.Chr. derjenige, dem spätere griechische Gelehrsamkeit das Verdienst zuschrieb, der erste gewesen zu sein, der über Homer geschrieben hat (Schol. Hom. B ad *Il.* XX,67). Aus diesem Scholion, das Theagenes' Deutung vom Kampf der Götter referiert, können wir eine gewisse Vorstellung von seinem Zugang gewinnen. Bei Homer handelt es sich um eine Passage komischen Zuschnitts; unmittelbar vor dem entscheidenden Duell zwischen Achill und Hektor eingefügt, stellt sie in schmerzlosem Konflikt Paare von Göttern einander gegenüber, die eine herrlich befangene und unauflösbare Mischung von Personen und Abstraktionen sind. Theagenes ignoriert den unmittelbaren Zusammenhang, den evidenten Anthropomorphismus und den köstlichen Humor, so daß er die Szene in eine hölzerne Reihe von Begriffspaaren verwandeln kann, in denen physische Abstraktionen wie Feuer und Wasser oder ethische wie Klugheit und Unklugheit einander gegenüberstehen; seine Übersetzung von Göttern in Begriffe stützt er teils mit ihrer traditionellen Rolle und ihrem überkommenen Charakter ab, teils mit einer Etymologie ihres Namens.

Es ist leicht, sich über Theagenes' Interpretation lustig zu machen. Aber ihr Motiv war sicherlich ganz ernst. Es war ein ehrgeiziges Ziel, einen Riß zu kitten, der in der griechischen Kultur zwischen traditionellen Quellen poetischer Autorität und neueren Kriterien begrifflicher Argumentation aufzubrechen begann; und der Erfolg des Theagenes kann an dem Umstand abgelesen werden, daß die allegorische Interpretation sich durch diese ganze Periode hindurch weiter entwickelte und eines der Grundwerkzeuge literarischer Gelehrsamkeit in der Antike und über sie hinaus wurde. Anaxagoras, der behauptete, daß Homers Dichtung »von Tugend und Gerechtigkeit« handle (D.L. II,11), kann natürlich einfach die ethische Dimension der Erzählung Homers charakterisiert haben, ohne sie einer durchgehenden allegorischen Interpretation zu unterwerfen; aber Metrodoros von Lampsakos, der sein Schüler gewesen sein soll (D.L. a.a.O.), engagierte sich ganz gewiß in detaillierter, systematischer und ziemlich absurder Allegorese; zum Beispiel identifizierte er die homerischen Heroen mit Himmelsphänomenen (Achill mit der Sonne, Helena mit der Erde, Hektor mit dem Mond) und die Götter mit anatomischen Phänomenen (Demeter mit der Leber, Dionysos mit der Milz, Apollon mit der Galle: DK 61 B3–4).

Die ausgefallenste und ausgedehnteste frühe griechische Allegorese, die uns erhalten ist, wurde erst vor kurzem entdeckt. Dabei handelt es sich um den sogenannten Derveni-Papyrus, in dem ein noch unidentifizierter Autor verschiedene Techniken der allegorischen Interpretation auf ein Orpheus zugeschriebenes, episches theogonisches Gedicht anwendet, um zu zeigen, daß die wirkliche Botschaft des Gedichts eine eklektische physische Kosmogonie sei und daß es Elemente verbinde, die an Anaxagoras, Diogenes von Apollonia und andere frühe griechische Denker erinnerten.[11] Abgesehen davon, daß der Derveni-Autor ein hoch entwickeltes Repertoire von Interprationstechniken entfaltet, die sonst aus der allegorischen Tradition bekannt sind – Homonymie, Synonymie, Analogien aus dem Alltagsleben, Parallelen aus dem alten Epos, Unterschiede zwischen Dialekten und vor allem etymologische Worterklärungen –, war das, was die Forscher am meisten beeindruckt hat, die offensichtlich ungezügelte Launenhaftigkeit seiner Textauslegung. Nichtsdestoweniger hat der Autor – und das ist höchst interessant – nicht nur eine allegorische Praxis, sondern auch eine Theorie, um sie zu rechtfertigen: Er behauptet, daß angesichts der primitiven Zeiten, in denen Orpheus lebte, dieser sich, um seine Zuhörer nicht zu verwirren, dafür entschied, wenn er von wissenschaftlichen Dingen singe, auf den Gebrauch einer dunklen wissenschaftlichen Terminologie zu verzichten; stattdessen habe er die passendsten Worte aus der Sprache ausgewählt, die die Leute bereits verwendeten. Die intendierte Bedeutung des Gedichts hatte erst jetzt der Derveni-Autor abschließend entdeckt.

Bevor wir die explizite Poetik der frühen griechischen Philosophie verlassen, sollten wir festhalten, daß das fünfte Jahrhundert auch die Entwicklung einer alternativen Vision des literarischen Diskurses erlebt hat, nämlich die Entwicklung der Rhetorik, die dazu neigte, die Frage des Wahrheitsgehalts der Dichtung völlig zu ignorieren und sich stattdessen auf die Analyse und Verstärkung von deren Wirkungen auf die Hörer zu konzentrieren. Insbesondere richteten Gestalten wie Protagoras und Gorgias ihre Aufmerksamkeit intensiv auf die formalen Mittel und auf die ausgedehnte Struktur des frühen Epos und der späteren Dichtung, dies vielleicht in dem Bemühen zu verstehen, durch welche Techniken die gefeierten Dichter einen solchen Erfolg erzielt hatten, so daß sie die, die sie studierten, lehren könnten, wie man sie anzuwenden habe, damit man in der eigenen rednerischen Praxis Überredung und festen Glauben erziele.[12] Gorgias' Definition der Dichtung als metrischen Diskurs (DK 82 B11) beispielsweise lieferte die Grundlage für die meisten späteren antiken Analysen poetischer Sprache. Der Vorschlag des Protagoras andererseits, daß im XXI.

Buch der *Ilias* eine Episode zu dem Zweck verfaßt worden sei, den Konflikt in verschiedene Phasen aufzuteilen, um ferner einen Übergang zum Kampf der Götter zu schaffen, und vielleicht auch, um Achill zu rühmen (DK 80 A30), ist erfrischend feinfühlig für die Gliederungselemente einer komplexen Erzählstruktur und frei von jeder moralisierenden Verurteilung von Homers Porträt der Götter.

Solche Einsichten ebneten den Weg für bedeutende künftige Entwicklungen – allerdings für literarische Kritik, nicht für philosophische Poetik.

2. Implizite Poetik in der frühen griechischen Philosophie: Das Erbe des frühen griechischen Epos

Wie die meisten präliterarischen Völker, so erfreuten sich wohl auch die frühen Griechen eines Reichtums verschiedener Arten mündlicher Dichtung, die in ihrer Gesamtheit als eine Enzyklopädie von Geschichte und Geographie und als ein Repertoire akkumulierten Wissens über die Natur, die Götter und die menschliche Gesellschaft fungierten. Aber an der Schwelle zum literarischen Zeitalter gelang es einigen Dichtern – die Griechen nannten sie Homer und Hesiod –, Wege zu finden, die neuen Techniken des Schreibens mit solchem Erfolg einzusetzen, daß das Publikum von da an nur noch deren Werke und keine anderen mehr hören wollte. Das Ergebnis war, daß innerhalb einer kurzen Periode von vielleicht ein oder zwei Generationen diese beiden Dichter ihre traditionellen Konkurrenten aus dem Feld schlugen und sie schließlich fast vollständig vergessen machten. Wie gelang ihnen das? Zweifellos spielte die exzellente poetische Qualität der Epen, die man Homer und Hesiod zuschrieb, für ihren Erfolg eine bedeutende Rolle. Aber »exzellente poetische Qualität« ist bekanntlich ein unsicherer Begriff. Anstatt uns also auf den angeborenen Genius dieser beiden Autoren oder auf unsagbar erhabene Qualitäten ihrer Werke zu stützen, wollen wir betrachten, welche speziellen konkreten Merkmale ihre Gedichte gemeinsam haben, und nehmen dabei an, daß diese gemeinsamen Züge uns zeigen werden, welches eben die Erwartungen auf Seiten des Publikums waren, die diese beiden Dichter besser zu erfüllen vermochten als ihre Rivalen.

Die grundlegenden poetischen Ziele, die Homer und Hesiod sich selbst zu setzen und die sie implizit und explizit zu erreichen scheinen, dürften mit dem identisch gewesen sein, was die Zuhörerschaften im frühen Griechenland meistens von einem ernsthaften, anhaltenden öffentlichen Diskurs erwarteten. Die Übereinstimmung wird nicht zuletzt deshalb bestanden haben, weil so, wie alle großen Dichter, auch Homer und Hesiod mittels ihrer Werke halfen, das Publikum zu formen, das in der Lage wäre, sie zu schätzen. Diese Ziele stellen ein Erbe und einen Kontext von Erwartungen dar, den die frühen griechischen Philosophen nur auf ihr eigenes Risiko hin hätten ignorieren können – und einen, den sie schnell mit beachtlicher Geschicklichkeit zu ihrem Vorteil zu nutzen lernten.

Diese poetischen Ziele können wir unter fünf Titeln zusammenfassen:[13]

(1) *Wahrhaftigkeit*: Wir selbst können mit Recht die offensichtliche imaginative Originalität und den Erfindungsreichtum der epischen Dichtung im frühen Griechenland bewundern. Aber für sich selbst beanspruchen Homer und Hesiod, daß das einzige, was ihre Dichtung gültig macht, ganz im Gegenteil dies ist, daß sie die Wahrheit erzählt, indem sie wahrhaft mit einem wirklichen vergangenen oder gegenwärtigen Sachverhalt übereinstimmt. Die epische Muse gewährleistet ein übermenschliches Wissen von Dingen, die in Zeit und Raum weit entfernt oder die dem gewöhnlichen menschlichen Wissen auf andere Weise entzogen sind: In der Einleitung zu seinem Schiffskatalog (*Il.* II,484–493) – eine außerordentliche geographische, onomastische und numerische *tour de force* – stellt Homer diesen Punkt so dar, daß die meisten Menschen verpflichtet sind, zu imaginieren und Erfindungen zu machen; aber der Dichter des Epos hat, von seiner Muse gebilligt, ein *Wissen*. So auch, wenn Odysseus den Gesang des Demodokos am Hof der Phaiaken rühmt; das geschieht deshalb, weil die Darstellung, die der Barde vom Trojanischen Pferd gibt, wie gerade Odysseus weiß, der das Pferd selbst entworfen hat, so genau ist, daß es so aussieht, als sei der Sänger entweder selbst dort gewesen oder als habe er darüber etwas von jemandem gehört, der seinerseits selbst dort war (*Od.* VIII,489–491). Hesiods Musen inspirieren ihn ebenfalls, so daß er von dem singen kann, was in Zukunft sein wird, von dem, was in der Vergangenheit war, und von dem, was immer ist; und wenn sie erklären, sie wüßten, wie man Lügen formulieren muß, die der Wahrheit täuschend ähnlich sind, oder sie würden, wenn sie es wollten, die Wahrheit singen (*Theog.* 26–28), dann ist ihr Punkt nicht, daß gute Dichtung falsch sein könnte, sondern daß das Verständnis der meisten Menschen so begrenzt ist, daß im Gegensatz zu den göttlichen Musen Sterbliche den Unterschied zwischen Wahrheit und Lügen nicht angeben können.[14] Das großartigste Symbol dieses epischen Anspruchs sind die Sirenen, die dadurch, daß sie Odysseus beim Vorbeisegeln mit seinem Namen rufen, schon ihren Anspruch unter Beweis stellen, nicht nur alles zu wissen, was in Troja passierte, sondern auch alles andere, was auf der weiten Erde geschieht, und deren Versprechen, daß derjenige, der ihrem Gesang lauscht, erfreut und mehr wissend nach Hause gehen wird, ist so unwiderstehlich, daß die, welche sie hören, sich nicht losreißen können, sondern den Rest ihrer Tage bei ihnen verbringen, hingerissen verhungernd (*Od.* XII,39–54, 166–200). Wie hier, so ist es im frühen griechischen Epos immer: die Dichtung entzückt; aber kein Entzücken ist größer als das, welches durch die Wahrheit erzeugt wird.

(2) *Essentialität des Inhalts*: Die Gegenstände von Homer und Hesiod sind keine untergeordneten Themen, sondern die umfassendsten und wichtigsten Dinge, zu denen ihre Gesellschaften Zugang hatten. Für das heroische Epos ist der Krieg die höchste Form menschlicher Interaktion, und der Trojanische Krieg mobilisierte und zerstörte mehr Ressourcen an Menschen und Material als jeder andere Krieg seit Menschengedenken (Thukydides I,10,3). Homers zwei Epen richten den Fokus auf die beiden komplementären Helden und Geschichten, die zusammen das Wesen des Gegenstands ausmachen: der eine

Held, der lieber jung und berühmt fern der Heimat auf dem Schlachtfeld stirbt als bis in ein ruhmloses hohes Alter zu leben, und der andere, der gerade wegen seiner Fähigkeit zu überleben und deswegen zu Ruhm gelangt, weil er schließlich seine Familie und sein Königtum wiederherstellt; der eine Held ist unter den Achaiern der stärkste und der schnellste, der andere der scharfsinnigste und der beredteste. Was Hesiod betrifft, nimmt die komplexe Aufmachung seines Werks mit Gottheiten und Geboten die wichtigsten Merkmale des von ihm beschriebenen Universums in den Blick. Auf der einen Seite die Götter, die immer sind und die nicht nur in ihren systematischen Familienbeziehungen zueinander gesehen werden, sondern auch und vor allem in den Begriffen einer Entwicklung der religiösen und moralischen Struktur des Universums, angefangen von seinen ersten Anfängen in Streit und Gewalt bis hin zu der gerechten und geordneten Herrschaft des Zeus, der nun alle Mächte unterworfen sind; auf der anderen Seite die grundlegenden Bedingungen der menschlichen Existenz, inbegriffen Plackerei und Angst, in einer Welt, die früher oder später Ungerechtigkeit bestraft und Pietät gegenüber Menschen und Gott belohnt, analysiert sowohl in den Begriffen gültiger Gebote und Ermahnungen als auch in denen mythisch-geschichtlicher Erklärungsmodelle, welche die ganze Menschheit überhaupt in einen größeren und einsichtigeren Rahmen setzen.

(3) *Reichhaltigkeit des Inhalts*: Angesichts der Erfordernisse mündlicher Inszenierung ist es wahrscheinlich, daß die meisten Aufführungen eines traditionellen mündlichen Epos im frühen Griechenland nur relativ kurze Episoden darboten, handhabbare Auszüge aus dem riesigen Repertoire von Helden- und Göttergeschichten, welches – als stilles Wissen implizit präsent – die frühen griechischen Sängergemeinschaften und ihre Zuhörer verband, welches aber nur selten, wenn überhaupt jemals, als ganzes rezitiert werden konnte. Homer und Hesiod andererseits erkannten im Gegensatz dazu in der neuen Technik des Schreibens eine Gelegenheit, Werke zu schaffen, die innerhalb eines einzigen Erzählbogens weitaus mehr Material zusammenbrachten, als jemals in einem rein mündlichen Format zusammenhängend präsentiert werden konnte. Homer fokussiert noch auf relativ kurze Episoden, herausgezogen aus der ganzen Fülle des epischen Repertoires (der Zorn des Achill, die Heimkehr des Odysseus); aber er dehnt die Horizonte seiner Gedichte aus, indem er Material einfügt, das zu anderen Teilen der epischen Überlieferung gehört (der Katalog der Schiffe, der Blick von der Mauer), und indem er häufige, mehr oder weniger verdeckte Anspielungen auf frühere oder spätere Ereignisse macht; darüber hinaus eröffnen die epischen Vergleiche und der Schild des Achill diese Geschichte von blutrünstiger Schlachterei damit, daß sie sie in den größeren Horizont einer Welt des Friedens und der alltäglichen Sorge einfügen. Hesiod brachte in seiner *Theogonie* von den lokalen Gottheiten, die an verschiedenen Stellen in der griechischen Welt bekannt waren, innerhalb eines einzigen, reich verkomplizierten genealogischen Systems so viele wie irgend möglich unter; in seinem Epos *Werke und Tage* fuhr er dann fort, die Bedingungen der menschlichen Existenz zu betrachten, einschließlich einer breit angelegten Auswahl aus der verbreiteten moralischen, religiösen und landwirtschaftlichen Weisheit. Das Ergebnis ist,

daß die Werke sowohl Homers als auch Hesiods, obwohl keines von ihnen auch nur annähernd das vorhandene Repertoire des mündlichen epischen Wissens auszuschöpfen vermochte, dennoch beide über sich hinausweisen und dazu auffordern, größere Segmente jenes Wissens sinngemäß einzuschließen und einen pan-hellenischen Anspruch auf mehr als nur eine lokale Gültigkeit zu entwickeln.[15] Das ist es, was das Publikum allerorten zu hören wünschte.

(4) *Temporalität der Erzählung*: Es wird nicht verwundern, daß das frühe griechische Epos ein hohes Interesse an der Erzählung hatte; für ein anthropologisches Universale ist Geschichtenerzählen ein ebenso guter Kandidat wie jeder andere. Aber die Raffinesse und Geschicklichkeit, die die frühe griechische Dichtung in der Erzähltechnik an den Tag legt, ist nichtsdestoweniger sehr bemerkenswert. Homers *Ilias* und *Odyssee* benutzen Ungewißheit, Überraschung, Vorahnungen, Rückblick, Unterbrechung und Wiederholung mit außerordentlicher Gewandtheit und Gewitztheit; insbesondere das letztere Epos entwickelt komplizierte Parallelgeschichten, die sich wechselseitig reflektieren und kommentieren, fügt kleinere Geschichten ironisch in größere ein und beweist eine ausgefeilte Kenntnis der Erfordernisse verschiedener Arten von Gesichtspunkten. Sogar Hesiod macht sein Material so weit wie möglich zu Erzählungen. In seiner *Theogonie* temporalisiert er seine Darstellung der göttlichen Struktur der Welt, indem er das Genre einer Theogonie wählt, wohl wissend, daß man, um die Eigenart einer Gottheit zu kennen, wissen muß, woraus er oder sie hervorgegangen ist. Wichtiger ist, daß Hesiod sein theologisches System nicht in der Form eines statischen Katalogs anbietet, sondern stattdessen Verwandtschaftsbeziehungen, Bündnisse und Feindschaften unter den Göttern aufstellt, so daß sie einerseits in kleinere erzählerische Beziehungen untereinander eintreten und andererseits auch einen Teil der umfassenderen Geschichte der aufeinander folgenden Generationen und Kriege der Götter und der schrittweisen, schwierigen, aber schließlich erfolgreichen Errichtung der Herrschaft des Zeus bilden. In *Werke und Tage* erfindet Hesiod dann einen Mythos von Menschengeschlechtern, um von derselben temporalen Wirklichkeit auch etwas auf menschliche Wesen zu übertragen, und fügt seine Reflexionen über Gerechtigkeit und Arbeit in den Rahmen einer hoch dramatischen Geschichte von der Auseinandersetzung zwischen seinem Bruder und ihm selbst ein. Offensichtlich schätzten die Griechen eine gute Geschichte und bevorzugten Dichter, die sie ihnen bieten konnten.

(5) *Ungenauigkeit der makroskopischen gegenüber Präzision der mikroskopischen Form*: Ungeachtet dieses Gespürs für die Möglichkeiten erzählerischer Strukturen tendiert das frühe griechische Epos dazu, lokale stilistische Phänomene gegenüber übergreifenden formalen Erwägungen zu privilegieren. Beide Gedichte Homers fokussieren auf einen einzigen Gegenstand, der in den Eröffnungsversen genannt wird, einerseits auf den Zorn Achills, andererseits auf die Rückkehr des Odysseus; die Anzeichen für eine großangelegte formale Organisation und für eine rigorose Unterordnung aller Teile unter dieses eine Thema sind demgegenüber so wenige und so subtil, daß viele Forscher sie ganz vermißt haben. Nichtsdestoweniger sind sie vorhanden. So hört die *Ilias* mit dem Ende

von Achills Zorn gegen Agamemnon keineswegs auf, sondern fährt mit seinem Zorn gegen Hektor fort und schließt mit seiner teilweisen Versöhnung mit Priamos; und entlang diesem Weg schließt sie viele Episoden ein, militärische und andere, die zu diesem Thema einen gewissen Beitrag leisten; in manchen alten Exemplaren des Gedichts folgte auf die kanonische letzte Zeile sogar die erste Zeile eines anderen Epos, das dadurch dauernd mit der *Ilias* verbunden wurde. In den Epen Hesiods scheint eine formale Organisation sogar noch auffälliger zu fehlen: Der Fortschritt des Gedankens von Abschnitt zu Abschnitt und in manchen Fällen von Satz zu Satz ist gelegentlich so schwer genau zu bestimmen, daß viele Forscher sich dazu verleiten ließen zu bestreiten, daß das Gedicht überhaupt irgendeinen logischen Zusammenhalt habe. Die antike und die moderne Gelehrtenschaft haben wirklich darüber rätseln müssen, wo die zwei Gedichte Hesiods endeten; und sogar über den genauen Anfangspunkt von *Werke und Tage* bestand in der Antike einige Unsicherheit. Andererseits entfalten aber beide Dichter eine außerordentliche Meisterschaft in allen Techniken und den Mitteln der künstlichen Sprache und des komplexen Versmaßes des traditionellen mündlichen Epos der Griechen. Homers und Hesiods bemerkenswerte Fähigkeit, von Vers zu Vers vom traditionellen Bestand epischer Formeln einen erfinderischen und originalen Gebrauch zu machen und alte und neue Wörter und Ausdrücke in das enge Korsett des daktylischen Hexameters zu zwängen, bedeuteten, daß jede Zeile, die sie verfaßten, den gut geübten Hörer mit eben der Mischung versah, ohne die ihre Dichtung entweder langweilig prognostizierbar oder unverständlich neu gewesen wäre, mit der richtigen Mischung aus der Plastizität des Vertrauten und dem Prickeln der Überraschung.

Bezeichnenderweise haben alle diese fünf Kriterien ihren Ursprung in der frühen griechischen Dichtung überlebt und sind für die frühen griechischen Philosophen voll und in zentraler Weise weiterhin relevant:

(1) Von ihrem ersten Anfang an versteht die griechische Philosophie sich als ein Diskurs zur *Wahrh(aftigk)eit*, eher als zum Beispiel zur Schönheit oder zur Überredungskraft. Bei den ersten Generationen griechischer Philosophen freilich scheint diese Identifikation – soweit das auf der dürftigen Grundlage der überlieferten Fragmente zu beurteilen ist – eher eine implizite als eine explizite gewesen zu sein; sie scheint Aussagen über die grundlegende Natur der Welt begleitet und sie eher stillschweigend legitimiert zu haben, als daß sie als solche thematisiert und gerechtfertigt worden wäre; aber von Xenophanes an rückt bei den Philosophen das Problem in den Vordergrund der Aufmerksamkeit, ob und gegebenenfalls wie menschliche Wesen die Wahrheit erreichen könnten, und sie verkünden alle, daß, während es für alle (anderen) menschlichen Wesen schwierig oder unmöglich ist, die Wahrheit zu erkennen, sie trotzdem selbst sowohl diese spezielle als auch viele andere Wahrheiten kennen, ohne dabei irgendeine Ungewißheit zu haben. Bei Xenophanes ist dieses Paradox noch etwas abgeschwächt. Wenn er schreibt: »Und wirklich, kein Mensch hat hinsichtlich der Götter und hinsichtlich all der Dinge, die ich erkläre, das gesehen, was klar ist, und es wird auch keinen geben, der es gesehen hat. Denn selbst

wenn es jemandem gelänge, in höchstem Maße Vollkommenes zu sagen, wäre er sich dessen trotzdem nicht bewußt. Bei allen [Dingen *oder* Menschen] gibt es nur Mutmaßung« (DK 21 B34; vgl. B35), dann beansprucht er nicht für seine speziellen Auffassungen über die Götter und andere Dinge absolute Wahrheit, sondern nur für das zugrundeliegende Prinzip, daß kein Mensch absolute Wahrheit gewinnen könne – über dieses Prinzip ist er sich ganz sicher.[16] Nach Xenophanes werden solche frühen griechischen Philosophen wie Heraklit, Pythagoras und vor allem Parmenides und Empedokles weiter gehen und beanspruchen, daß Wahrheit die privilegierte Domäne des Philosophen sei, und dieses Vorrecht werden sie der übrigen westlichen Philosophie vermachen.

(2) Die Wahrheiten, die die frühen griechischen Philosophen zu wissen beanspruchen, sind nicht irgendwelche beliebigen Tatsachen über die Welt, sondern es sind die allerwichtigsten, diejenigen, die diese Welt zu dem machen, was sie ist. Der Anspruch der Philosophen auf *Essentialität* scheint bereits in der Geschichte von der thrakischen Magd impliziert zu sein, die über Thales lachte, als er in einen Brunnen fiel (Platon, *Tht.* 174a); und das ist gewiß auch die Interpretation solcher Anekdoten über Thales, die Aristoteles anbietet (*Politik* I,11, 1259a9): Der Philosoph entscheidet sich dafür, die Angelegenheiten dieser Welt außer acht zu lassen, um sich dem zu widmen, was in Wirklichkeit ernsthaftere Angelegenheiten sind. Das herrschende Prinzip (*archē*), nach dem der Philosoph sucht, ist von solcher Macht, daß es zu entdecken bedeutet, das Wesen der Welt zu verstehen; so sind auch die *stoicheia* nicht irgendwelche Elemente, sondern wesentliche Elemente von der Art, daß ohne sie manches komplexe Phänomen nicht das wäre, was es ist. Die frühen griechischen Philosophen neigen dazu, die Wesentlichkeit in einem numerisch reduktiven Sinn zu interpretieren: Wesentliche Prinzipien müssen eines oder wenige sein, um ihr Privileg zu rechtfertigen. Schon Thales setzte ein einziges Entstehungsprinzip an, das Wasser; es brauchte einige Generationen, bevor seine Nachfolger zu begreifen begannen, daß die vielfältige Verschiedenheit und die Prozessualität der Natur mehr als nur ein einziges Erklärungsprinzip erforderten, und selbst dann hielten sie sich an so wenige Ursachen wie möglich. Zweifellos ist das ein wichtiger Grund, warum die frühen griechischen Philosophen den Prinzipien, die sie entdecken, so oft einen göttlichen Status zuschreiben und warum sie es lieben, auf die vermutete Wirksamkeit Metaphern unangefochtener Macht anzuwenden – herrschen, lenken, steuern –; denn indem sie dies tun, stellen sie heraus, daß diese Prinzipien für die Erklärung der Welt von essentieller Wichtigkeit sind.

(3) Aber wenn die frühen griechischen Philosophen die Ursachen gern auf die kleinstmögliche Anzahl reduzieren, versuchen sie gleichzeitig, sie zur Erklärung einer maximal möglichen Anzahl von Wirkungen zu benutzen. Sie streben *Reichhaltigkeit* an, die es ihnen erlauben würde, von nur einem Gegenstand zu sprechen, von ihm aber zu sagen, daß er alle Dinge kontrolliert oder hervorbringt. Schon Anaximander sagt, daß das *apeiron* das Prinzip und Element von allem ist, was es gibt, das Prinzip aller Himmel und aller Welten darin (Simplikios, *In phys.* 24,13); von Anaximenes wird berichtet, er habe gesagt,

»unbegrenzte Luft sei das Prinzip, aus dem alles hervorgeht: was entsteht, was entstanden ist, was in Zukunft sein wird, Götter und göttliche Dinge; alles andere gehe aus den Abkömmlingen der Luft hervor« (Hippolytos, *Ref.* 1,7,1). Wenn Xenophanes behauptet, daß das, »was wir alles nennen, nur eins wäre« (Platon, *Soph.* 242d); wenn Heraklit behauptet: »Wenn man nicht auf mich, sondern auf die Auslegung (den Logos) hört, ist es weise beizupflichten, daß alles eins ist (DK 22 B50); wenn Empedokles »die vier Wurzelgebilde aller Dinge« (DK 31 B6) ankündigt; wenn Anaxagoras den Geist von allen Dingen unterscheidet (DK 59 B12); oder wenn Diogenes von Apollonia sagt, »die Substanz des Alls sei Luft« (Simplikios, *In phys.* 25,1ff.) – um nur diese Stellen zu nennen –, dann finden wir besonders eindrucksvolle Formulierungen für die Interdependenz von Essentialität und Reichhaltigkeit. Erstere heben wir hervor, wenn wir uns auf die wenigen Ursachen, und letztere, wenn wir uns auf die vielfältigen Wirkungen konzentrieren; aber der Genius der frühen griechischen Philosophie hat seinen Sitz gerade in der Verbindung beider. Dieser Drang zur Reichhaltigkeit könnte auch der Grund sein, warum so viele frühe griechische Philosophen versuchen, universale Ursachen zu finden und außerdem deren Wirkungsweise in speziellen Gebieten wie etwa der Kosmologie, der Zoologie und der Anthropologie zu erklären. Was Plutarch (*Adv. Col.* 1114b) von Parmenides sagt, kann *mutatis mutandis* ebenso auf die meisten anderen frühen griechischen Philosophen angewandt werden:

> Denn er hat ja viel über die Erde und den Himmel sowie über Sonne, Mond und Sterne gesagt und die Entstehung der Menschen erörtert; und wie es einem alten Naturphilosophen anstand, der auch sein eigenes Buch zusammenstellte und nicht ein fremdes ausplünderte, ließ er keins der wichtigen Themen undiskutiert. (DK 28 B10)

(4) Die Art von Bild, das die frühen griechischen Philosophen von der Welt und ihrem beherrschenden Prinzip bevorzugt anbieten, tendiert dazu, nicht so sehr eine Beschreibung eines statischen Systems als vielmehr eine dynamische Erzählung zu sein, wie alles entstanden ist und vergeht. Daß diese Denker zur *Narrativität* neigen, ist schon darin impliziert, daß sie nach einer *archē* suchen – ein Wort, das nicht nur ein herrschendes Prinzip bedeutet, sondern auch einen Anfang oder eine Quelle; für die frühen griechischen Philosophen ist es so, daß man, um zu wissen, was etwas ist, vor allem wissen muß, woher es kommt. Daher ihre Betonung auf der Kausalität und auf Determinationsbeziehungen; daher auch die zeitlichen Strukturen, die sie in ihre Systeme einbauen, so daß Kosmologie, Zoologie und Anthropologie sich in ihren Händen tendentiell in Kosmogonie, Zoogonie und Anthropogonie verwandeln. Selbst Parmenides, der das einzig mögliche Objekt des Wissens in ein einziges, unveränderliches, vollkommenes Seiendes verlegt, schließt in sein Gedicht eine Darstellung sterblicher Meinungen ein, deren abschließende Worte seine temporale Dynamik unterstreichen: »So also sind der Meinung nach diese Dinge entstanden und sind sie jetzt und werden sie, nachdem sie sich bis zur Reife entwickelt haben, in Zukunft ein Ende nehmen ...« (DK 28 B19). Im Fall des Empedokles steht die barocke Komplexität der Erzählstruktur, mit der er seine Vision der kosmischen

Zyklen ausdrückt, ganz außer Zweifel, wie sehr die Meinungen der Forscher über die genauen Einzelheiten seiner Theorie auch auseinandergehen mögen. Für alle frühen griechischen Philosophen ist die Welt, die wir sehen, eine Welt der Veränderung; und sie wird dadurch verständlich wiedergegeben, daß sie in eine Kausalerzählung eingefügt wird, die selbst die Wirkung einer weiteren Ursache ist.

(5) Es könnte sich, wenigstens zum Teil, bloß um einen Eindruck handeln, der auf die fragmentarische und doxographische Natur großer Teile unserer Quellen zurückgeht. Nichtdestoweniger machen aber die meisten der frühen griechischen Philosophen gewiß den Eindruck, mehr Gewicht auf die Artikulation einzelner Lehren oder Aussagen zu legen als auf die systematische Ausarbeitung einer ausgedehnten Argumentationskette in all ihrer Strenge und Kontinuität. Mit anderen Worten: Sie machen wie die frühen griechischen Dichter den Eindruck, ihre Aufmerksamkeit mehr auf die *mikroskopische Form* als auf die *makroskopische Form* gerichtet zu haben. Thales scheint gar kein Buch geschrieben zu haben; jedenfalls war einige Jahrhunderte nach seinem Tod keines mehr vorhanden. Stattdessen wurde er mit isolierten Lehren in Verbindung gebracht, deren Verknüpfung und Bedeutung schon in der Antike unklar waren. Diogenes Laertius berichtet, Anaximander habe einen zusammenfassenden Abriß seiner eigenen Ansichten angefertigt (D.L. II,2); das heißt wohl, daß unter seinem Namen ein Buch zirkulierte, in dem in diskontinuierlichen Abschnitten einzelne Lehren behauptet wurden, ohne daß es dazu eine sie voll tragende Argumentation gab. Die Natur von Heraklits Buch ist Gegenstand beachtlicher gelehrter Kontroversen; aber die wahrscheinlichste Auffassung ist die, daß es eine Sammlung von Aphorismen war, von denen die meisten oder alle grammatisch nicht miteinander verbunden, vielleicht allerdings thematisch zusammengruppiert waren. Parmenides schrieb gewiß ein einziges Gedicht mit zwei Teilen; aber die philosophische Rechtfertigung des zweiten Teils und die präzise Beziehung zwischen ihm und dem ersten Teil werden viel diskutiert. Von Zenon nimmt man an, daß er einfach eine lose Sammlung von Paradoxien und Einzelargumenten publiziert hat. Was Empedokles betrifft, gehen die Meinungen heftig darüber auseinander, ob seine Schrift *Über die Natur* und die *Reinigungen* ein einziges Gedicht waren oder zwei Gedichte oder zwei Teile desselben Gedichts, und falls sie wirklich verschieden waren, welches die doktrinale und textliche Beziehung zwischen ihnen war.[17] Kein Zweifel, eine bessere Quellenlage könnte manche dieser Dunkelheiten aufhellen. Aber daß sie den grundlegenden Eindruck ändern würde, daß diese Philosophen größere Sorge auf einzelne Formulierungen als auf übergreifende organisierende Strukturen legten, ist unwahrscheinlich. Denn in jedem Fall sind ihre einzelnen Äußerungen sorgfältig gestaltet und memorierbar formuliert. Den einzigen erhaltenen Satz Anaximanders beschreibt Theophrast (via Simplikios) mit der Bemerkung, er sei »mit diesen eher poetischen Worten« zum Ausdruck gebracht (Simplikios, *In phys.* 24,13);[18] Heraklits paradoxe Formulierungen haben die Leser immer fasziniert und verblüfft; und der letzte der frühen griechischen Denker, Diogenes von Apollonia, begann sein Buch mit einem Satz, in dem er

erklärte, daß ein philosophischer Stil einfach, zugleich jedoch würdevoll sein sollte (DK 64 B1).

Auf alle diese Arten arbeiteten die frühen griechischen Philosophen weiterhin innerhalb des diskursiven Rahmens, den sie von den frühesten griechischen Dichtern geerbt hatten, und sie transformierten ihn in eine Reihe von Erwartungen, die fortdauernd nicht nur auf die Dichtung Anwendung finden konnten, sondern auch auf eine ernsthafte Prosa.

3. Immanente Poetik in der frühen griechischen Philosophie: Der Philosoph als Dichter

Einer der bedauerlichsten Skandale der frühen griechischen Philosophie ist die Tatsache, daß sogar nach der Erfindung der philosophischen Prosa einige der größten Denker zur Dichtung zurückkehrten, um sie als das entscheidende Medium für die Veröffentlichung ihrer philosophischen Botschaft zu nutzen.[19] Xenophanes, Parmenides und Empedokles schrieben im traditionellen Versmaß der epischen Dichtung der Griechen, und Heraklit schrieb in einer Prosa, die von verschiedenen poetischen Techniken offenbar tief geprägt war – das alles zu einer Zeit, als die Prosa von ihren Vorgängern schon zu einem Medium für die Philosophie entwickelt worden war und bereits für die Geschichte, mythologische Genealogien und verschiedene Arten technischer Abhandlungen verwendet wurde.[20]

Natürlich, noch frühere Denker schrieben eine Prosa, die ebenfalls nicht ganz frei von poetischen Zügen war. Wie bereits bemerkt, sagte Theophrast über den von Anaximander erhaltenen Satz, er sei in »eher poetischen Worten« abgefaßt (Simplikios, *In phys.* 24,13). So ist auch das Bestreben von Anaximander und von Anaximenes, eindrückliche und unerwartete Vergleiche und Gleichnisse zu verwenden, um verschiedene Naturphänomene zu erklären, eine philosophische Adaptation einer Liebe zu erklärenden Analogien, deren Ursprung wahrscheinlich in den gefeierten, bei Homer so häufigen epischen Gleichnissen zu finden ist, die das, was die Zuhörerschaft nicht weiß, durch einen lebendig ausgearbeiteten Vergleich mit dem erklärt, was sie weiß.[21] Wenn Anaximander sagt, daß sich um die Luft herum, die die Erde umgibt, eine Feuerkugel »wie Rinde um einen Baum herum« bildete ([Plutarch], *Stromateis* 2), daß die Gestalt der Erde »ähnlich der steinernen Trommel einer Säule« sei (Hippolytos, *Ref.* I,6,3 bzw. Aetius, III,10,2), daß die Sonne ein Feuerkreis sei, »einem Wagenrad ähnlich« mit einem Loch »wie das Rohr eines Gebläses« (Aetius, II,20,1), oder wenn Anaximenes sagt, daß die Erde »wie ein Deckel« auf der Luft liege (Aristoteles, *De caelo* II,13, 294b15), daß die Sterne »wie Nägel« am Himmel befestigt seien (Aetius, II,14,3), daß die Sonne flach »wie ein Blatt« sei (Aetius, II,22,1) oder daß die Himmelskörper sich um die Erde herum bewegen, »so wie wenn sich das Filzhütchen um unseren Kopf herum dreht« (Hippolytos, *Ref.* I,7,6), dann resultiert die Wirksamkeit der Analogie zum Teil aus der Verwunderung, mit der bei den allerweltlichsten und vertrautesten Phänomenen plötzlich offenbar wird, daß sie mit den entferntesten und rätselhaftesten Phänomenen wichtige und bislang ungeahnte Ähnlichkeiten haben. Diese Technik lernten solche Denker höchstwahrscheinlich von Homer; ihre Anwendung sorgt jedenfalls für eine Lebendigkeit und Konkretheit ihrer Ausführungen, die poetisch nennen zu wollen wohl gern erlaubt ist.

Nichtdestoweniger tauchte mit Xenophanes und der Rückkehr zur metrischen Dichtung etwas Neues auf, etwas, das nach einer Erklärung ruft. Am häufigsten haben die Forscher die Gattungsdifferenz zwischen Prosa und Dichtung mit der geographischen Differenz zwischen Jonien im Osten und Groß-Griechenland im Westen in Verbindung gebracht und dabei das, was als die kantige, empirische und innovative Einstellung der jonischen Tradition gilt, einer konservativeren, mystischen Tendenz im Westen gegenübergestellt.[22] Da mag etwas daran sein. Aber wenn man sieht, daß Xenophanes aus Kolophon kam, daß Pythagoras in Samos geboren war und daß die Prosa im Westen ebenso wie im Osten blühte, dann könnten wir uns fragen, ob es nicht fruchtbarer wäre zu untersuchen, welchen Funktionen die Wahl von Versmaßen wohl dienen sollte. Zum Beispiel führen die formalen Zwänge der Verse dazu, daß die Dichtung viel leichter zu behalten und viel schwerer zu manipulieren ist als Prosa. Aber anzunehmen, daß Xenophanes und seine Nachfolger sich deshalb dafür entschieden, in Versen zu schreiben, weil sie ihre Einsichten in eine Form gießen wollten, die nicht leicht vergessen oder verdreht werden konnte, erklärt nicht, warum die Vorgänger des Xenophanes und ebenso die Nachfolger des Empedokles nicht auf dieselbe Idee verfielen. Wir sollten stattdessen versuchen, die Wahl der poetischen Form mit spezifischen Zügen der Situation und Denkweise dieser Denker in Verbindung zu bringen.

Für die Wahl des Xenophanes ist die entscheidende Frage wahrscheinlich die nach den Umständen der Verbreitung seiner Werke. Er wies jenes neumodische Objekt, das Buch, als Medium für die Veröffentlichung zurück und zog es stattdessen vor, zu der grundlegend mündlichen Situation des öffentlichen rhapsodischen Wettstreits zurückzukehren, die den einen Sänger dem anderen gegenüberstellt. Wie Diogenes Laertius uns mitteilt, war Xenophanes selbst ein Rhapsode, der auch seine eigenen Gedichte öffentlich rezitierte (DK 21 A1), und die Metren, in denen er schrieb – daktylische Hexameter, elegische Doppelverse und jambische Trimeter –, sind solche der groß angelegten öffentlichen Rezitation. Indem er also dieses Forum wählte, sicherte Xenophanes sich eine größere Hörerschaft von Nicht-Spezialisten und eine weitere (wenn auch nicht notwendig länger dauernde) Aufmerksamkeit und ein größeres Ansehen, als irgendein Buch sie ihm in dieser noch nicht voll literarischen Kultur gesichert haben könnte.

Der *agōn*, der ritualisierte mündliche öffentliche Wettstreit, war im archaischen Griechenland immer der Rahmen, in dem über die Konkurrenz zwischen der einen poetischen Darbietung und der anderen entschieden wurde. Aber als Homer mehr und mehr kanonisiert wurde, ging es bei dem Wettstreit nicht mehr so sehr darum, verschiedene poetische Kompositionen aneinander zu messen, als vielmehr darum, verschiedene Aufführungen derselben poetischen Komposition zu vergleichen. Indem Xenophanes zu dieser vertrauten diskursiven Situation zurückkehrte und sie nicht dazu benutzte, Homers Dichtung besser als ein anderer Rhapsode vorzutragen, sondern dazu, eine Dichtung vorzutragen, die besser (d.h. wahrheitsgemäßer) sein mußte als die Homers, behält er die Form dieses traditionellen institutionellen Kontexts bei, füllt sie aber mit einem neuen, antitraditionellen Sinn. Nicht, als würde Xenophanes jetzt erstmals Wahrheit an die Stelle eines anderen Kriteriums für diskursiven Erfolg setzen – schließlich war die Wahrheitsträchtigkeit bereits ein fundamentales Ziel der epischen Tradition –; sondern es ist eher so, daß seine Wahrheit eine neue Sorte von Wahrheit ist, daß sie Übereinstimmung nicht mit der legendären Vergangenheit eines einzelnen zufälligen Volks ist, sondern mit einer grundlegenden und permanenten Struktur, die notwendig für die ganze Welt Gültigkeit besitzt.[23] Der Besitz dieser Wahrheit verleiht ihm das Zutrauen, nicht nur die größten archaischen Dichter, Homer und Hesiod, zu kritisieren, sondern von seiner eigenen philosophischen Dichtung über moralische und politische Tüchtigkeit auch zu proklamieren, wie überlegen sie ist, überlegen einerseits über die einförmige Standardkost der Symposien: »Kämpfe der Titanen oder der Giganten oder auch der Kentauren, Erfindungen der Vorzeit, oder tobenden Bürgerzwist, worin nichts Nützliches ist« (DK 21 B1,21–23); und andererseits überlegen über das Lob der lyrischen Siegesgesänge für »die athletische Kraft von Männern oder Pferden« (B2,11–12).

Bei Parmenides und Empedokles scheint die Wahl der poetischen Form darauf angelegt zu sein, ein zentrales philosophisches Problem zu lösen: Gesetzt, daß alle menschlichen Wesen der Täuschung des Scheins unterliegen, wie kann der Philosoph dann die Wahrheit über das wissen, wovon er sie zu wissen beansprucht? Für Parmenides und Empedokles kam als Quelle einer Serie transzendenter Wahrheiten nur ein Gott in Frage – Wahrheiten, zu denen einer, der bloß sterblich ist und wenn er auf sich allein gestellt ist, keinen Zugang gefunden hätte. Aber im archaischen Griechenland ist die Sprache, in der Götter durch menschliche Stimmen sprechen, im allgemeinen die Sprache metrischer Verse. Schon bei Homer ist der Barde *theios*, göttlich,[24] und fühlt sich verpflichtet, zu Beginn seines Gedichts und an kritischen Punkten innerhalb des Gedichts die göttlichen Mächte anzurufen, die ihn inspirieren; denn kein nur menschliches Wesen wäre ohne Hilfe jemals in der Lage, eine Sequenz vollkommener Hexameter zu verfassen; epische Daktylen waren, wie Aristoteles herausstellte (*Poetik* 4, 1449a26–28), den gewöhnlichen Rhythmen der Umgangssprache ganz fremd. Die Dichter fuhren durch die ganze Antike hin (und noch lange darüber hinaus) fort, sich ihren Musen verpflichtet zu sehen, und die Lehre von einer göttlichen Inspiration der Dichtung, die Demokrit Platon vermachte, bleibt ein beredtes, wenn auch gelegentlich hoch ironisches Zeugnis dafür, wie lebensfähig diese Auffassung in der Philosophie war. Aber die Dichter waren im alten Griechenland nicht die einzigen Sprecher der Gottheit; die Götter sprachen in Delphi und an anderen Orten durch Orakel, und sie taten das in dieser Zeit niemals anders als in poetischen Versmaßen, fast immer in genau denselben daktylischen Hexametern, die für die epische Dichtung kennzeichnend waren.[25]

Welchen sonstigen Zwecken der daktylische Hexameter im archaischen Griechenland also auch gedient haben mag, er scheint auch als ein unmißverständliches Zeichen fungiert zu haben, daß die letzte Quelle des Textes, der damit artikuliert wurde, keine menschliche war, sondern eine göttliche. Wenn das zutrifft, dann ist es sicher bezeichnend, daß die beiden einzigen frühen griechischen Philosophen, die ausschließlich in daktylischen Hexametern schrieben, gleichzeitig die einzigen waren, die ausdrücklich beanspruchten, daß die Weisheit, die sie der Menschheit verkündeten, aus einer göttlichen Quelle hergeleitet sei.

Parmenides präsentiert sein philosophisches Gedicht als das Ergebnis göttlicher Inspiration, als das Resultat seiner eigenen mystischen Einweihung in die Wahrheit durch die Großherzigkeit einer Göttin, die im größten Teil des Gedichts als Sprecherin auftritt und deren Botschaft er uns allen wortgetreu weitergibt.[26] Der Anfang des Gedichts erzählt seine Reise zu dieser Göttin hin und die liebenswürdige, hochherzige Aufnahme, die er bei ihr gefunden hat:

Die Stuten, die mich tragen, soweit mein Herz nur begehrt, geleiteten mich, seitdem sie mich auf den kundereichen [*oder* weithin berühmten] Weg der Dämonin (Göttin) geführt und mich diesen Weg zu gehen veranlaßt haben, der den wissenden Mann über alle Städte hin trägt. ... Und zuvorkommend empfing mich die Göttin, ergriff mit ihrer Hand meine Rechte, nahm das Wort und sprach mich folgendermaßen an: »Junger Mann, der du in Begleitung unsterblicher Wagenlenkerinnen mit den Stuten, die dich tragen, unser Haus erreicht hast, sei willkommen! Denn nicht ein böses Geschick sandte dich aus, diesen Weg zu gehen – einen Weg nämlich, der fürwahr abseits der üblichen Pfade der Menschen liegt –, sondern göttliche Fügung und Recht. So steht es dir an, alles zu erfahren, einerseits das unerschütterliche Herz der wohlgerundeten Wahrheit und andererseits die Meinungen der Sterblichen, in denen keine wahre Verläßlichkeit wohnt. Nichtsdestoweniger wirst du auch dieses verstehen lernen, ...« (DK 28 B1,1–3. 22–31)

Man hat lange darüber diskutiert, wie diese detaillierte Eröffnungsszene zu verstehen ist, die in ihrem konkreten, erzählerischen und autobiographischen Charakter so ganz anders als das übrige Gedicht ist. Man hat auf offenkundige Entlehnungen von Homer und Hesiod verwiesen, hat nach Verwandtschaften mit der Initiationssprache der religiösen Mysterien gesucht und hat sich bemüht, detaillierte allegorische Interpretationen auszuarbeiten.[27] Alle diese Erwägungen sind bis zu einem gewissen Grad plausibel. Es sollte jedoch nicht vergessen werden, daß diese Szene einer göttlichen Unterweisung nicht nur mit den Inhalten von Parmenides' Philosophie kohärent sein muß, sondern von den Lesern in gewisser Weise ein Glaube verlangt wird, wenn sie den Status der Wahrheit akzeptieren sollen, den diese Philosophie für sich selbst beansprucht. Wenn die Göttin Parmenides also die Wahl zwischen den beiden einzig möglichen Wegen der Untersuchung beschreibt – »Wohlan, ich werde also vortragen – du dagegen sollst meine Darstellung weitergeben, wenn du gehört hast –, welche Wege der Untersuchung allein denkbar sind« (B2,1–2) –, dann macht sie eine Unterscheidung, die ein Sterblicher unmöglich von sich aus treffen könnte, die Unterscheidung zwischen einem Weg der Wahrheit, den kein Mensch jemals zuvor gesehen hat, und einem Pfad des Irrtums, das heißt genau genommen, »einem völlig unerkundbaren Pfad; denn das, was nicht ist, kannst du weder erkennen noch aussprechen; dergleichen läßt sich nämlich nicht durchführen« (B2,6–8). Parmenides gibt uns die Worte weiter, die die Göttin zu ihm sagt. Wie hätte er oder wie hätten wir auf irgendeine andere Weise dazu kommen können, dies zu wissen?

Parmenides ist als Dichter immer viel kritisiert worden; und man muß zugeben, daß das, was von seinem Gedicht erhalten ist, von der Tiefe und Schärfe seines philosophischen Gedankens her weitaus beeindruckender ist als von den Merkmalen her, die wir mit phantasievoller Dichtung in Verbindung bringen. Vielleicht wäre unser Eindruck ein anderer, wenn vom zweiten Teil des Gedichts mehr überliefert wäre, der nach den metaphysischen Lehren des ersten Teils damit fortfuhr, in einigem Detail eine breite Palette sinnlich wahrnehmbarer Phänomene zu behandeln. Aber sogar in den erhaltenen Passagen können wir sehen, daß Parmenides nicht nur im allgemeinen einen neuen Gebrauch von dem göttlichen Status machte, der mit der Versform verbunden ist, um eine philosophische Erörterung zu legitimieren, die menschliche Fähigkeiten transzendiert, daß er vielmehr auch im Einzelnen die sprachlichen und metrischen Möglichkeiten des traditionellen Epos in einer kreativen und einfallsreichen Weise einsetzte, so als wolle er in diese archaische Form Lehren packen, die dafür ganz neu und fremd waren. Insbesondere trifft dies auf der Ebene der Ausdrucksweise und spezieller epischer Formeln zu und auf der solcher Motive wie dem der Reise.[28]

Wenn Parmenides die Worte wiedergibt, die eine Göttin zu ihm sprach, so geht Empedokles einen Schritt weiter und präsentiert sich uns selbst als einen Gott, der einer staunenden und bewundernden Menschheit sein eigenes göttliches Gedicht vorträgt. Das Gedicht, welches man mit dem Titel *Reinigungen* bezeichnet, begann folgendermaßen:

Freunde, die ihr in der großen Stadt des gelben Flusses Akragas wohnt, oben auf der Burg der Stadt, bedacht auf gute Werke, seid mir gegrüßt! Was mich angeht, als ein unsterblicher Gott reise ich umher, nicht mehr sterblich, bei allen, wie es sich gehört, geehrt, mit Binden und frischen Kränzen umflochten. Von allen, deren blühende Städte ich besuche, werde ich verehrt, von Männern und Frauen. Zu Zehntausenden folgen sie mir und fragen, wo sich der Weg zum Gewinn auftue; die einen verlangen von mir Weissagungen, die anderen erwarten, bei Krankheiten aller Art das heilende Wort zu hören, schon lange von quälenden Schmerzen durchbohrt. (DK 31 B112)[29]

In welchem Maß Empedokles' Anspruch, wie ein Gott geehrt zu werden, realistisch und in welchem Maß er Wunschdenken ist, werden wir nie wissen (wenngleich die erste der beiden Komponenten wahrscheinlich einen größeren Anteil hatte, als mancher moderne Leser erwarten wird[30]); in jedem Fall fehlt darin, wie er seine eigene Göttlichkeit anerkennt, jedwede Verlegenheit, ein ›Defizit‹, das auch durch keine Parallele abgeschwächt wird, die man aus einem

Epos oder aus mystischen Kulten bislang angeführt hat. Empedokles erzählt uns nicht nur, daß er ein Gott sei; sondern an anderer Stelle erklärt er uns auch, warum er zeitweilig aus dem Kreis der Götter verbannt wurde, so daß er zu uns sprechen könne (er schenkte sein Vertrauen rasendem Haß: B115), und er listet diejenigen höchsten Kategorien von Menschen auf, deren Rückkehr zur Erde baldigst zu einer Rückkehr zur Göttlichkeit führt: »Am Ende aber werden sie Seher, Dichter, Ärzte und Fürsten, für die auf Erden lebenden Menschen; von da aus wachsen sie empor zu Göttern, die in höchsten Ehren stehen, die den anderen Unsterblichen Herdgenossen sind und den Tisch mit ihnen teilen, ohne Anteil am menschlichen Leiden und unverwüstlich« (B146–147). Es ist sicher kein Zufall, daß dies die verschiedenen Berufe sind, von denen Empedokles anscheinend annahm, daß er sie in seiner eigenen Person vereinigt habe.[31]

Anders als Parmenides scheint Empedokles für gewöhnlich sowohl als Dichter bewundert worden zu sein[32] als auch als ein Lehrer der Mysterien[33] – ein außergewöhnliches Zeugnis für diese antike Einschätzung ist ein kürzlich wiederentdeckter Papyrus seiner Dichtung aus Panopolis in Ägypten, der gefaltet war und den man benutzte, um eine Girlande herzustellen, die auf den Kopf eines Toten gelegt wurde.[34] Das Ansehen des Empedokles geht zweifellos nicht nur auf seine Transformations- und Reinkarnationslehren zurück, sondern auch auf die Geschicklichkeit, mit der er sowohl die epische Sprache adaptierte (wie das schon Parmenides innerhalb seiner Grenzen getan hatte) als auch in kreativer Weise augenfällige poetische Kniffe transformierte, die für die epische Dichtung typisch waren.[35]

Zwei dieser Techniken, die Empedokles sich aneignet, denen er aber auf eine höchst originelle Weise eine neue Funktion gibt, müssen wenigstens kurz verdeutlicht werden. Die erste Technik ist die der Wiederholung ganzer Verse.[36] Bei Homer war dies eine notwendige Hilfe für den mündlichen Vortrag, die für den Dichter die Komplexität seiner Aufgabe reduzierte; sie ermöglichte es ihm, dieselben Verse noch einmal für dieselben Situationen zu benutzen und dadurch auf seine Kreativität bei neuen Situationen aufmerksam zu machen. Bei Empedokles andererseits dient die häufige Wiederholung von Versen, die an wenigstens einer Stelle dem Leser ausdrücklich signalisiert und als solche gerechtfertigt wird (B25), dem Zweck, eine textliche Analogie zu den Zyklen der Wiederholung in der Weltgeschichte zu schaffen: Solche Zyklen beschreibt das Gedicht des Empedokles nicht nur, sondern es inszeniert sie auch. Die zweite epische Technik ist das epische Gleichnis.[37] Wie wir schon sahen, wurde diese Technik, die von der epischen Tradition benutzt wurde, um eine alte Kriegsgeschichte davor zu bewahren, schrittweise der grauen Vorzeit anheimzufallen und für eine gegenwärtige Welt des Friedens uninteressant zu werden, auch schon von früheren griechischen Philosophen für eigene Zwecke genutzt. Empedokles indes benutzt seine recht treffenden und hoch entwickelten Vergleiche nicht nur, um isolierte Punkte in seiner Lehre zu illustrieren, die sonst möglicherweise dunkel wären; sondern er benutzt sie auch dazu, um innerhalb seiner Dichtung eine Parallele anzubieten für die Struktur von Ähnlichkeiten, horizontalen und vertikalen, auf und zwischen allen Ebenen des Kosmos, von deren Existenz und Wichtigkeit seine Philosophie uns überzeugen soll. Das Wirken von vier Grundelementen und zwei Grundkräften in allen Phänomenen bedeutet, daß es durch den ganzen Kosmos des Empedokles hindurch unvermeidlich Entsprechungs- und Analogiemuster geben wird (z.B. B17,34–35): Seine Gleichnisse liefern den ganzen Text hindurch überzeugende Beispiele solcher Muster. In den beiden genannten Hinsichten schreibt Empedokles nicht nur einen philosophischen Text, für den die Wahl des poetischen Versmaßes die Quelle seines übermenschlichen Wissens zu erklären hilft; die kreative neue Funktion, die er spezifischen poetischen Techniken gibt, transformiert vielmehr sein Gedicht darüber hinaus in eine Präsentation und auch Illustration seiner Lehre.

Noch mehr trifft dies bei Heraklit zu, dem letzten (allerdings nicht chronologisch letzten) der poetischen Philosophen, die hier zu erwägen sind. Heraklit schrieb natürlich in Prosa und nicht in Versen; aber der biographische Eintrag zu ihm in der byzantinischen Enzyklopädie, der *Suda*, schließt mit der Behauptung: »... und er schrieb vieles in poetischer Art« (*egrapse polla poiētikōs*: DK 22 A1a); und das ist wohl nicht als ein Hinweis auf unechte Gedichte zu verstehen, die unter seinem Namen zirkuliert sein könnten, sondern eher als ein Hinweis auf den Umstand, daß das einzige Prosa-Buch, für das er berühmt war, sich durch eine Vielfalt poetischer Techniken auszeichnete.[38] Die Struktur dieses Buches ist zwar kontrovers. Aber daß es in den erhaltenen Fragmenten oft keine Verbindungspartikeln gibt, geht wahrscheinlich nicht auf verfälschende Zitation zurück, sondern spiegelt eher getreulich wieder, daß es zwischen vielen oder allen Sätzen, die das Buch ausmachten, in der Tat keine sprachliche Verknüpfung gab. Wie wir früher sahen, könnte das Buch seiner äußeren Anlage nach einfach eine Sammlung von Aphorismen gewesen sein, vielleicht etwas ähnliches wie die *Aphorismen*, die Hippokrates zugeschrieben werden: einzelne memorierbare Formulierungen, anwendbar auf eine Vielzahl von Situationen, vielleicht thematisch gruppiert, aber jede mehr aufgrund ihrer eigenen Anlage wirksam als aufgrund ihres Platzes in der Argumentationskette. Was diese Äußerungen besonders bemerkenswert macht, ist sehr oft die poetische Struktur einer sprachlichen oder begrifflichen Paradoxie, die unsere Aufmerksamkeit auf sich zieht, sich aber einem unmittelbaren Verständnis widersetzt und die uns dadurch einlädt, über Heraklits Darlegungen und die Welt nachzudenken, die sie erläutern.

Ein Beispiel mag dazu dienen, diese Vorgehensweise zu erläutern. »Der Name des Bogens ist ›Leben‹, aber sein Werk der Tod« (DK 22 B48). In welchem Sinne ist das wahr? Dem Begriff nach wird ein Bogen benutzt, um allem den Tod zu bringen, worauf wir schießen; aber der Tod des angezielten Gegenstands kann durchaus dazu dienen, unser Leben zu retten, wenn es nämlich ein Tier ist, das wir jagen, so daß wir es essen können und uns selbst vor dem Verhungern bewahren, oder wenn es ein Feind auf dem Schlachtfeld ist, gegen den wir kämpfen und der uns zweifellos töten wird, wenn wir ihn nicht zuerst töten. Tod und Leben sind im Weltgeschehen unauflöslich miteinander verbunden: Der Tod des einen ist das Leben des anderen, gesehen aus einer anderen Perspektive.[39] Diese komplexe Balance interdependenter Gegensätze gilt jedoch nicht nur für die Welt, die der Satz Heraklits beschreibt, sondern auch für den Satz selbst. Denn dasjenige Wort in dem Fragment, welches ich mit ›Leben‹ übersetzt habe, lautet *bios*; und wenn dieses Wort auch mit dem Akzent auf dem ersten Vokal tatsächlich »Leben« bedeutet, bedeutet es doch mit dem Akzent auf der zweiten Silbe »Bogen«. Also je nachdem, wie dieser Satz laut gelesen wird, bedeutet er entweder »Der Name des Bogens ist ›Leben‹, aber sein Werk der Tod« (mit dem Akzent *bíos*) oder »Der Name des Bogens ist ›Bogen‹, aber sein Werk der Tod« (mit dem Akzent *biós*). Schweigend angeschaut können die Buchstaben des Worts *bios* beide Bedeutungen ergeben; aber sobald sie geäußert werden (und zumindest in der Zeit Heraklits erfolgte das Lesen meistens wahrscheinlich nicht leise), konnte der Leser nicht anders als entweder den einen oder den anderen Vokal akzentuieren, dadurch die eine Bedeutung oder die andere aktualisieren – und dadurch unvermeidlich eine komplexe Wahrheit auf eine einseitig grobe und daher teilweise irrige Vereinfachung zu reduzieren.[40]

Wie die Natur, von der er spricht, so liebt auch Heraklits Prosa es, »sich zu verbergen« (B123). Aristoteles beklagte sich, daß ohne Interpunktion die Artikulation und daher die präzise Bedeutung von Heraklits Äußerungen mehrdeutig sei (*Rhetorik* III,5, 1407b14–18). Aber eben das war ohne Zweifel genau die Absicht Heraklits. Denn Mehrdeutigkeit ist der konstitutive Zug der Welt, die er beschreibt, und zwischen seinem eigenen mehrdeutigen *Logos* (Darstellung) und dem mehrdeutigen kosmischen *Logos* (Struktur), auf die er (bzw. sie) sich bezieht, besteht eine Beziehung der Homologie,[41] die bereits in dem Eröffnungsaphorismus der Sammlung etabliert wird (in eben dem Satz, über den Aristoteles sich beklagte):

> Gegenüber diesem unabänderlich gültigen *Logos* erweisen sich die Menschen als verständnislos, sowohl bevor sie ihn als auch wenn sie ihn einmal gehört haben. Denn obwohl alles in Übereinstimmung mit dem hier gegebenen *Logos* geschieht, gleichen sie Unerfahrenen, sobald sie sich überhaupt an solchen Aussagen und Tatsachen versuchen, wie ich sie darlege, indem ich jedes einzelne seiner Natur gemäß zerlege und erkläre, wie es sich damit verhält. Den anderen Menschen aber entgeht, was sie im Wachen tun, genau wie das, was sie im Schlaf vergessen. (B1)

Worauf genau verweist das Demonstrativpronomen *toud(e)* (*diesem*) gleich am Anfang dieses Zitats? Gewiß, es deutet einerseits auf die zugrundeliegende Struktur des Kosmos, der gemäß alles geschieht, die zu erkennen die Menschen aber enorme Schwierigkeiten haben. Nicht weniger gewiß deutet es andererseits auf eben dieses Buch, welches diesen Aphorismus zusammen mit allen anderen enthält, die die meisten Menschen, nachdem sie sie gehört haben, ebensowenig verstehen wie vor dem Hören.

Ebenso wie die mündlichen Äußerungen, auf die Heraklit mehr als einmal Bezug nimmt, offenbaren also seine eigenen Aphorismen weder geradewegs ihre Bedeutung, noch verhüllen sie sie ganz; sondern durch Zeichen deuten sie

sie an (B93, vgl. B92). Ungeachtet der Gattungsdifferenz findet sich die nächstliegende Parallele zu dieser Einstellung bei Heraklits etwas jüngerem Zeitgenossen Pindar, der in seiner Dichtung ebenfalls einen dunklen Stil suchte und sich selbst als denjenigen darstellte, der die mündlichen Mysterien der Musen auslegte: »Weissage, Muse, und *ich* will dein Interpret sein« (Frgm. 150 Snell-Maehler). Dies könnte tatsächlich einer der Gründe gewesen sein, die Heraklit dazu bewogen, sein Buch der Artemis zu widmen und es in ihrem Tempel in Ephesos niederzulegen (D.L. IX,6), dies nicht nur, wie Diogenes Laertius annimmt, um es den Händen der Masse vorzuenthalten, die es verschmäht hätte, vielleicht auch nicht nur, um eine authentische Kopie seiner Schrift zu einer Zeit zu garantieren, als Bibliotheken und Archive ganz unbekannt waren, sondern auch, um durch den Aufbewahrungsort sicherzustellen, daß das Buch immer als eines angesehen würde, welches nicht einfach mit der Stimme eines Menschen spricht, sondern mit der Autorität einer Gottheit.

4. Schluß

Die Phase, in der Philosophen von den Dichtern Techniken übernehmen konnten, um ihre Äußerungen mit Autorität auszustatten, war großartig, aber kurz. Es war unvermeidlich, daß bald menschlichere Verfahren der philosophischen Selbst-Rechtfertigung größere Plausibilität gewannen. Als Sokrates die Philosophie vom Himmel herunter in die Stadt brachte und sie nötigte, von menschlichen Dingen in einer menschlichen Sprache zu sprechen (Cicero, *Gespräche in Tuskulum* V,4,10), da änderte er unabänderlich den Charakter der Disziplin. Von da an sollte sie mit wenigen Ausnahmen in Prosa sprechen, nicht in dichterischer Form, und die Prosa, die sie sprach, sollte bestrebt sein, eher den Kriterien der Klarheit und der Stringenz verpflichtet zu sein als denen von Suggestion und Paradoxie. Platon sollte von solchen poetischen Mitteln wie dem Dialog und dem Mythos noch einen ingeniösen Gebrauch machen; aber die Formulierung: »ein alter Streit zwischen der Philosophie und der Dichtkunst« (*Staat* X, 607b) stammt von ihm, und vom Anfang bis zum Ende seiner Karriere war er obsessiv darum bemüht, angemessene philosophische Argumente zu finden, um die Dichtung in einen nicht-kognitiven, philosophisch vernachlässigbaren Status zu verweisen. Aristoteles folgte, wie in so vielen anderen Dingen, auch hier der Spur Platons und zog diese gedankliche Linie bis in ihre letzten Konsequenzen aus, als er zu Beginn seiner *Poetik* erklärte, der Umstand, daß Empedokles in Versen schrieb, sei irrelevant für die Entscheidung darüber, was für eine Art von Autor er sei, und er sei deshalb eher als ein Naturtheoretiker (*physiologos*) anzusehen und nicht als ein Dichter (1447b17–20). Danach war es zum Guten wie zum Schlechten die Prosa der Welt, in der die Philosophie sich der Öffentlichkeit weithin präsentieren und der sie sich selbst hingeben sollte.

Wie man weiß, haben im vergangenen Jahrhundert, gerade als ein Ideal wissenschaftlicher Klarheit die Philosophie weithin dominierte, einige Denker die Palette des philosophischen Diskurses zu bereichern versucht, indem sie solche Klarheit radikal in Frage stellten und nach anderen Diskursformen suchten. Die berühmtesten Beispiele dafür sind Friedrich Nietzsche mit seinen seherischen Anstrengungen und literarischen Experimenten, Ludwig Wittgenstein mit seinen paradoxen Formulierungen und seiner Aufmerksamkeit für die Sprache und Martin Heidegger mit seiner Dekonstruktion der westlichen Metaphysik und seiner Rückkehr zu den Einsichten der Dichter und der frühesten Philosophen. Von diesen dreien scheint Wittgenstein praktisch keinem Einfluß seitens der frühen griechischen Philosophen ausgesetzt gewesen zu sein. Aber der Grad, in dem die beiden anderen durch diese Denker inspiriert und geleitet wurden, insbesondere durch Heraklit, läßt sich kaum übertreiben. Diesen Punkt zu erforschen würde zweifellos in signifikanter Weise dazu beitragen, von der Natur und den Grenzen der modernen Philosophie ein besseres Verständnis zu gewinnen.

Anmerkungen

[1] Über die Beziehung zwischen der Entwicklung des modernen Ausdrucks »Vorsokratiker« und den antiken Quellen siehe E. Hoffmann, »Die Vorsokratiker in antiker Tradition«, *Zeitschrift für philosophische Forschung* 1 (1946) 190–196, und G.W. Most, »Πόλεμος πάντων πατήρ. Die Vorsokratiker in der Forschung der Zwanziger Jahre«, in: H. Flashar (Hg.), *Altertumswissenschaft in den 20er Jahren* (Stuttgart 1995) 87–114.

[2] Siehe Mansfeld, in diesem Band S. 22f.

[3] Lanata [536] bietet eine nützliche Sammlung des meisten Materials, mit italienischer Übersetzung und Kommentar.

[4] Meine Übersetzungen in diesem Kapitel sind, mit gelegentlichen leichten Modifikationen, aus KRS übernommen. [Das gilt so weit wie möglich auch für die deutsche Ausgabe.]

[5] Siehe Babut [525].

[6] Siehe Broadie, in diesem Band S. 193.

[7] Siehe Babut [526].

[8] Siehe zu dieser Passage in diesem Band auch Long, S. 8f., und Hussey, S. 82.

[9] Siehe Delatte [532] und Murray [542].

[10] Siehe allgemein Buffière [529], Pépin [543].

[11] Siehe Laks & Most [537] und Most [541].

[12] Siehe Richardson [547], Most [540] und Woodruff, in diesem Band Kapitel XIV.

[13] Für allgemeine Überblicke über die Poetik des archaischen Epos siehe besonders die diesbezüglichen Abschnitte bei Maehler [539] und Fränkel [97].

[14] Zum Thema des Pessimismus hinsichtlich des menschlichen Wissens in der archaischen Dichtung siehe Lesher, in diesem Band S. 206.

[15] Siehe G. Nagy, *The Best of the Achaeans. Concepts of the Hero in Archaic Greek Poetry* (Baltimore 1979).

[16] Zu diesem Text siehe Lesher, in diesem Band S. 209.

[17] Für die neuere Diskussion vgl. Wright [358], Osborne [364], Sedley [377] und Inwood [357].

[18] Für den Satz siehe Algra, in diesem Band S. 52.
[19] Vergleiche zu diesem Abschnitt insbesondere Snell [128] 136–152, Bernabé [527] und Long [547] 245–253.
[20] Für die verschiedenen Hauptgegenstände der Prosa im archaischen Griechenland siehe Humphreys [534].
[21] Siehe Riezler [548], Kranz [535], Snell [128] 199–204 und Lloyd [108].
[22] So kürzlich Wöhrle [553] 176–179.
[23] Siehe Heitsch [191].
[24] *Il.* XVIII,604; *Od.* I,336, IV,17, VIII,43 usw.
[25] Siehe das Material, welches bei H.W. Parke und D.E.W. Wormell gesammelt ist: *The Delphic Oracle*, 2 Bde. (Oxford 1956).
[26] Vgl. zum Beispiel Tarán [276] 31.
[27] Siehe zum Beispiel Bowra [528], Deichgräber [530], Fränkel [147] 158–173, Mansfeld [308], Burkert [284], Feyerabend [533], Sassi [550].
[28] Siehe insbesondere Mourelatos [309], Pfeiffer [544], Pieri [545], und Coxon [270].
[29] Zu diesem Fragment siehe in jüngster Zeit Riedweg [367], der die Verbindung des Textes mit den Mysterien hervorhebt.
[30] Rösler [549] findet den Anspruch so bizarr, daß er sich zu der Annahme gedrängt sieht, daß Empedokles ironisch diejenigen kritisiere, die ihn exzessiv lobhudeln.
[31] Wright [358] 291–292.
[32] Sogar von Aristoteles (Frgm. 70 Rose, *Meteor.* 357a24f., *Rhetorik* III,5, 1407a34f.), ungeachtet *Poetik* 1, 1447b17–20.
[33] Für ein jüngeres Beispiel siehe Kingsley [105].
[34] Siehe Primavesi [546].
[35] Siehe Traglia [552].
[36] Die Textstellen sind bei Bollack [356] zu finden, Bd. 3,2, S. 618 s.v. »Répétition«.
[37] Siehe Snell [128] 213–218.
[38] Zu Heraklits rhythmischer Prosa siehe Deichgräber [530].
[39] Siehe auch Heraklits Aphorismus B88, zitiert und diskutiert von Hussey, in diesem Band S. 93.
[40] Für weitere Beispiele für ein solch raffiniertes Spiel mit lautem Lesen im archaischen Griechenland siehe Svenbro [551].
[41] Über die Bedeutungen von *Logos* bei Heraklit siehe A. Busse, »Der Wortsinn von ΛΟΓΟΣ bei Heraklit«, *RM* 75 (1926) 203–214, und Hussey, in diesem Band S. 83.

Bibliographie

Zu allen modernen Werken, die in den einzelnen Kapiteln mit Hilfe einer in eckige Klammern gesetzten Nummer zitiert werden (wie z.B. Barnes [14]), bietet diese Bibliographie die vollständigen bibliographischen Angaben. Außerdem enthält sie eine breite Palette zusätzlicher Arbeiten, wiederholt aber nicht Literaturangaben, die vollständig bereits in den Fußnoten des Buchs gemacht wurden (und die sich in der Regel auf Werke beziehen, die nicht zu den Hauptströmungen der Forschung zur griechischen Philosophie gehören). Ausgewählt wurde die Bibliographie unter dem Gesichtspunkt, Standardwerke in jeder beliebigen Sprache zu privilegieren, als nächstes Werke, die in Englisch geschrieben sind, und schließlich insbesondere neuere Arbeiten. Freilich sind einige der besten Untersuchungen relativ alt und in Französisch, Deutsch und Italienisch geschrieben, so daß der erwähnte Gesichtspunkt auf die Auswahl lediglich einen lenkenden Einfluß hatte. In die Bibliographie sind kurze Bemerkungen eingestreut, manchmal um ein Werk zu kommentieren, das sich als besonders nützlich erweisen wird; das Fehlen solcher Empfehlungen hat jedoch keinerlei negative Implikationen.

Die Angaben sind folgendermaßen gegliedert:

I. Einführung:
- (A) Umfassende Texte und Übersetzungen
- (B) Umfassende Untersuchungen
- (C) Bibliographische Hilfsmittel
- (D) Quellen und Quellenkritik [Kap. 2]
- (E) Intellektueller und kultureller Kontext
- (F) Sammelwerke

II. Einzelne Philosophen, Bewegungen und Themen
- (A) Die Milesier: Thales, Anaximander, Anaximenes. Die Anfänge der Kosmologie. [Kap. 3; auch Kap. 1, 8, 16]
- (B) Xenophanes. [Kap. 1, 3, 10, 11, 16]
- (C) Pythagoras, Philolaos und die pythagoreische Überlieferung. [Kap. 4]
- (D) Heraklit. [Kap. 5; auch Kap. 1, 10–12, 16]
- (E) Die Eleaten: Parmenides und Melissos. [Kap. 6; auch Kap. 7–12, 16]
- (F) Zenon. [Kap. 7; auch Kap. 6, 9]
- (G) Empedokles. [Kap. 8; auch Kap. 4, 10–13, 16]
- (H) Anaxagoras. [Kap. 8; auch Kap. 12–13, 16]
- (I) Die Atomisten: Leukipp und Demokrit. [Kap. 9; auch Kap. 10, 12–13]
- (J) Diogenes von Apollonia. [Kap. 10–11]
- (K) Die Sophisten: Ethisches und politisches Denken. [Kap. 14; auch Kap. 1, 15]

(L) Antiphon. [Kap. 15; auch Kap. 9]
(M) Gorgias. [Kap. 14; auch Kap. 16]
(N) Protagoras. [Kap. 14–15; auch Kap. 9, 16]
(O) Rationale Theologie. [Kap. 10]
(P) Epistemologie und Psychologie. [Kap. 11–12]
(Q) Kausalität und Medizin. [Kap. 13]
(R) Philosophische Poetik. [Kap. 16]

Abkürzungen für Zeitschriften

AGP	Archiv für Geschichte der Philosophie
AJP	American Journal of Philology
ANRW	Aufstieg und Niedergang der römischen Welt
AP	Ancient Philosophy
BACAP	Boston Area Colloquium in Ancient Philosophy
CP	Classical Philology
CQ	Classical Quarterly
GRBS	Greek, Roman, and Byzantine Studies
HSCP	Harvard Studies in Classical Philology
ICS	Illinois Classical Studies
JHP	Journal of the History of Philosophy
JHS	Journal of Hellenic Studies
JP	Journal of Philosophy
OSAP	Oxford Studies in Ancient Philosophy
PAS	Proceedings of the Aristotelian Society
PR	Philosophical Review
REG	Revue des Études grecques
RM	Rheinisches Museum
TAPA	Transactions of the American Philological Association

I. Einführung

(A) Umfassende Texte und Übersetzungen

Die Standard-Ausgabe des griechischen Materials, die auch deutsche Übersetzungen von »B«-Fragmenten enthält – dazu Mansfeld, Kap. 2 S. *25 –, *ist*

[1] Diels, H., Die Fragmente der Vorsokratiker. 6. verbesserte Aufl. hrsg. v. W. Kranz, 3 Bde. Berlin 1951. (1. Aufl. 1903).

Zu den Dichter-Philosophen siehe auch

[2] Diels, H., Poetarum Philosophorum Fragmenta. Berlin 1901.

Die hauptsächlichen doxographischen Texte sind ediert und diskutiert bei

[3] Diels, H., Doxographi Graeci. Berlin 1897.

Für eine großzügige Auswahl der griechischen Texte (unter Auslassung des Materials zu den Sophisten) zusammen mit Übersetzung und Kommentar siehe

[4] Kirk, G.S., J.E. Raven, M. Schofield, The Presocratic Philosophers, 2. Aufl. Cambridge 1982 (1. Aufl. von Kirk und Raven, 1957). Deutsch: Die vorsokratischen Philosophen. Einführung, Texte und Kommentare, übers. von K. Hülser, Stuttgart 1994.

Weitere Bücher, die Übersetzungen von Primärtexten enthalten, sind u.a.

[5] Barnes, J., Early Greek Philosophy. London 1987. *(Eine Übersetzung aller erhaltenen Fragmente und ausgewählter Doxographien.)*

[6] Burnet, J., Early Greek Philosophy. London 1892, ⁴1930.

[7] Cohen, M., P. Curd, and C. Reeve, Readings in Ancient Greek Philosophy from Thales to Aristotle, Indianapolis/Cambridge 1995.

[8] Curd, P., and R.D. McKirahan, Jr., A Presocratics Reader, Indianapolis 1996.

[9] Freeman, K., Ancilla to the Presocratic Philosophers. A Complete Translation of the [B-] Fragments in Diels' Fragmente der Vorsokratiker, Oxford 1948.

[10] McKirahan, Jr., R.D., Philosophy Before Socrates, Indianapolis 1944.

[11] Wright, M.R., The Presocratics. Bristol 1985. *(Eine Auswahl von Texten mit Einleitung und Kommentar.)*

Für die griechischen Quellentexte zusammen mit deutscher Übersetzung und Kommentar siehe:

[12] Mansfeld, J., Die Vorsokratiker. Auswahl der Fragmente, Übersetzung und Erläuterungen. 2 Bde., Stuttgart 1983/1986.

Textausgaben einzelner Philosophen (einschließlich der Sophisten) und medizinischer Autoren werden unter den entsprechenden Überschriften in Teil II, »Einzelne Philosophen und Bewegungen«, angeführt.

(B) Umfassende Untersuchungen

Hierzu gehören auch Kirk, Raven, Schofield [4], Burnet [6], McKirahan [10] *und eine ausgezeichnete Einführung von*

[13] Hussey, E., The Presocratics. London 1972; Nachdr. Indianapolis 1995.

Unter den umfangreicheren Werken ragen zwei besonders heraus, die auch ausgezeichnete Bibliographien enthalten:

[14] Barnes, J., The Presocratic Philosophers. 2. Aufl. London 1982. 1. Aufl. 1979 in 2 Bde.

und die ersten drei Bände von W.K.C. Guthrie, A Historie of Greek Philosophy:

[15] Bd. 1: The Earlier Presocratics and the Pythagoreans. Cambridge 1962.

[16] Bd. 2: The Presocratic Tradition from Parmenides to Democritus. Cambridge 1965.

[17] Bd. 3: The Fifth-Century Enlightenment. Cambridge 1969.

Von den älteren Philosophiegeschichten ist die beste

[18] Zeller, E., Die Philosophie der Griechen in ihrer geschichtlichen Entwicklung, hrsg. v. W. Nestle. Bd. I.1, 7. Aufl. Leipzig 1923; Bd. I.2, 6. Aufl. Leipzig 1920.

Zellers Werk wurde übersetzt, herausgegeben und erweitert von

[19] Mondolfo, R. = Zeller-Mondolfo, La filosofia dei Greci, Bd. I.1–2, Florenz 1932/1938.

Siehe außerdem

[20] Burnet, E., Greek Philosophy, Teil I: Thales to Plato. London 1914.

Zu den Sophisten ist nach wie vor unübertroffen

[21] Grote, G., A History of Greece. London 1846–1856, ²1869. Kap. 67.

Zur philosophischen Anregung (allerdings nicht zu gelehrter Akuratesse) siehe

[22] Hegel, G.W.F., Vorlesungen über die Geschichte der Philosophie. Bd. 1 = Bd. 17 der Jubiläumsausgabe von H. Glockner, Stuttgart 1965. (erstmals veröffentlicht 1825/26).

(C) Bibliographische Hilfsmittel

Die umfassendste bibliographische Quelle ist

[23] Paquet, L., M. Roussel und Y. Lafrance, Les Présocratiques: Bibliographie analytique (1879–1980), 2 Bde., mit einem Supplement-Bd. für die Zeit 1450–1879. Montreal 1988, 1989 und 1995.

Für die Jahre 1980–1989 wird sie ergänzt durch

[24] Navia, L.E., The Presocratic Philosophers. An Annotated Bibliography. New York/London, 1993.

Hilfestellung beim Gebrauch dieser Werkzeuge bietet

[25] Berryman, S., A.P.D. Mourelatos und R.K. Sharma, »Two annotated bibliographies on the Presocratics: A critique and user's Guide«, AP 15, 1995, 471–494.

Siehe ferner

[26] Bell, Jr, G.G., und J.B. Allis, Resources in Ancient Philosophy. An Annotated Bibliography of Scholarship in English, 1965–1989, Kap. 2–9 (mit kurzen beschreibenden Bemerkungen von 500 Büchern und Artikeln). Metuchen, N.J., 1991).

Weitere nützliche Bibliographien finden sich bei Mourelatos [155] *und* Lloyd [111].

Über neuere Literatur informieren laufend folgende Zeitschriften: L'Année Philologique, The Philosopher's Index, Ancient Philosophy, Elenchos, Oxford Studies in Ancient Philosophy, Phronesis.

(D) Quellen und Quellenkritik

Die moderne Forschung beginnt mit dem klassischen Werk von Diels [3]. *Die beste Einschätzung und Berichtigung dazu bieten*

[27] Mansfeld, J., und D.T. Runia, Aetiana. The Method and Intellectual Context of a Doxographer, Bd. 1: The Sources, Leiden/New York/Köln 1996.

Siehe auch

[28] Steinmetz, P., Die Physik des Theophrastos von Eresos. Bad Homburg/Berlin/Zürich, 1964.

Viel Licht auf das Gebiet der Doxographie werfen:

[29] Mansfeld, J., »Aristotle, Plato and the Preplatonic doxography and chronography«, in: G. Cambiano (Hg.), Storiografia e dossografia nella filosofia antica. Turin 1986, 1–59 = Mansfeld [32] 22–83.

[30] Mansfeld, J., »Chrysippus and the *Placita*«, Phronesis 34, 1989, 311–342.

[31] Mansfeld, J., »Doxography and dialectic: The *Sitz im Leben* of the ›Placita‹«, ANRW II.36.4, 1990, 3056–3229.

[32] Mansfeld, J., Studies in the Historiography of Greek Philosophy. Assen/Maastricht 1990.

[33] Mansfeld, J. Prolegomena: Questions to be Settled before the Study of an Author, or a Text. Leiden/New York/Köln 1994.

Zum Wert des Aristoteles als Quelle ist die klassische negative Studie:

[34] Cherniss, H., Aristotle's Criticism of Presocratic Philosophy. Baltimore 1935.

Positivere Einschätzungen des Aristoteles entwickeln

[35] Guthrie, W.K.C., »Aristotle as historian«, in Furley/Allen [148] 239–254, zuerst veröffentlicht in JHS 77, 1957, 35–41.

und

[36] Stevenson, J.G., »Aristotle as historian of philosophy«, JHS 94, 1974, 138–143.
Die griechischen Quellen für Theophrast sind gesammelt und übersetzt bei
[37] Fortenbaugh, W.W., P.M. Huby, R.W. Sharples und D. Gutas (Hg.), Theophrastus of Eresus, Sources for his Life, Writings, Thought and Influence. Leiden 1992, Nachdr. 1994.
Der griechische Text von Theophrasts Schrift ›De sensibus‹ steht außer bei Diels [3] *auch mit einer Übersetzung bei*
[38] Stratton, G.M., Theophrastus and the Greek Physiological Psychology before Aristotle. London/New York 1917.
und wird diskutiert von
[39] Baltussen, H., Theophrastus on Theories of Perception. Argument and Purpose in the De sensibus, Diss. Utrecht 1993.
[40] Mansfeld, J.; »Aristote et la structure du *De sensibus* de Théophraste«, Phronesis 41, 1996, 158–188.
Eine wichtige Sammlung von Artikeln zu Theophrast ist
[41] Fortenbaugh, W.W., und D. Gutas. (Hg.), Theophrastus. His Psychological, Doxographical and Scientific Writings. New Brunswick/London 1992.
Theophrasts Genauigkeit als Quelle wird angefochten von
[42] McDiarmid, J.B., »Theophrastus on the Presocratic causes«, in: Furley/Allen [148] 178–238, zuerst in ausführlicherer Form veröffentlicht in HSCP 61, 1953, 85–156.
und in geringerem Grad in Frage gestellt von
[43] Long, A.A., »Theophrastus *De sensibus* on Plato«, (1996), in: Algra [139] 345–362.
Zur weiteren Einschätzung der peripatetischen Doxographie siehe
[44] Mansfeld, J., »Physikai doxai and problemata physica from Aristotle to Aëtius (and beyond)«, (1992), in: Fortenbaugh/Gutas [41] 63–111.
Speziell zu Aetius siehe
[45] Daiber, H. (Hg.), Aetius Arabus. Die Vorsokratiker in arabischer Überlieferung. Wiesbaden 1980.
[46] Lebedev, A., »φύσις ταλαντεύουσα: neglected fragments of Democritus and Metrodorus of Chios«, (1984), in: Benakis [398] Bd. 2.
[47] Lebedev, A., »Did the doxographer Aetius ever exist?«, in: Philosophie et Culture. Actes du XVIIe Congrès mondial de philosophie, Montréal 1983. Actes/ Proceedings. Montreal 1988, 3.813–817 (Microfilm).
[48] Runia, D.T., »Xenophanes on the moon: a *doxographicum* in Aëtius«, Phronesis 34, 1989, 245–269.
[49] Runia, D.T., »Xenophanes or Theophrastus? An Aëtian *doxographicum* on the sun«, (1992), in: Fortenbaugh/Gutas [41] 112–140.
In neuerer Zeit ist viel über Hippolytos geschrieben worden:
[50] Hershbell, J.P., »Hippolytus' *Elenchos* as a source for Empedocles re-examined«, Phronesis 18, 1973, 97–114 und 187–203.
[51] Mansfeld, J., Heresiography in Context: Hippolytus' Elenchos as a Source for Greek Philosophy. Leiden/New York/Köln 1992.
[52] Osborne, C., Rethinking Early Greek Philosophy: Hippolytus of Rome and the Presocratics. London 1987.
Osbornes Auffassung wurde kritisiert von
[53] Mueller, I., »Hippolytus *retractatus*: a discussion of Catherine Osborne, *Rethinking Early Greek Philosophy*, OSAP 7, 1989, 233–251.

[54] Mueller, I., »Heterodoxy and doxography in Hippolytus', *Refutation of All Heresies*«, ANRW II.36.6, 1992, 4309–4374.

Zum Quellenwert Plutarchs:

[55] Westman, R., Plutarch gegen Kolotes, Seine Schrift »Adversus Colotem« als philosophiegeschichtliche Quelle. Helsinki 1955.

[56] Hershbell, J.P., »Plutarch as a source for Empedocles re-examined«, AJP 92, 1971, 156–184.

[57] Hershbell, J.P., »Plutarch and Parmenides«, GRBS 13, 1972, 193–207.

[58] Hershbell, J.P., »Plutarch and Democritus«, Quaderni Urbinati di Cultura Classica 10, 1982, 81–111.

[59] Hershbell, J.P., »Plutarch and Anaxagoras«, ICS 7, 1982, 141–158.

[60] Hershbell, J.P., »Plutarch and the Milesian philosophers«, Hermes 114, 1986, 172–185.

Nützliche Studien zu Diogenes Laertius sind u.a.:

[61] Meier, J., Diogenes Laertius and his Hellenistic Background. Wiesbaden 1978.

[62] Meier, J., »Diogenes Laertius and the transmission of Greek philosophy«, ANRW II.36.5, 1992, 3556–3602.

[63] Rocca-Serra, G., »Parménide chez Diogène Laërce«, (1987), in: Aubenque [279] 254–273.

Für weitere Studien zu bestimmten Quellen siehe:

[64] Gelzer, Th., »Plotins Interesse an den Vorsokratikern«, Museum Helveticum 39, 1982, 101–131.

[65] Gutas, D., Greek Wisdom Literature in Arabic Translation: A Study of the Graeco-Arabic Gnomologia. New Haven 1975.

[66] Hall, J.J., »Seneca as a source for earlier thought (especially meteorology)«, CQ 27, 1977, 409–436.

[67] Hine, H.M., An Edition with Commentary of Seneca Natural Questions, Book Two. Salem, N.H. 1981, Nachdr. 1984.

[68] Mansfeld, J., »Heraclitus, Empedocles and others in a Middle Platonist Cento in Philo of Alexandria«, Vigiliae Christianae 39, 1985, 131–151 = J. Mansfeld, Studies in Later Greek Philosophy and Gnosticism, London 1989, 218–233.

[69] Mansfeld, J., »Gibt es Spuren von Theophrasts *Phys. op.* bei Cicero?« in: W.W. Fortenbaugh und P. Steinmetz (Hg.), Ciceros Knowledge of the Peripatos. New Brunswick, N.J./London 1989, 133–158 = Mansfeld [32] 238–263.

[70] Méhat, A., Études sur les *Stromates* de Clément d'Alexandrie. Paris 1966.

[71] Mosshammer, A.A., The Chronicle of Eusebius and Greek Chronographic Tradition. Lewisburg, PA/London 1979.

Quellenfragen und Probleme ihrer Interpretationsperspektiven werden auch angeschnitten in:

[72] Barnes, J., »The Presocratics in context«, Phronesis 33, 1988, 327–344.

[73] Burkert, W., »Plotin, Plutarch und die platonisierende Interpretation von Heraklit und Empedokles«, in: J. Mansfeld und L.M. de Rijk (Hg.), Kephalaion: Studies in Greek Philosophy and its Continuation offered to Professor C.J. de Vogel. Assen 1975, 137–146.

[74] Grant, R.M., »Early Christianity and Pre-Socratic philosophy«, in: H.A. Wolfson Jubilee. Bd. 1, Jerusalem 1965, 357–384; Nachdr. in seinem Band After the New Testament. Philadelphia 1967.

[75] Makin, S., »How can we find out what ancient philosophers said?« Phronesis 33, 1988, 121–132.

[76] O'Brien, D., »Problèmes d'établissement du texte: la transmission du poème dans l'antiquité«, (1987), in: Aubenque [279] 314–350.
[77] Patzer, A., Der Sophist Hippias als Philosophiehistoriker. München 1986.
[78] Rösler, W., »Lukrez und die Vorsokratiker«, Hermes 101, 1973, 48–64 = C.J. Classen (Hg.), Probleme der Lukrezforschung. Hildesheim 1986, 57–73.
[79] Rudolph, U., Die Doxographie des Pseudo-Ammonios. Stuttgart 1989.
[80] Whittaker, J., »The value of indirect Tradition in the establishment of Greek philosophical texts or the art of misquotation«, in: J.N. Grant (Hg.), Editing Greek and Latin Texts. New York 1989, 63–95.
[81] Wildberg, C., »Simplicius und das Zitat. Zur Geschichte des Anführungszeichens«, in: Symbolae Berolinenses, Festschrift für Dieter Harlfinger. Berlin 1993, 187–199.

(E) Intellektueller und kultureller Kontext

Die hier zusammengestellten Werke bieten ein breites Spektrum von Perspektiven auf Gegenstände, die mit den Vorläufern, dem Hintergrund oder dem allgemeinen Charakter der frühen griechischen Philosophie zusammenhängen:

[82] Adkins, A.W.H., Merit and Responsibility: A Study in Greek Values. Oxford 1960. Nachdr. Chicago 1975.
[83] Bickerman, E.J., Chronology of the Ancient World. London 1968.
[84] Boardman, J., The Greeks Overseas. 2. Aufl. London 1980.
[85] Burkert, W., Griechische Religion der archaischen und klassischen Epoche. Stuttgart 1977. Englische Übersetzung von J. Raffan: Greek Religion. Cambridge, Mass. 1985.
[86] Cambiano, G., Il Ritorno degli Antichi. Rom 1988. *(Das Buch enthält nützliche Einschätzungen der Zugänge Heideggers und Poppers zur frühen griechischen Philosophie.)*
[87] Cherniss, H., »The characteristics and effects of Presocratic philosophy«, in: Furley/Allen [148] 1–28; zuerst veröffentlicht in Journal of the History of Ideas 12, 1951, 319–345.
[88] Cornford, F.M., From Religion to Philosophy: A Study in the Origins of Western Speculation. London 1912. Nachdr. New York 1957.
[89] Cornford, F.M., »Was the Ionian philosophy scientific?« in: Furley/Allen [148] 29–41; zuerst veröffentlicht in JHS 62, 1942, 1–7.
[90] Cornford, F.M., Principium Sapientiae. Cambridge 1952.
[91] Detienne, M. und J.-P. Vernant, Les ruses d'intelligence: la Mètis des grecs. Paris 1974. Englische Übersetzung von J. Lloyd: Cunning Intelligence in Greek Culture and Society. Atlantic Highlands, NJ, 1978; Nachdr. Chicago 1991.
[92] Detienne, M., Les Maîtres de vérité dans la grèce archaïque. Paris 1965. Englische Übersetzung von J. Lloyd: The Masters of Truth in Archaic Greece. New York 1996.
[93] Dicks, D.R., Early Greek Astronomy. Ithaca 1970; Nachdr. 1985.
[94] Dodds, E.R., The Greeks and the Irrational. Berkeley 1951. 8. Aufl. 1973. Deutsch: Die Griechen und das Irrationale, übers. von H.J. Dirksen. Darmstadt 1970, 2. Aufl. 1991.
[95] Easterling, P.E. und B.M.W. Knox (Hg.), The Cambridge History of Classical Literature, Bd. 1: Greek Literature. Cambridge 1985.
[96] Farrar, C., The Origins of Democratic Thinking: The Invention of Politics in Classical Athens. Cambridge 1988.

[97] Fränkel, H., Dichtung und Philosophie des frühen Griechentums. München 1962. Englische Übersetzung von M. Hadas und J. Willis, Early Greek Poetry and Philosophy. A History of Greek Epic, Lyric, and Prose to the Middle of the Fifth Century. Oxford 1973; Nachdr. New York 1975.
[98] Frankfort, H. und H.A., J.A. Wilson und T. Jacobsen, Before Philosophy. Baltimore 1949.
[99] Furley, D.J., The Greek Cosmologists. Bd. 1: The Formation of the Atomic Theory and its Earliest Critices. Cambridge 1987.
[100] Havelock, E.A., The Greek Concept of Justice: From its Shadow in Homer to its Substance in Plato. Cambridge, Mass. 1978.
[101] Heath, T., A History of Greek Mathematics. Bd. 1, Oxford 1992.
[102] Jaeger, W., Paideia. Die Formung des griechischen Menschen. 3 Bde., Berlin/ Leipzig 1934, 2. Aufl. Berlin 1947.
[103] Jones, J.W., The Law and Legal Theory of the Greeks. Oxford 1956.
[104] Kahn, C.H., The Verb 'Be' in Ancient Greek. Dordrecht 1973.
[105] Kingsley, P., Ancient Philosophy, Mystery and Magic: Empedocles and Pythagorean Tradition. Oxford/New York 1995.
[106] Kirk, G.S., Myth: Its Meaning and Function in Ancient and Other Cultures. Cambridge 1970.
[107] Knorr, W.R., The Evolution of the Euclidean Elements. Dordrecht/Boston 1975.
[108] Lloyd, G.E.R., Polarity and Analogy: Two Types of Argumentation in Early Greek Thought. Cambridge 1966.
[109] Lloyd, G.E.R., Early Greek Science from Thales to Aristotle. London 1967.
[110] Lloyd, G.E.R., Magic, Reason and Experience: Studies in the Origin and Development of Greek Science. Cambridge 1979.
[111] Lloyd, G.E.R., The Revolutions of Wisdom: Studies in the Claims and Practice of Ancient Greek Science. Berkeley 1987.
[112] Lloyd, G.E.R., Demystifying Mentalities. Cambridge 1990.
[113] Lloyd-Jones, H., The Justice of Zeus. Berkeley/Los Angeles 1971.
[114] Long, A.A., »Thinking about the Cosmos: Greek Philosophy from Thales to Aristotle«, in: R. Browning (Hg.), The Greek World. London 1985, 101–114.
[115] Longrigg, J., Greek Rational Medicine. Philosophy and Medicine from Alcmaeon to the Alexandrians. London/New York 1993.
[116] Mansfeld, J., »Myth science philosophy: a question of origins«, in: W.M. Calder III, U.K. Goldsmith und P.B. Kenevan (Hg.), Hypatia. Festschrift Hazel E. Barnes. Boulder, Colo. 1985, 45–65 = Mansfeld [32] 1–21.
[117] Mourelatos, A.P.D., »Pre-Socratic origins of the principle that there are no origins from nothing«, JP 78, 1981, 649–665.
[118] Mourelatos, A.P.D., »Quality, structure, and emergence in later Presocratic philosophy«, BACAP 2, 1987, 127–194.
[119] Murray, O., Early Greece. 2. Aufl. London 1993.
[120] Onians, R.B., The Origins of European Thought. 2. Aufl. Cambridge 1954.
[121] Ostwald, M., From Popular Sovereignty to the Sovereignty of Law. Berkeley/ Los Angeles 1986.
[122] Popper, Sir Karl, »Back to the Presocratics«, in: Furley/Allen [148] 130–153. Zuerst veröffentlicht in PAS 59, 1958/59, 1–24.
Auf diese Schrift Poppers geantwortet hat
[123] Kirk, G.S., »Popper on science and the Presocratics«, in: Furley/Allen [148] 154–177. Zuerst veröffentlicht in Mind 69, 1960, 318–339.

Die Diskussion zwischen Popper und Kirk wird gewürdigt von

[124] Lloyd, G.E.R., »Popper versus Kirk: a controversy in the interpretation of Greek science«, (1991), in: Lloyd [154] 100–120.
[125] Pritchard, J.B. (Hg.), Ancient Near Eastern Texts Relating to the Old Testament. 3. Aufl. Princeton 1969.
[126] Sambursky, S., The Physical World of the Greeks. London 1956.
[127] Seidel, G.S., Martin Heidegger and the Pre-Socratics. Lincoln, Nebr. 1964.
[128] Snell, B., Die Entdeckung des Geistes. Studien zur Entstehung des europäischen Denkens bei den Griechen. Hamburg, 1946. 2., erw. Aufl. 1984, 3., neu durchges. und abermals erw. Aufl. 1955, 4., neubearb. Aufl. Göttingen 1975 6., durchges. Aufl. 1986.
[129] Sorabji, R., Time, Creation and the Continuum. London 1983.
[130] Stokes, M.C., One and Many in Presocratic Philosophy. Washington, D.C. 1971.
[131] Tannery, P., Pour l'histoire de la science hellène. 1887. 2. Aufl. hrsg. v. A. Diès, Paris, 1930.
[132] Vernant, J.-P., Les origines de la pensée grecque. Paris, 1962. 3. Aufl. 1975. Engl. Übersetzung: The Origins of Greek Thought, Ithaca 1982. Deutsch: Die Entstehung des griechischen Denkens. Frankfurt a.M. 1982, 3. Aufl. 1991.
[133] Vernant, J.-P., Mythe et pensée chez les Grecs. Paris 1965. Engl. Übersetzung: Myth and Thought among the Greeks. London 1983.
[134] Walcot, P., Hesiod and the Near East. Cardiff 1966.
[135] West, M.L., Hesiod, Theogony. Oxford 1966.
[136] West, M.L., Early Greek Philosophy and the Orient. Oxford 1971.
[137] Williams, B.A.O., »Philosophy«, in: M.I. Finley (Hg.), The Legacy of Greece. 2. Aufl. Oxford 1981, 202–257.
[138] Williams, B., Shame and Necessity. Berkeley/Los Angeles 1993.

(F) Sammelwerke

[139] Algra, K.A., P.W. Van der Horst und D.T. Runia (Hg.), Polyhistor. Studies in the History and Historiography of Ancient Philosophy. Leiden 1996.
[140] Anton, J.P., und G.L. Kustas (Hg.), Essays in Ancient Greek Philosophy. Albany, N.Y. 1971.
[141] Anton, J.P., und A. Preus (Hg.), Essays in Ancient Greek Philosophy, Volume Two. Albany, N.Y. 1983.
[142] Boudouris, K.J. (Hg.), Ionian Philosophy. Athens 1989.
[143] Cherniss, H., Selected Papers, hg. v. L. Tarán. Leiden 1977.
[144] Cornford, F.M., The Unwritten Philosophy and Other Essays. Cambridge 1950.
[145] Craig, E. (General editor), Routledge Encyclopaedia of Philosophy. London 1998.
[146] Dodds, E.R., The Ancient Concept of Progress and Other Essays. Oxford 1973.
[147] Fränkel, H., Wege und Formen frühgriechischen Denkens. München 1955; 3. Aufl. 1968.
[148] Furley, D.J., und R.E. Allen (Hg.), Studies in Presocratic Philosophy. Bd. 1: The Beginnings of Philosophy. London 1970.
[149] Furley, D.J., und R.E. Allen (Hg.), Studies in Presocratic Philosophy. Bd. 2: Eleatics and Pluralists. London 1975.

[150] Furley, D.J., Cosmic Problems. Essays on Greek and Roman Philosophy of Nature. Cambridge 1989.
[151] Goulet, R. (Hg.), Dictionnaire des philosophes antiques. 2 Bde.; weitere Bde. in Vorbereitung, Paris 1989.
[152] Heidegger, M., Early Greek Thinking. Übers. von D.F. Krell/F.A. Capuzzi. New York, 1974; Nachdr. San Francisco, 1984. (Es handelt sich um eine Sammlung von vier Aufsätzen zur frühen griechischen Philosophie, die Heidegger ursprünglich an verschiedenen Stellen publiziert hat; zu einem Buch zusammengestellt wurdem sie erst in dieser Übersetzung.)
[153] Hölscher, U., Anfängliches Fragen. Göttingen 1968.
[154] Lloyd, G.E.R., Methods and Problems in Greek Science. Selected Papers. Cambridge 1991.
[155] Mourelatos, A.P.D. (Hg.), The Pre-Socratics. A Collection of Critical Essays. New York 1974; 2. Aufl. mit Addenda des Herausgebers, Princeton 1993.
[156] Owen, G.E.L., Logic, Science and Dialectic. Collected Papers on Greek Philosophy, hg. v. M.C. Nussbaum. Ithaca 1986.
[157] Robb, K. (Hg.), Language and Thought in Early Greek Philosophy. La Salle, Ill. 1983.
[158] Shiner, R.A., und J. King-Farlow (Hg.), New Essays on Plato and the Presocratics. Guelph, On. 1976.
[159] Solmsen, F., Kleine Schriften. Hildesheim 1968.
[160] Vlastos, G., Studies in Greek Philosophy. Vol. I: The Presocratics, hg. v. D.W. Graham. Princeton 1995.
[161] Zeyl, D.J., Encyclopedia of Classical Philosophy. Westport 1997.

II. Einzelne Philosophen, Bewegungen und Themen

Einträge werden hier dann angeführt, wenn sie sich mehr als nur beiläufig mit einzelnen Philosophen, Bewegungen und Themen befassen, die auch Hauptthemen dieses Bandes sind. Viele der in Teil I aufgelisteten Werke wird man durchweg mit Gewinn beiziehen, namentlich Barnes [14], Guthrie [15], [16], [17], Stokes [130] *und* Furley [99].

(A) Die Milesier: Thales, Anaximander, Anaximenes. Die Anfänge der Kosmologie

Das klassische Buch, das eine eingehende Analyse der Textzeugnisse für Anaximander enthält, ist

[162] Kahn, C.H., Anaximander and the Origins of Greek Cosmology. New York 1960; Nachdr. Indianapolis 1995.
Weitere Arbeiten sind u.a.:
[163] Asmis, E., »What is Anaximander's Apeiron?« JHP 19, 1981, 279–297.
[164] Babut, D., »Le divin et les dieux dans la pensée d'Anaximandre«, REG 88, 1972, 1–32.
[165] Bodnár, I.M., »Anaximander's rings«, CQ 38, 1988, 49–51.
[166] Classen, C.J., »Anaximander and Anaximenes: the earliest Greek theories of change«, Phronesis 22, 1977, 89–102.
[167] Couprie, D.L., »The visualization of Anaximander's astronomy«, Apeiron 28, 1995, 159–182.

[168] Dancy, R.M., »Thales, Anaximander, and infinity«, Apeiron 22, 1989, 149–190.
[169] Dicks, D.R., »Thales«, CQ 9, 1959, 294–309.
[170] Dicks, D.R., »Solstices, equinoxes, & the Presocratics«, JHS 86, 1966, 26–40.
[171] Engmann, J., »Cosmic justice in Anaximander«, Phronesis 36, 1991, 1–26.
[172] Finkelberg, A., »Anaximander's conception of the *apeiron*«, Phronesis 38, 1993, 229–256.
[173] Finkelberg, A., »Plural worlds in Anaximander«, AJP 115, 1994, 485–506.
[174] Freudenthal, G., »The theory of the opposites and an ordered universe: physics and metaphysics in Anaximander«, Phronesis 31, 1986, 197–228.
[175] Furley, D.J., »The dynamics of the earth: Anaximander, Plato, and the centrifocal theory«, (1989), in: Furley [150] 14–26.
[176] Gottschalk, H.B., »Anaximander's *Apeiron*«, Phronesis 10, 1965, 37–53.
[177] Hölscher, U., »Anaximander and the beginnings of Greek philosophy«, Hermes 81, 1953, 255–277; wieder abgedruckt in: Furley/Allen [148] 281–322.
[178] Kirk, G.S., »Some problems in Anaximander«, CQ 5, 1955, 21–38; wieder abgedruckt in: Furley/Allen [148] 323–349.
[179] Mansfeld, J., »Aristotle and others on Thales, or the beginnings of natural philosophy«, Mnemosyne 38, 1985, 109–129 = Mansfeld [32] 126–147.
[180] Panchenko, D., »Thales' prediction of a solar eclipse«, Journal for the History of Astronomy 24, 1994, 275–288.
[181] Rescher, N., »Cosmic evolution in Anaximander«, Studium Generale 11, 1958, 718–731; wieder abgedruckt in: ders., Essays in Philosophical Analysis. Pittsburgh 1969.
[182] Seligman, P., The *Apeiron* of Anaximander. London 1962.
[183] Snell, B., »Die Nachrichten über die Lehre des Thales und die Anfänge der griechischen Philosophie- und Literaturgeschichte«, Philologus 96, 1944, 170–182 = B. Snell, Gesammelte Schriften. Göttingen 1966, 119–128.
[184] Solmsen, F., »Anaximander's infinite: traces and influences«, AGP 44, 1962, 109–131.
[185] Stokes, M.C., »Hesiodic and Milesian cosmogonies«, Phronesis 7, 1963, 1–35, und 8, 1964, 1–34.
[186] Vlastos, G., »Equality and justice in early Greek cosmologies«, in: Furley/Allen [148] 156–178 = Vlastos [160] 57–88; zuerst veröffentlicht in: CP 42, 1947, 156–178.
[187] Vlastos, G., »Cornford's *Principium Sapientiae*«, in: Furley/Allen [148] 42–55 = Vlastos [160] 112–123; zuerst veröffentlicht in: Gnomon 27, 1955, 65–76.
[188] Wöhrle, G., Anaximenes aus Milet. Die Fragmente zu seiner Lehre. Stuttgart 1983.

(B) Xenophanes

Text, Übersetzung und Kommentar:

[189] Lesher, J.H., Xenophanes of Colophon. Fragments: a Text and Translation with a Commentary. Toronto/Buffalo/London 1992..
Zur Komplexität der Doxographie siehe Mansfeld [32].

Untersuchungen:

[190] Fränkel, H., »Xenophanes' empiricism and his critique of knowledge (B34)«, in: Mourelatos [155] 118–131; wieder abgedruckt in: Fränkel [147]; zuerst veröffentlicht in: Hermes 60, 1925, 174–192.

Eine gute Stellungnahme dazu liegt vor von
[191] Heitsch, E., »Das Wissen des Xenophanes«, RM 109, 1966, 193–235.
[192] Jaeger, W., »Xenophanes' doctrine of God«, (1947), in: Jaeger [481] 38–54.
[193] Lesher, J.H. »Xenophanes' scepticism«, Phronesis 23, 1978, 1–21.
[194] Steinmetz, P., »Xenophanesstudien«, RM 109, 1966, 13–73.
[195] Tulin, A., »Xenophanes fr. 18 D.-K. and the origins of the idea of progress«, Hermes 121, 1993, 129–138.

(C) Pythagoras, Philolaos und die pythagoreische Überlieferung

Texte, Übersetzungen und Kommentare:
[196] Barker, A., Greek Musical Writings II: Harmonic and Acoustic Theory. Cambridge 1989.
[197] Dillon, J., und J.P. Hershbell, Iamblichus: On the Pythagorean Way of Life. Text, Translation, and Notes. Atlanta 1991.
[198] Huffman, C.A., Philolaus of Croton. Pythagorean and Presocratic. A Commentary on the Fragments and Testimonia with Interpretive Essays. Cambridge 1993.
[199] Thesleff, H., Pythagorean Texts of the Hellenistic Period. Åbo 1965.
Literatur:
[200] Navia, L.E., Pythagoras: An Annotated Bibliography. New York 1990.
Die klassische Untersuchung zur Tradition der Pythagoräer ist:
[201] Burkert, W., Weisheit und Wissenschaft. Studien zu Pythagoras, Philolaos, Platon. Nürnberg 1962. Englische Übersetzung von E.L. Minar: Lore and Science in Ancient Pythagoreanism. Cambridge, Mass. 1972.
Eine Erörterung vom Format einer Monographie findet sich in Guthrie [15]. *Für neue, kraftvoll vertretene Ideen zu den frühen Pythagoreern siehe* Kingsley [105]. *Probleme im Zusammenhang der Einschätzung der Quellen werden gut diskutiert bei*
[202] Thesleff, H., An Introduction to the Pythagorean Writings of the Hellenistie Period. Åbo 1961.
Weitere Untersuchungen:
[203] Bluck, R.S., »Plato, Pindar and metempsychosis«, AJP 79, 1958, 405–414.
[204] Bluck, R.S., »Reincarnation in the Phaedrus«, AJP 79, 1958, 156–164.
[205] Burkert, W., »Platon oder Pythagoras? Zum Ursprung des Wortes ›Philosophia‹«, Hermes 88, 1960, 159–177.
[206] Burkert, W., »Zur geistesgeschichtlichen Einordnung einiger Pseudopythagorica«, Fondation Hardt Entretiens XVIII Pseudepigraphica I. 1972, 25–55.
[207] Burkert, W., »Craft versus sect: the problem of Orphics and Pythagoreans«, in: B.F. Meyer und E.P. Sanders (Hg.), Jewish and Christian Self-definition. Volume Three: Self-Definition in the Graeco-Roman World. London 1989, 1–22.
[208] Cornford, F.M., »Mysticism and science in the Pythagorean Tradition«, in: Mourelatos [155] 135–160; zuerst veröffentlicht in CQ 16, 1922, 137–150 und 17, 1923, 1–12.
[209] Delatte, A., Études sur la littérature Pythagoricienne. Paris 1915.
[210] Festugière, A.-J., »Les mémoires pythagoriques cités par Alexandre Polyhistor«, REG 58, 1945, 1–65.
[211] von Fritz, K., Pythagorean Politics in Southern Italy: An Analysis of the Sources. New York 1940.

[212] von Fritz, K., »The discovery of incommensurability by Hippasus of Metapontum«, in: Furley/Allen [148] 382–412; zuerst in: Annals of Mathematics 46, 1945, 242–264.
[213] von Fritz, K., Ἐστρὶς ἑκατέρωθι in Pindar's second Olympian and Pythagoras' theory of metempsychosis«, Phronesis 2, 1957, 85–95.
[214] Heidel, W.A., »The Pythagoreans and Greek mathematics«, in: Furley/Allen [148] 350–381; zuerst veröffentlicht in AJP 61, 1940, 1–33.
[215] Huffman, C.A., »The role of number in Philolaus' philosophy«, Phronesis 33, 1982, 1–30.
[216] Huffman, C.A., »The authenticity of Archytas Fr. 1«, CQ 35, 1985, 344–348.
[217] Kahn, C.H., »Pythagorean philosophy before Plato«, (1974), in: Mourelatos [155] 161–185.
[218] Kahn, C.H., Pitagora e i pitagorici. Istituto della Enciclopedia italiana. Rom 1993.
[219] Lloyd, G.E.R., »Plato and Archytas in the seventh letter«, Phronesis 35.2, 1990, 159–174.
[220] Long, H.S., A Study of the Doctrine of Metempsychosis in Greece from Pythagoras to Plato. Princeton 1948.
[221] Minar, E., Early Pythagorean Politics. Baltimore 1942.
[222] Morrison, J.S., »Pythagoras of Samos«, CQ 6, 1956, 135–156.
[223] Nussbaum, M.C., »Eleatic conventionalism and Philolaos on the conditions of thought«, HSCP 83, 1979, 63–108.
[224] O'Meara, D.J., Pythagoras Revived, Mathematics and Philosophy in Late Antiquity. Oxford 1989.
[225] Philip, J.A., Pythagoras and Early Pythagoreanism. Toronto 1966.
[226] Raven, J.E., Pythagoreans and Eleatics. Cambridge 1948; Nachdr. Amsterdam 1966.
[227] Schrenk, L.P., »World as structure: the ontology of Philolaus of Croton«, Apeiron 27, 1994, 171–190.
[228] Sedley, D.N., »The dramatis personae of Plato's Phaedo«, Philosophical Dialogues: Plato, Hume, Wittgenstein, Proceedings of the British Academy 85, London 1995, 3–26.
[229] Vlastos, G., »Raven's *Pythagoreans and Eleatics*«, in: Furley/Allen [149] 166–176 = Vlastos [160] 180–188; zuerst veröffentlicht in: Gnomon 25, 1953, 29–35.
[230] van der Waerden, B.L., Die Pythagoreer: Religiöse Brüderschaft und Schule der Wissenschaft. Zürich/München 1979.
[231] Zhmud, L.J., Wissenschaft, Philosophie und Religion im frühen Pythagoreismus. Berlin 1997.

(D) Heraklit

Texte, Übersetzungen und Kommentare:

[232] Kahn, C.H., The Art and Thought of Heraclitus. An Edition of the Fragments with Translation and Commentary. Cambridge 1979.
[233] Kirk, G.S., Heraclitus: The Cosmic Fragments. 2. Aufl. Cambridge 1962.
[234] Marcovich, M., Heraclitus. Greek text with a Short Commentary. Merida, Venezuela, 1967.
[235] Mondolfo, R., und L. Tarán, Eraclito – testimonianze e imitazione. (Florenz 1972.

[236] Robinson, T.M., Heraclitus, Fragments: A Text and Translation with a Commentary. Toronto/Buffalo/New York 1987.
Untersuchungen:
Was Standardwerke betrifft, siehe insbesondere die entsprechenden Kapitel bei Guthrie [15] *und* Hussey [13].
Die folgende Auswahl umfaßt auch eine Reihe klassischer Werke des 19. Jahrhunderts.
[237] Bernays, J., Heraclitea. Zuerst veröffentlicht 1848; nachgedruckt in: ders., Gesammelte Abhandlungen, hg. v. H. Usener, Berlin 1885, 1–106.
[238] Conche, M., Héraclite, Fragments. 2. Aufl. Paris 1987.
[239] Dilcher, R., Studies in Heraclitus. Hildesheim/Zürich/New York 1995.
[240] Emlyn-Jones, C.J., »Heraclitus and the identity of opposites«, Phronesis 21, 1976, 89–114.
[241] Fränkel, H., »A thought pattern in Heraclitus«, in: Mourelatos [155] 214–228; zuerst in ausführlicherer Form AJP 59, 1938, 309–337.
[242] Graham, D.W., »Heraclitus' criticism of Ionian philosophy, OSAP 15, 1997, 1–50.
[243] Hölscher, U., »Heraklit«, in: Mourelatos [155] 229–240; eine abkürzende Übersetzung von »Heraklit« (1968) findet sich in: Hölscher [153].
[244] Hospers, J., und K. Robb (Hg.), The Monist 74.4, 1991 (Spezialausgabe zu Heraklit).
[245] Hussey, E., »Epistemology and meaning in Heraclitus«, in: M. Schofield und M.C. Nussbaum (Hg.), Language and Logos. Studies in Ancient Greek Philosophy presented to G.E.L. Owen. Cambridge 1982, 33–59.
[246] Hussey, E., »The beginnings of epistemology: from Homer to Philolaos«, in: S. Everson (Hg.), Companions to Ancient Thought. 1: Epistemology. Cambridge 1990, 11–38.
[247] Hussey, E., »Heraclitus on living and dying«, (1991), in: Hospers und Robb [244] 517–530.
[248] Kirk, G.S., »Heraclitus and death in battle (fr. 24 D.)«, AJP 70, 1949, 384–393.
[249] Lassalle, F., Die Philosophie Herakleitos des dunklen von Ephesos. Berlin 1859; Nachdr. Hildesheim/New York 1973.
[250] Lesher, J.H., »Heraclitus' epistemological vocabulary«, Hermes 111, 1983, 155–170.
[251] Long, A.A., »Heraclitus and Stoicism«, in A.A. Long, Stoic Studies. Cambridge 1996, 35–57; zuerst in: Philosophia 5/6, 1975/76, 133–153.
[252] Long, A.A., »Finding oneself in Greek philosophy«, Tijdschrift voor Filosofie 54, 1992, 255–279.
[253] Long, A.A., »Heraclitus«, (1998), in: Craig [145].
[254] Mackenzie, M.M., »Heraclitus and the art of paradox«, in: OSAP 6, 1988, 1–37.
[255] Mansfeld, J., »Heraclitus on the psychology and physiology of sleep and on rivers«, Mnemosyne 20, 1967, 1–29.
[256] Nussbaum, M.C., »ψυχή in Heraclitus«, Phronesis 17, 1972, 1–16, 153–170.
[257] Rankin, D., »Limits of perception and cognition in Heraclitus' fragments«, Elenchos 16, 1995, 241–252.
[258] Reinhardt, K., »Heraklits Lehre vom Feuer«, Hermes 77, 1942, 1–27; wieder abgedruckt in: ders., Vermächtnis der Antike. 2. Aufl. Göttingen 1960.
[259] Robb, K., »Psyche and Logos in the fragments of Heraclitus: the origins of the concept of the soul«, The Monist 69, 1983, 315–351.
[260] Schleiermacher, F.D.E., »Herakleitos der dunkle, von Ephesos, dargestellt aus

den Trümmern seines Werkes und den Zeugnissen der Alten«, Museum der Alterthums-Wissenschaft 1, 1808, 313–533.
[261] Schofield, M., »Heraclitus' theory of soul and its antecedents«, in: S. Everson (Hg.), Companions to Ancient Thought: 2. Psychology. Cambridge 1991.
[262] Sider, D., »Heraclitus in the Derveni Papyrus«, (1997), in: Laks/Most [537] 129–148.
[263] Tsantsanoglou, K., »The first columns of the Derveni Papyrus and their religious significance«, (1997), in: Laks/Most [537] 93–128.
[264] Verdenius, W.J., »Der Logosbegriff bei Heraklit und Parmenides«, Phronesis 11, 1966, 81–98.
[265] Vlastos, G., »On Heraclitus«, in: Furley/Allen [148] 413–429; zuerst in ausführlicherer Form in: AJP 76, 1955, 337–368 = Vlastos [160] 127–150.
[266] Wiggins, D., »Heraclitus' conceptions of flux, fire and material persistence«, (1982), in: Schofield/Nussbaum [245] 1–32.

Zu Kratylos und über Platons Verhältnis zum Heraklitismus:

[267] Kirk, G.S., »The problem of Cratylus«, AJP 72, 1951, 225–253.

Eine Stellungnahme dazu findet sich bei

[268] Allan, D.J., »The problem of Cratylus«, AJP 75, 1954, 271–287.
[269] Kahn, C.H., »Plato and Heraclitus«, BACAP 1, 1986, 241–258.

(E) Die Eleaten: Parmenides und Melissos

Die Literatur zu Parmenides ist kaum überschaubar. Spezielle Arbeiten zu Melissos gibt es sehr viel weniger; aber die meisten Erörterungen zu Parmenides nehmen auch auf Melissos Bezug; und besonders gut wird er untersucht in Barnes [14].

Texte, Übersetzungen und Kommentare:

Den besten Text von Parmenides bietet, zusammen mit einer ausgezeichneten Sammlung der alten Quellen,

[270] Coxon, A., The Fragments of Parmenides: A Critical Text with Introduction, Translation, the Ancient Testimonia and a Commentary. Assen/Maastricht 1986.

Weitere Ausgaben:

[271] Diels, H., Parmenides' Lehrgedicht. Berlin 1897.
[272] Gallop, D., Parmenides of Elea: A Text and Translation with an Introduction. Toronto/Buffalo/London 1984.
[273] Heitsch, E., Parmenides: Die Anfänge der Ontologie, Logik und Naturwissenschaft. München 1974.
[274] Hölscher, U., Parmenides: vom Wissen des Seienden. Frankfurt a.M. 1969.
[275] O'Brien, D., und J. Frère, (1987), = Bd. 1 von Aubenque [279].
[276] Tarán, L., Parmenides: A Text with Translation, Commentary and Critical Essays. Princeton 1965.

Für Melissos ist die Standardausgabe

[277] Reale, G., Melisso. Testimonianze e Frammenti. Florenz 1970.

Dazu die Besprechung von

[278] Long, A.A., Gnomon 48, 1976, 645–650.

Arbeiten zu Parmenides gibt es derart viele, daß eine vollständige Bibliographie Hunderte von Einträgen enthalten müßte. Im folgenden wird eine Auswahl der wichtigsten Monographien und neuerer Artikel geboten:

[279] Aubenque, P. (Hg.), Études sur Parménide. Bd. 1: Le Poème de Parménide:

texte, traduction, essai critique; Bd. 2: Problémes d'interprétation. Paris 1987. *(Der Band enthält Beiträge von vierzehn Gelehrten.)*

[280] Austin, S., Parmenides: Being, Bounds, and Logic. New Haven 1986.

[281] Barnes, J., »Parmenides and the Eleatic one«, AGP 61, 1979, 1–21.

[282] Bodnár, I.M., »Contrasting images. Notes on Parmenides B 5«, Apeiron 19, 1985, 57–63.

[283] Booth, N.B., »Did Melissus believe in incorporeal Being?«, AJP 79, 1958, 61–65.

[284] Burkert, W., »Das Proömium des Parmenides und die Katabasis des Pythagoras«, Phronesis 14, 1969, 1–30.

[285] Cornford, F.M., Plato and Parmenides. London 1939.

[286] Couloubaritsis, L., Mythe et philosophie chez Parménide. 2. Aufl. Brüssel 1990.

[287] Curd, P.K., »Parmenidean monism«, Phronesis 36, 1991, 241–264.

[288] Curd, P.K., »Deception and belief in Parmenides' *Doxa*«, Apeiron 25, 1992, 109–134.

[289] Curd, P.K., »Eleatic monism in Zeno and Melissus«, AP 13, 1993, 1–22.

[290] Curd, P.K., The Legacy of Parmenides: Eleatic Monism and Later Presocratic Thought. Princeton 1998.

[291] Finkelberg, A., »Parmenides' foundation of the Way of Truth«, OSAP 6, 1988, 39–68.

[292] Fränkel, H., »Studies in Parmenides«, in: Furley/Allen [149] 1–47. Dies ist eine englische Version von Fränkel [147], zuerst veröffentlicht in: Nachrichten der Göttinger Gesellschaft der Wissenschaften 1930, 153–192.

[293] Furley, D.J., »Notes on Parmenides«, in: E.N. Lee, A.P.D. Mourelatos und R. Rorty (Hg.), Exegesis and Argument: Studies in Greek Philosophy presented to Gregory Vlastos. Assen 1973, 1–15 = Furley [150] 27–37.

[294] Furth,M., »Elements of Eleatic ontology«, in: Mourelatos [155] 241–270; zuerst in: JHP 6, 1968, 111–132.

[295] Goldin, O., »Parmenides on possibility and thought«, Apeiron 26, 1993, 19–35.

[296] Heidegger, M., »Moira (Parmenides VIII,34–41)«, in: Heidegger [152] 79–101; zuerst deutsch in: Vorträge und Aufsätze. Pfullingen 1954.

[297] Hoy, R.C., »Parmenides' complete rejection of time«, JP 91, 1994, 573–598.

[298] Kahn, C.H., »The thesis of Parmenides«, Review of Metaphysics 22, 1968/69, 700–724.

[299] Kahn, C.H., »Being in Parmenides and Plato«, La Parola del Passato 43, 1988, 237–261.
Siehe auch Kahn [104].

[300] Ketchum, R.J., »Parmenides on what there is«, Canadian Journal of Philosophy 20, 1990, 167–190.

[301] Laks, A., »›The More‹ and ›The Full‹: On the reconstruction of Parmenides' theory of sensation in Theophrastus, *De sensibus* 3–4«, OSAP 8, 1990, 1–18.

[302] Lesher, J.H., »Parmenides' critique of thinking: the *poludēris elenchos* of fragment 7«, OSAP 2, 1984, 1–30.

[303] Loenen, J.H.M.M., Parmenides, Melissus, Gorgias. Assen 1951.

[304] Long, A.A., »The principles of Parmenides' cosmogony«, in Furley/Allen [149] 82–101; zuerst in: Phronesis 8, 1963, 90–107.

[305] Long, A.A., »Parmenides on thinking Being«, mit einem Kommentar von S. Rosen, BACAP 12, 1996, 125–162.

[306] Mackenzie, M.M., »Parmenides' dilemma«, Phronesis 27, 1982, 1–12.

[307] Malcolm, J., »On avoiding the void«, OSAP 9, 1991, 75–94.
[308] Mansfeld, J., Die Offenbarung des Parmenides und die menschliche Welt. Assen 1964.
[309] Mourelatos, A.P.D., The Route of Parmenides: A Study in Word, Image and Argument in the Fragments. New Haven 1970.
[310] Mourelatos, A.P.D., »Heraclitus, Parmenides and the naive metaphysics of things«, (1973), in: Lee et al. [293] 16–48.
[311] Mourelatos, A.P.D., »Alternatives in interpreting Parmenides«, The Monist 62, 1979, 3–14.
[312] Owen, G.E.L., »Eleatic questions«, in: Furley/Allen [149] 48–81 = Owen [156] 3–26; zuerst in: CQ 10, 1960, 84–102.
[313] Owen, G.E.L., »Plato and Parmenides on the timeless present«, in: Mourelatos [155] 271–292 = Owen [156] 27–44; zuerst in: The Monist 50, 1966, 317–340.
[314] Owens, J. (Hg.), Parmenides Studies Today. Sonderausgabe von The Monist 62, 1979, Nr. 1. *(Enthält Arbeiten von acht Gelehrten.)*
[315] Phillips, E.D., »Parmenides on thought and being«, PR 64, 1955, 546–560.
[316] Popper, K.R., »How the moon might shed some of her light upon the two ways of Parmenides«, CQ 42, 1992, 12–19.
[317] Reinhardt, K., Parmenides und die Geschichte der Griechischen Philosophie. Bonn 1916; Nachdr. Frankfurt 1959.
[318] Schofield, M., »Did Parmenides discover eternity?«, AGP 52, 1970, 113–135.
[319] Solmsen, F., »The ›Eleatic One‹ in Melissus«, in: Solmsen [159] Bd. 3, 137–149; zuerst in: Mededelingen der Koninklijke Nederlandse Akademie van Wetenschappen, Afd. Letterkunde, Nieuwe Reeks 32/8, 1969, 221–233.
[320] Verdenius, W.J., Parmenides. Some Comments on his Poem. Groningen 1942; Nachdr. Amsterdam 1964.
[321] Vlastos, G., »Parmenides' theory of knowledge«, TAPA 77, 1946, 66–77 = Vlastos [160] 153–163.
[322] Woodbury, L., »Parmenides on names«, HSCP 63, 1958, 145–160 = Anton/Kustas [140] 145–162.
[323] Woodbury, L., »Parmenides on naming by mortal men: fr. B8.53–56«, AP 6, 1986, 1–13.

(F) Zenon

Für Zenon in Verbindung mit Parmenides und Melissos siehe den vorangehenden Abschnitt über »Die Eleaten«.

Text, Übersetzung und Kommentar:

[324] Lee, H.D.P., Zeno of Elea. Cambridge 1936.
[325] Untersteiner, M., Zenone. Testimonianze e Frammenti. Florenz 1963.

Siehe auch:

[326] Dillon, J., »New evidence on Zeno of Elea?«, AGP 56, 1974, 127–131.
[327] Dillon, J., »More evidence on Zeno of Elea?«, AGP 58, 1976, 221–222.

Zenons Paradoxien haben bei Philosophen und Mathematikern ein enormes Interesse geweckt. In ausgezeichneter Weise werden sie bei Barnes [14] 231–295 *behandelt. Eine hilfreiche Anthologie und Bibliographie bietet*

[328] Salmon, W.C. (Hg.), Zeno's Paradoxes. Indianapolis/New York 1970.

Über die Ziele Zenons haben Cornford [285] *und* Raven [226] *Hypothesen aufgestellt, zu denen Stellung genommen wurde von*

[329] Booth, N.B., »Were Zeno's arguments a reply to attacks upon Parmenides?«, Phronesis 3, 1957, 1–9.
[330] Booth, N.B., »Were Zeno's arguments directed against the Pythagoreans?« Phronesis 3, 1957, 90–103.
[331] Booth, N.B., »Zeno's paradoxes«, JHS 77, 1957, 187–201.
Die folgende Liste bietet eine Auswahl von Werken zu Zenons Argumenten und von historischen Interpretationsthemen:
[332] Fränkel, H., »Zeno of Elea's attacks on plurality«, in: Furley/Allen [149] 102–142; zuerst in: AJP 63, 1942, 1–25 und 193–206.
[333] Furley, D.J., »Zeno«, (1967), in: Furley [400] 63–78.
[334] Grünbaum, A., Modern Science and Zeno's Paradoxes. Middletown, Conn. 1968.
[335] Harrison, C., »The three arrows of Zeno. Cantorian and Non-Cantorian Concepts of the Continuum and of Motion«, Synthese 107, 1996, 271–292.
[336] Lear, J., »A note on Zeno's arrow«, Phronesis 26, 1981, 91–104.
[337] Makin, S., »Zeno on plurality«, Phronesis 27, 1982, 223–238.
[338] Owen, G.E.L., »Zeno and the Mathematicians«, in: Furley/Allen [149] 143–165, and in: Owen [156]; zuerst in: PAS 58, 1957/58, 143–162.
[339] Russell, B., Principles of Mathematics. London 1903, Kap. 42.
[340] Russell, B., Our Knowledge of the External World. London 1914, Kap. 6.
[341] Ryle, G., Dilemmas. Cambridge 1954, Kap. 3.
[342] Solmsen, F., »The Tradition about Zeno of Elea re-examined«, in: Mourelatos [155] 368–393; zuerst in: Phronesis 16, 1971, 116–141.
Eine Antwort darauf findet sich bei
[343] Vlastos, G., »Plato's testimony concerning Zeno of Elea«, JHS 95, 1975, 136–162 = Vlastos [160] 264–300.
[344] Vlastos, G., »A note on Zeno's arrow«, in: Furley/Allen [149] 184–2000 = Vlastos [160] 205–218; zuerst in: Phronesis 11, 1966, 3–18.
[345] Vlastos, G., »Zeno's race course«, in: Furley/Allen [149] 201–220 = Vlastos [160] 189–204; zuerst in: JHP 4, 1966, 95–108.
[346] Vlastos, G., »A Zenonian argument against plurality«, (1971), in: Anton/Kustas [140] 119–144 = Vlastos [160] 219–240.
[347] Vlastos,G., »Zeno of Elea«, in: P. Edwards (Hg.), The Encyclopedia of Philosophy New York/London 1967, Bd. 8, 369–379 = Vlastos [160] 241–263.
Hingewiesen sei auch auf eine Zenon-Debatte in der Zeitschrift ›Analysis‹:
[348] Black, M., »Achilles and the Tortoise«, Analysis 11, 1951, 91–101.
[349] Taylor, R., »Mr. Black on temporal paradoxes«, Analysis 12, 1951, 38–44.
[350] Grünbaum, A., »Messrs. Black and Taylor on temporal paradoxes«, Analysis 12, 1952, 144–148.
[351] Wisdom, J.O., »Achilles on a physical racecourse«, Analysis 12, 1952, 67–72.
[352] Thomas, L.E., »Achilles and the Tortoise«, Analysis 12, 1952, 92–94.
[353] Taylor, R., »Mr. Wisdom on temporal paradoxes«, Analysis 13, 1952, 13–17.
[354] Watling, J., »The sum of an infinite series«, Analysis 13, 1952, 39–46.
[355] Hinton, J.M. und C.B. Martin, »Achilles and the Tortoise«, Analysis 14, 1954, 56–68.

(G) Empedokles

Texte, Übersetzungen und Kommentare:

[356] Bollack, J., Empédocle. 4 Bde., Paris 1965–69.

[357] Inwood, B., The Poem of Empedocles: A Text with an Introduction. Toronto/Buffalo/London 1992.

[358] Wright, M.R., Empedocles: The Extant Fragments, edited with Introduction, Commentary, Concordance and New Bibliography. New Haven 1981; Nachdr. London/Indianapolis 1995.

Die moderne Forschung zu Empedokles hat sich insbesondere auf seinen kosmischen Zyklus konzentriert, dessen Natur und Stufen man heiß diskutiert hat. Zu denen, die einen Vier-Phasen-Zyklus vorschlagen, bestehend aus der abwechselnden Vorherrschaft von Liebe und Haß und aus den beiden Übergangsphasen dazwischen, gehören u.a. Wright [358], Inwood [357], *und mit größtmöglicher Ausarbeitung im Detail:*

[359] O'Brien, D., Empedocles' Cosmic Cycle. Cambridge 1969.

Alternativen zu diesem Schema werden vorgeschlagen von Bollack [356] *und:*

[360] Hölscher, U., »Weltzeiten und Lebenszyklus«, Hermes 93, 1965, 7–33; wieder abgedruckt in: Hölscher [153].

[361] Solmsen, F., »Love and Strife in Empedocles' cosmology«, in: Furley/Allen [149] 221–264; zuerst in: Phronesis 10, 1965, 109–148.

Für eine Beurteilung der Kontroverse (und dabei mit einer Neigung zur zweiten Auffassung) siehe

[362] Long, A.A., »Empedocles' cosmic cycle in the ›sixties‹«, (1974), in: Mourelatos [155] 397–425.

Eine Antwort darauf, die das Vier-Phasen-Schema unterstützt, ist die von

[363] Graham, D.W., »Symmetry in the Empedoclean cycle«, CQ 38, 1988, 297–312.

Siehe auch

[364] Osborne, C., »Empedocles recycled«, CQ 37, 1987, 24–50.

Zu Empedokles' religiösem Denken und zu der Beziehung, in der es zu seiner Naturtheorie steht, siehe Kingsley [105] *und*

[365] Kahn, C.H., »Religion and natural philosophy in Empedocles' doctrine of the soul«, in: Mourelatos [155] 426–456; zuerst in AGP 42, 1960, 3–35.

[366] Long, A.A., »Thinking and sense-perception in Empedocles: mysticism or materialism?«, CQ 16, 1966, 256–276.

[367] Riedweg, C., »Orphisches bei Empedocles«, Antike und Abendland 41, 1995, 34–59.

[368] Zuntz, G., Persephone: Three Essays on Religion and Thought in Magna Graecia. Oxford 1971.

Zu verschiedenen Interpretationsthemen siehe:

[369] O'Brien, D., »Empedocles revisited«, AP 15, 1995, 403–470.

An sonstigen Untersuchungen seien genannt:

[370] Furley, D.J., »Empedocles and the clepsydra«, in: Furley/Allen [149] 265–274; zuerst in: JHS 77.1, 1957, 31–34.

[371] Kingsley, P., »Empedocles and his interpreters: the four-element doxography«, Phronesis 39, 1994, 235–254.

Darauf geantwortet hat

[372] Mansfeld, J., »Critical note: Empedocles and his interpreters«, Phronesis 40, 1995, 109–115.

[373] Kingsley, P., »Empedocles' sun«, CQ 44, 1994, 316–324.

[374] Longrigg, J., »Roots«, CR 17, 1967, 1–5.

[375] O'Brien, D., »The relation of Anaxagoras and Empedocles«, JHS 88, 1968, 93–114.
[376] O'Brien, D., »Empedocles' theories of seeing and breathing«, JHS 90, 1970, 140–179.
[377] Sedley, D.N., »The proems of Empedocles and Lucretius«, GRBS 30, 1989, 269–296.
[378] Sedley, D.N., »Empedocles' theory of vision and Theophrastus' *De sensibus*«, (1992), in: Fortenbaugh/Gutas [41] 20–31.
[379] Tigner, S.S., »Empedocles' twirled ladle and the vortex-supported earth«, Isis 65, 1974, 432–447.
Für eine Ausgabe und Übersetzung der neuen Papyrus-Fragmente von Empedokles siehe
[380] Martin, A., und O. Primavesi, L'Empédocle de Strasbourg. Berlin/New York 1998.

(H) Anaxagoras

Text, Übersetzung und Kommentar:
[381] Lanza, D., Anassagora: Testimonianze e Frammenti. Florenz 1966.
[382] Sider, D., The Fragments of Anaxagoras. Meisenheim am Glan 1981.
Eine gute Monographie ist
[383] Schofield, M., An Essay on Anaxagoras. Cambridge 1980.
Die Bibliographie zu Anaxagoras' Ontologie ist sehr umfangreich. Entscheidende Beiträge sind:
[384] Cornford, F.M., »Anaxagoras' theory of matter«, in: Furley/Allen [149]1 275–322; zuerst veröffentlicht in: CQ 24, 1930, 14–30 und 83–95.
[385] Furley, D.J., »Anaxagoras in response to Parmenides«, (1976), in: Shiner/King-Farlow [158] 61–85 = Furley [150] 47–65.
[386] Furth, M., »A ›philosophical hero‹? Anaxagoras and the Eleatics«, OSAP 9, 1991, 95–129.
[387] Graham, D.W., »The postulates of Anaxagoras«, Apeiron 27, 1994, 77–121.
[388] Heidel, W.A., »Qualitative change in pre-Socratic philosophy«, in: Mourelatos [155] 86–98; zuerst in ausführlicherer Form in AGP 19, 1906, 333–379.
[389] Inwood, B., Anaxagoras and infinite divisibility«, ICS 11, 1986, 17–34.
[390] Kerferd, G.B., »Anaxagoras and the concept of matter before Aristotle«, in: Mourelatos [155] 489–503; zuerst in: Bulletin of the Lohn Rylands Library 52, 1969, 129–143.
[391] Strang, C., »The physical theory of Anaxagoras«, in: Furley/Allen [149] 361–380; zuerst in: AGP 45, 1963, 101–118.
[392] Vlastos, G., »The physical theory of Anaxagoras«, (1975), in: Furley/Allen [149] 323–353 = Mourelatos [155] 459–488 = Vlastos [160] 303–327; zuerst in: PR 59, 1950, 31–57.
Auf den Nous-Begriff des Anaxagoras beziehen sich viele Einträge weiter unten im Abschnitt (P). Siehe außerdem
[393] von Fritz, K., »Der ΝΟΥΣ des Anaxagoras«, Archiv für Begriffsgeschichte 9, 1964, 87–102.
[394] Laks, A., »Mind's crisis: on Anaxagoras' *nous*«, Southern fournal of Philosophy 31 Suppl., 1993, 19–38.
Für weitere Untersuchungen zu Anaxagoras' intellektuellem Kontext siehe O'Brien [375] *und*

[395] Mansfeld, J., »The chronology of Anaxagoras' Athenian period and the date of his trial«, in: Mansfeld [32] 264–306; zuerst in ausführlicherer Form in: Mnemosyne 32, 1979, 39–69 und 33, 1980, 17–95.

(I) Die Atomisten: Leukipp und Demokrit

Text, Übersetzung und Kommentar:

[396] Luria, S., Democritea. Leningrad 1970. *(Originaltexte von Fragmenten und Testimonien mit russischer Übersetzung und Kommentar.)*

Untersuchungen: Die beste Einführung bietet Furley [99]. *Siehe ferner:*

[397] Bailey, C., The Greek Atomists and Epicurus. Oxford 1928.

Eine Reihe nützliche Studien ist gesammelt in

[398] Benakis, L. (Hg.), Proceedings of the 1st International Conference on Democritus. 2 Bde., Xanthi 1984.

Darunter insbesondere

[399] Barnes, J., »Reason and necessity in Leucippus«, (1984), in: Benakis [398] 141–158.

Zur Naturtheorie der Atomisten:

[400] Furley, D.J., Two Studies in the Greek Atomists. Princeton 1967, Kap. 6: »The atomists' reply to the Eleatics« = Mourelatos [155] 504–526.

[401] Furley, D.J., »Aristotle and the Atomists on infinity«, in: I. Düring (Hg.), Naturphilosophie bei Aristoteles und Theophrast. Heidelberg 1969, 85–96 = Furley [150] 103–114.

[402] Furley, D.J., »Aristotle and the Atomists on motion in a void«, in: P.K. Machamer und J. Turnbull (Hg.), Motion and Time. Space and Matter. Columbus, Ohio 1976, 83–100 = Furley [150] 77–90.

[403] Kline, A.D., und C.A. Matheson, »The logical impossibility of collision«, Philosophy 62, 1987, 509–515.

Geantwortet hat darauf

[404] Godfrey, R., »Democritus and the impossibility of collision«, Philosophy 65, 1990, 212–217.

[405] Luria, S., »Die Infinitesimallehre der antiken Atomisten«, Quellen und Studien zur Geschichte der Mathematik B 2, 1933, 106–185.

[406] Makin, S., »The indivisibility of the atoms«, AGP 71, 1989, 125–149.

[407] O'Brien, D., Theories of Weight in the Ancient World, Bd. 1: Democritus, Weight and Size. Paris/Leiden 1981.

Diskutiert wird dies von

[408] Furley, D.J., »Weight and motion in Democritus' theory«, OSAP 1, 1983, 193–209 = Furley [150] 91–102.

Siehe ferner

[409] Sedley, D.N., »Two conceptions of vacuum«, Phronesis 27, 1982, 175–193.

Zur Ethik, Epistemologie und Psychologie der Atomisten:

[410] Bicknell, P., »The seat of the mind in Democritus«, Eranos 66, 1968, 10–23.

[411] Bicknell, P., »Democritus on precognition«, REG 82, 1969, 318–326.

[412] Burkert, W., »Air-imprints or *eidola*? Democritus' aetiology of vision«, ICS 2, 1977, 97–109.

[413] Furley, D.J., »Democritus and Epicurus on sensible qualities«, in: J. Brunschwig und M.C. Nussbaum (Hg.), Passions and Perceptions. Proceedings of the Fifth Symposium Hellenisticum. Cambridge 1993, 72–94.

[414] Gosling, J.C.B., und C.C.W. Taylor, The Greeks on Pleasure. Oxford 1982.
[415] Hussey, E., »Thucydidean history and Democritean theory«, in: P. Cartledge und F. Harvey (Hg.), Crux. Essays in Greek History presented to G.E.M. de Ste. Croix. London 1985, 118–138.
[416] Kahn, C.H., »Democritus and the origins of moral psychology«, AJP 106, 1985, 1–31.
[417] McKim, R., »Democritus against scepticism: All sense-impressions are true«, (1984), in: Benakis [398] 281–290.
[418] Müller, R., »Naturphilosophie und Ethik im antiken Atomismus«, Philologus 124, 1980, 1–17.
[419] O'Brien, D., »Théories atomistes de la vision: Démocrite et le problème de la fourmi céleste«, (1984), in: Benakis [398] 28–57.
[420] Procope, J.F., »Democritus on politics and the care of the soul«, CQ 39, 1989, 307–331 und 40, 1990, 21–45.
[421] Sassi, M.M., Le teorie della percezione in Democrito. Florenz 1978.
[422] Sedley, D.N., »Sextus Empiricus and the atomist criteria of truth«, Elenchos 13, 1992, 19–56.
[423] Taylor, C.C.W., »Pleasure, knowledge and sensation in Democritus«, Phronesis 12, (1967, 6–27.
[424] Vlastos, G., »Ethies and physics in Democritus«, in: Furley/Allen [149] 381–408 = Vlastos [160] 328–350; zuerst in: PR 54, 1945, 578–592 und 55, 1946, 53–64.
Siehe ferner Diels [426] *und* Farrar [96].

(J) Diogenes von Apollonia

Text und Kommentar:
[425] Laks, A., Diogène d'Apollonie. Lille 1983.
Untersuchungen: siehe Jaeger [481] 165–171 *und*
[426] Diels, H., »Leukippos und Diogenes von Apollonia«, RM 42, 1887, 1–14.
[427] Diller, H., »Die philosophiegeschichtliche Stellung des Diogenes von Apollonia«, Hermes 76, 1941, 359–381.
[428] Huffmeier, F. »Teleologische Weltbetrachtung bei Diogenes von Apollonia«, Philologus 107, 1963, 131–138.

(K) Die Sophisten: Ethisches und politisches Denken

Antiphon, Gorgias und Protagoras werden einzeln behandelt; siehe dazu weiter unten die Abschnitte (L), (M) und (N).

Texte, Übersetzungen und Kommentare:
[429] Gagarin, M., und P. Woodruff (Hg.), Early Greek Political Thought from Homer to the Sophists. Cambridge 1995.
[430] Robinson, T.M., Contrasting Arguments, an Edition of the Dissoi Logoi. New York 1979.
[431] Sprague, R.K. (Hg.), The Older Sophists: A Complete Translation. Columbia, S.C. 1972.
[432] Untersteiner, M., I Sofisti, testimonianze e frammenti. 4 Bde. Florenz 1954–62.
Umfassende Arbeiten sind u.a. Grote [21], Guthrie [17] *und das ausgezeichnete Buch von*
[433] Kerferd, G.B., The Sophistic Movement. Cambridge 1981.

Siehe weiter

[434] Guthrie, W.K.C., The Sophists. Cambridge 1971. *(Eine separate Veröffentlichung der die Sophisten betreffenden Teile von* Guthrie [17].*)*

[435] de Romilly, J., Les grands sophistes dans l'Athènes de Périclès. Paris 1988. Englische Übersetzung von J. Lloyd: The Great Sophists in Periclean Athens. Oxford 1982.

sowie Adkins [82], Farrar [96] *und* Ostwald [121].

Sammelbände:

[436] Classen, C.J. (Hg.), Sophistik. Darmstadt 1976.

[437] Greek Philosophical Society, The Sophistic Movement. Athen 1984.

[438] Kerferd, G.B. (Hg.), The Sophists and their Legacy. Proceedings of the 4. International Colloquium on Ancient Philosophy, Bad Homburg 1979. Wiesbaden 1981.

Weitere Arbeiten:

[439] Burnyeat, M., »Dissoi Logoi«, (1998), in: Craig [145].

[440] Cole, T., The Origins of Rhetoric in Ancient Greece. Baltimore 1991.

[441] Havelock, E.A., The Liberal Temper in Greek Politics. New Haven 1957.

[442] Havelock, E.A., »Dikaiosyne. An essay in Greek intellectual history«, Phoenix 23, 1969, 49–70.

[443] Heinimann, F., Nomos und Physis: Herkunft und Bedeutung einer Antithese im griechischen Denken des 5. Jahrhunderts. Basel 1945; Nachdr. Darmstadt 1972.

[444] Kahn, C.H., »The origins of social contract theory in the fifth century B.C.«, in: Kerferd [438] 92–108.

[445] Nehamas, A., »Eristic, antilogic, sophistic, dialectic: Plato's demarcation of philosophy from sophistry«, History of Philosophy Quarterly 7, 1990, 3–16.

[446] Nill, M., Morality and Self-interest in Protagoras, Antiphon and Democritus. Leiden 1985.

[447] Solmsen, F., Intellectual Experiments of the Greek Enlightenment. Princeton 1975.

[448] Woodruff, P., »Eikos and bad faith in the paired speeches of Thucydides«, BACAP 10, 1994, 115–145.

(L) Antiphon

Text und Kommentar (in Italienisch):

[449] Bastianini, G., und F. Decleva Caizzi, »Antipho«, in: Corpus dei Papiri Filosofici Greci e Latini (CPF). Bd. 1, Florenz 1989, 176–222.

Siehe auch

[450] Decleva Caizzi, F., »Ricerche su Antifonte. A propositio di POxy. 1364 fr. 1«, in: M. Capasso, F. de Martino, P. Rosati (Hg.), Studi di filosofia preplatonica. Neapel 1985, 191–208.

[451] Decleva Caizzi, F., »Il nuovo papiro di Antifonte (POxy LII, 3647)«, in: Protagora, Antifonte, Posidonio, Aristotele. Saggi su frammenti inediti e nuove testimonianze da papiri. (Studi e Testi per il Corpus dei Papiri Filosofici 2), Florenz 1986, 61–69.

Für Übersetzungen siehe Sprague [431] *und* Gagarin/Woodruff [429].

Untersuchungen:

[452] Decleva Caizzi, F., »*Hysteron Proteron*: la nature et la loi selon Antiphon et Platon«, Revue de Metaphysique et Morale 91, 1986, 291–310.

[453] Furley, D.J., »Antiphon's case against justice«, (1981), in: Kerferd [438] 81–91 = Furley [150] 66–76.
[454] Kerferd, G.B., »The moral and political doctrines of Antiphon the Sophist«, Proceedings of the Cambridge Philological Society 4, 1956/57, 26–32.
[455] Morrison, J.S., »The ›Truth‹ of Antiphon«, Phronesis 8, 1963, 35–49.
[456] Moulton, C., »Antiphon the sophist, On truth«, TAPA 103, 1972, 329–366.
[457] Narcy, M., (1989), »Antiphon d'Athène«, in: Goulet [151].
[458] Ostwald, M., »Nomos and Phusis in Antiphon's Περὶ Ἀληθείας«, in: M. Griffith und D.J. Mastronarde (Hg.), Cabinet of the Muses. Chico 1990, 293–306.
[459] Saunders, T.J., »Antiphon the sophist on natural laws«, PAS 78, 1977–78, 215–236.

(M) Gorgias

Text und Testimonien:
[460] Buchheim, T., Gorgias von Leontinoi, Reden, Fragmente und Testimonien. Hamburg 1989.
[461] Macdowell, D.M., Gorgias, Encomium of Helen. Bristol 1982.
Für englische Übersetzungen siehe Sprague [431] *und* Gagarin/Woodruff [429].
Über Gorgias allgemein:
[462] Dodds, E.R. (Hg.), Plato Gorgias. Oxford 1959.
Untersuchungen:
[463] Kerferd, G.B., »Gorgias on Nature or that which is not«, Phronesis 1, 1955/56, 3–25.
[464] Long, A.A., »Methods of argument in Gorgias' Palamedes«, (1984), in: Greek Philosophical Society [437] 233–241.
[465] Mourelatos, A.P.D., »Gorgias on the function of language«, Philosophcal Topics 15, 1987, 135–170.
[466] Newiger, H.-J., Untersuchung zu Gorgias' Schrift Über das Nichtseiende. Berlin 1973.
[467] Rosenmeyer, T.G., »Gorgias, Aeschylus and *Apate*«, AJP 76, 1955, 225–260.
[468] Segal, C.P., »Gorgias and the psychology of the Logos«, HSCP 66, 1962, 99–155.
[469] Verdenius, W.J., »Gorgias' doctrine of deception«, (1981), in: Kerferd [438] 116–128.

(N) Protagoras

Texte: DK 80.
Übersetzungen: siehe Sprague [431] *und* Gagarin/Woodruff [429].
Untersuchungen:
[470] Bett, R., »The sophists and relativism«, Phronesis 34, 1989, 139–169.
[471] Burnyeat, M., »Protagoras and self-refutation in Plato's Theaetetus«, PR 85, 1976, 172–195.
[472] Classen, C.J., »Protagoras' *Aletheia*«, in: P. Huby und G. Neal (Hg.), The Criterion of Truth. Liverpool 1989, 13–38.
[473] Fine, G., »Protagorean relativisms«, BACAP 10, 1994, 211–243.
[474] Glidden, D.K., »Protagorean relativism and physis«, Phronesis 20, 1975, 209–227.

[475] Mansfeld, J., »Protagoras on epistemological obstacles and persons«, (1981), in: Kerferd [438] 38–53.
[476] Schiappa, E., Protagoras and Logos: A Study in Greek Philosophy and Rhetoric. Columbia, S.C. 1991.
[477] Taylor, C.C.W., Plato Protagoras. Oxford 1976.
[478] Vlastos, G. (Hg.), Plato Protagoras. Indianapolis/New York, 1956.
[479] Woodruff, P., »Didymus on Protagoras and the Protagoreans«, JHP 23, 1985, 483–497..

(O) Rationale Theologie

Siehe Burkert [85], Cornford [88] *und* [89], Jaeger [102], Vlastos [187] *und*
[480] Gerson, L.P., God and Greek Philosophy. London/New York 1990.
[481] Jaeger, W., The Theology of the Early Greek Philosophers. Oxford 1947. Deutsch: Die Theologie der frühen griechischen Denker Stuttgart 1953; Darmstadt 1964.
[482] Vlastos, G., »Theology and philosophy in early Greek thought«, in: Furley/Allen [148] 92–129 und in Vlastos [150], zuerst veröffentlicht in Philosophical Quarterly 2, 1952, 97–123.

(P) Epistemologie und Psychologie

Siehe Barnes [14], Bicknell [410], Burkert [201], Huffman [198], Kahn [232], Laks [301] *und* [394], Lloyd [111], Long [366], Mansfeld [255], Mourelatos [309], Nussbaum [256], O'Brien [419], Snell [128], Stratton [38] *und:*
[483] Beare, J.I., Greek theories of Elementary Cognition from Alcmaeon to Aristotle. Oxford 1966.
[484] Bicknell, P., »Parmenides, fragment 10«, Hermes 96,1968, 629–631.
[485] Bremmer, J., The Early Greek Concept of the Soul. Princeton 1983.
[486] Claus, D., Towards the Soul. An Inquiry into the meaning of ψυχή before Plato. New Haven 1981.
[487] von Fritz, K., »Νόος and Νοεῖν in the Homeric Poems«, CP 38, 1943, 79–93.
[488] von Fritz, K., Νοῦς, Νοεῖν, and their derivatives in Pre-Socratic philosophy«, in: Mourelatos [155] 23–85, zuerst veröffentlicht in CP 40, 1945, 223–242 und 41, 1946, 12–34.
[489] Furley, D.J., »The early history of the Greek concept of the soul«, Bulletin of the Institute of Classical Studies 3, 1956, 1–18.
[490] Gottschalk, H.P., »Soul as harmonia«, Phronesis 16, 1971, 179–198.
[491] Hussey, E., »The beginnings of epistemology: from Homer to Philolaos«, in: S. Everson (Hg.), Companions to Ancient Thought, 1: Epistemology. Cambridge 1990, 11–38.
[492] Jarcho, V.N., »Zum Menschenbild der nachhomerischen Dichtung«, Philologus 112, 1968, 147–172.
[493] Jouanna, J., »Le souffle, la vie et le froid. Remarques sur la famille de ψύχω d'Homère à Hippocrate«, REG 99, 1987, 202–224.
[494] Lesher, J.H., »The emergence of philosophical interest in cognition«, OSAP 12, 1994, 1–34.
[495] Mansfeld, J. »Alcmaeon: ›Physikos‹ or Physician? With some remarks on Calcidius' ›On Vision‹ compared to Galen, *Plac. Hipp. Plat.* VII«, (1975), in: Mansfeld und de Rijk (Hg.), (siehe [73]) 26–38.

[496] Müller, C.W., Gleiches zu Gleichem. Ein Prinzip frühgriechischen Denkens. Wiesbaden 1965.

[497] Solmsen, F., »Antecedents of Aristotle's psychology and scale of beings«, AJP 76, 1955, 148–164.

[498] Verdenius, W., »Empedocles' doctrine of sight«, in: Studia Vollgraf oblata. Amsterdam 1948, 155–164.

(Q) Kausalität und Medizin

Eine Bibliographie zur Medizin für die Jahre 1839–1985 ist enthalten in Longrigg [511].

Siehe Adkins [82], Jaeger [102], Jones [103], Lloyd [109], [110] *und* [154], Longrigg [115], Williams [138] *und*

[499] di Benedetto, V., »Tendenza e probabilità nell'antica medicina greca«, Critica storica 3, 1966, 315–368.

[500] Deichgraeber, K., »*Prophasis.* Eine terminologische Studie«, in: Quellen und Studien zur Geschichte der Naturwissenschaft und der Medizin. Bd. 3, 1933, 209–225.

[501] Diller, H., »Hippokratische Medizin und attische Philosophie«, Hermes 80, 1952, 385–409.

[502] Diller, H., »Ausdrucksformen des methodischen Bewußtseins in den hippokratischen Epidemien«, Archiv für Begriffsgeschichte 9, 1964, 133–150.

[503] Diller, H., »Das Selbstverständnis der griechischen Medizin in der Zeit des Hippokrates«, in: La collection hippocratique et son rôle dans l'histoire de la médicine. Colloque de Strasbourg (23–27 octobre 1972). Leiden 1975, 77–93.

[504] Frede, M., »The original notion of cause«, in: ders., Essays in Ancient Philosophy. Minneapolis 1987, 125–150.

[505] Irigoin, J., »Préalables linguistique à l'interprétation de termes techniques attestés dans la collection hippocratique«, (1983), in: Lasserre/Mudry [507] 173–180.

[506] Jouanna, J. (Hg.), De l'ancienne medicine. Text und französische Übersetzung. Paris 1990.

[507] Lasserre, F., und P. Mudry (Hg.), Formes de pensée dans la collection hippocratique. Geneva 1983.

[508] Littré, E., Œuvres complètes d'Hippocrate. 10 Bde.: Text, Übersetzung, Einführung und medizinischer Kommentar. Paris 1839–61; Nachdr. Amsterdam 1961–62.

[509] Longrigg, J., »Philosophy and medicine: some early interactions«, HSCP 67, 1963, 147–175.

[510] Longrigg, J., »*Ancient Medicine* and its intellectual context«, (1983), in: Lasserre/Mudry [507] 249–256.

[511] Longrigg, J., »Presocratic philosophy and Hippocratic medicine«, mit einer Bibliographie über die Zeit 1839–1985, History of Science 27, 1989, 1–39.

[512] Lonie, I.M., The Hippocratic Treatises On Generation, On the Nature of the Child, Diseases IV. A commentary. Berlin/New York 1981.i).

[513] Mansfeld, J., »The historical Hippocrates and the origins of scientific medicine«, in: M. Ruse (Hg.), Nature Animated. Dordrecht 1983, 49–76.

[514] Marzullo, A., »Hippocr. Progn. 1 Alex. (Prooemium)«, Museum criticum 21–22, 1986–87, 199–254.

[515] Müri, W. (Hg.), Der Arzt im Altertum. 5. Aufl. München/Zürich 1986.
[516] Nickel, D., »Bemerkungen zur Methodologie in der hippokratischen Schrift De prisca medicina, in: P. Pellegrin und R. Wittern (Hg.), Hippokratische Medizin und antike Philosophie. Hildesheim/Zürich/New York 1996, 53–61.
[517] Perrilli, L., »Il lessico intellettuale di Ippocrate: sēmainein e tekmairesthai, Lexicon Philosophicum 5, 1991, 153–180.
[518] Rawlings, H.R., A Semantic Study of Prophasis to 400 B.C.. Wiesbaden 1975.
[519] Said, S., La faute tragique. Paris 1978.
[520] Sorabji, R., Necessity, Cause and Blame. London 1980.
[521] Vegetti, M., »Il *de locis in homine* fra Anassagora e Ippocrate«, Istituto lombardo di scienze e lettere, Rendiconti Classe di Lettere 99, 1965, 193–213.
[522] Vegetti, M., La medicina in Platone. Venice 1995.
[523] Vegetti, M., »Iatromantis. Previsione e memoria nella Grecia antica«, in: M. Bettini (Hg.), Il signori della memoria e dell'oblio. Florenz 1996, 65–81.
[524] Vegetti, M., »Kompsoi Asklepiades: la critica di Platone alla medicina nel III libro della Repubblica, (1996), in: Algra et al. [139] 61–75.

(R) Die Poetik der frühen griechischen Philosophie

Siehe Fränkel [97] *und* [147], Lloyd [128], Mourelatos [309], Sedley [377], Snell [128] *und*

[525] Babut, D., »Xénophane critique des poètes«, L'Antiquité Classique 43, 1974, 83–117.
[526] Babut, D., »Heraclite critique des poètes et des savants«, L'Antiquité Classique 45, 1976, 464–496.
[527] Bernabé, A., »Los filósofos presocráticos como autores literarios«, Emerita 47, 1979, 357–394.
[528] Bowra, C.M., »The proem of Parmenides«, CP 32, 1937, 97–112.
[529] Buffière, F., Les mythes d'Homère et la pensée grecque. Paris 1956.
[530] Deichgräber, K., Parmenides' Auffahrt zur Göttin des Rechts. Untersuchungen zum Proömium seines Lehrgedichts. Wiesbaden 1959.
[531] Deichgräber, K., Rhythmische Elemente im Logos des Heraklit. Wiesbaden 1963.
[532] Delatte, A., »Les conceptions de l'enthousiasme chez les philosophes presocratiques«, L'Antiquité Classique 3, 1934, 5–79.
[533] Feyerabend, B., »Zur Wegmetaphorik beim Goldblättchen aus Hipponion und dem Proömium des Parmenides«, RM 127, 1984, 1–22.
[534] Humphreys, S.C., »From riddle to rigour. Satisfactions of scientific prose in ancient Greece«, in: S. Marchand and E. Lunbeck (Hg.), Proof and Persuasion. Essays on Authority, Objectivity, and Evidence. Princeton 1997.
[535] Kranz, W., »Gleichnis und Vergleich in der frühgriechischen Philosophie«, Hermes 73, 1983, 99–122.
[536] Lanata, G., Poetica pre-platonica. Testimonianze e frammenti. Florence 1963.
[537] Laks, A., and G.W. Most (Hg.), Studies on the Derveni Papyrus. Oxford 1997.
[538] Long, A.A., (1985), »Early Greek philosophy«, in: Easterling/Knox [95] 245–257.
[539] Maehler, H., Die Auffassung des Dichterberufs im frühen Griechentum bis zur Zeit Pindars. Göttingen 1963.
[540] Most, G.W., »Sophistique et hermeneutique«, in: B. Cassin (Hg.), Positions de la sophistique. Colloque de Cérisy. Paris 1986, 233–245.

[541] Most, G.W., »The fire next time. Cosmology, allegoresis, and salvation in the Derveni papyrus«, JHS 117, 1997, 117–135.

[542] Murray, P., »Poetic inspiration in early Greece«, JHS 101, 1981, 87–100.

[543] Pépin, J., Mythe et allégorie. Les origines grecques et les contestations judéo-chrétiennes, 2. Aufl. Paris 1976.

[544] Pfeiffer, H., Die Stellung des parmenideischen Lehrgedichtes in der epischen Tradition. Bonn 1975.

[545] Pieri, A., »Parmenide e la lingua della tradizione epica greca«, Studi Italiani di Filologia Classica 49, 1977, 68–103.

[546] Primavesi, O., Empedokles-Studien. Der Strassburger Papyrus und die indirekte Überlieferung. Göttingen 1998.

[547] Richardson, N.J., »Homeric professors in the age of the sophists«, Proceedings of the Cambridge Philological Society 21, 1975, 65–81.

[548] Riezler, K., »Das homerische Gleichnis und der Anfang der Philosophie«, Die Antike 12, 1936, 253–271.

[549] Rösler, W., »Der Anfang der Katharmoi des Empedokles«, Hermes 111, 1993, 170–179.

[550] Sassi, M.M., »Parmenide al bivio, Per un'interpretazione del proemio«, La Parola del Passato 43, 1988, 383–396.

[551] Svenbro, J., Phrasikleia. An Anthropology of Reading in Ancient Greece. Ithaca 1993.

[552] Traglia, A., Studi sulla lingua di Empedocle. Bari 1952.

[553] Wöhrle, G., »War Parmenides ein schlechter Dichter? Oder: Zur Form der Wissensvermittlung in der frühgriechischen Philosophie«, in: W. Kullmann und J. Althoff (Hg.), Vermittlung und Tradierung von Wissen in der griechischen Kultur. Tübingen 1993, 167–180.

Stellenregister

Elias

Kommentar zu Aristoteles, „Kategorien“

Empedokles

Fragmente, Kap. 31 D.-K.

Epicharm

Epikur

Brief an Herodot

Eudemos

Physik

Herodot

Register der Namen und Sachen

Hinweis: Die Namen moderner Gelehrter berücksichtigt dieser Index nur dann, wenn deren Auffassungen im Haupttext angeführt oder in den Fußnoten diskutiert werden.